Performanceoptimierung von ABAP®-Programmen

Dr. Siegfried Boes, Physiker, arbeitet seit 1998 bei der SAP AG in Walldorf in der Gruppe »Performance, Data Management and Scalability (PDMS)«.

Seine Aufgaben umfassen die Beratung der SAP Entwicklungsabteilungen in Performancefragen und die Unterstützung von Performanceprojekten bei ausgewählten Kunden. Daneben entwickelt er Tools zur Performancemessung und -analyse und beteiligt sich am Informations- Rollout durch Mitarbeitertrainings und Veröffentlichungen. Gegenwärtig interessiert ihn besonders die bessere Toolunterstützung bei der Performanceanalyse.

Siegfried Boes

Performanceoptimierung von ABAP®-Programmen

Wie Sie Ihre SAP®-Anwendung schneller machen

dpunkt.verlag

Siegfried Boes
abap_performance@hotmail.de

Lektorat: Dr. Michael Barabas
Copy-Editing: Alexander Reischert, Redaktion ALUAN
Herstellung: Nadine Thiele
Umschlaggestaltung: Helmut Kraus, www.exclam.de
Druck und Bindung: Media-Print Informationstechnologie, Paderborn

Bibliografische Information Der Deutschen Bibliothek
Die Deutsche Bibliothek verzeichnet diese Publikation in der Deutschen Nationalbibliografie; detaillierte bibliografische Daten sind im Internet über <http://dnb.ddb.de> abrufbar.

ISBN 978-3-89864-615-4

1. Auflage 2010

Ringstraße 19 B
69115 Heidelberg

5 4 3 2 1 0

Vorwort

Die Aussage »Das Programm ist zu langsam« ist so alt wie das Programmieren selbst und unabhängig von der verwendeten Programmiersprache. Sie basiert gelegentlich auf unrealistischen Erwartungen, kann aber berechtigt sein, wenn wirklich Performanceprobleme vorliegen. Die Ursachen solcher Probleme können wiederum so vielfältig sein wie die Aufgaben, die mit den Programmen bearbeitet werden. Bei einer Programmiersprache wie C wäre die Sammlung der wichtigsten Ursachen wahrscheinlich ein aussichtsloses Unterfangen. Da Programme in ABAP normalerweise Geschäftsprozesse abbilden, besitzen sie meist eine ähnliche Struktur. Deshalb sind auch die möglichen Ursachen der Performanceprobleme überschaubarer.

Die wichtigste Voraussetzung für eine gute Performance ist der optimierte Umgang mit den benötigten Daten. Diese müssen effizient von der Datenbank gelesen werden, Puffer können wiederholte Zugriffe einsparen und auch bei der Nutzung der internen Tabellen muss auf effizientes Lesen geachtet werden. Ein Großteil der Performanceprobleme hängt mit diesen Themen zusammen. Dies zeigt sich in meiner täglichen Arbeit in der Performancegruppe der SAP. Auch beim Lesen der immer wiederkehrenden Fragen im Performance-Forum des SAP Developer Networks (SDN) konnte ich dies bestätigt sehen. Während für SAP-Mitarbeiter schon lange Performance-Schulungen von unserer Arbeitsgruppe angeboten werden, ist das Wissen außerhalb der SAP relativ spärlich.

Das Buch wendet sich gleichermaßen an Anfänger als auch an Fortgeschrittene. Als Leser müssen Sie lediglich ein paar Grundkenntnisse der ABAP-Programmierung mitbringen. Bei jedem Thema vermittelt Ihnen ein einführender Abschnitt die notwendigen Voraussetzungen. So erfahren Sie das Wichtigste über die Verarbeitung in der Datenbank, die Funktionsweise der verschiedenen SAP-Puffer und die Grundlagen der Nutzung von internen Tabellen.

Auch die Performance-Tools, die im gesamten Buch eine wichtige Rolle spielen, werden im Detail eingeführt. Sie erfahren alles, was Sie für einen sinnvollen Einsatz der ABAP und Performance Traces, sowie des Statistikmonitors und des Code Inspectors wissen sollten.

Die umfassenden performancerelevanten Empfehlungen zu jedem Thema folgen in eigenen Abschnitten. Die klare Strukturierung ermöglicht es Ihnen, die für Sie interessante Information schnell zu finden.

Ein großer Bonus sind die Beispielprogramme zu den Performanceempfehlungen, die Sie auf der Webseite zu diesem Buch finden können (www.dpunkt.de/abap_performance). Anhand des korrekten lauffähigen Programmcodes lässt sich die Verständlichkeit der dargestellten Zusammenhänge noch erhöhen. Außerdem bekommen Sie beim Ausführen der Beispiele ein Gefühl für das erreichbare Maß der Verbesserungen: Sie lernen, was den Code um Faktoren schneller macht und was nur geringe Prozenteffekte bringt. Die Beispielprogramme enthalten wichtige Mittelungen, die für zuverlässige Messergebnisse sorgen. Sie können die Programme leicht um eigene Beispiele erweitern.

Schliesslich werden Sie lernen, dass Performancetests genauso wichtig sind wie funktionale Tests. Eine funktional korrektes Programm, das extrem lange braucht, hat nur einen geringen Wert. Durch eine detailierte Analyse finden Sie heraus, ob die Performance eines Programms verbesserbar ist. Bei der Optimierung erfahren Sie in vielen Fällen auch, an welcher Stelle was zu ändern ist. Damit kann das Versprechen des Untertitels des Buches – »Wie Sie Ihre SAP-Anwendung schneller machen« – eingelöst werden.

Nach der Lektüre des Buches werden Sie in der Lage sein, die häufigsten Performanceprobleme auf dem ABAP-Server und der Datenbank zu lösen. Vielleicht können Sie anhand der vorgestellten Grundprinzipien sogar darüber hinausgehende, speziellere Aufgaben lösen. Bleiben dennoch Probleme übrig, dann können Sie sich an das eingangs erwähnte Performance-Forum im SDN wenden, dessen Webadresse Sie im Literaturverzeichnis finden.

Danksagung

Als erstes möchte ich mich bei Dr. Ulrich Marquard bedanken. Als Leiter der Gruppe »Performance, Data Management and Scalability (PDMS)« hat er mich zu dem Thema »ABAP-Performance« gebracht und so die Voraussetzungen geschaffen, dass ich dieses Buch schreiben konnte. Außerdem hat er es mir ermöglicht, dieses Buch parallel zu meiner Arbeit zu erstellen.

Als Nächstes bedanke ich mich bei Herrn Dr. Barabas vom dpunkt.verlag für das Angebot, dieses Buch zu veröffentlichen, und für seine Nachsicht als das Projekt etwas größer wurde.

Außerdem geht mein Dank an alle Kollegen der PDMS-Gruppe, sowie an alle meine Kontakte aus verschiedenen größeren und kleineren Performanceprojekten, die viel zu dem beigetragen haben, was ich in den letzten elf Jahren über Performance lernen konnte.

Für die Unterstützung des Buches möchte ich mich besonders bei meinen Kollegen bedanken, allen voran Dr. Randolf Eilenberger, der sich mit frühen Stadien des Manuskripts auseinander gesetzt hat, dann Dr. Christian Golze, Dr. Manfred Mensch, Ingo Bohn, Dr. Winfried Schleier, Hartmut Willy, Anette Föllmer, Karlheinz Kistner, Clarissa Goetz und Susanne Janssen.

Auch von anderen SAP-Kollegen habe ich Unterstützung erhalten; dafür möchte ich Dr. Rolf Hammer, Dr. Ulrich Koch, Tobias Wenner, Dietmar Theobald, Thomas Manzke, Michael Raich und Dr. Veit Bolik danken.

Schliesslich geht mein Dank an Thomas Zloch, Sabine Röth und an den Reviewer des dpunkt.verlags für die Anregungen und Hinweise zum Inhalt und zur Form des Textes. Auch bei dem ganzen Team des dpunkt.verlags, insbesondere bei Nadine Thiele, möchte ich mich für die gute Unterstützung bedanken.

Mein ganz besonderer Dank gilt jedoch meiner Frau Susanne für die Geduld, die sie während der Monate des Schreibens aufgebracht hat.

Siegfried Boes
Heidelberg, November 2009

Inhalt

1 Einführung 1

1.1 Performanceprobleme 1

1.2 Architektur und Programmierung 2

1.2.1 Die SAP-System-Architektur 2

1.2.2 Optimale Performance 3

1.2.3 Programmierung als Basis 4

1.2.4 Beschränkung auf die ABAP-Programmierung 5

1.3 Themen und Aspekte 5

1.3.1 Vier Themen 5

1.3.2 Vier Aspekte 6

1.3.3 Vier Themen in vier Aspekten 8

1.4 Inhaltsübersicht 8

1.5 Wie sollten Sie das Buch lesen? 10

1.6 Weit verbreitete Missverständnisse 11

1.7 Beispielprogramme 13

1.8 Übersicht über die SAP-Releases 14

1.9 Abbildungen 14

2 Performance-Tools 15

2.1 Kapitelübersicht 15

2.2 Performance-Trace (ST05) 17

2.2.1 Was zeigt die Performance-Trace? 18

2.2.2 Erstellen und Darstellen einer Trace 18

2.2.3 Anzeige der Trace-Ergebnisse 20

2.2.4 Trace-Dateien permanent speichern 22

2.3 SQL-Trace (ST05) 22

2.3.1 Was zeigt die SQL-Trace? 23

2.3.2 Struktur der SQL-Trace 24

2.3.3 Die SQL-Trace-Liste 25

2.3.4 Verdichtung nach SQL-Anweisungen 29

2.3.5 Verdichtete Tabellenzugriffe 33

2.3.6 Liste identischer Select-Anweisungen 34

2.3.7 Detailinformationen der SQL-Trace 35

2.4 Puffer-Trace (ST05) 40
2.4.1 Was liefert die Puffer-Trace? 40
2.4.2 Erstellen und Anzeigen der Trace-Daten 40
2.4.3 Die Puffer-Trace-Liste 41
2.4.4 Verdichtete Tabellenzugriffe 44
2.4.5 Detailinformationen der Puffer-Trace 44
2.5 RFC-Trace (ST05) 45
2.5.1 Was zeigt die RFC-Trace? 46
2.5.2 Erstellen und Anzeigen der Trace-Daten 46
2.5.3 Die RFC-Trace-Liste 47
2.5.4 Detailanzeigen der RFC-Trace 48
2.6 Enqueue-Trace (ST05) 49
2.6.1 Wie zeigt die Enqueue-Trace? 50
2.6.2 Erstellen und Anzeigen der Trace-Daten 50
2.6.3 Die Enqueue-Trace-Liste 50
2.6.4 Detailinformationen der Enqueue-Trace 52
2.7 ABAP-Trace (SE30) 53
2.7.1 Welche Daten zeigt die ABAP-Trace? 54
2.7.2 Erstellen einer Trace 55
2.7.3 Übersicht über die Trace 60
2.7.4 Der Messprozess der ABAP-Trace 62
2.7.5 Die Hitliste der ABAP-Trace 64
2.7.6 Die Aufrufhierarchie der ABAP-Trace 67
2.7.7 Weitere Hitlisten – Tabellenhitliste 69
2.7.8 Detailinformationen der ABAP-Trace 70
2.7.9 Weitere Möglichkeiten der ABAP-Trace 71
2.8 Monitor der Statistiksätze (STAD) 75
2.8.1 Was Sie über die STAD wissen sollten 75
2.8.2 Aufruf der STAD 77
2.8.3 Auswerten der STAD-Daten 78
2.8.4 Detailanzeige der STAD-Daten 80
2.9 Code Inspector (SCI) 81
2.9.1 Was Sie über den Code Inspector wissen sollten 82
2.9.2 Ausführen des Code Inspector 82
2.9.3 Die Performanceprüfungen des Code Inspector 82
2.9.4 Ergebnis einer Code Inspection 84
2.10 Weitere Tools 87

2.11 Neu in SAP NetWeaver Release 7.0 EhP2 89
2.11.1 Die neue ABAP-Trace (SAT) 89
2.11.2 Neuerungen bei der Performance-Trace (ST05) 91
2.12 Zusammenfassung und Ausblick 93

3 Datenbankwissen 95

3.1 Kapitelübersicht 95
3.2 Die Open-SQL-Sprache 97
3.2.1 SELECT, der wichtigste Open-SQL-Befehl 98
3.2.2 Open SQL – Native SQL – Plattformspezifisches SQL 100
3.3 Verarbeitungsschritte auf der Datenbank 101
3.4 Effizient Suchen mithilfe eines Index 105
3.4.1 Der Datenbankindex 105
3.4.2 Technische Realisation von Indizes 108
3.5 Der Datenbankoptimierer 111
3.5.1 Kosten- und regelbasierte Optimierer 111
3.5.2 Statistiken und Selektivität 113
3.5.3 Der Full Table Scan 117
3.5.4 Bestimmung der Kosten 118
3.5.5 Probleme bei der Wahl des Zugriffspfads 119
3.5.6 Lässt sich ein Zugriffspfad verbessern? 121
3.6 Tabellen im SAP-System 122
3.6.1 Tabellentypen 123
3.6.2 View 124
3.6.3 Spezielle Tabellen: Indextabellen 125
3.7 Der JOIN-Befehl 126
3.7.1 Definition eines Join 127
3.7.2 Zugriffsstrategien für den Join 129
3.8 Datenänderungen 131
3.8.1 Die Änderungsbefehle 131
3.8.2 Verarbeitung der Änderungsbefehle 132

3.9 Tools 134
3.9.1 Die SQL-Trace 134
3.9.2 Tabellenanzeige (SE11) 134
3.9.3 Tabelleninhaltsanzeige (SE16) 136
3.9.4 Datenbankprüfungen des Code Inspector (SCI) .. 136
3.9.5 Die Tabellenstatistik (DB05) 137
3.9.6 Datenbank-Cockpit (DB02) 137
3.10 Zusammenfassung 138

4 Optimale Datenbankprogrammierung 139

4.1 Kapitelübersicht 139
4.1.1 Das Beispielprogramm 141
4.2 Effiziente Suche auf der Datenbank 143
4.2.1 Drei wichtige Zugriffsarten 144
4.2.2 Vielfalt der WHERE-Klauseln 146
4.2.3 Die Selektionsoptionen 150
4.2.4 Die Form der WHERE-Bedingung 154
4.2.5 Probleme beim Suchen 159
4.2.6 Indexdesign 161
4.3 Minimale Zahl übertragener Sätze 165
4.3.1 Ergebnismenge und WHERE-Klausel 165
4.3.2 Doppelte Sätze im Ergebnis 167
4.3.3 Der Befehl DISTINCT 168
4.3.4 Der Befehl UP TO n ROWS 169
4.3.5 UP TO 1 ROWS oder SELECT SINGLE 170
4.3.6 Sortieren mit ORDER BY 171
4.3.7 Aggregate – SUM, MAX, MIN, AVG, COUNT 173
4.3.8 Der effiziente Existenztest 174
4.3.9 PACKAGE SIZE und OPEN CURSOR 176
4.4 Minimale Zahl von Ausführungen 177
4.4.1 Vermeiden von unnötigen Ausführungen 177
4.4.2 SELECT/ENDSELECT oder SELECT INTO TABLE 178
4.4.3 Einzelzugriffe und Array-Zugriffe 179
4.4.4 Die RANGES-Tabelle 179
4.4.5 SELECT FOR ALL ENTRIES 181

4.5 Minimale Satzbreite ... 187
4.5.1 Feldlisten ... 188
4.5.2 Der Zusatz INTO CORRESPONDING FIELDS OF ... 189
4.5.3 Projektionsviews ... 190
4.5.4 INDEX-ONLY-Zugriffe ... 191
4.5.5 Sehr kurze Feldliste – DISTINCT-Werte ... 191
4.5.6 Large Objects (LOB) als Tabellenfelder ... 192
4.6 Weitere Befehle ... 192
4.6.1 Der Befehl CLIENT SPECIFIED ... 192
4.6.2 Explizites Umgehen des Puffers ... 193
4.6.3 Dynamisches Open SQL ... 193
4.6.4 Generierter Code ... 194
4.6.5 Native SQL ... 195
4.6.6 Dynamisches Native SQL – ADBC-Schnittstelle ... 196
4.7 Gleichzeitiges Lesen von mehreren Tabellen ... 196
4.7.1 Geschachtelte SELECTs und die Alternativen ... 197
4.7.2 Der FOR ALL ENTRIES ... 197
4.7.3 Die Subquery ... 198
4.7.4 Der Join ... 199
4.7.5 Der Join-View ... 200
4.7.6 Beispiele und Vergleiche ... 200
4.7.7 Zusammenhang mit den Goldenen Regeln ... 201
4.8 Der Join-Befehl ... 202
4.8.1 Zugriffsarten beim Join ... 202
4.8.2 Flexibilität des Join ... 203
4.8.3 Join mit vielen Tabellen ... 204
4.8.4 Self-Join ... 204
4.8.5 Verteilte Selektivität ... 205
4.8.6 Übertragung redundanter Daten ... 206
4.8.7 LEFT OUTER JOIN ... 207
4.9 Datenänderungen ... 207
4.9.1 Effizienz der Zugriffe ... 208
4.9.2 Anzahl der Sätze ... 209
4.9.3 Minimale Zahl der Ausführungen ... 209
4.9.4 Verringerung der Satzbreite ... 211
4.9.5 Puffer ... 211
4.10 Zusammenfassung ... 212

5 Pufferung 217

5.1 Kapitelübersicht ... 217

5.2 Pufferung und Datenarten ... 218

5.2.1 Die verschiedenen Puffer ... 219
5.2.2 Datenarten ... 220
5.2.3 Datenaktualität und Datenkonsistenz ... 221

5.3 Der Tabellenpuffer ... 222

5.3.1 Architektur des Tabellenpuffers ... 223
5.3.2 Die Aktivierung des Puffers ... 225
5.3.3 Am Puffer vorbeigehende Anweisungen ... 227
5.3.4 Das Laden der Pufferinhalte ... 229
5.3.5 Puffer invalidieren ... 231
5.3.6 Puffer synchronisieren ... 232
5.3.7 Verdrängung des Pufferinhalts ... 234
5.3.8 Zusammenfassung: Tabellenpufferung ... 235

5.4 Die Pufferbausteine ... 235

5.4.1 Programmicrung von Pufferbausteinen ... 236
5.4.2 Eigenschaften eines guten Pufferbausteins ... 238

5.5 Weitere Puffer ... 241

5.5.1 Benutzerübergreifende Puffer ... 241
5.5.2 Tools ... 245
5.5.3 Performanceempfehlungen ... 245
5.5.4 Analyse und Optimierung ... 245

5.6 Tools zur Untersuchung der Puffer ... 246

5.6.1 Pufferübersicht (ST02) ... 246
5.6.2 Tabellenaufrufstatistik (ST10) ... 247
5.6.3 SQL-Trace (ST05) ... 249
5.6.4 Puffer-Trace (ST05) ... 250
5.6.5 ABAP-Trace (SE30) ... 250
5.6.6 Pufferprüfung des Code Inspector (SCI) ... 251
5.6.7 Tabellenstatistiken (DB05) ... 251
5.6.8 Allgemeine Tabellenanzeige (SE17) ... 253

5.7 Optimale Nutzung des Tabellenpuffers ... 253

5.7.1 Pufferbedarf ... 254
5.7.2 Pufferbarkeit ... 254
5.7.3 Pufferungsart und Tabellendesign ... 255
5.7.4 Design der Anweisungen ... 256
5.7.5 Pufferstatus und Pufferqualität ... 259
5.7.6 Performance des Tabellenpuffers ... 259

5.8 Optimale Nutzung von Pufferbausteinen 261
5.8.1 Zu vermeidende Fehler bei Pufferbausteinen 261
5.8.2 Der Prefill-Zusatzbaustein 262
5.8.3 Erweiterungen der Pufferbausteine 263
5.8.4 Performance der Pufferbausteine 263
5.9 Zusammenfassung 264

6 ABAP – Interne Tabellen 269

6.1 Kapitelübersicht 269
6.2 Interne Tabellen 271
6.2.1 Definition der internen Tabellen 271
6.2.2 Schnelligkeit der Suche 277
6.2.3 Technische Aspekte bei internen Tabellen 279
6.3 Tools 282
6.3.1 ABAP-Trace (SE30) 282
6.3.2 Prüfungen des Code Inspector (SCI) 283
6.4 Performance von internen Tabellen 283
6.4.1 Das Problem: Quadratische Laufzeiten 285
6.4.2 Was sind geschachtelte Operationen? 286
6.5 Operationen auf Einzelzeilen 290
6.5.1 Indexoperationen auf Einzelzeilen 291
6.5.2 Einzelsatzoperationen mit der Workarea 292
6.5.3 Operationen mit expliziter Schlüsselangabe 293
6.5.4 Optimierung bei einer sortierten Standardtabelle .. 294
6.5.5 Der `COLLECT`-Befehl 296
6.5.6 Beispiele 297
6.5.7 Ergebnisse: Operationen auf Einzelsätze 298
6.6 Operationen auf mehrere Zeilen 300
6.6.1 Operationen mit `WHERE`-Bedingung 301
6.6.2 Optimierung bei der sortierten Standardtabelle ... 302
6.6.3 Operationen mit beiden Indexintervallen 304
6.6.4 Operationen auf alle Zeilen 305
6.6.5 Ergebnisse: Operationen auf mehrere Zeilen 306

6.7 Operationen auf ganze Tabellen 309
6.7.1 Sortieren der Tabelle 309
6.7.2 Füllen aus Datenbanktabelle 310
6.7.3 Kopieren der Tabelle 311
6.7.4 Löschen doppelter Einträge 311
6.7.5 Zusammenfassen und Aufsummieren 312
6.7.6 Beispielprogramm 313
6.7.7 Ergebnisse: Operationen auf Tabellen 313
6.8 Weitere Laufzeitempfehlungen 314
6.8.1 Wann lohnt sich ein Umsortieren? 314
6.8.2 Schlüsseltabellen oder Sekundärschlüssel 315
6.8.3 Methode der Parallelen Indizes 316
6.8.4 Nichtlinearitäten vermeiden durch kleine Blöcke . 317
6.8.5 Vermeiden von nichtlinearen Laufzeiten 318
6.9 Workarea, Feldsymbol oder Referenz 319
6.10 Sekundärschlüssel auf interne Tabellen 321
6.11 Zusammenfassung 324

7 Analyse und Optimierung 327

7.1 Kapitelübersicht 327
7.2 Die fünf Ziele der Performanceanalyse 329
7.3 Vorbereitung der Analyse 332
7.3.1 Auswahl des Testfalls 333
7.3.2 Aufgabentyp 333
7.3.3 Zuverlässige Trace-Daten 334
7.3.4 Konsistenzcheck und Potenzial 335
7.3.5 Vorabanalyse mit dem Code Inspector 337
7.3.6 Erwartungen und Rahmenbedingungen 337
7.4 Analyse anhand der SQL-Trace 337
7.5 Ursachensuche bei SQL-Problemen 341
7.5.1 Analyse der langsamen SELECTs 341
7.5.2 Analyse großer übertragener Mengen 347
7.5.3 Analyse bei vielen Ausführungen 349
7.5.4 Analyse bei großen Satzbreiten 352
7.5.5 Analyse der Pufferungsprobleme 352
7.5.6 Analyse der Zugriffe auf mehrere Tabellen 353
7.5.7 Analyse der Änderungsoperationen 356

7.6 Analyse anhand der ABAP-Trace 359
7.6.1 Technische Analyse anhand der Nettozeiten 360
7.6.2 Klassifikation der Trace-Ereignisse 362
7.7 Analyse des Skalierungsverhaltens 365
7.7.1 Das Skalierungsproblem 365
7.7.2 Vergleich zweier ABAP-Traces 368
7.8 Analyse der Pufferung 371
7.8.1 Analyse anhand der Puffer-Trace 372
7.8.2 Analyse der Pufferbausteine 372
7.8.3 Analyse der Nutzung der anderen Puffer 373
7.8.4 Analyse der Puffergrößen 373
7.9 Zusammenfassung 373

8 Programme und Prozesse 375

8.1 Kapitelübersicht 375
8.2 Modularisierung 376
8.2.1 Modularisierungsmöglichkeiten in ABAP 376
8.2.2 Tools 378
8.2.3 Performanceempfehlungen 379
8.2.4 Analyse und Optimierung 380
8.3 Workprozesse 381
8.3.1 Wissenswertes über die Workprozesse 381
8.3.2 Tools 382
8.3.3 Performanceempfehlungen 383
8.3.4 Analyse und Optimierung 384
8.4 Remote Function Call (RFC) 385
8.4.1 Was Sie über RFCs wissen sollten 385
8.4.2 Tools 388
8.4.3 Performanceempfehlungen bei RFCs 390
8.4.4 Analyse und Optimierung 392
8.5 Sperren und Enqueues 393
8.5.1 Transaktionen, LUWs und Sperren 393
8.5.2 Performance-Tools 398
8.5.3 Performanceempfehlungen zu den Sperren 398
8.5.4 Analyse und Optimierung 399

8.6 Verbuchung ... 400
8.6.1 Wie die Verbuchung funktioniert ... 400
8.6.2 Tools ... 403
8.6.3 Performanceempfehlungen ... 403
8.6.4 Analyse und Optimierung ... 404
8.7 Optimierung durch Parallelisierung ... 405
8.7.1 Was ist Parallelisierung? ... 405
8.7.2 Tools ... 405
8.7.3 Performanceempfehlungen zur Parallelisierung ... 406
8.7.4 Analyse und Optimierung ... 409

9 Ausblick 411

9.1 Kapitelübersicht ... 411
9.2 Frontend ... 411
9.3 Speicher (Memory) ... 412
9.4 SAP-Standard-Applikations-Benchmarks ... 413
9.5 Hardware-Sizing ... 414
9.6 Datenarchivierung ... 416

A Anhang 417

A.1 Literaturverzeichnis ... 418
A.1.1 Wichtige Hinweise (SAP Notes) ... 419
A.1.2 Artikel im SAP Professional Journal ... 419
A.1.3 Artikel im SAP Insider ... 420
A.1.4 SDN Blogs ... 420
A.2 Veranschaulichung der Goldenen Regeln ... 422
A.3 Beispielprogramme ... 424
A.4 Der Datenbank-Explain ... 425
A.4.1 Information der wichtigsten Ausführungspläne ... 426
A.4.2 Ausführungsplan des Mengenzugriffs ... 429

ABAP-Befehlsverzeichnis 433

Index 437

1 Einführung

1.1 Performanceprobleme

Stellen Sie sich vor, Sie haben eine kleine Anwendung geschrieben und getestet. Die Anwendung arbeitet fehlerfrei und zügig, sodass der Transport in das Produktivsystem freigegeben wird. Dort funktioniert alles sehr gut und die Nutzer sind zufrieden. Doch nach einer Weile stellen sich Klagen ein, irgendwie scheint die Anwendung langsamer zu werden. Das zieht sich eine Weile hin, dann wird ein teurer Berater beauftragt. Der testet umfangreich, redet irgendwas von Datenbankproblemen und bekommt schließlich das Problem in den Griff.

Oder stellen Sie sich eine andere Anwendung vor, die Kundenbestellungen über das Internet bearbeitet. Auch sie wurde getestet und freigegeben. Die Kunden bestellen ein paar Artikel, gelegentlich auch mal 20, und alles läuft gut – bis Ihre Firma eine Sonderangebotsaktion durchführt, bei der es einige besonders günstige Angebote gibt. Die Kunden sprechen sehr positiv darauf an, sodass sie 50 oder sogar 100 Artikel bestellen. Und dann gibt es Ärger, da das Programm bei 150 Artikeln so langsam wird, dass es abbricht. Selbstverständlich ist der Abbruch nicht gewollt und die negative Publicity sicherlich auch nicht erwünscht.

Solche oder so ähnliche Probleme kennen Sie vielleicht, wenn Sie Businessanwendungen programmieren. Die beiden Beispiele sind natürlich extreme Fälle. Andererseits sind es Fälle, die bei einer einfachen systematischen Analyse sofort auffallen würden. Im ersten Fall ist es ein fehlender Index auf die Daten, die die Anwendung produziert. Das ist ein Fehler, der ohne Analyse erst auffällt, wenn die Anwendung genügend Daten produziert hat. Im zweiten Fall handelt sich um den fehlenden Test von einer großen Bestellung, der ebenfalls einfach durchzuführen wäre.

In diesem Buch erfahren Sie, wie Sie solche Probleme und andere Performanceprobleme in leicht durchführbaren systematischen Tests frühzeitig erkennen können. Außerdem lernen Sie, wie Sie die Ursachen beheben oder – noch besser – schon bei der Programmierung vermeiden können.

1.2 Architektur und Programmierung

Die Architektur des SAP-Systems unterstützt eine gute Performance. Richtig genutzt sind damit hervorragende Ergebnisse möglich, wie die Ergebnisse der SAP-Standard-Anwendungsbenchmarks immer wieder beweisen. Die Programmierung muss jedoch die Möglichkeiten des Systems nutzen können.

1.2.1 Die SAP-System-Architektur

Die Abbildung zeigt eine schematische Übersicht über die Architektur des SAP-Systems.

Abb. 1–1 *Architektur eines SAP-Systems*

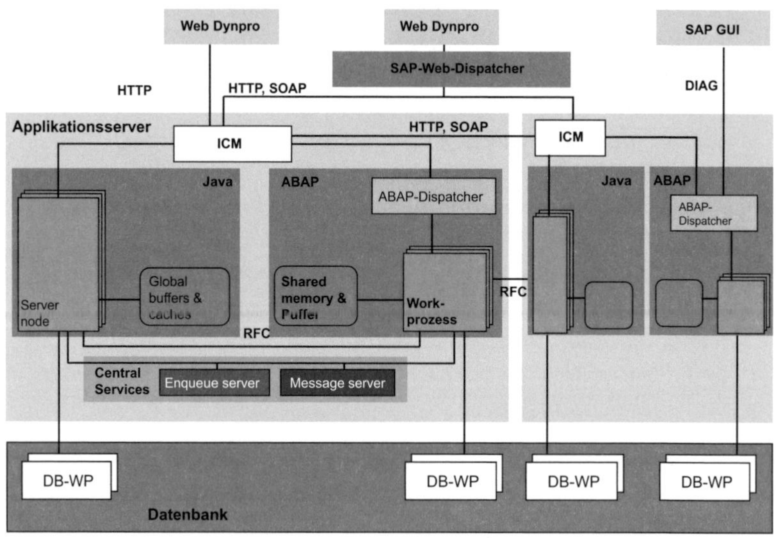

Dabei fällt auf, wie die Architektur die Skalierbarkeit bezüglich der Benutzer und des Datendurchsatzes unterstützt. Das System besteht aus folgenden Komponenten:

- Die Datenbank bildet den Ausgangspunkt.
- Mit der Datenbank sind mehrere SAP-Applikationsserver verbunden. Diese verarbeiten die SAP-Software, welche in ABAP oder Java geschrieben sein kann.
- Pro Applikationsserver gibt es viele Präsentationsmaschinen (Frontend), an denen die Benutzer arbeiten. Als Frontend kommen sowohl der klassische SAP-GUI als auch unterschiedliche browserbasierte Darstellungen infrage. Browserbasierte Frontends können über Local Area Network (LAN) oder über Wide Area Network (WAN) angebunden sein.

Durch diese Dreischicht-Architektur können Tausende von Benutzern weltweit gleichzeitig an einem System arbeiten. Die Daten sind dabei nicht rund um die Welt verteilt, sondern zentral in einer Datenbank gesammelt.

1.2.2 Optimale Performance

Die optimale Performance wird durch aktuellen Benchmarkbestleistungen deutlich (Stand Oktober 2009). Mehr Information über die SAP-Standard-Anwendungsbenchmarks finden Sie im Abschnitt 9.4.

- Skalierbarkeit der Hardware:
  - Datenbankserver mit mehr als 120 CPUs
  - Datenbanken mit einer Größe von mehr als 10 TB,
  - über 180 Applikationsserver in einem System und
  - bis zu zehn Internet-Server.
- Skalierbarkeit der Leistung:
  - Es konnten mehr als 160.000 aktive Benutzer simuliert und
  - mehrere 10.000 Hits pro Sekunde in Internetsystemen erzeugt werden.

Die Architektur stellt die notwendige Infrastruktur für eine optimale Performance zur Verfügung. Es ist die Aufgabe, diese optimal zu nutzen.

Dazu muss zum einen das System konfiguriert und optimal eingestellt werden. Ein System sollte leistungsfähig genug sein, um die Aufgaben, die es gestellt bekommt, bewältigen zu können. Die SAP bietet dafür einen Prozess des Hardware-Sizings, über den Sie im Abschnitt 9.5 mehr erfahren können. Natürlich muss die zur Verfügung stehende Hardware auch optimal eingestellt sein. Dafür bietet die SAP Services rund um die Hardwarekapazitätsplanung an, wie z. B. den SAP Going Live Check und den SAP Early Watch Check.

Zum andern kann das beste System nur so gut sein wie die Programme, die auf ihm laufen. Die Programme, welche in den Benchmarks verwendet werden, sind optimiert und können die Systemressourcen optimal nutzen. Die daraus gewonnenen Anforderungen und Erfahrungen sollten auch von normalen ABAP-Programmen erfüllt werden. Das ist das Ziel der Performanceoptimierung.

1.2.3 Programmierung als Basis

Um optimal arbeitende Programme zu erhalten, sind folgende Punkte wichtig:

1. Die Daten müssen effizient von der Datenbank gelesen werden. Zertifizierte Datenbankplattformen gewährleisten eine gute Performance der Datenbank. Deshalb spielt es eine entscheidende Rolle, dass die Daten effizient gesucht, auf das Notwendige eingeschränkt und schnell übertragen werden.
2. Natürlich kann die beste Optimierung einen Datenbankzugriff nicht so schnell machen wie einen Zugriff auf den Speicher des Applikationsservers. Deshalb gibt es auf jedem Applikationsserver diverse Speicherbereiche, die wiederholt benötigte Daten für spätere Zugriffe puffern. Die konsequente Nutzung dieser Puffer ist ein weiterer wichtiger Schritt zu einer guten Performance.
3. Auf dem Applikationsserver kann mithilfe der Programmiersprache ABAP eine gute Performance erreicht werden. Die Sprache ist für diese Aufgabe geschaffen. Für das Bearbeiten der Daten stehen die internen Tabellen zur Verfügung. Insbesondere bei ihnen ist auf die richtige Nutzung der Befehle zu achten.
4. Im Zusammenspiel der Programme sind mehrere Punkte wichtig: eine gute Modularisierung, eine geschickte Verteilung der Last auf verschiedene Workprozesse, eine effektive Kommunikation zwischen den Komponenten und ein zuverlässiges Sperrkonzept. Auch die Aufteilung der Verarbeitung in Verbuchungprozesse oder parallele Prozesse ist wichtig. Diese sechs Punkte sind unter dem Thema »Programme und Prozesse« zusammengefasst.
5. Schließlich ergeben die browserbasierten Frontendtechnologien, wie z.B. Web Dynpro, weitere Anforderungen, die über die Programmierung einfacher GUI-Frontends hinausgehen.

Alle fünf Punkte können auch in Java umgesetzt werden, die Bezeichnungen sind dann etwas anders.

1.2.4 Beschränkung auf die ABAP-Programmierung

In diesem Buch werden nicht alle Themen abgedeckt, sondern das Buch beschränkt sich, wie der Titel schon sagt, auf die ABAP-Programmierung. Dies ist dennoch der größte Teil der Programme, insbesondere solche zur Verarbeitung von Massendaten sind meist in ABAP geschrieben. Auch der größte Teil der Standard-Anwendungsbenchmarks besteht aus ABAP-Programmen.

Die Performance des Frontends wird hier ebenfalls nicht berücksichtigt. Viele dieser Entwicklungen sind noch neu und im Fluss, sodass eine Beschreibung in Buchform nicht geeignet wäre.

Das Architekturbild vereinfacht sich hierdurch etwas, es enthält nur die Datenbank und die ABAP-Applikationsserver. Man nennt diesen Teil des Systems auch das ABAP-Backend. Die Performance des ABAP-Backends bestimmt entscheidend die Gesamtperformance des Systems.

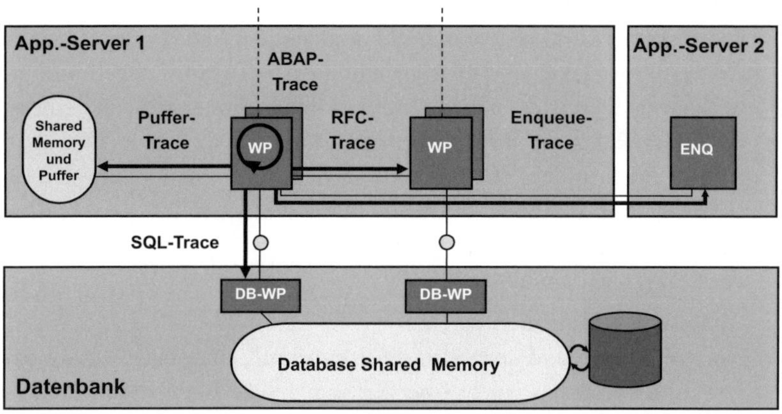

Abb. 1–2
Architektur des Backend-Systems

1.3 Themen und Aspekte

Das Buch ist nach den inhaltlichen Themen der Programmierung gegliedert. Gleichzeitig ist jedes Thema in vier Aspekte unterteilt.

1.3.1 Vier Themen

Die Themen dieses Buches sind die vier Themen der ABAP-Programmierung in dem SAP-Backend-System, d. h.

- die effiziente Datenbankprogrammierung,
- der konsequente Einsatz der Puffer,

- die fehlerfreie Nutzung der internen Tabellen und
- das durchdachte Zusammenspiel der Programme und Prozesse.

Die ersten drei Themen betreffen die effiziente Datenverarbeitung, insbesondere von großen Datenmengen. Sie nehmen den größten Teil des Buches ein. Sie bilden die Mikrostruktur der Programme und das vierte Thema die Makrostruktur der Programme.

1.3.2 Vier Aspekte

Performance besitzt zwei wichtige Hauptaspekte:

- **Performanceempfehlungen (C):**
  Die optimale Programmierung während der Entwicklungsphase ist die Grundvoraussetzung für eine gute Performance. Alles was hier versäumt wird, muss später mühevoll gesucht und beseitigt werden. Deshalb bilden die Performanceempfehlungen einen wichtigen Aspekt. Darin werden Programmierregeln vorgestellt, Empfehlungen diskutiert und gegeneinander abgewogen. Viel Wert wurde auf die Strukturierung und Hervorhebung der Zusammengehörigkeiten gelegt. Damit es nicht bei reinen Behauptungen bleibt, gibt es zu diesen Teilen meist Beispielprogramme, die Sie auf der Webseite zu dem Buch finden. Die Beispiele verdeutlichen manches besser als es Worte tun könnten. Natürlich sind die Ausführungen in dem Buch aber auch ohne die Beispiele – die eine reine Bereicherung darstellen – zu verstehen.
- **Analyse und Optimierung (D):**
  Auch die beste und sorgfältigste Programmierung kann eine Analyse in der Testphase nicht überflüssig machen. Ein weiterer Performanceaspekt ist deshalb die Analyse und Optimierung. Darin wird gezeigt, wie Sie anhand der Tools feststellen können, ob ein Programm Performanceprobleme enthält. Falls ja, können meist die Problemstellen identifiziert werden und die Ursache lässt sich oft auf eine Verletzung einer Performanceempfehlung zurückführen. Eine Optimierung ist dann leicht möglich.

Das folgende Bild stellt diese beiden Aspekte während der Entwicklungs- und der Testphase dar:

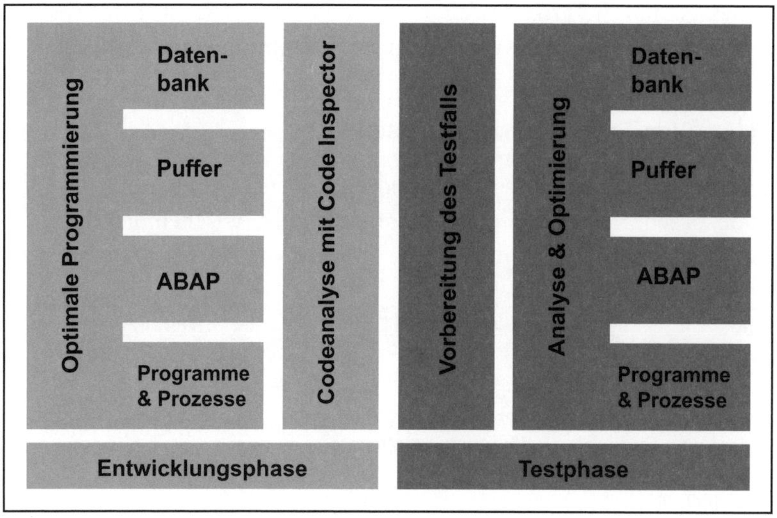

Abb. 1–3 Performanceaspekte in Entwicklungs- und Testphase

Es hat sich als sinnvoll erwiesen, die Grundlagen dieser beiden Aspekte als eigene Aspekte darzustellen.

- **Definitionen und Wissen (A):**
  Um die Performanceempfehlungen verstehen zu können, benötigen Sie mehr oder weniger Hintergrundwissen. Der Umfang hängt von dem Thema und Ihren Vorkenntnissen ab; es ist nötig, eine gemeinsame Basis zu schaffen. Dabei beschränke ich mich auf die Punkte, die wirklich für das Verständnis der Empfehlungen notwendig sind und im Weiteren gebraucht werden. Das Buch kann keine komplette Dokumentation ersetzen, nutzen Sie dafür die Online-Dokumentation in Ihrem System. Es ist auch nicht sinnvoll, in technische Details als Selbstzweck abzudriften. Nur gelegentlich werden ein paar Anmerkungen über die technischen Aspekte der Realisierung präsentiert. Performanceaspekte sind in den Grundlagen bewusst ausgespart.
- **Tools (Werkzeuge):**
  Die Einführung der hilfreichen Performance-Werkzeuge ist ein weiterer Aspekt. Für die Werkzeuge wird hier der gebräuchlichere Name »Tools« verwendet. Da die wichtigsten Tools in mehreren Kapiteln eine Rolle spielen und meist eine ausführliche Einführung benötigen, sind die wichtigsten Tools im zweiten Kapitel zusammengefasst. In jedem Kapitel befindet sich ein Abschnitt über die Tools, in dem Sie sowohl Verweise auf die in dem Kontext passenden Standard-Tools als auch die Einführung von hilfreichen kleineren Tools finden. Die Tools lassen sich zur Messung der Perfor-

mance parallel zur Entwicklung verwenden; sie werden jedoch insbesondere bei der Analyse und Optimierung eingesetzt.

1.3.3 Vier Themen in vier Aspekten

Jedes der vier Themen wird somit in vier Aspekten behandelt. Die folgende Tabelle verdeutlicht den Zusammenhang zwischen den drei Themen Datenbank, Puffer und interne Tabellen mit den vier Aspekten.

Tab. 1–1 Themen und Aspekte für Kapitel 2 bis 7

	Datenbank	Tabellenpuffer & Pufferbausteine	Interne Tabellen
A Definitionen & Wissen	3.2 -3.8 Open-SQL-Sprache, Verarbeitungsschritte auf der Datenbank, Effizient Suchen mit Hilfe eines Index, Datenbank-Optimierer, Tabellen, Join-Befehl, Datenänderungen	5.2 – 5.5 Pufferung und Datenarten, Tabellenpuffer, Pufferbausteine, Weitere Puffer	6.2 Interne Tabellen
B Tools	2.3 SQL-Trace, 3.9 Tools	2.4 Puffer-Trace, 5.6 Tools	2.7 ABAP-Trace, 6.3 Tools
C Performance-empfehlungen	4.2 – 4.9 Optimale Datenbankprogrammierung	5.7 & 5.8 Optimale Nutzung des Tabellenpuffers und Pufferbausteinen	6.4 – 6.10 Performance von internen Tabellen
D Analyse & Optimierung	7.4 & 7.5 Analyse anhand der SQL-Trace, Ursachensuche bei SQL-Problemen	7.4 & 7.8 Analyse anhand der SQL-Trace, Analyse der Pufferung	7.6 & 7.7 Analyse anhand der ABAP-Trace, Analyse des Skalierungsverhaltens

Das vierte Thema »Programme und Prozesse« folgt im achten Kapitel Es enthält sechs Abschnitte für Modularisierung, Workprozesse, RFCs, Sperren, Verbuchung und Parallelisierung. Jeder Abschnitt enthält die vier Aspekte als Unterabschnitte.

1.4 Inhaltsübersicht

Nach dieser Kurzübersicht folgt nun der Inhalt im Detail.

2. Kapitel: Performance-Tools

Das zweite Kapitel stellt die wichtigsten Performance-Tools zusammen. Da sich diese Tools nicht auf wenigen Seiten hinreichend erklären lassen, ist es sinnvoll, die wichtigsten Tools in einem Kapitel zu bündeln. Dadurch lässt sich besser auf Gemeinsamkeiten hinweisen und unnötige Wiederholungen können vermieden werden.

In der Performance-Trace (ST05) sind mehrere Tools zusammengefasst: die SQL-Trace untersucht die Zugriffe auf die Datenbank, die Puffer-Trace betrachtet die Zugriffe auf die Puffer, die RFC-Trace protokolliert die Kommunikation zwischen den Komponenten und die Enqueue-Trace das Setzen der Enqueue-Sperren.

Die ABAP-Trace (SE30) ist das Analyse-Tool auf dem Applikationsserver. Sie misst dort alle Aktivitäten einer Anwendung.

Unterstützend können die Statistiksätze (STAD) und der Code Inspector (SCI) genutzt werden. Eine Übersicht über weitere kleine Tools runden das Thema ab.

3. Kapitel: Datenbankwissen

Im dritten Kapitel erfahren Sie das Wichtigste über Datenbanken, um das notwendige Grundverständnis für die Performanceoptimierung zu erlangen. Sie sollten eine grobe Vorstellung der Verarbeitungsschritte haben. Vor allem sollten Sie verstehen, dass die effiziente Suche nach den benötigten Daten das zentrale Problem auf der Datenbank darstellt. Deshalb werden Indizes und die Funktion des Optimierers genau erklärt. Ein Überblick über Tabellentypen und die Einführung des Join-Befehls sowie der Änderungsbefehle runden den Wissensaspekt ab. Zum Schluss folgt noch eine Übersicht über die hier relevanten Tools.

4. Kapitel: Optimale Datenbankprogrammierung

Wegen des Umfangs setzt sich das Datenbankthema im vierten Kapitel mit den Programmierempfehlungen fort. Diese basieren auf allgemeinen Regeln, sodass sie sich leicht verstehen lassen. Die Regeln fordern eine effiziente Suche, Minimieren der gelesenen Datenmenge, Bündeln von Ausführungen, Einschränkung der Satzbreite auf die benötigte Information und Zwischenspeichern von wiederholt benötigten Daten. Mit den Regeln hängen jeweils bestimmte Befehle zusammen, deren Auswirkungen diskutiert werden. Bei den beiden komplexeren Themen, dem Lesen von mehreren Tabellen und dem Ändern von Daten spielen alle Regeln eine Rolle.

5. Kapitel: Pufferung

Die Pufferung ist essenziell wichtig, um eine gute Performance zu erreichen. Viele Puffer, wie zum Beispiel der Programmpuffer, arbeiten automatisch im Hintergrund. Der Tabellenpuffer, der das wiederholte Lesen der Daten von der Datenbank vermeiden soll, hängt von der Programmierung ab. Bei seiner Nutzung sind einige Punkte zu beachten. Deshalb sollten Sie mit den Konzepten dieses Puffers gut vertraut sein, um optimale Performance zu erreichen. Die ebenfalls vorgestellten Pufferbausteine stellen für Daten, bei denen eine Tabellenpufferung nicht möglich ist, eine Alternative dar.

6. Kapitel: Interne Tabelle

Auf dem Applikationsserver sind es hauptsächlich die internen Tabellen, die zu größeren Performanceproblemen führen können. Die Zugriffe auf die internen Tabellen nutzen keinen Optimierer, sondern die Anweisung selbst legt fest, wie der Zugriff bearbeitet wird. Leider kommt es dabei gelegentlich vor, dass ohne Indexunterstützung auf große interne Tabellen zugegriffen wird. Nach der Lektüre dieses Kapitels wird es Ihnen leichtfallen, diese Probleme in Zukunft zu vermeiden.

7. Kapitel: Analyse und Optimierung

Auch wenn Sie alle Programmierempfehlungen berücksichtigen, sollten Sie dennoch nicht davon ausgehen, dass Sie automatisch eine optimale Performance erreichen. So wie ein Programm auf funktionale Korrektheit getestet werden muss, ist auch ein Test auf gute Performance nötig. Wie Sie dies tun können, erfahren Sie im siebten Kapitel. Mithilfe der Performance-Tools lässt sich herausfinden, ob die Performance der gesamten Anwendung stimmt oder nicht. Falls nicht, lassen sich die problematischen Stellen meist identifizieren und die Probleme auf Verstöße gegen bestimmte Programmierempfehlungen zurückführen.

8. Kapitel: Programmdesign

Das achte Kapitel bündelt unter dem Namen »Programme und Prozesse« die Themen Modularisierung, Workprozesse, Kommunikation zwischen Komponenten, Sperren und Enqueues, Verbuchung sowie Parallelisierung. Das sind die Bestandteile, um aus einzelnen Befehlen Programme zu machen. In diesem Kapitel wird nicht der Anspruch erhoben, alle Aspekte dieser umfangreichen Themen zu beleuchten. Es werden jedoch die wichtigsten Performanceempfehlungen und Hinweise zur Analyse herausgearbeitet.

1.5 Wie sollten Sie das Buch lesen?

Natürlich wünscht sich jeder Autor, dass sein Buch von der ersten bis zur letzten Seite gelesen wird. Wenn Sie dies tun, haben Sie den Vorteil, an jeder Stelle die nötigen Voraussetzungen für das Verständnis des Kommenden zu haben. Gerade bei Computerliteratur muss jedoch auch davon ausgegangen werden, dass der Leser nur Teile liest und schnell zu den Themen kommen möchte, die ihn am meisten interessieren. Schauen Sie sich folgende zwei Zielgruppen an und suchen Sie sich die für Sie passende aus.

Der Entwickler

Als Entwickler sind Sie wahrscheinlich vor allem an den Programmierempfehlungen interessiert. Sie können mit jedem der Themen, Datenbank, Puffer oder interne Tabellen, beginnen. Die Einführung verschafft Ihnen die nötigen Grundlagen, und die Übersicht über die Tools führt die entwicklungsbegleitenden Tools ein. Danach können Sie die Programmierempfehlungen lesen und am besten anhand der Beispielprogramme vertiefen.

Die Beispielprogramme eignen sich auch sehr gut, um mit den Tools Performance-Trace und ABAP-Trace vertraut zu werden. Die ausführliche Beschreibung der Tools finden Sie im zweiten Kapitel.

Sie sollten Ihr Programm so früh wie möglich auch als Ganzes testen. Dazu ist die Anleitung im siebten Kapitel gut geeignet. Der Zugang orientiert sich an den Tools, da wahrscheinlich auch Programmteile ablaufen, mit denen Sie nicht vertraut sind. Bei der Beurteilung des Verbesserungspotenzials sollten Sie das ganze Programm berücksichtigen, nicht nur die Teile, für die Sie verantwortlich sind.

Der Tester

Als Tester sind Sie eventuell gar nicht in die Programmentwicklung involviert, sondern prüfen nur fertige Programme. Sie sollten mit den Tools vertraut sein, der Einstieg im zweiten Kapitel ist demnach sinnvoll. Danach sollten Sie sich das siebte Kapitel genauer anschauen. Anhand der Beschreibung analysieren Sie das Programm. Finden Sie problematische Punkte, dann ist Ihre Aufgabe normalerweise beendet. Um jedoch zügig zu einer Lösung zu kommen, können Sie in das entsprechende Themenkapitel gehen, um zumindest bei den einfachen Problemen gleich noch einen Lösungsvorschlag zu erstellen.

1.6 Weit verbreitete Missverständnisse

Leider befinden sich zum Thema ABAP-Performance mehr Missverständnisse im Umlauf, als einem lieb sein kann. Dieser Abschnitt stellt einige davon zusammen. Sie können solche vermeintlichen Empfehlungen leicht im Internet mit den Suchbegriffen »ABAP Performance Tuning« o.Ä. finden. Leider sind die Listen, die Sie finden werden, durchweg nicht empfehlenswert, da eigentlich immer Falsches zwischen Richtigem steht. Um entscheiden zu können, was Sie glauben dürfen und was nicht, müssten Sie eigentlich Experte sein. Hier die Liste der populärsten Performancemissverständnisse:

Datenbankzugriffe sollten immer nur mit Feldern des Primärschlüssels gemacht werden. Das wäre ja schön, ist aber leider nicht immer möglich. Im dritten Kapitel erfahren Sie alles, was Sie über Indizes wissen müssen. Sie werden dann auch verstehen, wie Sie Sekundärschlüssel effizient nutzen können.

Die Reihenfolge der Felder in der `WHERE`*-Bedingung bestimmt den Zugriffspfad und den verwendeten Index.* Dies ist nicht richtig. Die Reihenfolge der Felder spielt bei der Bestimmung des Zugriffspfads und des Index keine Rolle. Es ist aus anderen Gründen dennoch empfehlenswert, die Felder in der `WHERE`-Bedingung immer in der gleichen Reihenfolge zu schreiben. Eine detaillierte Diskussion finden Sie im Abschnitt 3.5.

Der Befehl `SELECT SINGLE` *ist weit schneller als der Befehl* `SELECT UP TO 1 ROWS`. Als Begründung wird angeführt, dass der `UP TO 1 ROWS` immer alle Treffer lesen müsse und erst dann einschränken könne. Das ist jedoch nicht richtig, sondern trifft nur auf die Kombination mit dem Sortierbefehl `ORDER BY` zu. Im Abschnitt 4.3.5 werden Sie sehen, dass diese beiden Befehle praktisch identisch sind.

Anstatt eines SELECT/ENDSELECT *sollte immer* SELECT INTO TABLE *verwendet werden.* Diese Empfehlung basiert wahrscheinlich auf dem Glauben, dass der SELECT/ENDSELECT in Einzelzugriffen auf die Datenbank gehe und nur der SELECT INTO TABLE die Array-Schnittstelle nutze. Dies ist jedoch falsch. Beide nutzen die Array-Schnittstelle, sodass der Unterschied zwischen den beiden Befehlen geringer ist als gemeinhin angenommen. Genaueres finden Sie im Abschnitt 4.4.2.

An dem Befehl FOR ALL ENTRIES scheiden sich die Geister. Es gibt absolute Gegner des Befehls, die empfehlen, *den* FOR ALL ENTRIES *am besten gar nicht zu verwenden.* Es gibt aber auch glühende Anhänger des Befehls, die sogar empfehlen, *jeden Join durch* FOR ALL ENTRIES *zu ersetzen*, weil dies immer die Performance verbessern würde. Beide Empfehlungen sind nicht richtig. Der Befehl FOR ALL ENTRIES ist ein sehr nützlicher und empfehlenswerter Befehl. Er kann aber auch zu Problemen führen, wenn er falsch eingesetzt wird. Die entsprechende Diskussion finden Sie im Abschnitt 4.4.5. Und natürlich sollte nicht jeder funktionierende Join durch einen FOR ALL ENTRIES ersetzt werden. Bei einem problematischen Join kann er jedoch eine sinnvolle Alternative sein. Mehr zu diesem Thema finden Sie im Abschnitt 4.7.

Zugriffe auf Tabellen sollten ausschließlich mit Feldlisten gemacht werden, ein SELECT * *sollte möglichst vermieden werden.* Die Verwendung von Feldlisten ist zwar meist positiv, ihr Effekt wird jedoch stark überschätzt. Die genaue Diskussion mit Beispielen finden Sie im Abschnitt 4.5.

Folgende Befehle lesen am Tabellenpuffer vorbei, einen Satz dieser Art gibt es in jeder Liste mit Performanceempfehlungen. Die dann folgende Aufzählung ist jedoch meist relativ kurz. Da der Tabellenpuffer sehr wichtig für die Performance ist, sollten Sie genau wissen, welche Befehle nicht auf den Puffer zugreifen können. Die detaillierte Liste der am Tabellenpuffer vorbeilesenden Befehle finden Sie im Abschnitt 5.3.3.

Schließlich gibt es noch die populäre Empfehlung *Vermeiden Sie geschachtelte* LOOPs. Es ist zwar richtig, dass die geschachtelten Schleifen Hauptverursacher von Performanceproblemen in der ABAP-Programmierung sind. Es ist aber nicht möglich, solche Aufgaben einfach zu vermeiden. Dass dies auch gar nicht nötig ist, da performante Lösungen leicht möglich sind, erfahren Sie in demAbschnitt 6.4.2 und folgenden.

1.7 Beispielprogramme

Um nicht Behauptungen einfach andere Behauptungen gegenüberzustellen, basieren alle Empfehlungen in diesem Buch auf zuverlässigen Messungen. Sollten Sie irgendwo Zweifel haben, dann können Sie diese Messungen anhand der Programme auf der Webseite zu diesem Buch selbst nachvollziehen. Damit können Sie sich direkt selbst ein Bild machen, und zwar ganz konkret in Ihrem eigenen System.

Sie sehen dann nicht nur, welche Empfehlungen Verbesserungen bringen, sondern Sie bekommen auch ein Gefühl für die Größe der Effekte. Aussagen darüber, welche Änderungen große Verbesserungen bringen und welche nur marginale, werden Sie weitgehend vergeblich suchen.

Die Beispiele sind eine reine Ergänzung. Natürlich wurde in diesem Buch Wert darauf gelegt, alles so klar und vollständig wie möglich zu erklären. Dennoch lässt sich anhand eines konkreten Programmbeispiels die Verständlichkeit erhöhen.

Tab. 1–2 *Beispielprogramme zu diesem Buch*

Programmname	Kap.	Beschreibung
ZPERF_DB_EXPLAIN	2	Enthält unterschiedliche Beispiele für die verschiedensten möglichen DB-Explains
ZPERF_DB_EX	4	Beispiele zur Datenbankprogrammierung
ZPERF_BUFFER_EX	5	Beispiele für die Puffernutzung
ZPERF_ITAB_EX	6	Beispiele zum Programmieren mit internen Tabellen
Z_SE30_COMPARE	7	Der Vergleich zweier ABAP-Trace-Hitlisten liefert das Skalierungsverhalten.
ZPERF_RFC_EX	8	Einfache Beispiele zu den RFCs

Die Messprogramme zu den Kapiteln 4, 5 und 6 verdeutlichen die Aussagen aus dem Buch. Sie zeigen ganz konkrete Messungen in Ihrem System mit Ihrer Hardware und Ihrer Datenbank. Diese Informationen sind sehr nützlich und ermöglichen es Ihnen, ein Gefühl für Performanceoptimierung zu entwickeln. Die Nutzung ist ganz einfach, Sie müssen nach dem Installieren nur eine Nummer pro Testfall eingeben. Die darin enthaltenen Mitteilungen sind sehr wichtig, um verlässliche Ergebnisse zu erhalten. Die anderen Programme erschließen sich im jeweiligen Zusammenhang.

Sie müssen nicht alle Beispiele ausführen. Sie können davon ausgehen, dass ich alle Beispiele auf den sechs Datenbankplattformen, siehe Anhang 10.4 ausgeführt habe. Das verwendete SAP-Release war SAP NetWeaver Release 7.0 EhP1 und bei den Datenbanken ein entsprechendes zertifiziertes Release.

Ohne Anspruch auf Vollständigkeit wurden auch ein paar ältere Releases bis 4.0 getestet. Mit kleineren Anpassungen sind die meisten Beispiele auch dort lauffähig.

1.8 Übersicht über die SAP-Releases

In diesem Buch gibt es nur Abhängigkeiten von den NetWeaver bzw. Basisreleases des SAP-Systems. Die Bilder und Inhalte beziehen sich auf das **SAP NetWeaver Release 7.0 EhP1**. Ältere Releases sind SAP Web AS Release 6.40 bzw. 6.20/6.10 und SAP Basis Release 4.6, 4.5 bzw. 4.0.

Da die Entwicklung für SAP NetWeaver Release 7.0 EhP2 bereits abgeschlossen ist, werden neue Möglichkeiten aus diesem Release gelegentlich als Ausblick beschrieben.

1.9 Abbildungen

Viele der folgenden Abbildungen sind Bildschirmenansichten aus dem SAP-System. Der gesamte Bildschirm hat immer eine Form wie die folgende.

Abb. 1–4
Ausschnitt bei einer Bildschirmansicht

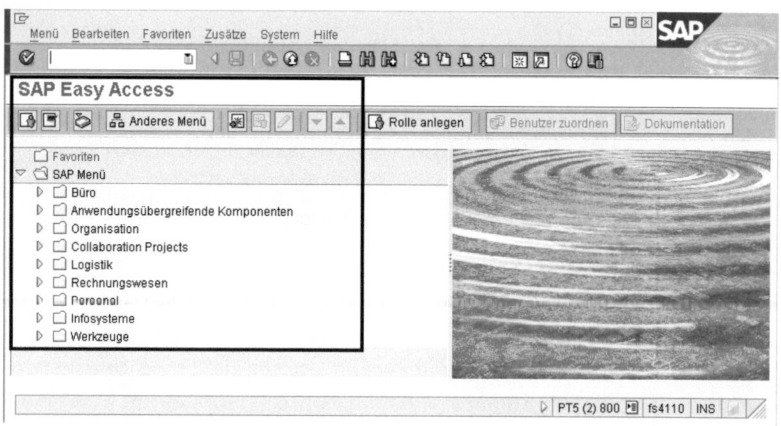

Um jedoch das Wichtigste in einer lesbaren Größe zu zeigen, wurden oft Ausschnitte erstellt. Alle Bildschirmansichten und auch alle anderen Abbildungen sind Eigentum der SAP.

2 Performance-Tools

2.1 Kapitelübersicht

Die wichtigsten Tools zur Untersuchung der Performance von ABAP-Programmen sind die Performance-Trace (ST05), in der die SQL-, Enqueue-, Remote Functions Call- (RFC) und die Puffer-Trace zusammengefasst sind, sowie die ABAP-Trace (SE30).

Da die Traces in mehreren späteren Kapiteln gebraucht werden und ihr Funktionsumfang nicht auf ein paar Seiten wiedergegeben werden kann, ist es sinnvoll, diese Tools zuerst zu beschreiben. Außerdem ist es durch die Zusammenfassung in einem Kapitel möglich, besser auf Ähnlichkeiten zwischen den Tools hinzuweisen. Das Kapitel ist folgendermaßen aufgebaut:

Tab. 2–1 *Die Performance-Tools*

Performance-Tools	Transaktionscode	Abschnitte
Performance-Trace	ST05	2.2
SQL-Trace	ST05	2.3
Puffer-Trace	ST05	2.4
RFC-Trace	ST05	2.5
Enqueue-Trace	ST05	2.6
ABAP-Trace	SE30	2.7
Statistiksätze	STAD	2.8
Code Inspector	SCI	2.9
Weitere Tools		2.10
Erweiterung zu SAP NetWeaver Release 7.0 EhP2		2.11

Inhaltsübersicht

Zunächst folgt in Abschnitt 2.2 bis 2.6 die wichtigste und umfangreichste Trace, die Performance-Trace (ST05). In ihr sind vier Traces, nämlich die SQL-, Puffer-, RFC- und Enqueue-Trace zusammengefasst. Um die dargestellte Information verstehen zu können, ist es notwendig, dass Sie ein Grundwissen über Datenbank- und Pufferzugriffe sowie Remote Function Calls und Enqueues besitzen. Diese Informationen finden Sie in den einführenden Teilen der Kapitel 3, 5 und 8.

Die wichtigste Trace auf dem Applikationsserver, die ABAP-Trace (SE30), ist Inhalt des Abschnitt 2.7. Sie zeigt vor allem die Programmstruktur und die Modularisierungseinheiten. Aber auch andere teure Anweisungen, wie Datenbankzugriffe und Operationen auf internen ellen, können mit dieser Trace vermessen werden.

Neben den detaillierten Traces ist der Monitor der Statistiksätze oder Statistikmonitor (STAD) hilfreich. Seine Daten werden permanent erzeugt und ermöglichen es so jederzeit einen schnellen Überblick über die Gesamtlaufzeit und die Verteilung der Laufzeit auf Datenbank und Applikationsserver zu bekommen.

Ein weiteres hilfreiches Tool ist der im Abschnitt 2.9 vorgestellte Code Inspector (SCI). Er kann automatisiert Tests an Quellcode und Data-Dictionary-Einstellungen durchführen. Dadurch lassen sich einige Probleme leicht aufspüren, die sich sonst erst aus einer umfangreichen Analyse ergäben.

Es gibt noch weitere nützliche Tools und Hilfsmittel. Diese lassen sich aber besser direkt in den Kapiteln erklären, in denen sie benötigt werden. Der Abschnitt 2.10 enthält eine kurze Übersicht über alle in diesem Buch beschriebenen Tools.

Mit SAP NetWeaver Release 7.0 EhP2 werden sich beide Traces vor allem in ihrem Aussehen, aber auch in ihrem Funktionsumfang verändern. Da dieses Release im Moment noch keine große Verbreitung hat, werden dessen Neuerungen im Abschnitt 2.11 lediglich als Ausblick zusammengefasst.

Monitore, Traces und Analyse

Es gibt zwei wichtige Arten von Performance-Tools: die Monitore und die Traces. Die Monitore zeigen die Daten an, welche das System ständig fortwährend wegschreibt. Dazu zählt vor allem der Statistikmonitor (STAD), aber auch die weiteren Monitore ST02, ST03, ST04, ST06 und ST07, siehe Abschnitt 2.10.

Dagegen zeichnen Traces sehr viel detailliertere Daten auf. Diese Daten können nur auf Verlangen aufgezeichnet werden, da sie zu umfangreich sind und ihre Erzeugung die Anwendung verlangsamt. Die Traces erzeugen sozusagen eine Spur, die die Anwendung hinterlässt. Die dafür verwendeten Tools werden hier immer Traces genannt. Sie werden an manchen Stellen im System auch mal als Performanceanalyse oder Laufzeitanalyse bezeichnet. Unter Analyse verstehe ich in diesem Buch jedoch immer den Auswertungsprozess der Trace-Daten. Diese Auswertung kann bisher noch kein Tool übernehmen.

Der, die oder das Trace

Erst während der Arbeit an diesem Buch kam die Frage auf, welcher Artikel für »the trace« im Deutschen am sinnvollsten sei. Es zeigte sich, dass sowohl »der« als auch »die« benutzt werden. Überraschenderweise schlägt der Duden jedoch »das Trace« vor, eine Regelung, die ich im Sprachgebrauch noch nie gehört habe. Die meisten Referenzen im Internet nutzen zusammengesetzte Wörter, bei denen das Wort nach Trace den Artikel bestimmt. Deshalb habe ich mich entschlossen, bis zu einer eindeutigen Klärung, den Artikel »die« zu verwenden. Das ist der Artikel, den ich in Gesprächen schon seit über 10 Jahren nutze. Es gibt auch Argumente dafür, wie das Französische »la trace« oder »die Spur« als Einzige im Kontext sinnvolle Übersetzung von »trace«.

Releaseabhängigkeit

Die hier beschriebenen Tools Performance-Trace (ST05), ABAP-Trace (SE30), Statistikmonitor (STAD) und Code Inspector (SCI) haben über die Releases hinweg immer wieder kleinere Änderungen erfahren. Die meisten beschriebenen Eigenschaften sind seit SAP Basis Release 4.6 verfügbar. Lediglich der Code Inspector ist erst mit SAP Web AS Release 6.10 dazugekommen. Die Beschreibung und vor allem die Bilder in diesem Buch orientieren sich an dem Stand SAP NetWeaver Release 7.0 EhP1. Die Änderungen zum bereits fertiggestellten Release 7.0 EhP2 sind im Abschnitt 2.11 zusammengefasst.

2.2 Performance-Trace (ST05)

Die Performceanalyse, im Weiteren Performance-Trace genannt, enthält die wichtigsten Performance-Tools des SAP-Systems. Dies sind die SQL-Trace, die Puffer-Trace, die Remote Function Call oder RFC-Trace sowie die Enqueue-Trace. Diese Tools werden in den folgenden Abschnitten im Detail erklärt.

Dieser einführende Abschnitt stellt die Schritte zusammen, die bei allen Tools gleich sind. Es ist sinnvoll, das Arbeiten mit einer Trace in drei logische Schritte zu zerlegen. Diese Schritte tauchen in allen Traces auf, die Bezeichnungen können jedoch variieren:

1. Schritt: Vorbereitung, Durchführung und Aufrufen der Ergebnisse
2. Schritt: Überblick gewinnen, Ergebnisse analysieren und beurteilen
3. Schritt: Detailanalyse der interessanten Ergebnisse

Diese drei Schritte werden Sie nun genauer kennenlernen.

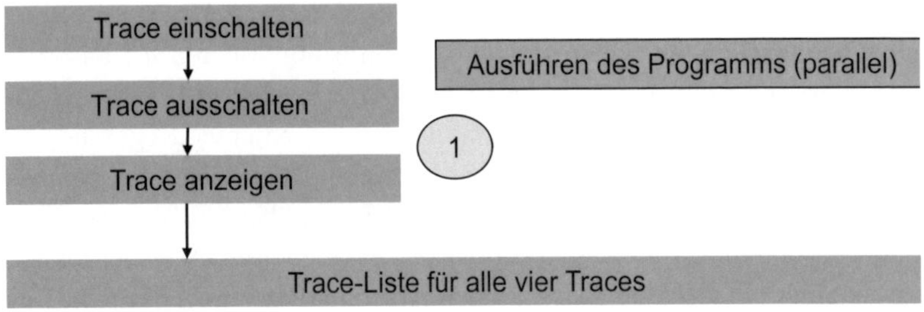

Abb. 2–1 *Struktur der Performance-Trace*

2.2.1 Was zeigt die Performance-Trace?

Da die Beschreibung von technischen Tools immer etwas trocken sein kann, ist eine gute Motivation sehr wichtig. Aus diesem Grund habe ich mich entschlossen, die Zusammenfassung jedes Tools gleich als Motivation voranzustellen. Dieser Abschnitt sagt Ihnen, was die Performance-Trace auszeichnet:

- Das Erstellen der Performance-Trace ist relativ einfach: Ohne irgendwelche Parametereinstellungen kann sie gestartet, angehalten und angezeigt werden.
- Es kann jedoch nur eine Performance-Trace pro Applikationsserver aktiv sein.
- Die Trace-Daten sind einfach in einem Ringspeicher pro Applikationsserver abgelegt, sie werden durch Anfangs- und Endzeitpunkt wieder ausgelesen. Um Trace-Daten wiederzufinden, müssen Sie den Applikationsserver und das Traceinterval kennen.
- Jede neue Trace überschreibt ältere Trace-Daten. Wichtige Traces können seit NetWeaver 7.0 EhP1 abgespeichert werden.

2.2.2 Erstellen und Darstellen einer Trace

Erstellen

Es gibt mehrere Möglichkeiten, die Performance-Trace aufzurufen:

- mit dem Transaktionscode ST05,
- über das Menü *System → Hilfsmittel → Performance-Trace*,
- über das über das Easy-Access-Menü entweder über *Werkzeuge → ABAP Workbench → Test → SQL-Trace* oder über *Werkzeuge → Administration → Monitor → Performance → Traces → Performance Trace.*

Sie gelangen immer zum folgenden Einstiegsbild. Beachten Sie bitte, dass nicht jeder Benutzer die Performance-Trace aufrufen darf. Gelegentlich muss diese Berechtigung erst angefordert werden.

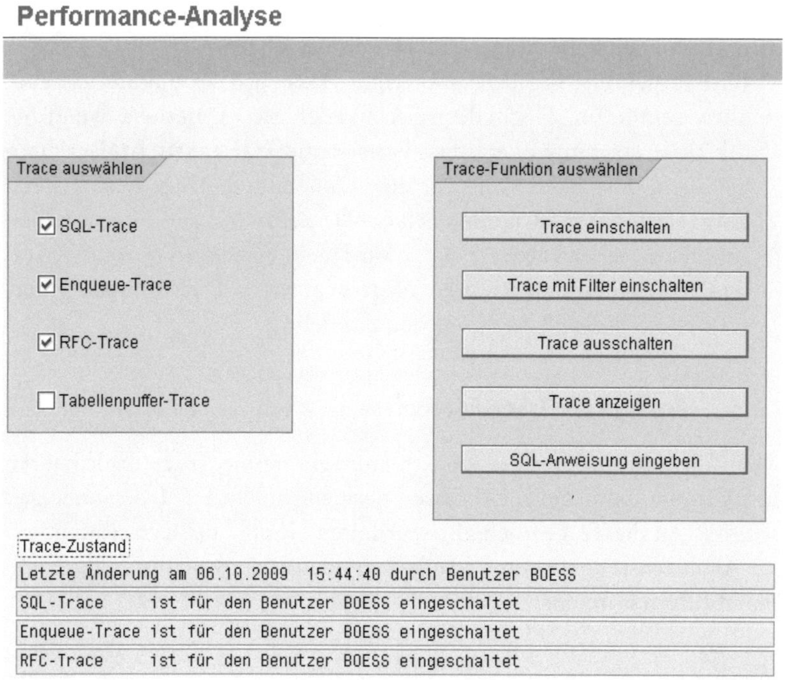

Abb. 2–2
Einstiegsbild in die Performance-Trace

Am Einstiegsbild können Sie auswählen, welchen Trace-Typ Sie ausführen wollen, entweder einen alleine oder mehrere zusammen. Die Traces werden dann einfach durch Drücken der Schaltfläche *Trace einschalten* aktiviert. Danach werden alle messbaren Aktivitäten für den Benutzer mitgeschrieben, und zwar so lange, bis Sie *Trace ausschalten* drücken. Bevor Sie die Trace aktivieren, sollten Sie jedoch folgende Punkte beachten:

- Das zu untersuchende Programm sollte **in einem zweiten Modus** gestartet werden. Dabei ist es egal, ob dies direkt aus dem ABAP-GUI oder über eine Webanwendung geschieht.
- Sie sollten keine Trace erstellen, ohne die Anwendung vorher ein- oder zweimal ausgeführt zu haben. Die **Vorläufe** sind nötig, um die Puffer und Caches in der Datenbank und auf dem Applikationsserver zu füllen, denn nur so erhalten Sie wiederholbare Messergebnisse. Den Effekt können Sie sich im Abschnitt 2.3.4 anhand eines Beispiels ansehen.
- Es ist möglich, die **Trace mit einem Filter** zu starten. Dadurch können Sie insbesondere die Aktivitäten eines anderen Benutzers protokollieren. Das ist nützlich, wenn Anwendung und Trace von verschiedenen Benutzern ausgeführt werden, was gelegentlich vorkommen kann. Es ist auch möglich, die SQL-Trace auf bestimmte Tabellen oder Views

einzuschränken, zum Beispiel um die Trace länger aktiviert zu lassen und dennoch kein riesiges Trace-File zu erzeugen.

- Bitte beachten Sie, dass **nur eine Trace pro Applikationsserver aktiv** sein kann. Normalerweise werden Sie es merken, wenn Sie die Trace starten wollen, dass bereits eine Trace aktiv ist. Beachten Sie auch, dass jeder Benutzer die gerade aktive Trace deaktivieren kann. Das kann zu unangenehmen Überraschungen bei Systemen führen, in denen relativ viele Leute Traces ziehen. In normalen Systemen arbeiten nur wenige Nutzer mit der Performance-Trace, sodass dies keine Einschränkung darstellt.

2.2.3 Anzeige der Trace-Ergebnisse

Wenn die Anwendung beendet ist, müssen Sie die Trace deaktivieren und können dann die Ergebnisse anzeigen, indem Sie *Trace anzeigen* drücken. Ist die Trace noch aktiv, erhalten Sie eine Fehlermeldung.

Als Nächstes erhalten Sie Info-Pop-up, auf dem Sie die angezeigten Daten filtern können:

Abb. 2–3
Auswahlbild zur Anzeige

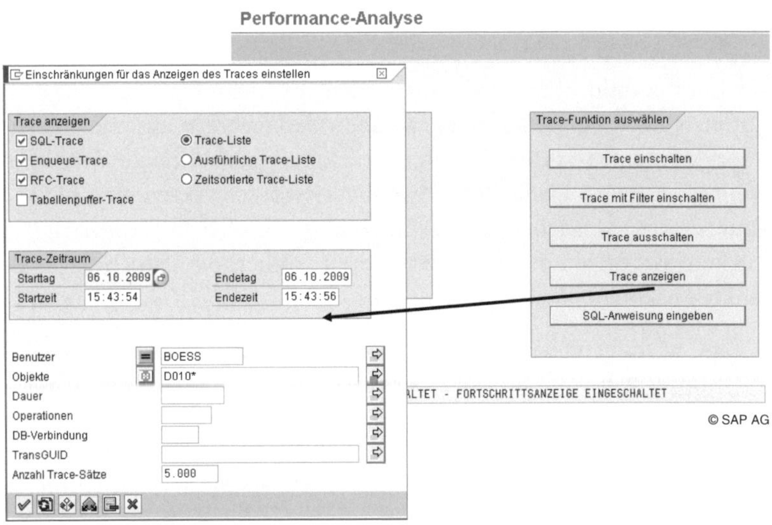

© SAP AG

Auswahl der Ergebnisse

Hier kann ausgewählt werden:

- Welche Trace-Typen sollen angezeigt werden: SQL-, Puffer-, RFC- oder Enqueue-Trace? Die Typen, welche beim Erstellen der Trace aktiviert waren, können zusammen oder einzeln angezeigt werden.
- Auch die Art der Darstellung, also normale, ausführliche oder zeitsortierte Trace-Liste, kann ausgewählt werden.

- Ganz wichtig ist die Start- und Stoppzeit. Falls Sie die Trace gerade erstellt haben, sind die Werte für Datum und Uhrzeit bereits vorbelegt. Sie können aber auch andere Zeitpunkte eintragen, um zum Beispiel eine ältere Trace aufzurufen. Da beliebige Zeitpunkte möglich sind, können Sie die Trace einschränken oder die Darstellung auf mehrere Traces erweitern.
- Von den Filtern ist vor allem der Filter auf Benutzer wichtig, da Sie eventuell die Aktionen eines anderen Benutzers aufgezeichnet haben. Auch die Einschränkung auf bestimmte Objekte ist gelegentlich nützlich. Die anderen fünf Filter, Ausführungsdauer, Operation, Datenbankverbindung, TransGUID und Anzahl der Trace-Records, sind weniger wichtig.

Anzeige der Ergebnisse

Nach der Auswahl lassen Sie sich die gewünschten Ergebnisse anzeigen. Dabei sind einige Punkte von Interesse:

- Bei großen Dateien erscheint nach kurzer Zeit ein Pop-up mit dem Hinweis, dass bereits **5.000 Trace-Sätze aufbereitet** sind. Dann können Sie sich entscheiden, ob Sie alle Daten sehen wollen oder zunächst nur diese ersten Sätze. Die Begrenzung kann sinnvoll sein, wenn Sie sich nicht ganz sicher sind, ob die Daten sinnvoll sind.
- Falls zu den Selektionsbedingungen **keine Trace-Sätze** vorliegen, erhalten Sie eine entsprechende Systemmeldung.
- Die Trace-Daten werden einfach hintereinander weggeschrieben, sie werden **nicht zu Dateien zusammengefasst**, sondern durch Start- und Stoppzeit gefiltert. Dies hat den Nachteil, dass Sie sich diese Daten merken müssen, wenn Sie eine Trace später noch einmal anschauen möchten.
- Außerdem müssen Sie wissen, dass die Trace-Dateien **im Filesystem** des Applikationsservers gespeichert werden. In Systemen mit mehreren Applikationsservern müssen Sie sich den Applikationsserver merken, wenn Sie die Trace später noch einmal anschauen wollen. Bei einer automatischen Lastverteilung ist es nicht sicher, dass Sie bei der nächsten Anmeldung auf dem gleichen Applikationsserver landen.
- Schließlich ist zu beachten, dass die Performance-Trace, wenn der zur Verfügung stehende Platz zu Ende ist, einfach zum Anfang des Filesystems geht und dort die Daten überschreibt. In älteren Releases war die Gesamtgröße teilweise etwas knapp bemessen, sodass eine lang laufende Trace sich selbst überschreiben konnte. Dies ist in neueren Releases für normale Traces nicht mehr der Fall. Dennoch bleibt zu beachten: Sollte ein Benutzer vergessen, die Trace zu deaktivieren, dann wird diese Trace früher oder später

den gesamten Platz einnehmen. Die Trace-Daten sind also nicht gesichert. Wichtige Traces können Sie mit folgendem Feature sichern.

2.2.4 Trace-Dateien permanent speichern

Ab SAP NetWeaver Release 7.0 EhP1 können die Dateien der Performance-Trace im Filesystem des Applikationsservers abgespeichert werden. Dazu müssen Sie auf dem Einstiegsbild in das Menü unter *Performance-Trace und Trace sichern Strg+S* gehen.

Darauf erscheint ein Pop-up, in dem Sie das Trace-File mit einem Kommentar versehen sowie einige Einschränkungen vornehmen können. Die Einschränkungen sind den Möglichkeiten bei *Trace mit Filter* ähnlich. Beachten Sie bitte, dass der Kommentar hinterher nicht mehr geändert werden kann, deshalb sollten Sie gleich einen sinnvollen Namen wählen, um Ihre eigene Trace später wiederfinden und von ähnlichen Traces unterscheiden zu können.

Wollen Sie eine abgespeicherte Trace später wieder aufrufen, dann müssen Sie sie ebenso über das Menü wieder auswählen, d. h. über *Performance-Trace → Gesicherten Trace anzeigen Strg+F8*. Daraufhin erscheint wieder ein Pop-up mit einer Liste der Trace-Dateien. Darin können Sie die gesuchte Trace – hoffentlich – anhand Ihres Kommentars identifizieren. Nach Auswahl der gespeicherten Trace erscheint das Pop-up der Anzeigefunktion. Hier können Sie die Auswahl noch verfeinern und müssen nicht die gesamte gespeicherte Trace anzeigen. Schließlich können Sie die Trace anzeigen lassen.

Es ist ratsam, dass Sie sich vergewissern, ob alles richtig funktioniert hat, indem Sie zum Beispiel Datum und Benutzername prüfen. Dadurch können Sie sicherstellen, dass Sie nicht aus Versehen aktuelle Trace-Daten oder die Daten eines anderen Benutzers anzeigen.

2.3 SQL-Trace (ST05)

Die SQL-Trace ist wohl das wichtigste Performance-Tool im SAP-System. Sie sammelt Informationen über alle Zugriffe, die zur Datenbank gehen. Für diese zeigt sie die Anzahl und Dauer der Ausführungen und die Zahl der gelesenen oder geänderten Tabellensätze an. Zusätzlich bekommt die SQL-Trace noch Informationen über die datenbankinterne Verarbeitung der Anweisungen, zum Beispiel nach welcher Strategie die Sätze gesucht wurden.

2.3.1 Was zeigt die SQL-Trace?

Dieser Abschnitt soll als Motivation und gleichzeitig als Zusammenfassung dienen. Hier erfahren Sie, was die SQL-Trace liefern kann. Schauen Sie sich die Punkte genauer an, mit denen Sie nicht vertraut sind:

- Die SQL-Trace zeigt die Open-SQL-Befehle, die auf die Datenbank zugreifen. Manche Open-SQL-Befehle können auf dem Tabellenpuffer erfüllt werden. Diese sind in der Puffer-Trace (Abschnitt 2.4) zu sehen. Die SQL-Trace ist also genau genommen die Datenbank-Trace.
- Die Anzeige führt immer zuerst in die Trace-Liste. Diese enthält die zeitliche Abfolge der Anweisungen, wobei jede Anweisung meist mehrere Zeilen einnimmt. Dadurch wird die Trace-Liste sehr umfangreich. Die Trace-Liste ist vor allem geeignet, um kürzere Programmbereiche ausführlich zu untersuchen.
- Für jede Anweisung sind der Tabellen- oder Viewname, die Anweisung und die gemessenen Werte für Laufzeit, Anzahl der gelesenen oder geänderten Sätze zu sehen.
- Für größere Programme ist die Verdichtung nach SQL-Anweisungen viel nützlicher. Sie fasst gleiche Anweisungen zusammen. Dadurch sehen Sie den Gesamtbeitrag der Anweisung, d. h. die Gesamtdauer, die Gesamtzahl der Sätze und Zahl der Ausführungen. Außerdem sind die Pufferungsart, die identischen Ausführungen und weitere zusätzliche Informationen zu finden. Dies macht die Verdichtung sehr nützlich für die Analyse, wie Sie im Abschnitt 7.4 sehen werden.
- Außerdem gibt noch die Verdichtung nach Tabellen und die Liste der Identischen Selects.
- Die Trace-Liste und die Verdichtung nach SQL-Anweisungen ermöglichen pro Zeile den Absprung in die Detailanzeigen: Anweisungsdetail, DDIC-Information, ABAP-Quellcode und vor allem der Explain.
  - Bei teuren Anweisungen hilft der Explain zu verstehen, wie die Datenbank die Anweisung verarbeitet. Mit etwas Wissen, wie es im nächsten und übernächsten Kapitel vermittelt wird, sind Sie in der Lage einzuschätzen, ob der Zugriff verbessert werden kann.
- Falls vorhanden, zeigt die SQL-Trace auch Zugriffe auf den Livecache.

Sie sehen, die SQL-Trace ist ein umfangreiches Tool, das Sie sich unbedingt genauer ansehen sollten.

2.3.2 Struktur der SQL-Trace

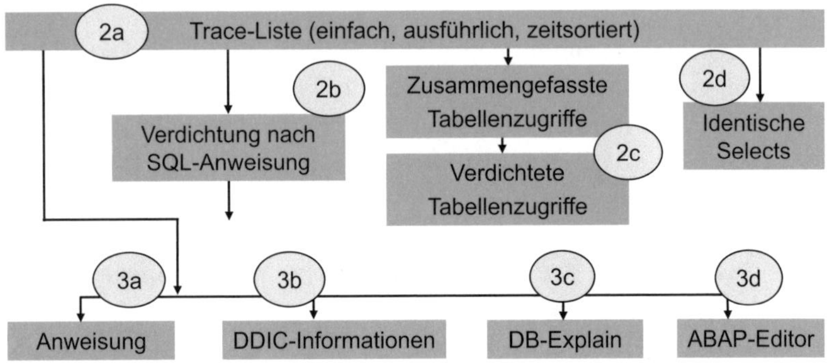

Abb. 2–4 *Struktur der SQL-Trace (ST05)*

Übersicht über die Trace-Daten

Für das Anzeigen und Analysieren der Trace-Ergebnisse gibt es vier Darstellungen. Diese finden Sie immer über das Menü unter *Trace-Liste:*

- *Wechsel zwischen ausführlicher und normaler Trace-Liste*
- *Trace nach SQL-Anweisungen verdichteten (Umsch + F8)*
- *Zusammengefasste Tabellenzugriffe (Strg + F8)*
- *Identische Selects anzeigen (Strg + Umsch + F8)*

Außerdem gibt es vier Detailanzeigen, die von der Trace-Liste und der der Verdichtung nach SQL-Anweisungen erreicht werden können:

- Detailanzeige der Datenbankanweisung mit Parameterbeispiel
- Aufruf der Data-Dictionary-Anzeige (DDIC) für Tabelle oder View
- Datenbank-Explain
- Anzeige der Aufrufstelle im ABAP-Quellcode

Abb. 2–5 *SQL-Trace Menü und Funktionen*

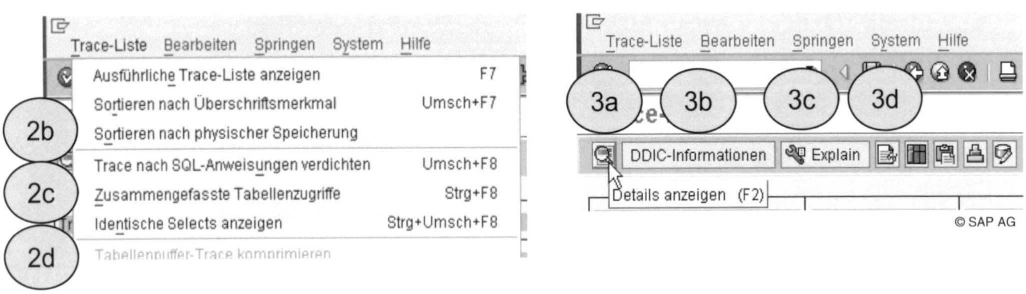

2.3.3 Die SQL-Trace-Liste

Die SQL-Trace zeigt zunächst immer die Trace-Liste, die es in drei Versionen gibt: normal, ausführlich oder zeitsortiert. Diese enthält alle Ergebnisse im Detail in chronologischer Reihenfolge. Jede Ausführung einer Anweisung ergibt eine oder sogar mehrere Zeilen in dieser Anzeige. Der Zeitstempel lässt sich in der ausführlichen Trace-Liste einblenden.

In der Trace-Liste werden auch die Ergebnisse der RFC-, Puffer- oder Enqueue-Trace angezeigt, falls diese erstellt und für die Anzeige ausgewählt wurden. Die Zeilen der einzelnen Trace-Typen lassen sich leicht unterscheiden, da sie in verschiedenen Farben unterlegt sind. Die SQL-Zeilen sind in hellerem und dunklerem Gelb unterlegt. Der Wechsel zwischen Hell und Dunkel findet statt, wenn der Eintrag in der Spalte `Objektname`, also Tabellen- oder Viewname, wechselt.

Abb. 2-6
Aussehen der Trace-Liste bei der SQL-Trace

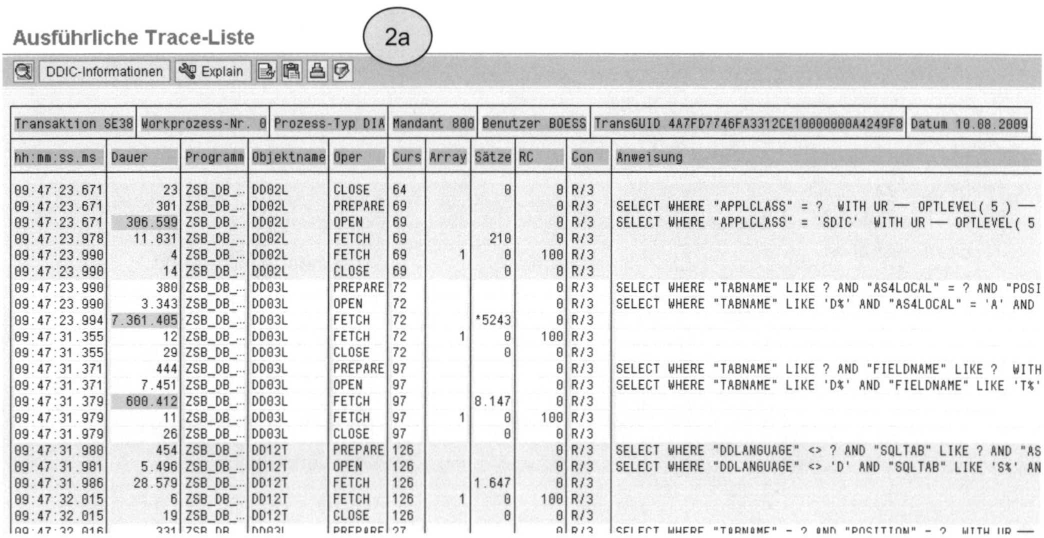
Ausführliche Trace-Liste

2a

DDIC-Informationen | Explain

Transaktion SE38	Workprozess-Nr. 0	Prozess-Typ DIA	Mandant 800	Benutzer BOESS	TransGUID 4A7FD7746FA3312CE10000000A4249F8	Datum 10.08.2009

hh:mm:ss.ms	Dauer	Programm	Objektname	Oper	Curs	Array	Sätze	RC	Con	Anweisung
09:47:23.671	23	ZSB_DB_...	DD02L	CLOSE	64		0	0	R/3	
09:47:23.671	301	ZSB_DB_...	DD02L	PREPARE	69			0	R/3	SELECT WHERE "APPLCLASS" = ? WITH UR — OPTLEVEL(5) —
09:47:23.671	306.599	ZSB_DB_...	DD02L	OPEN	69			0	R/3	SELECT WHERE "APPLCLASS" = 'SDIC' WITH UR — OPTLEVEL(5
09:47:23.978	11.831	ZSB_DB_...	DD02L	FETCH	69		210	0	R/3	
09:47:23.990	4	ZSB_DB_...	DD02L	FETCH	69	1	0	100	R/3	
09:47:23.990	14	ZSB_DB_...	DD02L	CLOSE	69		0	0	R/3	
09:47:23.990	380	ZSB_DB_...	DD03L	PREPARE	72			0	R/3	SELECT WHERE "TABNAME" LIKE ? AND "AS4LOCAL" = ? AND "POSI
09:47:23.990	3.343	ZSB_DB_...	DD03L	OPEN	72			0	R/3	SELECT WHERE "TABNAME" LIKE 'D%' AND "AS4LOCAL" = 'A' AND
09:47:23.994	7.361.405	ZSB_DB_...	DD03L	FETCH	72		*5243	0	R/3	
09:47:31.355	12	ZSB_DB_...	DD03L	FETCH	72	1	0	100	R/3	
09:47:31.355	29	ZSB_DB_...	DD03L	CLOSE	72		0	0	R/3	
09:47:31.371	444	ZSB_DB_...	DD03L	PREPARE	97			0	R/3	SELECT WHERE "TABNAME" LIKE ? AND "FIELDNAME" LIKE ? WITH
09:47:31.371	7.451	ZSB_DB_...	DD03L	OPEN	97			0	R/3	SELECT WHERE "TABNAME" LIKE 'D%' AND "FIELDNAME" LIKE 'T%'
09:47:31.379	600.412	ZSB_DB_...	DD03L	FETCH	97		8.147	0	R/3	
09:47:31.979	11	ZSB_DB_...	DD03L	FETCH	97	1	0	100	R/3	
09:47:31.979	26	ZSB_DB_...	DD03L	CLOSE	97		0	0	R/3	
09:47:31.980	454	ZSB_DB_...	DD12T	PREPARE	126			0	R/3	SELECT WHERE "DDLANGUAGE" <> ? AND "SQLTAB" LIKE ? AND "AS
09:47:31.981	5.496	ZSB_DB_...	DD12T	OPEN	126			0	R/3	SELECT WHERE "DDLANGUAGE" <> 'D' AND "SQLTAB" LIKE 'S%' AN
09:47:31.986	28.579	ZSB_DB_...	DD12T	FETCH	126		1.647	0	R/3	
09:47:32.015	6	ZSB_DB_...	DD12T	FETCH	126	1	0	100	R/3	
09:47:32.015	19	ZSB_DB_...	DD12T	CLOSE	126		0	0	R/3	
09:47:32.016	331	ZSB_DB_...	DD03L	PREPARE	27			0	R/3	SELECT WHERE "TABNAME" = ? AND "POSITION" = ? WITH UR —

Blöcke bei normaler und ausführlicher Trace-Liste

Logisch zusammengehörende Anweisungen sind zu Blöcken zusammengefasst, welche eine Überschrift mit folgenden Feldern aufweisen:

Tab. 2–2
Blocküberschriften in der Trace-Liste

Nr	Blocküberschrift	Bedeutung
1	`Transaktion`	Transaktionscode
2	`Workprozess-Nr.`	interne Nummer des Workprozesses
3	`Prozess-Typ`	Workprozesstypen (siehe unten)
4	`Mandant (Client)`	Anmeldemandant
5	`Benutzer (User)`	Benutzername
6	`TransGUID (Trans ID)`	ID der Transaktion
7	`Datum (Date)`	Datum

Der `Prozess-Typ` (3) bezeichnet den Workprozesstyp und verwendet dafür folgende Abkürzungen: `DIA` für Dialog-, `BTC` für Batch-, `UPD` und `UP2` für V1- und V2-Verbuchungs- sowie `ENQ` für Enqueue- und `SPO` für Spool-Workprozess. Mehr Information zu den Workprozessen finden Sie im Abschnitt 8.3.

Die `Transaktions-GUID` (6) ist ein eindeutiger Bezeichner für einen Programmteil. Immer wenn eine dieser Variablen ihren Wert ändert, wird ein neuer Block angelegt.

Trace-Liste

Die Ergebnisse der Trace stehen unter dieser Überschrift in einer Liste mit folgenden Spalten:

Tab. 2–3
Spaltenübersicht der SQL-Trace-Liste

Spalte		Überschrift	Bedeutung
1	*	`hh:mm:ss.ms`	Zeitstempel in Millisekunden
2		`Dauer`	verbrauchte Zeit in Mikrosekunden (µs)
3	*	`Programm`	aufrufendes Programm
4		`Objektname`	Tabellenname
5		`Operation (Oper)`	Operation (siehe unten)
6	*	`Cursor (Curs)`	Datenbank-Cursor
7	*	`Array`	Max. Zahl von Sätzen pro `FETCH` oder `REEXEC`
8		`Sätze`	Anzahl der Sätze
9		`RC`	Return-Code
10	*	`Connection (Con)`	Name der Datenbankverbindung
11	**	`WP`	Nummer des Workprozesses
12		`Anweisung`	Datenbankanweisung

Ein Sternchen bezeichnet jene Spalten, die nicht in der normalen Trace-Liste vorkommen. Zwei Sternchen bezeichnen die Zusatzspalte, die nur in der zeitsortierten Trace-Liste genutzt wird.

Mehrere Spalten spezifizieren eine Anweisung, außerdem gibt es gemessene Werte und Zusatzinformationen:

- Eine Zeile wird durch folgende Spalten spezifiziert:
  - Der `Zeitstempel` (1) ist das Ordnungskriterium.
  - Der `Objekt-` bzw. `Tabellenname` (4) ist die wichtigste Information.
  - Die `Anweisung` (12) enthält eine verkürzte Form der ausgeführten Anweisung. Dazu gibt es unten mehr Information.
  - Die `Operation` (5) ist ein Teilschritt der Anweisung auf der Datenbank. Diese wird unten genauer erklärt.
  - Das `Programm` (3) ist ebenfalls interessant, da dieselbe Anweisung an verschiedenen Stellen aufgerufen werden kann.
- Die gemessenen Werte sind die `Zeitdauer` (2) und die Anzahl der gelesenen oder geänderten `Sätze` (8).
- Außerdem gibt es noch Zusatzinformationen: `Cursor` (6), `Array` (7), `Return Code` (9) und `Datenbankverbindung` (10).
- Bei der zeitsortierten Trace-Liste gibt es noch eine weitere Spalte `WP` (11), die die Nummer des Workprozesses enthält.

Zusatzinformationen

Der `Cursor` (6) ist eine Referenznummer zu der im Cursor-Cache abgelegten Anweisung. Dort ist die ausführliche Form der Anweisung inklusive des verwendeten Zugriffspfades gespeichert, um bei späteren Aufrufen schnell darauf zurückgreifen zu können. Diese Nummer wiederholt sich, wenn die gleiche Anweisung später wieder ausgeführt wird.

Die Spalte `Array` (7) gibt an, wie viele Sätze maximal über die Array-Schnittstelle auf einen Schlag, also in einem `FETCH` geholt werden können. Der Wert von `Array` berechnet sich in etwa so: Die Blockgröße 32 kB oder 64 kB geteilt durch die Breite des gelesenen Satzes. Die gelesene Satzbreite kann in der Anweisung durch eine Feldliste verändert werden, sie muss nicht der Tabellenbreite entsprechen. Schmalere Sätze erlauben einen größeren Wert, d.h., eine größere Anzahl von Sätzen könnte auf einmal geholt werden; mehr dazu finden Sie im Abschnitt 4.5.

Der `Return Code` (9) stellt den datenbankinternen Return-Code dar, der anzeigt, ob die Operation erfolgreich war oder nicht.

Die Information über die `Verbindung` (10) ist nötig, um normale Datenbankzugriffe, Wert `R/3`, von Livecachezugriffen, Wert `LCA`, und sekundären Datenbankverbindungen zu unterscheiden.

Anweisungstypen

Das Wichtigste an der `Anweisung` (12) ist der Anfang. Er zeigt, um welchen der drei Anweisungstypen es sich handelt:

Tab. 2–4
Anweisungstypen in der SQL-Trace

Anweisungstyp	Bedeutung
SELECT ...	Lesezugriff
INSERT, UPDATE oder DELETE	Änderung von Tabellensätzen
COMMIT oder ROLLBACK	Persistieren oder Zurücksetzen

Der Rest der Anweisung ist eine verkürzte Form der Anweisung, wie sie auf der Datenbank ankommt, die vollständige Form zeigt die Detailanzeige, siehe Abschnitt 2.3.7. Beachten Sie auch, dass die Anweisung im Quellcode etwas anders aussehen kann. Die Einführung und ausführliche Diskussion der Open-SQL-Anweisungen finden Sie im dritten Kapitel.

Operationen und Fehlende Vorläufe

Die Trace-Liste zeigt für die Anweisungstypen noch unterschiedliche Operationen:

Tab. 2–5
Operationen in der SQL-Trace-Liste

Operation	Bedeutung
DECLARE	Definition des Cursors
PREPARE	Definition des Zugriffsplans
OPEN/REOPEN	Einsetzen der konkreten Werte in Zugriffsplan
FETCH	Holen der Daten
CLOSE	Schließen einer Verbindung
(RE)EXEC/EXECSTM	Ausführung einer Änderung
EXECSTA	Ausführung eines COMMIT oder ROLLBACK

Es ist durchaus interessant zu wissen, dass es diese Operationen auf der Datenbank gibt, in den meisten Fällen werden diese detaillierten Informationen jedoch nicht gebraucht.

Eine wichtige Information lässt sich jedoch leicht aus den Operationen ableiten. Das Auftauchen von DECLARE- oder PREPARE-Operationen deutet darauf hin, dass die Anweisung zum ersten Mal seit Längerem ausgeführt wurde. Das bedeutet, dass die empfohlenen Vorläufe vergessen wurden. Eine solche Trace sollten Sie, wenn möglich, nicht weiter analysieren. Es ist ratsamer, eine neue Trace mit Vorläufen zu erstellen.

Von der Trace-Liste aus ist es möglich, für jede Anweisung die vier Detailanzeigen (Anweisungsdetail, Dictionary, Explain, ABAP Quellcode, siehe Abschnitt 2.3.7) aufzurufen.

Die Trace-Liste zeigt sehr viele Informationen, sodass sie sehr umfangreich werden kann. Deshalb besteht Bedarf für eine verdichtete Form. Seit SAP Basis Release 4.6 gibt es die Verdichtung nach SQL-Anweisungen.

Die Trace-Liste ist wichtig, wenn Sie den genauen Ablauf eines Programms untersuchen und die Anweisungen in ihrer zeitlichen Reihenfolge sehen wollen. Bei sehr großen Programmen ist es sinnvoller, gleichartige Anweisungen zusammenzufassen, sodass Sie den Gesamteinfluss von allen Ausführungen beurteilen können.

2.3.4 Verdichtung nach SQL-Anweisungen

Die Verdichtung nach SQL-Anweisungen ist die bei Weitem nützlichste Anzeige der SQL-Trace. Sie ist viel kürzer als die Trace-Liste, da sie alle Teilschritte und alle Ausführungen derselben Anweisung zusammenfasst. So ist es möglich, sehr schnell einen Überblick zu bekommen, welche Anweisung welchen Anteil der Gesamtzeit verbraucht und wo eine Optimierung den größten Nutzen bringen könnte. Die Performanceanalyse im Kapitel 7 wird fast ausschließlich diese Darstellung nutzen. Außerdem bietet die verdichtete Anzeige noch interessante Zusatzinformationen, welche die Trace-Liste gar nicht zeigt. Unter anderem gibt es hier den Hinweis, ob eine Tabelle gepuffert ist.

Abb. 2-7
Verdichtung nach SQL-Anweisungen

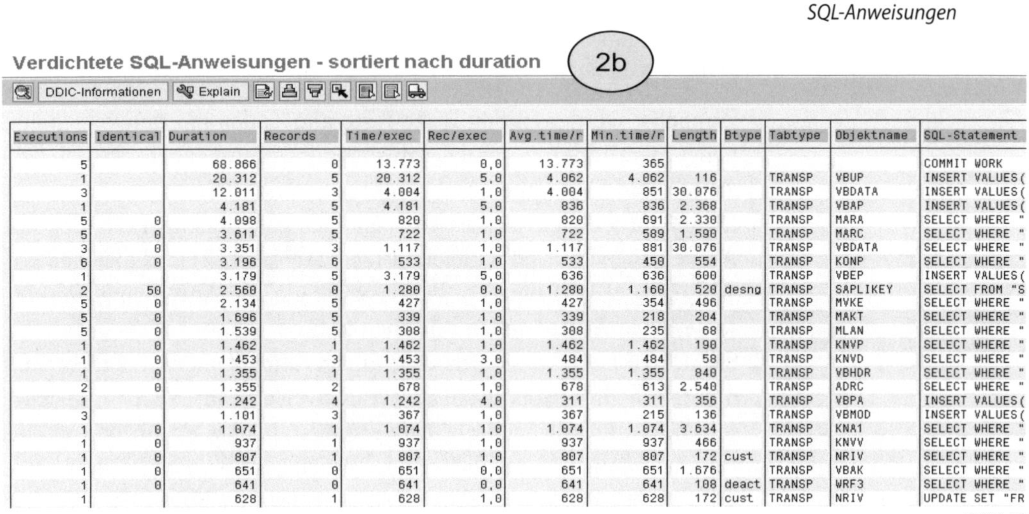

Executions	Identical	Duration	Records	Time/exec	Rec/exec	Avg.time/r	Min.time/r	Length	Btype	Tabtype	Objektname	SQL-Statement
5		68.866	0	13.773	0,0	13.773	365					COMMIT WORK
1		20.312	5	20.312	5,0	4.062	4.062	116		TRANSP	VBUP	INSERT VALUES(
3		12.011	3	4.004	1,0	4.004	851	30.076		TRANSP	VBDATA	INSERT VALUES(
1		4.181	5	4.181	5,0	836	836	2.368		TRANSP	VBAP	INSERT VALUES(
5	0	4.098	5	820	1,0	820	691	2.330		TRANSP	MARA	SELECT WHERE "
5	0	3.611	5	722	1,0	722	589	1.590		TRANSP	MARC	SELECT WHERE "
3	0	3.351	3	1.117	1,0	1.117	881	30.076		TRANSP	VBDATA	SELECT WHERE "
6	0	3.196	6	533	1,0	533	450	554		TRANSP	KONP	SELECT WHERE "
1		3.179	5	3.179	5,0	636	636	600		TRANSP	VBEP	INSERT VALUES(
2	50	2.560	0	1.280	0.0	1.280	1.160	520	desng	TRANSP	SAPLIKEY	SELECT FROM "S
5	0	2.134	5	427	1,0	427	354	496		TRANSP	MVKE	SELECT WHERE "
5	0	1.696	5	339	1,0	339	218	204		TRANSP	MAKT	SELECT WHERE "
5	0	1.539	5	308	1,0	308	235	68		TRANSP	MLAN	SELECT WHERE "
1	0	1.462	1	1.462	1,0	1.462	1.462	190		TRANSP	KNVP	SELECT WHERE "
1	0	1.453	3	1.453	3,0	484	484	58		TRANSP	KNVD	SELECT WHERE "
1	0	1.355	1	1.355	1,0	1.355	1.355	840		TRANSP	VBHDR	SELECT WHERE "
2	0	1.355	2	678	1,0	678	613	2.540		TRANSP	ADRC	SELECT WHERE "
1		1.242	4	1.242	4,0	311	311	356		TRANSP	VBPA	INSERT VALUES(
3		1.101	3	367	1,0	367	215	136		TRANSP	VBMOD	INSERT VALUES(
1	0	1.074	1	1.074	1,0	1.074	1.074	3.634		TRANSP	KNA1	SELECT WHERE "
1	0	937	1	937	1,0	937	937	466		TRANSP	KNVV	SELECT WHERE "
1	0	807	1	807	1,0	807	807	172	cust	TRANSP	NRIV	SELECT WHERE "
1	0	651	0	651	0,0	651	651	1.676		TRANSP	VBAK	SELECT WHERE "
1	0	641	0	641	0,0	641	641	108	deact	TRANSP	WRF3	SELECT WHERE "
1		628	1	628	1,0	628	628	172	cust	TRANSP	NRIV	UPDATE SET "FR

© SAP AG

Es werden folgende Spalten angezeigt:

Tab. 2–6
Verdichtung nach SQL-Anweisungen (Spalten)

Spalte	Überschrift	Bedeutung
1	`Executions`	Ausführungen
2	`Identical`	Identische Ausführungen in %
3	`Duration`	Ausführungsdauer (µs)
4	`Records`	Zahl gelesener oder geänderter Sätze
5	`Time/exec`	Durchschnittliche Zeit pro Ausführung
6	`Rec/exec`	Durchschnittliche Sätze pro Ausführung
7	`Avg.time/r`	Mittlere Zeit pro Satz
8	`Min.time/r`	Minimale Zeit pro Satz
9	`Length`	Breite eines Tabellensatzes
10	`Btype`	Puffertyp (siehe unten)
11	`Tabtype`	Tabellentyp
12	`Objektname`	Tabellenname
13	`SQL-Statement`	SQL-Anweisung

Es ist wichtig, dass Sie verstehen, wie die Trace-Liste zu dieser Liste verdichtet wurde:

- Zunächst werden in der Trace-Liste alle Zeilen mit den verschiedenen Operationen zu einer Anweisung zusammengefasst, d.h. alle Zeiten und Sätze zu einer Ausführung aufsummiert.
- Dann werden gleichartige Anweisungen zusammengefasst, das sind Anweisungen mit dem gleichen `Tabellenname` (12) und gleicher `SQL-Anweisung` (13). Beachten Sie, dass die gleiche Anweisung von verschiedenen Aufrufstellen kommen kann.
- Sie sollten auch wissen, dass die ausgeführte Datenbankanweisung nicht unbedingt identisch zu der Anweisung im ABAP-Quellcode sein muss. Es gibt mehrere Anweisungstypen, wie zum Beispiel der `FOR ALL ENTRIES` und Pufferladezugriffe, die von der Datenbankschnittstelle stark verändert werden, siehe Abschnitt 3.3.
- Es wird nicht nach den Werten der Variablen in der `WHERE`-Klausel unterschieden, d.h. nur die Anweisungen mit Hostvariablen verglichen, siehe Abschnitt 3.3. Auch die selektierten Felder, siehe Abschnitt 4.5, werden nicht berücksichtigt.
- Bei der Zusammenfassung gleichartiger Anweisungen werden die numerischen Größen zusammengefasst:
  - Die Anzahl der `Ausführungen` (1), die `Dauer` (3) und die Anzahl der gelesenen oder geänderten `Sätze` (4) werden aufsummiert.

  - Daraus lassen sich die Quotienten `Zeit pro Ausführung` (5) und `Sätze pro Ausführung` (6) berechnen.
  - Für jede Einzelausführung wird die Zeit pro Satz (Time/rec) berechnet. Wenn kein Satz gefunden wurde, wird nicht durch 0, sondern durch 1 geteilt. Beim Zusammenfassen werden davon das Minimum und der Mittelwert bestimmt, was die Spalten `Minimale Zeit pro Satz` (8) und `Mittlere Zeit pro Satz` (7) ergibt.
  - Schließlich wird noch der prozentuale `Overhead durch identische Ausführungen` (2) angezeigt. Diese sehr nützliche Anzeige führt leider des Öfteren zu Missverständnissen, deshalb muss sie etwas genauer erklärt werden, siehe unten.
- Die Anzeige ist noch durch weitere nützliche Informationen zu den Tabellen aus dem Data Dictionary erweitert:
  - Die `Breite der Tabelle` (9) zeigt die Summe der Längen aller Tabellenfelder.
  - Sehr nützlich ist die Spalte `Puffertyp` (10). Sie zeigt die Pufferungsart oder den Hinweis auf eine mögliche Pufferung der Tabelle. Die genaue Erklärung dieser Spalte folgt gleich.
  - Die Spalte `Tabellentyp` (11) zeigt an, um was für eine Tabelle es sich handelt. Es gibt die Typen Transparente, Pool- oder Clustertabelle und den View. Was Sie über diese Tabellentypen wissen sollten, finden Sie im Abschnitt 3.6.

Overhead durch Identische Anweisungen

Beachten Sie bitte, dass bis SAP NetWeaver Release 7.0 EhP1 nur identische `SELECT`s bestimmt werden, ab EhP2 jedoch alle Datenbankanweisungen berücksichtigt werden.

Zwei Anweisungen sind identisch, wenn die auf der Datenbank ankommenden Anweisungen und die in der `WHERE`-Klausel verwendeten Werte gleich sind. Beachten Sie bitte, dass es um die Anweisungen nach der Umsetzung durch die Datenbankschnittstelle geht und nicht um die Open-SQL-Anweisung, siehe Abschnitt 3.2. Zwei identische Anweisungen liefern die gleichen Daten zurück und deshalb kann meist eine Anweisung eingespart werden. Gelesene Daten sollten nach der ersten Ausführung gepuffert werden; was dies für die Datenkonsistenz und die -aktualität bedeutet, lesen Sie bitte im Abschnitt 5.2.3 nach. Änderungen der gleichen Daten sollten in einem Programm nicht mehrfach vorkommen.

Nun müssen Sie aufpassen: Es sind zwar beide Ausführungen identisch, aber es können nicht beide eingespart werden. Nur eine Ausführung ist überflüssig, und somit Overhead. Von zwei identischen Ausführungen könnte eine eingespart werden, von zehn identischen wären es neun, von 100 sogar 99 usw.

Diese einzusparenden Ausführungen werden als Prozentsatz angegeben, was zunächst etwas ungewohnt sein kann. Bei zwei identischen Ausführungen sind es 50% Einsparpotenzial, bei zehn identischen schon 90% und bei 100 identischen sogar 99%. Die Prozente sind jedoch praktisch, da sie einen Hinweis geben, wie viele Prozent der Zeit einzusparen wären, wenn die identischen Ausführungen verschwänden.

Die angezeigte Größe ist also der Prozentsatz der redundanten identischen Ausführungen

```
Identical = Exec_Redundant/Exec_All * 100
```

Es kann natürlich auch mehrere Gruppen von identischen Ausführungen geben, die sich nach demselben Prinzip zusammenfassen lassen. Zum Beispiel können 50% redundante Ausführungen von insgesamt 100 durch 50 Wiederholungen einer Ausführung oder durch eine Wiederholung jeder Ausführung zustande kommen. Diese Details sind nur in der Anzeige *Identische Selects* zu finden. In der Praxis ist die Zusammensetzung relativ uninteressant, die Ursache sollte so oder so beseitigt werden.

Informationen zum Tabellenpufferung

Die Information in dieser Spalte beinhaltet sowohl die Pufferungsart bei einer aktiven Pufferung als auch den Hinweis auf die Möglichkeit einer Pufferung. Die Angaben lassen sich in drei Gruppen zusammenfassen:

- Die Werte `ful`, `gen` und `sng` weisen auf eine aktivierte Pufferung hin und stehen für die drei Pufferungsarten vollständig gepuffert (`ful`), generisch gepuffert (`gen`) und einzelsatzgepuffert (`sng`).
- Die Werte `deful`, `degen`, `desng` und `deact` zeigen, dass die Pufferung deaktiviert ist. Sie entsprechen der Einstellung *Pufferung erlaubt, aber abgeschaltet* zusammen mit der Pufferungsart bzw. dem Wert `deact`, falls keine Pufferungsart ausgewählt ist.
- Der Wert `cust` bezeichnet Tabellen der Datenart *APPL2: Organisation und Customizing*. Solche Tabellen kommen im Allgemeinen für eine Tabellenpufferung infrage.

Details über die Tabellenpufferung finden Sie im Kapitel 5. Dort lernen Sie die Implikationen dieser Anzeige kennen. Im siebten Kapitel wird sie in der Performanceanalyse eine wichtige Rolle spielen.

Detailinformationen

Wie in der Trace-Liste sind auch hier alle Detailinformationen, nämlich *Detail anzeigen, DDIC Information, Explain* und *Aufrufstelle anzeigen* verfügbar. Jedoch ist die Zuordnung zu den zusammengefassten Ausführungen nicht immer eindeutig:

- Die gleiche Anweisung kann von verschiedenen Aufrufstellen stammen. Wenn dies der Fall ist, erscheint beim Aufruf ein Auswahlfenster mit der Liste aller Aufrufstellen, von der Sie die gewünschte auswählen können.
- Zu den verschiedenen Ausführungen gehören auch verschiedene Variablenwerte, nach denen gesucht wird. Von den Suchwerten wird in den Details nur ein Beispiel gezeigt.
- Unter Umständen kann es passieren, dass der Explain nicht für alle zusammengefassten Anweisungen gleich ist. Auch hier wird nur ein Explain gezeigt.

> Die Verdichtung nach SQL-Anweisungen ist die wichtigste Ergebnisdarstellung der SQL-Trace. Da sie wiederholte Ausführungen derselben Anweisung zusammenfasst, verschafft sie einen besseren Überblick. Die Werte `Duration`, `Rec` und `Exec` zeigen den Gesamtbeitrag einer Anweisung. Nützliche Zusatzinformationen weisen auf Probleme mit den Puffern und Einsparungspotenzial hin. Die Verdichtung nach SQL-Anweisung ist die Basis für die Performanceanalyse mit der SQL-Trace.

2.3.5 Verdichtete Tabellenzugriffe

Auch die Liste der verdichteten Tabellenzugriffe ist nur über die Trace-Liste zu erreichen, von dort geht es über das Menü *Trace-Liste → Zusammengefasste Tabellenzugriffe (Strg + F8)* zu den zusammengefassten Tabellenzugriffen. Hier können einzelne Zeilen markiert werden, aber in den allermeisten Fällen werden Sie alles markieren oder einfach den ersten Knopf *Verdichten* drücken und auf Nachfrage alles verdichten, um so zu den verdichteten Tabellenzugriffen zu gelangen.

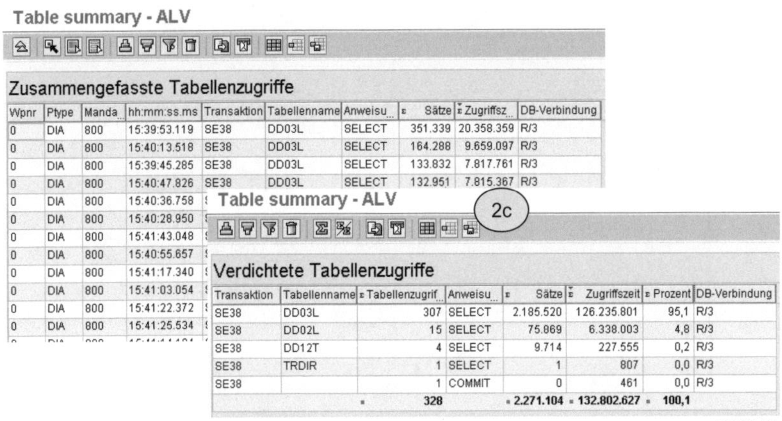

Abb. 2-8
Zusammengefasste und verdichtete Tabellenzugriffe

Es gibt unterschiedliche Versionen in den verschiedenen Releases, die verschiedene Spalten angezeigen. Es sind jedoch immer folgende Spalten enthalten:

Tab. 2–7
Verdichtete Tabellenzugriffe (Ausschnitt)

Spalte	Überschrift	Bedeutung
2	`Tabellenname`	Tabellenname
3	`Zugriffe`	Anzahl der Ausführungen
4	`Anweisung`	Datenbankanweisung
5	`Sätze`	Gelesene oder geänderte Sätze
6	`Zugriffszeit`	Dauer

Dabei kann als Datenbankanweisung einer der folgenden Befehle vorkommen: `SELECT`, `INSERT`, `UPDATE`, `DELTE`, `COMMIT` oder `ROLLBACK`.

Diese Anzeige ist insbesondere dann sinnvoll, wenn es in der Verdichtung nach SQL-Anweisungen immer noch viele Anweisungen gibt, die auf die gleiche Tabelle zugreifen.

> Die Anzeige der verdichteten Tabellenzugriffe kann hilfreich sein, um einen Überblick über eine Anwendung zu erhalten, die viele verschiedene Anweisungen auf die gleichen Tabellen enthält.

2.3.6 Liste identischer Select-Anweisungen

Das ist die vierte Anzeigemöglichkeit, erreichbar über *Trace-Liste → Identische Selects anzeigen (Strg + Umsch + F8)*.

Abb. 2–9
Liste identischer Select-Anweisungen

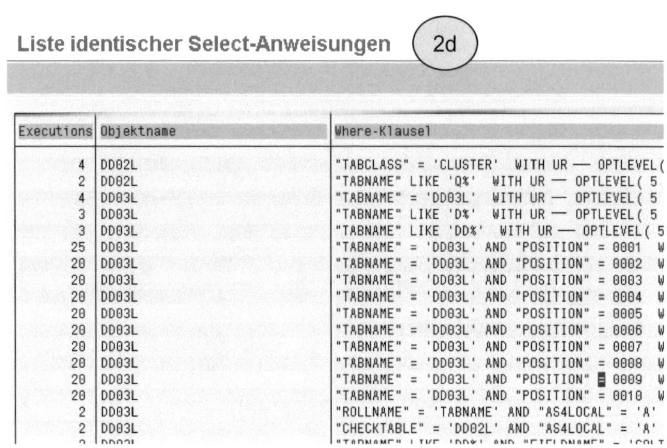

Hier werden nur drei Spalten angezeigt:

Spalte	Überschrift	Bedeutung
1	`Executions`	Anzahl der Ausführungen
2	`Objektname`	Tabellenname
3	`Where-Klausel`	`WHERE`-Klausel mit Werten der Variablen

Tab. 2–8
Identische Selects (Spaltenübersicht)

Was identische `SELECT`-Anweisungen sind, wurde im Abschnitt 2.3.4 genau erklärt. Die Anzeige präsentiert nun, mit welchen Werten identisch gelesen wird. Einer Zeile aus der Verdichtung nach SQL-Anweisungen können hier unterschiedlich viele Zeilen entsprechen.

Angenommen, ein `SELECT` wird 100-mal ausgeführt und er hat laut der Verdichtung 75 % redundante identische Ausführungen. Dann ist klar, dass 75 Ausführungen Wiederholungen und die anderen 25 unterschiedliche Werte nutzen. Dies lässt sich auf verschiedene Arten erreichen:

- Es wird genau ein Wert 76-mal genutzt oder
- alle 25 Werte jeweils viermal.
- Schließlich sind beliebige Verteilungen der 75 Wiederholungen auf die 25 Werte denkbar.

Die Information, dass es identische Ausführungen gibt, ist weit wichtiger als die genaue Zusammensetzung. Von den möglichen Zusammensetzungen sind die ersten beiden Fälle am interessantesten. Deshalb ist die Liste der *Identischen Selects* von untergeordnetem Interesse.

Die Anzeige existiert schon länger als die Verdichtung nach SQL-Anweisungen. Ab SAP NetWeaver 7.0 EhP2 zeigt sie auch die identischen Ausführungen anderer Datenbankanweisungen und wird in ihren Möglichkeiten aufgewertet.

> Die Liste der identischen Selects ist nützlich, wenn Sie genau wissen wollen, wie sich die identischen Ausführungen zusammensetzen. In den meisten Fällen genügt jedoch die Prozentinformation in der Verdichtung nach SQL-Anweisungen.

2.3.7 Detailinformationen der SQL-Trace

Für die Detailanalyse gibt es in der SQL-Trace vier Funktionen, die in der Trace-Liste und in der Verdichtung nach SQL-Anweisungen verfügbar sind:

- *Details anzeigen (F2)*
- *DDIC-Information zum Objekt anzeigen (F6)*
- *Explain für SQL-Anweisung ausführen (F9)*
- *Aufrufstellen in ABAP-Programmen anzeigen (F5)*

Die Funktionen können auf drei verschiedene Arten aufgerufen werden. Zunächst muss der Cursor in die gewünschte Zeile positioniert werden:

- Unkompliziert geht es mit den ersten vier Funktionsknöpfen.
- Außerdem können die Funktionen noch über das Menü aufgerufen werden:
  - Über *Bearbeiten* und *Details anzeigen (F2)* bzw. *Explain für eine SQL-Anweisung (F9)*
  - Oder über *Springen* und *DDIC-Information (F6)* bzw. *ABAP-Source anzeigen (F5)*.
- Schneller ist natürlich ein Doppelklick, aber dabei müssen Sie beachten, dass unterschiedliche Spalten zu unterschiedlichen Funktionen führen. Die Spalten `Programm` (3) und `Operation` (5) führen zum ABAP-Quellcode, die Spalte `Tabellenname` (4) zur DDIC-Anzeige, alle anderen zur Detailanzeige.
- Außerdem lassen sich die Detailinformationen über die rechte Maustaste auswählen.
- Der Explain kann nicht durch Doppelklick aufgerufen werden, sondern nur durch das Menü oder den Funktionsknopf, jedoch nicht bei den Zeilen zu den Operationen `FETCH` und `CLOSE`.

Abb. 2-10
Anweisungsdetail und ABAP-Quellcode

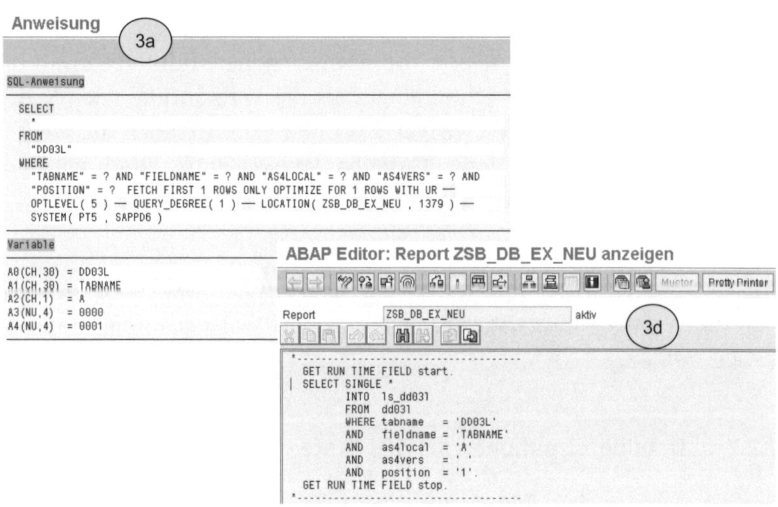

Detailanzeige der Datenbankanweisung

Die Detailanzeige stellt die Anweisung dar, wie sie auf der Datenbank ankommt. Diese kann sich von der Open-SQL-Anweisung im Quellcode mehr oder weniger stark unterscheiden. Die Datenbankschnittstelle formt die Anweisungen teilweise um, zum Beispiel tauchen nur die gefüllten Selektionsoptionen auf usw. Eine vollständige Liste finden Sie im Abschnitt 3.2.2.

Außerdem werden die Werte der Variablen in der Anweisung durch Platzhalter (Hostvariablen) ersetzt, siehe Abschnitt 3.3. Deshalb erscheinen in der Detailanzeige die Anweisung und die Werte der Variablen von der ersten Ausführung getrennt angezeigt.

Absprung in den ABAP-Quellcode

Die Möglichkeit, den ABAP-Quellcode zu sehen und damit auch die Aufrufstelle, ist natürlich wichtig, um zu wissen, woher die Anweisung stammt und wo eventuell etwas geändert werden müsste. Meist sieht die ABAP-Anweisung vertrauter aus als die Anweisung auf der Datenbank.

Data-Dictionary-Information

Die DDIC-Information stellt ein paar nützliche allgemeine Informationen über die Tabelle bereit, wie zum Beispiel die Kurztextinformation über die Tabelle und die Übersicht über die Sekundärindizes. Von dieser Anzeige geht es über den Knopf *Tabellenfelder* direkt zur Tabellenanzeige (SE11).

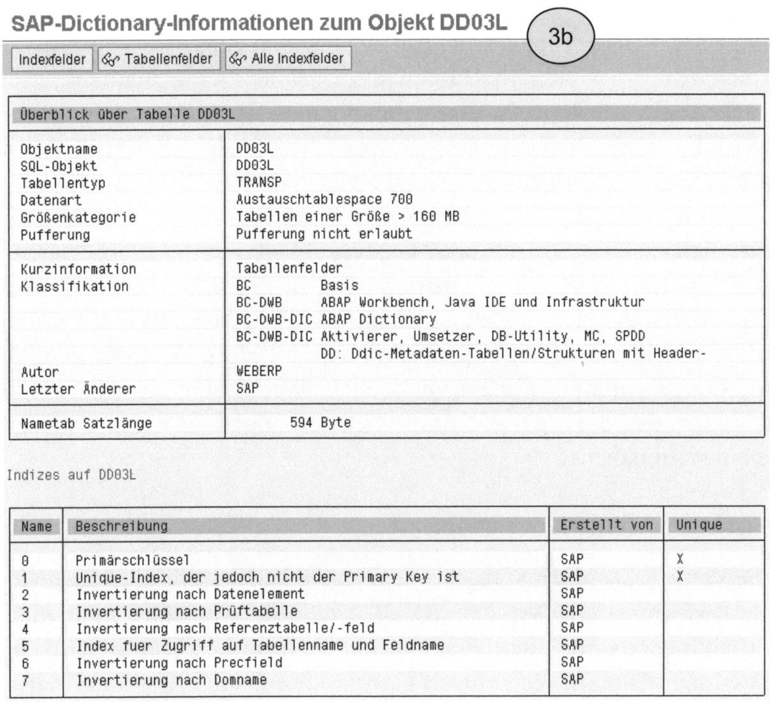

Abb. 2–11 *DDIC-Information zur Tabelle*

Der Datenbank-Explain

Der Datenbank-Explain ist wahrscheinlich die wichtigste Information der SQL-Trace überhaupt. Nur er verrät, wie die Anweisung auf der Datenbank verarbeitet wird, welche Zugriffsstrategie verwendet wird, ob dabei ein Index verwendet wird, und falls ja, welcher Index es ist.

Der Explain ist unersetzlich, wenn es Probleme mit langsamen Zugriffen gibt.

Um den Explain verstehen zu können, ist ein gewisses Grundverständnis von der Verarbeitung in der Datenbank notwendig. Nach der Lektüre des dritten Kapitels sollten Sie das nötige Wissen besitzen, um die wichtigsten Informationen des Explains nutzen zu können.

Hier sehen Sie, was der Explain im besten Fall alles zeigen kann:

Tab. 2–9 Informationen im Datenbank-Explain

Informationen	Darstellung im Explain
Zugriffspfad	Zugriff auf Index mit Indexname, Zugriff auf Tabelle über Index oder Full Table Scan, Zusatzbefehle, Reihenfolge, bei komplexen Pfaden oder mehreren Tabellen hilft eine grafische Darstellung
Kosten und Sätze	Die Schätzung der Zugriffskosten und erwarteten Treffer durch den Optimierer
Statistiken	Größe der Tabelle, Datum der Statistikerstellung, Anzahl der verschiedenen Werte der Indexfelder

Um Performanceprobleme bei Ausführung von Zugriffen verstehen zu können, müssen Sie den Datenbank-Explain Ihrer Datenbank lesen können. Da der Explain plattformabhängig ist und da gegenwärtig sechs Datenplattformen von der SAP-Software unterstützt werden, wären viele Möglichkeiten zu erklären.

Im Anhang A.4 sind Informationen über den Datenbank-Explain zusammengefasst und ein paar Beispiele für die wichtigsten Zugriffstypen gezeigt. Um alle Plattformen, alle Zugriffstypen und auch Datenbankreleaseabhängigkeiten abzudecken, gibt es auf der Webseite zu diesem Buch ein Beispielprogramm `ZPERF_DB_EXPLAIN`, mit dem Sie weitere Zugriffstypen erzeugen können. Wenn Sie diese Beispiele in Ihrem System durchgangen sind, sollten Sie den Explain ausreichend verstanden haben

Ausblick auf die Performanceanalyse

Die Verdichtung nach SQL-Anweisungen ist die wichtigste Anzeige für die Performanceanalyse der SQL-Trace, siehe Abschnitt 7.4. Durch Zusammenfassung aller Ausführungen einer Anweisung wird ihr Gesamteinfluss auf die Laufzeit klar und durch die Zusatzinformationen ist diese Darstellung für die Analyse sehr nützlich..

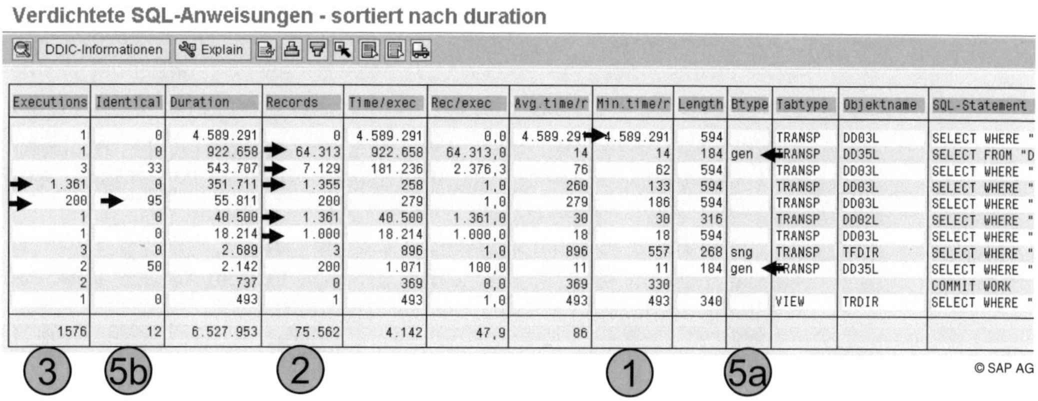

Executions	Identical	Duration	Records	Time/exec	Rec/exec	Avg.time/r	Min.time/r	Length	Btype	Tabtype	Objektname	SQL-Statement
1	0	4.589.291	0	4.589.291	0,0	4.589.291	4.589.291	594		TRANSP	DD03L	SELECT WHERE "
1	0	922.658	64.313	922.658	64.313,0	14	14	184	gen	TRANSP	DD35L	SELECT FROM "D
3	33	543.707	7.129	181.236	2.376,3	76	62	594		TRANSP	DD03L	SELECT WHERE "
1.361	0	351.711	1.355	258	1,0	260	133	594		TRANSP	DD03L	SELECT WHERE "
200	95	55.811	200	279	1,0	279	186	594		TRANSP	DD03L	SELECT WHERE "
1	0	40.500	1.361	40.500	1.361,0	30	30	316		TRANSP	DD02L	SELECT WHERE "
1	0	18.214	1.000	18.214	1.000,0	18	18	594		TRANSP	DD03L	SELECT WHERE "
3	0	2.689	3	896	1,0	896	557	268	sng	TRANSP	TFDIR	SELECT WHERE "
2	50	2.142	200	1.071	100,0	11	11	184	gen	TRANSP	DD35L	SELECT WHERE "
2		737	0	369	0,0	369	330					COMMIT WORK
1	0	493	1	493	1,0	493	493	340		VIEW	TRDIR	SELECT WHERE "
1576	12	6.527.953	75.562	4.142	47,9	86						

© SAP AG

Abb. 2–12
Ansatzpunkte der SQL-Analyse

Folgende Punkte sind pro Zeile zu analysieren:

Tab. 2–10
Performanceanalyse der SQL-Anweisungen

	Test	Beschreibung
1	Langsame Zugriffe	Zeilen mit Werten über 10.000 µs in der Spalte Minimale Zeit pro Satz (`Min.time/r`) überprüfen
2	Zu viele Sätze	Große Werte in Spalte `Rec` vermeiden
3	Zu viele Ausführungen	Große Werte in Spalte `Exec` vermeiden
4	Große Satzbreite	Werte größer 500 Byte in Spalte `Length` möglicherweise optimierbar
5a	Nichtbenutzen des Tabellenpuffers	Möglichst keine Einträge in Spalte `Btype`
5b	Identische Ausführungen	Möglichst keine Einträge in Spalte `Ident`

Die SQL-Trace wurde aufgrund ihrer Wichtigkeit sehr ausführlich diskutiert. Sie nutzt als Standarddarstellung der Ergebnisse die Trace-Liste. Als Einstieg ist jedoch in den meisten Fällen die Verdichtung nach SQL-Anweisungen die geeignetere Darstellung. Diese fasst wiederholte Ausführungen gleicher SQL-Anweisungen zusammen. Damit erkennen Sie weit besser, welchen Beitrag eine bestimmte Anweisung liefert. Die Trace-Liste und die Verdichtung haben Zugang zu den vier Detailanzeigen Detail, DDIC, Explain und ABAP-Code. Von diesen ist der DB-Explain das wichtigste Feature, da es Einsicht in die Entscheidung des Datenbankoptimierers liefert.

2.4 Puffer-Trace (ST05)

Die Puffer-Trace (Buffer-Trace) ist ein weiterer Bestandteil der Performance-Trace. Sie zeigt Zugriffe auf verschiedene Puffer des Applikationsservers. In SAP NetWeaver Release 7.0 EhP1 heißt die Trace »Tabellenpuffer-Trace«, was nicht ganz zutreffend ist. Deshalb wird hier der Name »Puffer-Trace« verwendet, wie auch in EhP2.

Die Puffer werden im fünften Kapitel erklärt. Falls Sie mit ihnen nicht vertraut sind, lesen Sie zunächst die Abschnitte 5.3 über den Tabellenpuffer und 5.5 über die weiteren Puffer.

Aufgrund der vielen Gemeinsamkeiten der verschiedenen Performance-Traces ist es sinnvoll, alle in diesem Kapitel zu präsentieren.

2.4.1 Was liefert die Puffer-Trace?

- Der größte Teil der Pufferzugriffe nutzt den Tabellenpuffer. Das sind Open-SQL-Zugriffe, die von der Datenbankschnittstelle auf den Tabellenpuffer des Applikationsservers umgeleitet werden. Der Tabellenpuffer wird im Abschnitt 5.3 ausführlich vorgestellt.
- In der Puffer-Trace finden Sie auch Zugriffe auf andere Puffer, Shared Buffer, Shared Memory, CUA (Common User Access) und OTR (Online Text Repository). Diese Puffer werden im Abschnitt 5.5 vorgestellt. Mit ihnen gibt es selten Performanceprobleme, die Puffer-Trace ist eher zur Funktionalitätsprüfung notwendig.
- Performanceprobleme mit dem Tabellenpuffer sind meist von der Art, dass der Puffer gar nicht genutzt wird, was mehrere Ursachen haben kann. In diesem Fall geht die Open-SQL-Anweisung auf die Datenbank und ist in der SQL-Trace zu sehen. Deshalb ist die Puffer-Trace für Performanceuntersuchungen nicht so wichtig.
- Ein langsamer Zugriff auf den Puffer ist aufgrund der einfachen Architektur des Puffers fast unmöglich. Es ist jedoch möglich, dass viel zu viel zu dem Puffer gelesen wird. Deshalb kann gelegentlich eine Untersuchung des Puffers nötig sein. Dafür ist die Aggregation nach Tabellen eine sinnvolle Zusammenfassung.

2.4.2 Erstellen und Anzeigen der Trace-Daten

Das Erstellen der Puffer-Trace funktioniert genauso wie bei allen Performance-Traces und wurde im Abschnitt 2.2 ausführlich beschrieben.

Gerade bei der Puffer-Trace ist es ganz wichtig, dass Sie die Vorläufe zum Füllen der Puffer nicht vergessen und erst eine wiederholte Ausführung vermessen! Falls Sie dies vergessen, werden viele Puffer gar nicht gefüllt sein und die Zugriffe müssen auf die Datenbank erfolgen.

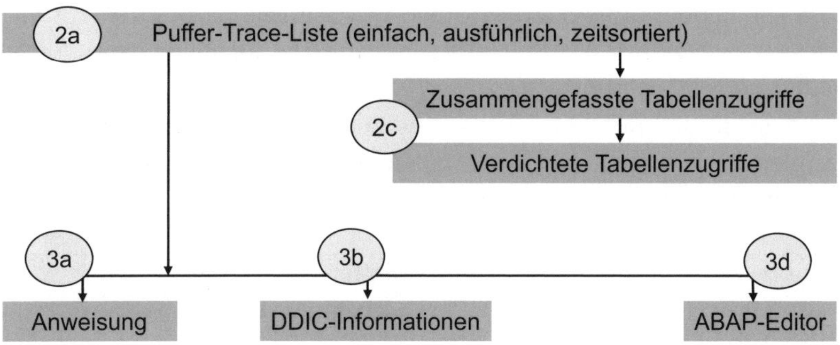

Abb. 2–13
Struktur der Puffer-Trace (ST05)

Sie können sich die Daten der Puffer-Trace alleine oder zusammen mit anderen Traces in der Trace-Liste anzeigen lassen. Die Zeilen der einzelnen Traces sind farblich unterlegt und leicht zu unterscheiden.

Bei der Puffer-Trace gibt es neben der Trace-Liste noch die Verdichtung nach Tabellen. Die Verdichtung nach SQL-Anweisungen und eine Darstellung der Identischen Selects gibt es nicht. Identische Selects sind bei den Puffern kein Problem, sondern der Normalfall, da die Puffer gerade dafür gebaut wurden.

2.4.3 Die Puffer-Trace-Liste

Die Ergebnisse der Puffer-Trace stehen in der Trace-Liste. Die Zeilen der Puffer-Trace sind in hellerem und dunklerem Blau unterlegt. Auch hier findet der Wechsel statt, wenn sich der Eintrag in der Spalte `Objektname` ändert.

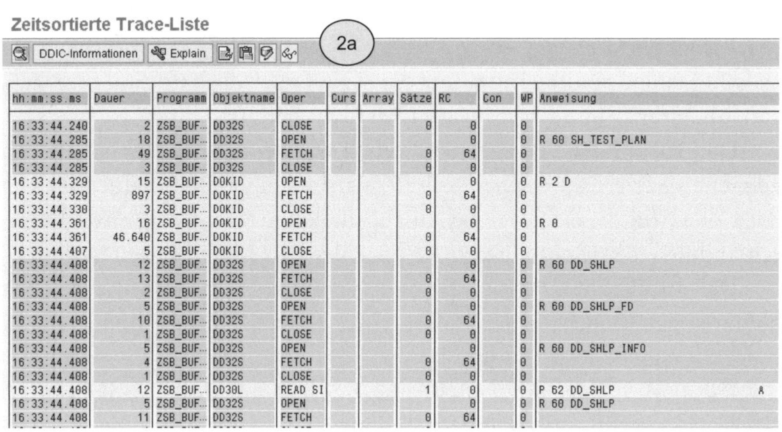

hh:mm:ss.ms	Dauer	Programm	Objektname	Oper	Curs	Array	Sätze	RC	Con	WP	Anweisung
16:33:44.240	2	ZSB_BUF...	DD32S	CLOSE			0	0		0	
16:33:44.285	18	ZSB_BUF...	DD32S	OPEN				0		0	R 60 SH_TEST_PLAN
16:33:44.285	49	ZSB_BUF...	DD32S	FETCH			0	64		0	
16:33:44.285	3	ZSB_BUF...	DD32S	CLOSE			0	0		0	
16:33:44.329	15	ZSB_BUF...	DOKID	OPEN				0		0	R 2 D
16:33:44.329	897	ZSB_BUF...	DOKID	FETCH			0	64		0	
16:33:44.330	3	ZSB_BUF...	DOKID	CLOSE			0	0		0	
16:33:44.361	16	ZSB_BUF...	DOKID	OPEN				0		0	R 0
16:33:44.361	46.640	ZSB_BUF...	DOKID	FETCH			0	64		0	
16:33:44.407	5	ZSB_BUF...	DOKID	CLOSE			0	0		0	
16:33:44.408	12	ZSB_BUF...	DD32S	OPEN				0		0	R 60 DD_SHLP
16:33:44.408	13	ZSB_BUF...	DD32S	FETCH			0	64		0	
16:33:44.408	2	ZSB_BUF...	DD32S	CLOSE			0	0		0	
16:33:44.408	5	ZSB_BUF...	DD32S	OPEN				0		0	R 60 DD_SHLP_FD
16:33:44.408	10	ZSB_BUF...	DD32S	FETCH			0	64		0	
16:33:44.408	1	ZSB_BUF...	DD32S	CLOSE			0	0		0	
16:33:44.408	5	ZSB_BUF...	DD32S	OPEN				0		0	R 60 DD_SHLP_INFO
16:33:44.408	4	ZSB_BUF...	DD32S	FETCH			0	64		0	
16:33:44.408	1	ZSB_BUF...	DD32S	CLOSE			0	0		0	
16:33:44.408	12	ZSB_BUF...	DD30L	READ SI			1	0		0	P 62 DD_SHLP A
16:33:44.408	5	ZSB_BUF...	DD32S	OPEN				0		0	R 60 DD_SHLP
16:33:44.408	11	ZSB_BUF...	DD32S	FETCH			0	64		0	

Abb. 2–14
Trace-Liste der Puffer-Trace

Da die Spaltenüberschriften für alle Traces genutzt werden, können die Überschriften manchmal etwas weniger aussagekräftig sein.

Wie bei der SQL-Trace sind die Anweisungen zu Blöcken zusammengefasst, wobei die Blocküberschriften die allgemeineren Trace-Daten tragen.

Die eigentlichen Ergebnisse stehen darunter in einer Liste mit folgenden Spalten, wobei die Zusatzspalten der ausführlichen Trace-Liste mit einem Sternchen gekennzeichnet sind:

Tab. 2-11 Spaltenübersicht der Puffer-Trace-Liste

Spalte		Überschrift	Bedeutung
1	*	`hh:mm:ss.ms`	Zeitstempel in Millisekunden (ms)
2		`Dauer`	verbrauchte Zeit in Mikrosekunden (µs)
3	*	`Programm`	aufrufendes Programm
4		`Objektname`	Tabellen- oder Objektname
5		`Operation (Oper)`	Operation (siehe unten)
6	*	`Cursor (Curs)`	nicht benutzt
7	*	`Array`	nicht benutzt
8		`Sätze`	Anzahl der gelesenen Sätze
9		`RC`	Return-Code (0 = bei Erfolg)
10	*	`Connection (Con)`	nicht benutzt
11	**	`WP`	Nummer des Workprozesses
12		`Anweisung`	Anweisung

Die Zusatzspalten der ausführlichen und zeitsortierten Trace-Liste sind mit Sternchen markiert. Einige Spalten haben in allen Traces den gleichen Inhalt, das sind der `Zeitstempel` in Millisekunden (1), die `Dauer` in Mikrosekunden (2), das aufrufende `Programm` (3) und die `Workprozessnummer` (11).

Und einige Spalten nutzt nur die SQL-Trace, deshalb sind hier `Cursor` (6), `Array` (7) und `Verbindung` (10) nicht benutzt.

Die Anzahl der `Sätze` (8) ist ähnlich wie bei der SQL-Trace die der gelesenen Sätze. Der `Return-Code` (9) wird auch genutzt, jedoch ist nur der Code `0` für die erfolgreiche Ausführung interessant. Die unwichtigeren anderen Werte entnehmen Sie bitte der F1-Hilfe in Ihrem System.

Die drei Spalten `Objektname` (4), `Operation` (5) und `Anweisung` (12) haben sogar innerhalb der Puffer-Trace je nach Puffertyp eine etwas unterschiedliche Bedeutung.

Der verwendete Puffer

Die Puffer-Trace stellt nicht nur Zugriffe auf den Tabellenpuffer, sondern auch auf andere Puffer dar. Dies lässt sich nur an dem ersten Buchstaben in der `Anweisung` (12) erkennen. Dieser bezeichnet den Puffertyp. Das Feld ist auch nicht bei allen Operationen gefüllt. Der Puffertyp kann sechs Ausprägungen haben:

- R = vollständige und generische Tabellenpufferung
- P = Einzelsatz-Tabellenpufferung
- S = Export/Import (Shared Buffer)
- M = EMS Export/Import Shared Memory
- C = CUA Buffer (Common User Access)
- O = OTR Buffer (Online Text Repository)

Die in der Trace dargestellte Information unterscheidet sich beim Tabellenpuffer (R, P) und den anderen Puffern leicht.

Tabellenpuffer

Die allermeisten Einträge der Puffer-Trace beziehen sich auf Zugriffe auf den Tabellenpuffer. Die Pufferarten der Tabellenpufferung werden mit den internen technischen Namen bezeichnet, also R für vollständige (ful) und generische (gen) Pufferung und P für Einzelsatzpufferung (sng). Detailinformationen über den Tabellenpuffer finden Sie im Abschnitt 5.3.

Hier enthält die Spalte Objektname (4) den Namen der gepufferten Tabelle. Die Operationen (5) auf den Tabellenpuffer weichen nicht stark von denen der SQL-Trace ab:

Tab. 2–12
Operationen auf den Tabellenpuffer

Operation	Typ	Bedeutung
OPEN	R	Öffnen einer Verbindung
FETCH	R	Holen eines Satzes von mehreren
CLOSE	R	Schließen einer Verbindung
READ SI	P, R	Lesen eines Einzelsatzes (P, Einzelsatz)
LOAD	P	Laden des Puffers

Die Anweisung (12) sieht jedoch nicht wie die SQL-Anweisung aus, sondern hat folgende aus drei Teilen bestehende Form. Sie ist nur bei den Operationen OPEN, READ SI oder LOAD gefüllt, ansonsten leer:

Puffertyp	Schlüssellänge	Schlüsselwert
R	60	SH_TEST_PLAN
P	62	DD_SHLP

Andere Puffer

Die anderen benutzerübergreifenden Puffertypen, S für Shared Buffer und M für Shared Memory, tauchen viel seltener auf. Die Puffer C für CUA (Common User Access) und O für OTR (Online Text Repository) sind noch seltener und tauchen nur mit der RETRIEVE-Operation auf. Die benutzerübergreifenden Puffer werden im Abschnitt 5.5 beschrieben.

Diese Puffer werden explizit von der Programmierung gesteuert, weshalb Performanceprobleme so gut wie nicht auftreten. Bei ihnen ist die Puffer-Trace eher für funktionale Tests notwendig.

Der `Objektname` (4) enthält wieder den Namen des Objekts, was nicht immer eine Tabelle sein muss. Die `Anweisung` (12) enthält neben Puffertyp, Schlüsselwert und Schlüssellänge noch die Objektlänge. Es können folgende `Operationen` (5) auftreten:

Tab. 2–13 *Operationen bei den anderen Puffern*

Operation	Typ	Bedeutung
RETRIEVE	S,M,C,O	IMPORT FROM SHARED BUFFER/MEMORY
LOAD	S,M	EXPORT TO SHARED BUFFER/MEMORY
DEL DIR	S	DELETE FROM SHARED BUFFER

2.4.4 Verdichtete Tabellenzugriffe

Bei der Puffer-Trace gibt es ebenfalls die verdichteten Tabellenzugriffe. Sie funktioniert genauso wie bei der SQL-Trace (siehe Abschnitt 2.3.5). In zwei Schritten lassen sich die Einträge der Trace-Liste so weit zusammenfassen, dass nur noch die Transaktion, Tabelle und Operation unterschieden werden.

Die Zusammenfassung eignet sich, um einen Überblick über die Aktivitäten auf den Puffern zu erhalten. Eine genauere Analyse ist nur notwendig, wenn es Auffälligkeiten gibt, siehe Abschnitt 7.8.

2.4.5 Detailinformationen der Puffer-Trace

Für die Detailanalyse gibt es in der Puffer-Trace drei Funktionen:

- *Details anzeigen (F2)*
- *DDIC-Information zum Objekt anzeigen (F6)*
- *Aufrufstellen in ABAP-Programmen anzeigen (F5)*

Die Funktionen können wie bei der SQL-Trace über die Funktionsknöpfe, das Menü oder Doppelklicks aufgerufen werden, siehe 2.3.7.

Die Detailanzeige der Puffer-Trace ist relativ schematisch, da sie alle Zugriffe in der gleichen Anzeige zeigen muss. Die Abbildung zeigt zwei Varianten:

Die Data-Dictionary-Anzeige (DDIC) führt genau wie in der SQL-Trace zu einer Übersichtsinformation über die Tabelle.

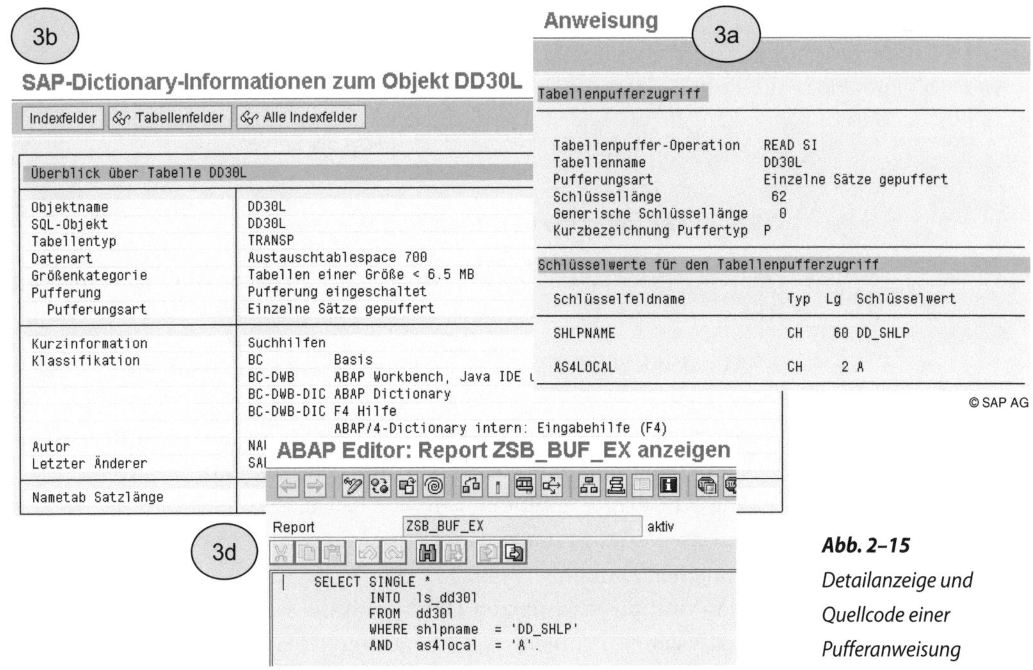

Abb. 2–15
Detailanzeige und Quellcode einer Pufferanweisung

Die Anzeige der Aufrufstelle führt bei den Zugriffen auf den Tabellenpuffer meist zu einer Open-SQL-Anweisung. Bei den anderen Puffern sehen die Aufrufe etwas anders aus, siehe Abschnitt 5.5.

Die Puffer-Trace ist das Analyse-Tool für die Zugriffe auf die verschiedenen Puffer des SAP-Systems. Den wichtigsten und größten Anteil bilden dabei die Zugriffe auf den Tabellenpuffer. Das sind die Open-SQL-Anweisungen auf gepufferte Tabellen. Daneben werden auch die Zugriffe auf Shared Buffer und Shared Memory sowie auf CUA und OTR in der Puffer-Trace dargestellt. Während die ausführliche Trace-Liste eher für funktionale Tests geeignet ist, liefert die Aggregation nach Tabellen eine gute Performanceübersicht.

2.5 RFC-Trace (ST05)

Die Remote-Function-Call-Trace (RFC-Trace) ist ein weiterer Teil der Performance-Trace (ST05). Sie sammelt die Informationen über die Ausführungen von RFCs. Falls Sie über RFCs mehr Informationen benötigen, sollten Sie sich erst den Abschnitt 8.4 durchlesen.

Die beiden wichtigsten Begriffe bei den RFCs sind Client und Server, für die viele alternative Namen genutzt werden, was das Verständnis nicht leichter macht:

Tab. 2–14
CLIENT-SERVER und alternativ verwendete Namen

Client	Server
Sender der RFCs	Ausführer des RFCs
Source	Destination
Lokaler Server	Remote Server

2.5.1 Was zeigt die RFC-Trace?

Die RFC-Trace ist das wichtigste Tool zur Analyse von Problemen mit RFCs:

- Mit der RFC-Trace ist es möglich, alle RFCs zu einem Prozess zu messen.
- Sie müssen beachten, dass ein RFC einen Clientsatz für den Aufrufer erzeugt und einen Serversatz für den Ausführer des RFCs.
- Die RFC-Trace zeigt die Zahl der RFCs, die Zeiten jeweils bis zum Verlassen des Systems, sowie die Menge der gesendeten und empfangenen Daten.
- Das sind die wichtigsten Daten, um die Performance der RFCs zu analysieren. Probleme sind langsame RFCs, zu viele RFCs oder zu große übertragene Datenmengen.

2.5.2 Erstellen und Anzeigen der Trace-Daten

Das Erstellen der RFC-Trace ist genauso einfach wie bei der SQL-Trace oder Puffer-Trace. Die ausführliche Beschreibung finden Sie im Abschnitt 2.2.

Für die RFC-Trace gibt es eine Ergebnisanzeige, die Trace-Liste und zwei Detailanzeigen, das Detail und den Quellcode.

Abb. 2–16
Struktur der RFC-Trace (ST05)

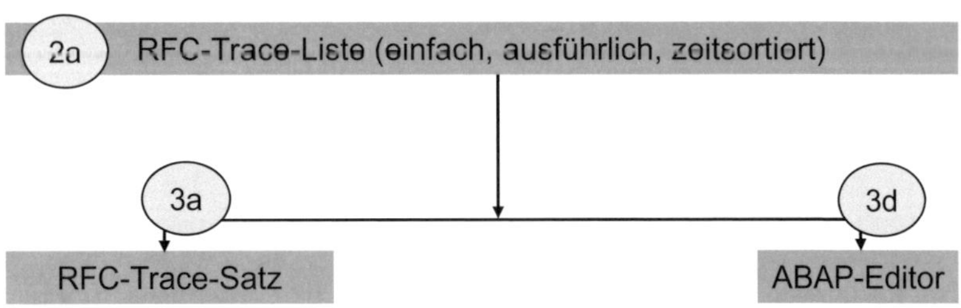

2.5.3 Die RFC-Trace-Liste

Die Trace-Liste der RFC-Trace nutzt das gleiche Format wie alle anderen Traces. Es gibt die normale und die ausführliche Trace-Liste mit den Blöcken, wie in 2.3.3 beschrieben, und die zeitsortierte Trace-Liste.

Die Einträge der RFC-Trace sind nicht farblich unterlegt, hier wechselt jedoch die Schriftfarbe zwischen Schwarz und Blau beim Wechsel des Eintrags in `Objektname`, d.h. beim Wechsel des Servers.

Abb. 2–17 Aussehen der RFC-Trace-Liste

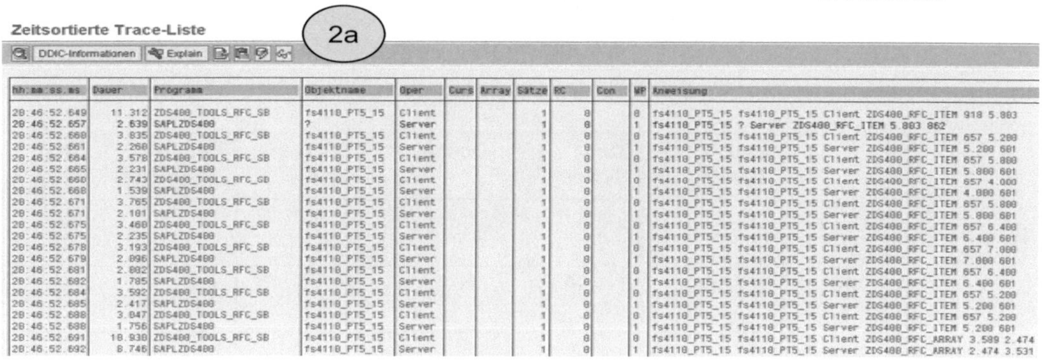

© SAP AG

Tab. 2–15 Spaltenübersicht für die RFC-Trace-Liste

Spalte		Überschrift	Bedeutung
1	*	`hh:mm:ss.ms`	Zeitstempel in Millisekunden (ms)
2		`Dauer`	verbrauchte Zeit in Mikrosekunden (µs)
3	*	`Programm`	aufrufendes Programm
4		`Objektname`	Name des Servers
5		`Operation (Oper)`	CLIENT oder SERVER
6	*	`Cursor (Curs)`	nicht benutzt
7	*	`Array`	nicht benutzt
8		`Sätze`	meist 1
9		`Return Code (RC)`	nicht benutzt
10	*	`Connection (Con)`	nicht benutzt
11	**	`WP`	Nummer des Workprozesses
12		`Anweisung`	Information zur RFC-Anweisung

Die Zusatzspalten der ausführlichen und zeitsortierten Trace-Liste sind mit Sternchen markiert.

Die Spalten `Zeitstempel` (1), `Dauer` (2), `Programm` (3) und `WP` (11) sind klar. Das `Programm` ist in diesem Fall der RFC-Funktionsbaustein. Die `Dauer` ist bei einem synchronen RFC die Zeit, bis der RFC zurückkommt; bei einem asynchronen RFC ist es die Zeit, bis der RFC das System verlässt.

Die Spalten Cursor (6), Array (7), Connection (10) und hier zusätzlich der Return Code (9) werden nicht benutzt. Die Spalte Sätze (8) ist fast immer null. Die Bedeutung der Spezialfälle, falls dies nicht der Fall ist, entnehmen Sie bitte der F1-Hilfe in Ihrem System.

Die interessante Information befindet sich wieder in den Spalten Objektname (4), Operation (5) und Anweisung (12):

- In Objektname (4) befindet sich in beiden Fälle der Servername.
- Die Spalte Operation (5) hat die Werte CLIENT oder SERVER.
- Die Spalte Anweisung (12) enthält folgende Information:

Von System	Zum System	Operation	RFC-Baustein	Gesendete Bytes	Empf. Bytes
fs4110...	fs4110...	Client	ZDS400_RFC_ITEM	918	5803
fs4110...	fs4110...	Server	ZDS400_RFC_ITEM	5803	862

Jeder RFC-Aufruf erzeugt zwei Sätze, den Clientsatz im Clientsystem und den Serversatz im Serversystem. Falls beide Systeme gleich sind, z.B. bei Destination 'None', befinden sich beide Sätze in derselben Trace.

2.5.4 Detailanzeigen der RFC-Trace

Für die Detailanalyse gibt es in der RFC-Trace nur zwei Funktionen, da auch die DDIC Information entfällt:

- *Details anzeigen (F2)*
- *Aufrufstellen in ABAP-Programmen anzeigen (F5)*

Die Funktionen können wie bei der SQL-Trace über die Funktionsknöpfe, das Menü oder Doppelklicks aufgerufen werden, siehe 2.3.7.

Die Detailanzeige zeigt die Information aus dem Anweisungsfeld in einer besser lesbaren Form: Detailanzeige in RFC-Trace

Und die Aufrufstelle zeigt den RFC-Funktionsbaustein. Der Clientsatz zeigt den Aufruf und der Serversatz den Baustein.

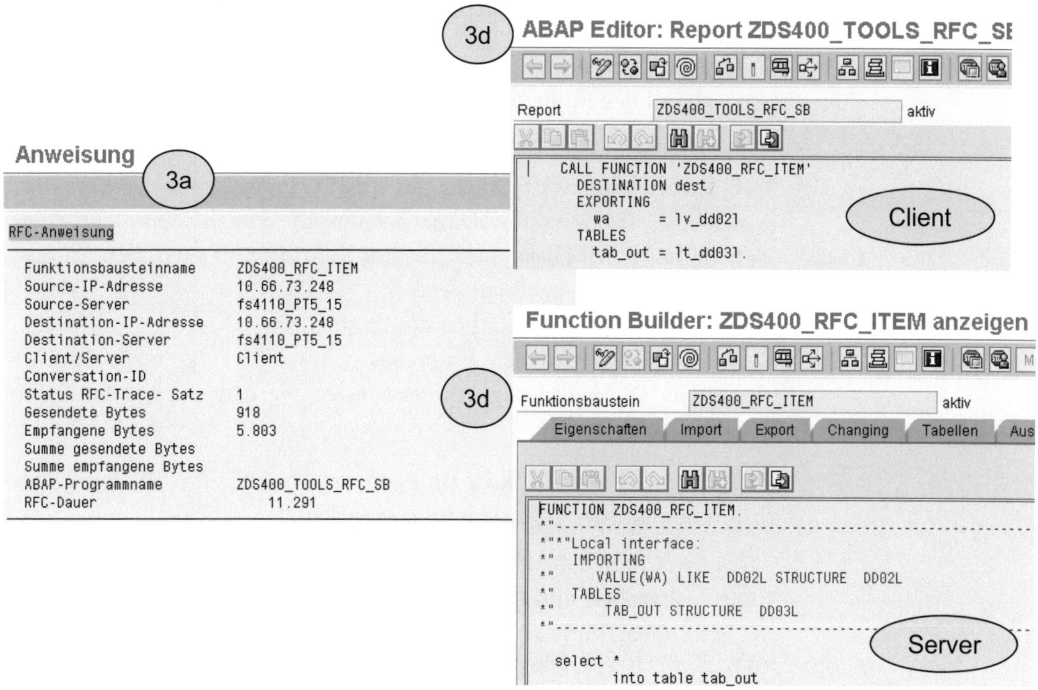

© SAP AG

Abb. 2–18
Details eines RFC-Aufrufs

Die Remote Function Call-Trace, kurz RFC-Trace, protokolliert die gesendeten und verarbeiteten RFCs in einem System. Sie ist sehr nützlich, um Anzahl, Dauer und übertragene Datenmenge der verschiedenen RFCs beurteilen zu können. Im Abschnitt 8.4 werden die RFCs selbst genauer diskutiert und der Nutzen der RFC-Trace für die Performanceanalyse erklärt.

2.6 Enqueue-Trace (ST05)

Die Enqueue-Trace gehört ebenfalls zu der Performance-Trace. Sie sammelt Informationen über das Anlegen und Entfernen von den logischen SAP-Sperren, den Enqueues. Wenn Sie mit den Enqueues nicht vertraut sind, sollten Sie sich zunächst den Abschnitt 8.5 ansehen.

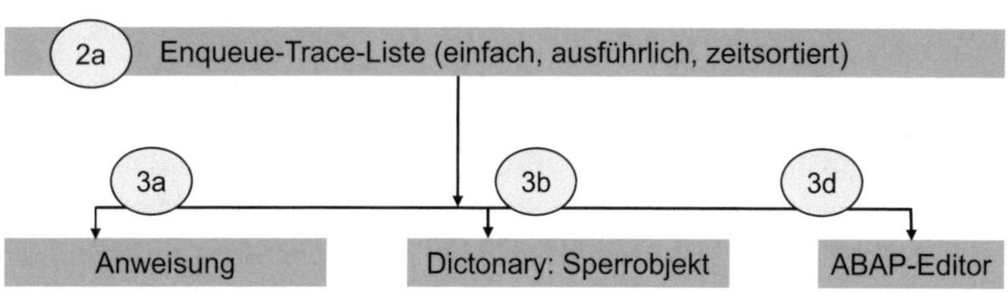

Abb. 2–19
Struktur der Enqueue-Trace (ST05)

2.6.1 Wie zeigt die Enqueue-Trace?

Bei der Analyse der Enqueue-Trace geht es um folgende Fragen, die sich anhand der Enqueue-Trace beantworten lassen:

- Welche Enqueues nutzt die Applikation?
- Bei den Enqueues ist nicht die Ausführungszeit für die Operation wichtig, sondern die Dauer, während der die Enqueue-Sperre gehalten wird. Diese muss aus der Zeitdifferenz zwischen Enqueue und Dequeue berechnet werden.
- Welche Granularität haben die Enqueues?
- Wo stehen die zu den Enqueues gehörenden Datenbankzugriffe? Finden Datenänderungen statt oder werden auch Lesezugriffe gesperrt?

Wegen des letzten Punktes ist es meist sinnvoll, die Enqueue-Trace zusammen mit der SQL-Trace auszuwerten.

2.6.2 Erstellen und Anzeigen der Trace-Daten

Das Erstellen der Trace funktioniert genau wie bei den anderen drei Traces auch. Lesen Sie die ausführliche Beschreibung im Abschnitt 2.2 nach.

Auch für die Enqueue-Trace gibt es nur eine Anzeige für die Ergebnisse, die Trace-Liste.

2.6.3 Die Enqueue-Trace-Liste

Die Enqueue-Trace nutzt dieselben Trace-Listen wie alle Performance-Traces, also normale, ausführliche oder zeitsortierte. Die Einträge der Enqueue-Trace sind in Blaugrau farblich unterlegt. Hier wechselt die Stärke der Farbe bei einem Wechsel des Enqueue-Objekts.

Abb. 2–20
Enqueue-Trace-Liste

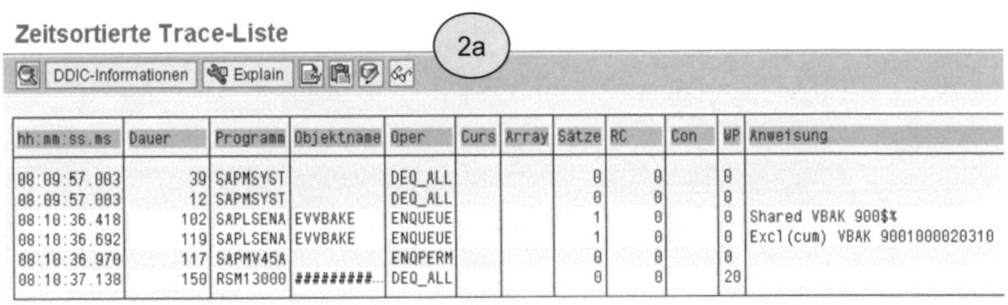

hh:mm:ss.ms	Dauer	Programm	Objektname	Oper	Curs	Array	Sätze	RC	Con	WP	Anweisung
08:09:57.003	39	SAPMSYST		DEQ_ALL			0	0		0	
08:09:57.003	12	SAPMSYST		DEQ_ALL			0	0		0	
08:10:36.418	102	SAPLSENA	EVVBAKE	ENQUEUE			1	0		0	Shared VBAK 900$%
08:10:36.692	119	SAPLSENA	EVVBAKE	ENQUEUE			1	0		0	Excl(cum) VBAK 9001000020310
08:10:36.970	117	SAPMV45A		ENQPERM			0	0		0	
08:10:37.138	150	RSM13000	#########...	DEQ_ALL			0	0		20	

Spalte		Überschrift	Bedeutung
1	*	hh:mm:ss.ms	Zeitstempel in Millisekunden (ms)
2		Dauer	verbrauchte Zeit in Mikrosekunden (µs)
3	*	Programm	aufrufendes Programm
4		Objektname	Enqueue-Objekt
5		Operation (Oper)	Enqueue-Operation, d.h. ENQUEUE, DEQUEUE oder DEQ ALL
6	*	Cursor (Curs)	nicht benutzt
7	*	Array	nicht benutzt
8		Sätze	Anzahl der Sperrmodi
9		Return Code (RC)	Return Code für den Sperraufruf; Wert 0 bei Erfolg, siehe unten
10	*	Connection (Con)	nicht benutzt
11	**	WP	Nummer des Workprozesses
12		Anweisung	Argument des Sperraufrufs

Tab. 2–16 Spaltenübersicht der Enqueue-Trace-Liste

Die Zusatzspalten der ausführlichen und zeitsortierten Trace-Liste sind mit Sternchen markiert. Die Trace-Liste der Enqueue-Trace ähnelt mehr der RFC-Trace als der SQL- oder der Puffer-Trace.

Hier sind nur `Zeitstempel` (1) und `WP` (11) klar, sowie die Spalten `Cursor` (6), `Array` (7) und `Connection` (10) unbenutzt. Die anderen Spalten enthalten interessante Informationen:

- In der Spalte `Programm` (3) steht das aufrufende Programm. Das ist bei dem `ENQUEUE` und dem `DEQUEUE` fast immer der zentrale Enqueue-Baustein. Beim `DEQ ALL` kommen mehrere Aufrufstellen infrage, in den allermeisten Fällen sind es Aufrufe durch das System.
- In der Spalte `Objektname` (4) befindet sich das Enqueue- oder Sperrobjekt. Es kann über die Dictionary-Anzeige betrachtet werden, Näheres dazu unten. Ein Sperrobjekt kann Tabellen oder andere Objekte sperren.
- Die `Operation` (5) gibt an, um welchen Typ von Aufruf es sich handelt. Es gibt es vier Typen:

Operation	Bedeutung
ENQUEUE	Aktivieren der Enqueue-Sperre
DEQUEUE	Deaktivieren der Enqueue-Sperre
DEQ ALL	Deaktivieren aller Enqueues
ENQPERM	Übergabe der Enqueue-Sperre an die Verbuchung

Tab. 2–17 Operationen der Enqueue-Trace

- Die `Dauer` (2) enthält die Zeit für das Ausführen der Operation. Diese Zeit ist meist recht kurz und nicht so interessant. Die eigentlich interessante Information bei Sperren ist die Sperrdauer. Diese müssen Sie selbst aus der Differenz der Zeitstempel zwischen Anlegen (`ENQUEUE`) und Aufheben der Sperre (`DEQUEUE` oder `DEQ ALL`) bestimmen.
- Auch der `Return-Code` (9) wird genutzt. Er sollte immer `0`, also erfolgreich sein. Erscheint eine `1`, dann konnte die Sperre nicht ausgeführt werden, da das Sperrobjekt oder Teile davon bereits gesperrt waren.
- Die Argumente des Aufrufs befinden sich in der `Anweisung` (12). Sie hängen von der Operation ab. Bei den Operationen `ENQUEUE` und `DEQUEUE` enthält die Anweisung die unten gezeigten drei Teile (Beispieldaten wie in den Abbildungen). Der Tabellenname ist genau genommen das gesperrte Objekt und oft, aber nicht immer, eine Tabelle:

Sperrmodus	Tabellenname	Sperrargument
`Shared`	`VBAK`	`900$%`

- Gelegentlich kann es mehrere Sperrmodi geben; dann erscheint jeweils nach einem Trennzeichnen »|« eine weitere Dreiergruppe. Die Anzahl der Sperrmodi ist in der Spalte `Sätze` (8) abgelegt. Bei der Operation `DEQ ALL` ist die `Anweisung` (12) leer und folglich auch die Spalte `Sätze` (8).

2.6.4 Detailinformationen der Enqueue-Trace

Für die Detailanalyse stellt die Enqueue-Trace wieder drei Funktionen zur Verfugung:

- *Details anzeigen (F2)*
- *DDIC-Information zum Objekt anzeigen (F6)*
- *Aufrufstellen in ABAP-Programmen anzeigen (F5)*

Diese Funktionen können über die ersten drei Funktionstasten aufgerufen werden, über das Menü und durch Doppelklick. Beim Doppelklick führen die Spalten `Programmname` (3) und `Operation` (5) zum Quellcode und von `Objektname` (4) geht es zur Definition des Enqueue-Objekts, jedoch nur, wenn es in dieser Spalte einen Eintrag gibt.

Die Abbildung zeigt eine Zusammenfassung der drei Detailinformationen: Details der Enqueue-Anweisung, Dictionary-Information eines Enqueue-Objekts und Enqueue-Aufruf im ABAP-Quellcode.

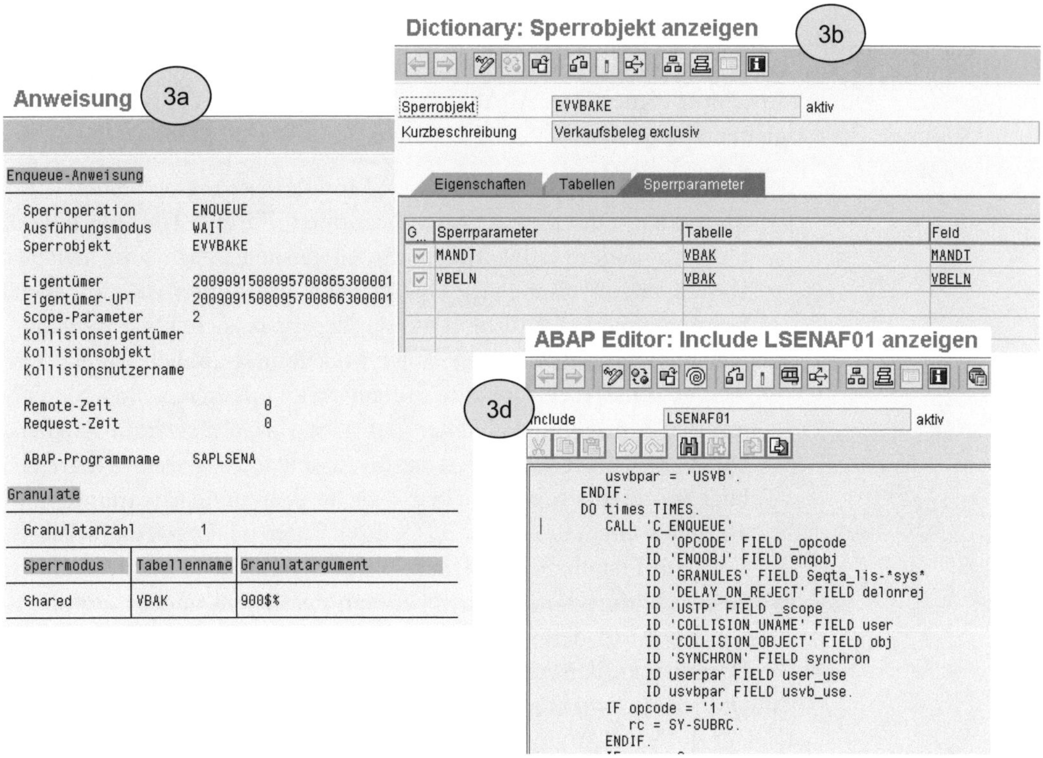

© SAP AG

Abb. 2–21
Alle Detailinformationen der Enqueue-Trace

Die Enqueue-Trace protokolliert die abgesetzten Enqueue-Sperren in einem Programm. Neben der Anzahl und der Granularität der Enqueues ist es vor allem die Dauer zwischen Setzen und Lösen der Sperren, die in der Enqueue-Trace wichtig sind. Im Abschnitt 8.5 werden die Enqueues genauer vorgestellt und der Nutzen der Enqueue-Trace für die Analyse erklärt.

2.7 ABAP-Trace (SE30)

Die ABAP-Laufzeitanalyse, im Weiteren kurz ABAP-Trace, sammelt auf dem Applikationsserver Informationen über alle ausgeführten Anweisungen und Ereignisse. Durch die Unterscheidung von Brutto- und Nettozeiten werden Verursacher und Verbraucher sichtbar. Auch die Zahl der Ausführungen wird angezeigt. Die ABAP-Trace ist das wichtigste Performance-Tool auf dem Applikationsserver.

2.7.1 Welche Daten zeigt die ABAP-Trace?

Auch hier soll die Zusammenfassung als Motivation für den gesamten Abschnitt dienen. Die ABAP-Trace lässt sich sehr gut entwicklungsbegleitend benutzen.

- Die ABAP-Trace verfolgt alle Modularisierungseinheiten, also Methoden, Funktionen und Subroutinen (Forms). Darüber hinaus misst sie andere laufzeitintensive Anweisungen, wie zum Beispiel Datenbankanweisungen, Operationen auf internen Tabellen, Remote Function Calls und viele andere speziellere Operationen.
- Die Ausführung der ABAP-Trace funktioniert ähnlich einfach wie die der SQL-Trace. Um gute Ergebnisse zu erhalten, sollten Sie sich mit den Einstellmöglichkeiten der Messvariante vertraut machen. Diese erscheinen auf den ersten Blick vielleicht etwas umfangreich. Hier wird jedoch beschrieben, welche drei Standardvarianten Sie anlegen sollten, um damit 99 % Ihrer Untersuchungen zu meistern.
- Vor dem Erstellen einer Trace sollten Sie immer mindestens einen, besser mehrere Vorläufe machen, um Puffer und Caches zu füllen.
- Die Übersicht der ABAP-Trace zeigt die Gesamtlaufzeit sowie den Datenbank-, den ABAP- und den Systemanteil.
- Die weitaus wichtigste Anzeige ist die Hitliste. Sie ist vergleichbar mit der Verdichtung nach SQL-Anweisungen in der SQL-Trace. Sie fasst alle Ausführungen einer Anweisung zusammen, die von derselben Aufrufstelle stammen, und zeigt die Zahl der Ausführungen sowie die Laufzeit. Da sie Brutto- und Nettozeiten unterscheidet, siehe Abschnitt 2.7.4, ist es möglich, von den Zeiten sowohl den Verursacher als auch den Verbraucher festzustellen.
- Der Datenumfang der ABAP-Trace ist so groß, dass das Erstellen einer Trace bei Batch- oder aufwendigeren Dialogprogrammen nur mit einer Zusammenfassung während der Ausführung möglich ist. In diesem Fall ist die Hitliste die einzige Ergebnisanzeige.
- Weitere Anzeigen gibt es nur bei Traces, die ohne Aggregation erzeugt wurden:
  - Die Hierarchie zeigt die Zeiten für jede einzelne ausgeführte Anweisung. Da die Ausführungen chronologisch angeordnet sind, ist es möglich, aus der Hierarchie die Programmstruktur zu erschließen. Die Hierarchie entspricht in etwa der Trace-Liste der Performance-Trace.
- Die ABAP-Trace besitzt nur eine Detailanzeige, nämlich die Anzeige des Quellcodes.
- Mit einem kurzen Ausblick, wie Sie die ABAP-Trace zur Analyse Ihrer Anwendung einsetzen können, endet der Abschnitt. Die kom-

plette Beschreibung der Analyse anhand der ABAP-Trace folgt im siebten Kapitel.

- Die ABAP-Trace wurde zum neuen SAP NetWeaver Release 7.0 EhP2 stark überarbeitet. Die Änderungen werden im Abschnitt 2.11 vorgestellt. Einige der Erfahrungen aus dieser Überarbeitung, sei es in Bezug auf Einstellungen, Interpretation oder Nutzung, können auch in der älteren SE30 schon genutzt werden. An den relevanten Stellen finden Sie entsprechende Hinweise.

2.7.2 Erstellen einer Trace

Auch die Arbeit mit der ABAP-Trace lässt sich in drei logische Schritte zerlegen:

1. Schritt: das Erstellen der Trace,
2. Schritt: die Interpretation der Ergebnisse und
3. Schritt: die Detailanalyse von interessanten Ergebnissen.

Das Strukturdiagramm zeigt die zugehörigen Schritte.

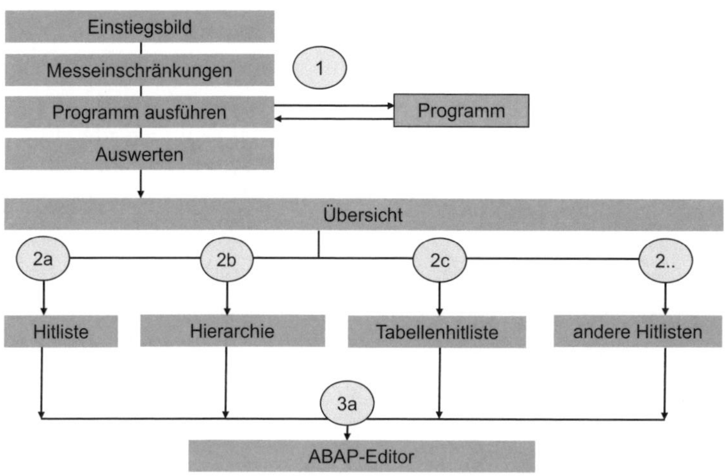

Abb. 2–22
Struktur der ABAP-Trace

Im Detail gibt es jedoch größere Unterschiede zwischen der ABAP- und der SQL-Trace, wie Sie im Folgenden sehen werden. Die ABAP-Trace starten Sie entweder

- mit dem Transaktionscode SE30 oder
- über das Menü *System* → *Hilfsmittel* → *Laufzeitanalyse*,
- oder über das Easy-Access-Menü *Werkzeuge* → *ABAP Workbench* → *Test* → *Laufzeitanalyse* oder nur *Test* → *Laufzeitanalyse*.

Sie gelangen so immer zum Einstiegsbild.

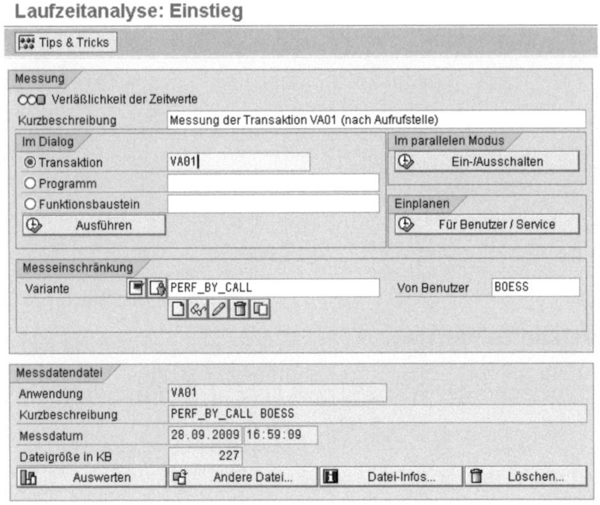

© SAP AG

Abb. 2–23
Einstiegsbild der ABAP-Trace

Die Messeinschränkungen

Vor dem Erstellen einer ABAP-Trace können Sie verschiedene Voreinstellungen machen. Das erhöht die Flexibilität, macht den Einstieg jedoch etwas schwieriger als bei der SQL-Trace, da es relativ viele Einstellmöglichkeiten gibt.

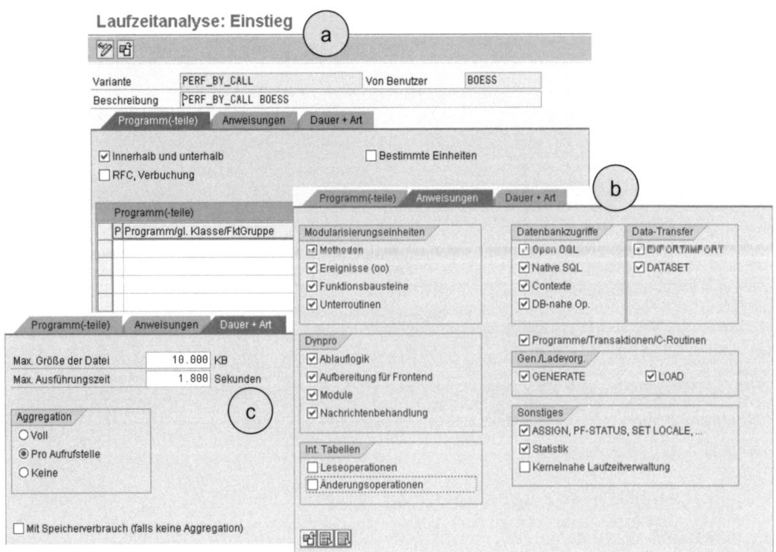

© SAP AG

Abb. 2–24
Drei Registerkarten mit Messeinschränkungen

Auf der Registerkarte *Programm(-teile)* kann der Funktionsumfang festgelegt werden:

Messeinschränkung 1: Programm(-teile)

- Das Feld `Innerhalb und unterhalb` ist immer aktiv.
- Mit `RFC, Verbuchung` können Sie einstellen, dass Folgeprozesse dieses Typs gemessen werden; mehr dazu finden Sie im Abschnitt 2.7.9.
- Die Option `Bestimmte Einheiten` muss gesetzt sein, wenn die Trace später aus dem Debugger, mit Kommandos oder aus dem Programm aktiviert bzw. deaktiviert werden soll; mehr dazu ebenfalls im Abschnitt 2.7.9.
- Außerdem können Sie hier bestimmte Programmteile auswählen und das Erzeugen der Trace auf diese beschränken. Diese Einstellung kann sinnvoll sein, wenn die Trace ansonsten zu groß wird, insbesondere falls die Trace-Daten nicht aggregiert werden sollen. Für eine Übersichtsanalyse ist die Einstellung jedoch nicht sinnvoll. Dort sollte auf alles geachtet werden, was eine große Laufzeit bewirkt.

Auf der Registerkarte *Anweisungen* können Sie die zu vermessenden Ereignistypen auswählen. Die Bezeichnung »Ereignisse« soll verdeutlichen, dass die ABAP-Trace nicht nur Anweisungen vermessen kann, sondern auch durch das System ausgelöste Ereignisse.

Messeinschränkung 2: Anweisungen

Hier sollten Sie nicht unnötig einschränken; es ist immer besser, alle Details zu messen und sich bei der Auswertung auf das Wichtigste zu konzentrieren.

- Die `Modularisierungseinheiten` müssen immer aktiviert sein, ansonsten ist eine ABAP-Trace nur schwer zu interpretieren. Sie ergeben meist den größten Teil der Tracebeiträge.
- Die internen Tabellen können, insbesondere durch einen Fehler bei älteren Releases, die Trace sehr groß machen. Deshalb sollten sie bei der ersten Messung nicht aktiv sein. Wenn jedoch klar ist, dass die Trace nicht sehr groß wird, kann sie mit internen Tabellen wiederholt werden. Im sechsten und im siebten Kapitel werden Sie sehen, dass die Ergebnisse für die internen Tabellen sehr hilfreich bei der Analyse sein können.
- Überprüfen Sie auch, ob die Ereignisse `DB-nahe Op.` im Kasten `Datenbankzugriffe` aktiviert sind. Diese Auswahl ist in der Standardeinstellung meist nicht gesetzt. In der neuen ABAP-Trace, siehe Abschnitt 2.11, ist die Auswahl jedoch immer gesetzt.
- Ansonsten sollten alle anderen Schalter gesetzt bleiben. Lediglich die `Kernelnahe Laufzeitverwaltung` kann abgeschaltet bleiben, da diese Details für Performancezwecke meist uninteressant sind.

Egal, was ausgewählt wird, die Summe der gemessenen Nettozeiten wird immer bis auf Messungenauigkeiten gleich sein. Die Nettozeit einer nicht ausgewählten Anweisung geht in die Nettozeit der aufrufenden Anweisung ein. Bei der Anzeige muss natürlich darauf geachtet werden, welche Darstellungsfilter eingestellt sind, siehe Abschnitt 2.7.6.

Messeinschränkung 3: Dauer + Art

Die Registerkarte *Dauer + Art* enthält die wichtigsten Einstellungen:

- Die `Max. Größe der Datei` sollten Sie auf 20.000 kB erhöhen, um einen vorzeitigen Abbruch des Tracevorgangs zu vermeiden. Trace-Files größer 20.000 kB sind möglich, Sie sollten beachten, dass das Trace-File kompakt gespeichert ist und bei der Darstellung viel mehr Speicherplatz benötigt. Deshalb kann das Aufrufen größerer Trace-Files sehr lange dauern und sogar zum Abbruch führen.
- Die `Max. Ausführungszeit` können Sie auf 1.800 s belassen. Diese Grenze wird eigentlich nie überschritten. Das System liefert bei Werten über 4293 s eine Fehlermeldung. Die maximale Dauer einer Trace wird durch die größte ganze Zahl der Länge 4 Byte bestimmt, d.h. 2^{32} Mikrosekunden = 4294 s, also ungefähr eine Stunde und 15 Minuten. Dies ist keine schwerwiegende Einschränkung, da eine sinnvolle Trace weit kleiner sein sollte, um die Untersuchung zügig durchführen zu können. Vergessen Sie nicht, Sie müssen Vorläufe und eventuell auch Wiederholungen mit unterschiedlichen Einstellungen einplanen.
- Ganz wichtig ist die Einstellung der Aggregation. Die Aggregationstypen werden im Abschnitt 2.7.4 genau erklärt. Sie benötigen vor allem den Typ `Aggregation pro Aufrufstelle`, den Sie als Standardeinstellung nutzen sollten. Die Einstellung `Keine` bei der Aggregation ist nur sinnvoll, wenn Sie wirklich alle Details sehen wollen.
- Der Punkt `Mit Speicherverbrauch (falls keine Aggregation)` wird im Abschnitt 2.7.9 erklärt.

Planen Sie die ABAP-Trace in einem System öfter zu verwenden, dann sollten Sie am besten gleich drei Messeinschränkungen für Ihren Benutzer erstellen und immer wieder verwenden. Entsprechend den Empfehlungen sind dies:

Tab. 2–18 *Empfohlene Messvarianten*

Messvariante	Ereignisse	Größe	Aggregationstyp
AGG_BY_CALL	–	20.000 kB	Pro Aufrufstelle
NO_AGG	–	20.000 kB	Keine
AGG_BY_CALL_ITAB	Mit internen Tabellen	20.000 kB	Pro Aufrufstelle

Starten der Trace

Es gibt mehrere Möglichkeiten, um die ABAP-Trace zu starten. Die einfachste und älteste Möglichkeit startet das zu untersuchende Programm aus dem Einstiegsbild der ABAP-Trace heraus. Dies ist möglich für Transaktionen, Programme bzw. Reports und Funktionsbausteine.

Da dies nicht immer ausreicht, sind über die Releases weitere Möglichkeiten dazugekommen, um zum Beispiel die Trace parallel oder aus dem Debugger zu aktivieren. Auch für Webanwendungen gibt es eine Lösung, sodass mittlerweile die ABAP-Trace ebenso flexibel genutzt werden kann wie die SQL-Trace. Die Erweiterungen finden Sie im Abschnitt 2.7.9

Die ABAP-Trace hat den Vorteil, dass mehrere Traces gleichzeitig aktiv sein können, bis zu 20 aktive Traces sind gegenwärtig möglich.

Vorläufe nicht vergessen

Wie schon bei der SQL-Trace angemerkt, sollte vor dem Erstellen einer Trace das Programm mehrfach ausgeführt werden, um die Programme zu laden und zu generieren und die relevanten Puffer und Caches im System komplett zu füllen. Falls Sie dies vergessen, erhalten Sie Messungen, die keinen klar definierten Ausgangszustand haben. Nur beim Systemstart sind alle Puffer nicht gefüllt, später sind immer einige Puffer bereits durch andere Prozesse gefüllt. Die initiale Ausführung interessiert nicht, da nur die wiederholte langsame Ausführung ein ärgerliches Performanceproblem ist.

Auswerten der Trace

Wenn die Anwendung beendet ist, kann mit dem *Zurück*-Knopf auf das Startbild zurücknavigiert werden. Die neueste Trace-Datei erscheint dann unter dem Punkt `Messdatendatei` und kann einfach durch Drücken von *Auswerten* aufgerufen werden.

Der Knopf *Andere Datei* führt zu einer Übersicht über Trace-Files, von denen das passende ausgewählt werden kann.

Die Traces sind im Filesystem des Applikationsservers gespeichert. Wollen Sie eine Trace später wieder aufrufen, dann müssen Sie sich bei Systemen mit mehreren Servern den Applikationsserver merken, um sie wiederzufinden. Ansonsten müssen Sie mühevoll alle Applikationsserver durchsuchen.

Außerdem muss Ihnen bewusst sein, dass ein Trace-File nach acht Tagen automatisch gelöscht wird. In der SE30 gibt es keine Möglichkeit, ein Trace-File länger zu speichern. Dies ändert sich mit der neuen ABAP-Trace in SAP NetWeaver Release 7.0 EhP2, siehe Abschnitt 2.11.1.

Abb. 2–25 *Vorhandene Trace-Dateien*

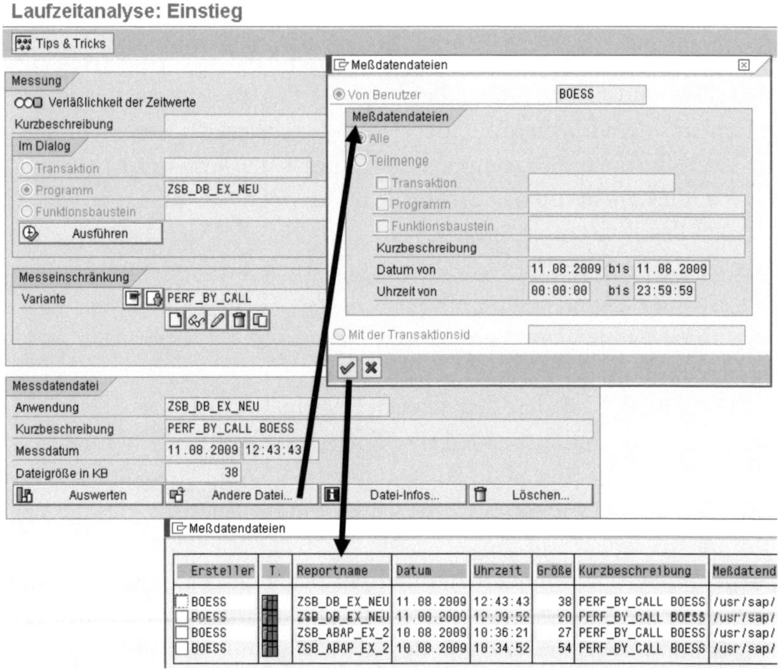

Beim Arbeiten mit der ABAP-Trace sollten Sie zunächst die in Tabelle 22 empfohlenen Standardvarianten anlegen. Dann können Sie das Programm leicht aus der Trace starten. Falls diese Möglichkeit nicht reicht, finden Sie im Abschnitt 2.7.9 weitere Möglichkeiten, die Trace zu starten. Bevor Sie eine Trace erstellen, sollten Sie Ihre Anwendung mehrfach ausführen.

2.7.3 Übersicht über die Trace

Beim Anzeigen der ABAP-Trace erscheint zunächst folgende Übersichtsanzeige:

Abb. 2–26 *Anzeige der Gesamtzeiten*

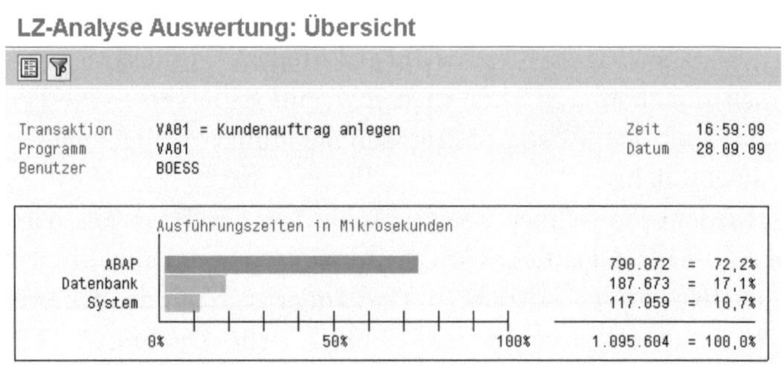

Diese Anzeige der Gesamtzeit und deren Verteilung auf Applikations-, Datenbank- und Systemzeit ist recht nützlich. Sie können diese Zeiten mit den Zeiten des Statistikmonitors (STAD) vergleichen. Beachten Sie jedoch, dass Sie die Zeiten der STAD von einer Ausführung verwenden, bei der keine ABAP-Trace aktiv war. Jede Trace, insbesondere die ABAP-Trace, macht die Anwendung langsamer, was sich in den Statistiksätzen niederschlägt.

Diese Zusatzzeiten sind aus den Messungen der ABAP-Trace herausgerechnet, sodass die gezeigten Zeiten so gut wie möglich die tatsächlichen Zeiten für die Anwendung alleine zeigen. Für die Interpretation der Ergebnisse ist die Genauigkeit der absoluten Zeiten gar nicht so wichtig. Meist genügt es, dass die Relationen innerhalb einer Messung stimmen.

Farben und Prozente der Anzeige

Die Farben und Prozentangaben in der Übersichtsanzeige sind nicht so wichtig, sie werden leider oft missverstanden. Bei ABAP und System werden die Balken rot gezeichnet, falls ihr Anteil größer 50 % ist, bei der Datenbank bereits bei mehr als 25 %. Solche Aussagen können jedoch nicht pauschal gemacht werden, für ABAP und Datenbank können auch größere Anteile je nach Aufgabe richtig sein. Es gibt für die Prozentverteilungen nur sehr allgemeine Regeln:

- Die Systemzeit sollte eigentlich immer klein sein. Mehr als 10 % sind zu viel. Das deutet auf viele Lade- und Generierungsvorgänge hin, welche dann auftreten, wenn die Trace ohne Vorläufe erstellt wurde. **Die Systemzeit ist also ein guter Indikator für vergessene Vorläufe.**
- Für normale Anwendungen sollte die Datenbankzeit kleiner als die ABAP-Zeit sein, einfach nach dem Motto: Gelesene Daten sollten auch verarbeitet werden.
- Es gibt jedoch genügend Ausnahmen, bei denen dies nicht der Fall sein muss. Bei einem Programm, das hauptsächlich Datenbankanpassungen vornimmt, oder einem Programmausschnitt mit einer großen Datenbanklast kann der hohe Datenbankanteil durchaus richtig sein.

Die Farbe hat also keine besondere Bedeutung. Für die prozentuale Verteilung gibt es keine eindeutige Regel, Sie können daraus nicht schließen, ob Ihr Programm gut oder schlecht läuft. Die farbige Darstellung gibt es in der neuen ABAP-Trace nicht mehr.

Der Anzeige der Konvertierungen brauchen Sie keine Aufmerksamkeit zu schenken, sie spielt keine performancerelevante Rolle.

Die Übersichtsanzeige der ABAP-Trace ist ein guter Einstieg. Sie sollten jedoch die roten und grünen Farben ignorieren. Die Gesamtlaufzeit sagt Ihnen, wie lange die Anwendung dauert. Ob dies schnell oder langsam ist, müssen Sie selbst beurteilen. Ebenso müssen Sie selbst beurteilen, wie sich die Zeit auf Datenbank und ABAP verteilen soll.

2.7.4 Der Messprozess der ABAP-Trace

Die Erstellung der ABAP-Trace ist etwas komplizierter als die anderer Traces, da Programme normalerweise eine hierarchische Programmstruktur besitzen. Ein Programm ruft ein Unterprogramm, welches ein weiteres Unterprogramm ruft und so weiter. Reale ABAP-Programme können eine Tiefe der Schachtelung von über 100 erreichen. Wegen dieser geschachtelten Struktur wurde die Unterscheidung in Brutto- und Nettozeit eingeführt.

Bruttozeit (Gross Time) und Nettozeit (Net Time)

Angenommen ein Programm ruft nur ein Unterprogramm und sonst nichts auf, dann ist die Dauer vom Starten des Programms bis zum Ende die Bruttozeit des Programms. Genauso ist die Bruttozeit des Unterprogramms definiert: Sie ist kleiner als die des Programms, weil jedes Programm Zeit für die Initialisierung und die Parameterübergabe benötigt und noch ein paar nicht gemessene Anweisungen enthält. Diese ergeben zusammen die Nettozeit des Programms, welche sich aus den gemessenen Bruttozeiten berechnen lässt:

```
Brutto(Prog.)- Brutto(Unterprog.) = Netto(Prog.)
```

In realen Programmen werden die Bruttozeiten aller Unterprogramme und die Bruttozeiten von allen Anweisungen, die in den Messeinschränkungen (Abbildung 2–24) aktiviert sind, abgezogen.

Abb. 2–27

Brutto- und Nettozeiten

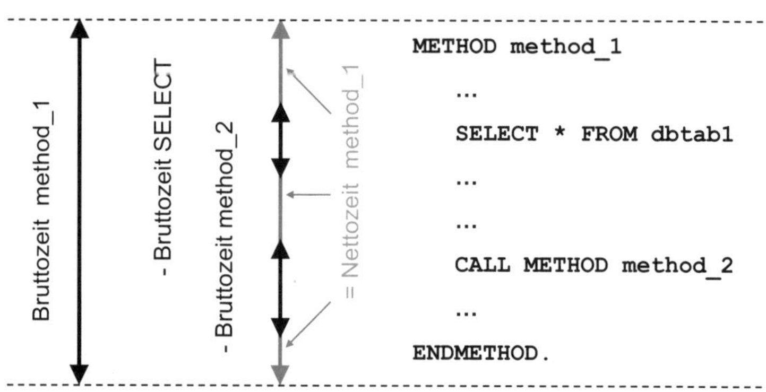

Verursacher und Verbraucher

- Die Bruttozeit enthält die gesamte Zeit vom Aufruf bis zum Ende einer Anweisung. Sie zeigt, welche Laufzeit ein Aufruf insgesamt **verursacht**.
- Die Nettozeit enthält nur die Zeit, die genau von diesem Aufruf, ohne Unteraufrufe oder andere Ereignisse, direkt **verbraucht** wird.
- Für die Brutto- und Nettozeiten gilt folgender Zusammenhang, der wegen kleineren Ungenauigkeiten nicht immer exakt erfüllt ist:

```
Maximum(Bruttozeit) = Summe_aller(Nettozeiten)
```

Messung der ABAP-Trace

Die ABAP-Trace misst nicht nur eine einzelne Anweisung zu einer Zeit, sondern einen ganzen Stack. Für jede Anweisung werden Start- und Endzeitpunkt notiert. Dazwischen können unzählige andere Anweisungen auf tieferen Ebenen geöffnet und wieder geschlossen werden. Durch das Abziehen der Bruttozeiten der Ereignisse von der nächsttieferen Ebene lässt sich immer die Nettozeit bestimmen. Mit etwas Erfahrung werden Sie diese beiden Zeiten schätzen lernen.

Aggregation oder keine Aggregation

Die ABAP-Trace erzeugt viel mehr Daten als die SQL-Trace, deshalb kann das Trace-File sehr groß werden. Um länger laufende Programme wie zum Beispiel Batch-Programme messen zu können, ist es notwendig, die Daten schon während des Messens zusammenzufassen.

Für gleiche Anweisungen werden dabei die Ausführungen und die Nettozeiten aufsummiert. Bruttozeiten sind zu addieren, wenn sie unabhängig sind. Falls sie jedoch rekursiv zusammenhängen, ist das Maximum zu nehmen. Rekursiv bedeutet dabei, dass die gleiche Anweisung noch einmal im aktiven Call Stack vorkommt.

Die Aggregationstypen

Die ABAP-Trace kennt drei Aggregationstypen:

- **Keine Aggregation:** Alle Daten werden gespeichert. Bei der Auswertung steht sowohl die chronologische Liste der Ausführungen, genannt Hierarchie (2.7.6), als auch die Zusammenfassung, genannt Hitliste (2.7.5), zur Verfügung. Dieser Typ ergibt sehr große Trace-Files und ist deshalb nur für relativ kleine Programme oder für Ausschnitte geeignet.
- **Aggregation nach Aufrufstelle:** Bei der Aggregation werden Ausführungen derselben Anweisung schon während des Messens zusammengefasst. Dadurch gibt es bei der Auswertung nur noch die zusammengefasste Hitliste. Die Aggregation nach Aufrufstelle berücksichtigt bei der Zusammenfassung die Anweisung, das rufende Programm und die Quellcodestelle im Programm. Die Berücksichtigung der Aufrufstelle hat den Vorteil, dass jede Zeile in der Hitliste nur von einer Codestelle kommen kann. Das Trace-File wird weitaus kleiner als bei der Trace ohne Aggregation.

- **Volle Aggregation:** Diese Aggregation ist in älteren Releases die Standardeinstellung. Auch bei der vollen Aggregation wird während des Messens zusammengefasst. Von der Bezeichnung könnte man denken, dass nur die Anweisung bei der Zusammenfassung berücksichtigt wird. Wegen der fehlenden Eindeutigkeit des Anweisungsnamens wird auch das rufende Programm berücksichtigt, die Aufrufzeile jedoch nicht. Wird eine Anweisung an zwei verschiedenen Stellen eines Programms aufgerufen, dann wird sie hier zusammengefasst, was bei der Aggregation nach Aufrufstelle nicht der Fall ist. Da ein Aufruf an einer anderen Stelle ganz andere Parameter nutzen kann, ist die Zusammenfassung nicht wünschenswert. Da dieser Fall insgesamt nicht sehr oft vorkommt, bringt er auch keine nennenswerte Größenersparnis für das Trace-File. Deshalb hat die volle Aggregation mittlerweile an Bedeutung verloren und wird in der neuen ABAP-Trace, siehe Abbildung 2.11.1, nicht mehr angeboten.

Die Daten der aggregierten Traces sind relativ kompakt, sodass auch lang laufende Batch-Programme gemessen werden können.

Wenn Sie öfter mit der ABAP-Trace arbeiten, dann sollten Sie sich mit dem Messprozess vertraut machen. Es sollte Ihnen klar sein, was Brutto- und Nettozeiten bedeuten, dass diese den Verursacher und den Verbraucher zeigen. Ebenso sollten Ihnen die verschiedenen Aggregationstypen vertraut sein, insbesondere die Aggregation pro Aufrufstelle.

2.7.5 Die Hitliste der ABAP-Trace

Die Hitliste ist die wichtigste Ergebnisanzeige. Sie bietet eine zusammengefasste Übersichtsdarstellung, und entspricht in etwa der Verdichtung nach SQL-Anweisungen bei der SQL-Trace. Bei einer Trace mit Aggregation ist sie die einzige Anzeige.

Die dargestellten Spalten der Hitliste bei Aggregation nach Aufrufstelle lauten:

Tab. 2–19
Nach Aufrufstelle aggregierte Hitliste

Spalte	Überschrift	Bedeutung
1	`Anz. (No.)`	Anzahl der Ausführungen
2	`Brutto (Gross)`	Gesamtbruttozeit in µs
3	`=`	Zeigt Gleichheit von Brutto und Netto
4	`Netto (Net)`	Gesamtnettozeit in µs
5	`Brut .% (Gross %)`	Bruttozeit in Prozent
6	`Nett.% (Net %)`	Nettozeit in Prozent

→

Spalte	Überschrift	Bedeutung
7	`Aufruf`	Anweisung
8	`Programmname`	Aufrufendes Programm
9	`Typ`	Wert `Syst` für Systemanweisung
10	`AnzFilter`	Anzeigefilter

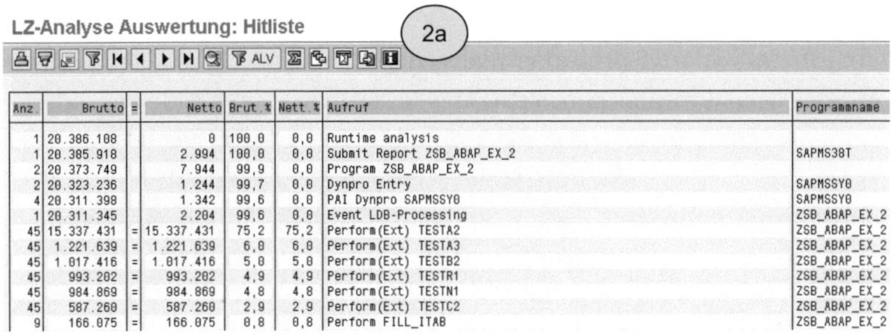
LZ-Analyse Auswertung: Hitliste

Anz.	Brutto	=	Netto	Brut.%	Nett.%	Aufruf	Programmname
1	20.386.108		0	100,0	0,0	Runtime analysis	
1	20.385.918		2.994	100,0	0,0	Submit Report ZSB_ABAP_EX_2	SAPMS38T
2	20.373.749		7.944	99,9	0,0	Program ZSB_ABAP_EX_2	
2	20.323.236		1.244	99,7	0,0	Dynpro Entry	SAPMSSY0
4	20.311.398		1.342	99,6	0,0	PAI Dynpro SAPMSSY0	SAPMSSY0
1	20.311.345		2.204	99,6	0,0	Event LDB-Processing	ZSB_ABAP_EX_2
45	15.337.431	=	15.337.431	75,2	75,2	Perform(Ext) TESTA2	ZSB_ABAP_EX_2
45	1.221.639	=	1.221.639	6,0	6,0	Perform(Ext) TESTA3	ZSB_ABAP_EX_2
45	1.017.416	=	1.017.416	5,0	5,0	Perform(Ext) TESTB2	ZSB_ABAP_EX_2
45	993.202	=	993.202	4,9	4,9	Perform(Ext) TESTR1	ZSB_ABAP_EX_2
45	984.869	=	984.869	4,8	4,8	Perform(Ext) TESTN1	ZSB_ABAP_EX_2
45	587.260	=	587.260	2,9	2,9	Perform(Ext) TESTC2	ZSB_ABAP_EX_2
9	166.075	=	166.075	0,8	0,8	Perform FILL_ITAB	ZSB_ABAP_EX_2

Abb. 2–28
Aussehen der Hitliste

Bei der Aggregation werden alle Ausführungen der gleichen Anweisung, die von dem gleichen Programm aufgerufen werden, zusammengefasst. Bei den Hitlisten zur vollen Aggregation und ohne Aggregation bilden die beiden Spalten `Anweisung` (7) und rufendes `Programm` (8) einen eindeutigen Schlüssel. Bei der nach Aufrufstelle aggregierten Liste ist zusätzlich noch der Spaltenwert mit Zeileninformation ein Schlüsselfeld. Diese Spalte ist, da es rein technischen Charakter hat, nicht sichtbar.

Bei der Zusammenfassung werden die `Ausführungen` (1) und die `Nettozeiten` (4) aufsummiert, die `Bruttozeiten` (2) unter Berücksichtigung rekursiver Aufrufe addiert bzw. das Maximum genommen.

Die Spalte `Gleichheit` (3) bedeutet auch, dass eine Anweisung keine Unteraufrufe hat. Die anderen Spalten `Brutto %` (5) und `Netto %` (6) sind die prozentualen Anteile an der größten Bruttozeit. Sie sind zum Filtern nützlich. Die Spalten `Typ` (9) und `Anzeigefilter` (10) sind weniger wichtig.

Darstellungsfilter deaktivieren

Die Abbildung 2–29 zeigt den Darstellungsfilter, der in der Standardeinstellung aktiv ist. Er ist jedoch für die Analyse eher hinderlich als unterstützend. Sie sollten deshalb den Knopf *Filter* drücken und alle Auswahlen aktivieren. Dadurch vergrößert sich die Trace, Sie sehen jedoch die gemessenen Zeiten wirklich den Verursachern zugeordnet und auch der oben beschriebene Zusammenhang zwischen Brutto- und Nettozeit ist erfüllt.

Abb. 2–29
Der Darstellungsfilter

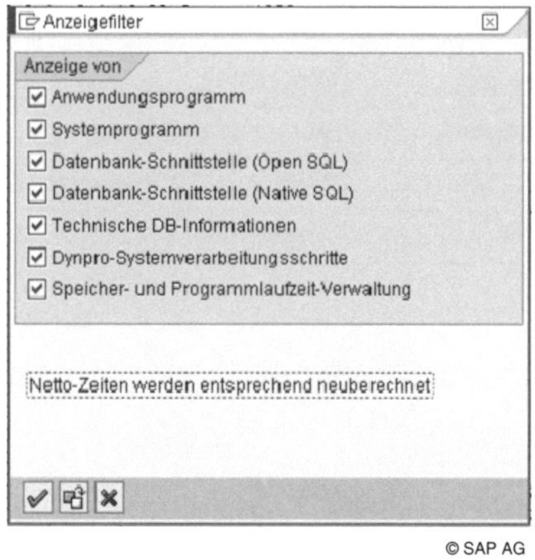

Wissenswertes über die Hitliste

- Die Hitliste zeigt die einzelnen Ausführungen zusammengefasst, einmal unter Berücksichtigung der Anweisung, des rufenden Programms und der Aufrufstelle (nicht sichtbar). Bei der vollen Aggregation bzw. ohne Aggregation bleibt die Aufrufstelle unberücksichtigt.
- Bei den beiden aggregierten Traces wird die Zusammenfassung bereits während der Ausführung des Programms durchgeführt, deshalb ist die Hitliste die einzige Ergebnisdarstellung.
- Die verdichteten Traces nutzen eine ALV-Liste (ABAP List Viewer) mit allen Annehmlichkeiten. Es kann nach jeder Spalte sortiert werden, das Layout ist änderbar. Durch eine Änderung des Layouts kann auch die Aufrufstelle eingeblendet werden.
- Das Layout der Hitliste ohne Aggregation ist nur auf den ersten Blick gleich. Es zeigt etwas andere Spalten: `Anz.` (1), `Brutto` (2), `Netto` (3), `Aufruf` (7), `In Prog` (8) steht für rufendes Programm, `Typ` (9) und `AnzFiltergruppe` (10). Die Liste basiert nicht auf einem ABAP List Viewer (ALV), deshalb gibt es nur die Wahl zwischen zwei Sortierungen: *Bruttozeit absteigend* oder *Nettozeit absteigend*.
- Bei der Trace ohne Aggregation zeigt die Hitliste beim Doppelklick auf eine Zeile die Zeiten für jede einzelne Ausführung. Das kann nützlich sein, um zu überprüfen, ob die einzelnen Ausführungen immer ähnlich lange dauern oder variieren. Gelegentlich zeigt sich, dass die Ausführungen immer langsamer werden, was auf Fehler hindeutet.
- Bei einer Trace ohne Aggregation gibt es weitere Ergebnisanzeigen. Die Wichtigste davon ist die Hierarchie, die in etwa der Trace-Liste der SQL-Trace entspricht.

Ausblick auf die Performanceanalyse

Die Hitliste ist die wichtigste Anzeige der ABAP-Trace für die Performanceanalyse. Sie wird im siebten Kapitel die entscheidende Rolle spielen. Durch die Aggregation wird der Gesamteinfluss einer Anweisung klarer ersichtlich. Es gibt jedoch nicht so viele Ansatzpunkte wie bei der SQL-Trace.

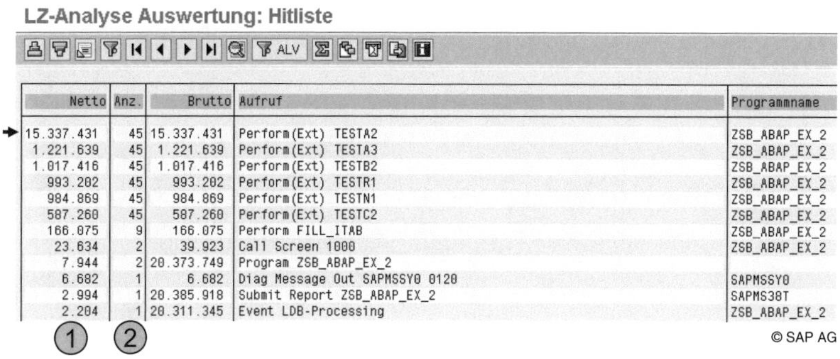
LZ-Analyse Auswertung: Hitliste

Netto	Anz.	Brutto	Aufruf	Programmname
15.337.431	45	15.337.431	Perform(Ext) TESTA2	ZSB_ABAP_EX_2
1.221.639	45	1.221.639	Perform(Ext) TESTA3	ZSB_ABAP_EX_2
1.017.416	45	1.017.416	Perform(Ext) TESTB2	ZSB_ABAP_EX_2
993.202	45	993.202	Perform(Ext) TESTR1	ZSB_ABAP_EX_2
984.869	45	984.869	Perform(Ext) TESTN1	ZSB_ABAP_EX_2
587.260	45	587.260	Perform(Ext) TESTC2	ZSB_ABAP_EX_2
166.075	9	166.075	Perform FILL_ITAB	ZSB_ABAP_EX_2
23.634	2	39.923	Call Screen 1000	ZSB_ABAP_EX_2
7.944	2	20.373.749	Program ZSB_ABAP_EX_2	
6.682	1	6.682	Diag Message Out SAPMSSY0 0120	SAPMSSY0
2.994	1	20.385.918	Submit Report ZSB_ABAP_EX_2	SAPMS38T
2.204	1	20.311.345	Event LDB-Processing	ZSB_ABAP_EX_2

Abb. 2–30
Ansatzpunkte der Analyse

Folgende Punkte sind pro Zeile zu analysieren:

Tab. 2–20
Performanceanalyse mit der ABAP-Trace

	Test	Beschreibung
1/3	Langsame oder zu viele Ausführungen	Große Werte bei der Nettozeit und Zahl der Ausführungen
2	Zu viele Daten	Entfällt
4	Lineare Skalierung nicht erfüllt	Lässt sich durch den Vergleich von zwei ABAP-Traces überprüfen, siehe Abschnitt 7.6

Die Hitliste ist die verdichtete Darstellung der ABAP-Trace, ähnlich der Verdichtung nach SQL-Anweisungen in der SQL-Trace. Die Verdichtung ist in der ABAP-Trace noch wichtiger als in der SQL-Trace, da die meisten ABAP-Anweisungen erst in der Summe viel Zeit verbrauchen. Die Hitliste ist deshalb die wichtigste Darstellungsform der ABAP-Trace. Außerdem ist sie bei aggregierten Traces die einzige Darstellungsform.

2.7.6 Die Aufrufhierarchie der ABAP-Trace

Die Aufrufhierarchie, kurz Hierarchie, zeigt alle ausgeführten Anweisungen einzeln in chronologischer Reihenfolge. Sie startet mit dem ersten Aufruf, das ist immer die `Runtime Analysis`, und endet mit der letzten Ausführung. Sie können sich sicher vorstellen, dass diese Liste sehr lang werden kann.

Abb. 2-31
Aufrufhierarchie

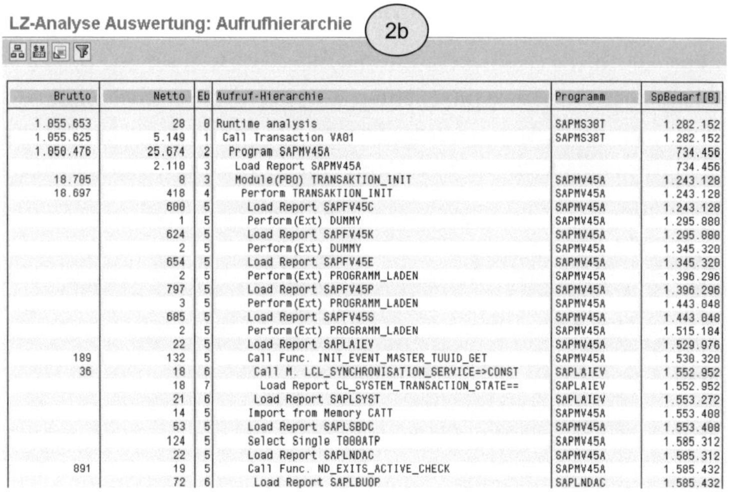

Brutto	Netto	Eb	Aufruf-Hierarchie	Programm	SpBedarf[B]
1.055.653	28	0	Runtime analysis	SAPMS38T	1.282.152
1.055.625	5.149	1	Call Transaction VA01	SAPMS38T	1.282.152
1.050.476	25.674	2	Program SAPMV45A		734.456
	2.110	3	Load Report SAPMV45A		734.456
18.705	8	3	Module(PBO) TRANSAKTION_INIT	SAPMV45A	1.243.128
18.697	418	4	Perform TRANSAKTION_INIT	SAPMV45A	1.243.128
	600	5	Load Report SAPFV45C	SAPMV45A	1.243.128
	1	5	Perform(Ext) DUMMY	SAPMV45A	1.295.880
	624	5	Load Report SAPFV45K	SAPMV45A	1.295.880
	2	5	Perform(Ext) DUMMY	SAPMV45A	1.345.320
	654	5	Load Report SAPFV45E	SAPMV45A	1.345.320
	2	5	Perform(Ext) PROGRAMM_LADEN	SAPMV45A	1.396.296
	797	5	Load Report SAPFV45P	SAPMV45A	1.396.296
	3	5	Perform(Ext) PROGRAMM_LADEN	SAPMV45A	1.443.048
	685	5	Load Report SAPFV45S	SAPMV45A	1.443.048
	2	5	Perform(Ext) PROGRAMM_LADEN	SAPMV45A	1.515.184
	22	5	Load Report SAPLAIEV	SAPMV45A	1.529.976
189	132	5	Call Func. INIT_EVENT_MASTER_TUUID_GET	SAPMV45A	1.530.320
36	18	6	Call M. LCL_SYNCHRONISATION_SERVICE=>CONST	SAPLAIEV	1.552.952
	18	7	Load Report CL_SYSTEM_TRANSACTION_STATE==	SAPLAIEV	1.552.952
	21	6	Load Report SAPLSYST	SAPLAIEV	1.553.272
	14	5	Import from Memory CATT	SAPMV45A	1.553.408
	53	5	Load Report SAPLSBDC	SAPMV45A	1.553.408
	124	5	Select Single T000ATP	SAPMV45A	1.585.312
	22	5	Load Report SAPLNDAC	SAPMV45A	1.585.312
891	19	5	Call Func. ND_EXITS_ACTIVE_CHECK	SAPMV45A	1.585.432
	72	6	Load Report SAPLBUOP	SAPLNDAC	1.585.432

Die Spalten im Einzelnen:

Tab. 2-21
Aufrufhierarchie (Spalten)

Spalte	Überschrift	Bedeutung
1	`Brutto`	Bruttozeit in µs
2	`Netto`	Nettozeit in µs
3	`Ebene (Eb)`	Aufrufebene
4	`Aufruf-Hierarchie`	Anweisung
5	`Programm`	Rufendes Programm
6	`SpBedarf[B]`	kumulierter Speicherverbrauch

Die Hierarchie zeigt `Brutto`- (1) und `Nettozeit` (2) und jeder Zeile entspricht einer Ausführung. Mit jedem neuen Aufruf einer Modularisierungseinheit oder eines anderen mehrstufigen Ereignisses erhöht sich die `Aufrufebene` (3) um eins. Die Spalte `Aufruf-Hierarchie` (4) enthält die Anweisung und `Program` (5) den Namen des rufenden Programms. Die Spalte `Speicherbedarf` (6) ist nur gefüllt, wenn die Messung des Speicherbedarfs bei der Erstellung der Trace aktiviert wurde, siehe Abschnitt 2.7.9.

Wissenswertes über die Hierarchie der ABAP-Trace

- Die Hierarchie kann schnell sehr groß werden, da sie pro ausgeführter gemessener Anweisung eine Zeile enthält. Bei vielen Ausführungen bestimmt die Hierarchie die Größe des Trace-Files und die Größe der Hitliste ist vernachlässigbar.
- Es gibt keine Möglichkeit vorherzusagen, bis zu welcher maximalen Laufzeit eine nicht aggregierte Trace möglich ist, da die Größe der Hierarchie nur indirekt von der Laufzeit abhängig ist.

- Da die Hierarchie jede einzelne Ausführung in chronologischer Reihenfolge zeigt, kann aus ihr auf die Ausführungslogik des Programms geschlossen werden.
- Für eine komplette Betrachtung eines Programms ist die Hierarchie meist viel zu umfangreich. Für Detailuntersuchungen ist sie jedoch recht nützlich.
- Oft reicht die Quasi-Hierarchie, welche die Hitliste ergibt, wenn nach Bruttozeiten in absteigender Reihenfolge sortiert wird. Dieser Ansatz wird in der Einzeltransaktionsanalyse (ST12) weiter ausgebaut, in der zusätzlich noch der Quellcode ausgewertet wird. Etwas mehr Information über die ST12 finden Sie im Abschnitt 2.10.

Die Hierarchie zeigt die zeitliche Abfolge der Anweisungen. Sie ist mit der zeitsortierten Trace-Liste der SQL-Trace vergleichbar und kann sehr groß werden, da die ABAP-Trace viel mehr Ereignisse misst als die SQL-Trace. Deshalb kommt die Hierarchie und damit die ABAP-Trace ohne Aggregation nur bei Messungen mit relativ wenigen Ausführungen infrage.

2.7.7 Weitere Hitlisten – Tabellenhitliste

Bei den Traces ohne Aggregation gibt es noch eine ganze Reihe weiterer Hitlisten, nämlich die Gruppen-, Klassen-, Instanz-, Methoden-, Ereignis- und die Interne Tabellen-Hitlisten. Diese können für spezielle Zwecke interessant sein. Für Performanceuntersuchungen sind sie eigentlich unnötig. Es macht keinen Sinn, nach technischen Kriterien zu filtern, sondern es gilt eigentlich immer: Was lange dauert, ist interessant, egal von welcher Art es ist.

Die einzige noch erwähnenswerte Hitliste ist die Tabellenhitliste. Sie fasst alle Zugriffe auf Tabellen zusammen, sowohl gepufferte als auch nicht gepufferte:

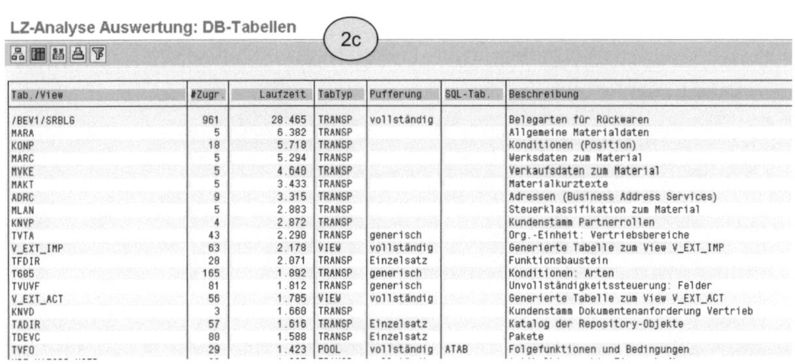
LZ-Analyse Auswertung: DB-Tabellen

2c

Tab./View	#Zugr.	Laufzeit	TabTyp	Pufferung	SQL-Tab.	Beschreibung
/BEV1/SRBLG	961	28.465	TRANSP	vollständig		Belegarten für Rückwaren
MARA	5	6.382	TRANSP			Allgemeine Materialdaten
KONP	18	5.718	TRANSP			Konditionen (Position)
MARC	5	5.294	TRANSP			Werksdaten zum Material
MVKE	5	4.640	TRANSP			Verkaufsdaten zum Material
MAKT	5	3.433	TRANSP			Materialkurztexte
ADRC	9	3.315	TRANSP			Adressen (Business Address Services)
MLAN	5	2.883	TRANSP			Steuerklassifikation zum Material
KNVP	4	2.872	TRANSP			Kundenstamm Partnerrollen
TVTA	43	2.290	TRANSP	generisch		Org.-Einheit: Vertriebsbereiche
V_EXT_IMP	63	2.178	VIEW	vollständig		Generierte Tabelle zum View V_EXT_IMP
TFDIR	28	2.071	TRANSP	Einzelsatz		Funktionsbaustein
T685	165	1.892	TRANSP	generisch		Konditionen: Arten
TVUVF	81	1.812	TRANSP	generisch		Unvollständigkeitssteuerung: Felder
V_EXT_ACT	56	1.785	VIEW	vollständig		Generierte Tabelle zum View V_EXT_ACT
KNVD	3	1.660	TRANSP			Kundenstamm Dokumentenanforderung Vertrieb
TADIR	57	1.616	TRANSP	Einzelsatz		Katalog der Repository-Objekte
TDEVC	80	1.588	TRANSP	Einzelsatz		Pakete
TVFO	29	1.423	POOL	vollständig	ATAB	Folgefunktionen und Bedingungen

Abb. 2–32 *Tabellenhitliste der ABAP-Trace*

Die dargestellten Spalten lauten:

Tab. 2–22
Spaltenübersicht der Tabellenhitliste

Spalte	Überschrift	Bedeutung
1	`Tab./View`	Tabellen- oder Viewname
2	`# Zugr.`	Anzahl der Zugriffe
3	`Laufzeit`	Laufzeit (µs), hier gilt Brutto- gleich Nettozeit
4	`TabTyp`	Tabellentyp (siehe unten)
5	`Pufferung`	Pufferungsart (siehe unten)
6	`SQL-Tab`	Name der SQL-Tabelle
7	`Beschreibung`	Tabellentext aus dem Data Dictionary
8	`Paket`	Paket

Es genügt die nicht selbsterklärenden Spalten (4), (5) und (6) zu besprechen:

- Die unterschiedlichen `Tabellentypen` (4) werden im Abschnitt 3.6 erklärt: Es gibt transparente, Pool- und Clustertabellen sowie Views.
- Die Spalte `SQL-Tabelle` (6) ist notwendig, da bei den sogenannten intransparenten Tabellen, also den Pool- und Clustertabellen, mehrere Open-SQL-Tabellen zu einer SQL-Tabelle in der Datenbank zusammengefasst sind.
- Die Pufferungsarten (5) `vollständig`, `generisch` oder `Einzelsatz` werden im Abschnitt 5.3 genau erklärt.

Die Tabellenhitliste ist insofern sehr praktisch, als sie im Gegensatz zur SQL-Trace sowohl die nicht gepufferten als auch die gepufferten Tabellen zeigt. Leider sind nur die Zeiten vergleichbar, die Ausführungen zählt die SQL-Trace anders. Vor allem fehlt der ABAP-Trace jegliche Information über die Zahl der gelesenen oder geänderten Sätze.

Die ABAP-Trace enthält noch eine Reihe weiterer Hitlisten, die jedoch immer einen Teil wegfiltern, weshalb sie für eine Gesamtübersicht nicht so empfehlenswert sind. Wirklich neue Informationen bietet nur die Tabellenhitliste. Sie stellt die Zugriffe auf die Datenbank und den Tabellenpuffer gemeinsam dar.

2.7.8 Detailinformationen der ABAP-Trace

Im Gegensatz zur SQL-Trace hat die ABAP-Trace nur eine einzige Detailinformation, die Aufrufstelle im ABAP-Quellcode.

Eine Detailanzeige, in der die genutzten Werte der Aufrufparameter angezeigt werden oder die Zahl der Zeilen in einer internen Tabelle, wäre natürlich sehr nützlich. Aber leider ist dies nicht möglich, da es das Trace-File viel zu groß machen würde; es sind einfach zu viele Aufrufe und zu viele Parameter.

Die ABAP-Trace bietet nur eine Detailanzeige an, den Absprung zur Quellcodestelle im ABAP-Programm.

2.7.9 Weitere Möglichkeiten der ABAP-Trace

Beim Erstellen der ABAP-Trace musste bisher die Transaktion, der Report oder der Funktionsbaustein aus dem Einstiegsbild heraus gestartet werden. Diese Möglichkeiten reichen für klassische Anwendungen. Aber die Nutzung der Trace zum direkten Messen von einzelnen Methodenaufrufen oder einer Webanwendung bereitet Probleme.

Es werden weitere Aufrufmöglichkeiten benötigt. Die Optionen wurden in den letzten Releases sukzessive hinzugefügt. Außerdem gibt es noch die Möglichkeit, den Speicherverbrauch einer Anwendung zu bestimmen. Zum SAP NetWeaver Release 7.0 EhP1 gibt es folgende Erweiterungen:

Wo einstellen?	Funktion	Verfügbar seit
Einstiegsschirm	`Im parallelen Modus:` Knopf *Ein-/Ausschalten*	SAP Basis Release 4.6
Messeinschränkung *Programm(-teile)*	Option: `Bestimmte Einheiten`	SAP Basis Release 4.6
	Option: `RFC, Verbuchung`	SAP Basis Release 4.6
Transaktion SICF	Auswahl des Services und Aktivierung der Laufzeitmessung im Menü	SAP Web AS 6.20
Einstiegsschirm	`Einplanen:` Knopf *Für Benutzer/ Service*	SAP Web AS 6.20
Messeinschränkung *Dauer + Art*	Option: `Mit Speicherverbrauch (falls keine Aggregation)`	SAP Basis Release 4.6

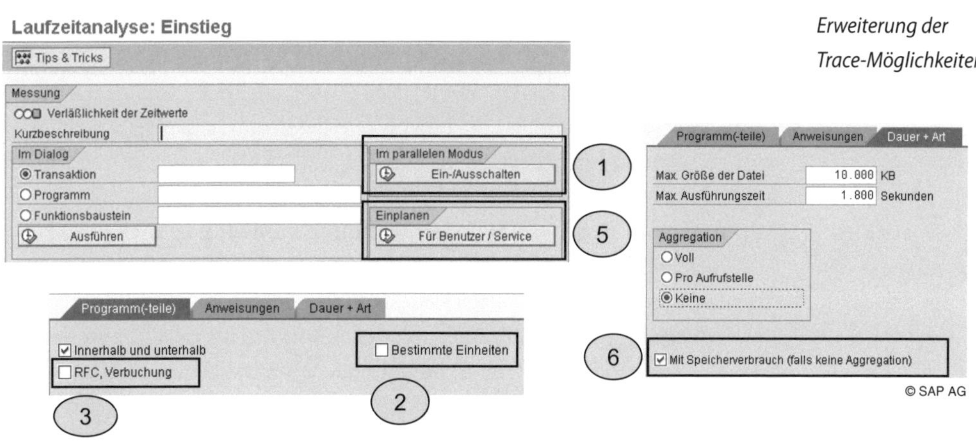

Abb. 2–33
Erweiterung der Trace-Möglichkeiten

Laufende Prozesse im parallelen Modus vermessen

Die sechs Möglichkeiten werden nun im Detail vorgestellt.

Durch Drücken des Knopfes *Ein/Ausschalten* auf dem Einstiegsbild kommen Sie zu einer Prozessanzeige, die der Workprozessübersicht (SM50) ähnlich ist, siehe Abschnitt 8.3.2.

Abb. 2-34

Einschalten der Messung in der Prozessübersicht

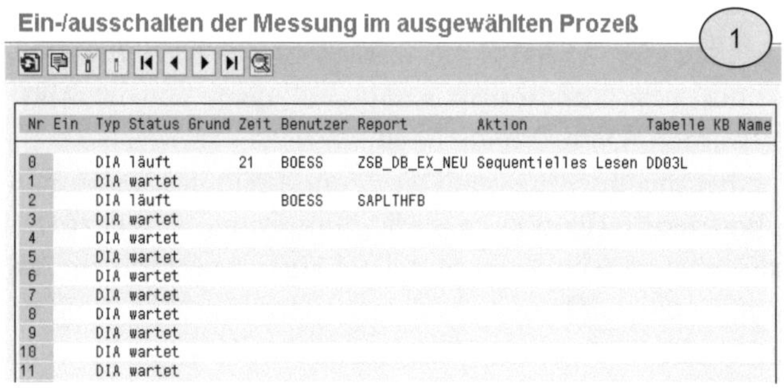

In der Anzeige können Sie den gewünschten Prozess auswählen und markieren. Über den vierten bzw. dritten Knopf, siehe Bild, können Sie die Messung jederzeit starten bzw. anhalten.

Diese Möglichkeit ist sehr einfach, hat aber auch einen großen Nachteil: Die Trace startet zu einem nicht klar definierten Zeitpunkt, es geht ein Teil der Ausführung am Anfang verloren. Relativ schnelle Prozesse lassen sich damit gar nicht vermessen, für Langläufer kann diese Methode jedoch geeignet sein.

Trace zu einem späteren Zeitpunkt explizit starten

Durch die Auswahl der Option `Bestimmte Einheiten` in den Messeinschränkungen wird die Trace in eine Art Standby-Modus versetzt. Die Trace ist nicht aktiviert, sie wartet auf ein Aktivierungssignal. Dieses kann auf mehrere Arten erfolgen:

- Aufruf im Debugger
- Eingabe von den Kommandos `/ron` bzw. `/roff` im OKcode-Feld
- Programmtechnisch durch die ABAP-Kommandos `SET RUNTIME ANALYZER ON/OFF`

Erst durch dieses Signal wird die Trace wirklich aktiviert. Diese Methode ist hilfreich, wenn ein genau bestimmter Bereich aus einer großen Anwendung gemessen werden soll. Es ist aber immer noch nötig, direkten Zugriff auf das Programm zu haben, deshalb ist die Methode zum Beispiel für Webanwendungen nicht geeignet.

Folgeprozesse messen

Es gibt die Möglichkeit, über den Knopf `RFC, Verbuchung` die Ausführung eines RFCs im Serversystem zu vermessen. Löst der gemessene Prozess einen RFC oder einen Verbuchungsaufruf aus, dann startet automatisch eine neue Trace, die in eine eigene Datei geschrieben wird.

Mehr Information über RFCs und die Verbuchung finden Sie in den Abschnitten 8.4 bzw. 8.6.

Um zu verhindern, dass ein Applikationsserver durch Trace-Anforderungen zu sehr unter Last gesetzt werden kann, muss in dem Server der Profilparameter `rstr/accept_remote_trace` auf den Wert `true` gesetzt werden. Dies kann mit der Transaktion »Profil bearbeiten (RZ10)« und einem Systemneustart erfolgen. Seit SAP Web AS Release 6.40 ist das Setzen auch dynamisch über die Transaktion »Pflege der Profil Parameter (RZ11)« ohne Neustart möglich.

Webanwendungen mit SICF messen

Ab Release 6.20 gibt es die Transaktion »Pflege der Services (SICF)«, wobei »S« für Basis und »ICF« für Internet Communication Framework stehen. Mit dieser Transaktion kann die Laufzeitanalyse für Webanwendungen eingeplant werden.

Dazu müssen Sie entweder über die Suchmaske, siehe Abbildung, oder über den Servicebaum den gewünschten Service suchen. Die ABAP-Trace lässt sich dann über das Menü *Bearbeiten → Laufzeitanalyse* aktivieren bzw. deaktivieren. Im Auswahlbild können der `Benutzer`, eine `Gültigkeitsdauer`, die `Messvariante` (mit `Var.Benutzer` und `Variante`) und `Sammel-` oder `Einzeleinträge` ausgewählt werden. Wählen Sie `Einzeleinträge`, falls Sie für jeden Dialogschritt ein eigenes Trace-File haben wollen. Praktischer ist meist der `Sammeleintrag`, in dem alle Schritte hintereinander in einem Trace-File gesammelt werden.

Da die Trace für einen Benutzer aktiviert wird, kann es genügen, die Trace auf einem höheren Knoten für ihren Benutzer zu aktivieren:

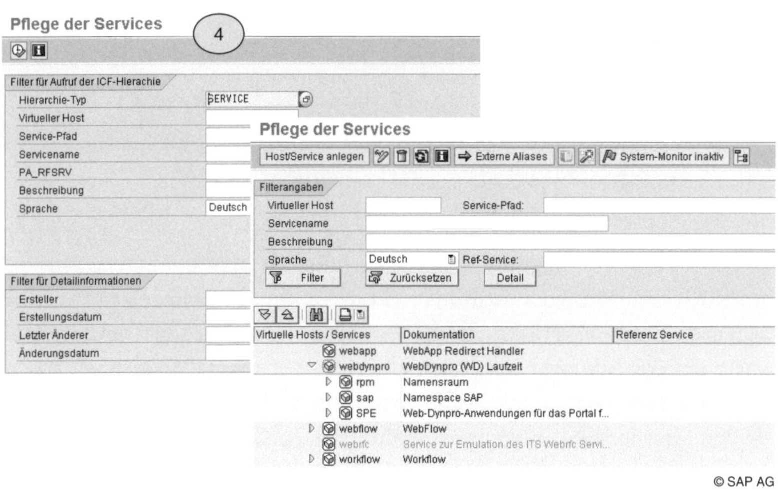

Abb. 2-35
Pflege der Services (SICF)

Automatisches Starten der Trace (SE30)

Mit dem Druckknopf *Benutzer/Service* wird eine Möglichkeit zur Traceerstellung gegeben, die eine sehr große Analogie zur Aktivierung mit Filter bei der SQL-Trace besitzt.

Wenn Sie einen Eintrag erstellen, können Sie folgende Eingaben auswählen:

- den Benutzer,
- den externen Modus (bestimmter Modus oder beliebig),
- den Prozesstyp (Dialog, Verbuchung, Hintergrundverarbeitung, RFC, HTTP, ..., Beliebig),
- den Objekttyp (Transaktion, Report, Funktionsbaustein, ..., Beliebig),
- die max. Anzahl geplanter Messungen (nicht zu wenige) und
- ein Ablaufdatum bzw. die -zeit,

Dadurch wird die ABAP-Trace in einen Wartezustand versetzt und automatisch gestartet, wenn ein Prozess erscheint, der obige Bedingungen erfüllt.

Abb. 2–36

Auswahlbild der Funktion Benutzer/Service

Speicherverbrauch bestimmen

In der Trace ohne Aggregation ist es möglich, den Speicherverbrauch eines Programms zu bestimmen. Dazu muss einfach der Option Mit Speicherverbrauch (falls keine Aggregation) auf der dritten Registerkarte der Messeinschränkungen aktiviert werden.

Die Trace darf nicht aggregiert werden, da der Speicherverbrauch in der Hierarchie als weitere Spalte ganz rechts angezeigt wird. Das Maximum des Speicherverbrauchs müssen Sie selbst suchen.

Beispiel

Falls Sie mit diesen Methoden nicht vertraut sind, dann sollten Sie sich vielleicht ein einfaches Beispielprogramm ansehen. Im Abschnitt 8.4.2 bei der RFC-Programmierung wird ein kleines Programm vorgestellt, mit dem sich leicht diese Möglichkeiten ausprobieren lassen. Das Programm eignet sich auch dazu, mit der RFC-Trace vertraut zu werden.

Durch diese Zusatzoptionen ist die Nutzung der ABAP-Trace in fast allen Aufgabenstellungen möglich.

2.8 Monitor der Statistiksätze (STAD)

Der Monitor der Statistiksätze, im Folgenden kurz STAD genannt, ist der ideale Einstieg, um sich einen Überblick über die Performance eines Programms oder einer Applikation zu verschaffen. Im Gegensatz zu den Traces sind seine Daten immer verfügbar, sobald der Programmschritt abgeschlossen ist, sie müssen nicht erst erstellt werden. Der Statistikmonitor ist lediglich eine Anzeigetransaktion. Das ist der grundsätzliche Unterschied zwischen den Monitoren und den Traces.

2.8.1 Was Sie über die STAD wissen sollten

- Die Erzeugung der Statistikdaten ist immer aktiv. Sie müssen sie nicht einschalten. Die STAD ist die Anzeige der Statistikdaten.
- Um die Programmausführung nicht zu behindern, können die aufgenommenen Daten bei Weitem nicht so detailliert sein wie die Daten der Traces.
- Die Statistikdaten enthalten alle Aktivitäten auf dem Applikationsserver. Es gibt über 30 unterschiedliche Aufgabentypen (Tasktypes).
- Es gibt Aufgabentypen, die den Workprozesstypen entsprechen, d. h. Dialog-, Hintergrund- (Batch), Verbuchungs- (Update, Update2), Enqueue- und Spool-Tasks, siehe Abschnitt 8.3. Zur Verbuchung und zu den Enqueues finden Sie in den Abschnitten 8.6 bzw. 8.5 mehr Informationen.
- Außerdem gibt es die RFC-Task, die notwendig wird, um den Serveranteil eines Remote-Function-Calls zu zeigen. Die genaue Beschreibung der RFC-Informationen finden Sie im Abschnitt 8.4.2.
- Die Statistikdaten werden für einen kompletten Programmschritt aufgenommen. Dies kann ein Dialogschritt, ein ganzes Hintergrundprogramm, eine Verbuchung o. Ä. sein.

- Ein Programmschritt ist anhand der acht Schlüsselfelder eindeutig identifiziert. Das sind Startzeitpunkt, Applikationsserver, Transaktion, Programm, Workprozesstyp, Dynpro-Nummer, Workprozess und Benutzername.
- Für jeden Schritt werden die Zeiten, benötigter Speicher, übertragene Daten und Zahlen von gelesenen und geänderten Sätzen, insgesamt über 50 Werte gezeigt.
- Die Lebensdauer der Statistikdaten hing in Releases vor 4.6D von den Aktivitäten im System und dem zur Verfügung stehenden Speicherplatz ab. Mittlerweile werden die Statistikdaten stündlich in ein neues File geschrieben, sodass die verfügbaren Daten von der Anzahl der Files bestimmt werden. Normalerweise ist der Wert des Profilparameters `stat/max_files` auf 24 eingestellt. Er kann erhöht werden, aber nicht größer als 99 werden.
- Wenn keine STAD-Daten verfügbar sind, ist wahrscheinlich der Profilparameter `stat/level = 1` nicht gesetzt. Können Sie die STAD nicht aufrufen, dann fehlt Ihnen das Profil `S_TOOLS_EX`.

Wofür lässt sich die STAD nutzen?

- Sie bildet den schnellen Einstieg, da die Daten immer verfügbar sind. Mit ihr lässt sich schnell bestimmen, ob es ein Problem gibt. Außerdem zeigt der Anteil der Datenbankzeit, ob die SQL-Trace oder die ABAP-Trace das passendere Analyse-Tool ist.
- Die STAD ist insbesondere deshalb praktisch, weil alle Daten der letzten 24 Stunden verfügbar sind. Sie kann also auch genutzt werden, wenn ein Problem bereits aufgetreten ist, aber genauer eingekreist werden soll. Dies ist praktisch, falls zum Beispiel ein Kunde von aktuellen Problemen berichtet.
- Vor einer Performanceanalyse kann der Vergleich mit den Daten der STAD die Konsistenz der Trace-Daten verifizieren, siehe Abschnitt 7.3. Die STAD-Daten können nicht durch einen Fehler bei der Ausführung der Messung verfälscht werden. Beachten Sie jedoch, dass Sie Statistikdaten einer Ausführung ohne eine aktive Trace verwenden. Mit einer aktiven Trace können die STAD-Zeiten größer ausfallen.
- Die Zeitmessungen der STAD sind recht zuverlässig. Sie werden deshalb auch genutzt, falls Aussagen über die Laufzeit einer Anwendung benötigt werden, z. B. im Sizing-Prozess, siehe Abschnitt 9.4.
- Die Statistikdaten bilden die Grundlage für den Applikationsmonitor (ST03N). Die älteren Daten sind nicht mehr in der STAD verfügbar, sondern in einer stärker verdichteten Form im Applikationsmonitor.

2.8.2 Aufruf der STAD

Den Statistikmonitor können Sie entweder mit der Transaktion STAD direkt aufrufen oder über Easy-Access-Menü: *Werkzeuge → Administration → Monitor → Performance → Systemlast → Statistik-Einzelsätze (nur ABAP):*

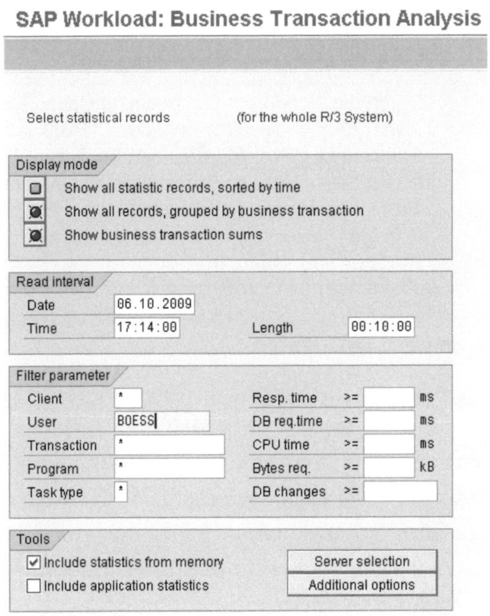

© SAP AG

Abb. 2-37
Auswahlbild der STAD

Wenn Sie die Statistiksätze kurz nach Ausführung der Anwendung aufrufen, dann genügt es meist, die Auswahl auf die Aktivitäten Ihres Benutzers einzuschränken. Sollte das zu viele Daten ergeben, wäre noch eine Einschränkung, wie zum Beispiel der Programmname, sinnvoll.

Wenn Sie die Transaktion aufrufen, ist das Zeitintervall so vorbelegt, dass es die letzten zehn Minuten auswählt, d.h., der Startzeitpunkt ist zehn Minuten zurückgesetzt und die Intervalllänge ist auf zehn Minuten eingestellt. Gelegentlich kommt es vor, dass dadurch die allerneuesten Daten noch nicht angezeigt werden. Dann gehen Sie einfach auf den Auswahlschirm, warten etwas und vergrößern die Intervalldauer.

Aufruf älterer Daten

Die volle Funktionalität des Auswahlbildes wird interessant, wenn Sie ältere Statistikdaten lesen wollen.

Tab. 2-23
Möglichkeiten der Anzeigeauswahl

Kasten	Beschreibung
`Display Mode`	Es sind drei Anzeigen möglich: alle Daten zeitlich sortiert, Transaktionen farblich unterlegt oder Transaktionssummensätze zum Aufklappen.
`Read Interval`	Zur Festlegung des zu lesenden Intervalls. Sie können maximal eine Intervalllänge von 24 Stunden wählen.
`Filter parameter`	Zur Filterung auf die interessanten Daten. Mandant, Benutzer, Transaktion, Programm, Tasktype und fünf Schwellwerte für Messwerte sind möglich.
`Tools`	Durch die standardmäßig gesetzte Option `Include statistics from memory` werden Statistiksätze aus dem Speicher berücksichtigt. Zu den Applikationsstatistiken finden Sie unten eine Bemerkung. Außerdem können Sie die Applikationsserver auswählen und mit einem Parameter festlegen, wie lange auf die Fertigstellung der RFCs gewartet werden soll.

2.8.3 Auswerten der STAD-Daten

Die ausgewählten Daten erscheinen in folgender breiter Übersichtsanzeige:

Abb. 2-38
Schlüsselfelder und Standardmesswerte der STAD

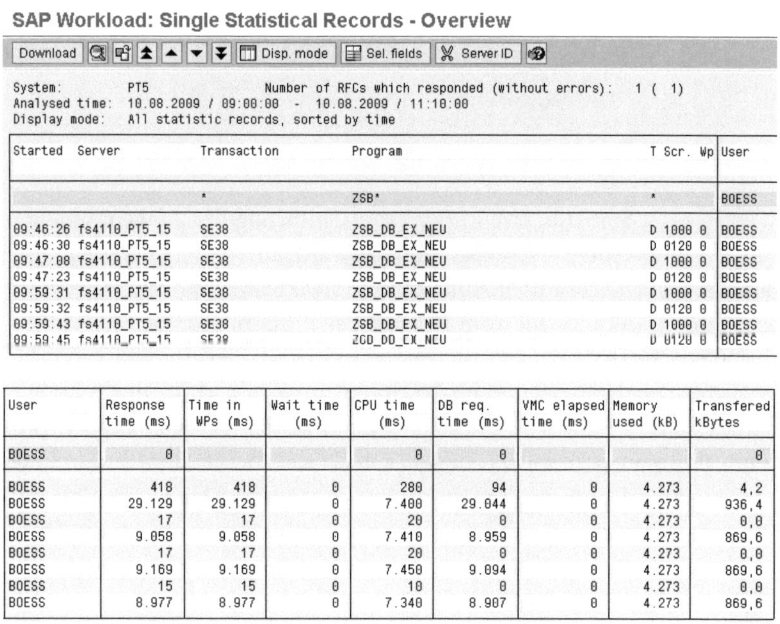
SAP Workload: Single Statistical Records - Overview

Download | Disp. mode | Sel. fields | Server ID

System: PT5 Number of RFCs which responded (without errors): 1 (1)
Analysed time: 10.08.2009 / 09:00:00 - 10.08.2009 / 11:10:00
Display mode: All statistic records, sorted by time

Started	Server	Transaction	Program	T	Scr.	Wp	User
		*	ZSB*	*			BOESS
09:46:26	fs4110_PT5_15	SE38	ZSB_DB_EX_NEU	D	1000	0	BOESS
09:46:30	fs4110_PT5_15	SE38	ZSB_DB_EX_NEU	D	0120	0	BOESS
09:47:08	fs4110_PT5_15	SE38	ZSB_DB_EX_NEU	D	1000	0	BOESS
09:47:23	fs4110_PT5_15	SE38	ZSB_DB_EX_NEU	D	0120	0	BOESS
09:59:31	fs4110_PT5_15	SE38	ZSB_DB_EX_NEU	D	1000	0	BOESS
09:59:32	fs4110_PT5_15	SE38	ZSB_DB_EX_NEU	D	0120	0	BOESS
09:59:43	fs4110_PT5_15	SE38	ZSB_DB_EX_NEU	D	1000	0	BOESS
09:59:45	fs4110_PT5_15	SE38	ZSB_DB_EX_NEU	D	0120	0	BOESS

User	Response time (ms)	Time in WPs (ms)	Wait time (ms)	CPU time (ms)	DB req. time (ms)	VMC elapsed time (ms)	Memory used (kB)	Transfered kBytes
BOESS	0			0	0			0
BOESS	418	418	0	280	94	0	4.273	4,2
BOESS	29.129	29.129	0	7.400	29.044	0	4.273	936,4
BOESS	17	17	0	20	0	0	4.273	0,0
BOESS	9.058	9.058	0	7.410	8.959	0	4.273	869,6
BOESS	17	17	0	20	0	0	4.273	0,0
BOESS	9.169	9.169	0	7.450	9.094	0	4.273	869,6
BOESS	15	15	0	10	0	0	4.273	0,0
BOESS	8.977	8.977	0	7.340	8.907	0	4.273	869,6

In der Standardeinstellung enthält die Anzeige acht Spalten mit Schlüsselwerten und acht Spalten mit Messwerten.

Tab. 2-24
Spaltenübersicht für den Statistikmonitor (STAD)

Spalte	Überschrift	Bedeutung
1	`Started`	Startzeitpunkt (in hh:mm:ss)
2	`Server`	Server–ID
3	`Transaction`	Transaktion
4	`Program`	SAP-Programm
5	`Tasktype (T)`	Typ des Statistiksatzes (siehe Hilfe bei Auswahlbild)
6	`Screen (Scr.)`	Screen, Nummer des Dynpros
7	`Workprocess (Wp)`	Nummer des Workprozesses
8	`User`	Benutzername
9	`Response time (ms)`	Antwortzeit
10	`Time in WP(ms)`	Workprozesszeit
11	`Wait time(ms)`	Wartezeit
12	`CPU time(ms)`	CPU-Zeit
13	`DB req. time (ms)`	Datenbankantwortzeit
14	`VMC elapsed time (ms)`	Zeit im Virtual Machine Container
15	`Memory used (kB)`	Benutzter Speicher
16	`Transfered kBytes`	Übertragene Daten
...		Weitere Spalten einblendbar

Anmerkungen:

- Die ersten acht Spalten dienen dazu, die Information zu finden, die Sie interessiert. Es kann sein, dass zu dem Schritt, der Sie interessiert, mehrere abhängige Schritte gehören. Dann müssen Sie die Zeileneinträge aufsummieren.
- Beachten Sie bitte, dass über 50 Felder verfügbar sind. Das können Sie leicht sehen, wenn Sie die Drucktaste *Sel. fields* drücken. In den meisten Fällen reicht die Standardeinstellung.
- Angenommen Sie wollen die Zeiten einer Anwendung mit mehreren Dialogschritten messen, z.B. einer Webanwendung. Sie würden gerne die Gesamtzeilen für jeden Dialogschritt inklusive abhängiger Schritte wissen. Es kann schwer sein, die einzelnen Statistiksätze den Dialogschritten zuzuordnen. Dafür ist es nützlich, neben der Anwendung noch einen SAP-GUI-Modus auf dem Applikationsserver zu haben, um nach jedem beendeten Dialogschritt einen Marker zu setzen. Schon ein einfaches */n*, zweimal ausgeführt, genügt, um die Dialogschritte klar ersichtlich zu trennen.

2.8.4 Detailanzeige der STAD-Daten

Bei Doppelklick auf eine Zeile gelangen Sie zu den Details. Dort sind die Zeiten am interessantesten:

Abb. 2–39
Details zu einem STAD-Satz

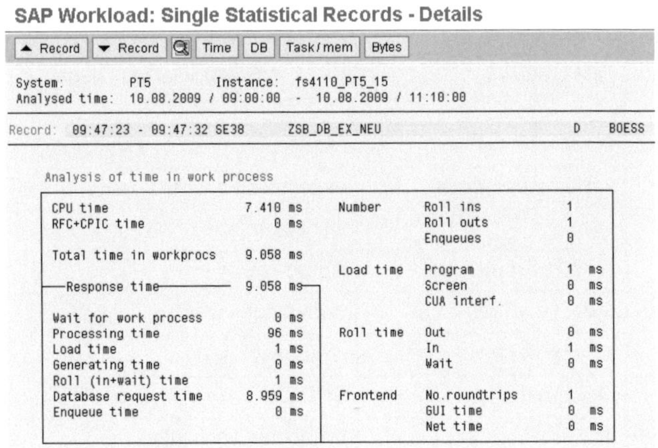

Es gilt folgender Zusammenhang:

```
Response time   = Wait for work process    + Processing time
                + Load time                + Generating time
                + Roll (in+wait) time
                + Database request time    + Enqueue time
```

Der Zusammenhang ist deshalb so gut erfüllt, weil die Processing time anhand dieser Formel berechnet ist. Nur die anderen Zeiten sind messbar.

Außerdem wird auf dem Applikationsserver die CPU-Zeit gemessen, wie ganz oben im Detailbild zu sehen. Bei einfachen Anwendungen ist die CPU-Zeit der Processing-Zeit sehr ähnlich. Sie kann jedoch auch stark abweichen, da CPU-Zeit ebenfalls in die Datenbank-, Enqueue- sowie Lade- und Generierungszeit eingeht. Die Abbildung 2–40 verdeutlicht den Zusammenhang.

Außer dem Zeitenblock gibt es noch weitere Detailblöcke. Von diesen ist der Block über die Datenbankzugriffe gelegentlich interessant.

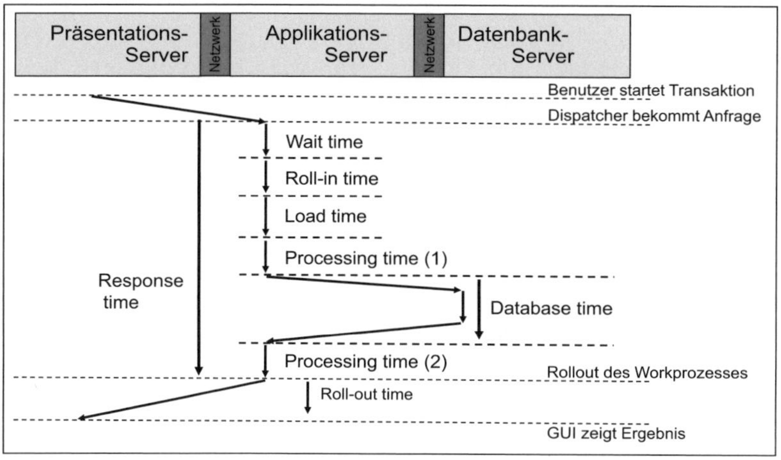

Abb. 2–40
Die Zeitmessungen der STAD

Erweiterungen

Eine besondere Bedeutung kommt den RFC-Daten zu. Es ist jedoch sinnvoller, die RFC-Daten der STAD erst nach der Einführung der RFCs im Abschnitt 8.4.2 zu erklären.

Es ist möglich, den Code zu instrumentieren, um Messpunkte für die STAD zu setzen. Dadurch lassen sich auch Modularisierungseinheiten oder sogar Anweisungen messen. Dies interessiert hier jedoch nicht weiter. Wenn Sie merken, dass eine bestimmte Anwendung Probleme enthält, ist es besser, eine vollständige Analyse mithilfe der Traces durchzuführen.

Der Statistikmonitor (STAD) bietet einen immer verfügbaren Überblick über die Aktivitäten auf dem Applikationsserver. Er liefert für jeden Programmschritt (Dialog, Batch, Verbuchung, RFC ...) die Antwort-, Datenbank-, CPU-, Verarbeitungszeit und mehr. Auch die Zeiten für das Laden und Generieren, sowie für die Kommunikation mit anderen Komponenten (Remote Function Calls) werden dargestellt. Daneben gibt es noch weitere Daten wie der benötigte Speicherplatz, die übertragene Datenmenge u. Ä.

Es ist der große Vorteil der STAD, dass sich damit auch Probleme analysieren lassen, die sich innerhalb der letzten 24 Stunden ergeben haben. Weitere Anwendungsbeispiele finden Sie in Abschnitt 2.8.1.

2.9 Code Inspector (SCI)

Der Code Inspector ist ein praktisches Tool, das verschiedene Prüfungen des Quellcodes und der Data-Dictionary-Definitionen der Tabellen durchführen kann. Damit eignet sich der Code Inspector hervorragend zur Vorbereitung einer Performanceanalyse.

Weitere Informationen finden Sie in einer Serie von Weblogs von Eilenberger: *Code Inspector's Performance Checks (I)* bis *(III)* im SDN und in dem Artikel von Eilenberger und Schmitt im SAP Prof. Journal, siehe Literaturverzeichnis.

2.9.1 Was Sie über den Code Inspector wissen sollten

Die Möglichkeiten des Code Inspector:

- Neben Performanceprüfungen können auch Sicherheitsregeln, die Syntax, die robuste Programmierung und Oberflächen geprüft werden.
- Er lässt sich direkt für ein Objekt, das Sie gerade bearbeiten, aufrufen.
- Es ist ab SAP Web AS Release 6.40 auch möglich, eine Inspektion zur regelmäßigen Ausführung anzulegen. Dazu müssen eine Prüfvariante und eine Objektmenge definiert und abgespeichert werden. Die Inspektion mit Namen lässt sich zur automatischen Ausführung einplanen und kann regelmäßig wiederholt werden. Als Objektmenge könnten Sie zum Beispiel Ihre gesamte Neuentwicklung auswählen und durch die regelmäßigen Inspektionen den Verbesserungsfortschritt verfolgen.

2.9.2 Ausführen des Code Inspector

Der Code Inspector kann auf verschiedene Arten aufgerufen werden:

- Er lässt sich aus den ABAP-Editoren (SE24, SE37, SE38 oder SE80) für das gerade aktive Objekt aufrufen. Nutzen Sie das Drop-down-Menü links oben, das je nach Objekt *Klasse, Funktion, Programm* etc. heißen kann. Darin befindet sich der Code Inspector bei *Prüfen*.
- Auch eine Ad-hoc-Prüfung ist möglich. Diese finden Sie mit dem Transaktionscode SCII (zwei II) oder wenn Sie im Code Inspector (SCI) eine Inspektion ohne Namen anlegen.
- Schließlich können Sie auch eine Inspektion mit Namen im Code Inspector anlegen. Falls Sie diese Variante nutzen wollen, finden Sie die Beschreibung in der Dokumentation.

2.9.3 Die Performanceprüfungen des Code Inspector

Im Baum der Prüfungen, den Sie beim Anlegen einer neuen Prüfvariante oder beim Aufruf der Transaktion SCII erhalten, finden Sie folgende Performanceprüfungen:

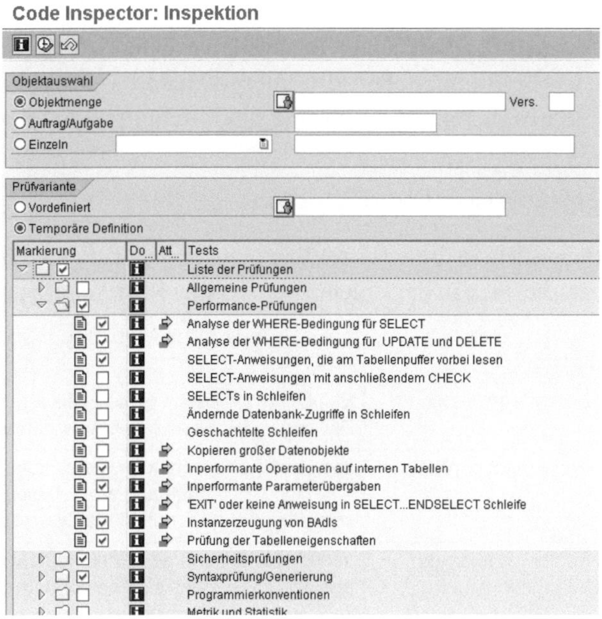

© SAP AG

Abb. 2–41
Performanceprüfungen des Code Inspector

Die drei wichtigsten Prüfungen werden in den entsprechenden Kapiteln des Buchs vorgestellt, jeweils nach der Einführung der notwendigen Grundkenntnisse. Dort können Sie den Code Inspector auch direkt ausprobieren, indem Sie das jeweilige Beispielprogramm überprüfen:

- **Prüfung von Datenbankzugriffen:**
  Analyse der `WHERE`-Bedingung für `SELECT` bzw. für `UPDATE` und `DELETE`. Diese finden Sie im Abschnitt 3.9.4.
- **Prüfung der Nutzung des Tabellenpuffers:**
  `SELECT`-Anweisungen, die am Tabellenpuffer vorbeilesen. Die Erklärung befindet sich im Abschnitt 5.6.6.
- **Prüfung zu internen Tabellen:**
  Inperformante Operationen auf interne Tabellen. Der Abschnitt 6.3.2 erläutert diese Prüfung.

Es gibt weitere Performanceprüfungen, die Sie sich im Code Inspector ansehen können.

Erweiterbarkeit mit neuen Checks

Der Code Inspector ist so gebaut, dass es möglich ist, eigene Tests anzulegen. Wie Sie dies tun können, ist in einem SDN-Weblog von Peter Inotai nachzulesen, siehe Literaturverzeichnis.

Es soll jedoch angemerkt werden, dass gerade in Bezug auf Performance die meisten sinnvollen Tests bereits existieren. Sie sollten es sich gut überlegen, bevor Sie fragwürdige Performanceempfehlungen, wie sie im Internet zu finden sind, umsetzen. Es ist wenig sinnvoll, nach gewissen vermeintlich schlechten Befehlen, wie dem `INTO CORRESPONDING FIELDS`, oder bestimmten Befehlskombinationen, wie geschachtelten `LOOP`s, zu suchen. Lesen Sie dazu lieber die Abschnitte 4.5.2 und 6.4.2.

2.9.4 Ergebnis einer Code Inspection

Alle existierenden Prüfungen sind in einer mehrstufigen Hierarchie angeordnet, die auch in der Ergebnisdarstellung zum Ausdruck kommt:

Tab. 2–25
Hierarchie der Code-Inspector-Ergebnisse

Ebene	Überschrift	Bedeutung
1	Liste der Prüfungen	Es gibt verschiedene Prüfungskategorien: Performance-, Sicherheitsprüfungen usw.
2	Performanceprüfungen	Jede Kategorie enthält mehrere Prüfungen, wie z. B. `WHERE`-Bedingungen, am Tabellenpuffer vorbeilesend, nicht optimierte Operation usw.
3	Fehler / Warnung / Information	Jede Prüfung kann aus einer Reihe von Tests bestehen. Die Tests sind gemäß ihrer Wichtigkeit diesen drei Problemkategorien zugeordnet.
4	Meldungscode	Unterhalb der Problemkategorien folgen die einzelnen Tests. Jeder Test besitzt einen eigenen Meldungscode.
5	Meldungstext	Die Tests führen zu den Problemstellen, die durch die Programmstelle (Programm, Include, Zeile und Spalte) und einen Meldungstext bezeichnet sind.

Die folgende Abbildung zeigt das Ergebnis einer Prüfung, angewandt auf das Beispielprogramm zum Tabellenpuffer. Es enthält Verstöße gegen die Prüfung »`SELECT`-Anweisungen, die am Tabellenpuffer vorbeilesen«. Dieses Beispiel sollten Sie am besten selbst einmal durchführen, siehe auch Abschnitt 5.6.6.

Der Ergebnisbaum beinhaltet noch weitere Informationen:

- Jeder Knoten enthält die Anzahl der Probleme, also Fehler, Warnungen und Informationen, die sich in den Ebenen darunter befinden.
- Nur Knoten mit Problemen lassen sich öffnen.
- Die blaue Info-Ikone führt zu Informationen über die Prüfungen bzw. auf der Ebene 4, beim Meldungscode, zu einer genauen Beschreibung der Einzelmeldung.
- In der fünften Ebene teilen der Meldungstext, die Quellcodestelle und die Information mit, um welches Problem es sich handelt. Es

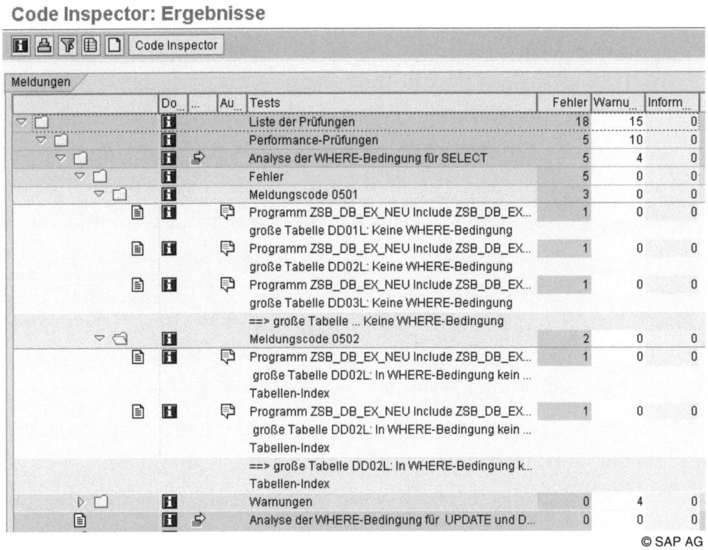

Abb. 2-42
Ergebnisbaum des Code Inspector

ist möglich, in den Code abzuspringen. Bei den Tests auf Dictionary geht es natürlich entsprechend in den Dictionary-Editor.

- Falls es eine Ikone mit einem gelben Pfeil gibt, kann die Prüfung durch Parameter beeinflusst werden. Zum Beispiel lässt sich die Prüfung der internen Tabellen auf bestimmte Tabellentypen einschränken.
- Die Ikone in der Spalte `Ausnahmen` liefert Informationen zu den Pseudokommentaren. Mit diesen können Sie markieren, dass eine Anweisung absichtlich so gewählt wurde und kein Fehler ist, siehe auch Anmerkungen unten.
- Aus der Information zum Meldungscode und dem Meldungstext sollte klar werden, um welches Problem es sich handelt, und an welcher Stelle sich das Problem befindet. In den meisten Fällen ergibt sich daraus, wie das Problem beseitigt werden kann. Manchmal ist dies nicht so einfach. In den oben erwähnten Abschnitten des Buches, in denen die Prüfungen vorgestellt werden, finden Sie auch Verweise auf Abschnitte mit Lösungen. Ähnliche Informationen enthalten auch die eingangs erwähnten Weblogs von Eilenberger.

Eine gute Übersicht über alle Eigenschaften der Prüfungen liefert die Darstellung *SCI → Springen → Verwaltung von → Meldungsprioritäten*. Dort kann auch die Priorität der Prüfung, also Fehler, Warnung oder Information, festgelegt werden.

Vorteile und Einschränkungen des Code Inspector

Die Vorteile des Code Inspector liegen auf der Hand. Er kann sehr gut entwicklungsunterstützend verwendet werden. Zum Beispiel kann von den vielfältigen Ausnahmen, die die Benutzung des Tabellenpuffers einschränken, leicht eine übersehen werden. Der Code Inspector benötigt keine Testdaten oder sonstige aufwendige Vorbereitungen einer Analyse, sondern kann sehr früh während der Entwicklung genutzt werden. Er kann beliebig große Codemengen abdecken. Es ist leicht, sich auf bestimmte Problemarten zu konzentrieren, um zum Beispiel in einem Durchgang alle Probleme mit dem Tabellenpuffer anzugehen und dann im nächsten Durchgang einen anderen Fehlertyp.

Dennoch kann er eine Performanceanalyse nicht ersetzen. Er testet die gesamten Programme, inklusiver kleiner Testroutinen oder obsoleter Versionen. Er hat keine Gewichtung, weder bezüglich der Wichtigkeit des Codes noch bezüglich der Schwere eines Problems, z. B. große oder kleine Laufzeitverschlechterung. Einige Probleme werden nicht getestet, zum Beispiel Joins und Views. Andere Probleme sind für ihn nicht sichtbar, z.B. unnötige oder doppelte Ausführungen.

Schließlich liefert der Code Inspector auch ein paar Falsch-Positiv-Meldungen, also Verstöße, die eigentlich in Ordnung gehen. Da jeder Test Ausnahmen besitzt, liegt dies in der Natur eines Tests. Es wurden nur solche Tests umgesetzt, die nicht zu viele Falsch-Positive liefern. Bei den internen Tabellen fehlt zur Bewertung die Information über die Größe der Tabelle, die nur zur Laufzeit vorliegt. Deshalb können nicht optimierte Operationen bei Tabellen, die immer klein sind, in Ordnung gehen. Es gibt Escape-Sequenzen, mit denen Anweisungen markiert werden können, die beim Code Inspector zu Meldungen führen, aber in Ordnung gehen. Sie können damit verhindern, dass dieselben vermeintlichen Probleme wiederkehrend auftauchen. Es ist guter Programmierstil, wenn die Ausnahmen in einem Kommentar erklärt werden. Bei Prüfungen von Tabelleneigenschaften ist dies nicht möglich.

Der Code Inspector eignet sich hervorragend, um Performance- und andere Probleme frühzeitig zu erkennen und schnell lösen zu können. Sie sollten sich aber bewusst sein, dass eine statische Codeprüfung eine Performanceanalyse der Ausführung des Programms nicht ersetzen kann. Aber alles, was mit dem Code Inspector gefunden werden kann, muss in der Performanceanalyse nicht mit mehr Aufwand gesucht werden.

2.10 Weitere Tools

Es gibt noch eine Reihe weiterer Tools, die nicht direkt Performance-Tools sind, aber dennoch gelegentlich nützlich sein können.

Diese werden in den folgenden Kapiteln jeweils im Abschnitt über Tools im Zusammenhang mit den Datenbankanweisungen (Abschnitt 3.9) und den Puffern (Abschnitt 5.6) vorgestellt.

Tab. 2–26 Tools in den Folgekapiteln

Abschnitt	Tcode	Bezeichnung
3.9.2	SE11	Tabellenanzeige
3.9.3	SE16	Tabelleninhaltsanzeige
3.9.5	DB05	Tabellenstatistik
3.9..6	DB02	DBA Cockpit
5.6.1	ST02	Pufferübersicht
5.6.2	ST10	Tabellenaufrufstatistik
5.6.7	DB05	Tabellenstatistik
5.6.8	SE17	Allgemeine Tabellenanzeige

Im achten Kapitel folgen schließlich die Themen Programme und Prozesse, in denen noch mehr Tools erwähnt werden.

- Im Modularisierungsabschnitt sind es die Editoren zum Programmieren, der Klasseneditor (SE24), der Funktionseditor (SE37), der Report-Editor (SE38) und die ABAP-Workbench (SE80),
- bei den Workprozessen die Workprozessübersicht (SM50), die Liste der SAP-Server (SM51) und die Globale Workprozessübersicht (SM66).
- Für die Remote Function Calls gibt es eine Reihe von Tools, SM58, SMQS, SMQR, SMQ1, SMQ2.
- Bei den DB-Sperren und Enqueues sind die Sperr- und Deadlock-Anzeige (DB01) sowie die Enqueue-Sperrverwaltung (SM12) interessant.
- Schließlich gibt es noch die Liste der offenen Verbuchungsaufträge (SM13).

Eine genaue Besprechung aller Tools würde den Rahmen des Buches sprengen. Oft genügt es zu wissen, dass es ein Tool gibt. Die einfachen Tools erschließen sich mithilfe der Dokumentation. Eine Zusammenstellung aller Transaktionen finden Sie in der Datenbanktabelle `TSTC`. Dort können Sie nach Transaktionen suchen, deren Tcode Sie nicht kennen.

Nicht besprochene Tools

Der Debugger ist unentbehrlich, wenn Sie etwas kompliziertere Probleme genauer analysieren wollen, z. B. um sich die Werte von Variablen oder die Inhalte von Tabellen anzusehen. Der Debugger wird hier als bekannt vorausgesetzt, da er ein Teil der Entwicklungsumgebung ist. Aus dem Debugger heraus sind auch Analysen des Speicherverbrauchs möglich (Stichwort Memory Inspector).

Ein interessantes Tool ist die Einzeltransaktionsanalyse (ST12). Da es sich bei ihr jedoch nicht um eine Standardtransaktion handelt, wird sie hier nur am Rande erwähnt. Wo Sie diese Transaktion bekommen können und wie sie zu bedienen ist, finden Sie in dem Hinweis 755977.

Die Einzeltransaktionsanalyse bietet eine Oberfläche, um die SQL- und ABAP-Trace gemeinsam zu starten. Außerdem werden die Trace-Daten gespeichert und durch die ST12 verwaltet. Die ST12 nutzt die nicht aggregierte ABAP-Trace nicht, da sie nur für relativ wenige Ausführungen infrage kommt. Dennoch stellt sie eine Aufrufhierarchie (Call Stack) zur Verfügung. Diese wird jedoch aus einer verdichteten ABAP-Trace rekonstruiert, was nur näherungsweise funktionieren kann. Die Näherung kann für einen gelegentlichen Benutzer etwas verwirrend sein. Für einen erfahrenen Benutzer ist diese Information jedoch sehr hilfreich – am besten entscheiden Sie selbst.

Monitore zur Systemanalyse

Ebenfalls nicht besprochen sind die Systemmonitore, die zur Analyse der Systemperformance benutzt werden.

Tab. 2–27 SAP-Systemperformancemonitore

Tcode	Name	Beschreibung
ST01	System-Trace	Rohdaten der ST05
ST03N	Systemlast u. Perform. Statistik	Last auf dem Applikationsserver, verdichtete Daten der STAD, System-Performance
ST04	DB Performance Monitor	Performancedaten für die Datenbank, im Cursor-Cache finden sich Daten über die teuersten Datenbankanweisungen.
ST06	Operating System Monitor	Übersicht über das System, Anzahl der Applikationsserver und prozentuale Auslastung
ST07	Anwendungsmonitor	Übersicht über die Benutzerzahlen auf dem System
ST30 – ST37	Globale Performance-analyse	Sammelt Daten der STAD und der SQL-Trace aus unterschiedlichen Systemen

Außer den vier großen Performance-Tools ST05, SE30, STAD und SCI gibt es noch eine Reihe weiterer Tools, die für eine Performanceanalyse wichtig sind. Einige davon werden in den Folgekapiteln vorgestellt.

2.11 Neu in SAP NetWeaver Release 7.0 EhP2

Zum Zeitpunkt der Fertigstellung des Buches im Sommer 2009 ist die Entwicklung des neuen SAP NetWeaver Releases 7.0 EhP2 gerade beendet. In diesem Release ändert sich bei den Performance-Tools einiges.

Da die meisten Kunden auf älteren Releases arbeiten, basiert die Darstellung der Tools in diesem Kapitel auf dem SAP NetWeaver Release 7.0 EhP1 und gilt damit auch für viele ältere Releases. Die Neuerungen, die Sie sicher in den nächsten Monaten oder Jahren kennenlernen werden, will ich Ihnen jedoch nicht vorenthalten.

2.11.1 Die neue ABAP-Trace (SAT)

Relativ große Änderungen erfuhr die ABAP-Trace. Sie wurde unter dem Namen SAT für »System ABAP-Trace« neu entwickelt. Alle Ergebnisanzeigen sind vollständig neu entstanden, die Durchführung und das Messen selbst blieben weitgehend unverändert.

Die neue ABAP-Trace kann mit dem Transaktionscode SAT aufgerufen werden. Mittlerweile führen auch der Transaktionscode SE30 und der Pfad für die ABAP-Trace zum neuen Programm.

Die wichtigsten Neuerungen bei der ABAP-Trace im Einzelnen:

- Das Erzeugen einer Trace sowie die Daten der Trace sind unverändert geblieben.
- Die Trace-Daten werden aus dem Binärformat in ein leicht lesbares ASCII-Format konvertiert. Dadurch können auch Sekundär-Tools leichter darauf zugreifen.
- Die Dateien sind nicht mehr lokal auf dem Applikationsserver, sondern zentral in der Datenbank abgelegt. Damit ist auch in einem System mit mehreren Applikationsservern jede Trace-Datei leicht auffindbar.
- Die Dateien werden nicht mehr automatisch nach acht Tagen gelöscht, sondern bekommen ein Löschdatum. Wollen Sie eine Datei länger erhalten, dann müssen Sie nur das Löschdatum anpassen.
- Es gibt eine Übersichtsanzeige für alle vorhandenen Trace-Dateien. Normalerweise sind nur die Dateien für den eigenen Benutzer zu sehen. Dies lässt leicht durch Änderung der Filtereinstellung für den Benutzernamen ändern. Die Übersicht zeigt die wichtigsten

Informationen zu einer Datei, wie zum Beispiel Erstellungsdatum, Programm, Gesamtdauer der Ausführung und Kommentar. Gerade der Kommentar sollte die Auswahl erleichtern. Er kann jederzeit angepasst werden.

- Bei den Messeinschränkungen gab es einige Änderungen am Layout. Die Reihenfolge der Registerkarten entspricht jetzt besser ihrer Bedeutung. Die weiteren Optionen zum Erstellen einer Trace erscheinen nun auf der Karte *Dauer und Art*. Auch die Bezeichnungen wurden klarer: *RFC, Verbuchung* heißt nun *RFC- und Verbuchungsaufrufe messen* und *Bestimmte Einheiten* wurde zu *Explizites Ein- und Ausschalten der Messung*.
- Es gibt nur noch zwei Aggregationstypen. Die Standardeinstellung ist die Aggregation nach Aufrufstelle. Auch Traces ohne Aggregation gibt es weiterhin. Die volle Aggregation entfällt jedoch, da sie gegenüber der Aggregation nach Aufrufstelle keine Vorteile bietet.
- Die Darstellung der Ergebnisse bekam ein komplett neues Aussehen, das sich am Vorbild des neuen Debuggers orientiert. Es gibt mehrere Registerkarten, jede Registerkarte kann mehrere Werkzeuge darstellen.
- Mögliche Werkzeuge sind die Hitliste, die DB-Tabellen, das Profil, die Verarbeitungsblöcke, die Aufrufhierarchie und das Zeitenwerkzeug.

Abb. 2-43

Ergebnisse in der neuen ABAP-Trace (SAT)

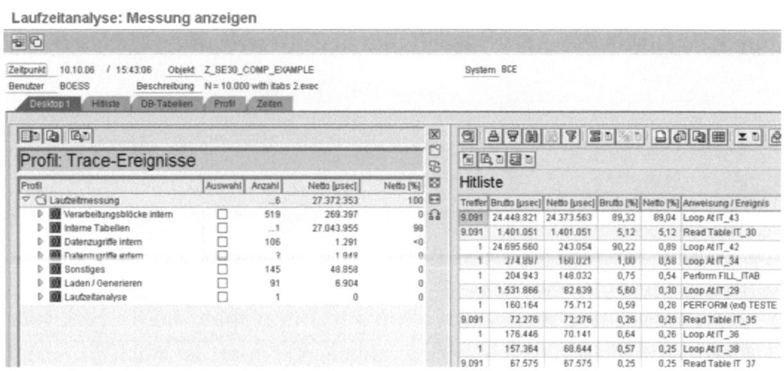

© SAP AG

- Alle Werkzeuge nutzen entweder den ABAP List Viewer (ALV) zur Darstellung von Listen oder eine Baumdarstellung. Die Funktionalität des ALV erlaubt Funktionen, die in Standardlisten nicht möglich sind.
- Die Hitliste, die Aufrufhierarchie und die DB-Tabellen gibt es bereits in der alten ABAP-Trace. Auf die speziellen Hitlisten wurde verzichtet, da sie zum Großteil durch Funktionen des ALV nachahmbar sind.

- Das Profil übernimmt die Rolle des Übersichtbildes der ABAP-Trace, es ist jedoch weitaus detaillierter. Es zeigt eine Baumstruktur für die Hierarchie der Ergebnistypen. Damit ist eine bessere Übersicht über die Verteilung der Zeiten auf Applikationsserver, Datenbank und RFCs möglich. Mehr dazu finden Sie im Abschnitt 7.6.2.
- Es gibt zwei neue Funktionen, die den Vergleich von Trace-Dateien ermöglichen. Das sind der Hitlistenvergleich und der Hierarchievergleich.
  - Der Hitlistenvergleich ist insbesondere dazu geeignet, um nichtlineares Skalierungsverhalten in Programmen zu finden. Er spielt bei der Performanceanalyse im siebten Kapitel eine wichtige Rolle. Ein Report auf der Webseite zu diesem Buch ermöglicht es Ihnen, diese Funktion auch in älteren Releases zu nutzen. Die Details finden Sie im siebten Kapitel.
  - Der Hierarchievergleich kann durch die detaillierte Analyse zweier Hierarchien auch kleinste Unterschiede zwischen zwei Programmausführungen aufspüren.

Diese Neuerungen sollen Ihnen die Arbeit mit der ABAP-Trace weiter erleichtern. Wenn Sie mit der alten SE30 vertraut sind, wird es Ihnen nicht schwerfallen, die neue SAT/SE30 zu nutzen.

Die wichtigsten Features der neuen ABAP-Trace sind die zentrale Speicherung der Trace-Dateien, die umfangreichen Anzeigemöglichkeiten durch den Einsatz des ABAP List Viewer (ALV) und die bessere Übersicht durch das Profil. Die neuen Funktionen zum Vergleich von Traces erschließen neue Möglichkeiten.

2.11.2 Neuerungen bei der Performance-Trace (ST05)

Die Performance-Trace wurde zum Release 7.0 EhP2 ebenfalls überarbeitet. Die Überarbeitung ist nicht so offensichtlich wie bei der ABAP-Trace, sondern steckt im Detail. Am auffälligsten ist die Veränderung des Layouts, alle Listen nutzen nun den ABAP List Viewer (ALV).

Die Änderungen im Einzelnen:

- Das Einstiegsbild hat sein Aussehen geändert, die Funktionen bleiben jedoch gleich.
- Eine neue Trace für http-Requests kommt hinzu. Damit können aus- und eingehende http-Requests protokolliert und anschließend analysiert werden. Sie ist der RFC-Trace sehr ähnlich.
- Eine wichtige Neuerung ist die sogenannte Stack-Trace. Wurde die Funktion vor dem Erzeugen der Trace über das Menü mit *Perfor-*

mance-Trace → Stacktrace aktivieren eingeschaltet, dann steht bei der Anzeige für jede Anweisung der Call Stack zur Verfügung. Er kann für eine markierte Zeile über *Springen → Call Stack anzeigen* aufgerufen werden. Von jedem Eintrag des Call Stack ist die Navigation in den ABAP-Quellcode möglich. Der Call Stack funktioniert bei allen fünf Trace-Typen.

Abb. 2–44
Stack-Trace in der neuen SQL-Trace

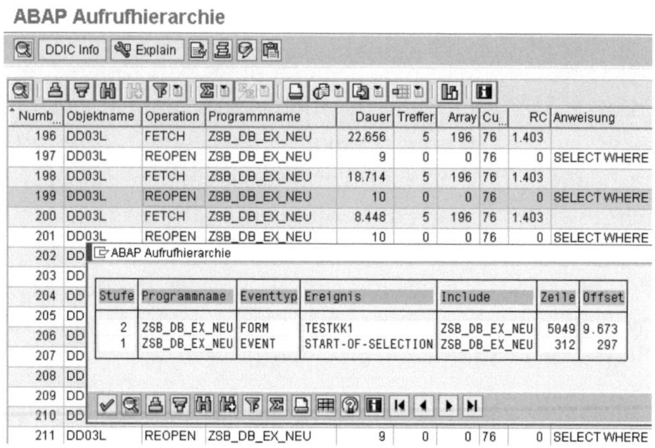

© SAP AG

- Die Filtermöglichkeiten der Anzeige wurden um einige Felder erweitert. Insbesondere kam der Extended Passport hinzu. Damit ist es möglich, komplexe Szenarien in größeren Systemlandschaften im Ganzen (end-to-end) zu analysieren.
- In der Trace-Liste verschwindet die Darstellung mit den Blöcken. Die Informationen der Blocküberschriften gehen in zusätzliche Spalten ein.
- Die Funktionen des ALV sind vor allem bei der Trace-Liste aufgrund ihres Umfangs sehr nützlich. Die Reihenfolge der Spalten lässt sich komfortabel an die eigenen Bedürfnisse anpassen. Es kann in allen Spalten sortiert, gesucht und gefiltert werden. Das Layout ist benutzerspezifisch speicherbar.
- Die Anzeige der Identischen Selects wurde stark aufgewertet. Sie besteht nicht mehr nur aus drei Spalten, sondern enthält nun die gleichen Felder wie die Verdichtung nach SQL-Anweisungen.
- In der Verdichtung nach SQL-Anweisungen kann von einer markierten Zeile zu den zugehörigen Zeilen der Trace-Liste oder zu den zugehörigen Identischen Selects abgesprungen werden.

- Es gab signifikante Performanceoptimierungen beim Ladevorgang von großen Trace-Dateien, sodass sich nun größere Dateien in kürzerer Zeit anzeigen lassen.

Die wichtigsten Features der neuen Performance-Trace (ST05) sind der Einsatz des ABAP List Viewer, die neue Stack-Trace und die Verzweigung von der verdichteten Trace zu den zugehörigen Einträgen in der Trace-Liste.

2.12 Zusammenfassung und Ausblick

In diesem Kapitel wurden die vier wichtigsten Tools zur Untersuchung der Performance auf dem Applikationsserver eingeführt.

Es wurde beschrieben, was Sie beachten müssen, wenn Sie mit den Tools arbeiten wollen, welche Daten sie anzeigen und wie Sie diese nutzen können.

Dennoch wird dies nicht ausreichen, um Sie in die Lage zu versetzen, selbst Programme zu analysieren. Dazu benötigen Sie vor allem Hintergrundwissen über die Programmierung von effizienten Datenbank- und Pufferzugriffen sowie Kenntnisse der performanten ABAP-Programmierung, insbesondere wie Sie interne Tabellen optimal nutzen. Dieses Wissen werden die folgenden vier Kapitel (3 bis 6) liefern. Danach kann im siebten Kapitel die vollständige Analyse erfolgen.

Im achten Kapitel folgt schließlich die Erweiterung auf Programme und Prozesse. Dort erfahren Sie mehr über Workprozesse, Remote Function Calls (RFCs), Sperren und Enqueues, Verbuchung und Parallelisierung. Es schließen sich die zugehörigen Empfehlungen und die Analyse an.

In allen folgenden Kapiteln befindet sich ein kurzer Tools-Abschnitt mit spezifischen Anmerkungen zum jeweiligen Thema wichtigen Standard-Tools und einer Vorstellung von weiteren nützlichen Tools.

Tab. 2–28 *Die Standard-Tools in den folgenden Kapiteln*

Tcode	Kapitel:	3	4	5	6	7	8
ST05	SQL-Trace	+++	+++	++		+++	++
	Puffer-Trace			+++		++	
	RFC-Trace						+++
	Enqueue-Trace						+++
SE30	ABAP-Trace			+	+++	+++	++
STAD	Statistikmonitor		+		+	++	
SCI	Code Inspector	++		++	++	++	

3 Datenbankwissen

3.1 Kapitelübersicht

Nach dem Kapitel über die Performance-Tools folgt nun jenes Thema, das die größten Performanceprobleme verursachen kann, die Datenbankzugriffe. Hinsichtlich der Verarbeitungslogik steht die Datenbank ebenfalls am Anfang. In ihr sind die Daten persistent abgelegt, fast jedes Programm im SAP-Umfeld muss zu Beginn der Verarbeitung Daten von der Datenbank holen.

Wie im ersten Kapitel beschrieben, wird in diesem Buch jedes Thema in vier Aspekten behandelt. Da das Datenbankthema sehr umfangreich ist, verteilen sich hier die vier Aspekte auf mehrere Kapitel.

Tab. 3–1
Die vier Aspekte des Datenbankthemas

	Datenbank	Abschnitte
A	Definitionen und Wissen	3.2 Die Open-SQL-Sprache 3.3 Verarbeitungsschritte auf der Datenbank 3.4 Effizient Suchen mithilfe eines Index 3.5 Der Datenbankoptimierer 3.6 Tabellen im SAP-System 3.7 Der `JOIN`-Befehl 3.8 Datenänderungen
B	Tools	3.9 SQL-Trace (ST05), Tabellenanzeige (SE11), Tabelleninhalt (SE16), Code Inspector (SCI), Tabellenstatistik (DB05), DBA-Cockpit (DB02)
C	Performanceempfehlungen	Im vierten Kapitel (4.2 bis 4.9)
D	Analyse & Optimierung	Im siebten Kapitel (7.4 und 7.5)

Hinweis zum Inhalt

Im folgenden dritten Kapitel nimmt also das Hintergrundwissen über die Datenbankverarbeitung den größten Raum ein. Auch wenn Sie sich mit Datenbanken gut auskennen, sollten Sie dieses Kapitel lesen, weil Ihnen der Fokus auf performancerelevante Themen vielleicht doch nicht vertraut ist.

Der Inhalt dieses Kapitels ist mit Absicht nicht zu technisch formuliert, um es möglichst übersichtlich und verständlich zu halten. In allen Kapiteln gehe ich davon aus, dass Sie allgemeine Grundkenntnisse der ABAP-Programmierung haben. Das Buch kann keine Einführung in die Programmiersprache ABAP ersetzen. Die Befehle werden nicht in all ihren Möglichkeiten beleuchtet, sondern ich beschränke mich auf die für den weiteren Inhalt relevanten Punkte.

Andererseits erwarte ich keine technischen Kenntnisse der Datenbankverarbeitung. Alles, was zum Grundverständnis der Verarbeitung auf der Datenbank notwendig ist, wird in diesem Kapitel beschrieben. Der Zugang ist sehr pragmatisch. Es wird nur erklärt, was sichtbare Auswirkungen hat und damit die Performance der Programme beeinflusst.

Technische Details bleiben unberücksichtigt, da die SAP-Software mit sechs verschiedenen Datenbankplattformen von vier Herstellern (IBM, Microsoft, Oracle und SAP) zusammenarbeitet:

Tab. 3–2 *Verschiedene Datenbankplattformen*

Hersteller	Datenbank	SAP-Name
IBM	DB2 for z/OS, OS/390	DB2
	DB2 for i, früher i5/OS,	DB400
	DB2 for LUW (Linux, Unix und Windows)	DB6
Microsoft	SQL-Server	MSSQL
Oracle	Oracle	Oracle
SAP	MaxDB (früher Adabas)	MaxDB

Falls Sie grundlegender an der Funktionsweise der Datenbanken interessiert sind, dann ist es sicher sinnvoll, die Dokumentation Ihres Datenbankherstellers zurate zu ziehen.

Die Abschnitte im Einzelnen

Im Abschnitt 3.2 gibt es zunächst eine Einführung der Open-SQL-Sprache, insbesondere des SELECT-Befehls.

Der Abschnitt 3.3 erläutert die Verarbeitung einer SELECT-Anweisung schrittweise vom Applikationsserver in die Datenbank und zurück. Dabei geht es nicht um technische Details, sondern um die prinzipiellen Schritte: Wie ist der Tabellenpuffer integriert, welche Open-SQL-Befehle werden umgesetzt, wie wird die Anweisung auf der Datenbank verarbeitet und was bestimmt die Suchstrategie?

Da die meisten großen Performanceprobleme auf eine ineffiziente Suche zurückgehen, beschäftigt sich der Abschnitt 3.4 mit den Indizes, die eine Suche auf der Datenbank effizient unterstützen können. Hier zeigt sich auch, dass ein einzelner Index nicht jede Suche unterstützen kann.

Der Datenbankoptimierer ist der Inhalt des Abschnitt 3.5. Er bestimmt die Art der Zugriffsstrategie. Dieser Abschnitt ist der wichtigste des ganzen Kapitels, denn nur wenn Sie diese Inhalte verstanden haben, können Sie aus einer ineffizienten Suche eine effiziente machen.

Ein kurzer Abschnitt über die Tabellentypen in 3.6 ergänzt das Kapitel, da es zwei spezielle Tabellentypen gibt, die gewissen Einschränkungen unterliegen, sodass bei ihnen nicht alle Empfehlungen umsetzbar sind.

Der Abschnitt 3.7 führt den wichtigen `JOIN`-Befehl ein, der das gleichzeitige Lesen von mehreren Tabellen ermöglicht. Es wird sich zeigen, dass beim Join die Wahl der richtigen Zugriffsstrategie noch anspruchsvoller ist als bei einer einzelnen Tabelle.

Auch die Befehle zum Ändern von Tabelleninhalten werden hier kurz eingeführt. Der Abschnitt 3.8 präsentiert die Definitionen der Befehle `INSERT`, `UPDATE`, `DELETE` und `MODIFY`. Bei ihnen muss die im Abschnitt 3.3 beschriebene Verarbeitung noch etwas erweitert werden.

3.2 Die Open-SQL-Sprache

Die Structured Query Language, kurz SQL, ist die Standardsprache für Datenbankzugriffe. SQL enthält Befehle zur Definition, zur Abfrage und zur Manipulation von Daten in relationalen Datenbanken. Sie ist standardisiert und wird von allen wichtigen Datenbanken unterstützt.

Dennoch nutzt die Programmiersprache ABAP eine eigene SQL-Version, das sogenannte Open SQL. Es gibt wichtige Gründe, warum nicht einfach der SQL-Standard verwendet wurde. Dazu zählen folgende Vorteile von Open SQL, die im Laufe dieses Kapitels noch genauer erläutert werden:

- Open SQL ist sehr gut in das ABAP-Sprachsystem integriert, inklusive des Data Dictionary. Dazu gehört die Anbindung an die ABAP-Typen, was die Prüfungen und direkte Nutzung der Workarea erlaubt. Auch zu den internen Tabellen besteht eine direkte Verbindung, wodurch die bequeme Verwendung von `INTO TABLE`-Zusätzen möglich wird. Und schließlich sind auch die Hostvariablen und die dynamischen Sprachteile ein Ergebnis dieser Integration. Dies dürfte die wichtigste Eigenschaft von allen sein, die jedoch so selbstverständlich angenommen wird, dass sie schon gar nicht mehr auffällt.
- In die Verarbeitung ist eine Pufferung von Tabelleninhalten auf dem Applikationsserver integriert. Bei der Ausführung eines Open-SQL-Befehls wird automatisch überprüft, ob die Daten nicht von

dem Puffer geholt werden können. Das Kapitel 5 erklärt die Details des Tabellenpuffers.

- Open SQL umfasst nicht den gesamten Befehlsumfang des SQL-Standards. Insbesondere Befehle, die direkt die Struktur von Tabellen und Indizes ändern, sind nicht enthalten. Auch von den Befehlen, die gleichzeitig auf mehrere Tabellen zugreifen, gibt es nur wenige.
- Andererseits gibt es Befehle, die nicht im SQL-Standard vorkommen. Dazu gehören der `FOR ALL ENTRIES` (4.4), die Selektionsoptionen (4.2) und der Datenbank-`MODIFY` (4.9). Diese wurden aufgrund von Anforderungen der Anwendungsentwicklung eingeführt. Sie werden bei der Verarbeitung in Befehle des jeweiligen plattformspezifischen SQL umgesetzt.

Zunächst reicht jedoch der einfachste und wichtigste Open-SQL-Befehl, der Lesebefehl `SELECT`.

3.2.1 SELECT, der wichtigste Open-SQL-Befehl

Der `SELECT`-Befehl besitzt unterschiedliche Formen:

```
SELECT field1 field2 field5
       INTO  (wa-field1, wa-field2, wa-field5)
       FROM  dbtab
       WHERE field1 = 'HEIDELBERG'
       AND   field2 = 'THOMAS'.
   APPEND wa TO lt_result.
ENDSELECT.
```

```
SELECT *
       INTO  TABLE lt_result
       FROM  dbtab
       WHERE field1 = a
       AND   field2 = b.
```

wobei `a = 'SCHMIDT'` und `b = 'KARL'`.

```
SELECT SINGLE *
       INTO  ls_result
       FROM  dbtab
       WHERE key1 = '100'
       AND   key2 = '001'
       AND   key3 = '1234356'.
```

Dabei bilden (`key1`, `key2`, `key3`) einen eindeutigen Tabellenschlüssel.

Der `SELECT`-Befehl kann für eine Schleife von Zugriffen, für einen Blockzugriff oder für einen Einzelzugriff genutzt werden. Er besteht immer aus folgenden Bestandteilen:

- **Feldliste:** Das ist die Liste der übertragenen Felder. Entweder sind es alle Felder (*) oder eine explizite Liste von Feldern (z.B. `field1 field2 field5`).
- **`INTO`-Klausel:** Sie enthält das Ergebnis. Das können eine oder mehrere Variablen, eine Struktur `ls_result` oder eine Tabelle zur `lt_result` sein.
- **`FROM`-Klausel:** Sie ist die Datenquelle. Meist ist es eine einzige Datenbanktabelle `dbtab`. Es können auch mehrere Tabellen sein, wie Sie im Abschnitt 3.7 sehen werden.
- **`WHERE`-Klausel:** Das sind eine oder mehrere Bedingungen auf Felder der Tabelle, welche die gesuchten Sätze erfüllen müssen. In der `WHERE`-Bedingung können ABAP-Variablen wie `a` oder explizite Werte wie `'HEIDELBERG'` verwendet werden.
- Das letzte Beispiel ist ein spezieller Zugriff, da in ihm alle Schlüsselfelder mit einer Gleichheitsbedingung angeben sind. Da der Tabellenschlüssel eindeutig ist, kann es höchstens einen Ergebnissatz bei dieser Suche geben. Es kann natürlich auch sein, dass kein Satz die Bedingungen erfüllt. Das Schlüsselwort `SINGLE` kann genutzt werden, um dies zu verdeutlichen.

Die Codebeispiele sind als Pseudocode geschrieben und nutzen die Schreibweise, wie sie im Weiteren für Quellcode genutzt wird:

- Die Beispiele sind in einer expliziten Form geschrieben. Sie enthalten keine optionalen Varianten oder Alternativen. Sind mehrere Varianten eines Befehls interessant, dann werden alle aufgeführt.
- Der Pseudocode nutzt den `Courier`-Zeichensatz.
- ABAP-Schlüsselwörter wie `SELECT` nutzen Großbuchstaben.
- Die Variablen wie `lt_result` sind in Kleinbuchstaben geschrieben und stehen wie die Schlüsselwörter in Englisch.
- Spalten der Tabelle werden mit `field1`, `field2` bezeichnet, wenn sie für beliebige Felder stehen. Die Nummerierung dient lediglich zur Unterscheidung und hat nichts mit der Reihenfolge in der Tabelle zu tun, d.h., `field1` muss nicht das erste Feld der Tabelle sein.
- Schlüsselfelder werden mit `key1`, `key2`, ... bezeichnet. Bei ihnen entsprechen die Nummern auch der Reihenfolge in der Tabelle.
- Einrückungen, Umbruch und Untereinanderschreiben dienen nur zur Erhöhung der Lesbarkeit.

3.2.2 Open SQL – Native SQL – Plattformspezifisches SQL

Diese wenigen Definitionen reichen schon aus, um daran die Arbeitsweise der Datenbank zu erläutern. Dies wird in den nächsten Abschnitten dieses Kapitels geschehen. Bis auf den Join und die Änderungsbefehle, die am Ende des Kapitels eingeführt werden, folgen die meisten anderen Open-SQL-Befehle zusammen mit Programmierempfehlungen und Untersuchungen der Laufzeit im nächsten Kapitel.

Open SQL stellt eine Schnittmenge von Datenbankbefehlen bereit, die von allen Datenbankplattformen verstanden werden. Außerdem enthält Open SQL einige unerwünschte Befehle nicht, wie zum Beispiel Befehle zum Anlegen von Tabellen. In der Datenbankschnittstelle (Database Interface) werden die Open-SQL-Befehle in plattformspezifisches SQL der jeweiligen Datenbank umgesetzt. Dadurch lassen sich die automatische Mandantenbehandlung und der Tabellenpuffer integrieren. Es ist auch möglich, in Open-SQL-Befehle anzubieten, die es im SQL-Standard nicht gibt.

Tab. 3–3
Aufgaben der Datenbankschnittstelle

Aktionen der Datenbankschnittstelle	Abschnitt
Automatische Mandantenbehandlung	4.6
Integration des Tabellenpuffers	5.4
Selektionsoptionen	4.2
`INTO TABLE`	4.4
`FOR ALL ENTRIES`	4.4
`DELETE/INSERT/UPDATE FROM wa / TABLE itab`	4.9
`MODIFY`	4.9

Dieses und das nächste Kapitel decken den Open-SQL-Umfang damit weitgehend ab. Open SQL erreicht nicht den Umfang des SQL-Standards, da eine Reihe von Befehlen nicht enthalten ist. Sollte es irgendwann notwendig sein, einen SQL-Befehl zu nutzen, den es nicht in Open SQL gibt, dann besteht die Möglichkeit, Native SQL in ABAP zu nutzen. Native SQL umfasst den gesamten SQL-Sprachumfang der verwendeten Datenbank und kann über den SQL-Standard hinausgehen.

Anweisungen in Native SQL werden über eine einfachere Native-SQL-Schnittstelle an die Datenbank gereicht. Die Benutzung von Native SQL sollte jedoch reiflich überlegt sein, denn jede Optimierung durch die Datenbankschnittstelle wird damit umgangen. Außerdem kann das Programm eventuell nicht auf eine andere Datenbank portiert werden. In der weiteren Diskussion der Performanceeigenschaften wird Native SQL und auch das dynamische Native SQL (ADBC) deshalb nicht berücksichtigt und lediglich im Abschnitt 4.6.5 noch einmal erwähnt.

Open SQL ist die SQL-Sprache innerhalb von ABAP. Diese Sprachdefinition hat einige Vorteile, weil zum Beispiel der Tabellenpuffer voll in die Verarbeitung integriert ist. Zunächst wurde nur der SELECT vorgestellt, der Join und die Befehle zum Ändern von Tabelleninhalten folgen später. Die vollständige Diskussion der Performanceaspekte unter Einbeziehung aller weiteren Befehle und Zusätze finden Sie im nächsten Kapitel.

3.3 Verarbeitungsschritte auf der Datenbank

Nun muss erklärt werden, wie der SELECT die gesuchten Daten findet. Dies soll jedoch nicht allzu technisch geschehen. Vielleicht haben Sie die Datenbank so lange ignoriert, bis das erste Performanceproblem auftrat. Ein gewisses Grundverständnis der Funktionsweise der Datenbank ist notwendig, wenn Performanceprobleme vermieden werden sollen. Es reicht jedoch, sich auf die wirklich wichtigen Punkte zu beschränken.

Auch Feinheiten der unterschiedlichen Datenbankplattformen, siehe Tabelle 3–2 bleiben unberücksichtigt. Standardsoftware sollte auf allen Datenbankplattformen laufen. Nur falls feststeht, dass die Software lediglich auf einer Plattform genutzt wird, ist es sinnvoll, sie für diese Plattform zu optimieren.

Datenbankarchitektur und Verarbeitungsschritte

Das folgende Bild zeigt schematisch die Architektur der Datenbankschnittstelle und der Datenbank. Darin läuft die Verarbeitung ab, wenn eine Open-SQL-SELECT-Anweisung Daten von der Datenbank holt.

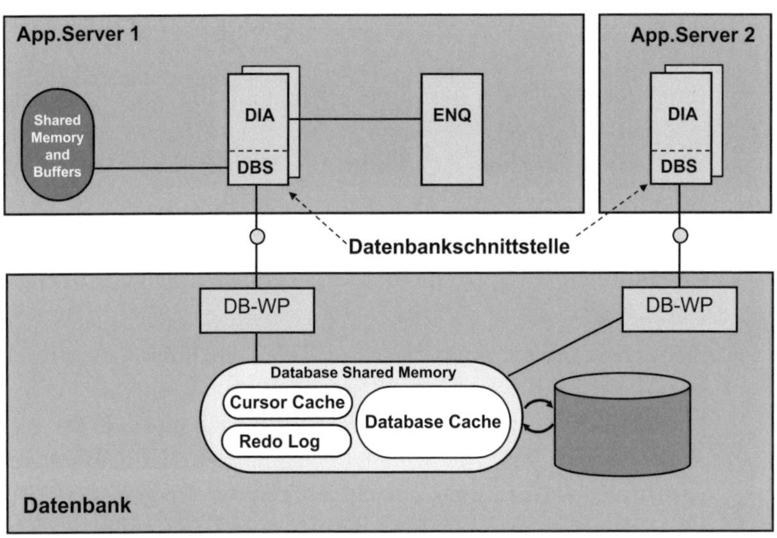

Abb. 3–1 *Datenbankarchitektur*

Die folgende Beschreibung der Verarbeitungsschritte soll einen groben Überblick geben, was bei einem Lesezugriff passiert. Diese Beschreibung bringt es mit sich, dass dabei einige Begriffe vorkommen können, die erst später genauer erklärt werden.

Im Applikationsserver

- Bei der Abarbeitung des Programms stößt der ABAP-Interpreter auf folgende SELECT-Anweisung:

```
SELECT *
       INTO  TABLE ls_result
       FROM  dbtab
       WHERE field1 = 'Heidelberg'
       AND   field2 = 'Thomas'
       AND   field3 = '69120'.
```

Die Datenbankschnittstelle

- Die Datenbankschnittstelle (DBS) überprüft, ob die Anweisung auf dem Tabellenpuffer behandelt werden kann. Details zur Tabellenpufferung finden Sie im Abschnitt 5.4. Ist die Tabelle gepuffert und kann die verwendete SELECT-Anweisung den Tabellenpuffer nutzen, dann geht die Verarbeitung an den Tabellenpuffer. Dort gibt es drei Möglichkeiten:
  - Falls die Anfrage bereits schon einmal an den Tabellenpuffer ging, sind die Daten bereits geladen und der Puffer kann sie liefern. Die Daten gehen aus dem Puffer an die Anwendung und die Verarbeitung ist beendet.
  - Falls die Anfrage zum ersten Mal kommt, muss der Puffer die Daten von der Datenbank anfordern. Dazu wird jedoch nicht die Anweisung selbst, sondern der zugehörige Pufferladezugriff zur Datenbank geschickt.
  - Eine ändernde Anweisung, siehe Abschnitt 3.8, sollte auf eine gepufferte Tabelle eher selten vorkommen. Passiert dies dennoch, dann löst sie den Pufferanpassungsprozess aus, siehe Kapitel 5.
- Alle zur Datenbank gehenden Open-SQL-Anweisungen setzt die Datenbankschnittstelle von Open SQL auf das plattformspezifische SQL um.
  - Dabei setzt die automatische Mandantenbehandlung die Bedingung für den Mandanten ein.
  - Befehle, die es nur in Open SQL gibt, wie z.B. der FOR ALL ENTRIES, werden in Standardbefehle umgesetzt. Die Umsetzung des FOR ALL ENTRIES finden Sie im Abschnitt 4.4.5 genau erklärt.
  - Das Aussehen der Anweisung wird auch verändert: Leerstellen, Einrückungen und Kleinschreibungen, natürlich nicht in Literalen, werden aufgehoben. Meist werden in den Anweisungen die

expliziten Suchwerte und die Variablen durch generische Variablen (Hostvariablen) ersetzt, sodass das Beispiel so aussieht:

```
SELECT * FROM DBTAB WHERE FIELD1 = A0 AND
FIELD2 = A1 AND FIELD3 = A2.

A0 = 'Heidelberg'  A1 = 'Thomas'  A2 = '69120'
```

- Die Reihenfolge der Felder in der `WHERE`-Bedingung bleibt erhalten. Anweisungen, die zwar gleich sind, sich aber in der Reihenfolge der Felder unterscheiden, sehen auch nach der Umformung unterschiedlich aus. Es erfolgt also keine Normalisierung.
- Anweisungen, die gleich in Native SQL geschrieben sind, werden in einer einfacheren Native-SQL-Schnittstelle angepasst und in plattformspezifisches SQL umgesetzt. Diese Anweisungen können die wichtigen Eigenschaften der Open-SQL-Datenbankschnittstelle, zum Beispiel den Tabellenpuffer, nicht nutzen.
- Der wichtigste Verarbeitungsschritt auf der Datenbank ist die Festlegung der Suchstrategie. Da dieser Schritt jedoch etwas aufwendig sein kann, ist es günstig, eine einmal bestimmte Strategie aufzuheben und bei späteren Ausführungen wieder zu verwenden. Vor dem Erstellen einer neuen Suchstrategie wird im Cursor-Cache gesucht, ob für diese Anweisung bereits eine Strategie vorliegt. Deshalb sollen die Anweisungen in ihrem Aussehen möglichst vereinheitlicht sein, damit inhaltlich gleiche Anweisungen im Cursor-Cache wiedergefunden werden.

In der Datenbank

- Falls noch keine Suchstrategie bestimmt wurde, bestimmt der Datenbankoptimierer eine neue. Er versucht dafür abzuschätzen, welche Art der Suche am besten ist, um die gesuchten Daten möglichst schnell zu finden.
  - Meist entscheidet er sich für eine indexunterstützte Suche (Indexsuche) und muss dann auch den geeignetsten Index finden.
  - Wenn sehr viele Treffer erwartet werden, kann es sogar günstiger sein, ohne Index zu suchen (Full Table Scan).
- Ist die neue Suchstrategie bestimmt, dann wird sie zusammen mit der Anweisung im Cursor-Cache abgelegt.
- Ist die Art der Suche festgelegt, dann können die Daten gelesen werden. Auch die Datenbank benutzt einen Datenpuffer oder -cache. Darin werden die Daten zunächst gesucht.
  - Sind sie bereits vorhanden, werden sie übernommen und gehen zurück an den Applikationsserver.

- Sind sie nicht vorhanden, dann werden die benötigten Daten, die in Tabellenblöcken organisiert sind, von den Festplatten der Datenbank gelesen und in den Datenbankcache geladen. Das Lesen von der Festplatte bedeutet physikalisches I/O und ist leicht um ein Zehnfaches langsamer als der Zugriff auf den Datenbankcache.

Zum Applikationsserver

- Schließlich gehen die gefundenen Daten zurück zum Applikationsserver. Auch diese Übertragung kann je nach Netzwerk größere Auswirkungen auf die Dauer des Zugriffs haben. Es spielen sowohl die Latenz als auch die Bandbreite eine Rolle. Die Latenz wirkt sich auf jeden Zugriff aus, die Bandbreite auf die Menge der Daten pro Übertragung. Die Übertragung ist in einer minimalen Blockgröße von 32 kB bzw. 64 kB auf neueren Systemen organisiert. Abhängig von der Datenbank sind die übertragenen Blöcke in der SQL-Trace als einzelne FETCH-Operationen zu sehen, siehe Abschnitt 2.4.
- Auf dem Applikationsserver gehen die gelesenen Daten an den wartenden Prozess. Falls es sich um eine gepufferte Tabelle handelt, wird eventuell zuerst noch der Tabellenpuffer geladen oder geändert.

Zusammenfassend sind folgende Punkte wichtig:

1. Die Einbindung des Tabellenpuffers ist wichtig für die Performance, da die gleichen Daten nur einmal von der Datenbank geholt werden.
2. Die Datenbankschnittstelle hat noch andere Vorzüge.
3. Die Bestimmung des Zugriffspfades ist von zentraler Bedeutung für die Performance.
4. Der Datenbankcache ist der zweite Puffer mit Einfluss auf die Geschwindigkeit.
5. Auch die Übertragung der Daten von der Datenbank zum Applikationsserver spielt eine wichtige Rolle für die Performance.

Der Tabellenpuffer (1) wird im fünften Kapitel ausführlich erklärt. Weitere Informationen zur Datenbankschnittstelle (2) und zum Einfluss der Datenübertragung (5) finden Sie im vierten Kapitel.

Es wurde bei der Einführung der SQL-Trace bereits erwähnt, dass erst wiederholte Ausführungen für die Messungen genutzt werden sollten. Zwei Gründe wurden hier genannt: Der Tabellenpuffer (1) und der Datenbankcache (4) sollen bei den Messungen genutzt werden. Nur so sind schnelle und vor allem klar definierte reproduzierbare Zeiten möglich.

In diesem Kapitel wird es darum gehen, die Bestimmung der Zugriffsstrategie durch den Datenbankoptimierer genauer zu verstehen. Kommt es dabei zu Fehlentscheidungen, dann kann dies große Auswirkungen auf die Ausführungsdauer haben. Um Probleme erkennen zu können, müssen Sie die Indizes, den Datenbankoptimierer und die Suchstrategien verstehen. Nur dann können Sie Verbesserungen finden.

Die wichtigsten Verarbeitungsschritte einer Open-SQL-Anweisung in der Datenbankschnittstelle des Applikationsservers sind die Einbindung des Tabellenpuffers, die Umformung der Anweisung in plattformspezifische SQL-Befehle und das Einsetzen von Hostvariablen. Durch die Verwendung der Hostvariablen lässt sich die Anzahl der verschiedenen Anweisungen verringern und die Wiederverwendung der bestehenden Suchstrategien erhöhen.

Auf der Datenbank ist der weitaus wichtigste Schritt die Bestimmung der Zugriffsstrategie (3). Dieser Schritt muss genauer erklärt werden.

3.4 Effizient Suchen mithilfe eines Index

Von den Verarbeitungsschritten in der Datenbank ist die effiziente Suche die wichtigste Aufgabe. Wie ist ein bestimmter Satz in einer Tabelle mit Millionen von Sätzen in möglichst kurzer Zeit zu finden? Mit einer ähnlichen Aufgabe sind Sie im Alltag konfrontiert, wenn Sie die Telefonnummer einer bestimmten Person suchen. Das Telefonbuch ist ein anschauliches Beispiel für einen Index.

Telefonbuch als Beispiel

Telefonnummern werden nach unbekannten Regeln an die Teilnehmer verteilt. Dabei wird lediglich sichergestellt, dass jede Nummer nur einmal vergeben wird. Es gibt keine Möglichkeit, vom Namen oder der Adresse direkt auf die Telefonnummer zu schließen. Wollen Sie also jemanden anrufen, dessen Telefonnummer Sie nicht kennen, dann müssen Sie ein Telefonbuch zurate ziehen.

Ein Telefonbuch besitzt eine Sortierung, meist gibt es ein Buch für eine Stadt und darin sind die Einträge nach Nachname, Vorname, Straße und Hausnummer sortiert. Dahinter steht die Telefonnummer.

```
(Stadt) Name Vorname Straße Hausnummer TelNr.
```

Wenn Sie Stadt, Name, Vorname, Straße und Hausnummer kennen, dann finden Sie schnell die gesuchte Telefonnummer.

3.4.1 Der Datenbankindex

Ähnlich wie das Telefonbuch verfährt auch die Datenbank. Um die gesuchten Daten schnell zu finden, ohne jedes Mal die ganze Tabelle durchsuchen zu müssen, benötigt sie einen Datenbankindex, der die Suche unterstützt.

Die auf den Datenbanken realisierten Indizes sind immer sogenannte konkatenierte Indizes. Konkateniert bedeutet Zusammenfügen unter Beibehaltung der Reihenfolge. Ein konkatenierter Index kann aus einem oder mehreren Feldern bestehen. Sind es mehrere Felder, dann spielt die Reihenfolge eine wichtige Rolle. Damit die Suche vom Index profitieren kann, muss sie möglichst zu jedem Indexfeld eine Bedingung bereitstellen. Es kann auch ein Teil des Index genutzt werden, jedoch immer nur beginnend vom ersten Feld bis zu jenem, für das keine Bedingung vorliegt.

Felder nach einer Lücke können auf dem Index im Allgemeinen nicht ausgewertet werden. Es gibt neue Methoden, um Lücken zu überspringen. Diese sind jedoch noch nicht weit verbreitet und funktionieren nur unter bestimmten Umständen, deshalb bleiben sie hier unberücksichtigt.

Abb. 3–2
Konkatenierter Index

Keys	ID
Auto...,Hans,Mozartstr. 17	13
Bloc...,Rolf,Beethovenweg 1	26
Deut...,Elsa,Händelweg 88	39
Fisc...,Inge,Brahmsstr. 37	52
Gove...,Marc,Bachalle 101	65
Hert...,Paul,Gluckgasse 8	78
Kalu...,John,Schubertstr 23	91
Kran...,Karl,Holstweg 32	104
Mant...,Lena,Straussweg 15	117
Noll...,Anna,Wagnerplatz 1	130
Rech...,Bert,Händelstr. 66	143
Roth...,Dona,Bachalle 111	156
Schr...,Otto,Liztgasse 7	169
Stip...,Thea,Mahlerweg 33	182
Voig...,Nora,Brucknerweg 7	195

Der Index ist gemäß seinen Feldern sortiert und kann dadurch eine effizientere Suche wie beim Telefonbuch unterstützen. Die Datenbank kann auf dem Index eine binäre Suche realisieren.

Die binäre Suche taucht im sechsten Kapitel bei der Suche in internen Tabellen wieder auf.

Binäre Suche

Eine binäre Suche nutzen Sie auch im täglichen Leben, wenn Sie zum Beispiel in einem Telefonbuch suchen. Zunächst öffnen Sie das Telefonbuch ungefähr in der Mitte und schauen, welchen Namen Sie dort vorfinden. Wenn die Nachnamen nicht gleich häufig vorkommen, muss es nicht unbedingt ein Name sein, der mit einem Buchstaben aus der Mitte des Alphabets beginnt. Anhand des vorgefundenen Namens entscheiden Sie, ob der gesuchte Name in der vorderen oder der hinteren Hälfte des Buches liegt. In dieser Hälfte schlagen Sie wieder die Mitte auf. Auf diese Weise reduzieren Sie durch jeden Schritt die Ergebnismenge um die Hälfte und sind schon nach wenigen Schritten am Ziel.

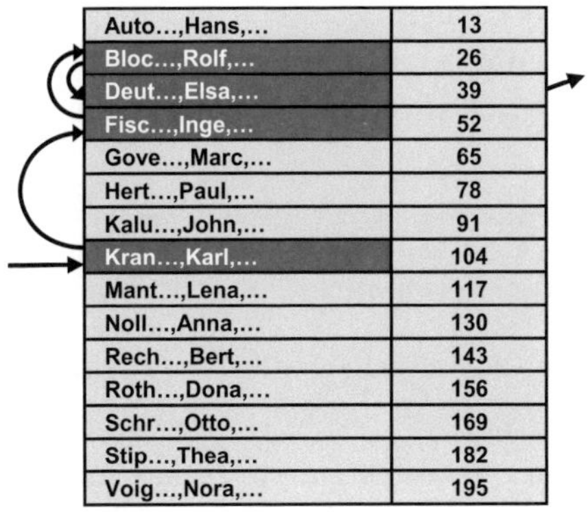

Abb. 3-3
Binäre Suche

Suche im Telefonbuch – Primärschlüssel

Anhand des Telefonbuchs lässt sich noch mehr illustrieren. Das Telefonbuch ist ebenfalls ein konkatenierter Index.

- Falls Sie nämlich nicht den Nachnamen, Vornamen, Straße und Hausnummer kennen, so wird die Suche schwieriger.
  - Ist lediglich die Straße nicht bekannt, dann müssen meist nur wenige Einträge nacheinander durchsucht werden.
  - Fehlt der Vorname und kann nur nach dem Nachnamen gesucht werden, dann kann es bei manchen Namen sehr viele Möglichkeiten geben.
  - Wissen Sie jedoch den Nachnamen nicht, aber den Vornamen sowie Straße mit Hausnummer, dann hilft das Telefonbuch nicht mehr wirklich weiter. Sie müssten es von vorn bis hinten durchsuchen, was sehr lange dauern würde.
- Bei allen Suchen ist es vorteilhaft, wenn von der Adresse oder Telefonnummer zumindest Teile bekannt sind, sodass Sie als Ergebnis am Ende immer nur eine Telefonnummer erhalten.
- Das klassische Telefonbuch ist kein eindeutiger Index, denn es kann natürlich vorkommen, dass zwei Personen mit demselben Namen im gleichen Haus wohnen oder dass dieselbe Person mehrere Telefonnummern besitzt. Der Index für die inverse Suche, die von der Telefonnummer ausgeht, wäre hingegen eindeutig.

Beim Anlegen einer Tabelle im Data Dictionary müssen Schlüsselfelder ausgezeichnet werden, die zusammen einen Primärschlüssel ergeben. Dieser Primärschlüssel muss im SAP-System immer eindeutig sein, d.h., die gleiche Wertekombination für die Felder des Primärschlüssels darf nur einmal in der Tabelle vorkommen.

Für die Felder des Primärschlüssels wird automatisch ein Primärindex angelegt, den es dadurch automatisch zu jeder Tabelle im SAP-System gibt. Es gibt ein paar Tabellen ohne eindeutigen Primärindex, dies sind jedoch Ausnahmen.

Da es den Primärindex eigentlich immer gibt, taucht er in der Anzeige der Indizes mit der Tabellenanzeige (SE11) gar nicht auf. Dort erscheinen nur eventuell vorhandene Sekundärindizes, siehe Abschnitt 3.9.2.

Sekundärindizes

Die sogenannte inverse Suche, die von einer bekannten Telefonnummer zum Namen und der Adresse gelangen möchte, wird vom Telefonbuch nicht effizient unterstützt. Für diese Suche wäre ein anderes Telefonbuch, das nach Telefonnummern sortiert ist, notwendig.

Offensichtlich kann ein konkatenierter Index nicht jede Suche unterstützen. Gibt es eine andere Suche, die so wichtig ist, dass sie schnell sein muss, dann ist ein weiterer Index nötig. Ein Sekundärindex sollte die in der neuen Suche vorkommenden Felder enthalten, sodass er diese effizient unterstützen kann.

Ein Sekundärindex kann auch eindeutig sein, muss es aber nicht. Ein eindeutiger Sekundärindex stellt eine weitere einschränkende Bedingung dar, die alle Datensätze der Tabelle erfüllen müssen. Sonst unterscheiden sich Sekundär- und Primärindex nicht grundsätzlich, wie oft vermutet wird.

Die Auswahl des richtigen Index bestimmt nicht der Entwickler im Programmcode, sondern der Index wird implizit von der Datenbanksoftware, dem sogenannten Datenbankoptimierer, ausgewählt. Wie der Datenbankoptimierer dies macht, ist Inhalt des Abschnitts 3.5. Als Entwickler können Sie jedoch den Optimierer durch eine vollständige `WHERE`-Bedingung und durch das Anlegen der richtigen Indizes unterstützen, siehe Abschnitt 4.2.

3.4.2 Technische Realisation von Indizes

Um die Funktion eines Index zu verstehen, müssen Sie nicht unbedingt die technischen Details kennen, wie ein Index aufgebaut ist. Ein paar einfache Anmerkungen können für das Verständnis jedoch nützlich sein.

Indexstruktur: B-Baum*

Die Datenbank nutzt für die binäre Suche anstelle einer sortieren Liste einen Baum, besser gesagt einen B*-Baum.

Der Nutzen der **Baumstruktur** lässt sich leicht anhand des Telefonbuchs verstehen.

Angenommen alle Telefonnummern ganz Deutschlands stünden in einem einzigen äußerst dicken Telefonbuch. Dann wäre es sicherlich ratsam, das Blättern in dem Buch zu reduzieren. Als Vorbereitung können Sie die Datensätze aus der Mitte, bei einem Viertel und einem Dreiviertel, bei einem 1/8, 3/8, 5/8 und 7/8 usw. herausschreiben. Die Suche ließe sich damit weitgehend einschränken, sodass das Blättern erst am Ende nötig wäre.

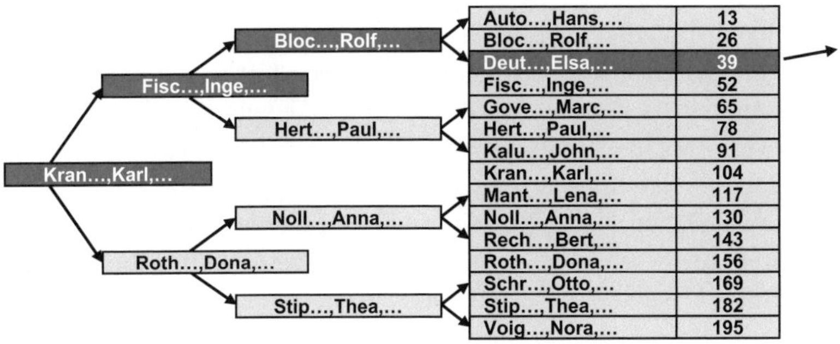

Abb. 3–4
Baum für ein Telefonbuch

Das Bild zeigt einen einfachen Baum. Die Namen und Straßen sind übrigens frei erfunden. Aufgrund der Baumstruktur spricht man auch von Indexblättern.

Ein **B-Baum** ist ein sogenannter balancierter Baum. Das obige Bild zeigt einen optimal ausbalancierten Baum, was aufgrund der Symmetrie nicht schwierig ist. Diese Balance lässt sich natürlich schwerer erreichen, wenn es sich nicht gerade um eine Zweierpotenz von Möglichkeiten handelt. Vor allem ist die Erhaltung der Balance beim Anpassen des Baums an Änderungen wichtig. Dafür gibt es verschiedene Methoden. Zum Beispiel sind bei der Methode der 2-3-4-Bäume zwischenzeitlich auch mal drei oder vier Verzweigungen erlaubt, bevor der Baum wieder umstrukturiert wird.

Das Sternchen in B*-Baum ist nicht mehr so anschaulich. B*-Bäume verfügen über eine zusätzliche Platzoptimierung. Dabei sind die Verweise auf die Tabelle in die unterste Ebene vorschoben. In den oberen Knoten taucht nur die Information für die Suche auf. Dadurch wird der obere Teil des Baums so kompakt wie möglich und benötigt möglichst wenig Arbeitsspeicher der Datenbank. Auch bei knappem Arbeitsspeicher sind dadurch Zugriffe auf die Festplatte höchstens bei den unteren Blättern des Index nötig, was die Suche um einiges beschleunigen kann.

Datenbankindizes sind jedoch mehr nach praktischen als nach theoretischen Gesichtspunkten organisiert. Sie passen die Bäume an die Blockstruktur der Speicherung an und balancieren die Bäume nicht aus, wenn dies einen höheren Reorganisationsaufwand bedeutet.

Clusterindex

Wie die Datenbank Tabelle und Primärindex organisiert, spielt für die Performanceoptimierung eigentlich keine Rolle. Dennoch soll hier das Wichtigste zusammengefasst werden.

- Manche Plattformen, wie IBM DB2 und Oracle, halten Tabelle und Primärindex getrennt und sortieren nur den Primärindex. Das hat den Vorteil, dass beim Ablegen der Tabellensätze nicht auf die Reihenfolge zu achten ist. Sie können sehr speichereffektiv einfach da abgelegt werden, wo gerade Platz ist. Lücken durch Löschen lassen sich dadurch schnell wieder schließen. Die Tabellensätze werden über Zeilennummern (rowid) identifiziert. Jeder Index enthält die Zeilennummern als Verweise.
- Andere Plattformen, wie Microsoft SQL Server und SAP MaxDB, halten auch die Tabellensätze in der Reihenfolge des Primärindex sortiert. Das hat den Vorteil, dass im Index benachbarte Sätze auch auf der Tabelle benachbart sind. Dadurch kann eine Suche nach vielen Sätzen beschleunigt werden, wenn diese viele ähnliche Schlüsselwerte enthält, was oft der Fall ist. In diesem Fall wird der Primärindex auch als Clusterindex bezeichnet. Die Tabellensätze werden immer über den Primärschlüssel identifiziert, deshalb muss jeder Sekundärschlüssel als Verweis die Felder des Primärschlüssels enthalten. Auch die anderen Plattformen bieten Clusterindizes an, nutzen sie jedoch nicht automatisch.

Ein Blick in den Datenbank-Explain eines `SELECT` zeigt die unterschiedliche Verarbeitung, siehe indexunterstützter Mengenzugriff im Abschnitt 4.2.1.

Bitmap-Indizes

Es wäre natürlich wünschenswert, für jede Suche einen optimal passenden Index zu haben. Mit konkatenierten Indizes ist dies bei vielen unterschiedlichen Suchen nicht möglich. Es müsste für jedes in einer Suche vorkommende Feld einen Index geben, aus denen sich für jede Suche ein optimaler Index zusammenbauen ließe. Mit Bitmap-Indizes ist dies im Prinzip möglich. Bitmap-Indizes markieren das Vorkommen eines bestimmten Wertes in einer Bitliste. Der Bitmap-Index für ein Feld hat also so viele Bitlisten, wie das Feld unterschiedliche Werte annehmen kann. In jeder Zeile ist genau ein Bit aktiv.

Offensichtlich ist der Bitmap-Index relativ aufwendig und eignet sich deshalb nicht für sich ständig ändernde Daten. Deshalb wird er im OLTP-Betrieb (Online Transaction Processing) nicht genutzt, im OLAP-Betrieb (Online Analytical Processing), wie zum Beispiel dem SAP Business Warehouse, hingegen häufig.

In diesem Abschnitt wurde erklärt, wie Daten effizient mithilfe einer binären Suche gefunden werden können. Dazu ist ein sortierter Index nötig. Normale Datenbankindizes sind konkatenierte Indizes aus mehreren Feldern. Auch die Primär- und Sekundärindizes wurden eingeführt.

Der technische Unterabschnitt sollte Ihnen ein besseres Verständnis von B*-Bäumen, sowie Clusterindex und Bitmap-Index liefern.

3.5 Der Datenbankoptimierer

Die Bestimmung der besten Suchstrategie ist eine Herausforderung für die Datenbanksoftware. Diese Aufgabe kann kompliziert werden, sie muss sehr schnell erfolgen und es stehen oft nur unzureichende Informationen zur Verfügung. Insofern ist es eine beeindruckende Leistung, dass die Aufgabe so gut gelöst wird.

Dennoch gibt es immer wieder Fälle, in denen die Lösung nur suboptimal ist, was zu Performanceproblemen führt. Wenn Sie diese Probleme vermeiden oder verbessern wollen, dann müssen Sie den Prozess gut verstehen.

- Da ein Index oft nicht ausreicht, um alle möglichen Suchen zu unterstützen, kann es mehrere Indizes geben. Die Aufgabe, den geeignetsten Index für eine Suche zu finden, fällt dem Optimierungsprogramm der Datenbank, kurz Optimierer, zu.
- Der Entscheidungsprozess benutzt statistische Informationen über die Tabelle. Diese und die Selektivität müssen ausführlich erläutert werden.
- Die Indexsuche ist nicht die einzige Suchstrategie, es sind noch weitere zu erklären.
- Manchmal kann die Suchstrategie gar nicht optimal ausfallen, da der benötigte Index gar nicht angelegt ist. Was beim Anlegen eines neuen Index zu beachten ist, wird im Abschnitt 4.2.6 diskutiert.

3.5.1 Kosten- und regelbasierte Optimierer

Wie entscheidet die Datenbank, welchen von mehreren Indizes sie für eine bestimmte Aufgabe verwendet?

Es hat sich aus didaktischen Gründen bewährt, zunächst an einem einfachen Beispiel die Funktionsweise eines **regelbasierten (rule-based)** mit der eines **kostenbasierten (cost-based)** Optimierers zu vergleichen. Den Begriff »regelbasierter Optimierer« gibt es streng genommen nur bei Oracle und das Beispiel stellt auch nur eine vereinfachte Version dar. Das spielt jedoch keine Rolle, da der Vergleich den Vorteil des kostenbasierten Optimierers verdeutlichen soll. Kostenbasierte Optimierer werden von allen zertifizierten Datenbankplattformen angeboten. Die SAP-Software nutzt seit SAP Basis Release 4.0 in der Standardeinstellung immer einen kostenbasierten Optimierer.

Das folgende Beispiel zeigt die unterschiedliche Funktionsweise der beiden Optimierer sehr deutlich:

Angenommen es wird eine Warenhausbestellung gesucht und es sind drei Bedingungen bekannt:

- Es wurde beim Warenhaus `'Hannover'` bestellt.
- Das Produkt war aus der Warensparte `'Elektronik'`.
- Die Bestellung wurde am `'07.01.2009'` aufgegeben.

Daraus ergibt sich folgende `SELECT`-Anweisung mit einer `WHERE`-Klausel, die drei Bedingungen enthält:

```
SELECT *
       INTO TABLE lt_bestellung
       FROM db_bestellungen
       WHERE warenhaus = 'Hannover'
       AND   sparte    = 'Elektronik'
       AND   datum     = '07.01.2009'.
```

Die Tabelle db_bestellungen habe zwei Indizes, in denen Felder der drei Bedingungen vorkommen:

```
Index 1  (warenhaus, sparte, bestell_nr)
Index 2  (datum, uhrzeit, lfd_nr)
```

In dem Beispiel können vom ersten Index die ersten beiden Felder benutzt werden, vom zweiten Index jedoch nur das erste Feld. Welcher Index wird die Suche besser unterstützen?

Regelbasierter Optimierer

Der regelbasierte Optimierer arbeitet rein nach heuristischen Regeln. Eine der Regeln wertet aus, wie viele Felder von der Gesamtzahl der Indexfelder benutzt werden können. Es reicht nicht aus, dass irgendwelche Indexfelder in der `WHERE`-Bedingung vorkommen, sondern es zählen nur die Felder, die ab dem ersten Feld ohne Lücke bekannt sind.

Da hier beide Indizes insgesamt drei Felder haben, würde der regelbasierte Optimierer den ersten Index bevorzugen, da von ihm zwei Felder bekannt sind, nämlich Warenhaus und Sparte, und vom zweiten Index nur das erste Feld, das Datum.

Kostenbasierter Optimierer

Der kostenbasierte Optimierer bewertet nicht alle Indexfelder gleich, sondern er schätzt aufgrund von statistischen Informationen ihren Informationsgehalt ab. Die wichtigste statistische Information ist die Anzahl der unterschiedlichen Werte, die das Feld in der Tabelle annehmen kann.

Wenn es 10 Warenhäuser gibt, dann hilft das Wissen, um welches Warenhaus es sich handelt, die Treffermenge um ein 1/10 einzuschränken. Wären es 1000 Warenhäuser, dann wäre die Einschränkung 1/1000.

Der kostenbasierte Optimierer benötigt also statistische Informationen, um funktionieren zu können. Angenommen es gibt in der Bestelltabelle 10 verschiedene Warenhäuser und 20 verschiedene Warensparten, dann schränkt das erste Feld des Index 1 die Treffermenge um ein 1/10 ein und das zweite Feld um 1/20, insgesamt also um 1/200. Weiter angenommen es gibt Bestelldaten der letzten 10 Jahre in der Tabelle, also mehr als 3650 verschiedene Datumswerte. Dann erwartet der kostenbasierte Optimierer von dem ersten Feld des zweiten Index eine Reduktion der Treffermenge um 1/3650. Er wird also den Index 2 wählen.

Es ist wichtig, sich klarzumachen, dass die Statistiken in einem anderen System, zum Beispiel bei der Warenhauskette B, anders aussehen können. Dort gibt es vielleicht 50 verschiedene Warenhäuser und 200 verschiedene Sparten, aber nur die Daten der letzten zwei Jahre. Dann führt der erste Index zu einer Reduktion um einen Faktor 1/10.000 und der zweite Index lediglich zu einer Reduktion um 1/730. Der kostenbasierte Optimierer würde sich bei dieser Konstellation für den Index 1 entscheiden.

Der große Vorteil des kostenbasierten Optimierers ist also, dass er nicht nur die Anweisung und die vorhandenen Indizes berücksichtigt, sondern auch die Daten, so wie sie in dem jeweiligen System vorkommen.

Doch woher bekommt der kostenbasierte Optimierer seine Informationen und wie wertet er diese aus?

3.5.2 Statistiken und Selektivität

Der kostenbasierte Optimierer benötigt statistische Informationen über die Tabelleninhalte. Diese Daten werden in regelmäßigen Statistikläufen erzeugt. Dabei werden für jede Tabelle folgende Daten gesammelt:

- Gesamtzahl der Sätze in der Tabelle
- Für jedes Feld, das in einem Index vorkommt, wird die Anzahl der unterschiedlichen auftretenden Werte gezählt.
- Informationen über die Sätze pro Block und die Anzahl der Blöcke

Diese Information wird zusammen mit dem Datum des Statistiklaufs abgespeichert. Dies sind die Minimaldaten. Umfangreichere Statistikdaten, wie zum Beispiel Informationen über die Datenverteilung anhand von Histogrammen, sind möglich, aber meist die Ausnahme. Die Informationen werden in mehreren Schritten ausgewertet.

Ohne Statistiken kann der kostenbasierte Optimierer nicht funktionieren und es muss der regelbasierte Optimierer oder Ähnliches genommen werden.

Selektivität eines Feldes

Die Anzahl der unterschiedlichen Werte, die ein Feld annehmen kann, ist die Kardinalität eines Feldes. Sie entspricht der Selektivität des Feldes unter der Annahme, dass alle möglichen Werte gleich häufig vorkommen.

```
Selektivität_Feld1 = Anzahl der unterschiedlichen
                     auftretenden Werte(Feld1)
```

Angenommen ein Feld nimmt 100 verschiedene Werte an, dann reduziert die Bedingung, dass es sich um genau einen dieser Werte handelt, die möglichen Treffer um einen Faktor 100. Dies gilt nur unter der Annahme der Gleichverteilung der Werte. Das muss jedoch nicht immer erfüllt sein.

Es ist sinnvoll, sich die Selektivität einiger bekannter Felder anzuschauen:

- Der Mandant (`mandant`, `mandt`, `client`, `clnt`) hat fast immer eine sehr niedrige Selektivität. In den meisten Systemen gibt es weniger als zehn verschiedene Mandanten, im Extremfall sogar nur einen.
- Alle Felder, die übergeordnete Einheiten bezeichnen, wie zum Beispiel Werk (`werks`), Buchungskreis (`bukrs`) usw., haben in den meisten Fällen nur wenige unterschiedliche Werte und damit eine niedrige Selektivität.
- Nummern wie zum Beispiel Beleg- (`belnr`), Material- (`matnr`), Kunden- (`kunnr`), Objektnummer (`objnr`) und Globally Unique Identifiers (`GUID`) haben hingegen viele verschiedene Werte und sind hoch selektiv.

Abb. 3-5
Unterschiedliche Selektivitäten

Selektivität einer WHERE-Bedingung

Eine Bedingung in der WHERE-Klausel besteht aus einem Feld, einem Wert und einem Operator. Als Operator ist nicht nur das Gleichheitszeichnen erlaubt, sondern es gibt noch weitere Operatoren:

- Gleichheitsbedingung (=, EQ)
- IN-Liste (IN (a,b)),
- Vergleiche: größer (>, GT), kleiner (<, LT), größer gleich (>=, GE), kleiner gleich (<=, LE)
- Intervallbedingung: innerhalb (BETWEEN 'a' AND 'b')
- Ähnlichkeitsbedingung (LIKE)

Außerdem gibt es jeweils noch die negative Bedingung, also ungleich (<>, NE), nicht in (NOT IN), außerhalb (NOT BETWEEN) oder nicht ähnlich (NOT LIKE). Bei den Vergleichsoperatoren sind die negativen Bedingungen bereits enthalten, z.B. ist die negative Bedingung zu »kleiner gleich« die »größer«-Bedingung.

Daraus versucht der Optimierer die Selektivität jeder Bedingung abzuschätzen:

```
Selektivität_W1 = Selektivität_(Field1, Operator)
```

Wie werden die Selektivitäten der Operatoren berechnet? Die genauen Vorschriften sind nicht bekannt, sie sind meist ein Geheimnis der Datenbankhersteller. Was wahrscheinlich gelten muss, ist dennoch klar:

- Die Gleichheitsbedingung erreicht die Maximalselektivität des Feldes.
- Bei einer IN-Liste mit zwei Werten halbiert sich Selektivität, bei drei Werten drittelt sie sich usw.
- Für die Vergleichsoperatoren (>, <, >=, <=) ist es schwieriger. Wenn der Minimal- und der Maximalwert des Feldes bekannt wären, könnte auch die Gleichverteilungsannahme ausgenutzt werden. Wenn dem Optimierer jedoch ausschliesslich Hostvariablen übergeben werden, kann nur eine Heuristik angewandt werden.
- Ähnlich verhält es sich bei den Intervallbedingungen (BETWEEN). Es ist anzunehmen, dass eine Heuristik sie etwas selektiver als Größer/Kleiner-Vergleiche bewertet.
- Die Ähnlichkeitsbedingung (LIKE) wird ebenfalls mit einer Heuristik bewertet.
- Bei negativen Bedingungen ist es am besten, wenn sie sich in positive Bedingungen umformen lassen. Das ist bei Vergleichen und Intervallen möglich, denn NOT LT ist GE usw. Negative Gleichheits-

bedingungen (<>) und negative Ähnlichkeitsbedingungen (NOT LIKE) lassen sich auf dem Index nicht verwerten, deshalb werden sie von den meisten Optimierern nicht berücksichtigt.

Im nächsten Kapitel finden Sie im Abschnitt 4.2.2 Beispiele für unterschiedliche WHERE-Bedingungen, anhand derer die Selektivität der Operatoren bestimmt wird.

Selektivität einer Kombination von Bedingungen

Schließlich können Bedingungen auf zwei Arten verknüpft werden:

- mit AND oder
- mit OR.

Bei der AND-Verknüpfung multiplizieren sich die Selektivitäten:

```
Selektivität_(f1 AND f2)  = Selektivität(f1)
                          * Selektivität(f2)
```

Die OR-Verknüpfung ist im Prinzip ähnlich zu einer IN-Liste, deshalb addieren sich die Kehrwerte der Selektivitäten:

```
1/Selektivität_(f1 OR f2) = 1/Selektivität_(f1)
                          + 1/Selektivität_(f2)
```

Mit den beiden Regeln lassen sich ganze Ketten von Bedingungen bewerten.

Interessante Selektivitäten

Mit den vorgestellten Regeln lassen sich ein paar interessante Selektivitäten ausrechnen:

- Die **maximale Selektivität eines Index** ist die AND-Verknüpfung aller Felder mit Gleichheitsbedingungen.
- Ähnlich kann eine **maximale Selektivität einer WHERE-Klausel** berechnet werden, unter Berücksichtigung der Verknüpfungen und Operatoren.
- Die wichtigste Selektivität ist jedoch die der **WHERE-Klausel auf einen Index**. Wie schon mehrfach erklärt, spielt die Reihenfolge der Felder im Index eine wichtige Rolle. Liegt für ein Feld keine Bedingung vor, dann können alle im Index nachfolgenden Felder nicht mehr verwendet werden. Insbesondere muss eine Bedingung für das erste Feld des Index vorliegen, sonst kann der Index gar nicht verwendet werden.

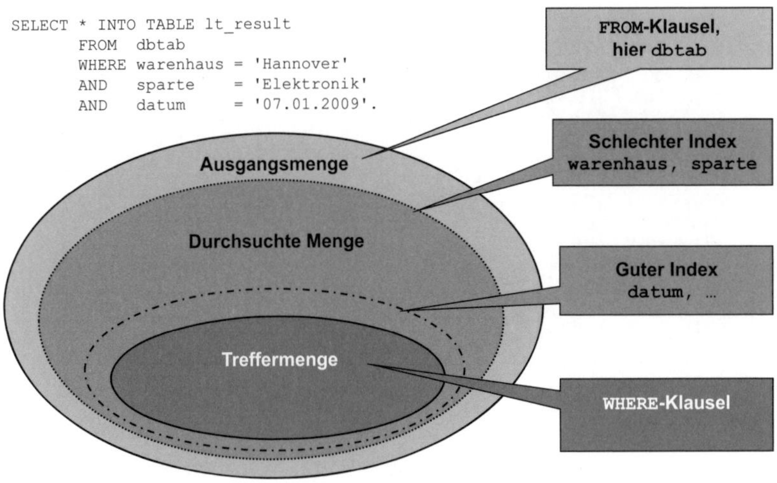

Abb. 3–6
Effekt einer guten Indexunterstützung

Die Abbildung zeigt wie ein guter Index die Suche schnell auf die Treffermenge einschränken kann, während ein schlechter Index noch einen zu durchsuchenden Bereich übrig lässt. Die Abbildung wird im Abschnitt 4.3 noch weiter ausgebaut.

3.5.3 Der Full Table Scan

Bisher wurde immer davon ausgegangen, dass ein Zugriff einen Index nutzt, sodass die einzige Aufgabe des Optimierers darin besteht, den richtigen Index zu finden. Es gibt jedoch auch den Fall, bei dem es sinnvoller ist, keinen Index zu verwenden, sondern die Tabelle einfach von vorne bis hinten zu durchsuchen. Dies ist dann der Fall, wenn die Treffermenge sehr groß wird.

Stellen Sie sich vor, Sie haben eine kleine Bibliothek mit ein paar Tausend Büchern. Da Sie immer wieder neue Bücher kaufen, haben Sie es aufgegeben, die Bücher selbst alphabetisch zu ordnen. Sie ordnen sie einfach nach Kaufdatum und nach kleinen, mittleren und großen Büchern, um den Regalplatz besser zu nutzen.

Die Übersicht behalten Sie durch ein Karteikartensystem. Wenn Sie ein bestimmtes Buch suchen, finden Sie die passende Karteikarte und den Platz, an dem sich das Buch befindet, sehr schnell (Indexsuche).

Aber angenommen Sie müssen alle Bücher von drei großen Verlagen aussortieren, also ein paar Hundert Bücher. Dann ist es geschickter, die Karteikarten nicht zu nutzen, sondern alle Regale der Reihe nach von oben nach unten durchzugehen. Die Bücher der gesuchten Verlage erkennen Sie leicht am Buchrücken (Full Table Scan).

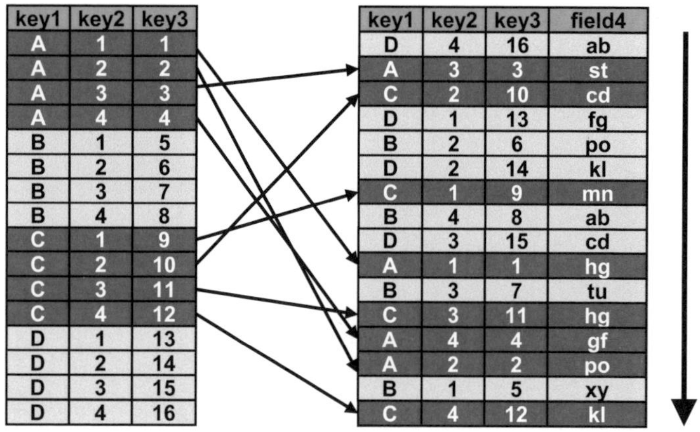

Abb. 3–7
Indexzugriff und Full Table Scan bei vielen Treffern

Ähnlich verhält es sich mit der Datenbank. Wenn eine große Treffermenge erwartet wird, ist es ungeschickt, zwischen den Tabellenblöcken entsprechend der Indexreihenfolge hin- und herzuspringen, sondern es ist besser, alle Tabellenblöcke nacheinander zu laden und immer den ganzen Tabellenblock nach möglichen Treffern zu durchsuchen. Auf diese Weise wird sichergestellt, dass jeder Tabellenblock nur einmal geladen wird. Bei Abarbeitung in Indexreihenfolge ist der erste Tabellenblock wahrscheinlich bereits aus dem Cache verdrängt, bevor der nächste passende Satz von diesem Tabellenblock an die Reihe kommt. Wenn mehrere Treffersätze auf jedem Tabellenblock zu erwarten sind, lohnt es sich nicht mehr, in Indexreihenfolge zu suchen.

Der Optimierer berücksichtigt dies. Er weiß, wie viele Blöcke die Tabelle umfasst, und er schätzt die Treffermenge ab. Daraus kann er schließen, wie viele Treffer pro Block zu erwarten sind und wann es sich lohnt, die Strategie von einer Indexunterstützung auf einen Full Table Scan umzustellen. Dies ist üblicherweise bei einer Treffermenge um die 10 Prozent der Gesamttabelle der Fall.

Beachten Sie jedoch, dass der Optimierer mit der zu erwartenden Treffermenge arbeitet, die von der tatsächlichen Treffermenge abweichen kann.

Ein Full Table Scan kann insgesamt relativ lange dauern. Wenn aber wirklich viele Sätze gelesen werden, ist die Zeit pro Satz nicht so lang, ein Indexzugriff wäre in diesem Fall langsamer.

3.5.4 Bestimmung der Kosten

Bisher wurde nur erklärt, wie die Selektivität bestimmt wird und wie sich daraus die zu erwartende Treffermenge bestimmen lässt. Der kostenbasierte Optimierer wählt jedoch anhand der Kosten den geeigneten Index aus. Wie werden diese bestimmt? Dies lässt sich nur skizzieren, denn jeder Datenbankhersteller macht dies nach unterschiedlichen Regeln, die nicht komplett veröffentlicht werden. In dem letzten Unterabschnitt werden Sie jedoch sehen, dass dies gar nicht wichtig ist. Es geht nicht darum, genau nachzuvollziehen, was die Datenbank entscheidet. Es reicht zu verstehen, ob eine andere Entscheidung besser wäre. In die Kostenbestimmung geht ein:

- die zu erwartende Treffermenge auf dem benutzten Index und die zu durchsuchende Datenmenge. Daraus schätzt die Datenbank ab, wie viele Indexblöcke sie laden muss.
- Für die Treffer auf dem Index sieht die Datenbank nach, ob die Treffer auch die Bedingungen durch eventuell zusätzliche Bedingungen erfüllen. Dadurch ergeben sich weitere Kosten für die zu ladenden Tabellenblöcke.
- Sicherlich macht es für das Lesen einer größeren Datenmenge über den Primärindex einen Unterschied, ob die Tabelle selbst wie der Primärindex sortiert ist oder nicht.
- Die Datenbank ist gezwungen, sich für eine Zugriffsstrategie zu entscheiden. Haben zwei Indizes für einen Zugriff genau die gleichen Kosten, dann kommen zum Teil heuristische Regeln zur Anwendung, wie zum Beispiel »Nimm im Zweifelsfall den älteren Index«. Hinter dieser Regel steht die Idee, dass der ältere Index der wichtigere ist.

Auf diese Weise kann die Datenbank zwischen verschiedenen Zugriffspfaden einen auswählen.

3.5.5 Probleme bei der Wahl des Zugriffspfads

Auch bei der Wahl des Index kann der Optimierer gelegentlich danebenliegen, insbesondere wenn die Annahmen nicht erfüllt sind:

- Er bewertet die Selektivität eines Feldes anhand seiner unterschiedlichen Werte auf der Tabelle. Dabei geht er davon aus, dass alle Werte gleich häufig vorkommen (**Gleichverteilungsannahme**).
- Wenn die Bedingung keine Gleichheitsbedingung ist, sondern einen anderen Operator benutzt, muss die Selektivität der Bedingung nach heuristischen Regeln bestimmt werden (**Operatorenheuristik**).
- Durch Zusammenfassen der Selektivitäten kann die Selektivität der `WHERE`-Klausel auf jedem Index bestimmt werden. Hier wird angenommen, dass die einzelnen Felder unabhängig voneinander sind (**Unabhängigkeitsannahme**).

Nicht gleich verteilte Werte

Es gibt gelegentlich Felder, bei denen die Gleichverteilung der Werte gar nicht erfüllt ist. Eines der bekanntesten Beispiele ist das Feld `status`.

Der Bearbeitungsstatus einer Meldung kann einen der folgenden drei verschiedenen Werte haben:

```
status = (neu, in Bearbeitung, erledigt)
```

Bei einer Gleichverteilung müsste jeder Wert in einem Drittel der Fälle vorkommen.

Tatsächlich wird es aber so sein, dass alle neuen Meldungen möglichst schnell von `'neu'` in den Status `'in Bearbeitung'` gehen und hoffentlich recht schnell erledigt werden können. Dadurch kann es durchaus sein, dass der Status `'erledigt'` in mehr als 95 % aller Fälle vorkommt und der Status `'neu'` in weniger als 1 %. Die Werte sind also extrem ungleich verteilt.

Bei diesem Beispiel kommt hinzu, dass die Verteilung der Werte in den Zugriffen gerade umgekehrt ist. In den allermeisten Fällen werden die Meldungen mit dem Status `'neu'` gesucht. Sind die Meldungen erledigt, müssen sie nicht mehr gesucht werden.

Full Table Scan wegen Informationsmangel

Der Optimierer kennt im Allgemeinen nur die Selektivität der Felder, die in einem Index vorkommen und für die Statistiken vorliegen. Enthält die `WHERE`-Klausel Bedingungen mit Feldern, die in keinem Index vorkommen, dann kann der Optimierer diese nicht berücksichtigen. Vielleicht wird eine mittlere Selektivität angenommen, auf jeden Fall kann es zu Fehleinschätzungen kommen.

- Es kann zu einem Full Table Scan kommen, obwohl die `WHERE`-Bedingung letztlich selektiv ist. Hier wäre der Zugriff mit einem Index, der alle Felder der `WHERE`-Klausel enthält, besser. Beachten Sie, dass sich in diesem Fall die Zeit für den teuren Full Table Scan auf wenige Sätze verteilt, sodass die Zeit pro Satz relativ hoch sein kann.
- Ein fehlerhafter Full Table Scan kann noch andere Ursachen haben, wie zum Beispiel:
  - falsche oder fehlende Statistiken,
  - starke Abweichungen von der Gleichverteilung, d.h., die gesuchten Werte sind viel selektiver als erwartet,
  - Ungenauigkeiten in der Bestimmung der Gesamtselektivität.
  - Bei kleinen Tabellen kann es eine Rolle spielen, dass die Kosten für die Indexnutzung falsch eingeschätzt werden. Aus diesem Grund nutzt die blockweise Verarbeitung des `FOR ALL ENTRIES`-

Befehl bei manchen Plattformen relativ kleine Blöcke, siehe Abschnitt 4.4.5. Größere Blöcke könnten schon bei mittelgroßen Tabellen (unter 30.000 Sätze) zu Full Table Scans führen. Ein Full Table Scan pro Block würde den `FOR ALL ENTRIES` extrem langsam werden lassen. Die Blöcke des `FOR ALL ENTRIES` sollten nicht mit den Datenbankblöcken verwechselt werden.

Statistiken mit Histogrammen

Die Datenbankstatistiken erlauben es jedoch, für Felder auch Histogramme anzulegen, sodass auch Ungleichverteilungen ausgewertet werden können. Außerdem ist es möglich, die Ersetzung der Werte durch Hostvariablen abzuschalten, sodass die Datenbank wirklich den konkreten Wert zu sehen bekommt und anhand der Histogramminformation feststellen kann, ob nach einem selektiven oder einem nicht selektiven Wert gesucht wird.

Tabellen ohne Statistiken

Eine weitere Einschränkung gilt für sich häufig und stark ändernde Tabellen. Es gibt ein paar Tabellen, die sich so stark ändern, dass die Indexstatistiken eigentlich öfter ein falsches als ein richtiges Bild ergeben.

Dazu zählen die RFC-Tabellen (Remote Function Call). Diese enthalten die eingeplanten oder aktiven RFCs und löschen diese nach Beendigung wieder. Es ist nicht sinnvoll, irgendeinen Zustand als repräsentativ für die Verteilung zu verwenden.

Für diese Tabelle kann es sinnvoll sein, Statistiken manuell zu einem sinnvollen Zeitpunkt zu erzeugen und das automatische Statistikupdate auszuschalten.

3.5.6 Lässt sich ein Zugriffspfad verbessern?

Ihre Aufgabe bei der Performanceanalyse und -optimierung ist es nicht, die Kosten des Optimierers nachzurechnen. Es geht darum abzuschätzen, ob ein besserer Zugriff möglich wäre. Es ist auch nicht nötig, dies für alle Zugriffe zu tun, sondern lediglich für solche, die bereits als problematisch identifiziert wurden. Die Aufgaben lauten:

- Identifizieren Sie Anweisungen mit Problemen bei den Zugriffen anhand der SQL-Trace. Dies sind die Zugriffe, die insgesamt lange dauern und insbesondere durch hohe Zeiten pro gelesenem Satz auffallen, siehe Abschnitt 2.3.4. Die Masse der Zugriffe wird diesen Test bestehen, denn viele Zugriffe sind unproblematisch, da sie zum Beispiel die Felder eines selektiven Index enthalten.

- Bei den problematischen Zugriffen zeigt der Explain den gewählten Zugriffspfad.
  - Angenommen ein Index wird verwendet, dann lässt sich dessen Selektivität abschätzen.
  - Es kann überprüft werden, ob auch ein anderer Index infrage käme. Eventuell wurde der gewählte Index zu günstig und der nicht gewählte Index zu ungünstig bewertet.
  - Es könnte sein, dass die `WHERE`-Klausel mit einem neuen Index, der alle Felder nutzen kann, eine höhere Selektivität erreicht.
  - Vielleicht ist die `WHERE`-Klausel auch einfach zu unselektiv.
  - Falls ein Full Table Scan verwendet wurde, kann die tatsächliche Treffermenge der SQL-Trace genutzt werden, um zu beurteilen, ob der Full Table Scan zu Recht verwendet wurde.
  - Eventuell zeigt die tatsächliche Treffermenge auch, dass der Zugriff mit sehr untypischen Werten ausgeführt wurde, sodass die Annahmen des Optimierers über Gleichverteilung, zur Operatorenheuristik und der Unabhängigkeit der Bedingungen gar nicht erfüllt sind.

Diese Fragen lassen sich sehr wohl beurteilen und es ist gar nicht notwendig, die Funktionsweise des Optimierers im Detail zu verfolgen. Der weitere Ausbau dieser Überlegungen folgt im siebten Kapitel.

Die Arbeit des Datenbankoptimierers ist entscheidend für die Verarbeitungsgeschwindigkeit eines Datenbankzugriffs. Schnelle Suchen auf großen Tabellen sind nur durch Indizes zu erreichen. Hier wird die Funktionsweise des kostenbasierten Optimierers in Grundzügen erklärt. Dazu wird der Begriff der Selektivität eingeführt. Über die Selektivität und die daraus abgeleiteten Kosten bestimmt der Datenbankoptimierer den Zugriffspfad. Dass dies nur eine fehlerbehaftete Abschätzung ist, zeigt die Diskussion im letzten Unterabschnitt.

3.6 Tabellen im SAP-System

Im Zusammenhang mit den Zugriffsarten, den Indizes und dem noch folgenden `JOIN`-Befehl, der Zugriffe auf mehrere Tabellen ermöglicht, spielen auch die Tabellentypen eine Rolle.

Hier erfahren Sie das Wichtigste über die drei Tabellentypen, transparente Tabelle, Pool-Tabelle und Cluster-Tabelle, sowie über die beiden Typen von Views, Projektionsview und Join-View.

3.6.1 Tabellentypen

Transparente Tabelle

Die transparente Tabelle ist der bei Weitem wichtigste Tabellentyp. Fast alle neueren Tabellen sind von diesem Typ.

Der Name »transparent« bedeutet, dass diese Tabellen mit Datenbankmitteln, also nicht nur mit SAP-Software lesbar sind. Die Namen der Tabellen sind im ABAP und auf der Datenbank gleich.

Intransparente Tabellen

Dagegen gibt es noch den Typ der intransparenten Tabellen. Diese sind nur mit SAP-eigener Software lesbar. Bei einer intransparenten Tabelle sind die Namen der Tabelle im ABAP und auf der Datenbank normalerweise verschieden. Oft enthält eine Datenbanktabelle mehrere ABAP-Tabellen. Es gibt zwei Typen von intransparenten Tabellen: die Pool- und die Clustertabellen.

Pooltabelle

Der Typ wurde zu einer Zeit eingeführt, als es noch nicht möglich war, viele Tabellen auf der Datenbank anzulegen. Typische Pooltabellen haben nur wenig Inhalt und enthalten Konfigurationsdaten. Deshalb wurden viele Pooltabellen in einer SQL-Tabelle gespeichert. Der Tabellenname ist das erste Schlüsselfeld für die SQL-Tabelle. Die Abbildung 3–8 zeigt die weitere Struktur.

Im Data Dictionary ist hinterlegt, zu welcher SQL-Tabelle eine Pooltabelle gehört, und in der Datenbankschnittstelle wird der Open-SQL-Zugriff auf die Pooltabelle zum entsprechenden Zugriff auf die SQL-Tabelle umgeformt.

Heute werden keine Pooltabellen mehr angelegt. Es existieren noch etwa 100 Pooltabellen im SAP-System. Die meisten liegen in der SQL-Tabelle `ATAB`.

Clustertabelle

In Clustertabellen werden hingegen sehr große Datenmengen abgespeichert. Auch bei der Clustertabelle gibt es eine SQL-Tabelle, den sogenannten Cluster, in der eine oder mehrere Clustertabellen zusammengefasst sind. Dabei werden zusammengehörende Sätze aus verschiedenen beteiligten Tabellen zu einem Clustersatz zusammengefasst. Die Clustersätze werden komprimiert abgespeichert. Dies hat Vorteile, wenn Satz für Satz verarbeitet wird, und Nachteile für Zugriffe auf Teile des Clustersatzes. Es gibt nur den Zugriff über den Primärschlüssel. Sekundärschlüssel können nicht angelegt werden. Es ist auch nicht möglich, Aggregatfunktionen oder `ORDER BY` in einer vom Primärschlüssel abweichenden Reihenfolge mit Clustertabellen zu verwenden.

Clustertabellen gibt es ebenfalls schon lange. Sie werden auch heute noch genutzt, aber nur in Ausnahmen, wenn wirklich sehr große Datenmengen zu erwarten sind. Eine neue Clustertabelle sollte nur nach reiflicher Überlegung angelegt werden.

Abb. 3-8
Struktur der Pool- und der Clustertabellen

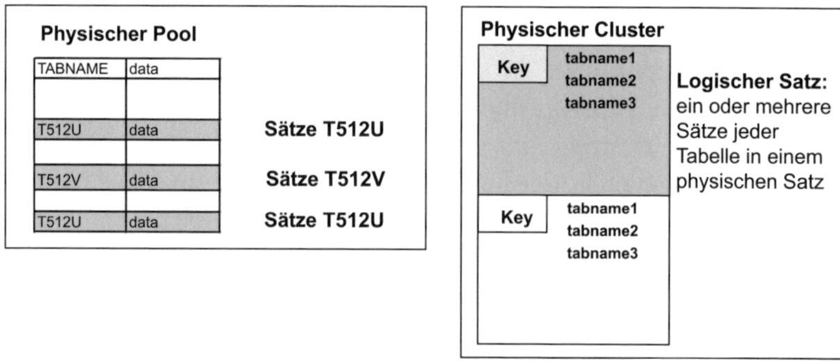

Einer der bekanntesten Cluster ist die `RFBLG`, welche im Finanzwesen eine wichtige Rolle spielt.

- In ihm sind die Clustertabellen `BSEG`, `BSET`, `BSEC`, `BSED` und `BSES` abgelegt.
- Um effizient mit dem Cluster arbeiten zu können, gibt es eine Reihe von transparenten Tabellen, welche wichtige Zusatzinformationen enthalten:
  - Die `BKPF` enthält die Kopfdaten.
  - Es gibt Tabellen, die als Sekundärindex fungieren. Das sind die Tabellen `BSIS`, `BSIK`, und `BSID` bzw. `BSAS`, `BSAK` und `BSAD`.
  - Auch für Summenwerte gibt es transparente Tabellen, nämlich die `GLT0`, `LFC1`, `LFC3`, `KNC1` und `KNC3`.

Das Beispiel soll deutlich machen, dass Sie beim Arbeiten mit Clustertabellen über die Gesamtstruktur der Tabellen informiert sein sollten. Ähnliche, als Sekundärindizes fungierende Tabellen gibt es auch bei anderen Anwendungen, siehe 3.6.4.

ABAP-Cluster

Es gibt noch sogenannte ABAP-Cluster. Das sind Tabellen, die aus dem ABAP-Programm heraus genutzt werden können, um größere Datenmengen – meist komprimiert – abzuspeichern. Diese Tabellen sind auch als `INDX`-artige Tabellen bekannt.

3.6.2 View

Ein View ist eine im Data Dictionary gespeicherte Befehlsdefinitionen. Taucht der View in einer Anweisung auf, dann ersetzt die Datenbankschnittstelle den View durch die gespeicherte Definition. Ein View erleichtert die Wiederverwendbarkeit von den gespeicherten Befehlen.

Es gibt zwei Typen von Views, die sich dadurch unterscheiden, dass sie sich nur auf eine oder auf mehrere Tabellen beziehen. Um Verwirrungen zu vermeiden, ist es sinnvoll, den beiden Typen eigene Namen zu geben.

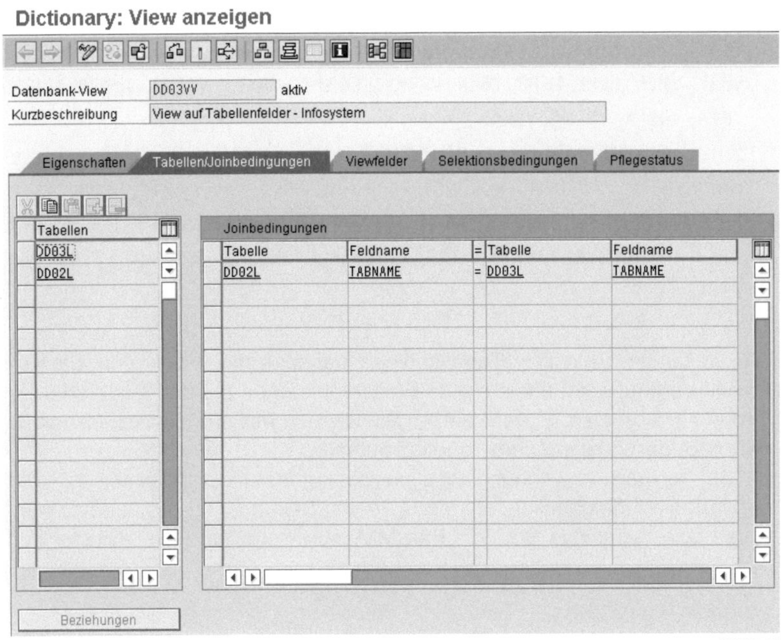

© SAP AG

Abb. 3–9 *Viewdefinition mit der SE11*

Projektionsview

Der Projektionsview bezieht sich nur auf eine Tabelle, bei ihm ist die Zahl der Tabellenspalten reduziert oder die Reihenfolge anders. Der Projektionsview ist eine elegante Form einer Feldliste, die bei der Reduktion der Satzbreite eine wichtige Rolle spielt, siehe Abschnitt 4.5.1 und 4.9.4.

Join-View

Bei einem Join-View ist die Definition auf mehrere Tabellen erweitert. Es ist eine im Data Dictionary gespeicherte `INNER JOIN`-Anweisung. Es kann nicht nur die `ON`-Bedingung gespeichert werden, sondern wie beim Projektionsview auch die selektierten Felder. Die Einführung des `JOIN`-Befehls folgt gleich im Abschnitt 3.7.

Taucht in einer Anweisung ein Join-View auf, dann wird implizit der Join ausgeführt. Alle Hinweise zu den Joins in den Abschnitten 3.7 und 4.8 gelten auch für Join-Views.

3.6.3 Spezielle Tabellen: Indextabellen

Ähnlich wie bei dem `RFBLG`-Cluster gibt es auch bei ein paar anderen großen Anwendungstabellen keine Sekundärindizes, sondern sogenannte Indextabellen. Das sind transparente Tabellen, welche die Rolle der Sekundärindizes übernehmen.

Um sie zu nutzen, müssen Sie die Indextabellen explizit aufrufen. Mehr Informationen dazu finden Sie in folgenden Hinweisen:

- Kundenperformance im SD (Hinweis 185530): Ein Blick in diesen Hinweis lohnt sich, wenn Sie mit folgenden Tabellen arbeiten: VBAP, VBAK, VMVA, LIKP, LIPS, VBRK, VBRP, VEPO und VAKPA, VAPMA, VLKPA, VLPMA, VBPA, VRKPA, VRPMA, VBFA.
- Kundenperformance im PP & PM (Hinweis 187906): Hier sind es die Tabellen AFRU, AUFK, CAUFV, PLAF und AFKO, AFPO, AFVC, RESB.
- Kundenperformance im MM & WM (Hinweis 191492): Und hier die Tabellen MSEG, EBAN, LTAP, RSEG und EKBE, EKET, EKKO, LEIN, LTBK, VBFA.

Sie sollten mit den drei Tabellentypen transparente, Pool- und Clustertabelle vertraut sein, und sich der Einschränkungen bei den letzten beiden Typen bewusst sein. Ebenso sollten Sie wissen, was ein View ist, insbesondere falls der View mehrere Tabellen enthält.

Bei einigen Anwendungstabellen der Standardapplikationen gibt es sogenannte Indextabellen, die die Rolle von Sekundärindizes übernehmen. Diese gibt es für das SD, PP, PM, MM, sowie für den RFBLG-Cluster aus dem FI.

3.7 Der JOIN-Befehl

Ein JOIN ist ein Befehl, um gleichzeitig von mehreren Tabellen zu lesen. Bei seiner Definition ist einiges zu beachten. Es gibt mehrere Typen von Joins und bei der Verarbeitung ist es vor allem die Bestimmung der Zugriffsstrategie, die um einiges komplizierter wird.

Wählt der Optimierer einen weniger guten Zugriff, dann kann ein Join zu erheblichen Performanceproblemen führen. Wenn Sie diese verstehen und lösen wollen, müssen Sie sich gut mit der Funktionsweise des Join auskennen. In diesem Kapitel werden nur die Definitionen und Fakten vorgestellt. Im nächsten Kapitel taucht der Join wieder auf, wenn es um Alternativen zu geschachtelten SELECTs geht. Und schließlich wird der Join auch im siebten Kapitel bei der Analyse und Optimierung eine Rolle spielen.

Zugriffe auf mehrere Tabellen sind natürlich nichts Ungewöhnliches, sondern eher der Standard bei relationalen Datenbanken. Aufgrund der Normalisierung der Daten ist es nicht ungewöhnlich, dass zusammengehörende Daten in unterschiedlichen Tabellen abgelegt sind.

3.7.1 Definition eines Join

Ein JOIN erweitert die FROM-Klausel des SELECT-Befehls,

```
SELECT a~field ...
       INTO TABLE lt_result
       FROM       db_tab1 as a
       INNER JOIN db_tab2 as b
       ON    b~field1 = a~field1
       WHERE a~field2 = 'A'
       AND   b~field3 = 'B'.
```

Die FROM-Klausel kann zwei oder mehrere Tabellen enthalten, die mit einer JOIN-Bedingung (ON-Klausel) verbunden sind. Auch in der Feldliste können Felder von allen beteiligten Tabellen auftauchen.

- Es ist ratsam, kurze Aliasnamen zu verwenden, um den Join übersichtlich zu halten.
- Die Reihenfolge der Tabellen im JOIN sollte der plausibelsten Verarbeitungsreihenfolge entsprechen. Im Gegensatz zur Reihenfolge der Felder in der WHERE-Bedingung kann die Reihenfolge der Tabellen im Join eine Rolle spielen.
- Nur transparente Tabellen können in einem Join verwendet werden. Pool- und Clustertabellen sind nicht zugelassen.
- Ein Open-SQL-Join kann maximal 25 Tabellen umfassen. Die meisten Joins enthalten jedoch nur zwei oder drei Tabellen und selten mehr als fünf.
- In Open SQL gibt es zwei Join-Typen, nämlich den INNER JOIN, auch JOIN genannt, und den LEFT OUTER JOIN, auch LEFT JOIN, genannt. Diese Typen werden unten erklärt.
- Es gibt auch die Bezeichnung »Self-Join«, das ist jedoch kein besonderer Typ, sondern nur ein Join, in dem die gleiche Tabelle mehrfach vorkommt.
- Jede Tabelle muss mindestens in einer JOIN-Bedingung (ON) vorkommen. Für die ON-Bedingung gelten fast die gleichen Regeln wie für die WHERE-Bedingung.
  - Es können jedoch nicht alle Operatoren verwendet werden: LIKE und IN sowie negative Bedingungen sind nicht erlaubt. Bei OUTER JOINs sind nur Gleichheitsbedingungen zugelassen.
  - Für die Verknüpfung von Bedingungen ist nur das AND erlaubt.
  - Subqueries sind in der ON-Bedingung nicht erlaubt.
  - Die ON-Klausel enthält in den meisten Fällen Bedingungen zwischen den Spalten der beiden Tabellen. Es sind aber auch Bedingungen mit festen Werten oder Variablen erlaubt.

Die Join-Views aus dem letzten Abschnitt, siehe 3.6, sind im Data Dictionary abgelegte Definitionen von Joins. Nur ein INNER JOIN kann als View definiert werden. Der Zugriff sähe mit einem View so aus:

```
SELECT *
       INTO TABLE lt_result
       FROM  view_tab12
       WHERE field2 = 'A'
       AND   field3 = 'B'.
```

Die JOIN-Bedingungen und die Feldliste würden in der Definition des Views view_tab12 im Data Dictionary abgelegt.

```
Tabelle      :  db_tab1, db_tab2
ON-Bedingung:  da_tab1-field1 = db_tab2-field1
Feldliste    :  db_tab1: field1, field2
                db_tab2: field3
```

Das Data Dictionary können Sie sich mit der Transaktion SE11 anschauen, siehe Abschnitt 3.9.2.

Inner Join und Left Outer Join

Der Join-Typ, also INNER JOIN oder LEFT OUTER JOIN, bezieht sich lediglich auf die Verknüpfung von zwei Tabellen. Ein Join aus mehreren Tabellen kann also mehrere Join-Typen enthalten.

Der Join-Typ hängt mit der Interpretation der ON-Bedingung zusammen: Muss es zu der ON-Bedingung jeweils einen Satz in beiden Tabellen geben oder reicht ein Satz aus der linken Tabelle?

- Bei einem INNER JOIN stellt auch die ON-Bedingung eine Einschränkung dar. In das Ergebnis kommen nur Sätze, zu denen in beiden Tabellen mindestens ein Satz gemäß der ON-Bedingung gefunden wurde. Zusätzlich kann es für beide Tabellen weitere Einschränkungen in der WHERE-Klausel geben.

Ein typisches Beispiel für einen INNER JOIN wäre die Suche nach Premiumkunden in einer bestimmten Region für eine spezielle Werbeaktion. Kundenname und Kundenstatus sind in der Kundentabelle abgelegt, die Adressen in der Adresstabelle. Aus der Kundentabelle werden die Kunden mit dem Status »Premium« gewählt und aus der Adresstabelle die Adressen einer bestimmten Region. Die Suche ist ein INNER JOIN zwischen den beiden Vorauswahlen. Nur Kunden, die beide Bedingungen erfüllen, werden für die Werbeaktion genommen. Es sollen weder Kunden mit einem anderen Status noch Kunden aus einer anderen Regionen für die sehr spezielle Aktion ausgewählt werden.

- Bei einem LEFT OUTER JOIN stellt die ON-Bedingung keine Einschränkung dar. Jeder Satz, der auf der linken Tabelle gefunden wird, taucht auch im Ergebnis auf. Wird über die ON-Bedingung auf der rechten Tabelle kein Satz gefunden, dann erscheint die Information aus der linken Tabelle dennoch und die Felder aus der rechten Tabelle bleiben leer. In der WHERE-Klausel darf es keine Bedingung auf Felder der rechten Tabelle geben, diese können jedoch in die ON-Bedingung aufgenommen werden.

Ein typisches Beispiel für einen LEFT OUTER JOIN lässt sich auch anhand der Kunden- und Adresstabelle veranschaulichen. Angenommen es werden Kunden nach bestimmten Gesichtspunkten ausgewählt, zum Beispiel weil sie ein bestimmtes Produkt gekauft haben. Mit diesen Kunden wollen Sie Kontakt aufnehmen. Dann ist es sinnvoll, die Adressen aus der Adresstabelle zu holen. Dabei gibt es keine weitere Einschränkung. Damit alle ausgewählten Kunden in das Ergebnis eingehen, werden die beiden Tabellen mit einem LEFT OUTER JOIN verknüpft. Würde ein INNER JOIN verwendet, dann verschwänden alle Kunden, für die keine Adressdaten vorliegen. Das ist sicherlich nicht gewünscht. Da der Kontakt wichtig ist, müssen alle fehlenden oder falschen Adressdaten anderweitig besorgt werden.

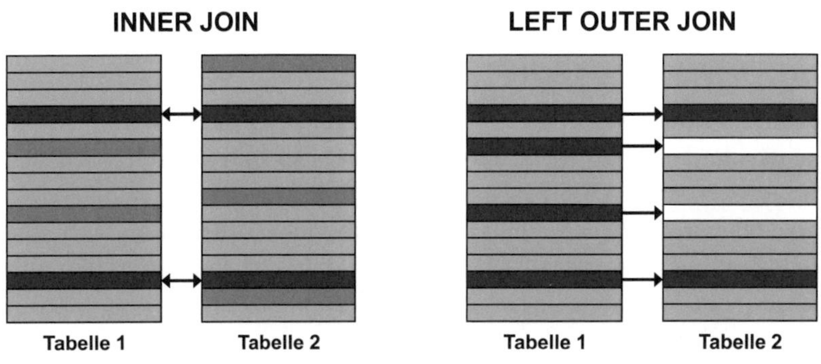

Abb. 3-10 INNER JOIN *und* LEFT OUTER JOIN

Das Bild zeigt die Struktur der zwei Join-Typen. Grau unterlegt sind die Sätze der einzelnen Tabellen, die die WHERE-Bedingung erfüllen, und dunkel unterlegt sind diejenigen Sätze, die in den jeweiligen Join eingehen. Die weißen Felder bei dem LEFT OUTER JOIN deuten an, dass keine Felder aus der zweiten Tabelle übernommen werden.

3.7.2 Zugriffsstrategien für den Join

Die Bestimmung der Zugriffsstrategie für einen Join ist sicherlich die schwierigste Aufgabe für den Datenbankoptimierer. Hier muss er nicht nur den richtigen Index bestimmen, sondern auch die Reihenfolge, nach der die Tabellen abzuarbeiten sind. Als Bedingungen stehen die

WHERE-Klausel und die ON-Bedingungen zur Verfügung. Der am häufigsten vorkommende Zugriff ist der Nested Loop Join. Es gibt jedoch noch zwei andere Strategien, den Sort Merge Join und den Hash Join.

Nested Loop Join

Der Nested Loop Join ist quasi ein direkt in der Datenbank ausgeführter geschachtelter SELECT.

- Der Optimierer bestimmt zunächst die Tabelle, für die er die kleinste Treffermenge erwartet. Dazu überprüft er, wie groß die beteiligten Tabellen überhaupt sind und wie stark sich die Treffermengen durch die jeweiligen WHERE-Bedingungen und, falls vorhanden, konstante ON-Bedingungen einschränken lassen. Es spielt dabei auch eine Rolle, ob für die Einschränkung ein Index benutzt werden kann oder nicht. Die Tabelle mit der kleinsten zu erwartenden Treffermenge und den geringsten Kosten ergibt die Einstiegstabelle.
- Bei der zweiten Tabelle kann der Optimierer die ON-Bedingungen mit der Treffermenge aus der Einstiegstabelle und eventuell weiteren WHERE-Bedingungen verwenden. Auch hier wird überprüft, welcher Index verwendet werden kann. Daraus folgt, welche Tabelle an zweiter Stelle kommt und welcher Index diesen Schritt unterstützt.
- Genauso werden alle weiteren Tabellen bewertet. Am Ende wird der Zugriffspfad mit der kleinsten Treffermenge und den geringsten Gesamtkosten ausgewählt.

In vielen Fällen wird die Entscheidung über die Zugriffsstrategie relativ klar und eindeutig sein. Es sollte Ihnen aber bewusst sein, dass sich die im Abschnitt 3.5.5 beschriebenen Probleme und Ungenauigkeiten bei mehreren Tabellen aufsummieren. Je mehr Tabellen an dem Join beteiligt sind, desto stärker können sich die Fehlermöglichkeiten aufsummieren. Beachten Sie jedoch, dass es durchaus große Joins gibt, die gut funktionieren.

Sort Merge Join und Hash Join

Analog zum Full Table Scan beim Zugriff auf eine Tabelle gibt es noch zwei weitere Zugriffsarten bei Joins. Der Optimierer entscheidet sich für diese Join-Typen, wenn er keine gute Indexunterstützung oder sehr viele Treffer erwartet.

- Gibt es für den Zugriff auf eine Tabelle keinen Index, dann ist es besser, auf dieser Tabelle die Gesamttreffermenge zu bestimmen und im Speicher abzulegen. Die Menge wird mit einem temporären Schlüssel für die ON-Bedingung versehen, wobei ein sortierter Schlüssel oder ein Hash-Schlüssel infrage kommen. Entsprechend heißen die Zugriffe **Sort Merge Join** und **Hash Join**. Das ist die erste Phase.

- In der zweiten Phase wird die andere Tabelle abgearbeitet und über die ON-Bedingung auf die vorbereitete Treffermenge zugegriffen. Der Hash Join ist schneller, benötigt aber einen eindeutigen Schlüssel mit einer Gleichheitsbedingung. Für nicht-eindeutige Schlüssel und Bedingungen mit Vergleichen ist der Sort Merge Join notwendig.

Wie beim Full Table Scan gilt, dass die beiden speziellen Zugriffsstrategien eher aufwendig sind und selten wirklich schnelle Ausführungen liefern werden. Wenn jedoch tatsächlich sehr viele Sätze verarbeitet werden, dann kann die Zeit pro gelesenem Satz akzeptabel sein. Die Strategie ist also gerechtfertigt, denn ein Nested Loop Join wäre noch langsamer.

Die Performance des Join wird im Abschnitt 4.8 genauer beschrieben. Es besteht auch eine große Analogie zu den geschachtelten Zugriffen bei internen Tabellen. Dies wird im sechsten Kapitel noch klarer werden.

Der JOIN-Befehl ist die Erweiterung des SELECT für Lesezugriffe auf mehrere Tabellen. In den Performanceempfehlungen spielt dieser Befehl eine wichtige Rolle, da große Verbesserungen möglich sind. Andererseits ist der Join auch nicht ganz unproblematisch.

Hier wurden die Definitionen des JOIN, die beiden Typen [INNER] JOIN und LEFT [OUTER] JOIN sowie die verschiedenen Zugriffsarten Nested Loop Join, Sort Merge Join und Hash Join vorgestellt.

3.8 Datenänderungen

Das Lesen von der Datenbank geschieht weitaus häufiger als das Ändern von Daten. Aber natürlich kann nur gelesen werden, was vorher in die Tabelle eingefügt wurde. Deshalb sind Änderungsbefehle genauso wichtig wie die SELECTs.

3.8.1 Die Änderungsbefehle

In Open SQL gibt es vier Befehle zum Ändern von Daten. Neue Sätze werden mit INSERT eingefügt. Bestehende Sätze können mit UPDATE angepasst und nicht mehr benötigte Sätze mit DELETE gelöscht werden.

Ein neuer Satz kann natürlich nur dann eingefügt werden, wenn es noch keinen Satz mit denselben Primärschlüsselwerten gibt, denn der Tabellenschlüssel muss immer eindeutig sein. Falls es einen eindeutigen Sekundärschlüssel gibt, stellt dieser eine weitere Einschränkung beim Einfügen dar.

Dies macht das Programmieren einer Änderung aufwendiger, bei der nicht klar ist, welcher Satz bereits auf der Tabelle existiert und welcher noch anzulegen ist. Deshalb gibt es den Open-SQL-Befehl `MODIFY` zum bequemen Ändern. Er probiert selbstständig zuerst einen `UPDATE`, und falls der fehlschlägt, weil kein passender Satz vorhanden ist, einen `INSERT`. In seltenen Fällen kann auch der `INSERT` fehlschlagen, weil mittlerweile ein anderer Benutzer diesen Satz eingefügt hat; dann führt der `MODIFY` einen `UPDATE` aus.

Zu den Änderungsbefehlen gehören noch die beiden Befehle `COMMIT WORK` und `ROLLBACK WORK`. Änderungen sind so lange nur temporär auf der Datenbank, bis der Datenbank-`COMMIT` ausgeführt wird. Bis zu diesem Zeitpunkt kann jederzeit durch einen Datenbank-`ROLLBACK` der Zustand vor der Änderung wiederhergestellt werden. Diese Datenbankbefehle werden zum Teil implizit vom System ausgelöst, können aber auch durch die Open-SQL-Befehle `COMMIT WORK` und `ROLLBACK WORK` veranlasst werden.

Die Besprechung der Performanceeigenschaften der Änderungsbefehle finden Sie im Abschnitt 4.9. Hier folgt die Besprechung der Verarbeitungsschritte bei den Änderungsbefehlen.

3.8.2 Verarbeitung der Änderungsbefehle

Die Verarbeitung der Änderungen ist noch etwas komplizierter als das Lesen.

Im Applikationsserver

- Gepufferte Tabellen sollen zwar selten geändert werden, jedoch sind Änderungen auf gepufferten Tabellen nicht grundsätzlich verboten. Der Puffer merkt sich, dass eine Änderung bevorsteht. Er muss jedoch warten, bis die Änderung auf der Datenbank erfolgreich war.
- In der Datenbankschnittstelle erfolgt eine analoge Umsetzung wie beim `SELECT` in plattformspezifisches SQL.

In der Datenbank

- Vor der Bestimmung der Zugriffsstrategie wird zuerst der Cursor-Cache durchsucht.
- Die Arbeit des Optimierers ist etwas einfacher.
  - Viele Änderungsbefehle basieren auf Varianten mit den Zusätzen `FROM wa` oder `FROM itab`. Diese haben die Information des Primärschlüssels und können ihn folglich auch verwenden.
  - Beim Löschen und Anpassen gibt es auch Befehlsvarianten, die explizite `WHERE`-Klauseln nutzen. Für diese muss der Optimierer genau wie beim `SELECT` einen optimalen Zugriffspfad bestimmen.

- Schließlich kann die Änderung durchgeführt werden.
  - Beim Einfügen sind alle Eindeutigkeitsbedingungen zu beachten, sowohl die des immer vorhandenen Primärschlüssels als auch die von eventuell vorhandenen eindeutigen Sekundärschlüsseln. Nur wenn alle erfüllt sind, kann der `INSERT` stattfinden.
  - Bis zum Datenbank-`COMMIT` kann der Zustand jederzeit auf den alten Zustand zurückgesetzt werden. Dies kann aufgrund von Problemen notwendig sein oder programmtechnisch durch einen `ROLLBACK WORK` ausgelöst werden.
  - Das Zurücksetzen auf den alten Zustand kann aus den Redo-Logs erfolgen. Dabei muss beachtet werden, dass sehr umfangreiche Änderungen eventuell die Größe dieser Logs überfordern, sodass es zu einem Abbruch kommen kann.
  - Schließlich werden die Daten beim Datenbank-`COMMIT` persistiert.
- Der Erfolg oder Nichterfolg der Änderung wird an den Applikationsserver zurückgemeldet.
- Betrifft die Änderung eine gepufferte Tabelle, dann wird nach einer erfolgreichen Änderung der Puffer auf dem lokalen Applikationsserver angepasst. Falls noch weitere Applikationsserver vorhanden sind, löst die Änderung einen Synchronisationsprozess des Puffers aus. Die Details dazu finden Sie im Abschnitt 5.3.6.

Im Applikationsserver

- Der Workprozess erhält die Rückmeldung über den Status der Änderung.

Parallel arbeitende Benutzer

Natürlich arbeitet auf einer Datenbank nicht nur ein Benutzer, sondern es arbeiten viele gleichzeitig. Das macht gerade die Änderungen etwas schwieriger:

- Zum einen muss die Datenbank damit umgehen können, dass mehrere Benutzer gleichzeitig dieselben Daten ändern wollen. Um die Gleichzeitigkeit auszuschließen, sind die Datenbanksperren notwendig. Um die logische Konsistenz von Anwendungsdaten zu garantieren, die auf mehreren Tabellen abgelegt sind, werden logische Sperren notwendig: Das sind die SAP-Enqueues. Die zugehörige Enqueue-Sperre muss sicherstellen, dass die Sperre alle Tabellen zusammen sperrt, um inkonsistente Zustände zu vermeiden.
- Zum anderen hat die Datenbank das Problem, dass während einer Änderung ein anderer Benutzer lesend auf diese Daten zugreifen will. Damit verfahren die Datenbankplattformen unterschiedlich, manche zeigen bereits die neuen Daten (dirty reads), andere bis zum `COMMIT` nur die alten Daten (committed reads).

Die Themen »Transaktionslogik« und »Sperren« werden im Abschnitt 8.5 behandelt.

Die Verarbeitung von Änderungen ist etwas schwieriger als die Verarbeitung eines SELECT-Befehls. Vor allem muss beachtet werden, dass nur bestehende Sätze gelöscht oder angepasst und nur neue Sätze, die alle Eindeutigkeitsbedingungen erfüllen, eingefügt werden können.

Bei Änderungen spielen auch die Themen »Transaktionslogik« und »Sperren« eine wichtige Rolle, siehe Abschnitt 8.5.

3.9 Tools

Es ist sinnvoll, die Performance der Datenbankzugriffe schon während der Entwicklung zu testen. Dabei sind die folgenden Tools hilfreich.

3.9.1 Die SQL-Trace

Die SQL-Trace wurde bereits im zweiten Kapitel vorgestellt. Im nächsten Kapitel finden Sie genügend Gelegenheiten, um mit der SQL-Trace vertraut zu werden. Dies geht am besten, wenn Sie selbst mit dem Tool arbeiten. Bei fast allen Beispielen lohnt sich ein Blick in die SQL-Trace. Dort können Sie sehen, wie die Datenbank die Anweisung interpretiert und ausführt.

Doch zunächst sollten Sie sich den Datenbank-Explain genauer anschauen, falls Sie es noch nicht getan haben. Der Explain zeigt Ihnen, mit welchem Zugriffspfad der Optimierer arbeitet, ob er einen Index auswählt, und wenn ja, welchen. Sehen Sie sich dazu den Anhang A.4 genau an. Am besten werfen Sie auch einen Blick in das Beispielprogramm zum Datenbank-Explain. Darin finden Sie auch Vergleiche für Explains von verschiedenen Datenbanken.

Zur Untersuchung der Beispielprogramme eignet sich die Trace-Liste gut, da die Trace klein ist und sich oft sogar auf bestimmte Tabellen einschränken lässt. Außerdem zeigt nur die Trace-Liste die zeitliche Abfolge.

Später folgen im siebten Kapitel die »Analyse und Optimierung«. Dort wird die Verdichtung nach SQL-Anweisungen die wichtigste Darstellung sein.

3.9.2 Tabellenanzeige (SE11)

Zwei wichtige Hilfsmittel beim Programmieren von Zugriffen auf Tabellen sind die Data-Dictionary-Anzeigen der Tabellendefinition (SE11) und des Tabelleninhalts (SE16).

Die Tabellendefintion (SE11) zeigt auf der Registerkarte *Felder* die Tabellenfelder mit Typ, Länge und Bedeutung und vor allem wird durch das Schlüsselflag angezeigt, ob das Feld zum Primärschlüssel gehört.

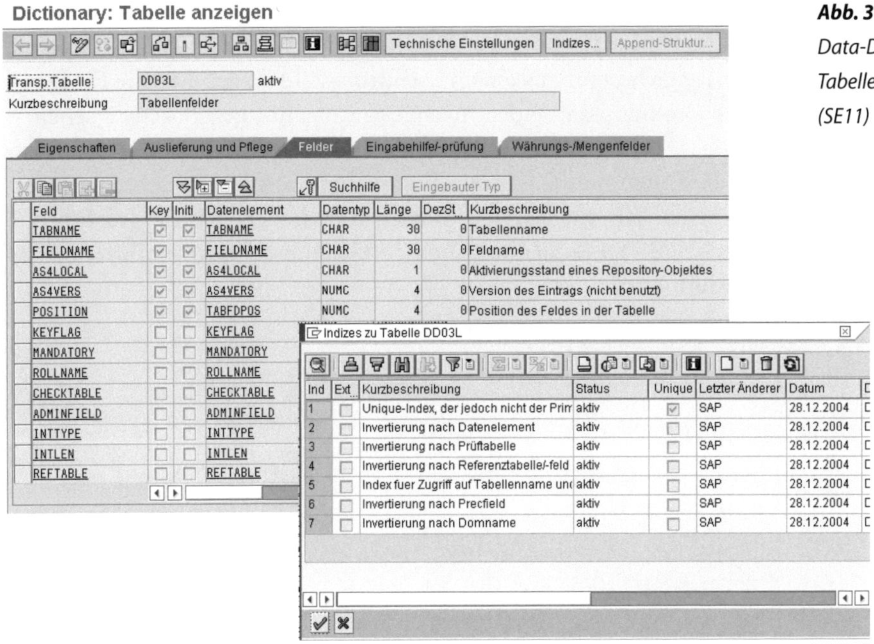

Abb. 3–11
Data-Dictionary-Tabellendefinitionen (SE11)

Über den Druckknopf *Indizes* folgt die Anzeige von möglicherweise vorhandenen Sekundärindizes, der Primärindex erscheint hier nicht. Ein Doppelklick auf einen Index führt zur Anzeige der Felder des Sekundärschlüssels.

Über den Druckknopf *Tabelleneigenschaften* kommen Sie zur Anzeige der wichtigsten Eigenschaften der Tabelle, siehe Abbildung 5–3:

- Logische Speicherparameter: Hier ist die Datenart interessant. Die Bedeutung der Datenarten APPL0 (Stammdaten), APPL1 (Bewegungsdaten) und APPL2 (Konfigurations- oder Customizing-Daten) wird bei der Pufferung eine wichtige Rolle spielen und im Abschnitt 5.2.2 diskutiert. Die zu erwartende Größe der Tabelle spielt dabei ebenfalls eine Rolle.
- Pufferung: Die Pufferung besagt, ob die Tabellenpufferung eingeschaltet, ausgeschaltet oder nicht erlaubt ist.
- Pufferungsart: Die Pufferungsart legt bei eingeschalteter Pufferung fest, ob die Tabelle vollständig, generisch oder einzelsatzgepuffert ist.

Die Tabellenanzeige (SE11) enthält noch mehr Funktionen, die Ihnen aber aus Einführungskursen in ABAP bekannt sein sollten. Über den Druckknopf *Inhalt* gelangen Sie zum nächsten Tool.

3.9.3 Tabelleninhaltsanzeige (SE16)

Die Tabelleninhaltsanzeige (SE16) können Sie auch direkt aufrufen. Die Anzeige besteht aus einem Selektionsschirm, auf dem Sie Eingaben machen können, um in der Anzeige die zugehörigen Daten zu sehen.

Die Tabellenanzeige ist ein sehr nützliches Hilfsmittel, um mehr über die Daten und Datenverteilung einer Tabelle zu erfahren. Außerdem lassen sich mit ihr viele Suchen nachstellen, um die Ausführung mit der SQL-Trace zu untersuchen. Genaueres dazu erfahren Sie im Abschnitt 4.2.3.

Abb. 3-12 *Data-Dictionary-Tabelleninhalt (SE16)*

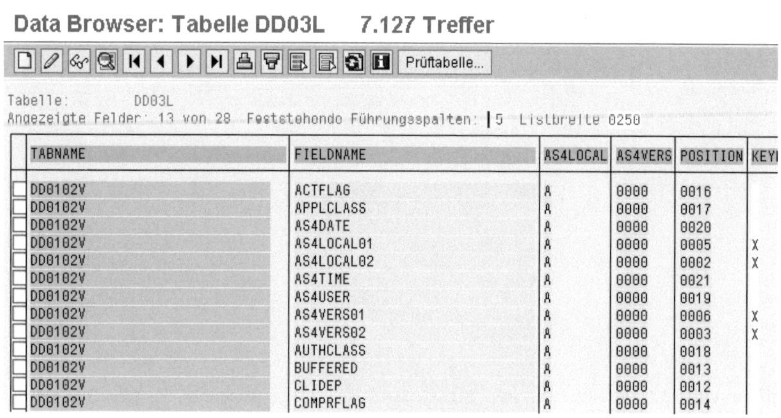

TABNAME	FIELDNAME	AS4LOCAL	AS4VERS	POSITION	KEY
DD0102V	ACTFLAG	A	0000	0016	
DD0102V	APPLCLASS	A	0000	0017	
DD0102V	AS4DATE	A	0000	0020	
DD0102V	AS4LOCAL01	A	0000	0005	X
DD0102V	AS4LOCAL02	A	0000	0002	X
DD0102V	AS4TIME	A	0000	0021	
DD0102V	AS4USER	A	0000	0019	
DD0102V	AS4VERS01	A	0000	0006	X
DD0102V	AS4VERS02	A	0000	0003	X
DD0102V	AUTHCLASS	A	0000	0018	
DD0102V	BUFFERED	A	0000	0013	
DD0102V	CLIDEP	A	0000	0012	
DD0102V	COMPRFLAG	A	0000	0014	

3.9.4 Datenbankprüfungen des Code Inspector (SCI)

Der im zweiten Kapitel eingeführte Code Inspector kann ein paar Tests am Code direkt durchführen, die sonst von Hand zu machen wären. Bei den Datenbankanweisungen sind es zwei Tests:

- Zum einen testet er, ob eine `SELECT`-Anweisung überhaupt eine `WHERE`-Klausel besitzt. Ist dies nicht der Fall, so wird bei der Ausführung die ganze Tabelle gelesen. Je nach Größe der Tabelle kann dies ein Problem sein.
- Zum anderen testet er, ob die Felder der `WHERE`-Klausel in einem Index vorkommen, insbesondere ob das erste Feld eines Index dabei ist. Ist dies nicht der Fall, dann kann normalerweise kein Index die Ausführung dieser Anweisung unterstützen.

Der Code Inspector betrachtet noch die zu erwartende Größe der Tabelle gemäß der Größenkategorie in den technischen Einstellungen. Bei großen Tabellen sind Verstöße natürlich schwerwiegender als bei recht kleinen Tabellen. Dabei ist es wichtig, dass die Größenkategorie richtig gepflegt ist. Die Abfrage der tatsächlichen Größe der Tabelle würde eine Inspektion zu langsam machen.

3.9.5 Die Tabellenstatistik (DB05)

Die Tabellenstatistik (DB05) ist eine nützliche Transaktion. Sie ist jedoch für die Pufferung noch wichtiger und wird deshalb im Pufferkapitel im Abschnitt 5.6.7 genauer besprochen.

Sie kann auch genutzt werden, um die Werteverteilungen einzelner Felder zu bestimmen. Beachten Sie jedoch, dass dies nicht besonders schnell ist. Das liegt daran, dass die Datenstatistiken nicht einfach anzeigt, sondern neu berechnet werden.

Sie sollten beachten, dass die Transaktion bei der Eingabe von `field1` und `field2` nicht die Einzelstatistik für die beiden Felder berechnet, wie sie die Datenbankstatistik enthält, sondern es werden die verschiedenen Werte von `field1` und von der Kombination `(field1, field2)` berechnet. Falls Sie damit Datenbankstatistiken berechnen wollen, müssten Sie dies für jedes Feld einzeln tun.

3.9.6 Datenbank-Cockpit (DB02)

Das Datenbank-Cockpit (DB02) zeigt nützliche Informationen an. Da sie jedoch zu stark plattform- und releaseabhängig ist, würde eine genauere Beschreibung zu umfangreich. Rufen Sie sie am besten einmal in Ihrem System auf und machen Sie sich etwas mit ihr vertraut.

Für die Datenbankuntersuchungen ist die SQL-Trace das mit Abstand wichtigste Tool. Auch auf die Dictionary-Anzeigen für die Tabellendefinition (SE11) und den Tabelleninhalt (SE16) werden Sie immer wieder zugreifen. Der Code Inspector (SCI) kann das Vorhandensein einer `WHERE`-Klausel und die Möglichkeit einer Indexnutzung prüfen. Zwei weitere Transaktionen helfen bei der Untersuchung der Statistikdaten.

3.10 Zusammenfassung

Dieses Kapitel stellt die nötigen Voraussetzungen zum Verständnis der Performanceempfehlungen bereit, welche Inhalte des nächsten Kapitels sind. Die Zusammenfassungen finden Sie in den jeweiligen Abschnitten.

Im nächsten Kapitel wird das Datenbankthema mit den Performanceempfehlungen fortgesetzt. Die Tools aus dem Abschnitt 3.9 geben Ihnen dabei das Handwerkszeug für Ihre eigenen Untersuchungen an die Hand.

4 Optimale Datenbankprogrammierung

4.1 Kapitelübersicht

Das Datenbankthema setzt sich hier mit den Performanceempfehlungen für die wichtigsten Open-SQL-Befehle fort. Im siebten Kapitel folgt die Analyse und Optimierung.

Tab. 4–1
Die vier Aspekte des Datenbankthemas (Fortsetzung)

	Datenbank	Abschnitte
A	Definitionen und Wissen	Im dritten Kapitel (3.2 bis 3.8)
B	Tools	Im dritten Kapitel (3.9)
C	Performanceempfehlungen	4.2 Effiziente Suche auf der Datenbank 4.3 Minimale Zahl übertragener Sätze 4.4 Minimale Zahl von Ausführungen 4.5 Minimale Satzbreite 4.6 Weitere Befehle 4.7 Gleichzeitiges Lesen von mehreren Tabellen 4.8 Der JOIN-Befehl 4.9 Datenbankänderungen
D	Analyse & Optimierung	Im siebten Kapitel (7.4 und 7.5)

Die Goldenen Regeln der Datenbankprogrammierung

Die Performanceempfehlungen orientieren sich direkt an den sogenannten Goldenen Regeln der Datenbankprogrammierung. Mit dem Wissen aus dem letzten Kapitel lassen sich die Goldenen Regeln der Open-SQL-Programmierung aufstellen. Diese lauten:

1. Regel: Suchen Sie möglichst effizient nach den gewünschten Daten.
2. Regel: Lesen Sie möglichst wenige Sätze.
3. Regel: Führen Sie die notwendigen Zugriffe in möglichst wenigen Schritten aus.
4. Regel: Holen Sie von den Sätzen nur die Felder, die Sie brauchen.
5. Regel: Lesen Sie mehrfach benötigte Daten nur einmal von der Datenbank. Nutzen Sie eine Datenpufferung für die wiederholten Zugriffe.

Wenn Sie mit diesen Regeln nicht vertraut sind, werden Sie wahrscheinlich das Illustrationsbeispiel im Anhang A.2 interessant finden. Darin werden alle fünf Regeln an einem Beispiel aus dem täglichen Leben dargestellt.

Die Regeln haben nicht nur Auswirkungen auf die Laufzeit der Anweisung, sondern auch auf die CPU-Zeit und den Speicherverbrauch der Datenbank, auf Netzwerklast zwischen Datenbank und Applikationsserver und auf das I/O zwischen Datenbankcache und Datenbankfestplatten. Das fasst folgende Tabelle zusammen:

Tab. 4–2 *Goldene Regeln und verschiedene Ressourcen*

	CPU-Zeit der DB	Speicher der DB	Netzwerk	I/O in DB
Schnelle Suche	++			
Anzahl Sätze	+	++	++	++
Anzahl Ausführungen	+		+	
Satzbreite	+	++	++	
Puffer	+	+	+	+

Ein Plus bedeutet, dass sich die Einhaltung der Regel positiv für die Ressource auswirkt.

Inhaltsübersicht

Die Abschnitte folgen den Goldenen Regeln. Der wichtigste Aspekt ist das effiziente Lesen von der Datenbank. Mit ihm beschäftigt sich der Abschnitt 4.2.

Möglichkeiten zur Einschränkung der übertragenen Sätze beschreibt der Abschnitt 4.3. Darin finden Sie Hinweise zum Befehl `DISTINCT`, zu den Auswirkungen des Zusatzbefehls `UP TO n ROWS`, zu den Aggregatfunktionen und den empfohlenen Befehl für eine Existenzprüfung.

Der Abschnitt 4.4 über die Reduktion der Zahl der Ausführungen vergleicht den `SELECT/ENDSELECT` mit dem `SELECT INTO TABLE`. Aber vor allem werden die `RANGES`-Tabelle und der Zusatzbefehl `FOR ALL ENTRIES` besprochen.

Die Aspekte im Zusammenhang mit der Reduktion der Satzbreite behandelt der Abschnitt 4.5. Die Schlagworte sind hier Feldlisten, der Befehl `INTO CORRESPONDING FIELDS`, Projektionsviews und Index-Only-Zugriffe.

Die fünfte Regel betrifft die Datenpufferung und ist Thema des fünften Kapitels.

Ein paar Befehle hängen zwar nicht direkt mit den Goldenen Regeln zusammen, haben aber dennoch eine gewisse Relevanz für die Performance. Dazu gehören der Befehl `CLIENT SPECIFIED`, das explizite Umgehen des Puffers, dynamischer und generierter Code sowie die

Möglichkeit, Native SQL im Code zu nutzen. Dies alles finden Sie im Abschnitt 4.6.

Geschachtelte SELECTs, also einfache Zugriffe auf mehrere Tabellen, haben große negative Auswirkungen auf die Performance eines Programms. Sie sollten vermieden werden, wofür sich die Alternativen FOR ALL ENTRIES, Subquery, Join oder View anbieten. Was es dabei zu beachten gilt, zeigt der Abschnitt 4.7.

Der Join-Befehl ist dabei so wichtig, dass er im Abschnitt 4.8 noch weiter vertieft wird. Einige Beispiele verdeutlichen die Möglichkeiten, die der Join bietet.

Ähnlich wichtig sind die Befehle zum Ändern von Tabelleninhalten. Sie werden im Abschnitt 4.9 diskutiert. In den Abschnitten 4.7 bis 4.9 spielen alle Goldenen Regeln eine Rolle.

4.1.1 Das Beispielprogramm

In diesem Kapitel werden viele der im ersten Kapitel vorgestellten falschen Aussagen diskutiert und richtiggestellt. Dabei ist es wichtig, den falschen Behauptungen nicht einfach weitere Behauptungen entgegenzustellen, sondern die Aussagen anhand von Beispielprogrammen nachvollziehbar zu machen.

Anstelle von längeren abgedruckten Codestrecken gibt es einen fertigen Beispielreport. Seine Handhabung ist denkbar einfach: Sie müssen nur den Report installieren und das jeweilige Beispiel anhand einer Nummer ausführen. Das Beispiel enthält mehrere Varianten, deren Laufzeiten verglichen werden.

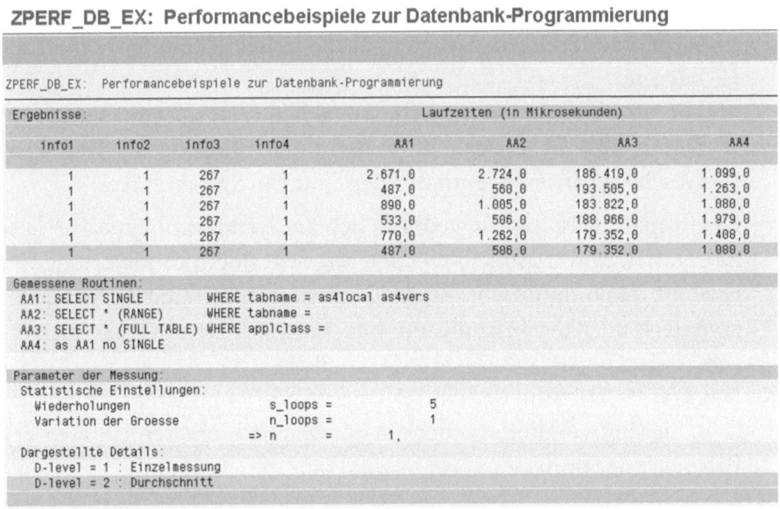

ZPERF_DB_EX: Performancebeispiele zur Datenbank-Programmierung

ZPERF_DB_EX: Performancebeispiele zur Datenbank-Programmierung

Ergebnisse: Laufzeiten (in Mikrosekunden)

info1	info2	info3	info4	AA1	AA2	AA3	AA4
1	1	267	1	2.671,0	2.724,0	186.419,0	1.099,0
1	1	267	1	487,0	560,0	193.505,0	1.263,0
1	1	267	1	890,0	1.005,0	183.822,0	1.080,0
1	1	267	1	533,0	506,0	188.966,0	1.979,0
1	1	267	1	770,0	1.262,0	179.352,0	1.408,0
1	1	267	1	487,0	506,0	179.352,0	1.080,0

```
Gemessene Routinen:
 AA1: SELECT SINGLE        WHERE tabname = as4local as4vers
 AA2: SELECT * (RANGE)     WHERE tabname =
 AA3: SELECT * (FULL TABLE) WHERE applclass =
 AA4: as AA1 no SINGLE

Parameter der Messung:
 Statistische Einstellungen:
   Wiederholungen              s_loops =        5
   Variation der Groesse       n_loops =        1
                            => n       =    1.
 Dargestellte Details:
   D-level = 1 : Einzelmessung
   D-level = 2 : Durchschnitt
```


Abb. 4–1
Ausführung und Ergebnis des Beispielprogramms

Das hat mehrere Vorteile:

- Sie sehen das Verhalten auf Ihrem eigenen System. Die absoluten Laufzeiten werden auf jedem System anders ausfallen, je nach Leistungsfähigkeit der verwendeten Hardware.
- Natürlich hat auch die verwendete Datenbankplattform einen gewissen Einfluss. Es soll jedoch kein Vergleich durchgeführt werden. Vergleiche von Hardware finden Sie im SAP-Umfeld ausschließlich in den zertifizierten Benchmarks, siehe Abschnitt 9.4.
- Die Beispiele sind weit anschaulicher als jeder Text. Sollte Ihnen eine Erklärung als Pseudocode nicht klar sein, dann hilft ein Blick in den ausführbaren ABAP-Code meist weiter.
- Es ist ganz wichtig für die Messung, dass alle Routinen mehrfach ausgeführt werden, um wirklich verlässliche Ergebnisse zu bekommen. Die Mittelungen übernimmt das Rahmenprogramm. Die Zahl der Wiederholungen ist bereits angepasst. Schnelle Routinen, bei denen die Schwankungen das Ergebnis stärker beeinflussen, werden öfter wiederholt als langsame Routinen. Zu viele Wiederholungen der langsamen Routinen würden zu lange dauern.
- Der Report stellt verschiedene Ergebnisse nebeneinander dar.
- Als Datenbanktabellen werden Data-Dictionary-Tabellen (`DD*`), insbesondere die Tabellen `DD02L` und `DD03L` mit den Tabellendefinitionen, genommen. Diese sind zwar keine bekannten Anwendungstabellen, sie haben aber andere gewichtige Vorteile:
  - Sie existieren in jedem System und sind immer sehr gut gefüllt. Gerade die Tabelle `DD03L` ist ein gutes Beispiel für eine große Tabelle. Sie hat meist mehr als eine Million Einträge.
  - Die Inhalte sind in allen Systemen ähnlich. Dadurch lassen sich `WHERE`-Bedingungen vorbereiten, die in fast jedem System erfüllbar sind.
  - Die Ergebnisse lassen sich weitgehend verallgemeinern. Der Datenbank ist es egal, ob eine Tabelle Daten eines wichtigen Geschäftsprozesses enthält oder einfache Systemdaten.
- Der Report lässt sich in jedes beliebige System kopieren. Er liest nur Daten, es werden keine Daten angelegt oder geändert.
- Es steht Ihnen natürlich frei, den Report mit weiteren Aufgaben zu erweitern oder die Testfälle auf eine Tabelle Ihrer Wahl zu übertragen.
- Die *Tips & Tricks* in der ABAP-Trace (SE30) können dies nicht liefern. Sie sind veraltet und decken bei weitem nicht den Umfang der Beispielprogramme ab.

Die Beispiele stellen ein reines Zusatzangebot dar. Natürlich können Sie das Buch auch lesen, ohne ein einziges Beispiel auszuführen.

Sie können davon ausgehen, dass die Beispiele auf den verschiedenen Datenbankplattformen von IBM, Microsoft, Oracle und SAP, siehe Anhang A.3, mit dem SAP NetWeaver Release 7.0 EhP1 und dem zugelassenen Datenbankrelease getestet wurden. Auch ältere Releases wurden stichprobenartig getestet und dabei sind keine Ausreißer aufgetreten.

Der Beispielreport unterstützt einen Großteil der Aussagen dieses Kapitels. Er macht alles viel transparenter. Seine Anwendung ist sehr einfach.

4.2 Effiziente Suche auf der Datenbank

Der kritischste Performanceaspekt ist die Datensuche in der Datenbank. Bei der Suche kann es zu beträchtlichen Laufzeitunterschieden kommen, je nachdem, ob die Suche optimal unterstützt wird oder nicht.

In diesem Abschnitt geht es nur um das Lesen von einer einzelnen Tabelle. Das gleichzeitige Lesen von mehreren Tabellen wird in den Abschnitten 4.7 und 4.8 besprochen und die Tabellenänderungen im Abschnitt 4.9.

Bei der Verarbeitung einer `SELECT`-Anweisung spielt es eine zentrale Rolle, wie die `WHERE`-Klausel auf einem der vorhandenen Indizes ausgewertet werden kann. Um diesen Punkt genau zu verstehen, ist es sinnvoll, ihn in drei Aspekte zu unterteilen:

- Die Bewertung der `WHERE`-Klausel durch den Optimierer bestimmt die Wahl des Zugriffspfads.
- Die Unterstützung der Suche auf dem Index bestimmt maßgeblich die Schnelligkeit der Suche. Die Suche auf dem Index wurde im Abschnitt 3.4 beschrieben. Es können von dem gewählten Index nur die Felder genutzt werden, für die es `WHERE`-Bedingungen gibt. Gleichheitsbedingungen sind am besten geeignet, Ungleichbedingungen am schlechtesten. Außerdem ist die Reihenfolge wichtig. Liegt für ein Feld im Index keine Bedingung vor, dann können nur die Felder, die im Index davorliegen, genutzt werden.
- Die Einschränkung der Treffermenge durch die `WHERE`-Bedingungen. Hierzu tragen alle Index- und Tabellenfelder bei. Die Suche erfolgt am schnellsten, wenn die Einschränkung direkt bei der Suche eintritt.

Diese Aspekte zusammen bestimmen die Schnelligkeit eines Zugriffs. Sie legen fest, ob eine gute oder schlechte Zugriffsstrategie ausgewählt wird, ob die Ausführung schneller oder langsamer ist und ob die Einschränkung auf die Treffermenge früher oder später stattfindet.

Zunächst werden im Abschnitt 4.2.1 die unterschiedlichen Zugriffsarten vorgestellt, die der Datenbank zur Verfügung stehen, um genau einen Satz, einige Sätze oder sehr viele Sätze zu suchen. Die Zugriffsarten haben auch ein bestimmtes Aussehen im Datenbank-Explain der wichtigsten Datenbankplattformen.

Die `WHERE`-Klausel spielt eine zentrale Rolle für diesen Abschnitt. Deshalb ist es wichtig, die Möglichkeiten beim Schreiben einer `WHERE`-Klausel komplett vorzustellen, siehe Unterabschnitt 4.2.2.

Die Open-SQL-Selektionsoptionen sind keine fertigen `WHERE`-Bedingungen, sondern nur Platzhalter für Bedingungen, die erst zur Laufzeit feststehen. Es ist wichtig, dass Sie sich dies klarmachen (siehe 4.2.3).

Schließlich gibt es in 4.2.4 eine Sammlung kleiner Empfehlungen, die beachtet werden sollten, um möglichst gut interpretierbare `WHERE`-Klauseln zu schreiben.

Ein kurzer Abschnitt 4.2.5 geht darauf ein, was passieren kann, wenn diese Punkte nicht beachtet werden. Der wichtigste Punkt ist dabei, dass überhaupt ein passender Index existiert. Nur Primärindizes sind automatisch nach dem Anlegen der Tabelle vorhanden, alle Sekundärindizes müssen explizit angelegt werden.

Was beim Anlegen eines Index zu beachten ist, beschreibt der Unterabschnitt 4.2.6 über Indexdesign.

4.2.1 Drei wichtige Zugriffsarten

Dieser Abschnitt ist einer der wichtigsten des gesamten Kapitels. Er zeigt, welche Zugriffsarten bei einer Datenbanksuche grundsätzlich auftreten können.

Bei dem hier verwendeten Pseudocode wird angenommen, dass die Tabelle drei Schlüsselfelder (`key1`, `key2`, `key3`) besitzt. In diesem ersten Unterabschnitt kommen nur Gleichheitsbedingungen vor, die anderen Operatoren folgen im nächsten Unterabschnitt.

Der indexunterstützte Einzelsatzzugriff

Sind alle Schlüsselfelder mit Gleichheitsbedingungen angegeben, dann kann die `WHERE`-Klausel genau von einem Satz erfüllt werden, da der Primärschlüssel eindeutig ist. Für diesen Zugriff gibt es eine eigene

Schreibweise SELECT SINGLE, die es erlaubt, das Ergebnis einer Struktur und nicht einer Tabelle zuzuweisen:

```
SELECT SINGLE *
        INTO ls_dbtab
        FROM dbtab
        WHERE key1 = 'a'
        AND   key2 = 'b'
        AND   key3 = 'c'.
```

Dieser Zugriff nutzt immer den Primärschlüssel und findet auf dem Index sehr schnell den Eintrag, der alle Bedingungen erfüllt. Von dort springt er zu dem Satz in der Tabelle. Falls kein Satz alle Bedingungen erfüllt, liegt auch dieses Ergebnis schnell vor.

Falls die Tabelle einen eindeutigen Sekundärindex hat, dann ist auch ein Einzelsatzzugriff über den Sekundärindex möglich, falls für alle seine Felder Gleichheitsbedingungen vorliegen.

Der indexunterstützte Mengenzugriff

Falls die WHERE-Klausel nur einen vorderen Teil eines Schlüssels enthält, dann können mehrere Sätze die WHERE-Klausel erfüllen, wie zum Beispiel:

```
SELECT *
        INTO TABLE lt_dbtab
        FROM  dbtab
        WHERE field1 = 'a'
        AND   field2 = 'b'.
```

Ein solcher Zugriff sucht effizient die passenden Sätze auf dem Index und verzweigt dann jeweils zur Tabelle, um die gesamte Information zu lesen.

Der tabellenlesende Massenzugriff

Wie im Abschnitt 3.4 erklärt, lohnt es sich nicht, bei sehr großen Treffermengen einen Index zu nutzen, sondern es ist besser, gleich die ganze Tabelle zu durchzusuchen, da wahrscheinlich ohnehin alle Tabellenblöcke einmal geladen werden müssen. Eine große Treffermenge rührt daher, dass es nur eine geringe Einschränkung durch die WHERE-Klausel gibt:

```
SELECT *
        INTO TABLE lt_dbtab
        FROM  dbtab
        WHERE field7  = 'a'.
```

Dieser Zugriff durchsucht die Tabelle komplett und übernimmt alle Sätze, die die WHERE-Klausel erfüllen.

key1	key2	key3
A	1	1
A	2	2
A	3	3
A	4	4
B	1	5
B	2	6
B	3	7
B	4	8
C	1	9
C	2	10
C	3	11
C	4	12
D	1	13
D	2	14
D	3	15
D	4	16

key1	key2	key3	field4
D	4	16	ab
A	3	3	st
C	2	10	cd
D	1	13	fg
B	2	6	po
D	2	14	kl
C	1	9	mn
B	4	8	ab
D	3	15	cd
A	1	1	hg
B	3	7	tu
C	3	11	hg
A	4	4	gf
A	2	2	po
B	1	5	xy
C	4	12	kl

key1	key2	key3
A	1	1
A	2	2
A	3	3
A	4	4
B	1	5
B	2	6
B	3	7
B	4	8
C	1	9
C	2	10
C	3	11
C	4	12
D	1	13
D	2	14
D	3	15
D	4	16

key1	key2	key3	field4
D	4	16	ab
A	3	3	st
C	2	10	cd
D	1	13	fg
B	2	6	po
D	2	14	kl
C	1	9	mn
B	4	8	ab
D	3	15	cd
A	1	1	hg
B	3	7	tu
C	3	11	hg
A	4	4	gf
A	2	2	po
B	1	5	xy
C	4	12	kl

key1	key2	key3	field4
D	4	16	ab
A	3	3	st
C	2	10	cd
D	1	13	fg
B	2	6	po
D	2	14	kl
C	1	9	mn
B	4	8	ab
D	3	15	cd
A	1	1	hg
B	3	7	tu
C	3	11	hg
A	4	4	gf
A	2	2	po
B	1	5	xy
C	4	12	kl

Abb. 4–2 *Darstellung der Zugriffsarten*

Es ist wichtig, dass Sie verstehen, dass diese drei Zugriffe alle optimal für die jeweilige Aufgabe sind. Natürlich dauern sie unterschiedlich lange, sie müssen auch unterschiedlich viele Sätze lesen. Die Gesamtdauer ist unterschiedlich, die Zeit pro gelesenem Satz jedoch immer gut. Auch der tabellenlesende Zugriff ist von der Geschwindigkeit pro Satz nicht unbedingt schlecht. Es stellt sich jedoch die Frage, ob so viele Sätze überhaupt gelesen werden müssen. Um diese Frage kümmert sich die zweite Goldene Regel.

Genauso wichtig ist es, dass Sie den Explain Ihrer Datenbank für diese drei Zugriff interpretieren können. Deshalb sollten Sie sich im Anhang A.3 die Einführung des Datenbank-Explain durchlesen. Dort finden Sie auch Beispiele zu diesen drei Zugriffen für jede Datenbankplattform. Das Beispielprogramm ZPERF_DB_EXPLAIN enthält weitere Zugriffstypen.

Die einfache Zusammenfassung dieses Abschnitts lautet: Jeder SELECT sollte eine WHERE-Klausel haben, die so selektiv ist, dass daraus eine nicht zu große Treffermenge resultiert. Es sollte einen Index geben, der alle Bedingungen der WHERE-Klausel unterstützt. Als Übung sollten Sie sich den Explain der SQL-Trace ansehen.

4.2.2 Vielfalt der WHERE-Klauseln

Die WHERE-Klausel muss nicht nur Gleichheitsbedingungen enthalten. Es ist eine größere Vielfalt möglich, um die unterschiedlichsten Anforderungen unterstützen zu können. Dieser Abschnitt gibt einen Überblick.

Der Aufbau der WHERE-Klausel

Die WHERE-Klausel besteht aus Bedingungen, die neben Gleichheitszeichen noch andere Operatoren nutzen können. Sind es mehrere Bedingungen, dann können diese additiv (AND) oder alternativ (OR) verknüpft werden:

Tab. 4–3
Aufbau der WHERE-Klause

Vergleichsoperator	Gleichheit (=, EQ),
	Vergleich: kleiner (<, LT), kleiner gleich (<=, LE), größer gleich (>=, GE) oder größer (>, GT),
	Intervall: innerhalb (BETWEEN a AND b),
	ähnlich (LIKE).
Negative Bedingung	Ungleich (<>, NE),
	die Negation eines Vergleichs ist ein anderer Vergleich, z. B. NOT GT ist LE,
	Intervall: außerhalb (NOT BETWEEN a AND b),
	nicht ähnlich (NOT LIKE).
Verknüpfung von Bedingungen	additiv durch AND,
	alternativ durch OR,
	bei mehreren Verknüpfungen gilt: AND ist stärker als OR. Die Nutzung von Klammern ist möglich und bei komplexeren WHERE-Klauseln empfehlenswert.
IN-Liste	Mehrere durch OR-verknüpfte Gleichheitsbedingungen lassen sich auch als IN-Liste schreiben, z.B. IN (a,b). Die Negation dazu ist NOT IN.

Beachten Sie den Unterschied zwischen dem AND bei den Verknüpfungen und bei dem BETWEEN-Operator. Auch die einfache IN-Liste sollte nicht mir den Selektionsoptionen oder RANGES-Tabellen verwechselt werden, deren Beschreibung im nächsten Unterabschnitt folgt.

Die Reihenfolge der Bedingungen in der WHERE-Klausel hat keinen Einfluss auf den Optimierer; für die effiziente Nutzung des Cursor-Caches, siehe Abschnitt 3.3, ist es jedoch empfehlenswert, eine möglichst feste Reihenfolge einzuhalten. Schreiben Sie deshalb die Bedingungen, soweit möglich, in derselben Reihenfolge, wie die Felder in der Tabelle vorkommen. Das erhöht auch die Lesbarkeit.

Wildcards für Ähnlichkeitsbedingungen

Ähnlichkeitsbedingungen sollten Wildcards enthalten, wie zum Beispiel 'Schmi*' oder 'M++ER'. Beachten Sie bitte, dass die Wildcards auf dem Selektionsschirm anders aussehen als im Open-SQL-Code, field1 LIKE 'Schmi%' oder 'M__ER'.

Tab. 4–4 Wildcards auf Selektionsschirm und im Open SQL

	Selektionsschirm	Open-SQL-Code
Mehrere Zeichen	*	%
Einzelnes Zeichen	+	_

Soll nach den Wildcards `'%'` oder `'_'` gesucht werden, dann ist es im Programm möglich, mit einem Escape-Zeichen `'#'` die Bedeutung als Wildcard aufzuheben. Das sehen Sie am einfachsten an einem Beispiel.

Beispiel

Rufen Sie in der Transaktion SE16 die Tabelle DD32S auf und suchen Sie nach den Suchhilfen (`shlpname`) `'DD_++_*'`. Führen Sie eine SQL-Trace aus und betrachten Sie die Detailanzeige für die OPEN-Operation. Sie lautet `shlpname LIKE 'DD#___#_%' ESCAPE '#'`.

Der Datenbankwert NULL

Es gibt noch den speziellen Wert `NULL`, den Sie nicht mit der Ziffer `0` oder mit einem Initialwert verwechseln sollten. Den Wert `NULL` gibt es nur auf der Datenbank und er besagt, dass der Wert nicht bekannt ist, da für das Feld nie eine Eingabe gemacht wurde. Die Abfrage nach dem Wert `NULL` in einem `SELECT` lautet:

```
WHERE field IS [NOT] NULL.
```

Die Datenbank kann zwischen Initialwerten und `NULL`-Werten unterscheiden. Zum Beispiel ignoriert die Datenbank den Wert `NULL` bei der Durchschnittsbildung. Auf dem Applikationsserver wird dagegen der Wert `NULL` als `0` gewertet und das Ergebnis fällt anders aus:

```
DB: AVG(1,0,2,NULL)=3/3=1      ABAP: AVG(1,0,2,0)=3/4
```

Disjunktive Normalform (DNF)

Die meisten `WHERE`-Klauseln sind relativ kurz, sie können aber auch sehr lang und beliebig kompliziert werden. Um eine komplizierte Bedingung übersichtlich zu schreiben, können Sie die Disjunktive Normalform (DNF) nutzen, denn jede `WHERE`-Klausel lässt sich als DNF schreiben.

Die DNF trennt `OR`- und `AND`-Verknüpfungen. Sie besteht aus Zweigen, in denen nur `AND`-Verknüpfungen vorkommen. Alle Zweige sind mit `OR` verknüpft.

Zum Beispiel bekommt folgende etwas kompliziertere `WHERE`-Klausel

```
WHERE ( f1 < 1 AND f2 IN ('a', 'b') OR f1 > 5
      AND f4 = 'c' ) AND f3 LIKE 'D%'.
```

in der Schreibweise der DNF das Aussehen:

```
WHERE ( f1 < 1 AND f2 = 'a' AND f3 LIKE 'D%' )
OR    ( f1 < 1 AND f2 = 'b' AND f3 LIKE 'D%' )
OR    ( f1 > 5 AND f4 = 'c' AND f3 LIKE 'D%' ).
```

Hier wurde `field` mit `f` abgekürzt. Das Beispiel zeigt auch, dass die `WHERE`-Klausel beim Umformen in eine DNF länger werden kann. Die ersten beiden Zweige entstanden aus der Auflösung der `IN`-Liste für `f2`.

Da jeder `OR`-Zweig einer DNF als eigene Anweisung aufgefasst werden kann, bevorzugen Datenbanken die Darstellung in der Disjunktiven Normalform. Um die `WHERE`-Klausel nicht zu lang und zu unübersichtlich zu machen, ist es ratsam, elementare `OR`-Verknüpfungen zusammenzufassen. Elementare `OR`-Verknüpfungen beziehen sich nur auf ein Feld, wie oben `f2 = 'a' OR f2 = 'b'`. Die Zusammenfassung ist insbesondere dann sinnvoll, wenn es sich um Gleichheitsbedingungen handelt, die sich als `IN`-Liste schreiben lassen.

Beispiel

Das Beispielprogramm enthält mehrere Testfälle, an denen Sie die Auswirkungen der Operatoren beobachten können. Sehen Sie sich auch die Kosten im Explain an. Daran merken Sie, dass sich die Variablen und damit die Zahl der tatsächlich gelesenen Sätze ändern, die Kosten wegen der Hostvariablen jedoch immer gleich bleiben.

Gerade diese Beispiele sollten Sie auf Ihrem System ausprobieren, da sie eine gute Übung für den Datenbank-Explain sind. Bei Oracle-Datenbanken können Sie versuchen, die Zahl der erwarteten Sätze nachzurechnen, daraus folgen die heuristischen Werte, die unten angegeben sind.

Es ist nicht notwendig, die Abschätzungen des Optimierers genau nachzurechnen. Dennoch kann es gelegentlich nützlich sein, sie nachvollziehen zu können. Als Anhaltspunkt für die Selektivität der Operatoren sollen die Zahlen genügen, die sich aus der Anzeige der erwarteten Sätze bei Oracle ergeben:

- Eine Ähnlichkeitsbedingung `f1 LIKE A0` wird mit einem Faktor 20 bewertet.
- Einen Faktor 20 erhält ein Vergleich, also `f1 > A0` oder >=, <=, <.
- Eine Kombination zweier Vergleiche, also `f1 > A0 AND f1 < A1`, was der Intervallbedingung `f1 BETWEEN A0 AND A1` entspricht, wird mit einem Faktor 400 bewertet.

Achten Sie darauf, dass die WHERE-Klausel möglichst die gesamte zur Verfügung stehende Information über die gesuchten Daten enthält. Lesen Sie nur die Daten, die Sie auch wirklich benötigen. Bauen Sie eine möglichst gut einschränkende WHERE-Klausel auf.

4.2.3 Die Selektionsoptionen

Open SQL stellt die Selektionsoptionen zur Verfügung, um die unterschiedlichsten Benutzereingaben bei Auswahlschirmen verarbeiten zu können. In Open SQL sieht die WHERE-Bedingung einfach aus:

```
WHERE field1 IN seltab_1.
```

Die Benutzereingaben bilden den Inhalt der Selektionstabelle `seltab_1`. Erst die Datenbankschnittstelle erzeugt aus den Eingaben eine reguläre WHERE-Klausel, die an die Datenbank geschickt wird.

Selektionstabellen sind vor allem für Benutzereingaben auf Selektionsschirmen gedacht, sie können aber auch im Programm genutzt werden. Dann spricht man von sogenannten RANGES-Tabellen. Die RANGES-Tabellen werden im Abschnitt 4.4.4 im Zusammenhang mit der Minimierung der Zahl von Ausführungen besprochen.

Die Möglichkeiten der Selektionstabellen

Die Flexibilität einer Selektionstabelle folgt aus den möglichen Inhalten der Tabelle `seltab`. Diese hat einen Zeilentyp mit vier Feldern:

```
sign, option, low, high
```

Die Bedeutung von `sign` folgt gleich, die Bedeutung der anderen drei Felder zeigt die Tabelle:

Tab. 4–5 Felder der Selektionstabelle

	OPTION	LOW	HIGH
Gleichheit	EQ, NE	Wert	-
Vergleich	LT, LE, GE, GT	Wert	-
Ähnlichkeit	CP, NP	Charakterartiger Wert	-
Intervall	BT, NB	Wert	Wert

Die Felder `low` und `high` müssen vom gleichen Typ sein wie das Feld, für das die WHERE-Bedingung gilt. Das Feld `high` wird nur bei Intervallbedingungen benötigt. Ähnlichkeitsbedingungen sind nur bei charakterartigen Feldern möglich.

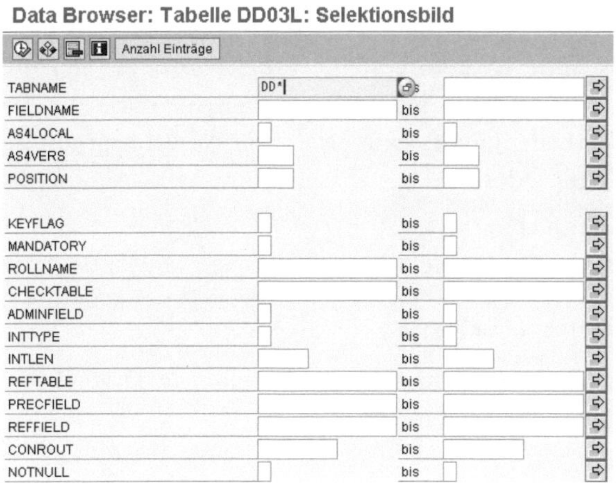

Abb. 4-3
Aussehen der Selektionsoptionen im System

Gibt es mehrere Bedingungen, dann werden diese als weitere Zeilen in die Tabelle gestellt und als Alternativen angesehen. Folglich sind sie in der Anweisung mit `OR` verknüpft.

Das erste Feld `sign` legt fest, ob die Bedingung einschließend oder ausschließend gilt. Es gibt nur zwei mögliche Werte, das sind `I` für inklusive und `E` für exklusive. Alle Bedingungen mit `E` werden zusammen negiert. Mithilfe der einfachen logischen Äquivalenz lassen sich damit `AND`-Verknüpfungen erzeugen:

```
NOT ( A OR B )  <=>  NOT A AND NOT B
```

Dabei sind `A` und `B` Abkürzungen für Bedingungen.

Das folgende Beispiel zeigt, wie damit mehrere Werte gleichzeitig ausgeschlossen werden können:

```
sel_tab: [E, =, '1', ' '], [E, =, '2', ' ']
         => NOT ( f1 = 1 OR f1 = 2 ).
         => f1 <> 1 AND f1 <> 2.
```

Welche `WHERE`-Klauseln sind mit Selektionstabellen realisierbar?

Um zu sehen, welche `WHERE`-Klauseln sich mit Selektionsoptionen realisieren lassen, genügt ein Blick auf die Disjunktive Normalform. Es lässt sich ein Zweig erreichen, in dem elementare `OR`-Verknüpfungen für einzelne Felder enthalten sein können. Verschiedene Zweige lassen sich nicht realisieren, können aber durch mehrere Selektionen nachgestellt werden. Dabei können jedoch Unterschiede durch doppelte Ergebnissätze auftreten, siehe Abschnitt 4.3.2.

Die Tabellenanzeige (SE16) als Testhilfe

Die im Abschnitt 3.9.2 vorgestellte Tabellenanzeige (SE16) ist ein hervorragendes Beispiel für Selektionstabellen. Sie nutzt zur Auswahl des gesuchten Tabelleninhalts eine generierte Anweisung mit einer Selektionstabelle für jedes Feld der Tabelle:

```
WHERE field1 IN seltab_1
AND   field2 IN seltab_2
...
AND   fieldn IN seltab_n.
```

Falls es mehr als 40 Felder sind, erscheint ein Dialogfenster für die Auswahl der gewünschten Felder.

Beispiel

Rufen Sie die Tabellenanzeige (SE16) für die Tabelle `TCURR` auf. Starten Sie die SQL-Trace in einem zweiten Modus. Geben Sie bei der Suche bei kurst den Wert `'EURO'` an. Führen Sie die Tabellendarstellung aus. Als Ergebnis erhalten Sie eine Reihe von Eurokursen.

Rufen Sie die SQL-Trace auf, am besten mit Filter auf Objektname `'TCURR'`. Vergleichen Sie die Open-SQL-Anweisung (ABAP-Quellcode) und die ausgeführte Anweisung (Detailanzeige).

Das Beispiel zeigt, dass die ABAP-Anweisung für jedes Feld der Tabelle `TCURR` eine Selektionsoption besitzt. Die ausgeführte Anweisung enthält jedoch nur zwei `WHERE`-Bedingungen, den automatisch eingesetzten Mandanten und Ihre Eingabe:

```
WHERE mandt = '001'
AND   kurst = 'EURO'.
```

Was folgt daraus für die Tabellenanzeige (SE16)?

- Mit der Tabellenanzeige (SE16) lassen sich nicht nur Inhalte der Tabellen anzeigen, sondern viele `SELECT`-Anweisungen unkompliziert direkt nachstellen. Zusammen mit der SQL-Trace ist dies eine nützliche und oft übersehene Testmöglichkeit. Wenn Sie ein Problem mit einem `SELECT` vermuten, ist es oft die einfachste Option, den `SELECT` auf diese Weise zu untersuchen.
- Einen Join können sie nicht direkt, sondern nur nach Anlage eines Views untersuchen. Sehr häufig ist nicht der Join als Ganzes interessant, sondern die Einzelzugriffe auf die beteiligten Tabellen.

Indexunterstützung bei Selektionstabellen

Die hohe Flexibilität der Selektionstabellen kann bei Anweisungen mit mehreren Selektionsoptionen zu einer großen Vielfalt möglicher Anweisungen führen. Da die Anzahl der möglichen Indizes auf einer Tabelle begrenzt ist, kann nicht jede Anweisung optimal unterstützt werden. Was ist also zu tun? Um eine möglichst gute Performance zu erreichen, sollten Sie folgendermaßen vorgehen:

- Identifizieren Sie zunächst die häufigsten und sinnvollsten Suchen, die bei dieser Anweisung vorkommen können.
- Falls ein selektives Feld, wie zum Beispiel ein Datum oder eine Nummer, in allen sinnvollen Suchen vorkommt, dann kann es zu einem Pflichtfeld gemacht werden. Es sollte dann mindestens einen Index geben, der dieses Feld an erster Stelle enthält, sodass jede Suche ohne bessere Alternative zumindest diesen Index nutzen kann.
- Falls dies nicht der Fall ist, sollten zumindest für die wichtigsten Suchen Indizes angelegt werden. Alle anderen Suchen können dann eventuell recht lange dauern.
- Eine andere Möglichkeit wird bei der Tabellenanzeige (SE16) genutzt. Da sie rein generisch ist, kann es keine Pflichtfelder geben, da jeder Zugriff erlaubt sein muss. Auch auf die Indizes kann kein Einfluss genommen werden. Die Performance ist im Prinzip nebensächlich. Um die Systemlast etwas einzuschränken, ist die Treffermenge durch eine änderbare Voreinstellung auf 200 Sätze beschränkt.
- Eine komplette Lösung für dieses Problem gäbe es nur, wenn die Indizes genauso flexibel aufgebaut werden könnten wie die Selektionsoptionen. Die Bitmap-Indizes, siehe Abschnitt 3.4.2, sind ein Schritt in diese Richtung. Im SAP-System ist es die Suchmaschine TRex (Text Retrieval and Information Extraction), die solche flexible Indizes zur Verfügung stellt. Damit kann für jede Suche ein kombinierter Index erzeugt und so die bestmögliche Lösung angeboten werden.

Das Verständnis der Selektionsoptionen ist wichtig!

Sie sind dynamische `WHERE`-Klauseln, die von der Datenbankschnittstelle zur Laufzeit mit dem Inhalt der Selektionstabelle gefüllt werden. Erst die umgesetzte `WHERE`-Klausel bestimmt den verwendeten Zugriffspfad und damit die Performance der Anweisung.

Die Tabellenanzeige (SE16) ist ein sehr gutes Beispiel für die Flexibilität der Selektionstabellen. Sie ist ein nützliches Tool zum Nachstellen von Zugriffen und Ergebnismengen, insbesondere zusammen mit der SQL-Trace.

Die Vielfalt der möglichen Anweisungen aus einem SELECT mit mehreren Selektionsoptionen ist sehr hoch. Um eine gute Performance zu erreichen, ist es gut, wenn ein selektives Feld zu einem Mussfeld gemacht werden kann. Ansonsten sollten zumindest die wichtigsten Zugriffe indexunterstützt sein.

4.2.4 Die Form der WHERE-Bedingung

Nun gibt es bei den WHERE-Bedingungen noch ein paar Feinheiten zu beachten, um sicherzugehen, dass auch wirklich der am besten geeignete Index gewählt wird. Die folgenden Empfehlungen haben unterschiedliche Auswirkungen auf die in der Einführung des Abschnitts vorgestellten Aspekte. Ein Minus »-« bedeutet, dass ein Verstoß die Nutzung beim Optimieren, bei der Suche oder bei der Einschränkung verhindert.

Tab. 4–6 *Auswirkungen von Problemen in* WHERE-*Klausel*

	Optimiererentscheidung	Sucheffizienz	Treffermenge
Komplette WHERE-Klausel	–	–	–
Leere Bedingungen	–	–	–
Wildcards und LIKE	–		
IN-Liste besser als OR	–		
Fehlende Bedingungen	–	–	–
Ungleichbedingung	–	–	
Disjunktive Normalform	–		

Gerade die neueren Datenbanken versuchen solche Optimierungen auch selbstständig vorzunehmen, deshalb treten die nachfolgend beschriebenen Performanceeffekte nicht bei allen Datenbankplattformen auf. Falls Ihre Programme auf mehreren Plattformen laufen sollen, lohnt es sich wahrscheinlich, die Änderung auch dann vorzunehmen, wenn sie auf Ihrem System nichts bewirkt.

Möglichst komplette WHERE-Klausel

Die schlechteste Art des Zugriffs enthält gar keine WHERE-Bedingungen, die Auswahl nehmen erst CHECK-Bedingungen auf dem Applikationsserver vor:

```
SELECT * INTO ls_dbtab
         FROM dbtab.
  CHECK  key1 = 'a'.
  CHECK  key2 = 'b'.
  CHECK  key3 = 'c'.
  APPEND ls_dbtab TO lt_dbtab.
ENDSELECT.
```

Diese Anweisung liefert das gleiche Ergebnis wie der `SELECT SINGLE` im Abschnitt 4.2.1, die Verarbeitung dauert aber viel länger, da alle Sätze von der Tabelle gelesen und an den Applikationsserver übertragen werden.

Beispiel

Sehen Sie sich den ersten Testfall an. Darin werden ausgehend von einer Selektion, die genau einen Satz liefert, die `WHERE`-Bedingungen nach und nach als `CHECK`-Bedingungen geschrieben. Das Ergebnis bleibt zwar ein Satz, die Einschränkung findet jedoch erst auf dem Applikationsserver statt.

Die SQL-Trace zeigt, dass tatsächlich sehr viel mehr Sätze von der Datenbank geholt werden. Diese Anzahl zeigt auch der zweite Testfall, bei dem die `CHECK`-Bedingungen weggelassen wurden.

Beachten Sie auch, dass `CHECK`-Bedingungen möglich sind, die nicht als `WHERE`-Bedingung formuliert werden können, wie zum Beispiel:

```
CHECK ( field1 * field3 > x ).
```

Falls eine solche Bedingung in einem wichtigen Zugriff nötig ist, wäre es wahrscheinlich sinnvoll, ein weiteres Feld `field = field1 * field3` in die Tabelle aufzunehmen.

Späte Einschränkung

Der Nachteil der `CHECK`s in den `SELECT`-Anweisungen ist schnell zu erkennen. Da sie leicht zu vermeiden sind, kommen sie mittlerweile nicht mehr häufig im Programmcode vor.

Die `CHECK`s sind aber nicht die einzige Möglichkeit, um zunächst viel mehr Daten als nötig zu lesen und erst später einzuschränken. Die Einschränkung kann in der `SELECT`-Schleife durch eine `IF`-Bedingung erfolgen oder erst in einem `LOOP`, der die Ergebnistabelle `lt_dbtab` verarbeitet. Es kann sogar sein, dass die Daten erst viel später an einer ganz anderen Programmstelle eingeschränkt werden.

Deshalb ist es generell nicht empfehlenswert, Daten zu früh und zu unselektiv auf Vorrat zu lesen. Daten sollten erst dann gelesen werden, wenn sicher ist, dass sie gebraucht werden. Die gesamte verfügbare einschränkende Information sollte in der `WHERE`-Klausel mitgegeben werden.

Leere Bedingungen

Es gibt Bedingungen, die keine Einschränkung bedeuten und die von der Datenbankschnittstelle nicht an die Datenbank weitergereicht werden. Dazu gehört die Ähnlichkeitsbedingung, die nur die Wildcard selbst enthält:

```
WHERE field1 LIKE '%'.
```

Bei den Selektionsoptionen gibt es den analogen Fall mit `option = 'CP'` und `low = '*'` und die leere Selektionstabelle wird ebenfalls nicht an die Datenbank weitergereicht. Es ist also im ABAP-Code nicht unbedingt ersichtlich, ob es überhaupt eine `WHERE`-Bedingung gibt.

Beispiel

Das Beispielprogramm enthält Tests mit leeren Bedingungen, einmal ohne Bedingung auf das zweite Feld, dann mit einer Ähnlichkeitsbedingung und schließlich mit einer `RANGES`-Bedingung. Im ABAP-Code sehen die Bedingungen unterschiedlich aus. Führen Sie die SQL-Trace aus, dann sehen Sie, dass die Detailanzeige und der Explain für alle drei Tests gleich sind.

Sparsame Benutzung von LIKE und Wildcards

Sie sollten die Ähnlichkeitsbedingung (`LIKE`) nur nutzen, wenn sie wirklich nötig ist, d.h., wenn der Operand wirklich eine Wildcard enthält. Vielleicht denken Sie, dass zwischen folgenden beiden `WHERE`-Bedingungen kein Unterschied besteht:

```
WHERE city =    'Berlin'.
WHERE city LIKE 'Berlin'.
```

In der Ausführung sind beide Bedingungen auch gleich, sie schränken beide auf die gleiche Treffermenge ein. Aber in der Bewertung durch den Optimierer sind sie sehr verschieden.

Der Optimierer bewertet die erste Bedingung als Gleichheitsbedingung und die zweite als Ähnlichkeitsbedingung, also genauso wie `city LIKE 'B%'`. Im dritten Kapitel wurde mehrfach darauf hingewiesen, dass der Optimierer nur die Hostvariablen `A0` zu sehen bekommt. Für ihn sehen die Bedingungen so aus:

```
WHERE city =    A0.
WHERE city LIKE A0.
```

Der Wert von `A0` und insbesondere, ob `A0` im zweiten Fall überhaupt eine Wildcard enthält, ist dem Optimierer nicht bekannt. Deshalb wird er die zweite Bedingung als weit weniger selektiv als die erste ansehen.

Stehen mehrere Zugriffsoptionen zur Auswahl, dann kann die niedrigere Bewertung der Ähnlichkeitsbedingung den Optimierer verleiten, einen schlechteren Zugriffspfad zu wählen.

Beispiel

Zu diesem Beispiel gibt es auch einen Testfall, mit welchem Sie die beiden Versionen in Ihrem System ausprobieren können. Schauen Sie sich auch die unterschiedlichen Kosten im Explain an.

IN-Klauseln besser als OR-Bedingungen

Eigentlich sind folgende `WHERE`-Klauseln komplett gleichwertig:

```
WHERE field1 = 'a' OR field1 = 'b' OR field1 = 'c'.
WHERE field1 IN ( 'a', 'b', 'c' ).
```

Dennoch bewerten manche Optimierer die `IN`-Liste besser als mehrere mit `OR` verknüpfte Bedingungen. Falls Sie also alternative Gleichheitsbedingungen für ein Feld haben, dann schreiben Sie diese besser als `IN`-Klausel. Schaden kann es nicht und die Lesbarkeit erhöht sich allemal.

Beispiel

Dazu gibt es einen entsprechenden Testfall, den Sie sich am besten auf Ihrem System anschauen.

Lücken in der WHERE-Klausel

Man spricht von einer Lücke in der `WHERE`-Klausel, wenn von einem Index für ein oder mehrere Felder zwar Bedingungen vorliegen, aber nicht genutzt werden können, da sie im Index hinter einem Feld liegen, für das es keine Bedingung gibt:

```
WHERE key1  = 'a'
                        /* keine Bedingung für key2
AND   key3  = 'c'.
```

Hier fehlt offensichtlich eine Bedingung für das zweite Feld des Tabellenschlüssels. Das ist dann besonders unvorteilhaft, wenn das hintere Feld sehr selektiv ist. In diesem Fall haben Sie folgende Möglichkeiten:

- Zunächst sollten Sie prüfen, ob die fehlende Bedingung vielleicht doch bekannt ist. Es hat durchaus Fälle gegeben, in denen eine Bedingung weggelassen wurde, da das Feld nur eine einzige Ausprägung hat und nichts zur Einschränkung beiträgt. Dies ist richtig, aber für die Indexnutzung ist die Bedingung von entscheidender Bedeutung.

- Ist die Bedingung wirklich nicht bekannt, dann ist das Index- bzw. Tabellendesign meist optimierbar, da die bekannte Information weiter vorn stehen sollte. Falls sich daran nichts mehr ändern lässt, dann sollte es zumindest in Zukunft bei ähnlichen Fällen beachtet werden.
- Hat das fehlende Feld nur wenige Ausprägungen, dann gibt es zwei Lösungsmöglichkeiten:
  - Sie können die möglichen Werte nachschauen, und eine entsprechende Bedingung ergänzen. Dies ist jedoch nur sinnvoll, wenn sich die möglichen Werte nicht ändern können:

    ```
    WHERE key1  = 'a'
    AND   key2 IN ( value1, value2, … )
    AND   key3  = 'c'.
    ```

  - Besser ist es, wenn die möglichen Werte in einer Definitionstabelle abgelegt sind, die mit einer Subquery, siehe Abschnitt 4.7.3, gelesen werden kann:

    ```
    WHERE key1  = 'a'
    AND   key2 IN ( SELECT key2 FROM T123 )
    AND   key3  = 'c'.
    ```

Ungleichbedingung

Die Ungleichbedingung wird bei der Bewertung durch den Optimierer nicht berücksichtigt und hilft auch bei der folgenden Suche auf dem Index nicht. Sie hilft lediglich bei der Einschränkung der Treffermenge. Falls die Ungleichbedingung ein wichtiges Indexfeld betrifft, wie zum Beispiel:

```
WHERE key1 =  'a'
AND   key2 <> 'b'
AND   key3 =  'c'.
```

Es sollte versucht werden, die Bedingung in eine positive Bedingung umzuwandeln. Bei unselektiven Feldern mit nur wenigen Ausprägungen können die verbleibenden Möglichkeiten eingesetzt werden.

Für dieses Problem gibt es ein Standardbeispiel, bei dem die unerledigten Dokumente neueren Datums gelesen werden sollen:

```
WHERE status <> 'erledigt'
AND   date   >  '01.10.2009'.
```

Befindet sich das Statusfeld vor dem Datum, dann gibt es überhaupt keine Indexunterstützung. Zum Glück hat das Statusfeld nur wenige Ausprägungen, nämlich 'neu', 'in Arbeit' und 'erledigt', und es ist nicht zu erwarten, dass sich daran etwas ändert. Deshalb kann die WHERE-Klausel umgeschrieben werden in eine Form mit einer sehr guten Selektivität auf dem Index:

```
WHERE status IN ( 'neu', 'in Arbeit' )
AND   date   >  '01.10.2009'.
```

Disjunktive Normalform (DNF)

Bei sehr langen und komplizierten WHERE-Klauseln sollten Sie die Schreibweise der DNF nutzen, wobei Sie elementare OR-Verknüpfungen als IN-Liste belassen können. Dadurch erleichtern Sie dem Optimierer die Aufgabe und erhalten wahrscheinlich einen besseren Zugriffspfad.

Aus diesem Abschnitt sollten Sie sich merken, dass Sie Ähnlichkeitsbedingungen nicht zu sorglos nutzen sollten. Bei einer Auswahl mehrerer Möglichkeiten ist eine IN-Liste besser als eine OR-Verknüpfung. Versuchen Sie Lücken in der WHERE-Bedingung zu vermeiden oder zu ergänzen. Ähnlich sollten Sie bei Ungleichbedingungen versuchen, diese in eine Liste der verbleibenden erlaubten Werte umzusetzen.

4.2.5 Probleme beim Suchen

Zu Problemen beim Suchen kommt es, wenn die drei Punkte: Bewertung durch den Optimierer, Unterstützung der Suche und Einschränkung der Treffermenge (Tabelle 4–6) nicht gut erfüllt sind:

- Die negativsten Auswirkungen kann der erste Punkt haben, falls sich der Optimierer für einen falschen Pfad entscheidet.
- Eine fehlende oder schwache Unterstützung der Suche durch einen Index kann die Performance stark verschlechtern. Angenommen der Optimierer entscheidet sich für einen Full Table Scan, da die WHERE-Klausel nur Felder enthält, die in keinem Index vorkommen, dann kann es sein, dass die ganze Tabelle durchsucht wird, obwohl nur wenige Felder in das Ergebnis gelangen. Es ist auch möglich, dass ein Index die binäre Suche nur mit dem ersten, relativ wenig selektiven Feld unterstützt. Die weitere, viel stärkere Einschränkung erfolgt erst auf einem Indexfeld nach einer Lücke oder einem Tabellenfeld.
- Schließlich sollte die Einschränkung am besten zusammen mit der Suche auf dem Index erfolgen. Angenommen die WHERE-Klausel enthält einen vorderen Teil des Primärschlüssels und weitere ein-

schränkende Bedingungen, dann ist die Suche zwar schnell, es müssen jedoch zu viele Sätze gesucht werden, von denen nur wenige in das Ergebnis eingehen.

Um zu einer guten Lösung zu kommen, sollten Sie folgende drei Empfehlungen befolgen:

1. **Wählen Sie die bestmögliche `WHERE`-Klausel.**
   Stellen Sie darin alle Informationen zur Verfügung, sodass einerseits nur die wirklich benötigten Daten von der Datenbank geholt werden und andererseits die beste Zugriffsstrategie gefunden werden kann. Dabei sollten Sie bei der Form der `WHERE`-Klausel auf die Empfehlungen aus Abschnitt 4.2.4 achten. Bei Selektionsoptionen muss klar sein, dass nicht alle Möglichkeiten unterstützt werden können.
2. **Stellen Sie die notwendigen Indizes zur Verfügung.**
   Ein Zugriff kann nur so gut sein wie der Index, der ihn unterstützt. Für viele verschiedene Zugriffe genügt der Primärschlüssel alleine nicht. Beim Anlegen eines neuen Index sollten Sie die Empfehlungen des Abschnitts 4.2.6 berücksichtigen.
3. **Zur Not können Sie die Entscheidung durch Hints und die Statistiken beeinflussen.**
   Eigentlich sollten die Punkte eins und zwei ausreichen, um eine gute Performance zu erhalten. Gelegentlich passiert es jedoch, dass sich der Optimierer nicht für den eigentlich gut geeigneten vorhandenen Index entscheidet. In diesem Fall haben Sie zwei Möglichkeiten:
   a) Prüfen Sie zunächst nach, ob der Index nicht nur im Data Dictionary vorgesehen, sondern auch wirklich angelegt wurde. Außerdem sollten die Statistiken für den Index vorhanden sein und dem aktuellen Stand entsprechen. Falls auch dies nichts bringt, bleibt nur noch die direkte Einflussnahme.
   b) Mithilfe von Datenbank-Hints kann die Entscheidung des Optimierers geändert werden. Die Benutzung von Hints wird unten erklärt. Hints beeinflussen nur die jeweilige Anweisung. Sollte es prinzipielle Probleme mit den Statistiken einer Tabelle geben, dann ist es bei manchen Plattformen möglich, Einfluss auf die Statistiken der Tabelle zu nehmen. Eine solche Maßnahme kann jedoch weit reichende Auswirkungen auf viele Anweisungen haben und sollte nur von jemandem mit viel Erfahrung vorgenommen werden.

Datenbank-Hints

Es gibt Hints, die direkt den zu verwendenden Index vorgeben, andere legen die Reihenfolge der Tabellen bei Joins fest, wieder andere nehmen lieber einen regelbasierten Optimierer.

Datenbank-Hints sind immer spezifisch für die jeweilige Datenbankplattform und teilweise auch für das Datenbankrelease. Sie können nicht davon ausgehen, dass es zu jedem Hint einen analogen Hint auf einer anderen Plattform gibt, deshalb muss jeder Hint explizit der Anweisung angefügt werden. Beachten Sie, dass es keine Syntaxprüfung auf Hints gibt, sie werden einfach an die Datenbank weitergereicht. Falls sie einen Fehler enthalten, wirken sie nicht. Deshalb müssen Hints immer mit der SQL-Trace auf richtige Funktion überprüft werden. Aus eigener Erfahrung kann ich sagen, dass die meisten Hints, die ich geschrieben habe, selten auf Anhieb richtig funktionierten.

Falls Sie ein Problem haben, für das ein Datenbank-Hint infrage kommt, dann sollten Sie sich in dem Sammelhinweis über Hints (129385) und in dem Hinweis für Ihr Datenbankrelease genauer informieren.

4.2.6 Indexdesign

Wenn es zu einem Zugriff keinen passenden Index gibt, sollten Sie darüber nachdenken, einen neuen Index anzulegen. Dazu sind folgende Fragen zu klären:

- Was sind die Vor- und Nachteile eines neuen Index?
- Welche Felder in welcher Reihenfolge soll der Index haben?

Tab. 4–7
Vor- und Nachteile eines Index

Vorteile eines Index	Nachteile eines Index
Ein Index unterstützt die Suche.	Ein Index macht ändernde Tabellenoperationen langsamer.
Ein Index schränkt die durchsuchte Menge ein.	Ein Index benötigt Platz.
Eindeutige Indizes sorgen für Datenkonsistenz.	Ein neuer Index kann bestehende Zugriffe verschlechtern.

- Ein Index unterstützt die Suche. Er enthält die Felder in sortierter Reihenfolge, auf ihm kann binär gesucht werden. Nur dadurch sind akzeptable Suchzeiten bei großen Tabellen möglich.
- Ein Index schränkt die durchsuchte Menge ein. Die durchsuchte Menge wurde am Ende des Abschnitts 3.5.2 eingeführt. Wenn ein Index genutzt wird, ist es natürlich gut, wenn die Einschränkung bereits auf dem Index stattfindet, sodass möglichst nur für die Ergebnissätze auf die Tabelle zugegriffen werden muss. Ein Index

kann viel kompakter als die Tabelle sein, sodass er komplett in den Speicher der Datenbank passt. Von der Tabelle müssen dann nur die Blöcke geladen werden, die ins Ergebnis eingehende Informationen enthalten.

- Eindeutige Indizes sorgen für Datenkonsistenz. Der Primärschlüssel sorgt dafür, dass eine Kombination von Schlüsselwerten nur einmal in der Tabelle vorkommt. Weitere eindeutige Sekundärindizes können für weitere Einschränkungen sorgen.
- Ein Index macht ändernde Tabellenoperationen langsamer. Eine Änderung, die einen Satz in die Tabelle einfügt oder löscht, muss diesen Satz natürlich in allen vorhandenen Indizes einfügen oder löschen. Wird der Satz nur verändert, dann müssen lediglich diejenigen Indizes angepasst werden, die ein geändertes Feld enthalten.
- Ein Index benötigt Platz. Da natürlich gerade große Tabellen Performanceprobleme verursachen, sind Indizes bei ihnen besonders interessant. Dadurch ist der Platzverbrauch sowohl auf der Festplatte als auch im Datenbankmemory ein wichtiger Faktor. Bei 1 Million Zeilen und einer Breite von 100 Byte, wird der Index ungefähr 100 Megabyte benötigen.
- Ein neuer Index kann bestehende Zugriffe verschlechtern. Dies mag vielleicht etwas überraschend erscheinen, kann aber aufgrund der Ungenauigkeiten bei der Bestimmung der Suchstrategie passieren. Insbesondere wenn der neue Index Ähnlichkeiten zu einem alten Index hat, kann es vorkommen, dass ein Zugriff, der bisher den alten Index nahm, bei einer Neubestimmung der Suchstrategie den neuen Index wählt. Eine solche Änderung kann die Performance auch negativ beeinflussen. Dieser Effekt tritt umso leichter auf, je ähnlicher sich zwei Indizes sind.

Vor- und Nachteile abwägen

Deshalb sollten nicht zu viele und nicht zu ähnliche Indizes angelegt werden. Tabellen mit sehr zeitkritischen Änderungsoperationen sollten nur wenige Indizes haben. Meist sind die sehr großen Tabellen, für die Indizes wichtig sind, auch die Tabellen mit den meisten Änderungen.

Trotz dieser Nachteile sollte jeder wichtige und häufig ausgeführte Zugriff durch einen Index unterstützt werden. Bei weniger wichtigen Zugriffen muss auf eine Optimierung eventuell verzichtet werden, falls die gute Performance der Änderungen wichtiger ist.

Überlegungen zum Indexdesign

Soll ein Index angelegt werden, stellt sich die Frage, in welcher Reihenfolge die Felder in dem Index angeordnet sein sollen. Dafür gibt es zwei Empfehlungen, die gelegentlich konkurrierend sein können:

1. Die Felder, die mit einer Gleichheitsbedingung angegeben sind, sollten möglichst weit vorne im Index stehen.
2. Ebenso sollten die selektivsten Felder möglichst am Anfang des Index stehen.

Mehrere Sekundärindizes oder ein zusätzlicher Index

Diese Regeln sind besonders geeignet, wenn alle Sekundärindizes zu einer Tabelle neu angelegt werden, um mehrere bereits identifizierte Zugriffe zu unterstützen.

Geht es darum, zu bestehenden Sekundärindizes einen weiteren hinzuzufügen, dann kann es problematischer werden. Meist muss sich der neue Index einpassen. Anpassungen der alten Indizes werden nur in seltenen Fällen gemacht. Dadurch können Kompromisse nötig sein.

Die Reihenfolge der Felder im Index

1. Bei mandantenabhängigen Tabellen sollte der Mandant immer an erster Stelle im Index stehen. Das Mandantenfeld ist zwar sehr unselektiv, durch die automatische Mandantenbehandlung ist der Mandant aber immer mit einer Gleichheitsbedingung bekannt. Der Mandant unterstützt die Suche nicht besonders, er schadet aber auch nicht. Das Mandantenfeld wird noch aus anderen Gründen benötigt, zum Beispiel für das Transportsystem und für eine mögliche Partitionierung der Tabelle. Der zusätzliche Platzbedarf und andere Probleme früherer Datenbankreleases gelten mittlerweile nicht mehr.
2. Enthält die `WHERE`-Klausel ein hochselektives Feld, dann sollte dieses Feld an erster Stelle bzw. gleich nach dem Mandanten im Index stehen. Alle Indizes, die nach diesem Prinzip aufgebaut wurden, sind recht unproblematisch. Der Index ist damit schon selektiv und benötigt keine weiteren Felder. Lesen Sie dennoch bitte weiter.
3. Gehören zwei Felder zusammen, wobei das eine ein Oberbegriff zum anderen ist, dann kann es sinnvoll sein, den unselektiveren Oberbegriff im Index vor den selektiveren Unterbegriff zu stellen. Dadurch lässt sich eine bessere Lokalität erreichen.
4. Gibt es kein hochselektives Feld, dann muss der Index aus mehreren Feldern mit mittlerer und geringer Selektivität zusammengesetzt werden, um insgesamt eine hinreichende Gesamtselektivität zu erreichen. Dabei sollten Sie keinen strikten Regeln folgen, es muss weder das etwas selektivere Feld immer nach vorn noch das etwas häufiger vorkommende. Es ist möglich, dass ein mittelselektives Feld in mehreren Kombinationen mit anderen Feldern vorkommt und in mehrere Indizes eingehen sollte. Dann ist es sinnvoll, ein weniger selektives Feld, das nur in einem Index vorkommt, als

Unterscheider voranzustellen, um so eine große Ähnlichkeit zwischen den Indizes zu vermeiden.
5. Es ist denkbar, am Ende noch ein oder zwei weitere Felder anzuhängen, falls die Chance besteht, damit Anfragen komplett auf dem Index zu lösen. Dabei muss der zusätzliche Platzbedarf bedacht werden.
6. Schließlich sollten Sie darauf achten, dass Bedingungen auf Kombinationen von Feldern, die zusammen eindeutig sein müssen, durch einen eindeutigen Sekundärindex unterstützt werden.

Die im Abschnitt 3.5 eingeführte Selektivität spielt auch hier eine wichtige Rolle.

Selektivität bekannter Felder

Beim Indexdesign kann es sein, dass die Selektivität vorhergesagt werden muss, da die Tabelle noch nicht gefüllt ist. Deshalb sollten Sie die Selektivität einiger bekannter Felder kennen. Ein paar Beispiele finden Sie im Abschnitt 3.5.2.

Selektivität und Datenverteilung

Die Selektivität wird als einfachstes Maß verwendet, um auf die Datenverteilung zu schließen. Dabei wird immer von Gleichverteilung ausgegangen. Die Gleichverteilungsannahme muss bei extrem hochselektiven Feldern recht gut erfüllt sein, da es einfach keine Alternativen gibt. Wenn es genauso viele verschiedene Werte wie Sätze in der Tabelle gibt, dann muss jeder Wert genau einmal vorkommen.

Wenn es andererseits nur einen Wert gibt, dann müssen alle Sätze diesen Wert annehmen. Schon bei zwei Werten muss die Gleichverteilung nicht mehr erfüllt sein. Bei wenigen Werten ist dies kein größeres Problem, da die Abweichung von der tatsächlichen Selektivität nicht so groß ist. Aber schon Felder mittlerer Selektivität sollten besser nicht zu weit vorn in einem Index stehen.

Lokalität auf dem Index

Auch die Lokalität lässt sich am einfachsten an einem Beispiel verdeutlichen.

Angenommen ein Index soll die Felder Buchungskreis (`bukrs`) und Belegnummer (`belnr`) enthalten. Obwohl das zweite Feld bei Weitem selektiver ist, kann es sinnvoll sein, `bukrs` vor der `belnr` anzuordnen, da die Belege meist pro Buchungskreis gesucht werden. In dieser Anordnung beschränkt sich die Suche auf einen Teil des Index, während bei der umgekehrten Anordnung die gesuchten Nummern über den gesamten Index verteilt sind.

Dies ist ein einfaches Beispiel für Lokalität, die insbesondere bei sehr großen Tabellen beachtet werden sollte.

Wird ein neuer Index benötigt, dann sind Vor- und Nachteile gegeneinander abzuwägen. Beim Anlegen des Index sind einige Punkte zu beachten: das Mandantenfeld, die Selektivität der Felder, die Lokalität, Ähnlichkeiten zwischen den Indizes, die Unterstützung von Nur-Index-Zugriffen und die Eindeutigkeit.

4.3 Minimale Zahl übertragener Sätze

Auch wenn der einzelne Satz schnell gelesen wird, führt das Lesen und Übertragen sehr vieler Sätze immer noch zu einer großen Laufzeit. Deshalb besagt die zweite Goldene Regel, dass die Zahl der übertragenen Sätze auf die wirklich benötigten Sätze beschränkt sein muss. Dabei helfen die im diesem Abschnitt besprochenen Befehle. Die Grundvoraussetzung dabei ist die bestmögliche Einschränkung durch eine vollständige `WHERE`-Klausel.

4.3.1 Ergebnismenge und WHERE-Klausel

Ist von den gelesenen Sätzen einer `SELECT`-Anweisung die Rede, dann ist es hilfreich, genau zu wissen, um welche Menge von Sätzen es sich handelt. Durch eine unklare Beschreibung kann viel Verwirrung entstehen. Eine genauere Betrachtung ergibt sechs Mengen, die je nach Anweisung unterschiedlich sein können:

- Die **Ausgangsmenge** ist die Gesamtmenge der Daten in der beteiligten Tabelle oder den beteiligten Tabellen bei einem `JOIN`.
- Die **durchsuchte Menge** ist die Zahl der Sätze, auf welche der Index die Suche effizient reduzieren kann. Diese Menge muss durchsucht werden. Unterstützt der Index die `WHERE`-Klausel komplett, dann ist sie gleich der folgenden Menge.
- Die **Treffermenge** sind die Sätze, welche die `WHERE`-Klausel erfüllen. Diese Menge kann jedoch durch verschiedene Zusätze in der Anweisung noch weiter reduziert werden.
- Die **übertragene Menge** sind die Sätze, welche an den Applikationsserver übertragen werden. Zusatzbefehle wie `DISTINCT`, Aggregate, `UP TO n ROWS` oder `SELECT SINGLE` können die Treffermenge reduzieren. Die übertragene Menge wird in der SQL-Trace gezeigt.
- Die übertragene Menge lässt sich durch Reduktion der Breite der Sätze noch weiter in ihrer Größe reduzieren. Dazu erfahren Sie im Abschnitt 4.5 mehr.
- Die **Ergebnismenge** sind die Sätze, welche die Anweisung zurückliefert. Sie lässt sich zum Beispiel durch Zählen der Sätze in der Ergebnistabelle bestimmen. Auch die Datenbankschnittstelle löscht

gelegentlich ein paar Sätze, insbesondere die doppelten Sätze beim FOR ALL ENTRIES, siehe Abschnitt 4.4.5.

- Die **benötigte Menge** ist die Menge, mit welcher die Anwendung wirklich arbeitet. Es ist immer wieder zu beobachten, dass CHECK- oder IF-Bedingungen in SELECT/ENDSELECT-Schleifen die Sätze nach dem Holen nochmals reduzieren. Auch Bearbeitungen der Ergebnistabelle, mit denen Befehle wie ORDER BY mit UP TO n ROWS, DISTINCT oder Aggregate nachgebaut werden, reduzieren die Ergebnismenge.

Abb. 4–4 *Veranschaulichung der Mengen*

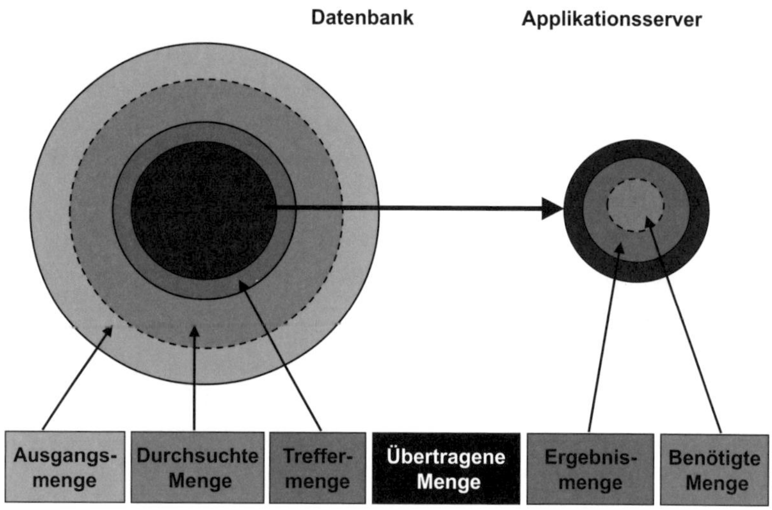

Je näher die durchsuchte Menge an der benötigten Menge liegt, desto näher ist die Anweisung an ihrem Optimum. Es wird sich jedoch zeigen, dass dazwischen nicht immer die Regel gilt: Je früher die Reduktion kommt, desto besser. Gelegentlich kann die langsamere Anweisung besser sein, weil dadurch Last von der zentralen Ressource »Datenbank« genommen wird.

Optimale WHERE-Klausel

Die WHERE-Klausel sollte die zu lesenden Sätze so weit wie möglich einschränken. Um dies zu erreichen, sind folgende Punkte zu beachten:

- Packen Sie immer alle verfügbaren Information in die WHERE-Klausel. Es sollte keine Bedingung weggelassen werden, nur weil sie nicht zur Selektivität des Indizes beiträgt. Eine Bedingung auf ein Feld, das nicht im Index vorkommt oder wegen einer Ungleichbedingung nicht auf einem Index verwendet werden kann, macht die Suche eventuell nicht schneller, kann aber die Treffermenge reduzieren.

- Lesen Sie Daten nicht auf Vorrat. Wenn sich der Programmablauf aufgrund von Bedingungen oder Benutzerinteraktion noch ändern kann, ist es nicht sicher, ob alle Daten benötigt werden.
- Lesen Sie nicht die ganze Tabelle, nur weil sie so klein ist. In einer anderen Konstellation kann die Tabelle groß sein und es werden immer noch alle Sätze gelesen.
- Optimieren Sie die Pufferkonzepte. Wenig selektive WHERE-Bedingungen finden sich oft in selbst geschriebenen Puffern. Ein Puffer sollte jedoch ebenfalls nicht unnötig auf Vorrat lesen. Außerdem sollten die gleichen Daten nicht mehrfach gepuffert werden. Mehr zu der Pufferung erfahren Sie im fünften Kapitel.

Bevor Sie versuchen, die Treffermenge mit Befehlen einzuschränken, sollten Sie sicherstellen, dass die logische Einschränkung durch die WHERE-Klausel optimal ist.

4.3.2 Doppelte Sätze im Ergebnis

Enthält die Ergebnistabelle identische Sätze, dann ist dies eine redundante Information, die nicht benötigt wird und auf deren Übertragung verzichtet werden kann. Es ist wichtig zu verstehen, wann es zu doppelten Sätzen kommen kann. Doch zuerst sollte klargestellt werden, wann es keine doppelten Sätze gibt.

Keine doppelten Ergebnissätze

Die Datenbank achtet darauf, dass Sätze mit dem gleichen Schlüssel nur einmal im Ergebnis vorkommen. Deshalb ergeben folgende WHERE-Klauseln keine doppelten Sätze:

- Wenn die gleiche Bedingung mehrfach in der WHERE-Klausel einer Anweisung auftaucht. Folgende Anweisung liefert nicht dreimal, sondern nur einmal das Ergebnis zur Bedingung `field1 = 'a'`:

  ```
  WHERE field1 IN ('a', 'a', 'a').
  ```
- Das Gleiche gilt für die analoge Formulierung mit OR-Bedingungen:

  ```
  WHERE field1 = 'a' OR field1 = 'a' OR field1 ='a'.
  ```
- Mehrere durch OR-verknüpfte Bedingungen, die zwar nicht identisch sind, aber überlappen, führen nicht zu doppelten Ergebnissätzen.

  ```
  WHERE field1 = 1 OR field1 = 2 OR field1 = 3
     POR field1 BETWEEN 1 AND 3.
  ```

Doppelte Ergebnissätze

Es gibt zwei Möglichkeiten, wie es zu doppelten Einträgen in der Ergebnistabelle kommen kann:

- Falls das Ergebnis aus mehreren Ausführungen stammt und darin gleiche oder überlappende Bedingungen vorkamen, enthält das Ergebnis doppelte Sätze.

```
SELECT * APPENDING TABLE lt_result
       FROM dbtab WHERE key1 = a.

SELECT * APPENDING TABLE lt_result
       FROM dbtab WHERE key1 = a.
```

- Falls die Ergebnistabelle in der Breite reduziert wurde und nicht mehr alle Felder des eindeutigen Primärschlüssels enthält, kann es sein, dass das Ergebnis doppelte Einträge enthält.

```
SELECT key1 INTO TABLE lt_projtab
      FROM dbtab WHERE key2 LIKE 'D%'.
```

Später beim Befehl FOR ALL ENTRIES spielt es eine Rolle, dass die doppelten Bedingungen innerhalb eines Blocks nicht zu doppelten Ergebnissätzen führen, während doppelte Bedingungen in verschiedenen Blöcken dies tun, siehe Abschnitt 4.4.5.

Beispiel

Das Programm enthält Testfälle zur Illustration dieses Verhaltens.

Sie müssen beachten, dass das Ergebnis doppelte Einträge enthalten kann und entscheiden, ob diese erwünscht oder nicht erwünscht sind.

4.3.3 Der Befehl DISTINCT

Doppelte Ergebnissätze lassen sich mit dem Zusatzbefehl DISTINCT in einer SELECT-Anweisung vermeiden:

```
SELECT DISTINCT(field1) INTO TABLE lt_dbtab
       FROM dbtab
       WHERE field2 = 'abc'.
```

Dazu wird in der Datenbank zunächst die Ergebnismenge aufgebaut, dann sortiert und die doppelten Sätze entfernt. Nur die unterschiedlichen Sätze werden auf den Applikationsserver übertragen. Der Befehl benötigt dafür Speicher und Rechenleistung auf der Datenbank.

Alternativ lassen sich die doppelten Sätze auf dem Applikationsserver mittels folgender Befehlskombination entfernen:

```
SORT lt_dbtab by field1.
DELETE ADJACENT DUPLICATES FROM lt_dbtab
                COMPARING field1.
```

Diese Variante nutzt den Speicher und die Rechenleistung auf dem Applikationsserver, jedoch müssen die doppelten Sätze zuerst auf den Applikationsserver übertragen werden. Zwischen den beiden Varianten ist nun ein Kompromiss zu finden:

- Ein System ist meist durch die Leistung des Datenbankservers begrenzt und skaliert bei den Applikationsservern nahezu beliebig. Deshalb sollte die Last, wann immer es möglich ist, auf den Applikationsserver verschoben werden.
- Ist die Reduktion der Treffermenge jedoch beträchtlich, dann ist es natürlich günstiger, bereits auf der Datenbank zu reduzieren und nur die kleinere Datenmenge zu übertragen.

Beispiel

Das Beispiel vergleicht den `SELECT DISTINCT` mit dem `SELECT` und anschließendem `DELETE ADJACENT DUPLICATES` auf dem Applikationsserver. Als Referenz wird noch der normale `SELECT` gemessen. Durch die Erhöhung der Anzahl der doppelten Sätze ist der `DISTINCT` irgendwann im Vorteil.

Das Beispiel zeigt, dass der `DISTINCT` bei einer Reduktion um die Hälfte günstiger ist. Es muss jedoch beachtet werden, dass die Relation zwischen Übertragungskosten und CPU-Kosten auf dem Datenbankserver von System zu System verschieden sein kann. Außerdem benötigt der `DISTINCT`-Befehl Datenbankmemory zum Sortieren. Deshalb gilt die Faustregel: Ab einer Reduktion um einen Faktor 2 lohnt es sich, den `DISTINCT` zu nutzen, und je größer die Reduktion ist, umso besser.

> Der Befehl `DISTINCT` sollte nur genutzt werden, wenn mindestens eine Reduktion um einen Faktor 2 der Treffermenge zu erwarten ist. Ansonsten sollte erst auf dem Applikationsserver für die Eindeutigkeit des Ergebnisses gesorgt werden. Der `DISTINCT`-Befehl umgeht den Tabellenpuffer.

4.3.4 Der Befehl UP TO n ROWS

Die Methode, die übertragene Treffermenge explizit einzuschränken, ist der Befehl `UP TO n ROWS`. Er sorgt dafür, dass die `SELECT`-Anweisung maximal `n` Sätze an den Applikationsserver liefert.

```
SELECT *
       INTO TABLE lt_dbtab
       FROM dbtab
       UP TO n ROWS
       WHERE field1 = ....
```

Es hält sich hartnäckig die Annahme, dass der UP TO n ROWS immer zuerst die gesamte Treffermenge bestimmt, und erst danach auf die ersten n Treffer einschränkt. Dies mag einmal gestimmt haben, ist aber bei den neueren Releases auf keiner Datenbankplattform mehr der Fall.

Dies lässt sich am einfachsten im direkten Vergleich des Spezialfalls UP TO 1 ROWS mit dem Befehl SELECT SINGLE zeigen, wie Sie im nächsten Unterabschnitt sehen können.

Vielleicht resultiert die Annahme auch daher, dass der Befehl UP TO n ROWS oft zusammen mit dem Sortierbefehl ORDER BY benutzt wird. Es sollte aber klar sein, dass diese Kombination eine Ausnahme ist. Das Ergebnis der Kombination müssen die n größten Treffer in Sortierreihenfolge sein und nicht die ersten n Zufallstreffer. Mehr dazu im übernächsten Unterabschnitt.

4.3.5 UP TO 1 ROWS oder SELECT SINGLE

Der Spezialfall UP TO 1 ROWS wird oft mit dem SELECT SINGLE verglichen. Es lassen sich viele Diskussionen der Frage finden, welcher der beiden Befehle nun schneller ist. Durch den Vergleich dieser beiden Befehle sollte sich zeigen, ob der UP TO n ROWS zuerst die Gesamtmenge der Treffer bestimmt oder sofort nach dem ersten Treffer abbricht.

Beispiel

Das Beispiel enthält mehrere Testfälle, da auch die WHERE-Klausel und die Größe der Tabelle eine Rolle spielen. Deshalb nutzt das Beispiel eine sehr große Tabelle und drei verschiedene WHERE-Klauseln, die unterschiedliche Suchen erzeugen:

- eine WHERE-Klausel mit dem voll spezifizierten Primärschlüssel,
- eine WHERE-Klausel mit einem Teil des Primärschlüssels,
- eine WHERE-Klausel mit einer großen zu erwartenden Treffermenge, die zu einem Full Table Scan führt.

Für jede WHERE-Klausel werden beide Befehle verglichen. Schauen Sie sich auch die SQL-Trace und den DB-Explain für die sechs Beispiele an.

Das Beispiel zeigt, dass in allen drei Fällen kein Unterschied zwischen den beiden Befehlen besteht. Da die beiden Befehle gleichwertig sind, sollten sie so eingesetzt werden, dass sie den Quellcode leichter lesbar machen:

- Ein SELECT SINGLE deutet an, dass nur ein Satz die WHERE-Klausel erfüllen kann. In den meisten Fällen enthält die WHERE-Klausel alle Felder des Primärschlüssels mit Gleichheitsbedingungen. Die Felder eines eindeutigen Sekundärschlüssels wären auch möglich. Damit kann auch der Tabellenpuffer genutzt werden, da bis SAP NetWeaver Release 7.0 EhP1 das Schlüsselwort `SINGLE` notwendig ist, um Sätze vom Tabellenpuffer mit Einzelsatzpufferung zu lesen.

- Können mehrere Sätze die `WHERE`-Klausel erfüllen und reicht ein beliebiger Satz aus, dann sollten Sie den Befehl `UP TO 1 ROWS` verwenden. Die `WHERE`-Klausel schließt die Nutzung des Einzelsatzpuffers bereits aus, generische oder vollständige Tabellenpufferung können jedoch genutzt werden.

Die Befehle `SELECT SINGLE` und `UP TO 1 ROWS` sind gleichwertig und schränken beide die Treffermenge effizient ein. Sie sollten so genutzt werden, dass sie den Quellcode lesbarer machen.

4.3.6 Sortieren mit ORDER BY

Das Sortieren der Daten schränkt die Treffermenge nicht ein. Gelegentlich passt der Befehl `ORDER BY` in diesen Abschnitt, weil er auch mit dem Befehl `UP TO n ROWS` kombiniert wird. Es sind folgende Punkte interessant:

- Wie verhalten sich die Sortierbefehle auf der Datenbank und im ABAP zueinander, sowohl in Bezug auf die Laufzeit als auch beim Ergebnis?
- Welche Rolle spielt der verwendete Index für das Sortieren? Wird das Sortieren günstig, wenn der Zugriff einen Index nutzt, der die Daten schon in der gewünschten Reihenfolge liefert?
- Wie verhält sich die Kombination `ORDER BY` und `UP TO n ROWS`?
- Wie sind große Treffermengen zu sortieren?

Die ersten drei Fragen lassen sich anhand von Beispielen beantworten.

Beispiel 1

Das erste Beispiel vergleicht verschiedene Tests mit `ORDER BY` und Sortieren einer Standardtabelle in ABAP. Um die Kosten für das Sortieren zu messen, darf es keinen Index mit der gleichen Reihenfolge geben, der die Suche unterstützen könnte.

Das Sortieren auf der Datenbank kostet ungefähr genauso viel Laufzeit wie das Sortieren auf dem Applikationsserver. Deshalb gilt in diesem Fall klar die Regel, dass die Last von der zentralen Datenbank auf den Applikationsserver verlagert werden soll. Es sind jedoch Ausnahmen zu beachten (siehe unten).

Beispiel 2

Das zweite Beispiel enthält eine WHERE-Klausel, die den Primärschlüssel nutzt. Die Sortierreihenfolge entspricht dem Primärschlüssel. Es werden vier Fälle verglichen: ohne ORDER BY, mit ORDER BY in Primärschlüsselreihenfolge, mit ORDER BY in Reihenfolge eines Sekundärschlüssels und mit ORDER BY in der Reihenfolge des ersten Beispiels. Dabei bevorzugt die WHERE-Bedingung immer den Primärschlüssel.

Hier gibt es noch eine Testvariante mit einer anderen WHERE-Klausel, die den Sekundärschlüssel nutzt.

Die WHERE-Bedingung bestimmt, welcher Index genutzt wird. Entspricht die gewünschte Sortierung der Indexreihenfolge, dann gibt es die Sortierung zum Nulltarif. In diesem Fall ist der ORDER BY natürlich empfehlenswert.

Beispiel 3

Wie verhält sich die Kombination von ORDER BY und UP TO n ROWS? Die Kombination sollte nicht die ersten n Zufallstreffer in Sortierreihenfolge liefern. Deshalb muss zuerst die gesamte Treffermenge sortiert werden, um danach die ersten n Sätze der Gesamtmenge zu liefern. Hier werden die Fälle ORDER BY und UP TO n ROWS jeweils alleine und in der Kombination verglichen. Die richtige Funktion der Kombination wird automatisch überprüft.

Die Kombination ORDER BY und UP TO n ROWS sollte dann genutzt werden, wenn die übertragene Menge auf weniger als die Hälfte reduziert werden kann.

Muss eine sehr große Datenmenge sortiert werden, dann sollte beachtet werden, dass das Sortieren temporär die doppelte Tabellengröße als Speicherplatz benötigen kann. Es kann deshalb vorkommen, dass auf dem Applikationsserver nicht genügend Speicherplatz zur Verfügung steht. Der Datenbankserver ist normalerweise besser mit Speicher ausgestattet als die Applikationsserver und kann die große Datenmenge sortieren.

Da nach Möglichkeit Last von der Datenbank auf den Applikationsserver verlagert werden sollte, sollte der Befehl ORDER BY zum Sortieren durch ein Sortieren auf dem Applikationsserver ersetzt werden. Dabei sind drei Ausnahmen zu beachten, in denen der ORDER BY genutzt werden kann:

Besitzt der genutzte Index bereits die gewünschte Sortierung, dann muss die Datenbank gar nicht sortieren, der ORDER BY ist kostenfrei.

In Kombination mit UP TO n ROWS muss vor der Reduktion sortiert werden. Falls sich die Treffermenge ungefähr halbiert, dann sollte auf der Datenbank sortiert werden, da die Reduktion die Kosten mehr als ausgleicht.

Kann die Treffermenge sehr groß werden, dann besteht die Gefahr, dass der Applikationsserver nicht genügend Speicherplatz besitzt, um die Daten zu sortieren. In diesem Fall muss in der Datenbank sortiert werden.

4.3.7 Aggregate – SUM, MAX, MIN, AVG, COUNT

Einfache Verarbeitungsfunktionen, die im Reporting häufig gebraucht werden, wie Summe, Maximum, Minimum, Durchschnitt eines Feldes und Zählen von Sätzen, müssen Sie nicht selbst programmieren. Dafür bieten alle Datenbankhersteller sogenannte Aggregatfunktionen an.

Der Vorteil ist nicht nur die einfachere Programmierung, sondern vor allem das Einsparen von übertragenen Sätzen. Anstelle aller Summanden der Summe wird nur der einzelne Summensatz von der Datenbank zum Applikationsserver transportiert.

Zum Beispiel kann anstelle einer SELECT/ENSELECT-Schleife, in der die Summierung eines Feldes ausgeführt wird, oder eines SELECT INTO TABLE mit anschließender Summenbildung in einem LOOP die Summen-Aggregatfunktion die Berechnung bereits in der Datenbank durchführen:

```
SELECT SUM( field5 )
       INTO sum_field5
       FROM dbtab
       WHERE field1 = 'xyz'.
```

Das Ganze lässt sich mit den Zusatzbefehlen GROUP BY zur Beeinflussung der Anordnung und HAVING zum Aufstellen von Bedingungen weiter ausbauen. Damit können Sie ganze Ergebnislisten erzeugen.

Beachten Sie jedoch, dass die Aggregatfunktionen auf dem Tabellenpuffer nicht verfügbar sind. Ihre Nutzung mit gepufferten Tabellen umgeht den Tabellenpuffer. Die Diskussion dieses Punktes finden Sie im fünften Kapitel.

Beispiel

Sehen Sie sich die Aggregatfunktion in einem Beispiel an. Die ersten beiden Testfälle nutzen keine Aggregatfunktion, sondern übertragen alle Sätze und summieren sie im ABAP. Der dritte Testfall nutzt die Aggregatfunktion.

Das zweite Beispiel verwendet eine gepufferte Tabelle und zeigt, dass die Verwendung des Puffers schneller ist als die Aggregatfunktion, die den Puffer nicht nutzen kann.

Die Aggregatfunkionen sind nützlich, um die Menge der übertragenen Daten einzuschränken. Auch hier sollte die Reduktion 50% oder mehr ausmachen, damit sich der Mehraufwand auf der Datenbank lohnt. Beachten Sie jedoch, dass die Aggregatbefehle den Tabellenpuffer umgehen und bei gepufferten Tabellen nicht genutzt werden sollten.

4.3.8 Der effiziente Existenztest

Der Aggregatbefehl COUNT(*) wird häufig genutzt. Er überprüft, wie viele Sätze einer Tabelle die WHERE-Klausel erfüllen:

```
SELECT COUNT(*)
       INTO numb
       FROM dbtab
       WHERE field1 = 'abcdef'.
```

Relativ häufig schließt sich daran eine der folgenden Abfragen an:

```
IF ( numb > 0 ).   Oder   IF ( sy-subrc = 0 ).
```

Das Zählergebnis selbst, also numb, interessiert gar nicht. Der Befehl COUNT(*) wird als Existenztest benutzt.

Für einen Existenztest würde es jedoch genügen, die Suche nach dem Finden des ersten Treffers zu beenden. Das Zählen kann um einiges teurer sein, insbesondere dann, wenn sehr viele Sätze die Bedingung erfüllen und kein Index die WHERE-Klausel unterstützt.

Die modifizierte Version des obigen Ansatzes kombiniert den COUNT(*) mit dem UP TO n ROWS, in der Hoffnung, dass diese Kombination nur einen Treffer sucht und dann abbricht. Es zeigt sich jedoch, dass sich die Datenbanken unterschiedlich verhalten:

- Es gibt Datenbanken, die zuerst den UP TO 1 ROWS auswerten und nach einem Satz abbrechen.
- Es gibt aber auch Datenbanken, die zuerst den COUNT(*) auswerten und dann das Ergebnis, das nur ein Wert ist, zurückliefern.

Deshalb ist die Kombination COUNT(*) mit UP TO n ROWS nicht empfehlenswert, auch wenn sie auf Ihrem System zufällig gut funktioniert.

Der empfohlene Existenztest

Der empfohlene Existenztest verzichtet auf den COUNT(*)und sollte nur den UP TO 1 ROWS benutzen:

```
SELECT *
       INTO ls_dbtab
       UP TO 1 ROWS
       FROM dbtab
       WHERE field1 = 'abcdef'.
```

In dieser Form bricht die Suche auf allen Datenbanken nach dem ersten gefundenen Satz ab.

Falls Sie den Zugriff noch etwas optimieren wollen, dann nutzen Sie ein kleines Feld aus der WHERE-Bedingung oder noch besser ein Feld, das im genutzten Index vorkommt. Bei einem Zugriff, der lediglich einen Satz liefert, sind dies jedoch Feinheiten, die nur bei wirklich breiten Tabellen einen merklichen Effekt haben.

Beispiel

In dem Beispiel werden die vier Tests an einem besonders teuren Beispiel verglichen. Zum Vergleich wird ein SELECT ohne Einschränkung gemacht, ein COUNT(*), ein COUNT(*) mit UP TO 1 ROWS und ein UP TO 1 ROWS.

Beachten Sie bitte, dass das Programm beim zweiten und dritten Test nicht die Anzahl der Sätze ausgibt, die ja 1 ist, sondern den Wert des COUNT(*).

Die Einschränkung der Breite wird in einer Variante gemacht. Das Lesen der vollen Satzbreite wird mit dem Lesen eines kleinen Feldes aus der Tabelle und eines kleinen Feldes des Index verglichen.

Das Beispiel zeigt:

- Die ersten beiden Testfälle können sehr lange dauern, wenn die Treffermenge groß ist. Der empfohlene Befehl ist dagegen recht schnell.
- Beim dritten Testfall, der Kombination von COUNT(*) mit UP TO 1 ROWS, verhalten sich nicht alle Datenbankplattformen gleich. Manche Datenbanken hören nach dem ersten Satz auf, andere jedoch nicht. Aufgrund des unterschiedlichen Verhaltens kann die Kombination COUNT(*) mit UP TO 1 ROWS nicht als Existenztest empfohlen werden.
- Ob der ganze Satz oder nur ein Feld übertragen wird, ist im Vergleich dazu zweitrangig.

> Der Befehl COUNT(*) sollte nicht als Existenztest genutzt werden. Er durchsucht die gesamte Tabelle nach Sätzen, welche die WHERE-Klausel erfüllen. Auch in Kombination mit UP TO 1 ROWS bricht die Suche nicht auf allen Datenbanken nach dem ersten Treffer ab. Die Kombination kann deshalb auch nicht empfohlen werden. Außerdem umgeht der Befehl COUNT(*) den Tabellenpuffer.
>
> Der empfohlene Existenztest nutzt stattdessen den UP TO 1 ROWS alleine. Ob ein SELECT * oder SELECT field genutzt wird, macht dagegen nur einen geringen Unterschied. Wenn möglich, sollte natürlich das kleinste Feld aus der WHERE-Klausel genommen werden.

4.3.9 PACKAGE SIZE und OPEN CURSOR

Der Befehl `PACKAGE SIZE` beschränkt nicht wirklich die Datenmenge ein, sondern erlaubt es, die Daten in kleineren Paketen zu lesen. Das kann bei der Verarbeitung sehr großer Datenmengen sinnvoll sein. Der Befehl `PACKAGE SIZE` kann in zwei Varianten angewandt werden:

```
SELECT *
       INTO TABLE lt_dbtab
       FROM dbtab
       PACKAGE SIZE n
       WHERE ….
* Blockverarbeitung
ENDSELECT
```

Mit dem Befehl `OPEN CURSOR`:

```
  OPEN CURSOR [WITH HOLD] cursl FOR
       SELECT INTO TABLE lt_dbtab
              FROM dbtab
              WHERE ….
   …
  DO n TIMES.
    FETCH NEXT CURSOR cursl
    INTO TABLE lt_dbtab
    PACKAGE SIZE n.
* Blockverarbeitung
  ENDDO.
  CLOSE CURSOR cursl.
```

Es gibt verschiedene Gründe, weshalb eine große Datenmenge nicht komplett geholt werden sollte:

- Die Menge ist so groß, dass es auf dem Applikationsserver zu Speicherengpässen kommen könnte. Die Daten werden deshalb blockweise auf den Applikationsserver geholt und verarbeitet.
- Falls Änderungen von Daten vorgenommen werden sollen, dann ist es selten ratsam, eine sehr große Menge von Änderungen auf einmal durchzuführen.
  - Dies kann einerseits zu Engpässen bei den Redo-Logs führen, siehe Abschnitte 3.8 und 4.9.
  - Es kann aber auch sein, dass nicht alle Änderungen erfolgreich durchgeführt werden können. Dann ist es besser, in kleineren Blöcken zu arbeiten, sodass möglichst viele Blöcke erfolgreich bearbeitet werden und nur wenige nachbearbeitet werden müssen. Die Details hängen von den jeweiligen Erfordernissen an die Datenkonsistenz ab.

Beide Befehle können für diese Aufgabe verwendet werden. Der Befehl `OPEN CURSOR` ist insbesondere zusammen mit der Option `WITH HOLD` interessant. Er kann die Datenbankverbindung aufrechterhalten, auch wenn nach der Verarbeitung eines Blocks ein DB-Commit abgesetzt wird.

Beispiel

Das Beispiel zeigt die Funktion der beiden Befehle an einem einfachen Fall, in dem nur gelesen wird. Es soll nur die Funktion gezeigt werden, Laufzeitmessungen sind nicht so wichtig.

Der Zusatzbefehl `PACKAGE SIZE` ist sinnvoll, um die Datenmenge in Teilen abzuarbeiten. Der Befehl ist insbesondere dann sinnvoll, wenn viele Änderungen erfolgen sollen.

4.4 Minimale Zahl von Ausführungen

Die Zusammenfassung mehrerer Einzelausführungen wird als Array-Verarbeitung bezeichnet. Diese hat den Vorteil, dass der Overhead pro Ausführung eingespart werden kann.

4.4.1 Vermeiden von unnötigen Ausführungen

Vor der Diskussion der technischen Einschränkungen sollte immer die logische Einschränkung stehen. Es ist nicht sinnvoll, sich genau zu überlegen, wie sich Ausführungen zusammenfassen lassen, wenn sich schließlich herausstellt, dass sie gar nicht notwendig sind. Dabei sind folgende Punkte zu beachten:

- Bei jedem `SELECT`, den Sie programmieren, sollte Ihnen klar sein, wofür die Daten benötigt werden. Daten sollten nicht zu früh auf Vorrat gelesen werden, sondern erst dann, wenn sicher ist, dass sie gebraucht werden.
- Bei wiederholt benötigten Ausführungen sollte über ein Pufferkonzept nachgedacht werden. Bei Tabellenpufferung müssen die Daten so gelesen werden, dass der Puffer genutzt wird. Dazu finden Sie im fünften Kapitel die notwendigen Informationen.
- Unnötige identische Ausführungen, ausgelöst zum Beispiel durch einen `SELECT` in einer Schleife ohne Abhängigkeit von der Schleife, sind zu vermeiden.

Die verbleibenden Ausführungen sind notwendig und unterschiedlich. Sie lassen sich eventuell durch Zusammenfassen noch weiter reduzieren.

4.4.2 SELECT/ENDSELECT oder SELECT INTO TABLE

Es existiert das weit verbreitete Missverständnis, dass diese beiden Befehle die Standardbeispiele für Einzelsatzzugriffe und Array-Zugriff seien. Dabei nutzen beide Befehle die Array-Schnittstelle zur Datenbank.

```
SELECT * INTO ls_dbtab
       FROM dbtab
       WHERE field1 = 'xyz'.
   APPEND ls_dbtab TO lt_dbtab.
ENDSELECT.
```

```
SELECT * INTO TABLE lt_dbtab
       FROM dbtab
       WHERE field1 = 'xyz'.
```

Abb. 4-5
SELECT/ENDSELECT *oder* SELECT INTO TABLE

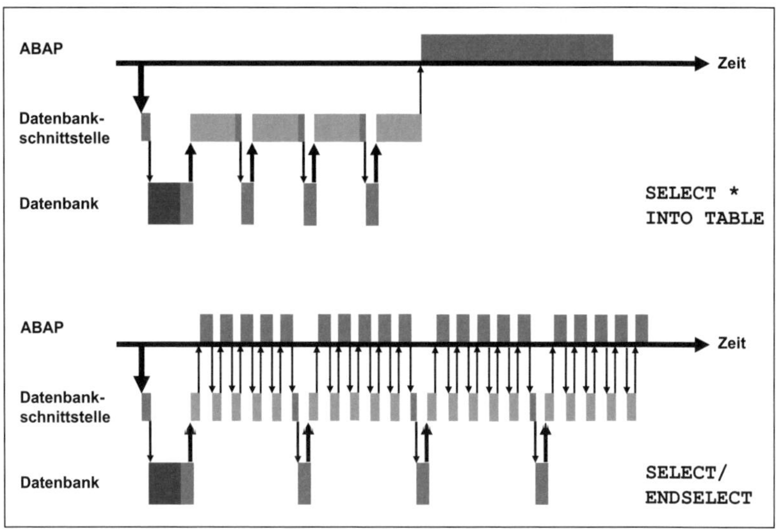

Der SELECT/ENDSELECT-Befehl ermöglicht es, nach jedem Satz auf dem Applikationsserver eine Verarbeitungslogik einzuschieben. Das Verhalten wird noch klarer, wenn Sie das Beispiel ausführen.

Beispiel

Das vorbereitete Beispiel hat zwei Testfälle. Der erste enthält SELECT/ENDSELECT und einen SELECT INTO TABLE ohne weitere Verarbeitung.

Im zweiten Testfall enthält der SELECT/ENDSELECT etwas Verarbeitungslogik, deshalb folgt dem SELECT INTO TABLE noch eine Verarbeitungsschleife. Schauen Sie sich auf jeden Fall die SQL-Trace an: Dort sehen Sie, dass beide Befehle die FETCH-Operation als Array ausführen.

Das Beispiel zeigt, dass der Unterschied in der Laufzeit zwischen den beiden Befehlen recht gering ist.

Meist ist es empfehlenswert, den Befehl SELECT INTO TABLE zu nutzen. Der Unterschied zum SELECT/ENDSELECT ist jedoch weit geringer als vielfach angenommen, da beide Befehle die Array-Schnittstelle nutzen.

4.4.3 Einzelzugriffe und Array-Zugriffe

Das eigentliche Beispiel für einen häufig ausgeführten Einzelsatzzugriff ist der SELECT in einem LOOP:

```
LOOP AT itab INTO wa.
   SELECT *
          APPENDING TABLE lt_dbtab
          FROM dbtab
          WHERE field1 = wa-field1.
ENDLOOP.
```

Für jeden Satz der Tabelle itab wird eine Verbindung zur Datenbank gemacht und die zugehörenden Sätze von der Datenbank geholt. Es wäre sicherlich besser, in einem Zugriff die Daten für mehrere Sätze von itab zu holen. Dafür gibt es zwei Lösungen: die RANGES-Tabelle und den Befehl FOR ALL ENTRIES.

Auch bei den Änderungsbefehlen, siehe Abschnitt 4.9, spielt die Array-Verarbeitung eine wichtige Rolle.

4.4.4 Die RANGES-Tabelle

Die RANGES-Tabelle ist das programmtechnische Analogon zur Selektionstabelle. Im Abschnitt 4.2.3 wurden die Selektionsoptionen vorgestellt und ihre Möglichkeiten erläutert.

Die Benutzung der RANGES-Tabelle im Programm ist eher ein Nebenprodukt. Aus einer internen Tabelle itab lässt sich sehr einfach eine RANGES-Tabelle aufbauen, die sich in einer SELECT-Anweisung nutzen lässt.

```
DATA: rangetab     TYPE RANGE OF dbtab-field1,
      wa_rangetab  LIKE LINE OF rangetab.

LOOP AT itab INTO wa.
   wa_rangetab-sign   = 'I'.
   wa_rangetab-option = 'EQ'.
   wa_rangetab-low    = wa-field1.
   APPEND wa_rangetab TO rangetab.
ENDLOOP.

SELECT *
       INTO TABLE lt_dbtab
       FROM dbtab
       WHERE field1 IN rangetab.
```

Bei der Ausführung der SELECT-Anweisung werden alle Bedingungen auf einmal an die Datenbank gereicht. Der resultierende Zugriff ist deshalb um einiges schneller als viele Einzelzugriffe. Andererseits wird die Anweisung immer komplexer und kann schließlich so groß werden, dass sie zum Abbruch führt.

Beispiel

Das Beispiel vergleicht die Ausführung einzelner SELECTs in einem LOOP mit einem SELECT und einer RANGES-Tabelle. Es sind zwei Testfälle vorbereitet. Der eine enthält relativ wenige Sätze und sollte auf jedem System laufen. Beim zweiten Testfall werden die internen Tabellen so groß, dass sie irgendwann zu einem Abbruch beim RANGES-Zugriff führen.

Es zeigt sich, dass die RANGES-Tabelle um einiges schneller als die Einzelsatzverarbeitung ist. Der zweite Testfall soll jedoch verdeutlichen, dass es bei großen RANGES-Tabellen zu einem Abbruch kommen kann. Sie sollten eine RANGES-Tabelle deshalb nur nutzen, wenn sicher ist, dass die Tabelle nicht zu groß wird, oder wenn Sie alternativ die Tabelle in kleineren Blöcken verarbeiten. Um die Erzeugung der Blöcke müssen Sie sich jedoch selbst kümmern, der nächste Befehl übernimmt die blockweise Verarbeitung selbst.

> Die RANGES-Tabelle wurde zur Verarbeitung der Selektionsoptionen auf den Auswahlschirmen konstruiert. Wenn die Einträge Benutzereingaben sind, ist ihre Zahl meist gering und der Befehl funktioniert gut.
>
> Bei der programmtechnischen Benutzung der RANGES-Anweisung müssen Sie vorsichtig sein. Die RANGES-Tabelle darf nicht zu viele Einträge enthalten, sonst führt sie zu einem Programmabbruch.

4.4.5 SELECT FOR ALL ENTRIES

Eine andere Methode, um mehrere SELECT-Befehle zusammenzufassen, ist der SELECT FOR ALL ENTRIES. Anstelle eines SELECT in einem LOOP können alle Sätze einer Tabelle in einem einzigen SELECT an die Datenbank gereicht werden.

```
SELECT *
       INTO TABLE lt_dbtab
       FROM dbtab
       FOR ALL ENTRIES IN itab
       WHERE field1 = itab-field1
       AND   field2 = itab-field2
       AND   field3 > '100'.
```

Dabei bezeichnet man die Tabelle itab als **Treibertabelle**, um sie von der **Ergebnistabelle** lt_dbtab zu unterscheiden. Es ist sinnvoll, diesen Befehl mit der RANGES-Tabelle zu vergleichen.

Beispiel

Das erste Beispiel vergleicht den Befehl FOR ALL ENTRIES mit der RANGES-Tabelle. Sie sollten sich hier auch die SQL-Trace anschauen.

Offensichtlich greift der FOR ALL ENTRIES-Befehl nicht auf einen Schlag zu, sondern zerlegt die Treibertabelle in Blöcke mit einer bestimmten Anzahl von Sätzen. Die Blockgröße wird durch einen Profilparameter festgelegt und später genauer erklärt. Sie sehen die Größe mit Detailbild der Anweisung. Meist enthalten die Blöcke nur fünf oder zehn Sätze, deshalb ist der FOR ALL ENTRIES auch langsamer als die RANGES-Tabelle. Dafür funktioniert die FOR ALL ENTRIES-Verarbeitung jedoch auch für sehr große Tabellen, es kommt zu keinem Abbruch.

Bedingungen

Bei der Nutzung des FOR ALL ENTRIES sind die drei Bedingungen zu beachten, die alle Folgen der blockweisen Verarbeitung sind:

- Als Sortierung ist nur der ORDER BY PRIMARY KEY erlaubt,
- Aggregatfunktionen sind nicht erlaubt,
- es ist nur eine interne Tabelle möglich.

Empfehlungen

Außer den Bedingungen gibt es noch Empfehlungen:

- Die WHERE-Bedingungen mit den Feldern der Treibertabelle sollten nach Möglichkeit Gleichheitsbedingungen sein. Zwar sind auch andere Operatoren erlaubt, Sie sollten sich jedoch vor der Benutzung genau überlegen, was die OR-Verknüpfung von solchen Bedingungen bedeutet. Insbesondere bei negativen Bedingungen sollten Sie vorsichtig sein.

- Die Kombination von `FOR ALL ENTRIES` und einer `RANGES`-Tabelle sollte möglichst vermieden werden. Es ist damit möglich, zwei interne Tabellen in einer `SELECT`-Anweisung zu nutzen. Durch die Kombination wird die Anweisung aber noch komplizierter und die Gefahr eines Abbruchs steigt. Bei einer Benutzung sollten Sie sich dessen bewusst sein.

Wichtiges zum FOR ALL ENTRIES-Befehl:

Der Befehl ist sehr wichtig, deshalb sollten Sie mit folgenden vier Punkten vertraut sein:

1. Den `FOR ALL ENTRIES`-Befehl gibt es im SQL-Standard nicht. Er wird immer in eine äquivalente Anweisung auf der Datenbank umgesetzt. Profilparameter steuern die Umsetzung und auch die Blockgröße.
2. Wenn die Treibertabelle keinen Satz enthält, schickt die Datenbankschnittstelle eine `SELECT`-Anweisung ohne `WHERE`-Klausel an die Tabelle. Diese liest alle Sätze der Tabelle. Dabei spielt es keine Rolle, ob die `WHERE`-Klausel noch andere, nicht zum `FOR ALL ENTRIES` gehörende Bedingungen enthält.
3. Die Blockverarbeitung erfordert, dass das Ergebnis des `FOR ALL ENTRIES` keine doppelten Ergebnissätze enthalten darf. Dies kann erst am Ergebnis auf dem Applikationsserver sichergestellt werden. Natürlich ist es günstiger, doppelte Einträge gar nicht zu lesen und zu übertragen. Deshalb sollten Sie sicherstellen, dass die Treibertabelle keine doppelten Zeilen enthält.
4. Oft soll das Gesamtergebnis die Felder aus Treibertabelle und Ergebnistabelle in einer Tabelle zusammenfassen. Wie ist dies am effizientesten zu bewerkstelligen?

1. Profilparameter bestimmen die Umsetzung

Der `FOR ALL ENTRIES`-Befehl wurde zunächst als `OR`-Verknüpfung von mehreren Bedingungen umgesetzt. Es gibt Datenbankplattformen, die schon bei wenigen mit `OR` verknüpften Bedingungen in einer Anweisung diese als wenig selektiv betrachten und einen Scan der gesamten Tabelle anstelle eines Indexzugriffs wählen.

Deshalb gibt es mittlerweile eine ganze Reihe von Profilparametern, welche die Umsetzungsart und die Blockgröße steuern. Die genaue und aktuelle Beschreibung der Parameter finden Sie im Hinweis 48230. Die Parameter lauten:

Nr	Parameter	Bedeutung
1	`rsdb/prefer_union_all`	Umsetzung in UNION-Befehl
2	`rsdb/prefer_join`	Umsetzung in JOIN-Anweisung (seit SAP NetWeaver Release 7.0 EhP1)
3	`rsdb/max_blocking_factor`	Standardblockgröße
4	`rsdb/prefer_in_itab_opt`	Umsetzung in IN-Liste bei einer Bedingung
5	`rsdb/max_in_blocking_factor`	Blockgröße der IN-Liste
6	`rsdb/prefer_fix_blocking`	Da die unterschiedlichen Reste unterschiedliche Anweisungen erzeugen, reduziert man die Anweisungen durch das Auffüllen der Rest
7	`rsdb/min_blocking_factor`	Aufgefüllter Restblock normal
8	`rsdb/min_in_blocking_factor`	Aufgefüllter Restblock IN-Liste

Tab. 4–8
Profilparameter für den `FOR ALL ENTRIES`

Die ersten beiden Parameter steuern die Art der Umsetzung. Der erste nutzt den UNION-Befehl anstelle der `OR`-Bedingungen. Der zweite legt für die interne Tabelle eine temporäre Datenbanktabelle an und führt dann einen Join aus. Sind beide gesetzt, gewinnt der Join-Parameter.

Der dritte Parameter steuert die Blockgröße. Ein großer Wert verbessert natürlich den Effekt der Array-Verarbeitung. Der Wert ist jedoch meist nicht so groß, da viele mit `OR` verknüpfte Bedingungen bei kleinen und sogar mittelgroßen Tabellen, d.h. bei mehreren tausend Sätzen, als wenig selektiv angesehen werden und zu einem Scan der Tabelle führen können.

Die nächsten beiden Parameter (4, 5) kommen bei Anweisungen zum Tragen, bei denen nur eine Bedingung mit der `FOR ALL ENTRIES`-Tabelle verknüpft ist. Ist der Parameter `rsdb/prefer_in_itab_opt` gesetzt, dann wird diese Bedingung in eine `IN`-Liste umgesetzt. Manche Datenbanken kommen bei einer `IN`-Liste mit weit größeren Blockgrößen zurecht. Diese Blockgröße bestimmt der fünfte Parameter.

Die letzten drei Parameter (6, 7, 8) sorgen dafür, dass die Blockbildung nicht zu viele verschiedene Anweisungen im Cursor-Cache erzeugt, siehe Abschnitt 3.3. Jeder unterschiedliche Rest bei der Blockbildung ergibt nämlich eine neue Anweisung. Zu einem Block der Größe `n` gibt es `(n-1)` verschiedene Reste. Ist der `fix_blocking`-Parameter gesetzt, dann werden die Reste durch Wiederholung auf die von den anderen beiden Parametern festgelegte Blockgröße aufgefüllt. Die dabei entstehenden mehrfachen Bedingungen ignoriert die Datenbank, siehe Abschnitt 4.3.2.

Mit der Transaktion »Pflege der Profil Parameter (RZ11)« können Sie sich die aktuellen Werte in Ihrem System anschauen. Im Hinweis 48230 finden Sie auch weitere Hinweise, die Ihnen die optimalen Parameterwerte für Ihre Datenbankplattform nennen. Die Parameter sind sehr wichtig, weil sie erklären, warum die gleiche Anweisung auf den verschiedenen Plattformen sehr unterschiedlich umgesetzt wird, was Sie im Datenbank-Explain sehen können.

Beispiel

Das Beispiel enthält zwei `FOR ALL ENTRIES`-Anweisungen, die die gleichen Daten lesen. Einmal werden mehrere Felder von der Treibertabelle übergeben. Das andere Mal wird nur ein Feld übergeben, sodass es in eine `IN`-Liste umgesetzt werden kann. Sehen Sie sich auch die Profilparameter für Ihr System mit der Transaktion RZ11 an und vergleichen Sie die Effekte im Explain.

Wenn Sie die Möglichkeit haben, schauen Sie sich das Beispiel auf verschiedenen Systemen an.

Auf einer Datenbank, die größere Blöcke bei der `IN`-Liste nutzt, sind merkliche Verbesserungen in der Laufzeit möglich.

2. Problem: Leere Treibertabelle

Die problematischste Eigenschaft des `FOR ALL ENTRIES`-Befehls ist sein Verhalten bei leeren Treibertabellen `itab`. Wenn die Treibertabelle leer ist, wird die gesamte `WHERE`-Klausel nicht ausgewertet. Es wird ohne `WHERE`-Klausel selektiert und der komplette Inhalt der Datenbanktabelle zurückgeliefert. Dies ist etwas überraschend. Deshalb sollten Sie sich das folgende Beispiel anschauen:

```
SELECT *
       INTO TABLE lt_dbtab
       FROM dbtab
       FOR ALL ENTRIES IN itab
       WHERE feld1 = itab-feld1
       AND   feld2 = 'a'.
```

Beispiel

Schauen Sie sich das Beispiel zum `FOR ALL ENTRIES`-Befehl mit der leeren Treibertabelle `itab` an.

Das Verhalten rührt daher, dass der `FOR ALL ENTRIES`-Befehl in Analogie zu der `RANGES`-Tabelle konstruiert wurde. In der `RANGES`-Tabelle bedeuten Sätze Einschränkungen, also ist kein Satz auch keine Einschränkung. Aufgrund der Abwärtskompatibilität kann dieses Verhalten des FOR ALL ENTRIES-Befehls nicht mehr verändert werden.

Es ist deshalb sehr wichtig, dass Sie vor jeder Nutzung des FOR ALL ENTRIES-Befehls überprüfen, ob die Treibertabelle nicht leer ist.

3. Problem: Doppelte Einträge

Es wurde bereits erklärt, wie es zu doppelten Einträgen in der Ergebnismenge kommen kann, siehe Abschnitt 4.3.2. Dies hat Auswirkungen für den FOR ALL ENTRIES-Befehl. Angenommen es gibt genau zwei identische Bedingungen in einer Treibertabelle itab:

- Fallen die beiden identischen Bedingungen zufällig in den gleichen Block, dann liefert die Datenbank das zugehörige Ergebnis nur einmal zurück.
- Verteilen sich die beiden identischen Bedingungen jedoch auf unterschiedliche Blöcke, dann kommt mit jedem Block ein Ergebnissatz zurück.

Das Ergebnis des FOR ALL ENTRIES würde im zweiten Fall einen Satz mehr enthalten und damit von der Größe der Blöcke bzw. der zufälligen Sortierung abhängen. Da dies nicht sein darf, muss die Datenbankschnittstelle die doppelten Ergebnissätze beseitigen. Der FOR ALL ENTRIES garantiert, dass das Endergebnis keine doppelten Sätze enthält, der Befehl ist implizit DISTINCT.

Die doppelten Sätze werden jedoch zunächst gesucht und auf den Applikationsserver übertragen, es wird kein DISTINCT auf der Datenbank ausgeführt.

Ursache doppelter Einträge

Doppelte Ergebnissätze kommen fast alle durch doppelte Bedingungen zustande, die sich durch die Reduktion der Treibertabelle vermeiden lassen. Eine stark reduzierte Feldliste, die nicht mehr alle Schlüsselfelder der Tabelle enthält, kann ebenfalls zu doppelten Sätzen führen. Diese Möglichkeit ist aber bei dem FOR ALL ENTRIES selten, da meist ein klarer Bezug zwischen Ergebnissätzen und den Sätzen der Treibertabelle benötigt wird.

Beachten Sie bitte, dass Sie die identischen Bedingungen nur dann in der SQL-Trace sehen, wenn ganze Blöcke komplett identisch sind. Um zu sehen, ob identische Sätze übertragen wurden, müssen Sie die Anzahl der Sätze in der Ergebnistabelle mit der Anzahl der übertragenen Sätze, d. h. dem Wert der Spalte Rec für die Anweisung, vergleichen.

Vermeiden der doppelten Bedingungen

Da doppelte Einträge in der Treibertabelle itab zu identischen Ergebnissätzen führen, sollten Sie diese auf jeden Fall vermeiden, um das zeitaufwendige Suchen und Übertragen von der Datenbank einzusparen. Beachten Sie, dass dabei nicht die ganzen Sätze der Treibertabelle entscheidend sind, sondern nur die Spalten, die in der WHERE-Bedingung der FOR ALL ENTRIES-Anweisung genutzt werden.

Deshalb wird empfohlen, immer wenn Sie vermuten, dass die Treibertabelle doppelte Einträge hat, diese durch folgende Befehlskombination zu beseitigen:

```
IF NOT ( itab IS INITIAL ).
   SORT itab by field3 field5.
   DELETE ADJACENT DUPLICATES itab
          COMPARING field3 field5.
   SELECT ...
```

Falls die Treibertabelle itab später noch gebraucht wird, sollte nur eine Kopie der Tabelle verändert werden. Die Kopie sollte möglichst nur die benötigten Felder enthalten. Wenn es nur charakterartige Felder sind, kann anstelle eines Kopierens und Löschens auch der Aufbau mit dem COLLECT-Befehl sinnvoll sein, siehe Abschnitt 6.7.5.

Beispiel

Das Beispiel vergleicht mehrere Ausführungen mit verschiedenen Anteilen von doppelten Einträgen.

Das Beispiel verdeutlicht, dass es sich fast immer lohnt, die doppelten Einträge zu löschen. Die Vorbereitung ist eine Operation auf internen Tabellen und viel schneller als die Datenbankoperation, sodass sich der Zusatzaufwand eigentlich immer rechtfertigen lässt. Auch wenn einmal unnötigerweise sortiert wird, ist dies kein Problem, da der Mehraufwand auf dem Applikationsserver und nicht auf der Datenbank anfällt.

4. Problem: Effizientes Zusammenführen der Ergebnisse

Meist sollen die Daten aus der Treibertabelle und der Ergebnistabelle des FOR ALL ENTRIES am Ende zusammen in einer Tabelle stehen. Dazu müssen die Daten der beiden Tabellen miteinander abgemischt werden, ein geschachtelter LOOP ist unvermeidlich. Geschachtelte LOOPs sind bekannt für ihre Performanceprobleme, jedoch nur, wenn sie nachlässig programmiert sind. Im sechsten Kapitel wird dieser Punkt ausführlich diskutiert. Hier gibt das Beispiel einen kurzen Ausblick.

Beispiel

Das Beispiel vergleicht vier Methoden, um den geschachtelten `LOOP` über die Ergebnis- und die Treibertabelle des `FOR ALL ENTRIES` zu bewältigen. Die Operation auf die innere Tabelle kann eine Hash-Tabelle, eine Sortierte Tabelle oder eine Standardtabelle nutzen. Bei der Standardtabelle gibt es noch die Optimierung mit `BINARY SEARCH`. Vorbereitungskosten wie zum Beispiel Sortieren werden auch berücksichtigt. Es werden zwei Fälle betrachtet:

- mit gleich bleibender Treffermenge (1 : 1)
- mit größer werdender Treffermenge (1 : c)

Es zeigt sich, dass die Lösung mit der Standardtabelle bei großen Tabellen länger dauern kann als das Lesen von der Datenbank. Die anderen drei Lösungen sind um einiges schneller. Vergleichen Sie die Lösung mit der Sortierten Tabelle und dem `BINARY SEARCH` insbesondere im zweiten Fall. Die Sortierte Tabelle ist weit einfacher zu programmieren. Zur Problematik der effizienten Bearbeitung von internen Tabellen erfahren Sie im sechsten Kapitel mehr.

Ab SAP Web AS Release 6.10 können Sie das Ergebnis in die Treibertabelle schreiben. Beachten Sie jedoch, dass die Tabellen nicht zusammengeführt werden, sondern es wird einfach die Treibertabelle überschrieben.

Der `FOR ALL ENTRIES` ist hilfreich, wenn Folgendes beachtet wird:

- Wenn die Umsetzung in eine äquivalente Anweisung mit nur einer Bedingung für ein `FOR ALL ENTRIES`-Feld möglich ist, dann nutzen Sie diese, da sie auf manchen Plattformen als `IN`-Liste viel schneller verarbeitet werden kann.
- Überprüfen Sie immer vor dem Aufruf des Befehls, ob die Treibertabelle nicht leer ist.
- Falls es wahrscheinlich ist, dass es bei den verwendeten Feldern der Treibertabelle doppelte Zeilen gibt, dann löschen Sie diese oder bilden eine eindeutige Projektionstabelle vor dem Aufruf des `FOR ALL ENTRIES`.
- Falls Sie die Felder der Treibertabelle und der Ergebnistabelle in einer Gesamttabelle benötigen, dann nutzen Sie bitte eine effiziente Verarbeitung der internen Tabellen, am besten mit einer Sortierten Tabelle oder Hash-Tabelle.

4.5 Minimale Satzbreite

Beim Übertragen des Ergebnisses von der Datenbank zum Applikationsserver spielt die übertragene Datenmenge eine Rolle. Die Datenmenge ist das Produkt aus der Anzahl der Sätze und der Breite der Sätze. Der Einfluss der beiden Faktoren ist nicht ganz gleich, deshalb wurden zwei Goldene Regeln aufgestellt: Die Minimierung der Zahl der übertragenen Sätze war Inhalt des Abschnitt 4.3, die Minimierung der Satzbreite folgt nun.

4.5.1 Feldlisten

Die Satzbreite kann durch die Angabe der zu übertragende Felder reduziert werden. Dabei spricht man von sogenannten Feldlisten:

```
SELECT field1 field5 field7
       INTO (wa-field1, wa-field5, wa-field7)
       FROM dbtab
       WHERE field1 = 'abc'.
```

Es sind unterschiedliche Zielstrukturen möglich:

- Es können einzelne oder mehrere Variablen wie im Pseudocodebeispiel angegeben werden.
- Zielstrukturen, die von vorne ohne Lücke genau die übertragenen Felder in der gleichen Reihenfolge enthalten, sind möglich. In diesem Fall genügt der Befehl `INTO`.
- Auch andere Strukturen sind möglich, in denen die übertragenen Felder in einer beliebigen Reihenfolge vorkommen können. Hier ist der Befehl `INTO CORRESPONDIG FIELDS OF` notwendig.

In den Fällen zwei und drei ist auch eine `INTO TABLE`-Klausel möglich.

Beispiel

Das Beispiel enthält eine relativ breite Tabelle und reduziert die Breite sukzessive. Es wird immer der vordere Teil der Tabelle übertragen, sodass nur der Befehl `INTO` notwendig ist. Es werden mehrere Zugriffsarten verglichen:

- ein `SELECT * INTO TABLE`,
- ein analoger `SELECT * FOR ALL ENTRIES`,
- ein `LOOP SELECT SINGLE`.

Es zeigt sich, dass die Größe der Ergebnisblöcke auch einen Einfluss auf das Verhalten hat.

Das Ergebnis lässt sich folgendermaßen zusammenfassen:

- Die Zugriffe bestehen aus der Zeit, die für die Suche des Satzes benötigt wird, und den Übertragungskosten. Nur die Übertragungskosten lassen sich durch die Reduktion der Satzbreite verringern.
- Das Verhältnis Suche zu Übertragung kann bei unterschiedlicher Architektur und Hardware variieren.

- Die Suchkosten steigen natürlich mit der Komplexität der Suche.
- Außerdem sind die Suchkosten pro Satz bei einer Suche eines ganzen Blocks geringer als bei einem `SELECT SINGLE`.
- Die Übertragungskosten reduzieren sich proportional zur eingesparten Satzbreite. Auch hier sind Blockzugriffe gegenüber den Einzelsatzzugriffen im Vorteil, denn je kleiner die Satzbreite ist, desto mehr Sätze passen in einen Block. Durch die Reduktion der Satzbreite muss also nicht nur eine geringere Datenmenge übertragen werden, bei Blockzugriffen sind sogar weniger Ausführungen notwendig.

Beachten Sie bitte: Falls die reduzierte Zahl von Feldern in eine breitere Struktur oder Tabelle übertragen wird, dann ist die übertragene Datenmenge von der Datenbank dennoch reduziert. Diese Vorgehensweise sollte jedoch nur in Ausnahmen verwendet werden, da die leeren Spalten in der internen Tabelle auf dem Applikationsserver Speicherplatz verbrauchen. Funktional ist es auch etwas merkwürdig, wenn Felder in der Zielstruktur vorliegen, jedoch nicht gefüllt werden. Die Zielstruktur sollte nur die wirklich benötigten Felder enthalten.

Es muss grundsätzlich darauf geachtet werden, dass in einer Anwendung nicht mehrfach dieselben Sätze gelesen werden, nur weil unterschiedliche Felder übertragen werden.

Die Reduktion der Satzbreite verbessert die Übertragungszeit. Um eine merkliche Zeitersparnis zu erhalten, sollte sich die Tabellenbreite jedoch um mehrere Hundert Byte einschränken lassen.

Um eine ganze Anweisung merklich schneller zu machen, sollte die Anweisung ein Mengenzugriff sein und viele Sätze pro Zugriff übertragen. Außerdem sollte die Suchzeit pro Satz recht kurz sein. Ein `SELECT SINGLE` lässt sich nur dann durch eine Feldliste beschleunigen, wenn eine sehr starke Reduktion möglich ist.

4.5.2 Der Zusatz INTO CORRESPONDING FIELDS OF

Für den Befehl `INTO CORRESPONDING FIELDS OF` hält sich hartnäckig die Aussage, dass er sehr teuer wäre. Dies lässt sich jedoch in den neueren Systemen nicht bestätigen. Vergewissern Sie sich am besten selbst in Ihrem System anhand des Beispielprogramms.

Durch die Verwendung des Alias-Befehls `AS` ist auch die Zuweisung nicht namensgleicher Felder möglich. Dies wird oft übersehen. Dabei sind auch Typumwandlungen möglich, dies ist jedoch unter Performancegesichtspunkten nicht empfehlenswert.

```
SELECT field1 AS f1
```

Beispiel

Das Beispiel enthält mehrere Tests mit SELECT-Anweisungen, die sich nur in den Feldlisten unterscheiden. Es wird immer die gleiche Satzbreite übertragen, im ersten Fall ohne Lücken in der richtigen Reihenfolge mit dem INTO-Befehl, dann in anderen Reihenfolgen und mit Lücken jeweils mit dem INTO CORRESPONDING FIELDS OF-Befehl.

Die Mehrkosten für den INTO CORRESPONDING FIELDS OF-Befehl sind nicht nennenswert, der SELECT von der Datenbank ist meist so viel teurer, dass bereits seine Laufzeitschwankungen weit größer sind. Bei einem SELECT, der auf den viel schnelleren Tabellenpuffer zugreift, sind die Mehrkosten vergleichsweise deutlich, siehe Abschnitt 5.7.6.

Der INTO CORRESPONDING FIELDS OF-Befehl ist empfehlenswert, wenn die Zielstruktur vorgegeben ist und eine andere Struktur haben muss als die Datenbankstruktur. Besonders praktisch ist dann die Verwendung einer Ergebnistabelle mit den benötigten Spalten zusammen mit einem SELECT *:

```
SELECT *
       INTO CORRESPONDING FIELDS OF TABLE lt_result
```

Die Nutzung ausprogrammierter MOVE-Befehle wäre sehr wartungsunfreundlich. Bei jeder Änderung der Ziel- oder der Datenbankstruktur müssten alle Anweisungen angepasst werden, was umständlich und fehleranfällig wäre.

Der Befehl INTO CORRESPONDING FIELDS OF kann nützlich sein, wenn von einer Datenbanktabelle nicht alle Felder in eine bestimmte Zielstruktur gelesen werden müssen. In sehr frühen Releases mag es dabei Performanceprobleme gegeben haben, die nun jedoch beseitigt sind. Der Befehl ist vor allem dann nützlich, wenn die Zielstruktur vorgegeben ist.

4.5.3 Projektionsviews

Beim Anlegen eines Views, ob Projektionsview mit einer Tabelle oder Join-View mit mehreren Tabellen, ist es auch möglich, eine Feldliste im Dictionary anzugeben. Dadurch wird die Anweisung wieder ganz einfach.

```
TYPE: lt_v_dbtab TYPE SORTED TABLE OF v_dbtab.

SELECT * INTO TABLE lt_v_dbtab
       FROM  v_dbtab
       WHERE field1 = 'xyz'.
```

Sie brauchen keine Feldliste zu tippen und es ist kein `INTO CORRESPONDING FIELDS OF` nötig. Es erleichtert vor allem die Wiederverwendung.

Anstelle von vielen Feldlisten mit kleinen Unterschieden ist es sinnvoller, wenige Projektionsviews mit hoher Wiederverwendbarkeit einzurichten. Das erhöht auch Klarheit und Wartbarkeit.

4.5.4 INDEX-ONLY-Zugriffe

Manche Datenbanken erlauben Zugriffe, bei denen gar nicht von der Tabelle gelesen wird, falls sowohl die einschränkenden als auch die gesuchten Felder im Index vorliegen. Dieser Punkt kann auch Einfluss auf das Indexdesign haben, siehe Abschnitt 4.2.6.

Beispiel

Das Programm enthält ein paar Beispiele, bei denen die gleiche Datenbreite über den gleichen Zugriff gelesen wird: Einmal liegen alle Felder im Index, das andere Mal ist ein Zugriff auf die Tabelle nötig.

Der Performancevorteil des Index-only-Zugriffs wirkt sich nur bei breiten Tabellen aus. Die stärksten Auswirkungen sind bei der ersten Ausführung zu sehen, wenn die Daten von der Datenbankfestplatte gelesen werden müssen.

Ist die gesamte gesuchte Information auf dem Index verfügbar, dann kann der Zugriff auf die Tabelle vermieden werden. Dies sollte, falls möglich, genutzt werden.

4.5.5 Sehr kurze Feldliste – DISTINCT-Werte

Immer wenn Sie eine Feldliste nutzen, die nicht mehr alle Schlüsselfelder der Tabelle enthält, sollten Sie darüber nachdenken, dass die Ergebnistabelle eventuell doppelte Einträge enthält. Durch den `DISTINCT`-Befehl können Sie vermeiden, dass die doppelten Sätze übertragen werden, siehe Abschnitt 4.3.3.

4.5.6 Large Objects (LOB) als Tabellenfelder

ABAP bietet Strings als Datentypen variabler Länge an. Es gibt sie als charakterartige und als binäre Strings, jeweils bis 255 Byte und über 255 Byte:

Tab. 4–9
String-Datentypen

Datentypen		Text	Binär
Kurz (bis 255 B)		SSTRING	RAW
Lang (> 255 B)	LOB	STRING	RAWSTRING

Die langen Strings werden auch Large Objects (LOB) bezeichnet. Enthält eine Tabelle einen langen String, dann sollte bei jedem SELECT überprüft werden, ob dieser String überhaupt gelesen werden muss.

Da die Datenbanken LOB-Felder sehr unterschiedlich handhaben, ist das Einsparpotenzial zum Teil beachtlich, falls das LOB-Feld nicht in dem gleichen Datenblock gespeichert wird. Beachten Sie auch Abschnitt 4.9.4, falls Sie Tabellenanpassungen machen wollen, an denen das LOB-Feld nicht beteiligt ist.

Die Nutzung von Feldlisten ist besonders bei Tabellen, die lange Strings bzw. Large Objects enthalten, sehr empfehlenswert. Da solche Tabellen immer häufiger vorkommen, wird dieser Punkt in Zukunft immer wichtiger.

4.6 Weitere Befehle

Ein paar Datenbankbefehle lassen sich keiner Goldenen Regel zuordnen, dennoch haben sie auch etwas mit Performance zu tun. Diese Befehle haben gemeinsam, dass sie aus Performancegesichtspunkten eher vermieden werden sollten.

4.6.1 Der Befehl CLIENT SPECIFIED

Das Mandantenkonzept ist in Open SQL integriert. Daten verschiedener Mandanten sollen komplett getrennt sein, sodass ein Benutzer nur die Daten des Mandanten sehen kann, unter dem er angemeldet ist.

Um das Mandantenfeld müssen Sie sich in einer normalen Open-SQL-Anweisung nicht kümmern. Ist die Tabelle mandantenabhängig, so fügt die Datenbankschnittstelle automatisch eine Bedingung mit dem Anmeldemandanten sy-mandt in die ausgeführte WHERE-Bedingung ein:

```
WHERE mandt  = '001'
AND   field1 = 'a'.
```

Übrigens taucht der Mandant unter vier verschiedenen Namen in den Tabellen auf, nämlich als mandt, mandant, client und clnt.

Falls es nötig ist, Daten mandantenübergreifend zu lesen, dann ist dies durch den Zusatz CLIENT SPECIFIED möglich. Die Option CLIENT SPECIFIED sollte jedoch in normalen Programmen nicht vorkommen, da sie gegen das Sicherheitskonzept, das hinter dem Mandantenfeld steht, verstößt.

Der Zusatz CLIENT SPECIFIED dient zur Umgehung der automatischen Mandantenbehandlung. Normalerweise sollte der Zusatz nicht verwendet werden.

4.6.2 Explizites Umgehen des Puffers

Es wurde öfter erwähnt, dass manche Anweisung am Puffer vorbei geht. Bei den Anweisungen bisher geschah dies immer implizit, weil der Puffer die Anweisungen nicht erfüllen kann.

Es gibt zwei Befehle, die explizit erzwingen, dass am Puffer vorbeigelesen wird. Diese Befehle sind:

- BYPASSING BUFFER
- FOR UPDATE

Die Befehle sind notwendig, wenn sichergestellt sein muss, dass die aktuellen Werte von der Datenbank gelesen werden. Da gepufferte Tabellen sich eigentlich nur selten ändern, sollte die Verwendung dieser Befehle eher die Ausnahme sein, ansonsten muss die Pufferung der Tabelle überdacht werden.

Die explizite Umgehung des Puffers sollte eine Ausnahme darstellen.

4.6.3 Dynamisches Open SQL

Es gibt dynamische WHERE-Klauseln und dynamische FROM-Bedingungen:

```
SELECT *
       INTO TABLE lt_result
       FROM  (dyn_dbtab)
       WHERE (dyn_where).
```

Es gibt auch dynamische GROUP BY- und HAVING-Klauseln, die hier jedoch nicht weiter interessieren.

Beispiel

Das Beispiel veranschaulicht diese zwei dynamischen Formen und stellt sie den nicht dynamischen Versionen gegenüber. Schauen Sie sich die Zeitmessung und die SQL-Trace an.

In den Beispielen gibt es keine nennenswerten Unterschiede in der Laufzeit.

Unterschätzen Sie die Problematik von dynamischem Code jedoch nicht. Der Verwendungsnachweis, die Tests des Code Inspector u.Ä. funktionieren nicht. Als Folge davon kann es zum Beispiel passieren, dass beim Indexdesign für eine Tabelle alle dynamischen Zugriffe auf die Tabelle unberücksichtigt bleiben.

Falls es nur darum geht, Programmierarbeit zu sparen, da ansonsten viele ähnliche, aber nicht gleiche Codestrecken zu schreiben wären, ist das Erzeugen des Codes durch einen Generator vielleicht eine Alternative.

Dynamisches Open SQL bzw. dynamische Programmierung ist sicherlich manchmal unvermeidlich. Sie sollten sich jedoch darüber klar sein, dass sie auch Nachteile hat, und sie daher nicht aus reiner Bequemlichkeit verwenden, sondern nur wenn es absolut notwendig ist.

4.6.4 Generierter Code

Durch Generieren ist im Prinzip alles zu erreichen, was sich auch programmieren lässt. Insofern ist generierter Code noch flexibler als dynamischer Code.

Es spielt jedoch eine entscheidende Rolle, ob zur Designzeit oder zur Laufzeit generiert wird:

- Generieren zum Designzeitpunkt ist performanceunkritisch. Damit können zum Beispiel auf Basis bestimmter Konfigurationsdaten SELECT-Anweisungen aufgebaut werden oder viele analog aussehende SELECT-Anweisungen, um dynamischen Code zu vermeiden. Beim Ausführen verhält sich der generierte Code wie normal programmierter Code.
- Generieren zur Laufzeit ist natürlich performancekritisch. Es sollte nur in den seltenen Fällen genutzt werden, wenn eine Anweisung oder ein Programm benötigt wird, die bzw. das sich dynamisch nicht realisieren lässt. Für Performanceuntersuchungen ist es nützlich, wenn die generierten Bestandteile nach Ausführung noch vor-

handen sind. Ist dies normalerweise nicht der Fall, dann sollte es durch eine Einstellung möglich sein.

Generieren zum Designzeitpunkt kann eine Alternative zu dynamischem Code sein. Generieren zur Laufzeit sollte mit Bedacht genutzt werden. Um Performanceuntersuchungen zu ermöglichen, sollte es nach dem Ausführen nicht sofort gelöscht werden.

4.6.5 Native SQL

Open SQL wurde eingeführt, um dem Anwendungsentwickler einen überschaubaren SQL-Befehlsumfang an die Hand zu geben, der auf jeder von SAP zertifizierten Datenbankplattform funktioniert. Bei der Umsetzung von Open SQL in das plattformabhängige SQL der Datenbank lassen sich einige Annehmlichkeiten, wie die Integration des Puffers und die automatische Mandantenbehandlung, einbauen, siehe Abschnitt 3.2.2.

Sollte dennoch ein nicht in Open SQL verfügbarer Befehl nötig sein, dann ist es möglich, einen Native-SQL-Befehl der Datenbank zu nutzen. Dazu muss dieser Befehl zwischen den beiden Kommandos `EXEC SQL` und `ENDEXEC` gerufen werden. Das Beispiel zeigt einen einfachen `SELECT` in der Nativ-SQL-Formulierung.

```
EXEC SQL.
  SELECT field1, field2
  INTO : ls_dbtab
  FROM   dbtab
  WHERE  field1 = :v1
  AND    field2 = :v2
ENDEXEC.
```

Beispiel

Das Beispiel enthält ebenfalls nur einen einfachen `SELECT` in Open SQL und als Native SQL. Es werden drei Fälle verglichen: der Zugriff auf eine nicht gepufferte Tabelle, eine gepufferte Tabelle und eine mandantenabhängige gepufferte Tabelle. Sie sollten sich auch den Explain für die drei Fälle anschauen.

Die Ergebnisse sollten relativ klar sein:

- Im ersten Fall gibt es keine nennenswerten Performanceunterschiede zwischen den beiden Varianten, Open SQL ist nicht schneller oder langsamer als Native SQL.
- Im zweiten Fall kann der Native-SQL-Befehl den Puffer nicht nutzen. Er ist folglich immer um einiges langsamer als der Open-SQL-Befehl.
- Im dritten Fall bei der mandantenabhängigen Tabelle kann der Native-SQL-Befehl den Mandant erst nutzen, wenn er manuell ergänzt wurde. Ohne die Ergänzung ist ein Full Table Scan notwendig. Bei manchen

Datenbanken kann es passieren, dass die Datenbank das fehlende Feld überspringt (Stichwort »Index Skip Scan«).

Native-SQL-Befehle sollten wirklich nur in Ausnahmefällen genutzt werden. Sie sollten sich bewusst sein, dass Sie damit die Datenbankschnittstelle umgehen und dadurch

- den Puffer komplett beim Lesen und Ändern außer Acht lassen,
- die automatische Mandantenbehandlung aushebeln
- und die Portierbarkeit auf andere Datenbanken nicht mehr garantiert ist.

Deshalb sollte Native SQL auf keinen Fall genutzt werden, wenn Open SQL möglich ist.

Native SQL ist eine Möglichkeit, die datenbankspezifischen SQL-Befehle zu nutzen. Unter normalen Umständen sollten Sie diese Möglichkeit nicht benötigen.

4.6.6 Dynamisches Native SQL – ADBC-Schnittstelle

Die ADBC-Schnittstelle (*ABAP Database Connectivity*) ist eine Erweiterung, um dynamische Native-SQL-Datenbankzugriffe zu programmieren. Mehr Informationen dazu finden Sie im Helpportal und in dem Artikel von Raupp und Wenner im SAP Prof. Journal, siehe Literaturverzeichnis.

Aus Performancegesichtspunkten vereinigt ADBC natürlich die Nachteile der dynamischen und der Native-SQL-Programmierung und sollte deshalb nur genutzt werden, wenn es keine Alternative in Open SQL gibt.

4.7 Gleichzeitiges Lesen von mehreren Tabellen

Die relationale Datenspeicherung bringt es mit sich, dass Informationen auf mehrere Tabellen verteilt sind. Je nach Anfrage muss die Information dann von einer oder mehreren Tabellen zusammengeholt werden. Das gleichzeitige Lesen von mehreren Tabellen ist deshalb in einer relationalen Datenbank ganz normal.

Dieses Thema ist mit Absicht nicht einer einzelnen Goldenen Regel zugeordnet, da alle fünf Regeln eine Rolle spielen. Hier können Verstöße gegen die Regeln die schwerwiegendsten Auswirkungen haben. Andererseits sind auch die größten Gewinne durch Verbesserungen erzielbar.

4.7.1 Geschachtelte SELECTs und die Alternativen

Die folgende Aufgabe benötigt Informationen von zwei Tabellen. Der erste Lösungsansatz wäre wahrscheinlich ein geschachtelter SELECT:

```
SELECT field2 INTO lv_field2
       FROM dbtabl
       WHERE field1 = 'abc'.

  SELECT field2 field3 INTO ls_dbtab2
         FROM dbtab2
         WHERE field2 = lv_field2
         AND   field3 = 'xyz'.
    APPEND ls_dbtab2 TO lt_dbtab2.
  ENDSELECT.
ENDSELECT.
```

Diese Lösung muss für jeden Satz aus der ersten Tabelle neu auf die zweite Tabelle zugreifen. Die Anzahl der Ausführungen der zweiten SELECT-Anweisung ist nicht optimal.

Das Beispiel ist so gewählt, dass alle folgenden vier alternativen Lösungen möglich sind. Diese werden nun kurz vorgestellt:

- die Entkopplung der beiden Anweisungen und Nutzung der Array-Verarbeitung durch den FOR ALL ENTRIES,
- die Subquery, da nur ein Feld von der Tabelle dbtabl benötigt wird,
- der JOIN, der auf beide Tabellen direkt in der Datenbank zugreift,
- der View, eine im Dictionary abgelegte JOIN-Definition.

Bei relationalen Datenbanktabellen ist es normal und unvermeidbar, dass gelegentlich Daten von Tabellen gleichzeitig benötigt werden. Werden Daten von mehreren Tabellen benötigt, dann ist ein geschachtelter SELECT meist nur bei gepufferten Tabellen eine gute Lösung. Es sind vier alternative Lösungen möglich.

4.7.2 Der FOR ALL ENTRIES

Mithilfe des im Abschnitt 4.4.5 vorgestellten FOR ALL ENTRIES-Befehls ist eine Umformung in zwei unabhängige SELECT-Anweisungen möglich:

```
SELECT field2 INTO TABLE lt_field2
       FROM dbtabl
       WHERE field1 = 'abc'.
  IF NOT ( lt_field2 IS INITIAL ).
  SELECT field3 field4 INTO TABLE lt_dbtab
         FROM dbtab2
         FOR ALL ENTRIES IN lt_field2
         WHERE field2 = lt_field2-field2
         AND   field3 = 'xyz'.
  ENDIF.
```

Beim FOR ALL ENTRIES-Befehl müssen Sie die Empfehlung aus dem Abschnitt 4.4.5 beachten. Außerdem liegen die Ergebnisse in einzelnen internen Tabellen vor, die eventuell zu einer Ergebnistabelle zusammengeführt werden sollen. Es gibt viele Lösungen mit FOR ALL ENTRIES, die durch ineffiziente Programmierung der internen Tabellen neue Performanceprobleme erzeugen. Dies wurde bereits im Abschnitt 4.4.5 gezeigt und wird ein wichtiges Thema im sechsten Kapitel sein.

Die Methode, geschachtelte SELECTs durch den FOR ALL ENTRIES-Befehl zu ersetzen, ist bei vielen Benutzern recht beliebt – wahrscheinlich deshalb, weil er einen komplizierten Befehl in viele kleine überschaubare Häppchen zerlegt. Da FOR ALL ENTRIES die Array-Verarbeitung nutzen kann, ist seine Performance besser als die des geschachtelten SELECT. Er hat jedoch diverse Nachteile:

- Ist die Gesamttreffermenge weit kleiner als auf den einzelnen Tabellen, dann muss der FOR ALL ENTRIES insgesamt zu viele Daten übertragen.
- Werden von einer Tabelle sehr viele Daten selektiert, dann kann ein Join mit seinen speziellen Zugriffsarten, also dem Sort Merge Join oder der Hash Join, die effizientere Lösungen sein.
- Enthält die WHERE-Klausel viele Selektionstabellen, die nicht alle gefüllt sind, dann kann der Join verschiedene Zugriffspfade anbieten, während die FOR ALL ENTRIES-Lösung nicht so flexibel ist.

Diese Punkte führt der Abschnitt 4.8 noch genauer aus.

Der FOR ALL ENTRIES-Befehl kann als Alternative zu einem geschachtelten SELECT genutzt werden. Es ist jedoch meist nicht die beste Alternative.

4.7.3 Die Subquery

Ein relativ wenig bekannter Befehl ist die Subquery oder der Subselect. Der deutsche Begriff »Unterabfrage« ist weniger geläufig.

Das typische Beispiel für eine Subquery ist folgende Suche aus dem Flugdatenmodell. Gesucht ist die Zahl der Sitzplätze für einen bestimmten Flug von Frankfurt nach New York. Da die Zahl der Sitzplätze in der Tabelle SBOOKS mit Schlüssel connid (Flugnummer) abgelegt ist, muss die Flugnummer mit einer Subquery nach Start 'Frankfurt' und Ziel 'New York' aus der Tabelle SFLIGHT gelesen werden.

Die Subquery passt immer dann,

- wenn nur in einer Bedingung Information aus einer anderen Tabelle benötigt wird und
- keine weiteren Felder aus der Subquery-Tabelle in das Ergebnis eingehen.

Die beiden Bedingungen sind auch in dem Beispiel erfüllt:

```
SELECT field2 field3 INTO TABLE lt_dbtab2
       FROM dbtab2
       WHERE field2 IN ( SELECT field2
                             FROM dbtab1
                             WHERE field1 = 'abc' )
       AND   field3 = 'xyz'.
```

Wenn die Subquery anwendbar ist, liefert sie meist eine sehr gute Lösung.

Die Subquery ist eine praktische Methode, um auf der Datenbank in einer zweiten Tabelle Daten zu lesen, die nicht für das Ergebnis, sondern nur für eine Bedingung nötig sind.

4.7.4 Der Join

Der JOIN-Befehl wurde im letzten Kapitel im Abschnitt 3.7 eingeführt. Er ist der wichtigste Open-SQL-Befehl, um gleichzeitig von mehreren Tabellen zu lesen. Für das Beispiel sieht der Zugriff mit einem Join so aus:

```
SELECT b~field2 b~field3 INTO TABLE lt_dbtab2
       FROM       dbtab1 as a
       INNER JOIN dbtab2 as b
       ON b~field2 = a~field2
       WHERE a~field1 = 'abc'
       AND   b~field3 = 'xyz'.
```

Beim Join stellt die ON-Bedingung die Verbindung zwischen den beiden Tabellen dar, die hier durch das Feld field2 besteht. Der Join ist so wichtig, dass er im nächsten Abschnitt 4.8 genauer erklärt wird.

In den meisten Fällen ist der Join die beste Lösung für einen Zugriff auf mehrere Tabellen. Dies wird der nächste Abschnitt noch genauer zeigen.

4.7.5 Der Join-View

Ein INNER JOIN kann als View im Data Dictionary angelegt werden. Das ist sehr bequem und erleichtert die Wiederverwendung. Anstelle der etwas kompliziert aussehenden JOIN-Anweisung würde das Beispiel so aussehen:

```
SELECT field2 field3 INTO TABLE lt_dbtab
       FROM  view_tab
       WHERE field1 = 'abc'
       AND   field3 = 'xyz'
```

Die beiden Tabellen und die ON-Bedingung verschwinden, sie sind in der View-Definition abgelegt. Die View-Definition kann auch die Felder enthalten, die aus den Tabellen in den View eingehen. Die sollten nur dann eingeschränkt werden, wenn alle Anweisungen auf den View mit denselben Feldern auskommen.

Data-Dictionary-Views wurden im Abschnitt 3.6 bereits vorgestellt. Bei der Ausführung eines Zugriffs auf einen VIEW setzt die Datenbankschnittstelle den Zugriff in den entsprechenden Join um:

- Nur ein INNER JOIN kann als View definiert werden, für einen LEFT OUTER JOIN ist dies nicht möglich.
- Bei einem problematischen Join kann ein Datenbank-Hint helfen, um den Datenbankoptimierer auf den richtigen Weg zu bringen. Bei einem View besteht diese Option nicht. Ein Hint kann nicht in die Definition des Views eingehen, er hat auch keine Wirkung, wenn er bei der Anweisung steht.

> Ein Join-View ist nichts anderes als eine im Data Dictionary abgelegte Definition für einen INNER JOIN. Ein Zugriff auf den View wird von der Datenbankschnittstelle zu einem Zugriff auf den Join umgesetzt. Der Join-View erleichtert die Wiederverwendung eines Join.

4.7.6 Beispiele und Vergleiche

Nicht für jede Aufgabe sind alle vier Alternativen möglich. Insbesondere die Subquery funktioniert nur in speziellen Fällen. Bei den Beispielen wurde jedoch darauf geachtet, dass alle vier Alternativen machbar sind. Das Beispielprogramm enthält zwei konkrete Beispiele, an denen der geschachtelte SELECT und alle vier Alternativen verglichen werden.

Beispiel

Das Beispielprogramm vergleicht geschachtelte `SELECT`-Anweisungen mit den vier Alternativen. Der View muss nicht angelegt werden, da für die beiden Dictionary-Tabellen `DD02L` und `DD03L` bereits ein View im Standardsystem existiert. Vergleichen Sie die Laufzeiten in Ihrem System. Vergessen Sie nicht, sich den Explain der SQL-Trace anzusehen.

Schon bei diesen einfachen Beispielen ist der geschachtelte `SELECT` immer um einiges langsamer als alle vier Alternativen, die sämtlich akzeptabel sind:

- Die `FOR ALL ENTRIES`-Lösung ist auch immer gut, aber meist etwas schlechter als die anderen Lösungen. Nur wenn der Join die falsche Entscheidung trifft, ist der `FOR ALL ENTRIES` besser.
- Die Subquery sollte die schnellste Lösung liefern, da sie für diese Beispiele optimal geeignet ist.
- Auch der Join liefert im ersten Testfall auf allen Plattformen eine schnelle Lösung. Es zeigt sich jedoch, dass der Optimierer im zweiten Beispiel auf manchen Datenbankplattformen zu Fehlentscheidungen neigt. Deshalb gibt es noch einen Testfall, bei dem der Optimierer durch einen Datenbank-Hint zur richtigen Entscheidung gedrängt wird. Die Hints sind für alle Datenbankplattformen angegeben, obwohl sie nicht immer gebraucht werden.
- Der View verhält sich wie der Join, er kann jedoch nicht durch einen Hint beeinflusst werden.

Der `JOIN`-Befehl ist so wichtig, dass er im nächsten Abschnitt noch genauer betrachtet wird.

4.7.7 Zusammenhang mit den Goldenen Regeln

Nun lässt sich der Zusammenhang mit den Goldenen Regeln erläutern und warum ein Verstoß gegen eine der Regeln hier zu einem massiven Performanceproblem führen kann:

- **Das effiziente Lesen** benötigt eine gute Indexunterstützung. Besonders beim Join kann die Bestimmung des optimalen Zugriffspfades eine richtige Herausforderung für den Optimierer werden. Wird in einem Nested Loop Join der falsche Index verwendet, dann gibt es nicht nur einen langsamen Zugriff, sondern eventuell sehr viele. Joins sollten nie ungetestet bleiben, sondern mithilfe der SQL-Trace auf richtige Funktion überprüft werden.
- Mit der **minimalen Zahl von gelesenen Sätzen** kann vor allem die Lösung mit `FOR ALL ENTRIES` Probleme haben. Ist die endgültige Treffermenge merklich kleiner als die Zahl der Treffer auf der ersten Tabelle, dann holt der erste Zugriff mehr Sätze von der Datenbank, als wirklich nötig wären.

- Geschachtelte `SELECT`s sind ein massiver Verstoß gegen die Regel der **minimalen Zahl von Ausführungen**.
- Bezüglich der **minimalen Satzbreite** sind Views und auch Joins mit Feldlisten im Vorteil, da sich bei ihnen die Breite der übertragenen Daten gut kontrollieren lässt.
- Hinsichtlich der **Pufferung** ist zu beachten, dass die Subquery, der Join und damit auch der Join-View nicht auf den Tabellenpuffer zugreifen können. Auch der `FOR ALL ENTRIES`-Befehl kann den Einzelsatzpuffer nicht verwenden. Bei gepufferten Tabellen können deshalb geschachtelte `SELECT`s durchaus empfehlenswert sein, um den Tabellenpuffer nutzen zu können (siehe Abschnitt 5.7.4).

Bei den geschachtelten Zugriffen bzw. den Alternativen spielen alle Goldenen Regeln eine Rolle.

4.8 Der Join-Befehl

Der Join ist der wichtigste Open-SQL-Befehl zum Lesen von mehreren Tabellen. Die Subquery spielt nur eine Außenseiterrolle. Der Join hat schon im letzten Abschnitt gezeigt, dass er sehr effiziente Lösungen liefern kann. Die genaue Definition des Join sollten Sie im dritten Kapitel nachlesen, dort finden Sie auch die Definitionen der Join-Typen, `INNER JOIN` und `LEFT OUTER JOIN` sowie die Erläuterung der speziellen Zugriffsarten Sort Merge Join und Hash Join.

4.8.1 Zugriffsarten beim Join

Die Zugriffe beim Join sind Kombinationen mehrerer Zugriffe auf die beteiligten Tabellen. Meist gibt es pro Tabelle einen Index- und einen Tabellenzugriff; es ist auch möglich, dass nur ein Index- oder nur ein Tabellenzugriff gemacht wird.

Dieser Abschnitt enthält genügend Beispiele, die Sie sich in der SQL-Trace ansehen können. Die bei Weitem häufigste Zugriffsart ist der Nested Loop Join. Die beiden anderen Arten, Hash Join und Sort Merge Join, spielen eine ähnliche Rolle wie der Full Table Scan bei den Einzeltabellen. Sie kommen dann zur Anwendung, wenn relativ viele Sätze gelesen werden oder eine schlechte Indexunterstützung vorliegt.

4.8.2 Flexibilität des Join

Eine wichtige Eigenschaft des Join ist seine Flexibilität, der Zugriffspfad muss nicht immer gleich sein, insbesondere die Reihenfolge der Abarbeitung der Tabellen kann sich ändern. Der Optimierer kann die Verarbeitung an diverse Konstellationen anpassen. Dies können unterschiedliche Datenverteilungen oder flexible Selektionsoptionen sein.

Beispiel

Angenommen die WHERE-Klausel enthält zwei RANGES- oder Selektionstabellen:

```
SELECT a~field1 ... INTO TABLE lt_dbtab12
       FROM       dbtab1 as a
       INNER JOIN dbtab2 as b
       ON  b~field1 = a~field1
       AND b~field2 = a~field2
       WHERE a~field3 IN range_3
       AND   b~field4 IN range_4.
```

Unter den möglichen WHERE-Klauseln gibt es auch die Fälle, bei denen jeweils eine RANGES-Tabelle leer ist. Der Optimierer kann bei einem Join darauf reagieren und die Reihenfolge der Verarbeitung der beiden Tabellen umdrehen. Bei einer Lösung mit FOR ALL ENTRIES ist die Reihenfolge der Bearbeitung festgelegt und damit wahrscheinlich schlechter.

Das Beispielprogramm enthält einen einfachen Zugriff wie in dem Pseudocodebeispiel: einmal mit dem Join und zweimal mit FOR ALL ENTRIES in beiden möglichen Reihenfolgen. In der ersten Variante sind beide Bedingungen gefüllt, dann ist die zweite und schließlich die erste Bedingung leer.

Nutzen Sie den Datenbank-Explain, um zu sehen, wie sich die Reihenfolge der Verarbeitung beim Join umdreht.

In dem Beispiel ist die Lösung mit dem Join immer etwas besser. Die FOR ALL ENTRIES-Lösung ist jedoch vor allem inakzeptabel, wenn die Reihenfolge nicht stimmt.

Beim FOR ALL ENTRIES müsste die zweite Reihenfolge auch programmiert und durch Abfragen die Benutzung gesteuert werden. Dies ist jedoch nur in einfachen Fällen möglich. Es geht dann nicht mehr, wenn mehrere Tabellen beteiligt oder die Bedingungen unterschiedlich selektiv sind. Dann müsste die Logik des Optimierers nachprogrammiert werden.

> Der Optimierer kann einen Join weit flexibler auswerten als Sie dies im Programm vorbereiten können.

4.8.3 Join mit vielen Tabellen

Es hält sich hartnäckig das Gerücht, dass ein Join nicht mehr als zwei, drei oder allerhöchstens fünf Tabellen enthalten sollte. Das stimmt jedoch nicht. Falls die Zugriffe gut indexunterstützt sind und auch die Reihenfolge entweder klar oder nicht so wichtig ist, dann kann ein Join eigentlich beliebig groß werden.

Im Online Transaction Processing (OLTP) liegt das Limit bei 25 Tabellen. Im Online Analytical Processing (OLAP), zum Beispiel dem SAP Business Warehouse, sind noch größere Joins möglich.

Beispiel

Das Programm enthält einen `INNER JOIN` mit fünf Tabellen und als Alternative einen `FOR ALL ENTRIES` für das gleiche Problem.

Das Beispiel soll zeigen, dass die Anzahl der Tabellen in einem Join nicht unbedingt entscheidend ist. Ist der Join zwar groß, aber in seiner Struktur einfach und klar, dann sind fast beliebig viele Tabellen möglich.

Die alternative `FOR ALL ENTRIES`-Lösung wird um einiges länger, vor allem wenn die Ergebnisse in einer Tabelle zusammengefasst werden sollen.

Falls in einem Join mit vielen Tabellen mehrere Zugriffe sehr schwer zu bestimmen sind, weil viele Alternativen infrage kommen, dann kann es passieren, dass der Optimierer sich für einen falschen Zugriffspfad entscheidet.

Es sind Joins mit vielen Tabellen möglich. Der Optimierer wird dafür eine gute Lösung finden, wenn der Zugriffspfad relativ leicht zu bestimmen ist.

4.8.4 Self-Join

Gelegentlich stellt sich die Aufgabe, in einer Tabelle alle Werte eines Feldes `field1` zu finden, bei denen ein zweites Feld `field2` sowohl mit dem Wert `a` als auch mit dem Wert `b` vorkommt. Das ist eine Aufgabe für einen Self-Join. Das Beispiel macht die abstrakte Beschreibung verständlich.

Beispiel

Angenommen es werden alle Tabellen gesucht, die sowohl das Feld `'TABNAME'` als auch das Feld `'FIELDNAME'` besitzen. Dann sieht der Self-Join so aus:

```
SELECT a~tabname
       FROM       dd031 AS a
       INNER JOIN dd031 AS b
       ON    b~tabname   = a~tabname
       WHERE a~fieldname = 'TABNAME'
       AND   b~fieldname = 'FIELDNAME'.
```

Hier ist die `FOR ALL ENTRIES`-Lösung im Nachteil, wenn in der ersten Selektion viele Daten auf den Applikationsserver übertragen werden müssen, die die zweite Selektion nicht erfüllen.

Hier ist es leicht vorstellbar, dass beide Werte alleine häufig vorkommen, aber sehr selten zusammen. Das ist so ähnlich wie die im nächsten Abschnitt behandelte Verteilte Selektivität.

Der Self-Join ist eine effiziente Lösung für Aufgaben, die sich auf mehrere Zeilen einer Tabelle beziehen.

4.8.5 Verteilte Selektivität

Falls die Einschränkung der Treffermenge nicht aus den `WHERE`-Bedingungen auf den einzelnen Tabellen resultiert, sondern erst aus dem Zusammenführen anhand der `ON`-Bedingungen, dann spricht man von Verteilter Selektivität.

Es ist nicht auszuschließen, dass die auf einer Tabelle ausgewählten Sätze gar nicht zu den ausgewählten Sätzen der anderen Tabelle passen. Dies ist unabhängig davon, ob viele oder wenige Sätze ausgewählt werden. Auch bei Self-Joins kann dies vorkommen.

Das ist ebenfalls eine Abweichung von den statistischen Annahmen, siehe Abschnitt 3.5.5. Während Abweichungen von der Gleichverteilung bei einzelnen Tabellen durch bessere Statistiken, zum Beispiel Histogramme, erfassbar sind, wäre die Erfassung von Antikorrelationen zwischen Sätzen aus zwei Tabellen zwar mathematisch machbar, praktisch aber bei Weitem zu aufwendig. Deshalb gibt es keine Möglichkeit, dass der Optimierer die Verteilte Selektivität erkennen kann.

Beispiel

Es gibt ein paar Beispiele zur Verteilten Selektivität, die zu sehr großen Laufzeiten führen kann.

Da die Treffermengen auf den einzelnen Tabellen recht groß sein können, treten hier auch die beiden Zugriffsarten Hash Join und Sort Merge Join gelegentlich auf.

> Bei der Verteilten Selektivität resultiert die Einschränkung der Treffermenge in der Hauptsache aus der `ON`-Bedingung. Die `WHERE`-Bedingungen auf den Einzeltabellen sind wenig selektiv. Dies macht die Verarbeitung solcher Joins aufwendig, die Alternativen sind jedoch noch schlechter.

4.8.6 Übertragung redundanter Daten

Es gibt einen Fall, der zu Ungunsten des Join ausfällt. Werden für jeden Satz der ersten Tabelle mehrere Sätze der zweiten Tabelle gelesen, dann enthält das Ergebnis die Felder der ersten Tabelle mehrfach. Der Join muss die redundanten Felder von der Datenbank übertragen, der `FOR ALL ENTRIES` muss dies nicht, was sich irgendwann zu seinen Gunsten auswirkt.

Tab. 4–10 Redundante Information dargestellt als weiße Fläche

a~field1	a~field2	a~field3	a~field4	a~field5	a~field6	b~field1
						b~field1
						b~field1
						b~field1
a~field1	a~field2	a~field3	a~field4	a~field5	a~field6	b~field1
						b~field1
						b~field1
						b~field1

Der gesamte weiße Bereich ist redundante Information, die vom Join auch übertragen wird. Das Beispiel zeigt ein paar Fälle mit unterschiedlich viel redundanten Daten. Daran können Sie sehen, wann der `FOR ALL ENTRIES` schneller wird.

Beispiel

Die Tabellen `DD02L` und `DD03L` eignen sich gut für dieses Beispiel. Von der Tabelle `DD02L` wird die ganze Breite übertragen und von `DD03L` nur ein Feld. Mit der Positionsnummer lässt sich sehr gut kontrollieren, wie viele Sätze von der zweiten Tabelle pro Satz von der ersten gelesen werden sollen.

In dem Beispiel zeigt sich, dass sehr viel mehr Daten nötig sind, bis der `FOR ALL ENTRIES` schneller wird. Der Effekt hat also eher theoretische Bedeutung.

> Der Join muss unter Umständen redundante Daten mehrfach von der Datenbank holen. Das Beispiel zeigt jedoch, dass Auswirkungen erst bei sehr großer Redundanz messbar sind und deshalb meist vernachlässigt werden können.

4.8.7 LEFT OUTER JOIN

Der `LEFT OUTER JOIN` kommt seltener vor als der `INNER JOIN`. Da die `ON`-Bedingung bei dem `LEFT OUTER JOIN` nicht einschränkt, besitzt er oft große Treffermengen. Auch die speziellen Zugriffsarten, Hash Join und Sort Merge Join, kommen bei ihm öfter vor.

Beispiel

Das Beispielprogramm enthält Testfälle für `LEFT OUTER JOIN`s.

> Dieser Abschnitt hat gezeigt, dass Joins einige Vorteile beim Lesen von mehreren Tabellen bieten. Sie sollten also die Zeit investieren, für solche Aufgaben einen geeigneten Join zu finden. Das Beispiel im Abschnitt 4.7 hat gezeigt, dass ein Join nicht immer automatisch die optimale Lösung findet. Sie sollten deshalb `JOIN`-Anweisungen immer auf richtige Funktion testen. Wie Sie dies tun können, erfahren Sie im siebten Kapitel.

4.9 Datenänderungen

Der `SELECT` zum Lesen von der Datenbank kommt weitaus häufiger vor als Anweisungen zum Ändern von Tabelleninhalten. Dennoch sind die Änderungen mindestens genauso wichtig wie der `SELECT`, da sie die Inhalte der Tabelle bestimmen. Die Open-SQL-Befehle zum Einfügen (`INSERT`), Anpassen (`UPDATE`), Löschen (`DELETE`) und Modifizieren (`MODIFY`) wurden im Abschnitt 3.8 eingeführt.

Aus Anwendungssicht ist es wichtig, dass Daten nur in konsistenter Weise geändert werden. Das bedeutet zum Beispiel: Es darf kein anderer Benutzer gleichzeitig dieselben Daten ändern. Außerdem muss sichergestellt sein, dass zusammengehörende Daten nur zusammen geändert werden. Das Transaktionskonzept sorgt für Datenkonsistenz. Es wird im Abschnitt 8.5 diskutiert.

Zu diesem Abschnitt enthält das Beispielprogramm keine Beispiele, da es sein Ansatz ist, keine Spuren zu hinterlassen.

Auch hier spielen alle Goldenen Regeln eine Rolle, deshalb folgt die Diskussion wieder den fünf Regeln.

4.9.1 Effizienz der Zugriffe

Wie die Lesezugriffe können auch die Änderungen auf großen Tabellen nur dann schnell sein, wenn sie von einem Index unterstützt werden. Dabei sind zwei Typen von Anweisungen zu unterscheiden.

Änderungen von einer Workarea oder internen Tabelle

Die Anweisungen, die eine Workarea oder eine interne Tabelle nutzen, haben es einfacher:

```
INSERT INTO dbtab FROM wa/TABLE itab.

DELETE/UPDATE/MODIFY dbtab FROM wa/TABLE itab.
```

Bei ihnen ist der ganze Satz bekannt, insofern kann die Anweisung immer den Primärschlüssel nutzen und hat damit automatisch eine optimale Indexunterstützung.

Änderungen mit expliziter `WHERE`-Klausel

Es gibt auch die Änderungsanweisungen, die eine explizite `WHERE`-Klausel enthalten:

```
DELETE dbtab WHERE field ....

UPDATE dbtab SET field ... WHERE field ....
```

Hier stellt sich, wie bei den `SELECT`-Anweisungen, die Frage nach der Indexunterstützung der `WHERE`-Klausel. Gibt es zu einer selektiven `WHERE`-Klausel einen passenden Index, dann ist die Suche schnell. Die genaue Beschreibung des Befehls `UPDATE SET` folgt weiter unten.

Der Datenbank-Explain der Datenänderungen zeigt für jede der drei Änderungen, `DELETE`, `INSERT` und `UPDATE` nur eine Form des Ausführungsplans. Die Open-SQL-Varianten für `DELETE` und `UPDATE` mit `FROM wa` oder `FROM TABLE itab` werden von der Datenbankschnittstelle in die Standardform mit der `WHERE`-Klausel umgesetzt.

Indexänderungen

Jede Änderung des Tabelleninhalts zieht auch Anpassungen der Indizes zu dieser Tabelle nach sich. Dabei ist zu beachten:

- Jedes Einfügen (`INSERT`) oder Löschen (`DELETE`) eines Satzes erfordert immer die Anpassung aller Indizes.
- Beim Anpassen (`UPDATE`) müssen nur jene Indizes angepasst werden, die das entsprechende Feld enthalten.

Eine große Zahl von Indizes hat also negative Auswirkungen auf die Performance. Es kann durchaus sinnvoll sein, einen zusätzlichen Index nicht anzulegen, wenn eine sehr gute Performance der häufigen Änderungen wichtiger ist als eine gute Performance eines selten ausgeführten Lesezugriffs.

4.9.2 Anzahl der Sätze

Natürlich soll nur geändert werden, was wirklich sinnvoll ist, die Anzahl der geänderten Sätze soll also minimal sein. Es sollte keine mehrfachen Änderungen des gleichen Satzes innerhalb einer Transaktion geben.

4.9.3 Minimale Zahl der Ausführungen

Sind viele Änderungen nötig, dann sollte darauf geachtet werden, dass diese zu Array-Operationen zusammengefasst sind.

Array-fähige Änderungen

Die Datenbankänderungen `INSERT`, `UPDATE` und `DELETE` sind in der Kombination mit `FROM TABLE itab` in der Lage die Array-Schnittstelle zu nutzen.

```
INSERT INTO dbtab FROM TABLE itab.

DELETE/UPDATE dbtab FROM TABLE itab.
```

Um diese Befehle richtig nutzen zu können, muss jedoch klar sein, welche Sätze es in der Tabelle bereits gibt und welche nicht. Nur bereits vorhandene Sätze können angepasst oder gelöscht werden. Andererseits kann ein Satz nur dann eingefügt werden, wenn die Tabelle noch keinen Satz mit denselben Werten für den Primärschlüssel enthält. Gibt es einen eindeutigen Sekundärschlüssel, dann bedeutet dies eine zusätzliche Einschränkung. Ist diese Unterteilung nicht klar, dann wird es schwieriger.

Änderungen bei unklarem Zustand auf der Tabelle

Falls nicht klar ist, welche Sätze eingefügt und welche gelöscht oder angepasst werden können, haben Sie drei Optionen:

- Sind es nur wenige Änderungen, dann können Sie die Bequemlichkeit des Open-SQL-Befehls `MODIFY` nutzen. Für ihn probiert die Datenbankschnittstelle zunächst einen `UPDATE`, ist der Satz nicht vorhanden, wird ein `INSERT` probiert. In relativ seltenen Fällen kann auch der `INSERT` fehlschlagen, da zwischenzeitlich ein Satz eingefügt wurde. Dann wird noch mal ein `UPDATE` ausgeführt. Diese Bequemlichkeit des `MODIFY`-Befehls hat ihren Preis, die Array-Verarbeitung geht verloren.

  ```
  MODIFY dbtab FROM TABLE itab.
  ```

- Sind relativ viele Sätze einzufügen und es besteht nur eine geringe Wahrscheinlichkeit, dass Sätze bereits in der Tabelle vorkommen, dann ist der Zusatz `ACCEPTING DUPLICATE KEYS` sinnvoll. Dieser Befehl wird gelegentlich missverstanden: Er erzeugt natürlich keine doppelten Einträge auf der Tabelle, sondern erlaubt lediglich eine Ausnahmebehandlung bei doppelten Sätzen. Der `ACCEPTING DUPLICATE KEYS` setzt den `sy-subrc` auf 0, wenn alle Sätze erfolgreich eingefügt wurden, und auf 4, wenn mindestens ein Satz bereits vorhanden ist. In diesem Fall muss sich eine Ausnahmebehandlung anschließen. Sinnvollerweise zerlegen Sie die Tabelle in etwas kleinere Blöcke, zum Beispiel der Größe von 20 bis 100 Sätzen, da auch damit schon eine akzeptable Array-Verarbeitung möglich ist. Die Blöcke sollten klein genug sein, damit möglichst viele Blöcke ohne Ausnahmebehandlung auskommen.

```
INSERT INTO dbtab FROM TABLE itab_block
      ACCEPTING DUPLICATE KEYS.
IF ( sy-subrc = 4 ).
  MODIFY dbtab FROM TABLE itab_block.
ENDIF.
```

- Sind viele Sätze anzupassen und ist es nicht klar, welche Sätze noch nicht in der Tabelle vorkommen, dann lohnt sich der `ACCEPTING DUPLICATE KEYS` nicht mehr. In diesem Fall ist es sinnvoller, den Ist-Zustand von der Datenbank zu lesen und effizient festzustellen, welche Sätze eingefügt und welche geändert werden müssen. Im sechsten Kapitel finden Sie dafür ein Beispiel.

Vermeidung der Änderungsoperation – UPDATE SET

Der Befehl `UPDATE SET` sollte für einfache Änderungen berücksichtigt werden, da er die Daten direkt auf der Datenbank ändert, ohne sie auf den Applikationsserver zu holen. Er fasst die Lese- und die Änderungsoperation zu einer Ausführung zusammen:

```
UPDATE dbtab SET field … WHERE ….
```

Die möglichen Änderungen sind:

- Zuweisungen mit einem Festwert, also `SET field1 = a`, oder Zuweisung des Wertes eines anderen Feldes wie `SET field1 = field5` aus der gleichen Zeile.
- Addition oder Subtraktion eines Festwertes `SET field1 = field1 + a` oder des Wertes eines anderen Feldes `SET field1 = field1 – field5`. Addition und Subtraktion setzen einen numerischen Datentyp für das Feld voraus.

Blockverarbeitung bei großen Änderungen

Da die Datenbank die Datenkonsistenz gewährleisten muss, kann die Datenbank den alten Zustand nicht einfach überschreiben, sondern muss ihn parallel halten, bis der Datenbank-COMMIT erfolgt. Diese Files können irgendwann den zur Verfügung stehenden Speicher überschreiten, sodass es zum Abbruch kommt.

Wenn es die Datenkonsistenz erlaubt, sollte der COMMIT nicht erst am Ende erfolgen, sondern bereits nach einer Verarbeitung von ca. 10.000 Sätzen. Das ist absolut ausreichend für eine gute Array-Verarbeitung. Bei besonders breiten Tabellen können auch kleinere Blöcke sinnvoll sein.

Außer diesem Problem können auch andere technische Probleme zu Abbrüchen führen. Auch deshalb ist es sinnvoll, in Blöcken zu arbeiten, sodass bei einem Abbruch nur der nicht beendete Block wiederholt werden muss.

4.9.4 Verringerung der Satzbreite

Der Befehl UPDATE SET ist geeignet, um beim Anpassen nur die Felder zu übertragen, die auch geändert werden. Dies kann auch die Zahl der Indexanpassungen reduzieren. Sind mehrere Sätze zu ändern, dann ist dieser Befehl meist nicht flexibel genug.

Um beliebige Anpassungen auf einen eingeschränkten Satz von Feldern durchzuführen und gleichzeitig die Arrayverarbeitung zu nutzen, müssen Sie einen geeigneten Projektionsview v_dbtab definieren und das Anpassen von Tabelle FROM TABLE itab ausführen:

```
UPDATE v_dbtab FROM TABLE itab.
```

4.9.5 Puffer

Der Tabellenpuffer ist dazu da, identische Zugriffe auf die Datenbank zu vermeiden. Er eignet sich vor allem für Tabellen, die sich gar nicht oder nur selten ändern. Genaueres erfahren Sie im fünften Kapitel.

Änderungen auf gepufferte Tabellen gehen am Puffer vorbei. Außerdem lösen sie eine Invalidierung der gepufferten Bereiche und bei mehreren Applikationsservern eine Synchronisation der Puffer aus, was einen größeren Overhead bedeuten kann.

Änderungen auf eine gepufferte Tabelle sollten eine Ausnahme sein. Kommen sie öfter vor, dann stellt sich die Frage, ob die Pufferung der betroffenen Tabelle überhaupt sinnvoll ist.

Auch die Befehle zum Ändern von Tabelleninhalten `INSERT`, `DELETE`, `UPDATE` und `MODIFY` sollen gemäß den Goldenen Regeln genutzt werden. Bezüglich der Effizienz ist zu beachten, ob der Befehl den ganzen Satz oder eine freie `WHERE`-Klausel nutzt. Im ersten Fall sollte es keine Probleme geben, da immer der Primärindex genutzt werden kann. Natürlich soll nur geändert werden, was wirklich notwendig ist. Sind viele Änderungen zu machen, sollte möglichst die Array-Verarbeitung genutzt werden. Änderungen auf gepufferte Tabellen sollten die Ausnahme sein.

4.10 Zusammenfassung

Da die Datenbankprogrammierung das größte Performancepotenzial besitzt, lohnt es sich, das Wichtigste dieses Kapitels nochmals zusammenzufassen.

Effiziente Suche auf der Datenbank (4.2)

- Überprüfen Sie, dass alle teuren Datenbankzugriffe durch Indizes unterstützt werden.
- Falls die Indexunterstützung fehlt, dann schauen Sie zunächst, ob Sie durch eine Änderung oder Erweiterung der `WHERE`-Klausel doch noch erreicht werden kann. Beachten Sie die Möglichkeit, dass einfache Lücken in der `WHERE`-Bedingung durch Subqueries oder `IN`-Listen gefüllt werden können.
- Falls dies nicht funktioniert, sollten Sie überprüfen, ob ein neuer Index helfen kann. Beachten Sie dazu den Anschnitt »Indexdesign«, siehe 4.2.6.

Minimale Zahl übertragener Sätze (4.3)

- Lesen Sie nur die Sätze, die wirklich notwendig sind. Achten Sie auf eine möglichst vollständige `WHERE`-Klausel. Machen Sie alle Einschränkungen nach Möglichkeit in der `WHERE`-Klausel.
- Nutzen Sie den Zusatz `UP TO n ROWS`, wenn Ihnen eine bestimmte Zahl von Ergebnissätzen genügt.
- Vermeiden Sie den Befehl `COUNT(*)`auch in Kombination mit `UP TO 1 ROWS`, wenn Sie nur einen Existenzcheck machen wollen. Nutzen Sie dafür den Befehl `SELECT *` mit `UP TO 1 ROWS`.
- Führen Sie folgende Zusatzbefehle auf der Datenbank aus, wenn sich dadurch die übertragene Satzmenge auf weniger als die Hälfte

reduzieren lässt. Ist die Reduktion geringer, bauen Sie die Befehle besser in ABAP nach:

- Aggregatsfunktionen (`SUM`, `MIN`, `MAX`, `AVG`, `COUNT`) liefern Gesamtinformation von vielen Sätzen.
- Der Befehl `DISTINCT` spart doppelte Sätze ein.
- Mit der Kombination `ORDER BY` und `UP TO n ROWS` lässt sich die Übertragung auf die größten Sätze o. Ä. einschränken.

Minimale Zahl von Ausführungen (4.4)

- Vermeiden Sie unnötige Datenbankzugriffe und reduzieren Sie identische Zugriffe, indem Sie einen Puffer nutzen.
- Nutzen Sie die `RANGES`-Tabellen im Programm nur, wenn Sie sicher sind, dass die Tabelle nicht sehr groß werden kann.
- Versuchen Sie große Mengen von gleichartigen Zugriffen mit `FOR ALL ENTRIES` zusammenzufassen.
  - Stellen Sie dabei immer sicher, dass die Tabelle für die Selektion mindestens einen Eintrag besitzt.
  - Falls die Tabelle doppelte Einträge haben kann, dann löschen Sie diese besser, bevor Sie den `FOR ALL ENTRIES` ausführen.
  - Müssen Ergebnistabelle und Treibertabelle zusammengefasst werden, dann nutzen Sie auf jeden Fall effiziente geschachtelte `LOOPs`.

Minimale Satzbreite (4.5)

- Nutzen Sie Feldlisten oder Projektionsviews, wenn Sie von einer breiten Tabelle lesen und nicht alle Felder benötigen. Die Einschränkung sollte die Breite in Byte merklich reduzieren, sowohl absolut als auch relativ.
- Es ist nicht sinnvoll, die gleiche Information zweifach mit unterschiedlichen Feldlisten zu lesen. Lesen Sie lieber einmal alle benötigten Felder und nutzen Sie eine geeignete Pufferung.
- Nutzen Sie den Befehl `INTO CORRESPONDING FIELDS OF`, wenn die übertragenen Felder nicht linksbündig in die Zielstruktur passen. Der Befehl ist vor allem dann expliziten Zuweisungen vorzuziehen, wenn sich Ausgangs- und Zielstruktur ändern können.

Weitere Befehle (4.6)

- Dieser Abschnitt fasst eher Befehlsausnahmen zusammen, die sich auch keiner Goldenen Regel zuordnen lassen. Die automatische Mandantenbehandlung ist eine wichtige Eigenschaft der Datenbankschnittstelle. Anweisungen mit `CLIENT SPECIFIED` zum Lesen von Daten anderer Mandanten sollten eher die Ausnahme sein.

- Auch die Befehle zum Umgehen des Tabellenpuffers sollten nicht häufig vorkommen.
- Dynamisches SQL, generiertes SQL, Native SQL und dynamisches Native SQL (ADBC) erweitern die Möglichkeiten der SQL-Programmierung. Aus Performancesicht sind jedoch alle Erweiterungen eher nachteilig und sollten nur verwendet werden, wenn es keine Alternative in Open SQL gibt.

Gleichzeitiges Lesen von mehreren Tabellen (4.7)

- Vermeiden Sie geschachtelte `SELECT`s, wenn die beteiligten Tabellen nicht gepuffert sind. Beachten Sie, dass schon die Schachtelung von relativ kleinen Tabellen zu großen Ausführungszeiten führen kann.
- Nutzen Sie Subqueries, wenn Sie die gelesene Information nur als Auswahlkriterium für eine weitere Selektion brauchen.
- Verwenden Sie einen `INNER JOIN` anstelle eines `FOR ALL ENTRIES`, wenn die Treffermenge auf allen Tabellen zusammen merklich kleiner ist als die Treffermenge auf den Einzeltabellen. Vergewissern Sie sich jedoch, dass die Datenbank den Join richtig verarbeitet.

Der Join-Befehl (4.8)

- Bei den Joins ist es vor allem die Flexibilität, die sie auszeichnet. Sie können sich automatisch an unterschiedliche Konstellationen anpassen. Ihre Möglichkeiten sind sehr groß, sie können viele Tabellen verbinden oder die Tabelle mit sich selbst (Self-Join). Ein Problem, das sich nur schwer lösen lässt, ist die Verteilte Selektivität.
- Der Abschnitt 4.8 vermittelt ohne Anspruch auf Vollständigkeit einen Eindruck von den Möglichkeiten des Join.

Datenbankänderungen (4.9)

- Eine größere Menge von Datenbankänderungen sollten Sie nicht als Einzeloperationen durchführen, sondern mit Array-Operationen zusammenfassen.
- Sehr große Mengen von Datenbankänderungen sollten in Blöcken von 10.000 durchgeführt werden. Dazwischen sollte ein Datenbank-Commit durchgeführt werden, um die Redo-Logs zu löschen. Dabei muss natürlich sichergestellt werden, dass Datenkonsistenz wieder erreicht werden kann, entweder durch wiederholtes Aufsetzen bis zum Erfolg oder durch selbst gesteuertes Zurücknehmen der Änderung.

Die folgende Tabelle gibt eine Übersicht über alle Befehle. Eine Nummer in der Spalte Tabellenpuffer bedeutet, dass der Befehle den Tabellenpuffer nicht nutzen kann. Die Nummern beziehen sich auf die Tabelle in der Zusammenfassung des Pufferkapitels, siehe 5.9.

Tab. 4-11
Datenbankbefehle und Goldene Regeln

Abschnitt		Effizienz	Anzahl Sätze	Ausführungen	Tabellenpuffer	Satzbreite
4.2	Indexunterstützung	++				
4.3	Komplette WHERE-Bedingung	++	++	+		
4.3.3	DISTINCT		+		4	
4.3.4	UP TO n ROWS	+	++			
4.3.6	ORDER BY & UP TO n ROWS	+	+		5	
4.3.7	Aggregatfunktionen (SUM, MIN, MAX, AVG, COUNT)		++	++	6	
4.3.8	Existenzcheck	+	+			
4.3.9	PACKAGE SIZE		+			
4.4	Array-Verarbeitung			++		
4.4.4	Ranges			+		
4.4.5	FOR ALL ENTRIES			++	7	
4.5.1	Feldliste					++
4.5.2	INTO CORRESPONDING					+
4.6.1	CLIENT SPECIFIED				11	
4.6.2	BYPASSING BUFFER & FOR UPDATE				14/15	
4.6.3	Dynamisches SQL					
4.6.4	Generiertes SQL					
4.6.5	Native SQL				13	
4.7.3	Subquery		+	++	8	+
4.7.4	JOIN	+/-	+	++	9	+
4.7.5	View	+/-	+	++	9	+
4.9.3	INSERT, UPDATE, DELETE			+	16	+
4.9.3	UPDATE SET	+		++	16	+
4.9.3	MODIFY			-	16	

5 Pufferung

5.1 Kapitelübersicht

Gemäß den Goldenen Regeln der Datenbankprogrammierung sollen Daten innerhalb einer Transaktion nur einmal von der Datenbank gelesen werden. Wiederholt benötigte Daten sollten nach dem Lesen in einem Puffer gespeichert werden, um alle weiteren Zugriffe schneller erledigen zu können. Dies gilt nicht nur für Tabellendaten, sondern auch für Programme, Dictionary-Informationen, Kalender und Ähnliches.

Tab. 5–1
Die vier Aspekte des Pufferthemas

	Puffer	Abschnitte
A	Definitionen und Wissen	5.2. Pufferung und Daten 5.3 Tabellenpuffer 5.4 Pufferbausteine 5.5 Weitere Puffer
B	Tools	5.6 Pufferübersicht (ST02 & ST10), SQL-Trace (ST05), Puffer-Trace, ABAP-Trace (SE30), Code Inspector (SCI), Tabellenstatistik (DB05)
C	Performanceempfehlungen	5.7 Tabellenpuffer 5.8 Pufferbaustein
D	Analyse & Optimierung	Im siebten Kapitel (7.4, 7.6 und 7.8)

Inhaltsübersicht

Der Abschnitt 5.2 gibt einen Überblick über die verschiedenen Puffer und zeigt, dass die Art der Daten eine gewisse Rolle spielt. Dazu führt er die Datenarten, Konfigurations-, Stamm- und Bewegungsdaten sowie die Begriffe Datenaktualität und Datenkonsistenz ein.

Der technische Tabellenpuffer ist in die Open-SQL-Sprache integriert und kann nach der Aktivierung der Pufferung in den technischen Eigenschaften automatisch genutzt werden. Die Tabellenpufferung ist deshalb sehr effektiv. Es sind jedoch ein paar Punkte zu beachten, um den Tabellenpuffer zu nutzen, wie Sie im Abschnitt 5.3 erfahren werden.

In den Fällen, für die der Tabellenpuffer nicht infrage kommt, können wiederholt benötigte Daten mit sogenannten Pufferbausteinen auf dem Applikationsserver gespeichert werden. Pufferbausteine sind selbst geschriebene Methoden oder Funktionen, die explizit auf die speziellen Anforderungen zugeschnitten sind. Dabei geht die Bequemlichkeit des Tabellenpuffers verloren. Die Grundidee bei einem Pufferbaustein wird im Abschnitt 5.4 vorgestellt.

Die weiteren Puffer des SAP-Systems stellt der Abschnitt 5.5 vor. Die meisten Puffer funktionieren automatisch im Hintergrund und müssen im Hinblick auf die Performance nicht besonders beachtet werden.

Der Abschnitt 5.6 stellt die Tools vor, die bei den Puffern nützlich sind. Das sind die Puffermonitore (ST02 und ST10), die SQL-Trace und Puffer-Trace (ST05) sowie die ABAP-Trace. Auch die umfangreichen Pufferprüfungen des Code Inspector (SCI) werden vorgestellt. Schließlich folgt die Transaktion (DB05), die sehr nützlich zur Bestimmung der richtigen Pufferungsart ist.

Der Abschnitt 5.7 befasst sich mit der Frage, wie eine optimale Tabellenpufferung erreicht werden kann. Dafür sind die Fragen Pufferbedarf, Pufferbarkeit und Pufferungsart zu klären. Außerdem enthält der Abschnitt detaillierte Empfehlungen wie Datenbankanweisungen umzuformen sind, damit sie den Tabellenpuffer nutzen können. Eine kleine Betrachtung der Pufferperformance rundet den Abschnitt ab.

Für die Pufferbausteine gibt der Abschnitt 5.8 die wichtigsten Empfehlungen. Der Abschnitt enthält eine Liste der häufigsten Programmierfehler mit Pufferbausteinen und es werden mögliche Erweiterungen für speziellere Anforderungen vorgestellt.

Die Puffer spielen auch im siebten Kapitel bei der Analyse und Optimierung eine Rolle. Dort werden der Pufferbedarf sowie die optimale Nutzung des Tabellenpuffers und der Pufferbausteine überprüft, siehe Abschnitt 7.8.

5.2 Pufferung und Datenarten

Als Einführung in das Pufferthema eignet sich ein Überblick über die Puffer im SAP-System. Außerdem ist wichtig, sich klarzumachen, welche Bedingungen die Daten erfüllen müssen, um gepuffert zu werden.

5.2.1 Die verschiedenen Puffer

Es gibt eine Reihe von Puffern im SAP-System. Mit der Transaktion »Pufferübersicht (Tune Summary – (ST02)« verschaffen Sie sich einen Überblick:

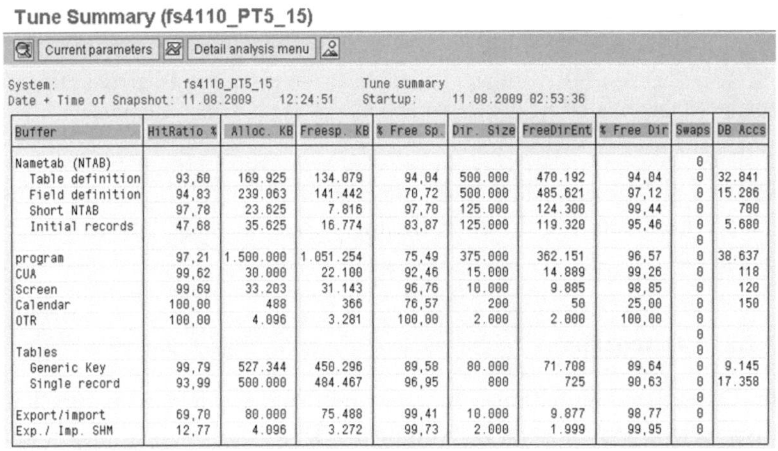

Buffer	HitRatio %	Alloc. KB	Freesp. KB	% Free Sp.	Dir. Size	FreeDirEnt	% Free Dir	Swaps	DB Accs
Nametab (NTAB)								0	
Table definition	93,60	169.925	134.079	94,04	500.000	470.192	94,04	0	32.841
Field definition	94,83	239.063	141.442	70,72	500.000	485.621	97,12	0	15.286
Short NTAB	97,78	23.625	7.816	97,70	125.000	124.300	99,44	0	700
Initial records	47,68	35.625	16.774	83,87	125.000	119.320	95,46	0	5.680
								0	
program	97,21	1.500.000	1.051.254	75,49	375.000	362.151	96,57	0	38.637
CUA	99,62	30.000	22.100	92,46	15.000	14.889	99,26	0	118
Screen	99,69	33.203	31.143	96,76	10.000	9.885	98,85	0	120
Calendar	100,00	488	366	76,57	200	50	25,00	0	150
OTR	100,00	4.096	3.281	100,00	2.000	2.000	100,00	0	
								0	
Tables								0	
Generic Key	99,79	527.344	450.296	89,58	80.000	71.708	89,64	0	9.145
Single record	93,99	500.000	484.467	96,95	800	725	90,63	0	17.358
								0	
Export/import	69,70	80.000	75.488	99,41	10.000	9.877	98,77	0	
Exp./ Imp. SHM	12,77	4.096	3.272	99,73	2.000	1.999	99,95	0	

Abb. 5-1
Die Pufferübersicht (ST02)

Alle Puffer spielen ihre Rolle im Gesamtsystem. Es hat wenig Sinn, von wichtigeren und unwichtigeren Puffern zu reden. Wichtig ist jedoch, dass die Puffer für Nametab, Programme und Kalender vom System und nicht von den Anwendungen gesteuert werden, sie arbeiten im Hintergrund des Systems.

Tab. 5-2
Die technischen Puffer des SAP-Systems (ST02)

Name des Puffers in ST02	Bedeutung
Nametab (NTAB)	Laufzeitdaten der Dictionary-Informationen mit vier Unterstrukturen
Program	Puffer für die Programme
CUA	Common User Access
Screen	Puffer für GUI-Daten
OTR	Online Text Repository
Calendar	Kalenderdaten
Tables: Generic Key, Single record	Tabellenpuffer: Generisch oder Einzelsatz
Export/import	Shared Buffer für Benutzerdaten
Exp./Imp SHM	Shared Memory für Benutzerdaten

Shared Buffer und Shared Memory werden vom Programmcode direkt gesteuert. Sie werden im Abschnitt 5.5 genauer vorgestellt. Die Zugriffe auf sie sind zusammen mit den Zugriffen auf die Puffer CUA

(Common User Access), Screen und OTR (Online Text Repository) in der Puffer-Trace zu sehen, siehe Abschnitt 2.4.

Für die Programmierung ist jedoch der Tabellenpuffer bei Weitem am wichtigsten. Er wird den größten Teil des folgenden Kapitels einnehmen. Der Tabellenpuffer hat die Aufgabe, die fünfte Goldene Regel der Datenbankprogrammierung zu erfüllen, siehe Abschnitt 4.1.

5. Regel: Lesen Sie mehrfach benötigte Daten nur einmal von der Datenbank. Nutzen Sie eine Datenpufferung für die wiederholten Zugriffe.

Es wird sich zeigen, dass nicht alle Daten für die Tabellenpufferung infrage kommen. Für diesen Fall gibt es noch die sogenannten Pufferbausteine.

5.2.2 Datenarten

Im Datenbankkapitel hat es noch keine Rolle gespielt, zu unterscheiden, welche semantische Bedeutung die Daten haben. Es müssen alle Daten effizient von der Datenbank geholt werden. Im Hinblick auf die Pufferung ist es jedoch wichtig, auf die unterschiedliche Bedeutung der Daten hinzuweisen. Es gibt drei Typen von Daten:

- Konfigurationsdaten (Customizing data),
- Stammdaten (Master data) und
- Bewegungsdaten (Application data).

Konfigurationsdaten

Die **Konfigurationsdaten** sind Daten, die sich nur während der Konfigurationseinstellungen ändern. Im Produktivbetrieb bleiben diese Daten stabil. Änderungen sind nicht unmöglich, können aber als Ausnahmen angesehen werden. Zu Konfigurationsdaten zählen die gesamten Basisdaten des Systems und der Anwendung, also alles, was für die Funktion des Systems benötigt wird. Das können technische Informationen sein, aber auch allgemeine Informationen wie Länder, Einheiten usw. Konfigurationsdaten umfassen alle Daten, die ein funktionsfähiges und für den Benutzer bereits konfiguriertes System beinhaltet. Es sind jedoch noch keinerlei benutzerspezifische Daten enthalten.

Stammdaten

Die **Stammdaten** sind die Basisdaten über die Anwendungen des Benutzers, also Informationen über die Infrastruktur, Produkte, Materialien, Kunden und Lieferanten und vieles mehr. Diese Daten ändern sich gelegentlich, aber nicht zu häufig. Stammdaten sind jene Daten, die der Benutzer benötigt, um seine Anwendungen auf dem System laufen zu lassen.

Anwendungs- und Bewegungsdaten

Schließlich gibt es noch die **Bewegungsdaten.** Das sind Daten, welche bei den Geschäftsprozessen entstehen, also zum Beispiel die Bestellungen, Rechnungen, Lieferscheine, Produktionsplanungen usw. Diese Daten ändern sich meist so häufig, dass sie für eine Pufferung nicht infrage kommen.

Diese Einteilung sollten Sie nicht zu genau nehmen. Es gibt sicher Ausnahmen, also Daten, die in keine der Kategorien passen, oder Daten, die sich nicht eindeutig in eine Kategorie einordnen lassen. Aber meist ist die Einteilung hilfreich, insbesondere im Hinblick auf die Frage nach der Änderungshäufigkeit der Daten.

5.2.3 Datenaktualität und Datenkonsistenz

Die Problematik der **Datenaktualität** lässt sich anschaulich an dem Beispiel der Sitzplatzreservierung für einen Flug erklären.

Angenommen Sie gehen in Ihr Reisebüro und erkundigen sich nach einem Flug. Der Mitarbeiter im Reisebüro stellt die Flugdaten zusammen und fragt schließlich im Zentralcomputer der Fluglinie nach, ob für den gewünschten Flug noch Plätze verfügbar sind. Da Sie diesen Flug relativ kurzfristig buchen wollen, ist er leider schon fast ausgebucht und nur noch ein Platz verfügbar. Der Reisebüromitarbeiter wird Sie nun fragen, ob Sie diesen Flug wirklich buchen möchten. Da es normalerweise nicht klar ist, ob Sie sich schnell entscheiden können oder länger brauchen, ist dieser Flug nämlich noch nicht für Sie reserviert. Erst wenn Sie definitiv zusagen, wird der Mitarbeiter den Flug für Sie buchen. Besser gesagt, er wird es versuchen. Es wird dann erneut nach der Verfügbarkeit gefragt, und wenn der Flug immer noch verfügbar ist, wird er für Sie fest gebucht. Es kann aber passieren, dass zwischenzeitlich irgendwo auf der Welt jemand anderes den gleichen Flug haben wollte und ihn vor Ihnen reservieren konnte. In diesem unerfreulichen Fall wird der Reisebüromitarbeiter eine negative Nachricht bekommen und Sie müssen schauen, ob es noch eine Alternative in einer anderen Buchungsklasse oder an einem anderen Tag gibt.

Die Sitzplatzverfügbarkeit ist ein Beispiel für Daten, die absolut aktuell sein müssen. Diese können nur direkt von der Datenbank gelesen werden. Wenn solche Daten geändert werden, muss eine Sperre gesetzt werden, um zu verhindern, dass während der Änderung ein anderer Benutzer den bereits überholten Status liest. Im Programm muss es eine Logik geben, die darauf reagieren kann, wenn das Nachlesen ein anderes Ergebnis zurückliefert. Die Sperren werden im Abschnitt 8.5 besprochen.

Bei Daten, die sich eigentlich nicht ändern, wird dieser Aufwand wahrscheinlich nicht betrieben. Da kann es sogar sein, dass Datenaktualität nicht so wichtig ist, **Datenkonsistenz** aber schon. Zur Verdeutlichung der Datenkonsistenz hilft folgendes Beispiel.

Angenommen ein Internetshop führt eine kleine Preisanpassung während des laufenden Betriebs durch. Dann ist es besser, dass bereits begonnene Bestellungen bis zum Ende den gleichen alten Preis benutzen und nicht während der Bestellung ein neuer Preis erscheint. Sonst könnte es passieren, das auf Ihrem Bestellschein der Preis vor der Änderung erscheint, zum Beispiel 3,49 €, während die später durchgeführte Abbuchung Ihnen den neueren Preis von 3,89 € in Rechnung stellt. Diese Inkonsistenz ist sicherlich nicht akzeptabel.

Mit einer Pufferung lässt sich dieses Problem umgehen. Es ist besser, den Preis zu Beginn der Bestellung einmalig in einen Puffer zu lesen und für die Dauer des Bestellvorgangs, der sich bei einer Internetbestellung über einen längeren Zeitraum hinziehen kann, den gepufferten Preis zu lesen.

Es gibt eine Reihe verschiedener Puffer im SAP-System. In Bezug auf die Performance der Programme sind die Puffer für die Daten am wichtigsten. Bei den Daten lassen sich drei Arten unterscheiden: Konfigurations-, Stamm- und Bewegungsdaten. Die Frage, welche dieser Daten pufferbar sind, hängt von deren Änderungshäufigkeit ab.

Auch die Bedeutung der Begriffe »Datenaktualität« und »Datenkonsistenz« sollten Ihnen bekannt sein.

5.3 Der Tabellenpuffer

Der technische Tabellenpuffer wurde bereits im dritten Kapitel bei der Einführung von Open SQL im Abschnitt 3.2 erwähnt. Die Integration der Puffernutzung in die Open-SQL-Sprache spielt eine entscheidende Rolle, um die gewünschte Performance von Datenbankzugriffen zu gewährleisten. Würde es den Tabellenpuffer nicht geben und alle Zugriffe auf ihn würden stattdessen auf die Datenbank gehen, dann würde sich die Datenbankzeit einer Applikation leicht verdoppeln.

Um die umfassende Nutzung des Tabellenpuffers zu erreichen, ist es wichtig, dass automatisch bei der Umsetzung der Open-SQL-Anweisung eine mögliche Puffernutzung überprüft wird. Müssten die Pufferaufrufe explizit programmiert werden, so wäre diese umfassende Nutzung nicht zu erreichen. Neben der Beschleunigung der Zugriffe spielt der Tabellenpuffer auch bei der im Abschnitt 5.2.3 eingeführten Datenkonsistenz eine wichtige Rolle.

5.3.1 Architektur des Tabellenpuffers

Der Tabellenpuffer ist Teil des Shared Memory des Applikationsservers. Er kann Sätze der gepufferten Tabellen speichern, sodass weitere Anfragen nach den gleichen Sätzen nicht auf die Datenbank zugreifen müssen.

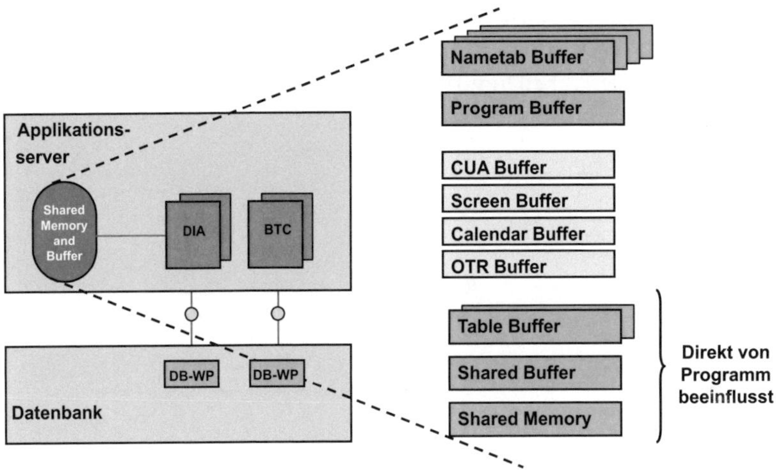

Abb. 5-2
Pufferarchitektur

In einem System mit mehreren Applikationsservern gibt es auch mehrere Tabellenpuffer. Für diesen Fall existiert eine Strategie zur Synchronisation der Puffer, die im Abschnitt 5.3.6 vorgestellt wird.

Der Tabellenpuffer setzt bereits in der Datenbankschnittstelle auf dem Applikationsserver an. Dort wird entschieden, ob der SELECT auf die Datenbank gehen muss oder ob die Daten nicht schneller vom Tabellenpuffer geholt werden können.

- Es wird in den technischen Eigenschaften der Tabellen nachgesehen, ob die Tabelle gepuffert ist.
- Ist sie gepuffert, dann wird die Anweisung geparst, um zu überprüfen, ob sie aus dem Puffer erfüllt werden kann. Der Puffer ist nämlich, um wirklich schnell zu sein, sehr einfach konzipiert. Anweisungen, die den Puffer nicht nutzen können, greifen auf die Datenbank zu.
- Falls die Anweisung den Puffer nutzen kann, werden die Daten im Puffer gesucht. Sind sie vorhanden, werden sie von dort an die Applikation gegeben. Sind sie nicht vorhanden, so werden sie von der Datenbank gelesen und in den Puffer gestellt, um für den nächsten Aufruf bereitzustehen.

- Sind die Daten für eine Anfrage auch auf der Datenbank nicht vorhanden, kann der Puffer die Information über das Nichtvorhandensein speichern. Bei der nächsten Anfrage nach diesen Daten kann bereits der Puffer melden, dass es diese Daten nicht gibt.

Der große Vorteil dieses Pufferkonzepts liegt auf der Hand, der Quellcode muss überhaupt nicht geändert werden. Die Pufferung muss lediglich in den technischen Eigenschaften der Tabelle eingeschaltet werden. Danach kann im Prinzip jede Datenbankanweisung, die diese Tabelle liest, den Tabellenpuffer nutzen.

Abb. 5–3
Technische Eigenschaften (SE11) der Tabelle DD07L

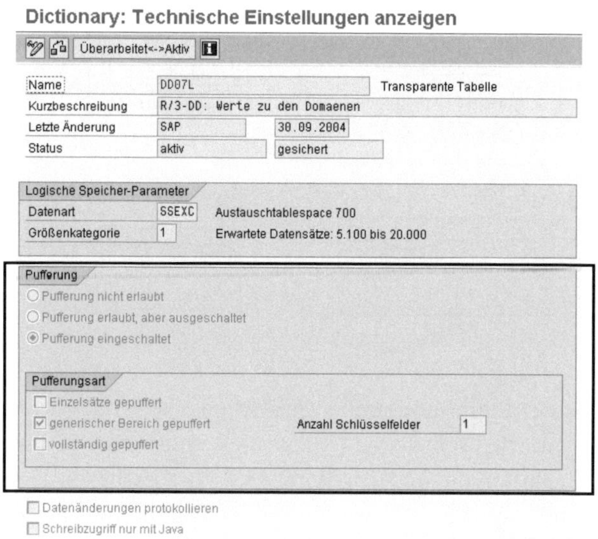

Beispiel

Das Beispielprogramm vergleicht einen Zugriff auf den Puffer mit dem gleichen Zugriff auf die Datenbanktabelle. Um genau die gleiche Tabelle nutzen zu können, wird nicht die Pufferung ein- und ausgeschaltet, sondern der Puffer durch den Zusatz `BYPASSING BUFFER` umgangen.

Das Beispiel zeigt, dass der Puffer bei einfachen Zugriffen mehr als zehnmal schneller als ein Datenbankzugriff ist.

Die Zugriffe auf den Tabellenpuffer sind um ein Vielfaches schneller als die Zugriffe auf die Datenbank. Deshalb sollte die Pufferung für alle wiederholt gelesenen Daten genutzt werden. Die Einbindung des Tabellenpuffers in die Open-SQL-Sprache macht das Konzept sehr komfortabel. Der Quellcode muss nicht angepasst werden. Es genügt die Aktivierung der Pufferung in den Tabelleneigenschaften im Data Dictionary (SE11).

5.3.2 Die Aktivierung des Puffers

Bei der Aktivierung des Puffers fallen die Entscheidungen für die Puffereinstellung und Pufferungsart an.

Puffereinstellung

Die technischen Eigenschaften bieten nicht nur die beiden Einstellungen *Pufferung nicht erlaubt* und *Pufferung eingeschaltet*, sondern auch die Option *Pufferung erlaubt, aber ausgeschaltet.*

Diese Zwischenstellung ist bei Standardsoftware notwendig, da es Tabellen geben kann, deren Nutzung je nach Umfeld sehr unterschiedlich ausfällt, sodass zum Beispiel ihre Größe stark unterschiedlich sein kann. Erst im Produktivsystem kann entschieden werden, ob die Pufferung eingeschaltet werden darf oder nicht. Die Einstellung sollte nur gewählt werden, wenn die Pufferung prinzipiell erlaubt ist, damit es problemlos möglich ist, die Größe des Puffers auch durch Tests zu bestimmen. Es muss Ihnen klar sein, dass die Wahl dieses Typs bis zum Einschalten de facto der Einstellung *Pufferung nicht erlaubt* gleichkommt.

Pufferungsart

Die Aktivierung der Pufferung erfordert auch die Wahl der Pufferungsart. Diese legt die Granularität der Pufferung fest. Es gibt drei Arten:

- die **vollständige Pufferung** der gesamten Tabelle,
- die **generische Pufferung** von Bereichen, die durch Teile des Tabellenschlüssels bestimmt sind, oder
- die **Einzelsatzpufferung**, die den gesamten Tabellenschlüssel nutzt.

Die Pufferungsart bestimmt die zu puffernden Datenbereiche. Bei vollständiger Pufferung gibt es nur einen Bereich, der alle Sätze der Tabelle enthält. Das andere Extrem ist die Einzelsatzpufferung, bei der es für jeden Satz einen Datenbereich gibt. Dazwischen liegen die generischen Puffer, die für jede Wertekombination, den die gepufferten Schlüsselfelder annehmen können, einen neuen Pufferbereich anlegen.

Hat das erste Schlüsselfeld zum Beispiel zehn verschiedene mögliche Werte, dann kann es zehn verschiedene Pufferbereiche bei der

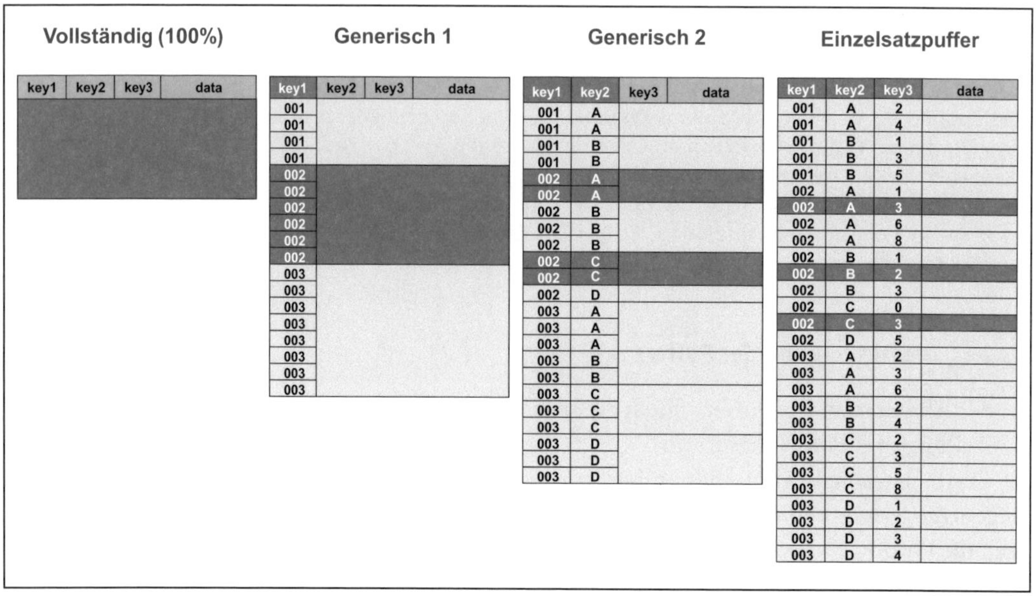

Abb. 5–4
Darstellung der Pufferungsarten

Einstellung »generisch – 1 Feld« geben. Die Bereiche werden nur dann angelegt und gefüllt, wenn es den ersten Zugriff auf die Daten gibt. Ob die zehn Bereiche gleich groß werden, hängt davon ab, ob die Daten gleich verteilt sind. Die Größe und die Anzahl der gepufferten Bereiche hängen also mit den im dritten Kapitel besprochenen Statistiken zusammen. Im Abschnitt 5.6.7 wird die Transaktion DB05 vorgestellt, die Vorhersagen über die zu puffernden Bereiche erlaubt.

Eigenschaften der Pufferungsarten

- Bei einer mandantenabhängigen Tabelle wird die Einstellung vollständige Pufferung automatisch in eine generische Pufferung mit dem Mandantenfeld umgesetzt.
- Die Einzelsatzpufferung ist etwas anders realisiert als eine generische Pufferung mit allen Schlüsselfeldern. Bei der generischen Pufferung werden außer den gepufferten Sätzen auch die Schlüssel der generischen Bereiche gespeichert. Dies würde bei der Einzelsatzpufferung eine doppelte Speicherung bedeuten, denn die Schlüssel entsprechen genau den gepufferten Sätzen. Der Einzelsatzpuffer ist nicht als generischer Puffer realisiert, er verzichtet auf die zusätzliche Speicherung der Schlüssel.
- Generell können nur Zugriffe, die Bedingungen für alle gepufferten Schlüsselfelder enthalten, effizient unterstützt werden. Die `WHERE`-Bedingung muss einen gepufferten Bereich spezifizieren.
- Innerhalb eines gepufferten Bereichs kann mit weiteren Schlüsselfeldern binär gesucht werden, da die Pufferbereiche nach allen Schlüsselfeldern sortiert sind.

- Alle Bedingungen mit Nichtschlüsselfeldern können nur durch ein sequenzielles Lesen überprüft werden. Die Laufzeit des sequenziellen Lesens ist direkt proportional zur Größe des zu scannenden Bereichs. Bei sehr großen, vollständig gepufferten Tabellen bzw. sehr großen, generischen Bereichen kann der Zugriff mit Nichtschlüsselfeldern sogar langsamer werden als ein Datenbankzugriff über einen Sekundärschlüssel. Sehr große gepufferte Bereiche sollten deshalb vermieden werden.
- Treten Sekundärschlüsselzugriffe mehrfach auf und ist es wichtig, eine gute Laufzeit zu erreichen, dann gibt es die Option, einen gepufferten View anzulegen. Das ist ein Projektionsview, dessen Schlüssel dem Sekundärschlüssel entspricht. Gepufferte Views sollten sich selten ändern, da sie bei der Pufferinvalidierung Nachteile haben, siehe Abschnitt 5.3.5.

Beispiel

Das Programm enthält ein Beispiel mit einer sehr großen vollständig gepufferten Tabelle. Bei ihr werden Zugriffe über den Primärschlüssel und über einen Sekundärschlüssel verglichen.

Bei dem Primärschlüsselzugriff ist der Puffer wie erwartet schneller als die Datenbank. Bei dem Sekundärschlüssel kann die Datenbank einen Index nutzen und ist damit schneller als der Pufferscan.

In den technischen Eigenschaften können die Puffereinstellung und die Pufferungsart gewählt werden. Die Puffereinstellung *Pufferung erlaubt, aber ausgeschaltet* sollte nur selten gesetzt werden. Die Pufferungsart bestimmt die Granularität, in die der Puffer unterteilt ist. Sehr große Bereiche haben einen großen Overhead und machen Pufferscans langsam.

5.3.3 Am Puffer vorbeigehende Anweisungen

Um möglichst schnelle Pufferzugriffe realisieren zu können, wurde dem Tabellenpuffer nur eine relativ einfache Funktionalität gegeben. Der Puffer kann nur einfache `SELECT`s über den Primärschlüssel erfüllen. Eine ganze Reihe von Datenbankbefehlen kann nicht auf dem Puffer realisiert werden. Bei der Verwendung solcher Befehle mit gepufferten Tabellen geht die Anweisung am Puffer vorbei und greift auf die Datenbank zu. Folgende Anweisungen sind problematisch:

1. Jede `SELECT`-Anweisung mit einer `WHERE`-Bedingung, die nicht alle gepufferten Schlüsselfelder mit einer Gleichheitsbedingung enthält, liest am Puffer vorbei. Eine `IN`-Bedingung für ein gepuffertes

Feld darf auch vorkommen, wenn sie nur eine Option enthält, also einer Gleichheitsbedingung entspricht. Außer den gepufferten Schlüsselfeldern kann die `WHERE`-Klausel noch weitere Bedingungen auf nicht gepufferte Felder enthalten. Diese Bedingungen können beliebige Operatoren enthalten.

2. Ein `SELECT` mit einer `IN`-Bedingung für ein gepuffertes Feld mit mehr als einer Option kann nicht auf dem Puffer abgebildet werden. Implizit bedeutet dies, dass eine `SELECT`-Anweisung nur einen generischen Bereich treffen darf. Für den Befehl `FOR ALL ENTRIES` gibt es jedoch eine Ausnahme: Da er in Einzelzugriffe zerlegt wird, kann er auf mehrere Pufferbereiche zugreifen.
3. Bis SAP NetWeaver Release 7.0 EhP1 ist es notwendig, das Schlüsselwort `SINGLE` in dem `SELECT` zu verwenden, um den Einzelsatzpuffer verwenden zu können. Die `WHERE`-Klausel muss natürlich alle Schlüsselfelder mit Gleichheit enthalten, sonst wäre Punkt 1 nicht erfüllt.
4. Ein `SELECT DISTINCT` geht am Puffer vorbei auf die Datenbank.
5. Eine Anweisung mit `ORDER BY` nutzt nur dann den Puffer, wenn die Sortierung dem Primärschlüssel entspricht. Die Schreibweise, ob `ORDER BY PRIMARY KEY` oder `ORDER BY` mit allen Schlüsselfeldern, spielt keine Rolle.
6. Alle Aggregatfunktionen (`MAX`, `MIN`, `AVG`, `SUM`, `COUNT`) sind nicht auf dem Puffer realisiert. Auch die Zusatzbefehle `GROUP BY` und `HAVING` zur Gruppierung gehen am Puffer vorbei.
7. Der `FOR ALL ENTRIES`-Befehl kann auf den generischen und vollständigen Puffer zugreifen, jedoch nicht auf den Einzelsatzpuffer.
8. Eine Subquery liest am Puffer vorbei.
9. Jeder Open-SQL-Join und -View auf mehrere Tabellen liest am Puffer vorbei.
10. Der etwas spezielle Zugriff mit Bedingungen `SELECT ... FROM db_tab WHERE field1 = field2` ist auf der Datenbank möglich, auf dem Puffer jedoch nicht.
11. Der Mandant wird im SAP-System automatisch ergänzt. Auch die vollständige Pufferung einer mandantenabhängigen Tabelle wird automatisch als »generisch 1 Feld«, also mandantenspezifisch gepuffert. Durch Verwendung von `CLIENT SPECIFIED` wird die automatische Mandantenergänzung abgeschaltet. Um den Puffer nutzen zu können, muss die Anweisung deshalb eine explizite `WHERE`-Bedingung für den Mandanten enthalten.
12. Soll der Puffer verwendet werden, dann darf der Wert `NULL` nicht in den Bedingungen vorkommen, da `NULL` nur auf der Datenbank definiert ist. Der Wert `NULL` darf nicht mit der deutschen Null ver-

wechselt werden. Er ist im Gegensatz zum Initialwert ein nicht definierter, weil nie genutzter Wert auf der Datenbank. Bei Auswertungen kann er ganz nützlich sein, da bei Mittelwerten nur wirklich definierte Werte gezählt werden. Die NULL-Werte bleiben komplett unberücksichtigt und zählen auch bei den Teilern nicht mit, siehe Abschnitt 4.2.2.
13. Jede Verwendung von Native SQL umgeht vollständig das Pufferkonzept. Lesezugriffe gehen am Puffer vorbei und Änderungsoperationen umgehen das Invalidierungs- und Synchronisationskonzept, was zu Datenschiefständen in den Puffern führen kann.
14. Das Schlüsselwort BYPASSING BUFFER ist dazu da, einen SELECT gezielt am Puffer vorbeilesen zu lassen.
15. Das Schlüsselwort FOR UPDATE hat eine ähnliche Funktion, es setzt zusätzlich noch eine Sperre auf die Tabelle.
16. Es werden nur SELECTs auf dem Puffer abgebildet. Jede ändernde Operation, also DELETE, INSERT, UPDATE und MODIFY, führt die Änderung sofort auf der Datenbank durch. Außerdem leiten Änderungen Prozesse zur Invalidierung und gegebenenfalls zur Synchronisation ein, die in den Abschnitten 5.3.5 und 5.3.6 besprochen werden.

Im Abschnitt 5.7.4 finden Sie Empfehlungen, wie Sie einige dieser Befehle umschreiben können, damit sie den Puffer nutzen können.

Um die Pufferung zu nutzen, müssen die Anweisungen eine Reihe von bestimmten Bedingungen erfüllen.

5.3.4 Das Laden der Pufferinhalte

Der erste Lesezugriff nach dem Starten des Applikationsservers füllt normalerweise den Puffer. Er holt die Daten von der Datenbank und stellt sie in den Puffer. Der Lesezugriff darf natürlich nicht zu den gerade besprochenen Ausnahmen gehören.

Um den Puffer zu laden, werden nicht nur die Daten gelesen, welche die SELECT-Anweisung gerade angefragt hat, sondern alle Daten zu einem zu puffernden Bereich, wodurch der zugehörige Pufferladezugriff eindeutig festgelegt ist:

- Die Pufferungsart gliedert, wie im letzten Abschnitt besprochen, die Tabelle in festgelegte zu puffernde Bereiche.
- Und der Zugriff legt den zu puffernden Bereich fest, der gefüllt werden muss.

Anstelle des folgenden SELECT-Befehls, der zum Beispiel alle Schlüsselfelder und ein Zusatzfeld enthält, sähen die zugehörigen Pufferladezugriffe je nach Pufferungsart unterschiedlich aus.

```
SELECT *
       FROM dbtab
       WHERE key1   = 'a'
       AND   key2   = 'b'
       AND   key3   = 'c'
       AND   field4 = 'd'.
```

```
Primärschlüssel (key1, key2, key3)
```

Der Pufferladezugriff verwendet so viele Schlüsselfelder, wie sie der Pufferungsart entsprechen, die jeweiligen Suchwerte übernimmt er von dem SELECT-Befehl. Das Ergebnis enthält keine Feldliste, sondern alle Felder der Tabelle und ist gemäß dem Primärschlüssel sortiert.

- Bei **vollständiger Pufferung** gäbe es keine WHERE-Bedingung.

```
SELECT *
       FROM dbtab
       ORDER BY PRIMARY KEY.
```

- Bei einer **generischen Pufferung mit einem Feld** gäbe es ein Schlüsselfeld.

```
SELECT *
       FROM dbtab
       WHERE key1 = 'a'
       ORDER BY PRIMARY KEY.
```

- Analog würde der Pufferladezugriff bei einer **generischen Pufferung mit zwei Feldern** zwei Schlüsselfelder nutzen.
- Und bei **Einzelsatzpufferung** wären alle drei Schlüsselfelder enthalten.

In der SQL-Trace kann es immer wieder vorkommen, dass die Anweisung im Quellcode und die Anweisung auf der Datenbank sehr verschieden aussehen. Pufferladezugriffe sind eine mögliche Erklärung. Diese Unterschiede sollten Ihnen bei der Interpretation der SQL-Trace immer bewusst sein.

Bis auf die Einzelsatzpufferung erzeugt jede Pufferungsart einen kleinen oder größeren Overhead bei dem Laden des Puffers, da mehr Sätze als benötigt geladen werden. Dieser Overhead sollte natürlich durch die eingesparten Datenbankzugriffe gerechtfertigt werden.

Die Pufferung bedeutet je nach Pufferungsart, d. h. vollständig, generisch oder Einzelsatz, einen gewissen Overhead für den ersten Zugriff. Der Overhead sollte durch die Einsparungen bei den weiteren Zugriffen gerechtfertigt werden.

5.3.5 Puffer invalidieren

Nach dem Laden bleibt der Pufferinhalt so lange erhalten, bis einer der folgenden Fälle eintritt:

- Der Puffer wird gelöscht.
- Das System wird neu gestartet.
- Der Pufferinhalt wird verdrängt, weil der zur Verfügung stehende Platz nicht ausreicht.
- Der Pufferinhalt wird invalidiert. Zu einer Invalidierung kann es kommen
  - durch eine explizite Änderung des Tabelleninhalts durch einen Befehl, also `DELETE`, `INSERT`, `UPDATE` oder `MODIFY`.
  - durch einen Tabellentransport von Änderungen.

Die Invalidierung durch Änderungen hat einen mehr oder weniger großen Overhead, der von der Art der Operation abhängt und für den lokalen Puffer sowie den Remote-Puffer auf einem anderen Applikationsserver verschieden ist.

Die genaue und aktuelle Information finden Sie in dem Hinweis 47239. Es macht einen Unterschied, ob die Änderung durch eine Operation mit der gesamten Zeileninformation oder mit einer expliziten `WHERE`-Klausel erfolgt.

Änderungsoperationen mit der gesamten Zeileninformation gibt es für einzelne Zeilen (Workarea) oder ganze Tabellen:

```
INSERT INTO dbtab FROM wa/TABLE itab.

UPDATE/DELETE dbtab FROM wa/TABLE itab.
```

Hier unterscheiden sich die Effekte auf den lokalen und den Remote-Puffer. Bei Änderung `FROM wa` gilt jeweils der Singular, d.h. Satz anstatt Sätze:

FROM wa / TABLE itab	Lokaler Puffer	Remote-Puffer
sng	Sätze werden angepasst.	Sätze werden gelöscht.
gen	Sätze werden angepasst.	Generische Bereiche, die die geänderten Sätze enthalten, werden invalidiert.
ful	Sätze werden angepasst.	Tabelle wird invalidiert.

Tab. 5–3 Änderungen mit Zeileninformation

Nutzt die Änderung eine explizite WHERE-Klausel, dann unterscheiden sich die Effekte auf den lokalen und den Remote-Puffer nicht:

```
UPDATE dbtab SET … WHERE ….
DELETE dbtab WHERE ….
```

Tab. 5–4
Änderungen mit expliziter WHERE*-Bedingung.*

WHERE	Lokaler oder Remote-Puffer
sng	Tabelle wird invalidiert. Im Fall UPDATE dbtab SET ... WHERE ... gibt es eine Ausnahme: Falls die WHERE-Bedingung den Primärschlüssel enthält, gilt das Verhalten von UPDATE ... FROM TABLE itab.
gen	Falls nur Sätze eines generischen Bereichs betroffen sind, dann werden nur diese invalidiert, ansonsten die ganze Tabelle.
ful	Tabelle wird invalidiert.

Den Overhead durch die Invalidierung sollten Sie bei der Entscheidung der Pufferungsart ebenfalls berücksichtigen. Insbesondere Änderungen, die nicht über den Primärschlüssel erfolgen, invalidieren immer den gesamten Pufferinhalt der betroffenen Tabelle.

Die Invalidierung kann je nach Operation und Pufferungsart einen gewissen Overhead bedeuten. Häufiges Invalidieren kann einen beachtlichen Overhead erzeugen.

5.3.6 Puffer synchronisieren

In Systemen mit mehreren Applikationsservern müssen die Pufferinhalte aller Puffer angepasst werden, wenn es zu Änderungen kommt. Deshalb löst jede Invalidierung einen Synchronisationsprozess aus, dessen Schritte das folgende Bild darstellt.

1. Bei einer Änderung einer gepufferten Tabelle wird zuerst der Inhalt der Datenbanktabelle angepasst. Auf der Datenbank kann es durch eindeutige Indizes Bedingungen geben, die jede Änderung erfüllen muss.
2. Erst nach der erfolgreichen Änderung auf der Datenbank wird der Puffer auf dem lokalen Applikationsserver angepasst. Diese direkte Anpassung ist wichtig, da der gleiche Prozess im weiteren Programmablauf eventuell noch mal auf diese Daten zugreift und dann den aktuellen Wert finden soll.
3. Die Puffer der anderen Applikationsserver werden jedoch nicht direkt angepasst. Um den Overhead gering zu halten, gibt es ledig-

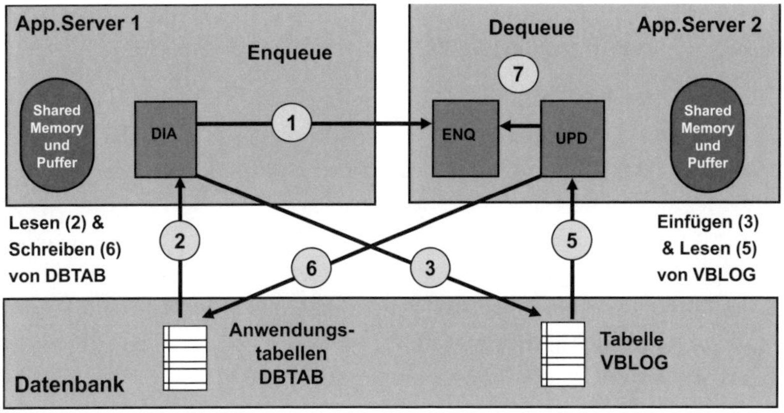

Abb. 5–5
Synchronisationsprozess beim Tabellenpuffer

lich einen Eintrag mit dem Tabellennamen und dem Schlüssel des geänderten Bereichs in die Datenbanktabelle `DDLOG`.

4. Jeder Applikationsserver liest in regelmäßigen Abständen die Einträge der Tabelle `DDLOG`. Für alle dort vorgemerkten Tabellen invalidiert er die von den Schlüsseln bezeichneten generischen Bereiche. Die Abstände, in denen die `DDLOG` gelesen wird, bestimmt ein Profilparameter, siehe unten. Meist ist er auf zwei Minuten gesetzt, damit das Lesen nicht zu häufig geschieht.
5. Nach dem Invalidieren eines Pufferbereichs wird er nicht sofort wieder gefüllt. Die nächsten fünf Zugriffe lesen von der Datenbank.
6. Erst der sechste Zugriff füllt den Puffer wieder. Dieser Mechanismus soll eine zu große Last auf das System vermeiden, falls eine gepufferte Tabelle entgegen der Erwartung häufig geändert wird.

Die Profilparameter sind:

- `rdisp/bufrefmode`: Werte `sendon`, `exeauto` oder `sendoff`.
- `rdisp/bufreftime`: Standardwert 120 Sekunden

In Systemen mit nur einem Applikationsserver braucht es keinen Synchronisationsprozess, da der Puffer des ändernden Prozesses gleich angepasst wird. Das kann durch den Wert `sendoff` des ersten Parameters erreicht werden.

In den anderen Fällen sollte es eine Synchronisierung geben und die Werte aus der `DDLOG` automatisch gelesen werden: Wert `exeauto`. Der zweite Parameter legt die Häufigkeit fest, mit der die `DDLOG` gelesen wird. Der Standardwert lautet 120 Sekunden. Aufgrund dieser Zeitverzögerung kommt eine Tabellenpufferung für Inhalte nicht infrage, bei denen Aktualität jederzeit notwendig ist.

Es gibt diverse Zustände, die den Status des Puffers anzeigen. Diese sind im Puffermonitor (ST10) zu sehen, siehe Abschnitt 5.6.2.

- **absent:** Der Pufferinhalt ist nicht gefüllt.
- **valid:** Der Pufferinhalt ist gefüllt und kann genutzt werden.
- **invalid:** Der Pufferinhalt ist nicht mehr aktuell, es muss von der Datenbank nachgelesen werden.
- **pending:** Der Pufferinhalt wurde invalidiert und bereits wieder angefordert. Es gibt einen Zähler, der die Anforderungen mitzählt.
- **loadable:** Wie pending, der Zähler hat den Wert 6, der nächste Zugriff lädt den Puffer wieder.
- **error:** Der Pufferinhalt kann nicht geladen werden.
- **multiple:** Bezeichnet den Gesamtzustand eines Puffers, wenn die Einzelzustände unterschiedlich sind.

Der Synchronisationsprozess für die Puffer auf verschiedenen Applikationsservern versucht nicht zu viel Last auf das System zu bringen. Es wird deshalb in Kauf genommen, dass die gepufferten Daten nicht jederzeit aktuell sind.

5.3.7 Verdrängung des Pufferinhalts

Falls der zur Verfügung stehende Speicherplatz zu Ende geht, kann es passieren, dass eine große Tabelle nicht mehr in den Tabellenpuffer passt. Sie kann dann nicht geladen werden.

Es gibt einen Verdrängungsprozess für den Pufferinhalt, der ältere Inhalte löscht. Die technischen Details, wie der Verdrängungsprozess arbeitet, würde hier zu weit führen. Wichtig ist jedoch, dass der Verdrängungsprozess nicht direkt durch den `SELECT` gestartet wird, sondern zeitverzögert. Dadurch werden Effekte wie folgender vermieden.

Angenommen die Tabellen A und B sind eigentlich zu groß für eine Pufferung, sie brauchen 50 % bzw. 51 % des gesamten Puffers. Beide sind vollständig gepuffert. Zunächst würde A geladen; beim Aufruf von B reicht der Platz nicht aus und A wird verdrängt und B geladen usw. Durch zeitverzögerte Verdrängung kann so ein Verhalten nicht entstehen.

Es ist klar, dass die Verdrängung immer einen Kompromiss finden muss. Das Design verhindert jedoch, dass daraus große Nachteile entstehen. Eine wirklich gute Performance ist jedoch nur zu erreichen, wenn der Speicherplatz ausreicht. Wird er zu knapp, muss er entweder vergrößert oder die Puffereinstellung der größten Tabellen überdacht werden.

5.3.8 Zusammenfassung: Tabellenpufferung

- **Pufferarchitektur:** Da der Tabellenpuffer auf dem Applikationsserver liegt, sind die Zugriffe ungefähr zehnmal schneller als Zugriffe auf die Datenbank. Deshalb sollte für alle wiederholt gelesenen Daten ein Puffer genutzt werden. Durch die Einbindung des Tabellenpuffers in die Open-SQL-Sprache genügt die Aktivierung der Pufferung, der Quellcode muss nicht angepasst werden.
- **Aktivierung des Puffers:** Die Aktivierung in den technischen Eigenschaften erfordert die Wahl der Puffereinstellung und die Pufferungsart.
  - Die Puffereinstellung *Pufferung erlaubt, aber ausgeschaltet* sollte nur verwendet werden, wenn die Pufferung prinzipiell erlaubt ist und nur Kriterien wie zu erwartende Puffergröße von der späteren Nutzung abhängen.
  - Die Pufferungsart bestimmt die Granularität des Puffers. Je allgemeiner die Pufferungsart ist, desto mehr Zugriffsarten werden unterstützt und umso größer ist der Overhead durch die gepufferten Bereiche.
- **Anweisungen:** Um den Puffer nutzen zu können, müssen die Anweisungen bestimmten Anforderungen genügen.
- **Puffer laden:** Die Pufferung bedeutet je nach Pufferungsart also vollständig, generisch oder Einzelsatz einen gewissen Overhead für den ersten Zugriff. Dieser Overhead sollte durch die späteren Einsparungen gerechtfertigt sein.
- **Puffer invalidieren:** Die Invalidierung bedeutet ebenfalls einen Overhead, da immer der gesamte gepufferte Bereich invalidiert wird.
- **Puffersynchronisation:** Der Synchronisationsprozess für die Puffer auf verschiedenen Applikationsservern versucht nicht zu viel Last auf das System zu bringen. Es wird deshalb in Kauf genommen, dass die gepufferten Daten nicht jederzeit aktuell sind.

Im Abschnitt 5.7 folgen die Performanceempfehlungen zum Tabellenpuffer.

5.4 Die Pufferbausteine

Die fünfte Goldene Regel der Datenbankprogrammierung besagt, dass wiederholte identische Datenbankzugriffe zu vermeiden sind. Wie kann diese Regel erfüllt werden, wenn die Tabellenpufferung aus folgenden Gründen nicht infrage kommt:

- Die zu puffernde Tabelle kann zu groß werden oder sich in der Größe nicht sinnvoll durch Schlüsselfelder kontrollieren lassen.
- Die Zugriffe nutzen nicht nur die Primärschlüsselfelder.
- Die Änderungshäufigkeit ist für die Tabellenpufferung zu hoch.

In diesen Fällen gibt es die Möglichkeit selbst ein Pufferprogramm zu schreiben, das genau an die Bedürfnisse der gepufferten Daten angepasst ist.

Da die Daten nur benutzerspezifisch im Kontext des internen Modus gespeichert sind, sollte es kein Problem mit der Puffergröße geben. Der Puffer lebt so lange der Benutzer mit dem Baustein arbeitet. Wird die Transaktion neu gestartet, dann wird der alte Pufferinhalt verworfen. Dadurch wird auch von sehr großen Tabellen jeweils nur ein kleiner Ausschnitt gespeichert, der Speicher kann nicht zu groß werden.

Da der Puffer selbst geschrieben ist, ist es mit etwas Aufwand möglich, ihn auch für Sekundärschlüsselzugriffe oder sich ändernde Daten anzupassen.

5.4.1 Programmierung von Pufferbausteinen

Die selbst geschriebenen Puffer werden als Pufferbausteine bezeichnet, weil es Modularisierungseinheiten sind, die den Zugriff auf den Puffer und das eventuell notwendige Nachlesen von der Datenbanktabelle zusammenfassen. Außerdem können sie noch weitere Funktionalität enthalten.

Pufferbausteine lassen sich mit Funktionen, Subroutinen (`FORM`) oder mit Methoden realisieren:

- `FUNCTION` mit globalen internen Tabellen für die Pufferdaten
- `FORM` mit Tabellen vom Typ `STATIC`
- `METHOD` mit Klassenattributen

Wie Sie die Pufferbausteine realisieren, sollte mit Ihrem jeweiligen Programmierkonzept abgestimmt sein. Mit dem Prinzip der Pufferung hat es wenig zu tun. Die folgenden Pseudocodebeispiele zeigen die Formulierung mit Funktionen und globalen Tabellen. Die Umsetzung auf eine andere Formulierung ist naheliegend.

Pufferbaustein für Einzelsatz

Beim Aufruf eines Bausteins wird zuerst überprüft, ob der gesuchte Satz bereits in der Puffertabelle liegt. Ist dies nicht der Fall, so wird der Satz auf der Datenbank gesucht, und falls er dort gefunden wird, in die Puffertabelle gestellt.

```
DATA:
  gt_buftab_dbl TYPE SORTED TABLE OF db_tabl
                   WITH UNIQUE TABLE KEY key1 key2.

FUNCTION buffer_single_dbtabl
         IMPORTING p_key1   p_key2
         EXPORTING ls_dbtabl.

  READ TABLE gt_buftab_dbl
       INTO  ls_dbtabl
       WITH TABLE KEY key1 = p_key1 key2 = p_key2.

  IF ( sy-subrc <> 0 ).
    SELECT SINGLE *
           INTO ls_dbtabl
           FROM dbtabl
           WHERE key1 = p_key1 key2 = p_key2.
    IF ( sy-subrc = 0 ).
      INSERT ls_dbtabl INTO TABLE gt_buftab_dbl.
    ENDIF.
  ENDIF.
ENDFUNCTION.
```

Das Beispiel stellt nur das Grundprinzip eines Pufferbausteins dar. Es soll an diesem Beispiel deutlich werden, dass dadurch für jeden Satz nur einmal auf die Datenbank zugegriffen werden muss. Alle wiederholten Zugriffe können auf dem Puffer erledigt werden. Der Einbau des Pufferbausteins ist ebenfalls sehr einfach, es ist lediglich die zu puffernde SELECT-Anweisung durch den Aufruf des Pufferbausteins zu ersetzen.

Pufferbaustein für generischen Bereich

Neben den Einzelsatzpufferbausteinen kann es sein, dass auch Pufferbausteine für generische Bereiche gebraucht werden. Diese sind relativ leicht zu realisieren, wenn in einer Schlüsseltabelle die gepufferten generischen Schlüssel gehalten werden und in der Puffertabelle die gepufferten Sätze.

Der Code ist etwas abzuwandeln. Der READ bestimmt, ob der generische Bereich bereits gelesen wurde. Falls ja, werden die Sätze aus der Puffertabelle gelesen. Falls nein, wird der generische Bereich von der Datenbank gelesen und in die Puffertabelle sortiert eingefügt.

```
DATA:
  gt_buftab_dbl  TYPE SORTED TABLE OF db_tabl
                 WITH UNIQUE TABLE KEY key1 key2.
  gt_bufkey_dbl  TYPE SORTED TABLE OF key_db_tabl
                 WITH UNIQUE TABLE KEY key1.

FUNCTION buffer_generic1_dbtabl
         IMPORTING p_key1
         EXPORTING lt_dbtabl.
```

```
READ TABLE gt_bufkey_dbl
     TRANSPORTING NO FIELDS
     WITH TABLE KEY key1 = p_key1.

IF ( sy-subrc = 0 ).
  LOOP AT gt_buftab_dbl INTO ls_dbtabl
       WHERE key1 = p_key1
    APPEND ls_dbtabl TO lt_dbtabl.
  ENDLOOP.

ELSE.
  SELECT *
         INTO TABLE lt_dbtabl
         FROM dbtabl
          WHERE key1 = p_key1.
  IF ( sy-subrc = 0 ).
    INSERT LINES OF lt_dbtabl
           INTO TABLE gt_buftab_dbl.
  ENDIF.
ENDIF.
ENDFUNCTION.
```

Damit ist es möglich, mehrere Zugriffe relativ effektiv zu unterstützen. Jeder Baustein hat eine Schlüsseltabelle für die entsprechenden Schlüsselfelder und alle Bausteine nutzen gemeinsam dieselbe Puffertabelle für die gepufferten Sätze.

5.4.2 Eigenschaften eines guten Pufferbausteins

Bisher ist der Pufferbaustein noch relativ simpel und eigentlich nicht der Rede wert. Die Kapselung der Pufferbausteine hat den Vorteil, dass den Bausteinen etwas mehr Funktionalität gegeben werden kann, und dabei ist es sinnvoll, den Empfehlungen zu folgen. Ein guter Pufferbaustein sollte folgende vier Eigenschaften haben und am besten gemäß einer Vorlage entworfen werden:

- eine Möglichkeit, den Inhalt explizit zu löschen,
- am Puffer vorbeizulesen,
- die Schlüssel von nicht gefundenen Sätzen zu speichern und
- implizit zu löschen.

Diese vier Eigenschaften haben nur Vorteile für die Pufferbausteine, wenn sie sorgfältig umgesetzt werden. Deshalb gehören sie zu den generellen Empfehlungen für gutes Design von Pufferbausteinen. Im Abschnitt 5.8 finden Sie noch weitere optionale Empfehlungen.

Explizites Löschen

Ein Flag sollte es ermöglichen, ein explizites Löschen (*Refresh*-Flag) der Puffertabelle auszulösen. Dadurch wird der Pufferinhalt verworfen. Die Daten sollen natürlich nicht sofort nachgelesen werden, sondern erst dann, wenn sie wieder gebraucht werden.

Bypass-Flag

Durch ein weiteres Flag sollte es möglich sein, den Pufferbaustein auch so zu nutzen, dass er explizit am Pufferinhalt vorbeiliest, also mit einem *Bypass*-Flag. Dies wird notwendig, wenn sichergestellt sein muss, dass die Daten absolut aktuell von der Datenbank kommen. Es macht Sinn, diese Funktionalität vorzusehen, auch wenn sie im Moment noch gar nicht nötig ist. Natürlich werden die gelesenen Daten auch gleich in den Puffer gepackt und die alten Pufferdaten verworfen.

Diese Eigenschaft ist natürlich nur dann sinnvoll, wenn sie nur wenige Zugriffe, zum Beispiel Lesezugriffe vor einer Änderung, nutzen. Der Großteil der Aufrufe des Pufferbausteins muss den Puffer nutzen, sonst ist er nutzlos.

Nicht-gefunden-Puffer

Bei vielen Zugriffen kommt es vor, dass auch mit Schlüsselwerten gesucht wird, für die es gar keine Sätze auf der Datenbank gibt. Genauso wie es die erfolgreichen Suchen mehrfach gibt, gibt es dann auch die erfolglosen Suchen mehrfach. Es ist deshalb sinnvoll, die Schlüssel der erfolglosen Suchen zu puffern, Sätze gibt es ja nicht. Ein solcher **Nicht-gefunden-Puffer** ist leicht machbar, indem zwischen Suche auf der Puffertabelle und SELECT auf die Datenbank eine Suche auf der Nicht-gefunden-Tabelle eingeschoben wird. Wird auf dieser Tabelle etwas gefunden, ist die weitere Suche auf der Datenbank überflüssig.

Außerdem gibt es nach jedem SELECT entweder einen Eintrag in die Puffertabelle oder in die Nicht-gefunden-Tabelle, je nachdem, ob der SELECT erfolgreich oder erfolglos war.

```
DATA:
   gt_buftab_dbl     TYPE SORTED TABLE OF db_tabl
                     WITH UNIQUE TABLE KEY key1 key2,
   gt_notfound_dbl   TYPE HASHED TABLE OF key_db_tabl
                     WITH UNIQUE TABLE KEY key1 key2.

FUNCTION buffer_v2_dbtabl
         IMPORTING  p_key1    p_key2
         EXPORTING  ls_dbtabl   flag_not_found.

   READ TABLE gt_buftab_dbl
        INTO  ls_dbtabl
        WITH TABLE KEY key1 = p_key1  key2 = p_key2.

   IF ( sy-subrc <> 0 ).
     READ TABLE gt_notfound_dbl
          TRANSPORTING NO FIELDS
          WITH TABLE KEY key1 = p_key1  key2 = p_key2.
```

```
    IF ( sy-subrc = 0 ).
      flag_not_found = 'X'.
    ELSE.
      SELECT SINGLE * INTO ls_dbtab1
             FROM dbtab1
             WHERE key1 = p_key1 AND key2 = p_key2.
      IF ( sy-subrc = 0 ).
        INSERT ls_dbtab1 INTO TABLE gt_buftab_db1.
      ELSE.
        ls_notfound_db1-key1 = p_key1.
        ls_notfound_db1-key2 = p_key2.
        INSERT ls_not_found_db1
               INTO TABLE gt_notfound_db1.
      ENDIF.
    ENDIF.
  ENDIF.
```

Implizites Löschen

Lang laufende Transaktionen haben eventuell den ganzen Tag kein Transaktionsende, an dem automatisch die Inhalte der Puffertabellen gelöscht würden. Dadurch kann die Puffertabelle sehr groß werden, was viel Speicher verbraucht und die Lesezugriffe immer langsamer macht. Irgendwann ist es sinnvoller, den Pufferinhalt ganz zu löschen. Deshalb ist ein Mechanismus zum impliziten Löschen nützlich.

Das implizite Löschen wird ausgelöst, wenn eine Suche erfolglos war, obwohl die Puffertabelle sehr viele Einträge hat. Dann ist es wahrscheinlich, dass die Transaktion bereits ganz andere Daten bearbeitet und den größten Teil der alten Pufferdaten nicht mehr benötigt. Das implizite Löschen sollte nicht zu früh ausgelöst werden. Die Größe der Tabelle, bei der ein implizites Löschen aufgelöst werden soll, hängt von folgenden Faktoren ab:

- Falls der größte Einzelprozess bereits eine Größe der Puffertabelle von 5.000 Einträgen erreicht, ist ein Löschen bei einem kleineren Wert sicher nicht sinnvoll. Ein guter Wert ist 10.000.
- Andererseits spielt die Strukturbreite und damit die Gesamtgröße der Puffertabelle ebenso eine Rolle. Bei einer sehr schmalen Tabelle ist das Löschen weniger wichtig als bei einer breiten.

Die Größe der Puffertabelle sollte natürlich nicht jedes Mal mit `DESCRIBE TABLE` bestimmt werden, sondern bei jeder Änderung angepasst werden.

Ein guter Pufferbaustein sollte folgende vier Eigenschaften haben: eine Möglichkeit zum expliziten Löschen des Inhalts, eine Option zum Umgehen des Puffers, eine Speicherung der Schlüssel von erfolglosen Suchen und einen impliziten Löschmechanismus.

5.5 Weitere Puffer

Der große Unterschied zwischen den beiden vorgestellten Pufferungsmöglichkeiten ist ihre Sichtbarkeit für andere Benutzer. Die Daten der Pufferbausteine sind alleine im internen Modus sichtbar. Dagegen sind die Inhalte des Tabellenpuffers für jeden Benutzer auf dem Applikationsserver sichtbar.

Es gibt noch weitere benutzerübergreifende Puffer im SAP-System, die zum Austausch oder Zwischenspeichern von Daten genutzt werden können.

Tab. 5–5 Benutzerübergreifende Puffer

Puffer	Wichtigste Eigenschaften
Tabellenpuffer	Für Tabellendaten, implizite Nutzungssteuerung durch die Datenbankschnittstelle
Shared Buffer	Für beliebige Daten, automatische Verdrängung bei Platzproblemen, Steuerung durch Benutzer
Shared Memory	Für beliebige Daten, keine Verdrängung des Inhalts, Steuerung durch Benutzer
Shared Objects	Objektorientiert, d.h. für die Pufferung von Objektinstanzen. Referenzierung erlaubt kopierfreien Zugriff, die Versionierung sorgt für Nutzungskonsistenz bei großen, sich ändernden Objekten.

Die Daten der anderen Puffer sind im Gegensatz zu dem Tabellenpuffer keine reinen Tabellendaten, sondern von beliebigem Format oder durch Weiterverarbeitung aus Tabellendaten entstanden.

Im Shared Buffer sind meist Daten abgelegt, die keine relationale Struktur haben, sondern anders aufbereitet sind.

Im Shared Memory werden vor allem benutzereigene Daten abgelegt, meist komprimiert in ABAP-Clustern.

Die Shared Objects eignen sich vor allem für große Objekte, die viele Benutzer benötigen. Dabei handelt es sich insbesondere um Daten, die zeitaufwendig aus relationalen Daten aufgebaut werden müssen. Kataloge und Preislisten in vielen Anwendungen, sowie ein Teil der ABAP-Workbench (SE80), siehe 8.2.2, sind typische Beispiele.

5.5.1 Benutzerübergreifende Puffer

Der Abschnitt stellt das Wichtigste über die drei Puffer Shared Buffer, Shared Memory und Shared Objects zusammen. Der Shared Memory Buffer sollte nicht mit dem Speicherbereich »Shared Memory« auf dem Applikationsserver verwechselt werden.

Shared Buffer und Shared Memory

Diese beiden Speicher unterscheiden sich lediglich in der Verwaltung des benutzten Speicherplatzes:

- Beim **Shared Buffer** gibt es einen **automatischen Verdrängungsmechanismus**. Wenn der freie Speicherplatz zu Ende geht, wird das, was am längsten nicht mehr gelesen (LRU: least recently used) wurde, verdrängt und damit Platz geschaffen. Dadurch findet jeder Schreibbefehl Platz im Speicher und kann erfolgreich durchgeführt werden. Andererseits besteht immer die Gefahr, dass Daten verdrängt werden. Informationen, die einmalig sind und nicht aus anderen Quellen rekonstruiert werden können, sollten nicht im Shared Buffer abgelegt werden.
- Beim **Shared Memory** (**SHM**) gibt es **keine automatische Verdrängung**, die Benutzer müssen sich um die Speicherplatzverwaltung kümmern. Dadurch bleiben Daten, die in den Speicher geschrieben wurden, erhalten, bis sie explizit gelöscht werden. Andererseits besteht hier die Gefahr, dass Benutzer ihre Daten nicht löschen und der Speicherplatz irgendwann verbraucht ist, sodass Schreibbefehle erfolglos sein können.

Die Befehle zum Schreiben, Lesen und Löschen sind bei beiden Puffern komplett identisch. Natürlich besitzt der Löschbefehl beim Shared Memory eine größere Bedeutung:

```
EXPORT obj1 … objn TO   SHARED BUFFER itab(ar) ID key.
IMPORT obj1 … objn FROM SHARED BUFFER itab(ar) ID key.
DELETE             FROM SHARED BUFFER itab(ar) ID key.

EXPORT obj1 … objn TO   SHARED MEMORY itab(ar) ID key.
IMPORT obj1 … objn FROM SHARED MEMORY itab(ar) ID key.
DELETE             FROM SHARED MEMORY itab(ar) ID key.
```

Eigenschaften:

- Sichtbar für alle Sessions auf einem Applikationsserver.
- Daten werden durch Kopieren in den Benutzterkontext gelesen (im Gegensatz zu Shared Objects). Eine Synchronisation zwischen den Applikationsservern wird nicht unterstützt.
- An Daten werden typischerweise Strukturen oder interne Tabellen gespeichert, die mit einem Namen (ID) versehen sind.
- Shared Buffer: Die typische Nutzung ist ein Schreiber, der vielen Lesern Informationen zur Verfügung stellt. Die typische Größe der Informationspakete ist eher klein, d.h. 5–20 kB.

- Shared Memory: In der typischen Nutzung sind Schreiber und Leser identisch, dadurch ist auch die Verwaltung des Speichers machbar. Informationspakete können hier auch größer sein, bis 200 kB, dann ist eine Kompression sinnvoll.

Shared Objects

Die Shared Objects stehen seit SAP Web AS Release 6.40 zur Verfügung. Wie der Name schon andeutet, repräsentieren sie ein objektorientiertes Pufferkonzept. Sie können Instanzen von Netzwerken von ABAP-Objekten speichern. Die Attribute der Objekte können beliebig sein, also auch relationale Daten oder Strings.

Hier werden nur die Grundkonzepte dieses Puffers angedeutet. Sollten Sie mehr über die Shared Objects wissen wollen, dann kann ein Blick in das Helpportal oder in den Artikel von Baumgarten und Hammer im SAP Prof. Journal sinnvoll sein, siehe Literaturverzeichnis.

Die Shared Objects zeichnen sich besonders durch zwei interessante Eigenschaften aus:

- **Referenzierung:** Der Benutzer kann auf die Shared Objects per Referenz zugreifen. Es ist nicht nötig, die Daten in den internen Modus zu kopieren. Dadurch lässt sich Speicherplatz im Benutzerkontext sparen.
- **Versionierung:** Es ist möglich, eine neue Version eines Shared Objects zu erstellen und diese nach Fertigstellung zu aktivieren. Ab diesem Zeitpunkt greift jede neue Transaktion auf die neue Version des Shared Objects zu. Bereits begonnene Transaktionen arbeiten jedoch bis zu ihrem Ende mit der alten Version weiter. Sobald keine aktive Verbindung zur alten Version mehr besteht, wird sie automatisch entfernt.

Die Shared Objects sind vor allem geeignet, große Objekte zentral und einmalig auf dem Applikationsserver zu puffern. Alle Nutzer können speichereffizient per Referenz darauf zugreifen, ein Shared Object muss nicht kopiert werden.

Da sich die Nutzung eines größeren Shared Objects über einen längeren Zeitraum erstrecken kann, ist die Versionierung sehr wichtig. Der Benutzer sieht nicht jederzeit die aktuellste Version des Shared Objects. Aber er sieht innerhalb einer Transaktion nur eine konsistente Version des Objects und nicht eine Mischung aus verschiedenen Versionen, was wichtiger ist.

Zusammenfassung

Die Tabelle stellt die vorgestellten Eigenschaften der drei Puffer dem Tabellenpuffer gegenüber und ergänzt noch weitere Details.

	Tabellenpuffer	Shared Objects	Shared Buffer `EXPORT/IMPORT`	Shared Memory `EXPORT/IMP SHM`
Verfügbar		Seit 6.40		Seit 6.10
Daten	1:1 zu Datenbanktabellen, einfache Konfigurationsdaten	Instanzen von Objekten, komplexe Konfigurationsdaten	Einfache Konfigurationsdaten	Einfache Konfigurationsdaten
Nutzung	Implizit, durch Einstellung der Pufferung	Explizite Programmierung	Explizite Programmierung	
Lebensdauer	Asynchrone Verdrängung	Konfigurierbar	Synchrone LRU-Verdrängung	Bis explizit gelöscht oder Neustart des Servers
Automatische Synchronisation der Server	Ja, automatisch alle 2 Minuten	Nein (siehe unten)	Nein	
Größe des gesamten Puffers	500 MB und mehr	Bis 1 GB	Bis 500 MB	< 10 MB, jedoch sehr anwendungsabhängig
Automatische Datenkompression	Nein	Nein	optional	
Puffergranularität	Vollständig, generisch, Einzelsatz	Gebietsinstanz	Speicher-ID	
Speicheradministration	250 Byte, 4 Byte pro generische Region oder Satz	Minimal 4 kB pro Gebiet	140 Byte pro Speicher-ID	
Schnelligkeit (μ= mikro)	ein Satz wenige μs	Ca. 100 μs	Wenige μs pro kB	
Besondere Eigenschaften	Wichtigster Puffer	Kopierfrei durch Referenzierung, Versionierung optional		

Tab. 5–6 *Eigenschaften der weiteren Puffer*

Mit SAP NetWeaver Release 7.0 EhP2 steht ein API (Application Programming Interface) zur Verfügung, um die Shared Objects zu löschen und neu zu laden.

Obsolete Konzepte

Der Vollständigkeithalber soll noch ein Pufferkonzept erwähnt werden, das mittlerweile obsolet sind. Das sind die ABAP-Kontexte, mit denen es möglich ist, Aufrufe von Funktionsbausteinen zu puffern.

5.5.2 Tools

Puffer-Trace (ST05)

Die Zugriffe auf den Tabellenpuffer, Shared Buffer und Shared Memory sind in der Puffer-Trace zu sehen. Sie werden durch die Typen R, P, S und M im Anweisungsfeld bezeichnet, siehe Abschnitt 2.4.

Shared-Objects-Verwaltung (SHMA und SHMM)

Mit den Transaktionen Shared Objects Administration (SHMA) und Shared Objects Management (SHMM) lassen sich die Shared Objects anlegen und verwalten. Die Nutzung finden Sie in der Online-Dokumentation erklärt.

5.5.3 Performanceempfehlungen

Die Empfehlungen zur effizienten Nutzung des Tabellenpuffers sind umfangreich und folgen im Abschnitt 5.7.

Bei den anderen Puffern ist aus Performancesicht wenig zu beachten. Aufgrund der expliziten Steuerung von Schreiben, Lesen und Löschen ist die Verarbeitung unproblematisch.

Die Performanceempfehlungen beziehen sich deshalb auf den Speicherverbrauch. Hier sind vor allem die Shared Objects attraktiv, da sie mit einer Referenzierung arbeiten. Sie sollten nach Möglichkeit für alle größeren Objekte genutzt werden, auf die mehrere Leser zugreifen wollen. Die Shared Objects ohne Versionierung können als Ersatz für das Shared Memory und die mit Versionierung als Ersatz für den Shared Buffer genommen werden.

5.5.4 Analyse und Optimierung

Die Analyse und Optimierung des Tabellenpuffers folgt im Abschnitt 7.8.

Bei den anderen Puffern sollte vor allem darauf geachtet werden, dass der Speicherplatz ausreicht und keine Swaps auftreten, was Sie mit der Transaktion ST02 überprüfen können, siehe Abschnitt 5.6.

Dies gilt auch für die nicht direkt beeinflussbaren Puffer, d.h. für die Buffer Programm, Nametab, Kalender, CUA und OTR. Ist deren Speicherplatz verbraucht, dann arbeiten auch diese Puffer nicht mehr optimal, was negative Auswirkungen auf die Systemperformance hat.

Neben dem Tabellenpuffer gibt es gegenwärtig noch drei Puffer, in denen Benutzer Daten ablegen können, die für alle Benutzer des Applikationsservers zugänglich sind. Diese Puffer werden explizit im Programm angesprochen, deshalb ist ihr Performanceverhalten unproblematisch. Wichtiger ist die effiziente Nutzung des Speicherplatzes. Da zeichnet sich vor allem der neueste Puffer aus, d.h. die Shared Objects. Sie erlauben kopierfreies Referenzieren von gespeicherten Objekten.

5.6 Tools zur Untersuchung der Puffer

Im Zusammenhang mit den Puffern spielt eine ganze Reihe von Tools eine Rolle:

Tab. 5–7 Tools zur Untersuchung der Puffer

Tcode	Name	Bedeutung
ST02	Pufferübersicht	Größe und Nutzung der verschiedenen Puffer
ST10	Tabellenaufrufstatistik	Detailsicht von der Pufferung einzelner Tabellen
ST05	SQL-Trace	Wichtig zum Auffinden von Anweisungen, die den Puffer nicht nutzen oder gepuffert werden sollten
ST05	Puffer-Trace	Nutzung des Tabellenpuffers und ein paar anderer Puffer
SE30	ABAP-Trace	Interessant für die Pufferbausteine
SCI	Code Inspector	Enthält wichtige Tests auf Anweisungen, die den Puffer nicht nutzen können
DB05	Tabellenstatistik	Hilfreich zur Bestimmung der besten Pufferungsart

Die Tools werden hier immer mit ihren Transaktionscodes gekennzeichnet, bei der Detailbeschreibung finden Sie auch den Menüpfad.

5.6.1 Pufferübersicht (ST02)

Zunächst sollten Sie sich einen Überblick über den allgemeinen Pufferzustand verschaffen. Dazu rufen Sie den Puffermonitor (ST02) auf. Die Übersicht war schon im Abschnitt 5.2.1 zu sehen.

Informationen der Übersicht

In der Übersicht sollten Sie zunächst einen Blick in die Spalte der Swaps werfen: Dort tauchen rot unterlegt Einträge auf, wenn der entsprechende Puffer zu klein ist. In einem Entwicklungssystem können sich Inhalte der Puffer häufiger ändern, sodass Swaps gelegentlich auftreten können. In Produktiv- und Qualitätssystemen sollten die Inhalte stabil genug und die Puffer groß genug sein, damit höchstens beim Programmpuffer Swaps auftreten.

Die sechs Spalten davor geben an, wie groß die Puffer sind und wie viel Platz noch frei ist. Es gibt keine generellen Empfehlungen für die Puffergrößen.

Außerdem ist die erste Spalte `HitRatio %` interessant, denn sie zeigt das Verhältnis zwischen den Anzahlen der erfolgreich erfüllten Anfragen und den Anfragen überhaupt. Werte weit über 90 % sollten die Regel sein, lediglich der Einzelsatzpuffer und der Shared Buffer liegen unter 90 %.

Die Funktion mit dem Fieberkurvenbild ist die Historie. Sie gibt die älteren Parameterwerte wieder, was bei einer Analyse der Swaps und Hitratio hilfreich sein kann.

Informationen der Detailanzeige

Durch einen Doppelklick bei der entsprechenden Zeile oder über die Funktion *Detail analysis menu* und die Auswahl des Puffers gelangen Sie zu einer Detailanzeige. Diese zeigt neben den Feldern aus der Übersicht noch weitere Details wie die Zugriffe (`Requests`) und erfolgreichen Zugriffe (`Hits`).

Gepufferte Objekte

Von den Details gelangen Sie über die Funktion *gepufferte Objekte* zu einer Anzeige, die die einzelnen gepufferten Objekte zeigt. Diese Funktion ist besonders für den Tabellenpuffer interessant, weshalb sie eine eigene Transaktion besitzt. Für die anderen Puffer ist sie nur auf diesem Weg aufrufbar.

Die Pufferübersicht (Tune Summary) ist nützlich, um den Zustand der Puffer zu beurteilen. Die Puffer können nur dann gut funktionieren, wenn sie genügend Platz zur Verfügung haben.

5.6.2 Tabellenaufrufstatistik (ST10)

Die Statistik der Tabellenaufrufe lässt sich über oben beschriebenen Weg für die Puffer sowie über das Menü *Performance Analysis* → *Table Call Statistics* oder direkt mit dem Transaktionscode ST10 erreichen.

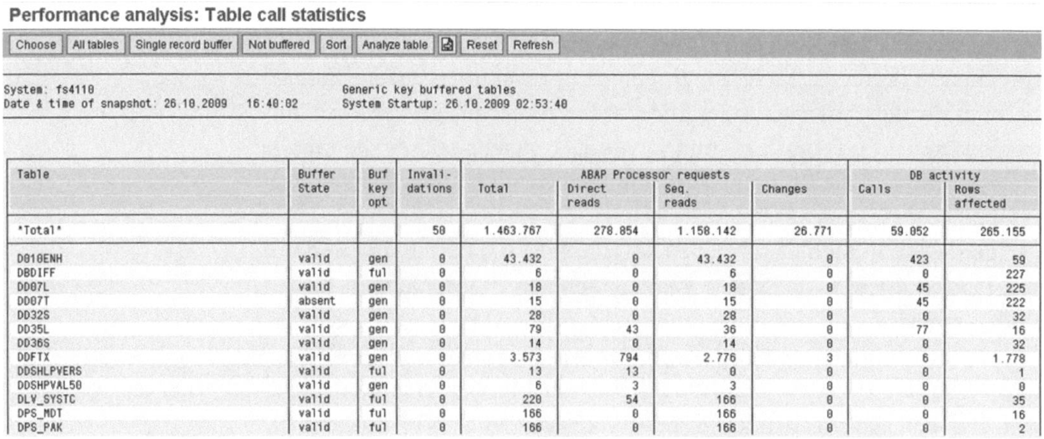

Performance analysis: Table call statistics

Choose | All tables | Single record buffer | Not buffered | Sort | Analyze table | Reset | Refresh

System: fs4110 Generic key buffered tables
Date & time of snapshot: 26.10.2009 16:40:02 System Startup: 26.10.2009 02:53:40

Table	Buffer State	Buf key opt	Invali-dations	ABAP Processor requests Total	Direct reads	Seq. reads	Changes	DB activity Calls	Rows affected
Total			50	1.463.767	278.854	1.158.142	26.771	59.052	265.155
D010ENH	valid	gen	0	43.432	0	43.432	0	423	59
DBDIFF	valid	ful	0	6	0	6	0	0	227
DD07L	valid	gen	0	18	0	18	0	45	225
DD07T	absent	gen	0	15	0	15	0	45	222
DD32S	valid	gen	0	28	0	28	0	0	32
DD35L	valid	gen	0	79	43	36	0	77	16
DD36S	valid	gen	0	14	0	14	0	0	32
DDFTX	valid	gen	0	3.573	794	2.776	3	6	1.778
DDSHLPVERS	valid	ful	0	13	13	0	0	0	1
DDSHPVAL50	valid	gen	0	6	3	3	0	0	0
DLV_SYSTC	valid	ful	0	220	54	166	0	0	35
DPS_MDT	valid	ful	0	166	0	166	0	0	16
DPS_PAK	valid	ful	0	166	0	166	0	0	2

Abb. 5–6
Tabellenaufrufstatistik (ST10) – Übersicht

Hier gibt es die Funktionen:

Tab. 5–8
Die Funktionen der Tabellenaufrufstatistik

Funktion	Bedeutung
Choose	Detailanzeige, gleiche Funktion wie Doppelklick auf eine Zeile
All tables	Es gibt vier Anzeigen für die generischen, Einzelsatz-, nicht gepufferten Tabellen, oder alle zusammen. Von jeder Anzeige kann jeweils direkt zu einer der anderen gewechselt werden.
Single record buffer	
Generic	
Not buffered	
Sort	Spaltenweise sortieren
Analyse table	Absprung zur DB05: siehe 5.6.7
Ikone mit Pfeil	Zeigt weitere Spalten
Reset und Refresh	Setzen die Anzeige zurück

Die angezeigten Spalten lassen sich in Gruppen zusammenfassen:

Tab. 5–9
Spaltenübersicht der Tabellenaufrufstatistik

Spalte	Überschrift	Bedeutung
1	`Tabelle`	Tabelle
2	`Pufferzustand`	Die Zustände werden in 5.4.6 erläutert
3	`Pufferungsart`	`ful` und `gen` bzw. `sng`
4	`Invalidierungen`	Anzahl der Invalidierungen des Puffers
5-8	ABAP-Zugriffe	Aufrufe des Puffers, auch Änderungen
9-10	DB-Aktivität	Notwendige Datenbankaufrufe
11-12	Puffergröße	Aktuelle und maximale Größe
13-19	ABAP-Zugriffe	Details zu Spalte 8
20-30	DB-Aktivität	Details zu den Spalten 9 und 10

Von den angezeigten Spalten ist vor allem der `Pufferzustand` (2) interessant, denn er zeigt, ob eine Tabelle eventuell gar nicht im Puffer ist. Wenn die Tabelle `absent` oder `multiple` ist, obwohl sie immer wieder genutzt wird, ist eine genauere Analyse nötig: Entweder gibt es immer wieder Invalidierungen oder der Platzbedarf ist zu hoch.

Für jede Tabelle ist noch eine Detailanzeige möglich. In der Detailanzeige sehen Sie bei generisch gepufferten Tabellen noch die Werte der gepufferten Bereiche. Bei der vollständig gepufferten Tabelle gibt es nur einen Bereich.

Alternativ zur ST10 können Sie auch die Transaktion AL12 benutzen.

Die Tabellenaufrufstatistik (ST10) zeigt den Zustand der gepufferten Tabellen.

5.6.3 SQL-Trace (ST05)

Die SQL-Trace spielt bei der Überprüfung der Puffernutzung eine wichtige Rolle. Alle Anweisungen, die am Puffer vorbeilesen, greifen auf die Datenbank zu und sind deshalb in der SQL-Trace sichtbar. Für die Puffer-Trace sind diese Anweisungen unsichtbar.

Es ist nicht sehr sinnvoll, nach diesen Anweisungen in der Trace-Liste zu suchen, da die Trace-Liste die Puffereinstellung gar nicht zeigt. Die Verdichtung nach SQL-Anweisungen ist hier die Anzeige der Wahl. Immer wenn in der Spalte `Btype` ein Eintrag steht, gibt es im Zusammenhang mit der Pufferung etwas zu beachten:

- Die Einträge `ful`, `gen` oder `sng` bedeuten, dass die Tabelle gepuffert ist. Der Puffer wird jedoch nicht genutzt, sonst würde der Zugriff nicht in der SQL-Trace, sondern in der Puffer-Trace erscheinen.
- Die Einträge `deful`, `degen`, `desng` oder `deact` weisen auf die Puffereinstellung *Pufferung erlaubt, aber ausgeschaltet* hin. Hier sollte eine Entscheidung für oder gegen die Pufferung fallen.
- Und der Wert `cust` erscheint beim Tabellentyp `Customizing`, der auf eine mögliche Eignung der Tabelle für die Pufferung hinweist.

Auch die Spalte `Identical` ist im Zusammenhang mit dem Puffer interessant. Sie markiert jene Zugriffe, welche dieselben Sätze mehrfach lesen. Genau diese sollen durch eine Pufferung vermieden werden.

Die SQL-Trace ist auch hier sehr wichtig, da sie diejenigen Anweisungen zeigt, die auf gepufferte Tabellen zugreifen, den Puffer jedoch nicht nutzen, sondern auf die Datenbank gehen. Außerdem gibt es Hinweise auf Tabellen, die als Kandidaten für eine Pufferung infrage kommen. Diese Informationen finden Sie nur in der Verdichtung nach SQL-Anweisungen.

5.6.4 Puffer-Trace (ST05)

Die Puffer-Trace gehört ebenfalls zur Performance-Trace (ST05), sie wurde im zweiten Kapitel eingeführt. In der Bedienung sind die beiden Traces identisch.

Die Puffer-Trace zeigt die funktionierenden Zugriffe auf den Tabellenpuffer. Werden beide Traces zusammen ausgeführt und angezeigt, dann ist die Trace-Liste geeignet, um die Funktion des Tabellenpuffers zu überprüfen. Ist der Zugriff blau unterlegt, dann erfolgt der Zugriff auf den Puffer. Ist er gelb unterlegt, dann greift er auf die Datenbank zu. In den Beispielen können Sie damit gut erkennen, wie der erste Zugriff den Puffer füllt und die folgenden Zugriffe den Puffer nutzen.

Die Puffer-Trace zeigt auch Zugriffe auf andere Puffer, nämlich auf Shared Buffer und Shared Memory sowie die Buffer CUA und OTR. Bei diesen Puffern hilft die Puffer-Trace vor allem dabei, das Funktionieren des Puffers zu überprüfen.

Wie Sie die Puffer-Trace zur Optimierung der Puffernutzung einsetzen können, erfahren Sie im Abschnitt 7.8.1.

Die Puffer-Trace zeigt die eigentlichen Zugriffe auf die Puffer. Mit ihr kann die Funkion des Puffers getestet und gemessen werden. Neben dem Tabellenpuffer sind auch Zugriffe auf Shared Buffer, Shared Memory, CUA und OTR zu sehen. Die genaue Beschreibung finden Sie im Abschnitt 2.4.

5.6.5 ABAP-Trace (SE30)

Die ABAP-Trace hat mit dem Tabellenpuffer eigentlich recht wenig zu tun. Dennoch kann die Tabellenhitliste, siehe Abschnitt 2.7, gelegentlich ganz nützlich sein, um eine sehr kompakte Übersicht über alle genutzten Tabellen zu bekommen. Die Liste zeigt auch, welche Tabelle gepuffert ist. Die Anzahl der Sätze ist nicht sichtbar, aber die Zeiten und die Anzahl der Ausführungen. Dadurch fallen vor allen sehr häufige Ausführungen auf. Bei gepufferten Tabellen können hohe Zeiten pro Ausführung auf teure Datenbankzugriffe hinweisen.

Für die Pufferbausteine stehen keine speziellen Tools zur Verfügung, sie sind nur in der ABAP-Trace sichtbar. Um die Pufferbausteine aus der Hitliste zu filtern, wäre eine Namenskonvention für Pufferbausteine praktisch. Ihr Name könnte zum Beispiel das Wort »buffer« enthalten. Relativ hohe Ausführungszeiten deuten auf Datenbankzugriffe hin. In der nicht aggregierten Trace sind die Zeiten der Einzelzugriffe zu sehen, woraus sichtbar wird, ob immer Datenbankzugriffe nötig sind oder nur zu Beginn. Die Tabellen, zu denen es Pufferbausteine gibt, sollten in der SQL-Trace keine wiederholten identischen SELECTs aufweisen.

Die ABAP-Trace kann mit der Tabellenhitliste eine gute Übersicht über alle Tabellenzugriffe geben, insbesondere sind dort die Zugriffe auf die gepufferten Tabellen zu sehen.

Zur Überprüfung der Pufferbausteine ist die ABAP-Trace das einzige Hilfsmittel. Um die Pufferbausteine schnell zu finden, ist eine Namenskonvention hilfreich.

5.6.6 Pufferprüfung des Code Inspector (SCI)

Die im Abschnitt 5.3.3 vorgestellten Ausnahmen sind so zahlreich und verschieden, dass eine manuelle Überprüfung aller Datenbankanweisungen aufwendig wäre. Dafür bietet der im Abschnitt 2.9 eingeführte Code Inspector (SCI) eine sehr hilfreiche Unterstützung an. Die Ausnahmen lassen sich nämlich sehr gut automatisch überprüfen. Wegen der hohen Zahl unterschiedlicher Tests in dieser Prüfung ist dies eine der hilfreichsten Performanceprüfungen des Code Inspector.

Die einzelnen Tests werden hier nicht erneut aufgelistet. Sie finden sie noch einmal in einer Übersichtstabelle der Zusammenfassung, siehe Abschnitt 5.9. Darin sind die vom Code Inspector identifizierten Probleme mit einem »CI« markiert sind. Die Befehle des Typs D werden vom Code Inspector akzeptiert, da sie am Puffer vorbeilesen müssen. Die genaue Diskussion der Typen A, B, C und D, sowie Hinwiese wie Sie die Anweisungen des Typs B ändern müssen, damit diese den Puffer nutzen können, finden Sie im Abschnitt 5.7.4.

Der Code Inspector kann fast alle Anweisungen, die am Puffer vorbeilesen, anhand der Quellcodeanalyse finden. In der Tabelle 5–12 in der Zusammenfassung finden Sie eine Markierung für die Code-Inspector-Prüfungen.

5.6.7 Tabellenstatistiken (DB05)

Eine Tabellenstatistik (DB05) ist hilfreich bei der Wahl der Pufferungsart. Sie zeigt die maximale Anzahl von gepufferten Bereichen und deren Größe für die unterschiedlichen Pufferungsarten.

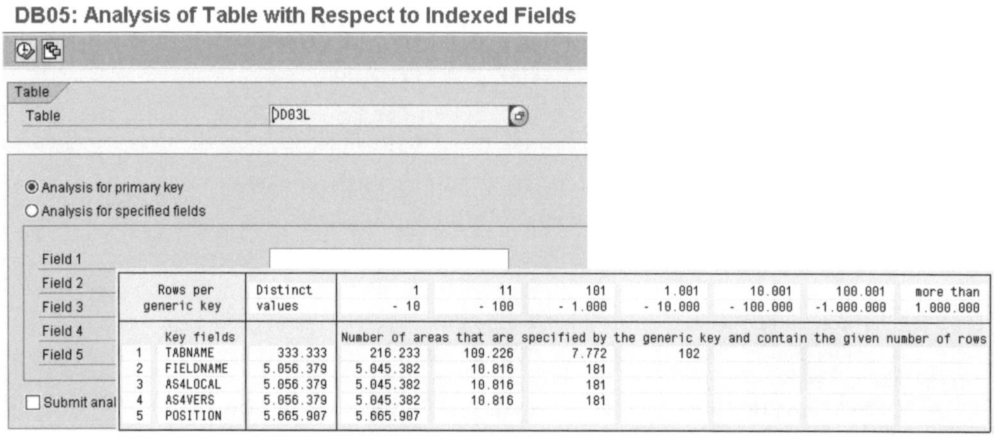

© SAP AG

Abb. 5-7 *Die Tabellenstatistik (DB05)*

Sie sollten sich darüber im Klaren sein, dass sich diese Transaktion nur in einem System eignet, in dem die Daten der Tabelle bereits eine repräsentative stabile Verteilung erreicht haben. Normalerweise wird dies kurz nach dem Anlegen einer Tabelle noch nicht der Fall sein.

Bei pufferbarer Information, also Konfigurationsdaten, kann es durchaus sein, dass die Tabelle nach dem Anlegen gleich gefüllt wird und sich danach nur noch relativ wenig ändert. In diesem Fall kann die Anzeige der Tabellenstatistik auch bereits zum Implementierungszeitpunkt sinnvoll sein.

Folgendes Beispiel zeigt eine Datenverteilung der DB05.

Tab. 5-10 *Daten der DB05 für ein Beispiel*

	Anzahl von Pufferregionen	Verteilung der Pufferregionen nach Größen				
		1 – 10	11 – 100	101 – 1000	1.001 – 10.000	10.001 – 100.000
key1	10	1	0	7	2	0
key1, key2	300	100	200	0	0	0
key1, key2, key3	18.000	18.000	0	0	0	0

- Die Tabelle ist mittelgroß, bei vollständiger Pufferung wären 18.000 Sätze im Puffer. Das ist nicht empfehlenswert, da Pufferscans langsam werden könnten.
- Die Pufferung mit einem Schlüsselfeld (generisch 1) hätte in dem Beispiel oben zehn generische Bereiche. Da die 18.000 Sätze verteilt werden müssen, muss es große generische Bereiche geben. In dem Beispiel sind es zwei Bereiche, die bis zu 10.000 Sätze enthalten können. Das ist immer noch recht groß, deshalb ist eine solche Pufferung ebenfalls nicht empfehlenswert.
- Die Pufferung mit zwei Schlüsselfeldern hat schon eine gute Selektivität. Es gibt dann eine hinreichend große Zahl von generischen Bereichen, die jeweils mittelgroß sind. Diese Einstellung käme gut infrage.

- Mit dem dritten Schlüsselfeld ist der Schlüssel komplett. Die Einzelsatzpufferung puffert jeden Satz einzeln.

Die Tabellenstatistik ist eine hilfreiche Transaktion zur Bestimmung der geeigneten Pufferungsart. Sie zeigt an, wie viele Bereiche es bei jeder möglichen Pufferungsart gibt und ob besonders große gepufferte Bereiche vorliegen.

5.6.8 Allgemeine Tabellenanzeige (SE17)

Die Tabelleninhaltsanzeige (SE16), siehe Abschnitt 3.9.3, liest auch bei gepufferten Tabellen immer von der Datenbank, da jeder Zugriff einen `BYPASSING BUFFER`-Zusatz enthält. Mit der Allgemeinen Tabellenanzeige (SE17) ist es möglich, vom Tabellenpuffer zu lesen, jedoch nur bei vollständig oder generisch gepufferten Tabellen. Die Transaktion kann zum Testen von Pufferzugriffen genutzt werden.

Die Allgemeine Tabellenanzeige (SE17) liest im Gegensatz zur Tabelleninhaltsanzeige (SE16) die Daten von gepufferten Tabellen vom Puffer, falls diese dort vorhanden sind.

5.7 Optimale Nutzung des Tabellenpuffers

Wie können Sie schon bei der Implementierung sicherstellen, dass der Tabellenpuffer bestmöglich genutzt wird? Angenommen Sie planen eine neue Anwendung, die auch neue Tabellen enthält, dann müssen Sie folgende vier Punkte überprüfen:

- **Pufferbedarf:** Auf welche Tabellen wird mehrfach zugegriffen?
- **Pufferbarkeit:** Welche Tabellen erfüllen die Voraussetzungen für die Tabellenpufferung?
- **Pufferungsart:** Welche Pufferungsart passt zu den Zugriffen, d.h., erzeugt nicht zu große gepufferte Bereiche, benötigt nicht zu viel Platz und bedeutet bei einer möglichen Synchronisation nicht zu viel Last? Wenn Sie diese Frage möglichst früh stellen, können Sie eventuell sogar das Tabellendesign den Anforderungen anpassen.
- **Design der Anweisungen:** Schließlich müssen alle Anweisungen, die den Puffer nicht nutzen können, vermieden werden. Meist gibt es alternative Lösungen.

Und zum Abschluss folgt noch ein kurzer Abschnitt über die Performance des Tabellenpuffers.

Wie schon des Öfteren erwähnt, minimiert eine gute Programmierung den Optimierungsbedarf, sie kann die Analyse und Optimierung jedoch nicht ersetzen. Im siebten Kapitel wird erklärt, wie die Pufferung zu analysieren ist und wie eine mögliche Optimierung durchzuführen wäre. Erst damit kann die bestmögliche Nutzung des Tabellenpuffers erreicht werden.

5.7.1 Pufferbedarf

Die wichtigste Frage bezüglich der Pufferung ist folgende: Ist es überhaupt sinnvoll, die Daten der Tabelle zu puffern? Eine Pufferung ist nur dann sinnvoll, wenn dieselben Daten mehrfach gelesen werden. Dies kann durch den gleichen, aber auch durch unterschiedliche Benutzer geschehen.

5.7.2 Pufferbarkeit

Ob die Pufferung möglich ist, klären folgende beiden Bedingungen:

- Sind die Tabelleninhalte relativ stabil? Am besten ist es, wenn sie sich im Produktivsystem gar nicht ändern.
- Müssen die Tabelleninhalte immer topaktuell sein? Gelegentliche Änderungen der Tabelleninhalte dürfen auftreten, dafür gibt es die Invalidierung und Synchronisation. Da die Synchronisation eine zeitliche Verzögerung enthält, dürfen nur Tabelleninhalte gepuffert werden, bei denen die Inhalte nicht immer topaktuell sein müssen.

Falls diese beiden Bedingungen erfüllt sind, kommt die Tabelle für die Pufferung infrage. Die Pufferung kann in den technischen Eigenschaften aktiviert werden, wenn sich eine geeignete Pufferungsart finden lässt.

Die Einstellung *Pufferung erlaubt, aber ausgeschaltet* sollten Sie nur wählen, wenn die Pufferung prinzipiell bezüglich Datenaktualität und Änderungshäufigkeit erlaubt ist. Falls die Größe der Tabelle je Nutzungsszenario sehr verschieden ausfallen kann, dann kann diese Einstellung temporär sinnvoll sein. Es sollte möglich sein, die Pufferung im Produktivsystem jederzeit einzuschalten. Bezüglich der zu erwartenden Größe lässt sich eventuell eine Abschätzung vornehmen oder ein Test durchführen. Die Gefahr einer zu großen Tabelle ist gering im Vergleich zu den Problemen mit Datenaktualität oder Änderungshäufigkeit.

5.7.3 Pufferungsart und Tabellendesign

Schließlich stellt sich die Frage, welche Pufferungsart gewählt werden soll. Die Pufferungsart richtet sich nach dem Tabellenschlüssel. Sie nutzt entweder kein Schlüsselfeld, einen vorderen Teil des Tabellenschlüssels oder alle Schlüsselfelder, was die vollständige, generische oder Einzelsatzpufferung ergibt.

Welche Art die geeignete ist, hängt von vier Kriterien ab:

- dem Platzbedarf im Puffer,
- der Größe der generischen Bereiche,
- der Wahrscheinlichkeit von Änderungen und
- den genutzten Anweisungen.

Welche Pufferungsart nun die beste ist, hängt von der Tabellengröße und den auf den Puffer zugreifenden Anweisungen ab. Viele Anweisungen können auf den Puffer zugreifen. Auch für die meisten am Puffer vorbeigehenden Befehle gibt es Alternativen, siehe gleich im Abschnitt 5.7.4. Es ist jedoch grundsätzlich notwendig, dass die Pufferungsart zur `WHERE`-Klausel passt. Je allgemeiner die Pufferung ist, d. h., je weniger Schlüsselfelder verwendet werden, desto mehr `WHERE`-Klauseln können den Puffer nutzen. Andererseits zieht eine allgemeinere Pufferung einen größeren Overhead nach sich.

In den meisten Fällen lässt sich die richtige Pufferungsart recht leicht finden. Wenn die Tabelle nicht zu groß ist, kann jede Pufferungsart gewählt werden. Dann geben die Anweisungen vor, wie viele Schlüsselfelder gepuffert werden sollten. Problematisch sind Tabellen, bei denen ein Kompromiss gefunden werden muss, wie das folgende Beispiel zeigt.

Angenommen die Tabellenstatistik (DB05) zeigt diese Datenverteilung:

Tab. 5-11 *Tabellenstatistik (DB05) für eine Beispieltabelle*

	Anzahl von Pufferregionen	Verteilung der Pufferregionen nach Größen				
		1 – 10	11 – 100	101 – 1000	1.001 – 10.000	10.001 – 100.000
`key1`	10	8	0	0	0	2
`key1, key2`	60.000	60.000	0	0	0	0
`key1, key2, key3`	180.000	180.000	0	0	0	0

- Die Tabelle ist recht groß. Sie hat 180.000 Sätze, eine vollständige Pufferung kommt damit nicht infrage.
- Auch die generische Pufferung mit dem ersten Feld kommt nicht infrage. Das erste Schlüsselfeld ist nur wenig selektiv, es hat lediglich zehn verschiedene Werte. Damit gäbe es auch nur zehn zu puffernde Bereiche. Schon bei

einer Gleichverteilung der Sätze wäre jeder Bereich mit 18.000 Sätzen recht groß. In dem Beispiel gibt es jedoch eine starke Ungleichverteilung. Für 99 % der Sätze nimmt das erste Schlüsselfeld einen von nur zwei verschiedenen Werten an. Dadurch gibt es zwei wirklich sehr große zu puffernde Bereiche mit jeweils fast 100.000 Sätzen. So große Bereiche sollten auf jeden Fall vermieden werden, da das sequenzielle Suchen darin sehr langsam ist.

- Die Kombination der ersten beiden Schlüsselfelder hat eine hohe Selektivität, d.h., es gäbe sehr viele generische Bereiche und kein Bereich enthält mehr als zehn Sätze; im Mittel hat jeder Bereich sogar nur drei Sätze. So kleine gepufferte Bereiche sind nicht ideal, da bei der generischen Pufferung zu den Sätzen noch die Schlüssel gespeichert werden, was hier einen Overhead von ca. 1/3 ausmacht.
- Die Einzelsatzpufferung hat keinen Overhead beim Platzverbrauch, sie ist für die große Tabelle am besten geeignet.

In dem konkreten Beispiel war es leider so, dass es auch Anweisungen mit nur zwei Schlüsselfeldern gab. Insofern muss getestet werden, ob die Pufferung (generisch 2) akzeptabel ist.

Es muss erwähnt werden, dass die Tabellenstatistik die Größe der gesamten Tabelle zeigt. Der Zahl der tatsächlich genutzten Sätze, welche die Größe des Puffers bestimmt, ist nicht klar. Diese Größe wird sich erst nach einer Weile der Nutzung in einem Produktivsystem zeigen. Deshalb sollten Sie gelegentlich einen Blick auf die Puffergröße werfen.

Was können sie tun, wenn die wichtigsten Zugriffe nicht den Primärschlüssel nutzen? Es gibt die Möglichkeit, einen Projektionsview zu puffern. Diese Möglichkeit ist jedoch nicht offiziell unterstützt, siehe Abschnitt 5.3.2. Wird dieses Problem schon sehr früh im Entwicklungsprozess erkannt, dann kann es eventuell im Tabellendesign Berücksichtigung finden. Vielleicht kann die Tabelle auch mit dem anderen Schlüssel angelegt werden.

Die Wahl der Pufferungsart ist nie endgültig erledigt, da jederzeit neue wichtige Zugriffe hinzukommen können, die eine andere Pufferungsart benötigen. Deshalb ist es auch beim Tabellenpuffer wichtig, dass Sie die fertige Anwendung testen und überprüfen, ob wirklich eine optimale Nutzung des Tabellenpuffers erreicht wurde. Wie Sie dies machen können, erfahren Sie im siebten Kapitel.

5.7.4 Design der Anweisungen

Die Liste der Anweisungen, die am Puffer vorbeilesen, ist relativ lang. Es zeigt sich aber, dass dies doch keine allzu große Einschränkung ist. Viele Befehle lassen sich so umschreiben, dass sie den Puffer verwenden können. Diejenigen, die sich nicht umschreiben lassen, erweisen sich bei genauerer Betrachtung als nicht so sinnvoll bei gepufferten Tabellen. Dementsprechend lässt sich die Liste der Anweisungen aus dem Abschnitt 5.3.3 in vier Typen einteilen:

A. Puffernutzung nach Änderung der Puffereinstellung möglich:

1. Wenn die `WHERE`-Klausel nicht alle gepufferten Schlüsselfelder enthält, dann sollten Sie bei Lücken zuerst überprüfen, ob das fehlende Schlüsselfeld nicht doch bekannt ist. Falls dies nicht der Fall ist, gibt es nur die Möglichkeit, eine allgemeinere Pufferungsart zu wählen. Dabei müssen Sie die Überlegungen des letzten Unterabschnitts beachten.

B. Puffernutzung nach Änderung der Anweisung möglich:

2. Die Ergänzung des Schlüsselwortes `SINGLE` bei einem voll spezifizierten `SELECT` auf eine einzelsatzgepufferte Tabelle ist die leichteste Übung. Ab SAP NetWeaver Release 7.0 EhP2 ist dies nicht mehr nötig.
3. `SELECT`s mit `IN`-Bedingungen, die mehrere Möglichkeiten enthalten, können in einen `FOR ALL ENTRIES` mit einem Feld umgeschrieben werden. Bei Einsatzpufferung können Sie wie in Punkt 7 verfahren.
4. Ein `SELECT DISTINCT` lässt sich durch einen normalen `SELECT` mit anschließendem `DELETE ADJACENT DUPLICATES` erreichen. Lesen Sie dazu die Abschnitte 4.3.3 und 6.7.4.
5. Der Sortierbefehl auf der Datenbank, also der `ORDER BY`, sollte nur für die Sortierung nach Primärschlüssel verwendet und ansonsten durch einen `SORT` auf dem Applikationsserver ersetzt werden. Die Diskussion des `ORDER BY`-Befehls finden Sie im Abschnitt 4.3.6.
6. Die Aggregate finden Sie im Abschnitt 4.3.7 erklärt. Bei gepufferten Tabellen ist der `LOOP` mit der entsprechenden ABAP-Operation die Alternative. Auch die Zusätze `GROUP BY` und `HAVING` müssen nachgebaut werden.
7. Der `SELECT FOR ALL ENTRIES` auf eine einzelsatzgepufferte Tabelle muss in einen `LOOP` mit `SELECT SINGLE` umgewandelt werden. Bei den anderen Pufferungsarten funktioniert die Nutzung mit dem `FOR ALL ENTRIES`-Befehl, siehe Abschnitt 4.4.5.
8. Eine Subquery, siehe Abschnitt 4.7.3, auf eine gepufferte Tabelle sollte in einen geschachtelten Zugriff oder eine Vorselektion umgebaut werden.
9. Joins, egal ob `INNER JOIN`s oder `LEFT OUTER JOIN`s, mit der Beteiligung von gepufferten Tabellen lassen sich in eine geschachtelte `SELECT`- oder `FOR ALL ENTRIES`-Anweisung umbauen, sodass die ein-

zelnen Zugriffe den Puffer nutzen können. Den Geschwindigkeitsvorteil des Puffers kann ein Join nur in seltenen Ausnahmen wettmachen. Bei Einzelsatzpufferung muss natürlich der `FOR ALL ENTRIES` vermieden werden, siehe Punkt 7. Es sollten keine Join-Views mit gepufferten Tabellen angelegt werden, da es keinen Bedarf an Wiederverwendung gibt.

10. Der `SELECT * FROM db_tab WHERE field1 = field2` kann für vollständig gepufferte Tabellen umgeschrieben werden. Falls weitere Bedingungen einen generischen Bereich festlegen, geht es auch mit generischer Pufferung. Er lässt sich dann als `SELECT/ENDSELECT` mit den restlichen `WHERE`-Bedingungen und einer `CHECK`-Bedingung für `field1 = field2` so umschreiben, dass der Puffer genutzt werden kann. Er lässt sich auch als Self-Join interpretieren und wie ein Join umschreiben.
11. Bei der Verwendung von `CLIENT SPECIFIED` ist darauf zu achten, dass eine Bedingung für den Mandanten angegeben wird.

C. Puffernutzung nicht möglich:

Bei den folgenden Anweisungen stellt sich die Frage, wie sinnvoll sie bei gepufferten Tabellen sind.

12. Der Wert `NULL` existiert lediglich auf der Datenbank und macht eigentlich nur dort Sinn. Er besagt, dass dieses Feld nie benutzt wurde. In ABAP gibt es keine Möglichkeit, diesen Wert abzubilden. Der Wert `NULL` ist eher bei Anwendungstabellen anzutreffen, wenn eine neue Spalte an eine bereits gefüllte Tabelle angefügt wird. Für die bereits vorhandenen Datensätze liegen dann keine Werte für diese Spalte vor. Bei stabilen pufferbaren Tabellen ist der `NULL`-Wert eher unwahrscheinlich.
13. Die Verwendung von Native SQL widerspricht komplett dem Pufferkonzept. Jeder sinnvolle Zugriff auf eine gepufferte Tabelle sollte Open SQL verwenden.

D. Puffernutzung nicht gewollt:

Die folgenden Anweisungen müssen am Puffer vorbeilesen. Sie werden dennoch aufgelistet, um die Liste vollständig zu machen:

14. eine Anweisung mit dem Befehl `BYPASSING BUFFER`,
15. eine Anweisung mit dem Befehl `FOR UPDATE`,
16. Änderungen, also `DELETE`, `INSERT`, `UPDATE` oder `MODIFY`,
17. Pufferladezugriff, siehe Abschnitt 5.3.4

Bei diesen Anweisungen kann hinterfragt werden, warum sie zusammen mit einer gepufferten Tabellen auftauchen. Werden sie nur selten in Spezialanwendungen ausgeführt oder häufig in einer wichtigen Anwendung? Letzteres ist wenig sinnvoll. In einer häufig ausgeführten Anwendung sollte keine Änderung auf eine gepufferte Tabelle gemacht werden. Auch `SELECT FOR UPDATE` oder `BYPASSING BUFFER` sollten nicht häufig auftreten. Falls sie doch oft vorkommen, dann ist die Pufferung der betroffenen Tabelle fragwürdig.

Auch die Pufferladezugriffe sollten nur in der ersten Ausführung vorkommen und nicht in den wiederholten Ausführungen.

In der Zusammenfassung im Abschnitt 5.9 finden Sie eine Tabelle, die alle Anweisungen noch mal übersichtlich darstellt. Dort finden Sie auch die Zuordnung zu den Typen A bis D und einen Hinweis, ob der Code Inspector, siehe Abschnitt 5.6.6, diesen Fall bemerkt.

Beispiel

Das Beispielprogramm enthält einige Anweisungen, die den Puffer nicht nutzen. Insbesondere für den Typ B werden auch die Alternativen gezeigt.

5.7.5 Pufferstatus und Pufferqualität

Falls der Puffer nicht genutzt wird, sollte der Pufferstatus in der Tabellenaufrufstatistik (ST10) überprüft werden. Eventuell ist der Puffer nicht gefüllt.

Gelegentlich sollte auch die Pufferqualität, d.h. die `Hitratio`, überprüft werden, um zu sehen, ob sich der Aufwand für die Pufferung lohnt.

5.7.6 Performance des Tabellenpuffers

Wenn der Puffer richtig eingesetzt wird, ist wahrscheinlich der wichtigste Teil einer guten Puffernutzung erreicht. Dennoch kann ein Blick auf die Performance des Tabellenpuffers nicht schaden. Folgende Fragen sind dabei interessant:

1. Wie schnell sind Pufferzugriffe im Vergleich zu Datenbankzugriffen?
2. Kann es passieren, dass es länger dauert, einen Satz vom Puffer zu holen als von der Datenbank?
3. Wie steht es mit der Array-Verarbeitung? Ist sie genauso wichtig wie beim Lesen von der Datenbank?
4. Wie wichtig ist die Einschränkung der Satzbreite, zum Beispiel durch Feldlisten, bei den Pufferzugriffen?

Schnelligkeit des Tabellenpuffers

Wie schnell ist der Pufferzugriff im Vergleich zum entsprechenden Datenbankzugriff? Es werden folgende drei Vergleiche gemacht:

- Lesen eines Satzes vom Einzelsatzpuffer
- Lesen eines Bereichs vom generischen Puffer
- Lesen einer ganzen Tabelle bei vollständiger Pufferung

Für diese Fragen enthält das Beispiel-Programm mehrere Beispiele. Nutzen Sie auch die Puffer-Trace, um sicherzugehen, welcher Zugriff auf den Puffer ging und welcher auf die Datenbank.

Je nach Hardware variieren die absoluten Zeiten natürlich. Der Pufferzugriff ist aber immer mindestens zehnmal schneller als der Datenbankzugriff.

Pufferzugriff langsamer als Datenbankzugriff

Da es auf dem Tabellenpuffer keinen Sekundärschlüssel gibt, werden Zugriffe mit Nichtschlüsselfeldern durch sequenzielles Scannen des gepufferten Bereichs gelöst. Dieser Zugriff dauert umso länger, je größer der Bereich ist. Wenn ein solcher Bereich sehr groß ist, kann es passieren, dass der Zugriff auf die Datenbanktabelle mit einem selektiven Sekundärschlüssel schneller wäre.

Beispiel

Das Programm enthält ein Beispiel mit einer vollständig gepufferten großen Tabelle, die einen Sekundärschlüssel besitzt. Es werden die Zugriffe gemäß dem Primärschlüssel und dem Sekundärschlüssel verglichen.

Beim Primärschlüssel ist der Puffer wie erwartet schneller. Beim Sekundärschlüssel kann der Pufferzugriff abhängig von der Größe der Tabelle sogar langsamer als der Datenbankzugriff sein.

Als Faustregel sollte eine vollständig gepufferte Tabelle nicht mehr als 1.000 Einträge haben. Auch generische Bereiche sollten nicht größer sein.

Array-Verarbeitung: `LOOP` *und* `FOR ALL ENTRIES`

Welchen Einfluss hat die Array-Verarbeitung bei den Pufferzugriffen? Im Vergleich zur Datenbank sollten die Effekte hier weit geringer ausfallen.

Feldlisten und `INTO CORRESPONDING FIELDS`

Ähnlich verhält es sich mit den Feldlisten: Welchen Einfluss haben Feldlisten bei den Pufferzugriffen? Lohnt es sich, die Felder einzuschränken?

Während der Befehl `INTO CORRESPONDING FIELDS` gegenüber den Datenbankzugriffen nicht ins Gewicht fällt, verschlechtert er die hundertmal schnelleren Pufferzugriffe natürlich merkbar. Hier sollte er auf jeden Fall vermieden werden.

Weitere Beispiele

Das Beispielprogramm enthält noch weitere Testfälle:

- Es wird der Effekt der Arrayverarbeitung bei gepufferten Tabellen getestet.
- Auch Feldlisten und der Befehl `INTO CORRESPONDING FIELDS OF` werden überprüft.
- Ausführlich werden die Befehle vorgestellt, die am Tabellenpuffer vorbeilesen und deren Alternativen eingeführt.

Es lohnt sich also auch hier einen Blick in das Beispielprogramm zu werfen.

Soll der Tabellenpuffer für eine neue Tabelle eingesetzt werden, dann ist der Reihe nach zu klären, ob überhaupt Pufferungsbedarf besteht, ob sich die Daten bezüglich Aktualität und Änderungshäufigkeit für die Pufferung eignen, welche Pufferungsart die geeignetste ist, ob alle Anweisungen den Puffer nutzen können oder noch modifiziert werden müssen. Wird der Puffer genutzt, dann nimmt er Last von der Datenbank und liefert ungefähr hundertmal schnellere Zugriffe.

5.8 Optimale Nutzung von Pufferbausteinen

Bei den Pufferbausteinen muss vor allem die Programmierung korrekt sein, deshalb folgt eine Liste der häufigsten Fehler. Ein kleiner Zusatzbaustein vermeidet es, dass der Pufferbaustein mühevoll in Einzelzugriffen seinen Puffer füllt. Und zum Schluss gibt es noch einen Überblick über mögliche Erweiterungen.

5.8.1 Zu vermeidende Fehler bei Pufferbausteinen

Sie sollten einfache Fehler wie folgende auf jeden Fall vermeiden. Diese scheinen zwar banal zu sein, dennoch beobachte ich sie immer mal wieder:

- Die Puffertabelle darf keine lokale Tabelle sein, da diese beim Aufruf des Bausteins immer initial wäre. Damit funktioniert die Pufferung nicht. Aber der Baustein funktioniert natürlich weiter mit Datenbankzugriffen. Aus diesem Grund sind solche Fehler immer wieder zu beobachten, da sie nur bei einem guten Test mit der SQL-Trace auffallen.
- Die Pufferbausteine sollten nicht mit Anwendungsfunktionen oder -methoden vermischt werden. Die Puffertabelle sollte wirklich nur innerhalb der Pufferbausteine existieren. Eine Kapselung mithilfe von objektorientiertem ABAP kann sinnvoll sein.

- Der Zugriff auf die Puffertabelle muss schnell sein. Deshalb sollte die Verwendung einer Sortierten Tabelle die beste Wahl sein, da sie sowohl schnelle Einzelzugriffe als auch eine schnelle LOOP-Verarbeitung unterstützt. Wenn alle Zugriffe den vollständigen eindeutigen Tabellenschlüssel nutzen, kann auch eine Hash-Tabelle sinnvoll sein. Da die Tabelle nur von dem Pufferbaustein genutzt werden soll, gibt es eigentlich kein Argument für eine Standardtabelle. Zugriffe müssen effizient sein, der Programmieraufwand für effiziente Operationen auf Standardtabellen ist aber höher und fehleranfälliger, wie Sie im sechsten Kapitel sehen werden.
- Besonders vorsichtig müssen Sie bei dem impliziten Refresh der Puffertabelle sein. Es wird gelegentlich eine viel zu niedrige Schwelle festgelegt. Ein Wert kleiner als 10.000 Sätze ist selten sinnvoll.

5.8.2 Der Prefill-Zusatzbaustein

Beim nachträglichen Einbau eines Pufferbausteins stellt sich oft die Aufgabe, dass ein LOOP SELECT SINGLE oder SELECT FOR ALL ENTRIES durch einen Pufferbaustein ersetzt werden soll. Das führt zu einem Aufruf wie dem folgenden:

```
LOOP AT itab INTO wa.
   CALL FUNCTION buffer_single_dbtabl
        EXPORTING  wa-key1
        IMPORTING  ls_dbtabl.
   APPEND ls_dbtabl TO lt_result.
ENDLOOP.
```

Dass der Pufferbaustein Satz für Satz aufgerufen wird, ist akzeptabel, wenn die Sätze bereits gepuffert sind. Müssen sie jedoch erst von der Datenbank gelesen werden, was beim ersten Aufruf der Fall ist, dann sind Einzelzugriffe ungeschickter als die ursprüngliche FOR ALL ENTRIES-Anweisung.

Hier wäre es besser, wenn es eine Initialisierung gäbe, die alle Sätze zu itab mit einem Zugriff holt. Dieses Problem ist durch einen einfachen weiteren Baustein, den **Prefill-Baustein**, lösbar. Dieser Baustein wird vor den LOOP gestellt und füllt den Puffer mit einem Array-Zugriff einmalig.

```
IF ( buf_tab IS INITIAL ).
  IF NOT ( itab IS INITIAL ).
     CALL FUNCTION buffer_prefill_single_dbl
          EXPORTING itab
  ENDIF.
ENDIF.

LOOP AT itab ...
```

Der Prefill-Baustein enthält einen `FOR ALL ENTRIES`-Zugriff.

```
FUNCTION buffer_prefill_single_db1
         IMPORTING itab.

  SELECT *
         INTO TABLE gt_buftab_db1
         FROM db_tab1
         FOR ALL ENTRIES IN itab
         WHERE key1 = itab-key1.
ENDFUNCTION.
```

Im Prinzip ist dies die gleiche Anweisung, die durch den Pufferbaustein ersetzt wurde. Nun wird sie nur noch einmal ausgeführt.

5.8.3 Erweiterungen der Pufferbausteine

Es gibt noch ein paar Erweiterungen der Pufferbausteine, die je nach Anforderung sinnvoll sind:

- Wenn oft die gleichen Anfragen direkt aufeinander folgen, kann es sinnvoll sein, zuerst die Workarea abzufragen und sich so vielleicht den Pufferzugriff zu sparen (Last-Read-Buffer).
- Wenn bei jedem Durchlauf viele neue Einträge hinzukommen, ist es sinnvoll, einen richtigen Array-fähigen Pufferbaustein zu erstellen, der nicht mit einzelnen Sätzen arbeitet, sondern mit Tabellen.
- Nach diesem Prinzip sollte es auch möglich sein, Zugriffe über Sekundärschlüssel zu unterstützen. Die Sekundärschlüssel werden in einer Tabelle gehalten, die gepufferten Sätze in einer anderen. Die Tabelle der gepufferten Sätze muss dann nach dem Sekundärschlüssel sortiert sein.
- Pufferbausteine, die verschiedene generische Bereiche und gleichzeitig Sekundärschlüssel unterstützen, sind schwierig. Ab SAP NetWeaver Release 7.0 EhP2 ist es möglich, Sekundärschlüssel auf interne Tabellen zu definieren. Damit ist eine effiziente Lösung dieses Problems möglich.

5.8.4 Performance der Pufferbausteine

Im nächsten Kapitel wird sich zeigen, dass Zugriffe auf interne Tabellen noch etwas schneller als Pufferzugriffe sein können. Durch den Funktions- oder Methodenaufruf verliert der Pufferbaustein einen Teil dieses Geschwindigkeitsvorteils. Dennoch sollte die Geschwindigkeit kein Argument für Pufferbausteine sein. Die Tabellenpufferung ist immer die erste Wahl, die Pufferbausteine sind nur für die Ausnahmen gedacht.

Beispiele

Die Beispiele enthalten ein paar Pufferbausteine. Es wird auch die Performance im Vergleich zu gepufferten Tabellen getestet.

Pufferbausteine sind eine wichtige Ergänzung des Tabellenpuffers, um bei jedem Pufferbedarf eine Lösung zu haben. Da sie selbst programmiert werden, sind sie nur so gut wie ihre Umsetzung. Obwohl die Array-Verarbeitung beim Arbeiten auf dem Applikationsserver nicht so wichtig ist, sollte sie eingesetzt werden, wenn der Puffer mit vielen Sätzen befüllt werden muss. Dafür ist ein Prefill-Baustein sinnvoll. Es sind vielfältige Erweiterungen der Pufferbausteine denkbar.

5.9 Zusammenfassung

Tabellenpuffer (5.3 und 5.7)

- Nutzen Sie den technischen Tabellenpuffer für Daten, auf die häufig lesend zugegriffen wird und die sich selten ändern.
  - Die Tabellenpufferung kommt nicht infrage, wenn die Daten jederzeit up to date sein müssen.
  - Achten Sie darauf, dass die Daten nie oder nur recht selten geändert werden. Der Overhead durch Synchronisation und Invalidierung sollte kleiner 1 % sein.
  - Die wichtigsten Zugriffe sollten den Primärschlüssel der Tabelle verwenden. Zugriffe über Sekundärschlüssel können nicht von dem Tabellenpuffer profitieren. Falls diese häufiger vorkommen, sollte die Tabelle nach Möglichkeit vollständig gepuffert oder die Tabellendefinition geändert werden. Ein Projektionsview mit einer anderen Feldreihenfolge sollte lediglich als temporäre Notlösung genutzt werden.
- Bei der Wahl der Pufferungsart ist folgender Kompromis zu finden:
  - Sie sollte allgemein genug gewählt werden, so dass die wichtigsten Zugriffe auf den Puffer zugreifen und nur wenige unwichtige Zugriffe am Puffer vorbeigehen.
  - Gleichzeitig sollten große Tabellen durch die Pufferungsart so eingeschränkt werden, dass die gepufferte Datenmenge nicht zu groß wird.

- Es sollte eine der folgenden Pufferungsarten gewählt werden:
  - Die Tabelle kann problemlos vollständig gepuffert werden, wenn sie sehr klein ist (bis zu 1.000 Sätze). So lange sie klein ist, werden auch Sekundärschlüsselzugriffe als Pufferscan recht schnell behandelt. Ob die vollständige Pufferung einer größeren Tabelle sinnvoll ist, hängt von der konkreten Situation ab, d. h. den Anweisungen und dem Speicherbedarf.
  - Eine größere Tabelle sollte generisch gepuffert werden, sodass der insgesamt gepufferte Bereich klein bleibt. Beachten Sie, dass jene Zugriffe, die nicht alle gepufferten Primärschlüsselfelder mit einer Gleichheitsbedingung enthalten, am Puffer vorbeilesen.
  - Die Tabelle sollte einzelsatzgepuffert sein (Single record), wenn sie sehr groß werden kann und die wichtigsten Zugriffe über den vollständigen Primärschlüssel erfolgen.
- Beobachten Sie nach der Aktivierung des Puffers, ob Anweisungen am Puffer vorbeilesen. Es ist eine Reihe von unterschiedlichen Fällen zu beachten. Die folgende Tabelle listet alle bekannten Fälle auf. Die Spalte »CI« markiert die Anweisungen, die der Code Inspector finden kann. Der Typ gibt an, ob Sie die Pufferung doch noch erreichen können:
  - Typ A: Puffernutzung ist möglich bei Änderung der Pufferungsart.
  - Typ B: Puffernutzung ist möglich bei Änderung der Anweisung, die Details finden Sie im Abschnitt 5.7.4.
  - Typ C: Puffernutzung ist nicht möglich. Die Anweisungen sind bei gepufferten Tabellen sehr speziell.
  - Typ D: Puffernutzung ist nicht erwünscht. Dieser Typ sollte jedoch nicht häufig auftreten, sonst ist Pufferung fraglich.

Nr	Typ	Beschreibung	Art	CI
1	A	`SELECT`, der nicht alle gepufferten Schlüsselfelder mit einer Gleichheitsbedingung oder `IN`-Liste (nur ein Eintrag, s. Nr. 2) enthält.	`sng`, `gen`	CI
2	B	Programmierte `IN`-Liste mit mehr als einem Eintrag		
3	B	Bis SAP NetWeaver Release 7.0 EhP1 benötigt der Zugriff auf den Einzelsatzpuffer das Schlüsselwort `SINGLE`.	`sng`	CI
4	B	`SELECT DISTINCT`		CI
5	B	Jeder `ORDER BY`, der nicht dem Primärschlüssel entspricht		CI

Tab. 5–12
Am Tabellenpuffer vorbeilesende Befehle

Nr	Typ	Beschreibung	Art	CI
6	B	Alle Aggregatfunktionen (MAX, MIN, AVG, SUM, COUNT) inklusive GROUP BY und HAVING		CI
7	B	Der FOR ALL ENTRIES-Befehl funktioniert nicht bei Einzelsatzpuffer.	sng	
8	B	Subquery		CI
9	B	Joins oder Views auf mehrere Tabellen		CI
10	B	SELECT mit WHERE buf_field = other_field (andere Operatoren verstoßen gegen Nr. 1)		
11	B	Die Verwendung von CLIENT SPECIFIED ohne Angabe eines Mandanten		CI
12	C	WHERE-Bedingung enthält Vergleich mit Datenbankwert NULL.		CI
13	C	Native-SQL-Anweisungen		CI
14	D	Das Schlüsselwort BYPASSING BUFFER		o. k.
15	D	Das Schlüsselwort FOR UPDATE		o. k.
16	D	Datenbankänderungen (INSERT, UPDATE, DELETE, MODIFY)		o. k.
17	D	Pufferladezugriffe		n. a.

Pufferbausteine (5.4 und 5.8)

- Nutzen Sie Pufferbausteine, um wiederholt benötigte Daten zu puffern, für die der Tabellenpuffer nicht infrage kommt. Die Gründe dafür sind:
  - Die Tabelle ist sehr groß und die Datenmenge lässt sich durch die Pufferungsart nicht sinnvoll einschränken. Die Datenmenge in einem Pufferbaustein ist beschränkt, da sie nur von einem Benutzer angefordert wird und eine kontrollierte endliche Lebensdauer besitzt.
  - Die Tabellendaten ändern sich gelegentlich. Bei Änderungen kann ein Pufferbaustein für Lesekonsistenz sorgen. Falls die Daten up to date sein müssen, ist es möglich, die Daten mit BYPASSING BUFFER nachzulesen.
- Ein Pufferbaustein sollte folgende Eigenschaften haben:
  - Es sollte möglich sein, ihn zu umgehen (Bypass-Flag).
  - Es sollte eine explizite Löschmöglichkeit geben.
  - Auch die Schlüsselwerte von erfolglosen Suchen sollten gepuffert werden (No Record Found).
  - Er sollte einen impliziten Löschmechanismus enthalten, sodass er nicht zu groß und damit zu langsam wird.

- Ein Pufferbaustein kann je nach Anforderung weitere Eigenschaften haben:
  - Falls oft direkt hintereinander gleiche Zugriffe auftreten, sollte er den letzten Zugriff in der Workarea speichern (Last Read Buffer).
  - Wird ein `SELECT FOR ALL ENTRIES` durch einen Pufferbaustein ersetzt, ist es sinnvoll, den Puffer durch einen Prefill-Aufruf mit einem Array-Zugriff zu füllen.
  - Der Bau von Pufferbausteinen für Sekundärschlüsselzugriffe ist möglich.

6 ABAP – Interne Tabellen

6.1 Kapitelübersicht

Nachdem die Daten aus der Datenbank oder dem Tabellenpuffer gelesen wurden, stehen sie im Applikationsserver in internen Tabellen für die weitere Verarbeitung zur Verfügung. Für eine gute Performance ist deshalb die richtige Verwendung der internen Tabellen ebenfalls wichtig.

Tab. 6–1
Die vier Aspekte des Themas »Interne Tabellen«

	Interne Tabellen	Abschnitte
A	Definitionen und Wissen	6.2 Interne Tabellen
B	Tools	6.3 ABAP-Trace (SE30), Code Inspector (SCI)
C	Performance-empfehlungen	6.4 Performance von internen Tabellen, 6.5 Operationen auf Einzelzeilen, 6.6 Operationen auf mehrere Zeilen, 6.7 Operationen auf ganze Tabellen, 6.8 Weitere Laufzeitempfehlungen, 6.9 Workarea, Feldsymbold oder Referenz, 6.10 Sekundärschlüssel auf interne Tabellen
D	Analyse & Optimierung	Im siebten Kapitel (7.6 und 7.7)

An Definitionen und Hintergrundwissen ist bei den internen Tabellen nicht so viel erforderlich wie bei der Datenbank und den Puffern. Der Abschnitt 6.2 stellt die Definition der internen Tabellen, die Befehle und die Befehlstypen zusammen. Er führt die Tabellentypen Standard-, Sortierte und Hash-Tabelle ein. Auch die wichtigen Begriffe zur Unterscheidung der unterschiedlichen Arten des Suchens, nämlich sequenzielles Lesen, binäre Suche und direkter Zugriff, werden präsentiert. Eine kleine Übersicht über technische Aspekte wie unterschiedliche Schlüsseltypen und verzögertes Tabellenkopieren rundet den Abschnitt ab.

An Tools spielen hier nur die ABAP-Trace (SE30) und der Code Inspector (SCI) eine Rolle. Es wird empfohlen, in der ABAP-Trace die

Messeinstellungen auf interne Tabellen zu erweitern. Der Code Inspector bietet ein paar Performancetests für interne Tabellen.

Die Performanceempfehlungen für interne Tabellen sind dagegen umfangreicher. Der Abschnitt 6.4 zeigt, dass bei internen Tabellen die Schnelligkeit des Zugriffs die wichtigste Performancegröße ist. Dabei stellt sich heraus, dass das Problem nicht bei einem einzelnen Zugriff auf eine kleine Tabelle auftritt, sondern erst bei vielen Zugriffen auf große Tabellen. Das zentrale Problem bei internen Tabellen ist die Skalierbarkeit der Lösung. Die einzelnen Befehle lassen sich in drei Gruppen bezüglich ihrer Laufzeitabhängigkeit betrachten:

- Die Befehle des Abschnitts 6.5 bearbeiten nur einzelne Sätze. Das sind der `READ`, der `COLLECT` und die Befehle zum Ändern, d.h. `DELETE`, `MODIFY`, `APPEND` und `INSERT`. Diese Befehle gibt es in mehreren Varianten, die mit Indizes, Workareas oder Schlüsseln arbeiten.
- Die Befehle des Abschnitts 6.6 bearbeiten mehrere Sätze. Dazu gehören die Schleife (`LOOP`) und die Varianten von `DELETE`, `MODIFY`, `APPEND` und `INSERT`, die Indexintervalle oder `WHERE`-Klauseln.
- Schließlich finden Sie im Abschnitt 6.7 diejenigen Befehle, die die ganze Tabelle bearbeiten. Das sind der `SORT`, das Füllen und Kopieren sowie das Löschen doppelter Einträge und das Zusammenfassen.

Der Abschnitt 6.8 stellt weitere Empfehlungen zusammen, zum Beispiel wann es sich lohnt, eine interne Tabelle zu sortieren, daneben die Methode der parallelen Indizes und Probleme bei der Blockverarbeitung.

Schließlich gibt es noch ein paar Bemerkungen zum Übertragen oder Referenzieren von Daten. Der Abschnitt 6.9 erklärt die richtige Verwendung der `INTO`-Klausel, ob eine Workarea (`INTO WA`), ein Feldsymbol (`ASSIGNING <fs>`) oder eine Datenreferenz (`REFERENCE INTO`) zu verwenden ist.

Der letzte Abschnitt 6.10 gibt einen Ausblick auf die Möglichkeiten, die durch die Sekundärschlüssel im SAP NetWeaver Release 7.0 EhP2 verfügbar werden.

Auch in diesem Kapitel gilt: Das Buch kann eine Einführung in die Programmiersprache ABAP nicht ersetzen. Die Grundzüge der Programmierung sollten Ihnen bekannt sein. Außerdem sollten Sie bei Detailfragen der Syntax immer auf die Dokumentation in Ihrem System zurückgreifen.

6.2 Interne Tabellen

Interne Tabellen werden benötigt, um die Datensätze nach dem Lesen von der Datenbank oder vom Puffer für die weitere Verarbeitung bereitzuhalten. Eine interne Tabelle kann einen Satz oder Tausende von Sätzen enthalten. Die Sätze haben meist eine Struktur, diese kann ganz einfach nur ein Feld oder aber sehr kompliziert sein und Strings oder weitere Tabellen enthalten.

Es gibt viele Analogien zwischen Datenbanktabellen und internen Tabellen. Für die Performance spielt auch bei den internen Tabellen vor allem eine schnelle Suche die entscheidende Rolle.

Die Daten in den internen Tabellen umfassen die im fünften Kapitel eingeführten Datentypen: Anwendungsdaten, Stammdaten und Konfigurationsdaten. Insbesondere die Anwendungsdaten werden im Programm bearbeitet und während der Bearbeitung in internen Tabellen gespeichert.

Für die Stamm- und Konfigurationsdaten werden oft die Tabellen der Pufferbausteine genutzt. Diese wurden im Abschnitt 5.5 vorgestellt.

Letztlich sollte jedoch nicht vergessen werden, dass in internen Tabellen auch einfache Steuer- und Entscheidungslogik, kurz alles, für das es mehrere Alternativen geben kann, gespeichert wird.

6.2.1 Definition der internen Tabellen

Bei den internen Tabellen gibt es ähnliche Operationen wie bei der Datenbank, der wichtigste Befehl ist der `READ`:

```
READ TABLE itab INTO WA
          WITH KEY field1 = ….
```

Eine Operation besteht aus folgenden Bestandteilen:

- **Befehl:** hier der `READ`, weitere Befehle folgen unten.
- **Tabelle:** `itab`
- **`INTO`-Klausel:** Es gibt weitere Varianten, die erst später im Abschnitt 6.9 genau erklärt werden.
- **Zeilentyp oder Workarea:** Der Typ der Zeile kann ein einzelnes Feld sein, eine einfache oder eine tiefe Struktur. Eine tiefe Struktur kann selbst wieder eine oder mehrere Tabellen enthalten.
- **Operationstyp:** Hier die Variante mit der expliziten Schlüsselangabe, es gibt jedoch noch weitere, wie Sie gleich erfahren werden.

Befehle

Zum Bearbeiten der internen Tabellen stehen Befehle zum Lesen und zum Ändern zur Verfügung:

Tab. 6–2
Befehle auf internen Tabellen

	ABAP-Befehl	Bedeutung	Abschnitt		
R	`READ`	Lesen einer Zeile	6.5		
L	`LOOP`	Schleife über mehrere Zeilen		6.6	
A	`APPEND`	Anhängen einer Zeile ans Ende der Tabelle	6.5	6.6	
I	`INSERT`	Einfügen einer Zeile an einer bestimmten Stelle	6.5	6.6	
M	`MODIFY`	Ändern einer oder mehrerer Zeilen	6.5	6.6	
D	`DELETE`	Löschen einer oder mehrerer Zeilen	6.5	6.6	
DT	`DELECT ADJACENT DUPLICATES`	Löschen von doppelten Zeilen			6.7
CT	`COLLECT`	Zusammenfassen und Summieren	6.5		6.7
ST	`SORT`	Sortieren der Tabelle			6.7
MT	`MOVE`	Kopieren der Tabelle			6.7

Die Abkürzungen für die Befehle in der ersten Spalte finden Sie in den Abschnitten 6.5 bis 6.7 wieder, in denen die Performanceempfehlungen genauer besprochen werden. Die Bedeutung der Befehle sollte Ihnen vertraut sein:

- Zum Lesen einer Zeile gibt es den `READ`-Befehl. Zum Lesen mehrerer Zeilen oder der ganzen Tabelle gibt es die Schleife (`LOOP`).
- Bei den Änderungsbefehlen gibt es den `APPEND`, der den neuen Satz einfach am Ende der Tabelle anhängt. Der `INSERT` zum Einfügen und der `DELETE` zum Löschen entsprechen den analogen Datenbankbefehlen. Der `MODIFY` entspricht jedoch dem `UPDATE`-Befehl bei Datenbanktabellen und sollte nicht mit dem `MODIFY` in Open SQL verwechselt werden.
- Es gibt zwei spezielle Befehle zum Zusammenfassen der Tabelleneinträge: Zum einen können doppelte Sätze mit `DELETE ADJACENT DUPLICATES` gelöscht werden, dazu muss die Tabelle jedoch zunächst geeignet sortiert werden. Zum andern lassen sich mit dem `COLLECT` Zeilen mit gleichen Schlüsselwerten zusammenfassen und gleichzeitig die numerischen Nichtschlüsselwerte aufsummieren.
- Schließlich gibt es den Befehl `SORT` zum Sortieren einer Tabelle und den `MOVE` bzw. die Zuweisung (`=`) zum Kopieren einer Tabelle.

Bei den internen Tabellen gibt es Befehle zum Lesen, READ und LOOP, und Befehle zum Ändern, APPEND, INSERT, MODIFY und DELETE. Dann gibt es noch Befehle zum Zusammenfassen von Tabelleneinträgen, DELETE ADJACENT DUPLICATES und COLLECT, sowie zum Sortieren SORT.

Operationstypen: Index- und Schlüsseloperationen

Die Befehle gibt es in verschiedenen Typen. Der Operationstyp bestimmt maßgeblich, wie schnell eine gesuchte Zeile gefunden wird. Auch hier werden Abkürzungen für die Typen eingeführt, die keine tiefere Bedeutung haben, aber als Kurzreferenz nützlich sein können:

- Indexoperationen (Typ I) finden die gesuchte Zeile anhand der Zeilennummer, die bei internen Tabellen als Index bezeichnet wird:

  ```
  READ TABLE itab INTO wa INDEX idx
  ```

- Schlüsseloperationen suchen anhand eines angegebenen Schlüssels. Der Schlüssel kann entweder direkt (Typ K) angegeben, oder implizit durch die Angabe der Workarea (Typ W) bekannt sein, zum Beispiel:

  ```
  READ TABLE itab INTO wa
            WITH [TABLE] KEY field ....

  READ TABLE itab INTO wa FROM wa0.
  ```

- Neben den Befehlen auf einzelne Zeilen gibt es Befehle, die auf mehreren Zeilen arbeiten können. Diese werden durch eine WHERE-Bedingung (Typ Wh) oder ein Indexintervall (Typ J) bestimmt. Außerdem gibt es bei dem INSERT noch die Möglichkeit des geordneten Einfügens (Typ T):

  ```
  LOOP AT itab INTO wa WHERE f1 = wa0-f1.

  APPEND LINES OF jtab FROM jdx1 TO jdx2
        TO itab INDEX idx1.

  INSERT LINES OF jtab [FROM jdx1][TO jdx2]
        INTO TABLE itab.
  ```

- Schließlich gibt es noch die Operationen, die eine Tabelle vollständig (Typ V) bearbeiten. Dazu gehören z. B. die vollständige Schleife (LOOP) und der Sortierbefehl SORT:

  ```
  LOOP AT itab INTO ....

  SORT itab BY field....
  ```

Bei der Besprechung der Performanceeigenschaften der verschiedenen Operationen wird es sich als nützlich erweisen, drei unterschiedliche Gruppen zu unterscheiden:

- Operationen auf Einzelzeilen (Typ I, W, K) im Abschnitt 6.5,
- Operationen auf mehreren Zeilen (Typ Wh, J, T, V) im Abschnitt 6.6,
- Operationen auf ganzen Tabellen (Typ V) im Abschnitt 6.7.

Die Operationstypen bestimmen maßgeblich die Zugriffszeiten der Operationen auf interne Tabellen. Deshalb folgt die Besprechung in den späteren Abschnitten der Einteilung nach Operationstypen.

Indizes und Schlüssel

Wie bereits erwähnt, bezeichnet der Begriff »Index« bei internen Tabellen die Zeilennummer der internen Tabelle und es gibt sogenannte Indexoperationen, die die Zeilennummern nutzen.

Zur Suche mit Schlüsselfeldern gibt es seit SAP Basis Release 4.0 Primärschlüssel oder Tabellenschlüssel für interne Tabellen. Der Begriff »Schlüssel« bezeichnet also bei internen Tabellen die Suchunterstützung, die auf der Datenbank als »Index« bezeichnet wird.

Außerdem ist bei internen Tabellen oft von speziellen Tabellentypen die Rede, gemeint sind die Sortierte Tabelle und die Hash-Tabelle. Genau genommen sind dies normale Tabellen mit einem Sortierten Schlüssel bzw. einem Hash-Schlüssel, welcher die Suche beschleunigen kann.

Mit dem neusten SAP NetWeaver Release 7.0 EhP2 gibt es zusätzlich die Möglichkeit, Sekundärschlüssel auf interne Tabellen anzulegen. Diese werden im Abschnitt 6.10 vorgestellt.

Bei internen Tabellen ist die Bezeichnung »Index« für die Zeilennummer reserviert. Für das Suchen mit Feldinformationen stehen bei der Sortierten Tabelle und der Hash-Tabelle »Schlüssel« zur Verfügung. Mit SAP NetWeaver Release 7.0 EhP2 gibt es zusätzlich Sekundärschlüssel für interne Tabellen.

Tabellentypen – Primärschlüssel

Die Tabellentypen im Einzelnen:

- **Standardtabelle** ist der einfachste Tabellentyp. Die Sätze werden einfach hintereinander abgelegt. Die Tabelle kann jederzeit beliebig umsortiert werden. Es kann ein Tabellenschlüssel definiert werden, der jedoch nicht eindeutig sein darf. Wird kein Tabellenschlüssel definiert, dann bilden alle charakterartigen Felder den Default Key der Tabelle:

```
itab   TYPE STANDARD TABLE OF line_type
       [WITH NON-UNIQUE DEFAULT KEY]
```

- **Sortierte Tabelle** ist ein spezieller Tabellentyp und seit Release 4.0 verfügbar. Sie benötigt einen Tabellenschlüssel, der eindeutig oder nicht eindeutig sein kann. Der Tabellenschlüssel definiert einen jederzeit sortierten Primärschlüssel, der die Schlüsseloperationen beschleunigen kann.

```
itab   TYPE SORTED TABLE OF line_type
       WITH [NON-]UNIQUE KEY field ….
```

- **Die Hash-Tabelle** ist ebenfalls ein spezieller Tabellentyp und seit Release 4.0 verfügbar. Sie benötigt einen Tabellenschlüssel, der immer eindeutig sein muss. Der Tabellenschlüssel definiert einen Primärschlüssel mit Hash-Funktion, welcher die Schlüsseloperationen beschleunigen kann.

```
itab   TYPE HASHED TABLE OF line_type
       WITH UNIQUE KEY field ….
```

- **Die Indextabelle** ist ein Oberbegriff für die beiden Tabellentypen Standardtabelle und Sortierte Tabelle. Eine Indextabelle nutzt einen Index zum Durchnummerieren der Tabellenzeilen. Dieser Index kann in Indexoperationen genutzt werden. Er darf nicht mit dem Primärschlüssel verwechselt werden. Der Index liegt nach einer erfolgreichen Operation in der Systemvariablen `sy-tabix` vor. Die Hash-Tabelle ist keine Indextabelle, deshalb wird bei ihr auch die Systemvariable `sy-tabix` nicht gesetzt.

Tab. 6–3
Tabellentypen und Tabellenschlüssel

	Indextabelle		
	Standardtabelle	**Sortierte Tabelle**	**Hash-Tabelle**
Seit		SAP Basis 4.0	SAP Basis 4.0
Index	Ja	Ja	Nein
Tabellenschlüssel	Optionale Definition oder Default Key, nicht eindeutig	Notwendig, kann eindeutig oder nicht eindeutig sein	Notwendig und immer eindeutig
Primärschlüssel	Ja, unsortierter Schlüssel	Ja, sortiert	Ja, mit Hash-Funktion

- Beachten Sie bitte, dass gelegentlich von einer sortierten Standardtabelle die Rede ist, die nicht mit der Sortierten Tabelle verwechselt werden sollte.
- Ab SAP NetWeaver Release 7.0 EhP2 können alle Tabellentypen zusätzliche Sekundärschlüssel haben. Es gibt sortierte und Hash-Sekundärschlüssel.

Die speziellen Tabellentypen sind genau genommen Tabellen mit einem Primärschlüssel. Für sie ist die Definition eines Tabellenschlüssels zwingend notwendig. Dadurch lassen sich die Suchen mit Schlüsselfeldern beschleunigen. Die Standardtabelle und die Sortierte Tabelle sind Indextabellen, sie ermöglichen den direkten Zugriff auf eine Zeile, falls der Index bekannt ist.

Die INTO-Klausel

Schließlich gibt es verschiedene Möglichkeiten, die `INTO`-Klausel beim Lesen, also bei `READ` und `LOOP`, zu nutzen:

- `INTO wa`: Die Zeile wird komplett in die Workarea kopiert.
- `ASSIGNING <fs>`: Sie wird einem Feldsymbol zugewiesen.
- `INTO REFERENCE dref`: Sie wird in einer Referenz abgebildet (ab SAP Web AS Release 6.40).

Und dann gibt es noch das Analogon zur Einschränkung der Satzbreite bei der Datenbank: Es werden nur bestimmte Felder übertragen. Es gibt sogar die Möglichkeit, gar keine Felder zu übertragen, wenn nur der Return Code (`sy-subrc`) oder Index benötigt wird:

- `TRANSPORTING field1 field5`
- `TRANSPORTING NO FIELDS`

Diese Zusätze werden im Abschnitt 6.9 vorgestellt.

Beim Lesen von internen Tabellen kann das Ergebnis in eine Workarea kopiert werden. Es ist aber auch möglich, eine Zuweisung auf ein Feldsymbol oder in eine Referenz vorzunehmen. Eine Einschränkung der übertragenen Satzbreite ist auch durch die Nutzung des `TRANSPORTING`-Zusatzbefehls möglich.

Tiefe Strukturen

Tiefe Strukturen, die Tabellen enthalten, können praktisch sein, wenn normalisierte Daten aus mehreren Datenbanktabellen geholt und zu einer internen Tabelle zusammengefügt werden. Bei den inneren Tabellen sollte ein kleiner Wert für Initial Size ungleich 0 gewählt werden, um unnötigen Speicherverbrauch zu vermeiden. Es sollte auch bedacht werden, dass das verzögerte Tabellenkopieren nicht eingesetzt wird, siehe 6.2.3. Bei der `INTO`-Klausel sollten bei tiefen Strukturen immer Feldsymbole verwendet werden, siehe Abschnitt 6.9.

Bei der Verwendung von tiefen Strukturen, d.h. Tabellen in Tabellen, sind einige Ausnahmen zu beachten.

6.2.2 Schnelligkeit der Suche

Generell gibt es drei mögliche Typen der Suche bei internen Tabellen:

- den sequenziellen Scan,
- die binäre Suche und
- den direkten Zugriff.

Die Namen deuten bereits an, dass diese drei Typen ein recht unterschiedliches Laufzeitverhalten haben. Sie tauchen sowohl bei den Lese- als auch bei den Änderungsoperationen auf, denn auch die Änderungen basieren immer auf der Suche.

Sequenzieller Scan

Der sequenzielle Scan ist der normale Zugriffstyp bei Standardtabellen. Er wird genutzt, wenn keine Sortierung vorhanden ist und auch sonst keine Möglichkeit besteht, den Zugriff zu beschleunigen. Dann gibt es keine andere Möglichkeit, als die Tabelle vom Anfang bis zum Ende zu durchsuchen, um festzustellen, welche Sätze die Suchkriterien erfüllen. Er entspricht also dem Full Table Scan auf der Datenbank. Die Laufzeit wächst proportional mit der Größe der internen Tabelle, d.h. der Anzahl der Sätze `N`. Man sagt: Das Skalierungsverhalten der Laufzeit ist linear in `N` oder von der Ordnung `O(N)`.

Binäre Suche

Die binäre Suche nutzt die Sortierung einer Tabelle aus. Dazu muss die Tabelle gemäß den in der Suche verwendeten Feldern aufsteigend sortiert sein. Außerdem muss es einen Index geben, der die Einträge der Tabelle durchnummeriert.

- Durch die Indexnummerierung kann die binäre Suche direkt zu dem Satz in der Mitte der Tabelle springen und dessen Werte mit den gesuchten Feldwerten vergleichen.
- Aufgrund der Sortierung kann entschieden werden, ob der gesuchte Satz vor der Mitte oder nach der Mitte liegt. Damit reduziert sich der noch zu durchsuchende Bereich bereits auf eine Hälfte der Tabelle.
- Im nächsten Schritt wird zum mittleren Satz der verbleibenden Hälfte gesprungen und der Vergleich wiederholt.

Die binäre Suche halbiert so in jedem Schritt die mögliche Treffermenge. Die Anzahl der nötigen Schritte `x` ergibt sich bei einer Tabellengröße `N` aus der nächstgrößeren Zweierpotenz zu `N`. Die Anzahl der Schritte ist der Exponent dieser Zweierpotenz. Alternativ folgt `x` auch aus der Frage, wie oft `N` halbiert werden muss, bis weniger als ein Satz übrig bleibt:

$$N/(2*2*...*2) < 1 \quad => 2^x > N \quad => \quad x = \log_2(N)$$

Das Skalierungsverhalten der binären Suche hat eine logarithmische Abhängigkeit von der Anzahl der Sätze `N`. Sie ist von der Ordnung `O(logN)`.

N	2	16	128	1.024	8.192	65.536
LOG N	1	4	7	10	13	16

Die in ABAP realisierte binäre Suche hat noch zwei Eigenschaften, die eventuell nicht allgemein bekannt sind:

- Für den Fall, dass mehrere Sätze die Suchbedingungen erfüllen, stellt sie sicher, dass der erste Satz bezüglich der Sortierung zurückgeliefert wird. Diese Eigenschaft ist sehr nützlich, falls nur mit dem vorderen Teil eines Schlüssels oder mit einem nicht eindeutigen Schlüssel gesucht wird. Dann gibt es einen zusammenhängenden Block von Sätzen, die alle Suchbedingungen erfüllen. Der erste Satz aus diesem Block wird automatisch gefunden, wenn die binäre Suche nicht vorzeitig abbricht, sobald die Bedingungen erfüllt sind, sondern erst dann, wenn keine weitere Halbierung mehr möglich ist. Vom ersten Satz ausgehend kann anschließend eine Schleife gestartet werden, die alle weiteren Sätze zu den Bedingungen findet.
- Für den Fall, dass kein Satz in der Tabelle die Bedingungen erfüllt, liefert die binäre Suche den Index, an der ein neuer Satz mit diesen Werten einzufügen wäre, sodass die Sortierung erhalten bleibt.

Direkter Zugriff

Die schnellste Zugriffsart ist der direkte Zugriff. Bei ihm müssen gar keine anderen Sätze abgefragt werden. Er kann direkt zu dem gesuchten Satz springen. Die Laufzeit ist komplett unabhängig von der Größe der internen Tabelle, also von der Ordnung eins, d.h. `O(1)`.

Skalierungsverhalten der Operationen

Die Indexoperationen sind die einfachsten und schnellsten direkten Zugriffe. Auch mit dem Hash-Schlüssel ist ein direkter Zugriff realisierbar, wenn alle Werte des Tabellenschlüssels bekannt sind.

Tab. 6–4 *Zugriffsart und Abhängigkeit von der Tabellengröße* `N`

Zugriffsart	Anzahl der Schritt	Skalierung
Sequenzieller Scan	Schleife über ganze Tabelle	`O(N)`
Binäre Suche	Wenige Schritte	`O(logN)`
Direkter Zugriff	Ein Schritt	`O(1)`

Die Schreibweise `O(N)` wird in der Mathematik verwendet, um die Art der Abhängigkeit von bestimmten Größen zu verdeutlichen. Hier ist es die Abhängigkeit der Laufzeit `t` von der Tabellengröße `N`. Die lineare Ordnung `O(N)` entspricht einer Proportionalität von `t` zu `N` bzw. einem linearen Zusammenhang, `t=a*N`. Das Verhalten gilt genau genommen nur für große Werte von `N`, d.h. asymptotisch. Deshalb wird normalerweise nur die maximale Ordnung angegeben. Hier werden gelegentlich auch Summen von Ordnungen angegeben, z.B. `O(N*logN) + O(N)`, falls es noch eine andere Abhängigkeit gibt, die bei kleinen `N` wichtig ist.

Automatische und manuelle Optimierung der Zugriffe

Der ABAP-Interpreter führt die Optimierung zur Nutzung des Hash- oder des Sortierten Schlüssels automatisch durch. Jedoch waren nicht alle Optimierungen bereits mit Einführung von Hash-Tabelle und Sortierter Tabelle im SAP Basis Release 4.0 verfügbar. Manche kamen nach und nach bis SAP Web AS Release 6.40 hinzu.

Bei der Hash-Tabelle nutzen alle Befehle mit Schlüsselfeldern (Typ K) und `WHERE`-Bedingungen (Typ Wh) automatisch den Hash-Schlüssel, falls sämtliche Schlüsselfelder bekannt sind. Fehlt auch nur ein Schlüsselfeld, dann funktioniert die Optimierung nicht.

Bei der Sortierten Tabelle funktioniert die automatische Optimierung für alle Befehle mit Schlüsselfeldern (Typ K) und fast allen `WHERE`-Bedingungen (Typ Wh), die einen vorderen Teil der Schlüsselfelder enthalten (siehe Abschnitt 6.6.1). Ist für ein Schlüsselfeld kein Wert bekannt, dann kann es und alle darauffolgenden nicht genutzt werden.

Bei der Standardtabelle ist keine automatische Optimierung möglich. Nach dem Sortieren kann der `READ BINARY SEARCH` genutzt werden, um so eine Optimierung wie bei der Sortierten Tabelle für die Operationen mit Schlüsselfeldern und mit `WHERE`-Bedingung (Typen K und Wh) manuell nachzuprogrammieren.

> Auf internen Tabellen sind drei charakteristische Typen der Suche möglich: der sequenzielle Scan, die binäre Suche und der direkte Zugriff. Diese bestimmen maßgeblich die Schnelligkeit der Suche in Abhängigkeit von der Tabellengröße `N`. Das Skalierungsverhalten der drei Typen ist `O(N)`, `O(logN)` bzw. `O(1)`. Der ABAP-Interpreter hat über die Releases seit Einführung der Hash- und Sortierten Tabelle immer besser gelernt, die Optimierung – falls möglich – automatisch vorzunehmen. Dies werden die späteren Abschnitte genauer zeigen.

6.2.3 Technische Aspekte bei internen Tabellen

Suchunterstützung bei internen Tabellen

Ähnlich wie die Indizes bei den Datenbanktabellen unterstützen die Schlüssel die Suche in den internen Tabellen. Die technische Realisation wird auch bei internen Tabellen als Index bezeichnet, davon gibt es drei Typen:

- Linearer Index
- Sortierter baumartiger Index (B*-Baum)
- Hash-Funktion oder Hash-Index

Abb. 6–1
Verschiedene Indexarten bei internen Tabellen

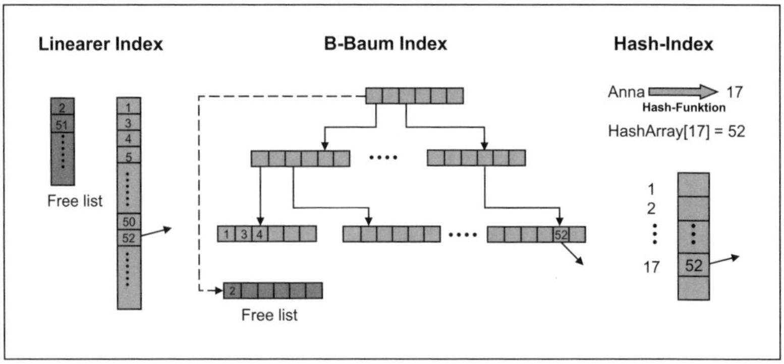

Die Standardtabelle hat zunächst keinen linearen Index, so lange sie nur gelesen wird und mit APPEND Sätze angehängt werden. Wird sie jedoch sortiert (SORT), eine Zeile gelöscht (DELETE) oder zwischendrin eingefügt (INSERT), dann wäre eine aufwendige Verschiebeaktion erforderlich. Diese Aktion lässt sich besser auf einem kompakten linearen Index als auf einer breiten Tabelle durchführen. Der lineare Index enthält nur die Indexnummer, an der sich der Satz wirklich befindet. Er ist normalerweise nicht sortiert und kann die Suche nicht beschleunigen.

Eine Sortierte Tabelle hat immer einen baumartigen sortierten Index. Eine Standardtabelle kann ab einer bestimmten Größe, oft 4096 Zeilen, auch einen baumartigen Index bekommen, um die Schiebekosten zu verringern.

Bei der Hash-Tabelle gibt es die Hash-Funktion oder Hash-Index, um aus der Eingabe zu der Adresse des gesuchten Satzes zu kommen. Die Hash-Funktion funktioniert nur, wenn alle Schlüsselwerte eines eindeutigen Schlüssels vorliegen. Sie ist etwas teurer als eine Indexoperation. Der Hash-Funktion benötigt auch etwas mehr Speicher als die anderen Indizes. Hash-Funktionen können Sie bei Wikipedia oder anderen Quellen nachsehen.

Verzögertes Tabellenkopieren (Table Sharing)

Das verzögerte Tabellenkopieren ist eine nützliche Eigenschaft der internen Tabellen, um Speicherplatz zu sparen. Sie beruht auf der Beobachtung, dass Tabellen häufig kopiert und weit seltener geändert werden.

Nach dem Kopieren wird von der zweiten Tabelle nur der Kopf (Header) angelegt, der Tabellenbody wird referenziert. Der Tabellenbody wird erst dann physisch kopiert, wenn durch eine Änderung die Tabellen wirklich verschieden werden.

Das Tabellensharing kann sowohl innerhalb eines internen Modus verwendet werden als auch über Schnittstellen und Zuweisungen. Es muss auch bezüglich der Parameterübergabe berücksichtigt werden; eine Tabelle, die an eine andere Modularisierungseinheit durch Werteübergabe übergeben wird, wird dadurch implizit referenziert. Erst eine Änderungen erzeugt eine Kopie und ändert diese. Bei einer Übergabe per Referenz würde eine Änderung direkt die Originaltabelle ändern.

Beim Messen mit Testprogrammen und Traces kann das verzögerte Tabellenkopieren zu Effekten führen, die Sie bedenken sollten. Die erste Änderung, also `APPEND`, `INSERT`, `DELETE`, `MODIFY` und auch der `SORT`, bewirkt das Kopieren der Tabelle und ist damit recht teuer. Dies wird in allen Beispielprogrammen berücksichtigt. Bei Messungen mit der ABAP-Trace sind diese Kosten nicht getrennt ersichtlich, sondern tauchen bei der ändernden Operation auf. So kann ein einzelner `APPEND` plötzlich sehr teuer sein.

Auch beim Messen des Speicherverbrauchs kann es zunächst verwundern, wenn das Löschen einer Zeile den Speicherverbrauch stark erhöht. Der Speicherplatz wird natürlich für die Realisation der Kopie benötigt.

Die Tabellenschlüssel von Sortierter Tabelle und Hash-Tabelle unterstützen die Suche mit Schlüsselwerten. Der lineare Schlüssel der Standardtabelle kann die Suche nicht beschleunigen, er hilft aber, Verschiebekosten bei Änderungen zu sparen. Außerdem fällt er gelegentlich durch Anpassungskosten auf, z. B. bei dem optimierten `INSERT` in die sortierte Standardtabelle und bei dem `DELETE` über einen Sekundärschlüssel von einer Standardtabelle.

Das verzögerte Tabellenkopieren ist eine nützliche Eigenschaft, um Speicherplatz zu sparen, da oft identische Kopien von Tabellen gehalten werden. Diese Eigenschaft muss jedoch beim Messen beachtet werden, sonst können einige Effekte sehr überraschend wirken.

6.3 Tools

Auf dem Applikationsserver gibt die STAD einen Einblick in die CPU-Zeit, ansonsten sind die ABAP-Trace und der Code Inspector die empfohlenen Analyse-Tools.

6.3.1 ABAP-Trace (SE30)

Für Performancemessungen auf dem Applikationsserver ist die ABAP-Trace (SE30) das Tool der Wahl. Sie misst viele der ausgeführten Anweisungen oder Ereignisse auf dem Applikationsserver. Die ausführliche Einführung der ABAP-Trace finden Sie im Abschnitt 2.7.

In der Standardeinstellung werden die Operationen auf interne Tabellen nicht aufgezeichnet. Die Zeiten für die Operationen auf internen Tabellen sind dann in den Nettozeiten der ausgeführten Modularisierungseinheiten, also Methoden, Funktionen, Subroutinen u. Ä., enthalten.

Sie können die Messung der internen Tabellen aber auch aktivieren. Dazu gehen Sie in die Messeinschränkungen, siehe Abschnitt 2.7.2, auf die zweite Registerkarte *Anweisungen* und aktivieren links unten bei *Int. Tabellen* die Lese- und die Änderungsoperationen. Bei älteren NetWeaver-Releases kann dies einen größeren Overhead bedeuten. Testen Sie deshalb, ob sich in Ihrem System eine aggregierte Trace durch diese Einstellung sehr groß wird.

Mit aktivierten internen Tabellen sehen Sie die Zahl der Ausführungen, Brutto- und Nettozeiten für interne Tabellenoperationen. Es werden fast alle in den folgenden Abschnitten beschriebenen Operationen protokolliert. Der Kopierbefehl oder `MOVE` und implizite Sortierungen bei Zuweisung in eine Sortierte Tabelle werden jedoch nicht ausgewiesen.

Wie schon erwähnt, kann das verzögerte Tabellenkopieren zu etwas Verwirrung sorgen, weil dadurch Tabellen erst dann explizit kopiert werden, wenn eine Änderung vorgenommen wird. Dadurch können einzelne Änderungsoperationen plötzlich relativ lange dauern.

Eventuell wird Sie auch der fehlende Name der internen Tabelle irritieren. Um eindeutige Namen zu erhalten, zeigt die ABAP-Trace Bezeichnung wie `READ TABLE IT0100`. Ob diese eine Beeinträchtigung bedeutet, hängt dann davon ab, ob Ihre Anwendung aussagekräftige Namen benutzt oder alle lokalen Tabellen einfach mit `itab` bezeichnet. In der neuen ABAP-Trace, siehe Abschnitt 2.11, können die Namen bei der Darstellung der Trace wieder eingeblendet werden.

6.3.2 Prüfungen des Code Inspector (SCI)

Die Prüfungen des Code Inspector (SCI) auf dem Applikationsserver konzentrieren sich ebenfalls auf die internen Tabellen. Er detektiert Anweisungen, die nur durch sequenzielles Lesen auf die interne Tabelle zugreifen:

- der `READ TABLE itab ... WITH KEY` bei allen Tabellentypen, falls keine Optimierung möglich ist, und die analogen Fälle bei `DELETE` und `MODIFY`. Diese Fälle finden Sie im Abschnitt 6.5.3 genauer erklärt.
- der `LOOP itab ... WHERE ...` bei allen Tabellentypen, falls keine Optimierung möglich ist, und die analogen Fälle bei `DELETE` und `MODIFY`. Diese finden Sie im Abschnitt 6.6.1 erklärt.

Es muss jedoch angemerkt werden, dass der Code Inspector bei den internen Tabellen auch viele weniger interessante Treffer findet, da die nicht optimierten Anweisungen unproblematisch sind, wenn die Tabelle klein ist und klein bleibt. Die Größe der internen Tabelle ist statisch nicht bekannt, sie steht erst zur Laufzeit fest.

> Zur genaueren Untersuchung der internen Tabellen sollten Sie die Einstellungen der ABAP-Trace auf die Messung der internen Tabellen erweitern. Der Code Inspector liefert nützliche Hinweise auf Anweisungen, die nur sequenziell lesen und dadurch bei großen Tabellen zu langen Laufzeiten führen können.

6.4 Performance von internen Tabellen

Für die internen Tabellen gibt es keine so ausgefeilten Regeln wie die Goldenen Regeln der Datenbankprogrammierung. Es ist jedoch sinnvoll, sich zu überlegen, welche dieser Regeln beim Programmieren mit internen Tabellen eine Rolle spielen könnten:

- **Schnelligkeit:** Zugriffe auf interne Tabellen können mit aktueller Hardware weniger als eine Mikrosekunde benötigen. Sie sind also ungefähr hundertmal schneller als Datenbankzugriffe. Wird jedoch kein Schlüssel oder Index genutzt, dann kann nur sequenziell gelesen werden. Dies fällt bei kleinen internen Tabellen gar nicht auf, macht jedoch Zugriffe auf große interne Tabellen sehr langsam.
- **Minimale Datenmenge:** Wenn beim Füllen aus der Datenbanktabelle alles richtig gemacht wird, dann enthält die interne Tabelle nur jene Daten, die auch wirklich gebraucht werden.
- **Wenige Ausführungen:** Array-Verarbeitung ist bei internen Tabellen nicht notwendig.

- Natürlich gibt es keine Puffer, da es keine schnellere Alternative gibt.
- **Satzbreite:** Es ist möglich, bei den Zugriffen auf interne Tabellen einen `TRANSPORTING`-Parameter zu nutzen, um nur die benötigten Felder zu übertragen. Dieser Effekt spielt eine geringe Rolle. Interessanter ist die Möglichkeit, mit Feldsymbolen oder Referenzen zu arbeiten, um so das Kopieren der Daten zu vermeiden.
- **Skalierbarkeit:** Bei internen Tabellen werden die Nutzdaten nicht aus einem großen Pool von anderen Daten gesucht, wie es bei der Datenbank der Fall ist. Dadurch fallen die Probleme mit der Schnelligkeit bei internen Tabellen meist erst auf, wenn die Menge der Nutzdaten groß wird. Um das Testen mit sehr großen Mengen zu umgehen, kann auch die Skalierung getestet werden. Die Skalierung sollte linear sein, d.h., die Zeit sollte ungefähr linear mit der Datenmenge zunehmen. Eine schnellere, also quadratische oder sogar kubische, Zunahme muss vermieden werden.

Im Folgenden werden die Laufzeit und insbesondere die Skalierbarkeit einen großen Raum einnehmen. Zunächst wird anhand eines Beispiels verdeutlicht, was es bedeutet, wenn die Skalierbarkeit nicht erfüllt ist und die Laufzeiten quadratisch zunehmen. Danach wird erklärt, wie sich dieses Problem vermeiden lässt.

Die Abschnitte 6.5, 6.6 und 6.7 liefern die Beschreibung der Laufzeitabhängigkeit sämtlicher Zugriffsarten auf interne Tabellen. Beachten Sie dabei, dass diese Abschnitte zusammenfassende Tabellen enthalten, am Anfang des Abschnitts für die verschiedenen Operationsvarianten und am Ende für die Ergebnisse. Sie können sich damit schnell einen Überblick über die Ergebnisse verschaffen. Der letzte Abschnitt 6.8 zu den Laufzeiten rundet das Thema ab.

Bezüglich der Möglichkeit, Kopierkosten einzusparen, finden Sie im Abschnitt 6.9 einige Empfehlungen.

Die Sekundärschüssel auf internen Tabellen werden im Abschnitt 6.10 als Ausblick vorgestellt, da sie erst im SAP NetWeaver Release 7.0 EhP2 zur Verfügung stehen.

Die Performanceempfehlungen für interne Tabellen beziehen sich vor allem auf die Schnelligkeit der Operationen. Man redet auch von Skalierungsverhalten, was gleich noch deutlicher wird. Im Abschnitt 6.9 erfahren Sie dann, wie Sie die Kopierkosten beim Lesen von sehr breiten Tabellen verringern können.

6.4.1 Das Problem: Quadratische Laufzeiten

Stellen Sie sich vor, Ihr Programm bearbeitet Bestellungen unterschiedlicher Größe, d.h. mit N Positionen. Sie haben es getestet: Trotz seiner umfangreichen Funktionalität braucht es für eine Position, d.h. `N = 1`, gerade 1 Sekunde für die gesamte Verarbeitung.

Beim Überprüfen der Linearität haben Sie bei zehn Positionen 1,9 s und bei fünfzig Positionen 8,4 s gemessen. Damit waren Sie zufrieden, denn bei der Zunahme der Positionen von 10 auf 50 wurde das Programm nur um einen Faktor 4,4 langsamer. Auch die Kunden sind zufrieden. Jedoch nutzen die meisten das Programm mit weniger als 100 Positionen und nur ganz selten mit mehr als 100 Positionen.

Dann meldet sich ein Kunde bei Ihnen. Er plant, das Programm mit mehr als 1.000 und gelegentlich sogar mit 10.000 Positionen zu verwenden. Wenn das Programm für `N = 10.000` tausendmal so lange wie bei `N = 10` bräuchte, also 2.000 s oder sogar das Doppelte, also ungefähr eine Stunde, dann wäre er sehr zufrieden.

Er plant Tests bei `N = 100`, `1.000` und `10.000`. Während die 100 Positionen mit 21 s noch gut aussehen, ruft der Kunde Sie nach dem Test von `N = 1.000` empört an, da der Test keine 200 s, sondern 1.200 s gedauert hat. Zwei Tests bei `N = 10.000` wurden nach 5 Stunden erfolglos abgebrochen.

Was ist passiert? Folgende Tabelle fasst das Verhalten zusammen:

Anzahl Positionen	Laufzeit in s	Verhältnis zur Zeit bei 10	Laufzeit in s (Korrigiertes Programm)	Verhältnis zur Zeit bei 10	Verhältnis der Laufzeiten
1	1,0		1,0		1,0
10	1,9	1,0	1,8	1,0	1,1
50	8,4	4,4	5,4	3,0	1,6
100	21	11	9,8	5,4	2,1
1.000	1.290	679	90	50	14
10.000	120.888	63.631	888	493	136

Tab. 6–5
Beispiel für quadratisches Verhalten

Das Programm enthält eine oder mehrere Anweisungen mit einem quadratischen Laufzeitverhalten.

Bei kleinen Datenmengen wirkt sich dies nur minimal aus. Das Verhältnis der Zeiten bei 50 und 10 Positionen sowie bei 100 und 10 sieht nach einer linearen Zunahme aus, wie in der dritten Spalte zu sehen ist. Erst zwischen 100 und 1.000 beginnt der quadratische Anteil der dominierende zu werden. Oberhalb von 1.000 bestimmt er komplett die Laufzeit. Der Fall `N = 10.000` würde anstelle der veranschlagten 2.000 s ganze 120.000 s, also 33 Stunden, benötigen!

Ist das Problem erst erkannt, dann ist die Ursache meist schnell gefunden. Ohne den quadratischen Anteil hat das Programm Laufzeiten, die in der vierten Spalte wiedergegeben sind. In diesem Fall sind für 10.000 Positionen nicht einmal 2.000 s nötig, sondern nur 500 s.

Die Spalte fünf der Tabelle zeigt noch etwas Interessantes. Aufgrund des konstanten Anteils weist das korrigierte Programm zwischen 10 und 50 oder

10 und 100 keine lineare Zunahme auf, sondern eine weit geringere Zunahme. Die Tatsache, dass die Zunahme bei kleinen Datenmengen aufgrund des konstanten Anteils deutlich geringer als linear ausfällt, wird bei den meisten einfachen Linearitätschecks übersehen.

Die letzte Spalte macht deutlich, um welchen Faktor das fehlerhafte Programm länger dauert als die korrigierte Version. Das zeigt das folgende Bild noch eindrucksvoller.

Abb. 6–2 Laufzeiten der quadratischen und linearen Lösung

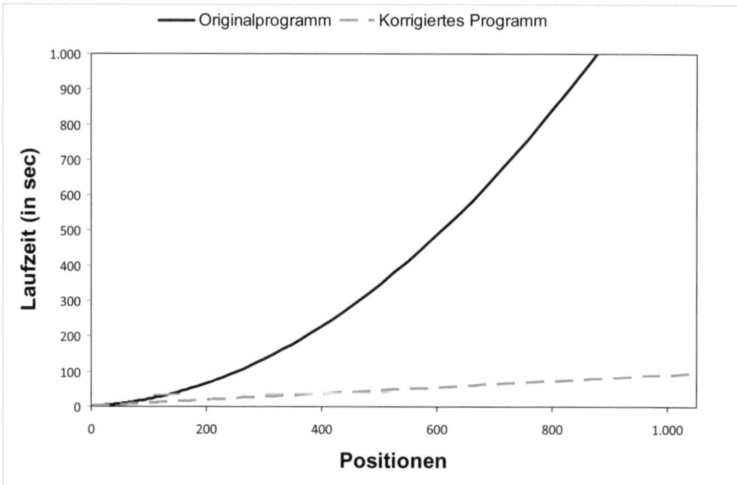

Das Beispiel und die Abbildung zeigen eindrucksvoll die Auswirkungen von quadratischen Laufzeiten bei großen Datenmengen. Ein solches Verhalten muss auf jeden Fall vermieden werden. Deshalb muss bei allen Anwendungen, die größere Objekte verarbeiten, die lineare Skalierung sichergestellt werden.

6.4.2 Was sind geschachtelte Operationen?

Viele Probleme mit quadratischen Laufzeiten lassen sich auf schlecht programmierte geschachtelte Schleifen (Nested Loops), oder allgemeiner, auf geschachtelte Operationen zurückführen. Empfehlungen, die dazu raten, geschachtelte Operationen einfach zu vermeiden, gehen an dem Problem vorbei. Meist ist es einfach erforderlich, zwei interne Tabellen miteinander abzugleichen. Mit etwas Verständnis der Problematik lässt sich diese Aufgabe jedoch sehr gut lösen.

Am häufigsten sind die geschachtelten Schleifen mit Lesezugriffen, also `READ`s und `LOOP`s. Diese gibt es in folgenden drei Formen:

- Es besteht eine 1:1-Beziehung zwischen den Sätzen der äußeren und der inneren Tabelle, die Sätze sind über eindeutige Schlüssel verbunden. Als innere Operation genügt eine Einzelsatzoperation, z.B. ein READ:

```
LOOP AT itab1 INTO wa1.
  READ TABLE itab2 INTO wa2
       WITH TABLE KEY k1 = wa1-k1 k2 = wa2-k2.
  ...
ENDLOOP.
```

- Es besteht eine 1:C-Beziehung zwischen den Sätzen der beiden Tabellen, z.B. eine hierarchische Beziehung zwischen Kopf- und Positionsdaten. Die Zahl C ist durch die Daten vorgegeben und hängt nicht von N ab. Die 1:C-Beziehung kann eine feste Beziehung sein oder nur im Mittel gelten. Es kann sogar sein, dass C in der Regel 1 ist, aber eben nicht immer. Die innere Operation muss mehrere Sätze bearbeiten können, was z.B. der LOOP mit WHERE-Bedingung kann:

```
LOOP AT itab1 INTO wa1.
  LOOP AT itab2 INTO wa2
       WHERE k1 = wa1-k1.
  ...
  ENDLOOP.
ENDLOOP.
```

- Schließlich kann es sein, dass gar keine Beziehung zwischen den Sätzen der beiden Tabellen existiert. Dann gibt es keine Bedingung auf die innere Tabelle und sie wird komplett bearbeitet. Die innere Operation könnte z.B. ein vollständiger LOOP sein:

```
LOOP AT itab1 INTO wa1.
  LOOP AT itab2 INTO wa2.
  ...
  ENDLOOP.
ENDLOOP.
```

Laufzeiten der geschachtelten Operationen

Die Gesamtlaufzeit bzw. das Skalierungsverhalten der geschachtelten Operationen folgt aus der Anzahl der Ausführungen der inneren Operation und der Dauer pro Ausführung. Die Anzahl ist durch die Größe der äußeren Tabelle N1 gegeben.

- Im ersten Fall, wenn nur ein Satz pro Zugriff betroffen ist, wird die Skalierung der inneren Operation durch die Schnelligkeit der Suche bestimmt. Diese kann ein schneller direkter Zugriff sein, eine binäre Suche oder ein langsames sequenzielles Lesen. Entsprechend ist die Laufzeit pro Zugriff konstant oder logarithmisch bzw. linear von N2 abhängig. Die Gesamtlaufzeit ergibt sich aus dem 1:1-Zusammenhang zwischen N1 und N2, also N1 = N2 = N, d.h.:

```
O(N)   oder   O(N*logN)   oder   O(N*N)
```

- Der zweite Fall erweist sich als sehr ähnlich. Hier sind wenige Sätze C betroffen, der Zugriff hängt von der Suchdauer nach den Sätzen ab. Es stehen die gleichen drei Möglichkeiten der Zugriffe wie im ersten Fall zur Verfügung. Die 1:C-Beziehung ergibt für N1 und N2 den Zusammenhang N2 = C*N1 = C*N, deshalb gilt:

```
O(N*C)  oder  O(N*log(N)+N*C)  oder  C(N*C*N)
```

- Der dritte Fall verhält sich anders. Die innere Operation bearbeitet die ganze Tabelle und skaliert deshalb immer mindestens mit N2, eventuell sogar mit N2*logN2. Andererseits gibt es keine Beziehung zwischen N1 und N2. Das führt zu:

```
O(N1*N2)   oder   O(N1*N2*logN2)
```

Die Aussagen gelten ebenso, falls die innere Operation eine andere Operation ist. Dies können APPEND, INSERT, DELETE, MODIFY und COLLECT auf einzelne, wenige oder viele Zeilen sein. Es können die Operationen auf die ganze Tabelle sein, wie SORT oder DELETE ADJACENT DUPLICATES und die Anweisungen zum Lesen und Füllen. Die Tabelle fasst die drei Möglichkeiten zusammen:

Tab. 6–6 *Skalierung von geschachtelten Operationen*

Anzahl Operationen	Sätze pro Operation	Skalierung pro Operation			Operationsart	Abschnitt
N	1	O(1)	O(logN)	O(N)	Einzelne Zeilen	6.5
N	C	O(C)	O(logN)	O(N)	Wenige Zeilen	6.6
N1	N2	O(N2)			Viele Zeilen	6.6, 6.7

Wie lässt sich eine quadratische Skalierung vermeiden?

Es ist möglich, in allen drei Fällen ein quadratisches Skalierungsverhalten zu vermeiden:

- Im ersten Fall muss darauf geachtet werden, dass die innere Operation keine lineare Laufzeit hat, also eine optimierte Suche nutzen kann: entweder eine binäre Suche oder einen direkten Zugriff. Im Abschnitt 6.5 wird das Skalierungsverhalten für alle Befehle auf einzelne Zeilen und alle Operationstypen vorgestellt.
- Im zweiten Fall verhält es sich ähnlich, auch hier muss als innere Operation eine optimierte Suche verwendet werden. Die Befehle mit WHERE-Bedingungen werden im Abschnitt 6.6 diskutiert.
- Im dritten Fall ist die Laufzeit der inneren Operation bereits immer linear, also O(N2). Hier ist es entscheidend, wie sich die Größen der

beiden Tabellen verhalten. Quadratisches Verhalten wird so lange vermieden, wie höchstens eine der beiden Tabellen groß wird, d.h., entweder ist `N1 = N` oder `N2 = N`, aber nicht beide zusammen.

Falls es nicht vermieden werden kann, dass beide Tabellen groß werden, dann muss das quadratische Verhalten akzeptiert werden. Es gibt durchaus Aufgaben, bei denen dies der Fall ist. Dann muss auch eine Beziehung zwischen den Sätzen der Tabellen bestehen:

- Es hat jeder Satz der Tabelle 1 mit jedem Satz der Tabelle 2 etwas zu tun und es gilt `N1 = N2 = N`.

Beispiele für quadratische Algorithmen sind Optimierungsaufgaben u.Ä.. Beachten Sie jedoch, dass normalerweise ein solches Problem nicht einfach in Ihrem ABAP-Alltag auftaucht, ohne dass Sie es vorher wüssten.

Sie sollten deshalb immer genau überprüfen, ob zwei vollständige Schleifen über große Tabellen wirklich notwendig sind. Vielleicht verbirgt sich doch irgendwo eine Bedingung zwischen den Sätzen, die nicht unbedingt so offensichtlich wie in folgendem Beispiel sein muss:

```
LOOP AT itab1 INTO wa1.
   LOOP AT itab2 INTO wa2.
      IF ( wa2-field1 = wa1-field1 ).
   ...
   ENDLOOP.
ENDLOOP.
```

Allgemeinere geschachtelte Operationen

Die geschachtelten Schleifen sind eine Möglichkeit, wie es zu vielen Ausführungen von Operationen auf interne Tabellen kommen kann, sie sind jedoch nicht die einzigen. Es gibt viele weitere Möglichkeiten.

Nicht immer liegt die äußere Schleife in unmittelbarer Nähe, sie kann mehrere Aufrufebenen darüber liegen. Es können mehrere Schleifen sein. Auch `DO`/`ENDDO`- oder `WHILE`-Schleifen sind möglich.

Es ist deshalb nicht sinnvoll, die Aussagen auf bestimmte Befehlskombinationen zu beschränken. Vielmehr geht es allgemein darum, dass jede Operation auf eine interne Tabelle, die groß werden kann, so programmiert sein muss, dass sie häufig ausgeführt werden kann.

> Um Performanceprobleme zu vermeiden, die bei großen internen Tabellen beachtlich werden können, sollten Sie bei Zugriffen auf interne Tabellen einige Punkte beachten. Die Operationen auf einzelne oder wenige Sätze sollten effizient sein, also schneller als linear. Trifft eine Operation die ganze Tabelle oder einen großen Teil davon, dann sollte diese Operation möglichst selten ausgeführt werden. In den nächsten drei Abschnitten erfahren Sie, wie sich die einzelnen Befehle bei den unterschiedlichen Operationstypen und den unterschiedlichen Tabellentypen verhalten.

6.5 Operationen auf Einzelzeilen

Dieser Abschnitt beginnt mit den Operationen auf einzelne Zeilen. Das sind die Kombinationen aus den Befehlen, d.h. READ, DELETE, MODIFY, APPEND, INSERT und COLLECT, mit den Operationstypen, Indexoperation, mit Workarea und mit Schlüssel:

Tab. 6–7
Mögliche Operationen auf Einzelzeilen

		Operationen auf Einzelzeilen
R	I	`READ TABLE itab INTO wa INDEX idx.`
R	W	`READ TABLE itab INTO wa FROM wa0.`
R	K	`READ TABLE itab INTO wa WITH [TABLE] KEY ….`
D	I	`DELETE itab INDEX idx.`
D	W	`DELETE TABLE itab FROM wa0.`
D	K	`DELETE TABLE itab WITH [TABLE] KEY ….`
M	I	`MODIFY itab INDEX idx [TRANSPORTING …].`
M	W	`MODIFY TABLE itab FROM wa0 [TRANSPORTING …].`
A	I	`APPEND wa0 TO itab.`
I	I	`INSERT wa0 INTO itab INDEX idx.`
I	W	`INSERT wa0 INTO TABLE itab.`
C	W	`COLLECT wa0 INTO itab.`

Es erweist sich als geschickter, die Anweisungsvarianten nicht gemäß den Befehlen zu diskutieren, sondern gemäß ihrem Operationstyp. Die Laufzeitabhängigkeit ist nicht so sehr von den Befehlen abhängig. Das ist nicht sonderlich überraschend, denn die unterschiedlichen Befehle basieren immer auf derselben Suche und die Suche bestimmt das Skalierungsverhalten. Ob an der gefundenen Stelle ein Satz gelesen, gelöscht, geändert oder ein neuer Satz eingefügt wird, wirkt sich nur in Zusatzkosten aus, die oft von der Größe der Tabelle unabhängig sind.

Dagegen hat der Operationstyp der Anweisung einen großen Einfluss auf die Laufzeit. Es macht einen großen Unterschied, ob mit Index oder mit einem Schlüssel gearbeitet wird. Die Unterabschnitte dieses Abschnitts sind deshalb:

- Indexoperationen auf Einzelzeilen (Typ I)
- Einzelsatzoperationen mit Workarea (Typ W)
- Operationen mit expliziter Schlüsselangabe (Typ K)
- Optimierung bei einer sortierten Standardtabelle (Typ B)
- Der COLLECT-Befehl

Es sind jeweils alle drei Tabellentypen zu diskutieren, und bei der Optimierung quasi noch ein vierter Tabellentyp, die sortierte Standardtabelle.

Hinweis zum Lesen: Sie können sich einen schnellen Überblick über den Abschnitt verschaffen, wenn Sie sich die Zusammenfassung (6.5.7) ansehen und darüber entscheiden, welche Teile Sie sich genauer ansehen wollen.

6.5.1 Indexoperationen auf Einzelzeilen

Die Indexanweisungen auf einzelne Sätze lauten:

```
READ TABLE itab INTO wa INDEX idx.

DELETE     itab         INDEX idx.

MODIFY     itab FROM wa INDEX idx.

APPEND wa  TO itab.

INSERT wa INTO itab INDEX idx.
```

Sie können nur auf Indextabellen, also Sortierte und Standardtabellen angewandt werden, Hash-Tabellen haben keinen Index.

Bei den Befehlen READ, DELETE, MODIFY und INSERT ist weiter nichts Besonderes zu beachten.

APPEND

Etwas überraschend ist vielleicht, dass der APPEND hier auftaucht, da die Anweisung doch gar keinen Index enthält. Der APPEND ist der einfachste Änderungsbefehl. Er ist bei Standard- und Sortierten Tabellen erlaubt und deshalb so einfach und schnell, weil er die neue Zeile am Tabellenende hinter der letzten gefüllten Zeile ablegt. Die Laufzeit hängt nicht von der Größe der internen Tabelle ab. Der APPEND ist nichts anderes als ein INSERT mit INDEX, wobei der Index um eins größer als der Index der letzten Zeile ist, also N+1.

Bei der Benutzung des APPEND-Befehls mit den verschiedenen Tabellentypen ist zu beachten:

- Der APPEND ist nur auf Standardtabellen uneingeschränkt zu empfehlen.
- Er ist auch bei der Sortierten Tabelle erlaubt, da er schneller ist als ein INSERT wa. Es muss jedoch sichergestellt sein, dass der neue Satz gemäß der Sortierreihenfolge an das Ende der Tabelle gehört, sonst folgt ein Abbruch. Bei einer Tabelle mit einem eindeutigen Tabellenschlüssel muss darüber hinaus sicher sein, dass dies nicht zu einem doppelten Schlüssel führt, sonst gibt es eine nicht behandelbare Ausnahme.

- Bei der Hash-Tabelle ist der APPEND als Indexoperation nicht möglich.
- Bei einer sortierten Standardtabelle sollte der APPEND vermieden werden, da er die Sortierung zerstören kann. Nutzen Sie stattdessen den optimierten INSERT, siehe Abschnitt 6.5.3, der die Sortierung aufrechterhält.

Bedeutung

Mit dem Index zu suchen, erweist sich als sehr effizient, jedoch ist der Index normalerweise nicht bekannt. Dennoch sollten Sie die Bedeutung dieses Typs nicht unterschätzen:

- Es gibt gelegentlich Tabellen, die so konstruiert sind, dass der Schlüssel und der Index identisch sind.
- Weit häufiger kommt der Fall vor, dass die Tabelle in einem LOOP verarbeitet wird, sodass der Index bereits bekannt ist. Dadurch können alle Anweisungen innerhalb des LOOP den Index nutzen.
- Indexanweisungen spielen insbesondere in Kombination mit dem READ BINARY SEARCH auf Standardtabellen eine wichtige Rolle. Dazu folgt später mehr.
- Und schließlich sollten Sie nicht vergessen, dass die binäre Suche den Index benötigt, um zu funktionieren.

Skalierungsverhalten

Indexanweisungen auf einzelne Sätze sind immer direkte Zugriffe und haben deshalb eine Laufzeit, die unabhängig von der Größe der Tabelle ist. Die beiden Indextabellen, Sortierte Tabelle und Standardtabelle, verhalten sich dabei gleich.

6.5.2 Einzelsatzoperationen mit der Workarea

Die Anweisungen, bei denen der ABAP-Interpreter die Workarea nutzt, um daraus den Schlüssel für die Suche zu entnehmen, lassen sich auch als Anweisungen mit implizitem Tabellenschlüssel bezeichnen:

```
READ TABLE itab INTO wa FROM wa0.

DELETE TABLE itab FROM wa0.

MODIFY TABLE itab FROM wa0 [TRANSPORTING ...].

INSERT wa0 INTO TABLE itab.

COLLECT wa0 TO itab.
```

Die Workarea wa0 soll andeuten, dass dieser Operationstyp meist in einer Schleife auftaucht und wa0 von der äußeren Tabelle stammt.

Bedeutung

Das Arbeiten mit der Workarea ist bequem, da Schreibarbeit und damit auch eine Fehlerquelle gespart werden kann.

Falls Sie den APPEND suchen: Der sieht nur so aus, als würde er in die Gruppe gehören, ist jedoch eine Indexanweisung.

Der COLLECT gehört zu dieser Gruppe, seine Diskussion folgt im Unterabschnitt 6.5.5.

Skalierungsverhalten

Da die Workarea den gesamten Satz enthält, steht bei diesen Anweisungen immer der ganze Schlüssel zur Verfügung. Dadurch lassen sich Anweisungen mit den Sortierten Tabellen und den Hash-Tabellen automatisch optimieren, um die bestmöglichen Zugriffszeiten zu erreichen.

Bei der Sortierten Tabelle ist damit immer eine binäre Suche und bei der Hash-Tabelle aufgrund der Vollständigkeit des Tabellenschlüssels immer ein direkter Zugriff möglich, dessen Laufzeit unabhängig von der Größe der Tabelle ist.

Bei Standardtabellen gibt es keine Optimierung, deshalb erfolgt bei der Standardtabelle fast immer ein sequenzieller Scan. Lediglich der INSERT mit Workarea in die Standardtabelle bildet eine Ausnahme. Da die Standardtabelle keine Sortierung besitzt, ist es egal, an welcher Stelle der neue Satz eingefügt wird. Folglich ist die einfachste Lösung die beste, und das ist der APPEND beziehungsweise der INSERT am Ende der Tabelle.

Die Optimierung der Standardtabelle durch den Zusatzbefehl BINARY SEARCH ist hier nicht erlaubt, sondern erst zusammen mit der expliziten Schlüsselangabe.

6.5.3 Operationen mit expliziter Schlüsselangabe

Dieser Anweisungstyp mit der expliziten Schlüsselangabe hat große Ähnlichkeit mit den gerade besprochenen Anweisungen mit Workarea.

```
READ TABLE itab INTO wa WITH [TABLE] KEY ….

DELETE TABLE itab WITH [TABLE] KEY ….
```

Diese Befehle sind dann sinnvoll, wenn nicht der gesamte Satz vorliegt, sondern nur Informationen über einzelne Feldwerte. Beim INSERT und MODIFY muss der Tabellenschlüssel komplett bekannt sein, deshalb gibt es diese Befehle nur in der Variante mit Workarea.

Sind alle Schlüsselfelder vorhanden, dann ist die Schreibweise TABLE KEY sinnvoll. Der Befehl verhält sich dann wie der entsprechende Befehl mit Workarea. In früheren Releases kann es sein, dass die automatische Optimierung des Zugriffs nur funktioniert, wenn der Zusatz TABLE auftaucht. Mittlerweile spielt jedoch nur die verfügbare Information eine Rolle.

Bedeutung

Dieser Typ ist insbesondere dann sinnvoll, wenn generische Bereiche anhand von führenden Teilschlüsseln des Tabellenschlüssels angesprochen werden sollen.

Dieser Anweisungstyp ist auch deshalb wichtig, weil hier der Zusatz `BINARY SEARCH` möglich ist. Mit dem Zusatz wird auf der Standardtabelle eine binäre Suche ausgeführt, die nur dann richtig funktionieren kann, wenn die Tabelle entsprechend sortiert ist. Genaueres finden Sie im Abschnitt 6.5.4.

Skalierungsverhalten

Liegt der komplette Tabellenschlüssel vor, dann skalieren diese Befehle bei der Sortierten Tabelle und der Hash-Tabelle wie die entsprechenden Befehle mit Workarea.

Bei der Hash-Tabelle führt jeder andere Zugriff, der nicht den kompletten Tabellenschlüssel enthält, zu einem sequenziellen Scan. Bei der Sortierten Tabellen kann jeder Zugriff, der mindestens das erste Feld des Tabellenschlüssels enthält, so weit optimiert werden, dass er den ersten Satz des generischen Bereichs mit einer binären Suche findet. Von diesem Satz scannt der Zugriff sequenziell bis zu dem ersten Satz, der alle Bedingungen erfüllt.

Bei der nicht sortierten Standardtabelle gibt es kein Ordnungskriterium. Insofern ist auch keine Optimierung möglich, die Tabelle muss immer sequenziell gelesen werden. Durch den nun erlaubten Zusatz `BINARY SEARCH` ist jedoch eine manuelle Optimierung möglich.

6.5.4 Optimierung bei einer sortierten Standardtabelle

Durch den Zusatz `BINARY SEARCH` kann mit dem `READ` eine binäre Suche auf der Standardtabelle erzwungen werden. Der Begriff »erzwungen« soll andeuten, dass die binäre Suche immer ausgeführt wird. Sie funktioniert jedoch nur dann richtig, wenn die Tabelle entsprechend sortiert ist.

```
SORT itab BY field1 field2.
...
READ TABLE itab INTO wa
      WITH KEY field1 = 'a' field2 = 'b'
      BINARY SEARCH.
```

Bei diesem Befehl gibt es einiges zu beachten:

- Die Verantwortung für die Sortierung liegt vollkommen bei Ihnen. Der Befehl überprüft die Sortierung nicht. Haben Sie das Sortieren vergessen, ist die Sortierung bereits wieder zerstört oder wurde in einer anderen Reihenfolge sortiert, dann liefert diese Anweisung keine zuverlässigen Ergebnisse. Die Suche bricht nicht ab, sondern arbeitet weiter. Problematisch wird dies insbesondere, wenn die

Tabelle nur geringfügig von der Sortierung abweicht, denn dann werden eventuell nur wenige Sätze nicht gefunden. Das Programm hat einen funktionalen Fehler, der nur schwer zu erkennen ist.

- Sie sollten nicht vergessen, dass das Sortieren eine teure Operation ist, wie Sie im Abschnitt 6.7.1 noch genauer sehen werden. Es ist nicht sinnvoll, direkt vor jeder `READ`-Anweisung auf Verdacht zu sortieren. Im Gegenteil: Der Gewinn pro `READ` ist so gering, dass einige Lesezugriffe nötig sind, um einmal Sortieren zu amortisieren. Genaueres erfahren Sie im Abschnitt 6.8.1.
- Der Zusatz `BINARY SEARCH` ist auch beim Lesen einer Sortierten Tabelle erlaubt. Er bleibt einfach ohne Effekt, da die Sortierte Tabelle ohnehin eine binäre Suche durchführt. Dies erleichtert den Umstieg von einer sortierten Standardtabelle zu einer Sortierten Tabelle, da eventuell nur die Definition, aber nicht der Quellcode angepasst werden muss.
- Der optimierte `READ`-Befehl kann genutzt werden, um auch andere Operationen auf der sortierten Standardtabelle zu optimieren.

```
READ TABLE itab
     TRANSPORTING NO FIELDS
     WITH KEY field1 = 'a' field2 = 'b'
     BINARY SEARCH.
```

  - Hier kann eine Lösch- oder eine Änderungsoperation mit `INDEX` folgen.

```
IF( sy-subrc = 0 ).
  idx = sy-tabix.
  DELETE/MODIFY itab INDEX idx.
ENDIF.
```

  - Auch ein `INSERT` mit `INDEX` ist möglich. Bei dem `INSERT` ist es unwichtig, ob ein Satz gefunden wurde oder nicht, da der Schlüssel der Standardtabelle nicht eindeutig ist. Die binäre Suche liefert als Index die Stelle, an welcher der neue Satz eingefügt werden muss. Der `INSERT` ist anstelle des `APPEND` notwendig, um die Sortierung aufrechtzuerhalten:

```
idx = sy-tabix.
INSERT wa0 INTO itab INDEX idx.
```

Bedeutung und Skalierung

Über diesen Umweg ist es möglich, auf einer sortierten Standardtabelle einen optimierten Zugriff zu realisieren. Der `READ BINARY SEARCH` ist eine der wichtigsten Operationen auf Standardtabellen. Mit seiner Hilfe ist es möglich, eine binäre Suche mit logarithmischem Skalierungsverhalten auf der Standardtabelle zu realisieren. Im nächsten Abschnitt wird dieser Befehl bei der Optimierung der Schleife mit Bedingung (`LOOP AT WHERE`) auf der Standardtabelle eine wichtige Rolle spielen.

6.5.5 Der COLLECT-Befehl

Auch der `COLLECT`-Befehl gehört zu den Operationen mit der Workarea. Meist taucht er innerhalb eines `LOOP` auf. Hier geht es zunächst nur um den Befehl auf einzelne Zeilen. Der `COLLECT` zusammen mit dem äußeren `LOOP` wird als Operation auf ganzen Tabellen im Abschnitt 6.7.5 noch einmal erwähnt:

```
LOOP AT itab0 INTO wa0.
  COLLECT wa0 TO itab.
ENDLOOP.
```

Seine Funktion setzt sich aus zwei Befehlen zusammen. Er sucht in der inneren Tabelle nach einem Satz mit Schlüsselwerten, die `wa0` entsprechenden. Ist bei einer Standardtabelle kein Tabellenschlüssel definiert, dann nimmt er den Default Key, d.h. alle Charakterfelder, als Schlüssel. Er führt ungefähr folgende Anweisungen aus:

```
READ TABLE itab INTO WA
     FROM wa0.
idx = sy-tabix.
IF ( sy-subrc <> 0 ).
   INSERT wa0 INTO itab INDEX idx.
ELSE.
  wa0-field_n1 = wa0-field_n1 + wa-field_n1.
  ...
  MODIFY itab FROM wa0 INDEX idx.
ENDIF.
```

Falls er keinen Satz findet, dann fügt er einen neuen Satz ein. Befindet sich ein Satz mit diesen Schlüsselwerten jedoch schon in der Tabelle, so erfolgt ein `MODIFY`. Bei dem `MODIFY` werden die Werte aller numerischen Felder des neuen Satzes und des bereits vorhandenen Satzes zusammengezählt. Dieser Teil ist in der expliziten Programmierung etwas umständlich, da für alle Felder Prüfungen des Typs nötig wären, deshalb ist dies im Pseudocode nur angedeutet.

Bedeutung

Der `COLLECT`-Befehl eignet sich sehr gut, um Summen über Tabellensätze zu bilden, was sonst relativ kompliziert zu programmieren wäre.

Skalierung des COLLECT-Befehls

Die Laufzeitabhängigkeit des `COLLECT` wird durch die Laufzeitabhängigkeit des Lesebefehls dominiert. Bei der Sortierten Tabelle ist eine logarithmische und bei der Hash-Tabelle eine konstante Abhängigkeit möglich.

Bei der Standardtabelle wäre die Laufzeit des `COLLECT`-Befehls eigentlich linear pro Zeile. Bei der Bearbeitung einer ganzen Tabelle würde dies zu einer quadratischen Laufzeit führen. Da dies nicht akzeptabel ist, führt der ABAP-Interpreter einen temporären Hash-

Index auf der Standardtabelle ein, sodass die Gesamtoperation eine lineare Abhängigkeit bekommt.

Beachten Sie jedoch, dass es auf Standardtabellen einige Operationen gibt, die durch den Hash-Index verlangsamt oder unmöglich würden, zum Beispiel das Sortieren und das Ändern. Wenn eine solche Operation auftritt, geht der ABAP-Interpreter davon aus, dass der COLLECT beendet ist und der Hash-Index nicht mehr gebraucht wird, und gibt den temporären Hash-Index auf. Sollte der COLLECT dann doch weiter benutzt werden, so hat dies eine lineare Laufzeit pro Satz und eine quadratische Laufzeit für die verbleibenden Sätze zur Folge.

Natürlich ist ein stabiler Hash-Index die Lösung für das Problem. Diese Lösung kann jedoch nicht implizit erfolgen, Sie müssen diese Entscheidung treffen und den COLLECT mit einer Hash-Tabelle anstelle einer Standardtabelle nutzen.

Der COLLECT-Befehl mit einer Standardtabelle ist deshalb eine obsolete Anweisung. Da der COLLECT eine neue Tabelle aufbaut, sind Sie relativ frei in der Wahl des Typs. Die Wahl einer Hash-Tabelle ist deshalb keine Einschränkung.

6.5.6 Beispiele

Zu den wichtigsten Fällen gibt es Beispiele in dem Beispielprogramm, das Sie auf der zum Buch gehörenden Webseite (siehe Anhang A.3) finden. Insbesondere das Beispiel für den Lesezugriff READ sollten Sie sich ansehen.

Beispiel

Die Leseoperation READ ist in vier Varianten enthalten:

- READ auf Standardtabelle
- READ auf Hash-Tabelle
- READ auf Sortierte Tabelle
- READ mit BINARY SEARCH auf Standardtabelle

Die erste Variante ist natürlich das Standardbeispiel für ein lineares Verhalten. Sie zeigt, wie schlecht die Aufgabe gelöst werden kann. Die anderen drei sind alle akzeptabel.

Natürlich zeigt die Hash-Tabelle das beste Laufzeitverhalten, das spielt aber nur bei wirklich großen Tabellen eine Rolle. Außerdem kommt die Hash-Tabelle nicht infrage, wenn für die innere Tabelle kein eindeutiger Schlüssel definiert werden kann, weil doppelte Schlüsselwerte nicht prinzipiell ausgeschlossen sind.

Auch der Unterschied zwischen der Sortierten Tabelle und der mithilfe von BINARY SEARCH optimierten sortierten Standardtabelle spielt keine nennenswerte Rolle.

Es gibt noch viele weitere Beispiele in dem Programm.

6.5.7 Ergebnisse: Operationen auf Einzelsätze

Die Tabelle fasst das Skalierungsverhalten der Laufzeiten in Abhängigkeit von der Tabellengröße N zusammen. Die verschiedenen Zugriffsarten sind zu Gruppen zusammengestellt und es werden jeweils die Ergebnisse für die einzelnen Tabellenarten angegeben. Mit Absicht stehen die empfehlenswerten Tabellentypen, Hash-Tabelle und Sortierte Tabelle, vorn und die Standardtabelle am Schluss. Falls das Skalierungsverhalten unterschiedlich ausfallen kann, zeigt die Tabelle den besten Fall und in den Anmerkungen finden Sie die Bedingungen, die erfüllt sein müssen.

Sortiert nach Operationstyp zeigen sich die unterschiedlichen Skalierungen bei den drei verschiedenen Tabellentypen. Beachten Sie dabei folgende wichtige Anmerkungen:

Tab. 6–8
Skalierung der Einzelsatzoperationen

		Operationen auf einzelne Zeilen	Hash-Tabelle	Sortierte Tabelle	Standard-tabelle
R	I	READ TABLE itab INTO wa INDEX idx.	–	O(1)	O(1)
D	I	DELETE itab INDEX idx.	–	O(1)	O(1)
M	I	MODIFY itab INDEX idx [TRANSPORTING ...].	–	O(1)	O(1)
A	I	APPEND wa0 TO itab.	–	O(1)	O(1)
I	I	INSERT wa0 INTO itab INDEX idx.	–	O(1)	O(1)
R	W	READ TABLE itab INTO wa FROM wa0.	O(1)	O(logN)	**O(N)**
D	W	DELETE TABLE itab FROM wa0.	O(1)	O(logN)	**O(N)**
M	W	MODIFY TABLE itab FROM wa0 [TRANSPORTING ...].	O(1)	O(logN)	**O(N)**
I	W	INSERT wa0 INTO TABLE itab.	O(1)	O(logN)	O(1)
C	W	COLLECT wa0 INTO itab.	O(1)	O(logN)	O(1)
R	K	READ TABLE itab INTO wa WITH [TABLE] KEY	O(1)	O(logN)	**O(N)**
D	K	DELETE TABLE itab WITH [TABLE] KEY	O(1)	O(logN)	**O(N)**

Drei Fälle in der Tabelle sind auf den ersten Blick etwas überraschend: Der APPEND ist eine Indexoperation (Typ I), obwohl er keinen Index enthält. Der INSERT mit Workarea in eine Standardtabelle ist eigentlich ein INSERT mit INDEX N+1, da er kein Ordnungskriterium erfüllen muss. Der COLLECT nutzt bei der Standardtabelle einen impliziten Hash-Index und kann damit ein O(1) erreichen.

Die **Indexoperationen** sind am schnellsten, bei der Hash-Tabelle jedoch nicht möglich. Ihre Nutzbarkeit ist etwas eingeschränkt, da der Index meist erst nach einer anderen Operation bekannt ist.

Die **Hash-Tabelle** ermöglicht direkte Zugriffe, falls der vollständige Tabellenschlüssel bekannt ist. Die Laufzeit ist nicht von N abhängig, d.h. O(1). Fehlt jedoch ein Feld des Tabellenschlüssels, ist die Laufzeit von der Ordnung O(N).

Die **Sortierte Tabelle** ermöglicht eine binäre Suche, falls der Tabellenschlüssel oder ein führender Teil davon bekannt ist. Dies führt zu einer logarithmischen Abhängigkeit von N, d.h. O(logN). Fehlt jedoch das erste Schlüsselfeld, dann ist die Abhängigkeit O(N). Gibt es noch weitere Bedingungen mit Nichtschlüsselfeldern, dann muss von dem durch binäre Suche bestimmten Startpunkt sequenziell gelesen werden, bis ein Satz alle Bedingungen erfüllt.

Bei der **Standardtabelle** ist keine Optimierung möglich, die Laufzeit ist, bis auf die Indexoperationen, proportional zur Tabellengröße, d.h. O(N). Nach dem Sortieren der Standardtabelle ist eine manuelle Optimierung möglich.

Alle Operationen mit linearer Abhängigkeit sollten bei großen Tabellen nicht häufig ausgeführt werden. Deshalb überprüft der Code Inspector die entsprechenden Befehle.

Da die Standardtabelle immer noch sehr häufig genutzt wird, ist die Optimierungsmöglichkeit mithilfe des BINARY SEARCH sehr wichtig.

Tab. 6–9 Optimierung bei der sortieren Standardtabelle

		Operationen mit BINARY SEARCH (RBS)	Standardtabelle (sortiert)
R	B	READ … BINARY SEARCH.	O(logN)
D	B	RBS + DELETE … INDEX ….	O(logN)+O(1)
M	B	RBS + MODIFY … INDEX ….	O(logN)+O(1)
I	B	RBS + INSERT … INDEX ….	O(logN)+O(1)

Auch bei der Standardtabelle ist eine logarithmische Abhängigkeit erreichbar, wenn folgende vier Punkte umgesetzt werden: (1) Die Tabelle muss entsprechend der in der Suche verwendeten Felder aufsteigend sortiert sein. (2) Die Anweisung READ BINARY SEARCH wird ohne weiteren Test der Sortierung ausgeführt. Ist die Tabelle nicht sortiert, dann werden nicht alle Sätze korrekt gefunden. (3) Da Sortieren teuer ist, sollte die Tabelle möglichst nur einmal sortiert werden. (4) Um die Sortierung aufrechtzuerhalten, sollte danach kein APPEND mehr verwendet werden, sondern ein optimierter INSERT.

6.6 Operationen auf mehrere Zeilen

In diesem Abschnitt sind die Operationen zusammengefasst, die durch Angabe einer WHERE-Bedingung oder eines Indexintervalls mehrere Tabellenzeilen bearbeiten können. Von den Operationen können wenige Sätze betroffen sein oder aber sehr viele, was einen entscheidenden Einfluss auf das Laufzeitverhalten hat. Es handelt sich um folgende Befehle:

Tab. 6–10
Mögliche Operationen auf mehrere Zeilen

	Typ	Operationen auf mehrere Zeilen einer Tabelle
L	J, Wh,V	`LOOP AT itab INTO wa [FROM idx1][TO idx2][WHERE ...].`
D	J, Wh	`DELETE itab [FROM idx1][TO idx2][WHERE ...].`
M	Wh	`MODIFY itab FROM wa0 TRANSPORTING ... WHERE ....`
A	J,V	`APPEND LINES OF jtab [FROM jdx1][TO jdx2] TO itab`
I	J,V	`INSERT LINES OF jtab [FROM jdx1][TO jdx2] INTO itab INDEX idx.`
I	T,V	`INSERT LINES OF jtab [FROM jdx1][TO jdx2] INTO TABLE itab.`

Die Optionen in eckigen Klammern können weitgehend beliebig kombiniert werden, deshalb gibt es hier einige Fälle zu unterscheiden.

Bei den Befehlen APPEND und INSERT sind zwei Tabellen beteiligt, deshalb können zwei Abhängigkeiten von jtab und itab auftreten.

Folgende Einteilung nach Operationstypen ist sinnvoll:

- Operationen mit WHERE-Bedingung (Typ Wh): Diese betreffen meist wenige Sätze der Tabelle, sodass unterschiedlich schnelle Suchen möglich sind. Es gibt viele Ähnlichkeiten zu den Einzelsatzoperationen mit expliziter Schlüsselangabe, siehe Abschnitt 6.5.3.
- Optimierung bei der sortierten Standardtabelle (Typ Wh): Wie bei den Einzelsatzoperationen lässt sich auch für die Standardtabelle ein optimierter Zugriff durch die Nutzung des BINARY SEARCH erreichen.
- Operationen mit Indexintervallen (Typ J, T): Diese Operationen kommen relativ selten vor. Es können sowohl wenige Sätze sehr schnell bearbeitet werden als auch große Teile der Tabelle.
- Operationen mit der ganzen Tabelle (Typ V): Am Ende folgen noch die Befehle ganz ohne Bedingungen, bei denen die ganze Tabelle bearbeitet wird.

Hinweis zum Lesen: Auch hier können Sie sich das Wichtigste aus dem Ergebnisabschnitt (6.6.5) herausnehmen und dann die für Sie interessanten Details nachlesen.

6.6.1 Operationen mit WHERE-Bedingung

Die Befehle mit der WHERE-Bedingung sind sehr wichtig, da bei ihnen alle Skalierungsverhalten möglich sind. Hier muss noch sorgfältiger beachtet werden, welche Form gewählt wird. Drei Befehle sind möglich:

```
LOOP AT itab INTO wa WHERE ….

DELETE  itab         WHERE ….

MODIFY  itab FROM wa0 TRANSPORTING  … WHERE ….
```

Anmerkungen:

- Die WHERE-Klausel kann ähnlich aufgebaut sein wie die WHERE-Klausel einer SELECT-Anweisung, siehe Abschnitt 4.2.2. Es sind nicht nur Gleichheitsbedingungen, sondern auch andere Operatoren und OR-Verknüpfungen erlaubt. Komplexe WHERE-Klauseln sind jedoch bei internen Tabellen eher die Ausnahme.

```
LOOP AT itab INTO wa
     WHERE f1 = a AND f2 = b
     AND   f3 = c AND ( f4 = '0' OR f4 > '5' ).
```

- Der MODIFY ändert alle Zeilen, welche die WHERE-Bedingung erfüllen. Der MODIFY-Befehl darf keine Schlüsselwerte des Hash- und Sortierten Schlüssels ändern. Das gilt auch für die Schlüsselwerte eines aktiven Sekundärschlüssels. Deshalb benötigt er immer den Zusatz TRANSPORTING, dem ein oder mehrere Nichtschlüsselfelder folgen. Die WHERE-Bedingung folgt am Ende der Anweisung.
- Die Operationen sind mit allen Tabellentypen möglich.

Operationen mit WHERE-Bedingung	Jtab	Itab
LOOP/DELETE/MODIFY	n. a.	Alle Typen

- Damit die automatische Optimierung bei der Sortierten Tabelle oder der Hash-Tabelle funktioniert, darf die WHERE-Klausel ausschließlich Gleichheitsbedingungen und AND-Verknüpfungen enthalten. Bei den Schlüsselfeldern können nur Gleichheitsbedingungen und die AND-Verknüpfungen optimiert werden. Die automatische Optimierung fordert dies aber auch von den Nichtschlüsselfeldern. Sind andere Operatoren oder OR-Verknüpfungen enthalten, dann ist die automa- *Skalierungsverhalten* tische Optimierung nicht möglich, aber eventuell eine manuelle Optimierung über die sortierte Standardtabelle, siehe 6.6.2.

- Bei der **Hash-Tabelle** muss die WHERE-Klausel Gleichheitsbedingungen für alle Felder des Tabellenschlüssels enthalten. Diese müssen mit AND verknüpft sein. Nur dann ist eine Optimierung möglich. Das bedeutet gleichzeitig, dass wegen der Eindeutigkeit höchstens ein Satz die WHERE-Bedingung erfüllen kann. Der optimierte Zugriff ist also ein Einzelsatzzugriff und entspricht einem READ.

```
WHERE k1 = a AND k2 = b AND f3 = c.
```

- Bei der **Sortierten Tabelle** muss mindestens eine Gleichheitsbedingung für das erste Feld des Tabellenschlüssels vorliegen. Gibt es weitere Bedingungen, dann dürfen diese nur durch AND verbunden sein.

```
WHERE k1 = a AND f3 = c.
```

- Bei der **Standardtabelle** führt die WHERE-Bedingung zu einem sequenziellen Scan, der die gesamte Tabelle von oben nach unten durchsucht. Die Laufzeit des Befehls ist proportional zur Größe N der Tabelle. Dieses Problem wird sehr häufig übersehen und ist die Ursache von vielen Performanceproblemen. Dabei ist auch hier eine Optimierung leicht möglich, wie der nächste Abschnitt zeigen wird. Die Optimierung funktioniert auch bei allgemeineren WHERE-Bedingungen.

```
WHERE f1 = a AND f2 = b
AND   f3 = c AND ( f4 = '0' OR f4 > '5' ).
```

6.6.2 Optimierung bei der sortierten Standardtabelle

Basierend auf der Optimierung der Bearbeitung von Standardtabellen mit dem READ BINARY SEARCH können auch die Operationen mit WHERE-Bedingungen bei der Standardtabelle optimiert werden.

Bedeutung

Diese Methode ist anscheinend nicht sehr bekannt, da sie viel zu selten genutzt wird. Das mag auch daran liegen, dass sie etwas kompliziert ist und deshalb gelegentlich fehlerhaft ohne den gewünschten Effekt vorkommt.

Sie funktioniert nur, wenn die WHERE-Klausel mindestens eine Gleichheitsbedingung mit einem Feld enthält. Der allgemeinere Fall, dass die WHERE-Klausel zusätzliche Bedingungen mit anderen Operatoren enthält, wird unten beschrieben. Zunächst lautet die WHERE-Bedingung:

```
WHERE f1 = a AND f2 = b.
```

Hier können die Bedingungen für `field1` and `field2` für die Optimierung genutzt werden:

```
SORT itab BY f1 f2.
...
READ  TABLE itab TRANSPORTING NO FIELDS
      WITH KEY f1 = a f2 = b
      BINARY SEARCH.
IF ( sy-subrc = 0 ).
  idx = sy-tabix.
  LOOP AT itab INTO wa FROM INDEX idx.
    IF NOT ( f1 = a AND f2 = b ).
EXIT.
    ELSE.
             /* siehe unten
    ENDIF.
  ENDLOOP.
ENDIF.
```

Nur alle vier Schritte zusammen ergeben einen optimierten Zugriff:

1. Die Tabelle muss entsprechend den Suchfeldern sortiert sein, d.h. in dem Beispiel nach `field1` und `field2`, und zwar aufsteigend.
2. Der `READ BINARY SEARCH` kann diese Felder nutzen und findet effizient den ersten Satz der Bedingung. Dabei ist es wichtig, dass die binäre Suche in ABAP den ersten Satz in Sortierreihenfolge bzw. den Satz mit dem kleinsten Index liefert.
3. Die Schleifenverarbeitung kann von diesem Index starten. Der Schleifendurchlauf würde jedoch bis zum Ende der Tabelle gehen.
4. Um die Schleife früher zu verlassen, ist eine `EXIT`- oder eine `CHECK`-Bedingung nötig, nämlich ob die Bedingungen der Suche noch erfüllt sind.

Die automatische Optimierung bei der Sortierten Tabelle ist nichts anderes als die Ausführung dieser vier Schritte.

Weitere Befehle: `DELETE`, `INSERT`, `MODIFY`

Weitere Befehle lassen sich nach einer Indexbestimmung `idx = sy-tabix` im `ELSE`-Zweig, siehe oben, unterbringen:

```
DELETE itab                 INDEX idx.

MODIFY itab FROM wa0        INDEX idx.

INSERT wa0 INTO TABLE itab INDEX idx.
```

Der `DELETE`-Befehl ließe sich wohl auch direkt anstelle des `LOOP` verwenden, der Laufzeitunterschied wäre jedoch marginal.

Allgemeine `WHERE`*-Klausel*

Die `WHERE`-Klausel muss nicht nur aus Gleichheitsbedingungen bestehen, sondern kann eine komplizierte Form haben. Für den `BINARY SEARCH` können nur die Gleichheitsbedingungen für `field1` and `field2` genutzt werden. Es ist wichtig, dass die weiteren Bedingungen als zusätzliche Abfrage in den LOOP wandern und nicht in der WHERE-Klausel bleiben, sonst wird die CHECK- oder EXIT-Bedingung nie erreicht:

```
LOOP AT itab INTO wa FROM INDEX idx.
  CHECK ( f1 = a AND f2 = b ).
  IF ( f3 = c AND ( f4 = '0' OR f4 > '5' ) ).
          /* Erfolg !!!
  ENDIF.
```

Skalierungsverhalten

Wenn die Methode richtig eingesetzt wird, ist damit bei sortierten Standardtabellen ein logarithmisches Skalierungsverhalten möglich, d.h. O(logN). Der Geschwindigkeitsgewinn hängt natürlich davon ab, wie selektiv die Bedingungen für die binäre Suche sind.

6.6.3 Operationen mit beiden Indexintervallen

Ohne die WHERE-Bedingung sind reine Indexbedingungen möglich:

```
LOOP AT itab INTO wa FROM idx1 TO idx2.

DELETE  itab         FROM idx1 TO idx2.

APPEND LINES OF jtab FROM jdx1 TO jdx2
       TO itab.

INSERT LINES OF jtab FROM jdx1 TO jdx2
       INTO itab INDEX idx.

INSERT LINES OF jtab FROM jdx1 TO jdx2
       INTO TABLE itab.
```

Das Vorkommen dieser Operationen fasst die Tabelle zusammen:

Operationen mit zwei Indexgrenzen	Jtab	Itab
LOOP/DELETE	n. a.	Indextabellen
APPEND/INSERT	Indextabellen	Indextabellen
INSERT INTO TABLE	Indextabellen	Alle Typen

Bedeutung

Die Einfügeoperationen mit Index, APPEND und INSERT, funktionieren bei der Sortierten Tabelle nur, wenn nicht gegen die Sortierreihenfolge und die möglicherweise geltende Eindeutigkeit des Tabellenschlüssels verstoßen wird. Ansonsten führen die Operationen zu einem Abbruch.

Der optimierte Einfügebefehl INSERT INTO TABLE ist besser für eine Anwendung auf der Sortierten Tabelle geeignet.

Operationen mit halben Indexintervallen

Die Indexoperationen können sehr viele Sätze betreffen, falls nur eine Indexgrenze genutzt wird. Als Anweisungsbeispiel soll der LOOP genügen:

```
LOOP AT itab INTO wa FROM idx1.

LOOP AT itab INTO wa TO idx2.
```

Das Bearbeiten ab einem bestimmten Index bis zum Tabellenende oder vom Tabellenanfang bis zu einem bestimmten Index betrifft einen Bruchteil der Tabelle und nicht eine feste Zahl von Sätzen, deshalb ändert sich die Abhängigkeit von `Ci` oder `Cj` in `Ni` bzw. `Nj`.

Operationen mit Index und `WHERE` kombiniert

Falls die `WHERE`-Bedingung und die Indexbedingung gemeinsam vorkommen, was beim `LOOP` und `DELETE` möglich ist, können die Bedingungen unabhängig voneinander ausgewertet werden:

- Da nur Indextabellen erlaubt sind, kommt lediglich bei einer Sortierten Tabelle eine automatische Optimierung infrage. Die Indexbedingungen sind dann möglicherweise zusätzliche Einschränkungen.
- Bei der Standardtabelle ist keine Optimierung der `WHERE`-Bedingung möglich, deshalb wird das Indexintervall durchlaufen und die `WHERE`-Bedingung stellt eine zusätzliche Einschränkung dar.

Skalierungsverhalten

Die Skalierung ist unabhängig von der Tabellengröße, wenn beide Bedingungen `FROM` und `TO` genutzt werden, sodass eine feste Zahl `C` von Sätzen betroffen ist.

- Bei dem `LOOP` und dem `DELETE` gibt es eine Abhängigkeit von der Tabelle `itab`, also `O(Ci)`.
- Bei den beiden Indexbefehlen `APPEND` und `INSERT INDEX` ist es ähnlich, es gibt es ein lineare Abhängigkeit von der Tabelle `jtab`, also `O(Cj)`.
- Lediglich bei `INSERT INTO TABLE` ist es etwas komplizierter. Dabei müssen die `Cj` Sätze der Tabelle `jtab` optimiert in die Tabelle `itab` eingefügt werden. Es entspricht semantisch der `Cj`-fachen Ausführung des Einzelsatzbefehls `INSERT` mit Workarea. Dieser berücksichtigt und nutzt bei der Sortierten Tabelle die Reihenfolge, bei der Standardtabelle jedoch nicht.

6.6.4 Operationen auf alle Zeilen

Entfallen die Bedingungen ganz, dann kann die ganze Tabelle von der Operation betroffen sein:

```
LOOP AT itab INTO wa.

APPEND LINES OF jtab TO itab.

INSERT LINES OF jtab INTO itab INDEX idx.

INSERT LINES OF jtab INTO TABLE itab.
```

Beachten Sie bitte, dass der DELETE und der MODIFY nicht ohne Bedingung vorkommen können. Sie würden als Operation auf die ganze Tabelle auch keinen Sinn ergeben, während dies bei den obigen Befehlen sehr wohl sinnvoll ist. Außerdem hätten diese beiden Befehle die Form der Einzelsatzoperationen mit der impliziten Verwendung der HEADER LINE, die nicht mehr verwendet werden sollen.

```
DELETE/MODIFY itab.   (obsolet)
```

Das Vorkommen dieser Operationen fasst die Tabelle zusammen:

Operationen mit zwei Indexgrenzen	Jtab	Itab
LOOP	n. a.	Alle Typen
APPEND/INSERT	Alle Typen	Indextabellen
INSERT INTO TABLE	Alle Typen	Alle Typen

Bedeutung

Der vollständige LOOP ist eine der wichtigsten Operationen auf internen Tabellen, die anderen Befehle ohne Bedingungen kommen gelegentlich vor. Der vollständige LOOP taucht bei den geschachtelten Schleifen als äußere Schleife auf.

Skalierung

Das Skalierungsverhalten der vollständigen Bearbeitung ist einfach. Es muss jeder Satz bearbeitet werden, deshalb wächst die Laufzeit linear mit der Größe der Tabelle itab oder jtab, also O(Ni) oder O(Nj).

6.6.5 Ergebnisse: Operationen auf mehrere Zeilen

Für die Operationen mit WHERE-Bedingung, die nur wenige Tabellenzeilen C bearbeiten, sehen die Ergebnisse folgendermaßen aus:

Tab. 6–11 *Skalierung der Operationen mit WHERE-Bedingung*

		Operationen mit WHERE-Bedingung	Hash-Tabelle	Sortierte Tabelle	Standardtabelle
L	Wh	LOOP AT itab WHERE	O(C)	O(logN)+O(C)	**O(N)**
D	Wh	DELETE itab WHERE	O(C)	O(logN)+O(C)	**O(N)**
M	Wh	MODIFY itab WHERE	O(C)	O(logN)+O(C)	**O(N)**

Bei den Operationen mit der WHERE-Bedingung können alle drei möglichen Laufzeitverhalten auftreten.

Bei der Hash-Tabelle und der Sortierten Tabelle sind automatisch optimierte Zugriffe möglich, falls die WHERE-Klausel nur mit AND-verknüpfte Gleichheitsbedingungen für Schlüssel- und Nichtschlüsselfelder enthält. Bei der Hash-Tabelle muss es zu jedem Feld des Tabellenschlüssels eine Bedingung geben. Bei der Sortierten Tabelle genügt es, wenn nur für führende Felder des Tabellenschlüssels WHERE-Bedingungen vorkommen.

Ist dies nicht der Fall, dann ist die Laufzeitabhängigkeit natürlich linear. Ebenfalls linear ist die Abhängigkeit bei allen Zugriffen auf die Standardtabelle. Eine manuelle Optimierung ist bei der sortierten Standardtabelle – wie schon im letzten Abschnitt – möglich.

Für die Standardtabelle lässt sich eine Optimierung durchführen, sodass die Operation mit WHERE-Bedingung ebenfalls schneller als linear skaliert:

		Optimierung mit READ BINARY SEARCH + LOOP + EXIT	Standardtabelle (sortiert)
L	B	LOOP/DELETE/MODIFY/INSERT WHERE	O(logN)+O(C)

Tab. 6–12
Optimierung bei der sortierten Standardtabelle

Es besteht die Möglichkeit, den LOOP mit einer WHERE-Bedingung auf eine Standardtabelle zu optimieren. Ist die Tabelle geeignet sortiert, kann mithilfe des READ BINARY SEARCH der Startindex für einen LOOP bestimmt werden. Mit einer EXIT-Bedingung muss die Schleife verlassen werden, sobald die WHERE-Bedingung nicht mehr erfüllt ist.

Mit dem LOOP können auch andere Befehle wie DELETE, MODIFY oder INSERT optimiert werden. Enthält die WHERE-Klausel noch weitere Bedingungen, dann müssen auch diese berücksichtigt werden.

Für die Operationen mit Indexintervall, die ebenfalls wenige Tabellenzeilen ansprechen, sehen die Ergebnisse folgendermaßen aus:

Tab. 6–13
Skalierung der Operationen mit Indexintervall

		Operationen mit Indexintervall	Hash-Tabelle	Sortierte Tabelle	Standardtabelle
L	J	`LOOP AT itab INTO wa FROM idx1 TO idx2.`	-	O(Ci)	O(Ci)
D	J	`DELETE itab FROM idx1 TO idx2.`	-	O(Ci)	O(Ci)
A	J	`APPEND LINES OF jtab FROM jdx1 TO jdx2 TO itab.`	-	O(Cj)	O(Cj)
I	J	`INSERT LINES OF jtab FROM jdx1 TO jdx2 INTO itab INDEX idx.`	-	O(Cj)	O(Cj)
I	T	`INSERT LINES OF jtab FROM jdx1 TO jdx2 INTO TABLE itab.`	O(Cj)	O(Cj*logNi)	O(Cj)

Bei den Operationen mit Indexintervall sind direkte Zugriffe möglich. Der Fall, dass beide Intervallgrenzen bekannt sind, ist jedoch recht selten.

Häufiger treten die Operationen mit einer Intervallgrenze auf. Diese bedeuten jedoch, dass ein Bruchteil der Tabelle bearbeitet wird, d.h., `C` ist keine feste Zahl, sondern von `N` abhängig, die Operation skaliert mit `O(N)`.

Index- und `WHERE`-Bedingung können voneinander unabhängig ausgewertet werden.

Die Operationen ohne Bedingungen bearbeiten alle Tabellenzeilen:

Tab. 6–14
Skalierung der Operationen auf alle Zeilen

		Operationen auf alle Tabellenzeilen	Hash-Tabelle	Sortierte Tabelle	Standardtabelle
L	V	`LOOP AT itab INTO wa.`		O(Ni)	
A	V	`APPEND LINES OF jtab TO itab.`		O(Nj)	
I	V	`INSERT LINES OF jtab INTO itab INDEX idx.`		O(Nj)	
I	V T	`INSERT LINES OF jtab INTO TABLE itab.`	O(Nj)	O(Nj*logNi)	O(Nj)

Falls alle Bedingungen wegfallen und alle Zeilen der Tabellen bearbeitet werden, hängt die Laufzeit natürlich von der Zahl `N` der Tabellenzeilen ab.

6.7 Operationen auf ganze Tabellen

Neben den Operationen auf Zeilen von Tabellen gibt es Befehle, die die gesamte Tabelle bearbeiten. Auch deren Skalierungsverhalten interessiert hier. Dies sind folgende Operationen:

Tab. 6–15
Operationen auf ganze Tabellen

	Operation auf die ganze Tabelle	Befehl
ST	Sortieren einer Tabelle	`SORT itab ...`
FT	Initiales Füllen	`SELECT * INTO TABLE itab ...`
MT	Kopieren von Tabellen	`itab2[ ] = itab1[ ].`
DT	Löschen von doppelten Einträgen	`DELETE ADJACENT DUPLICATES`
CT	Verdichten mit dem `COLLECT`- Befehl	`LOOP & COLLECT wa INTO itab1`

Hier gibt es keine unterschiedlichen Operationstypen und das Skalierungsverhalten hängt alleine von den Befehlen ab. Deshalb gibt es für jeden Typ einen Unterabschnitt und eine gemeinsame Ergebnistabelle und Zusammenfassung.

Hinweis zum Lesen: Auch hier können Sie sich im Ergebnisabschnitt 6.7.7 einen schnellen Überblick verschaffen.

6.7.1 Sortieren der Tabelle

Da es neben dem expliziten Sortieren der Standardtabelle ein implizites Sortieren beim Zuweisen in eine Sortierte Tabelle gibt, sollte der Sortierbefehl zuerst besprochen werden. Der ABAP-Befehl erlaubt es, für jedes Feld festzulegen, ob auf- oder absteigend sortiert wird. Ohne eine Angabe wird aufsteigend sortiert. Außerdem gibt es noch die Zusätze `AS TEXT` und `STABLE`:

```
SORT itab BY field1 DESCENDING field2 ASCENDING.

SORT itab BY field1 field2.
```

Bei der Sortierten Tabelle ist die Sortierung durch den Tabellenschlüssel definiert und wird direkt nach dem Füllen oder Kopieren ausgeführt.

```
itab  TYPE SORTED TABLE OF line_type
      WITH [NON-]UNIQUE KEY field1 field2.
```

Bedeutung

Um die schnellere binäre Suche auf der Standardtabelle nutzen zu können, muss die Tabelle nach den Schlüsselfeldern aufsteigend sortiert sein. Auch vor dem Darstellen oder Ausdrucken kann ein Sortieren notwendig sein.

In der statischen Programmierung ist der SORT-Befehl bei der Sortierten Tabelle nicht erlaubt. Diese hat eine durch den Tabellenschlüssel festgelegte Sortierung und kann nicht umsortiert werden. Dynamisch ist der SORT nicht verboten. Falls er dem Tabellenschlüssel nicht widerspricht, bleibt er effektlos. Würde er eine andere Sortierung erfordern, so käme es zu einem nicht abfangbaren Laufzeitfehler.

Es ist auch möglich, eine Hash-Tabelle zu sortieren. Dies kann sinnvoll sein, um zum Beispiel beim Darstellen oder Ausdrucken eine gewünschte Reihenfolge zu erhalten.

Bei dem Sortierbefehl scheint es einige Missverständnisse zu geben. Die folgenden Fehlannahmen sind gelegentlich zu lesen bzw. lassen sich aus der fehlerhaften Verwendung des SORT ableiten:

- die Annahme, der SORT könnte schnell feststellen, ob die Tabelle bereits sortiert ist, sodass nur sortiert werden muss, wenn es nötig ist, d.h., ein zusätzlicher SORT auf eine bereits sortierte Tabelle koste nichts. Diese Annahmen sind falsch, der SORT sortiert immer.
- Der SORT überprüfe ein Flag, das gesetzt ist, wenn die Tabelle sortiert ist. Es gibt kein solches Flag, da natürlich auch die Felder und die Reihenfolge gespeichert werden müssten.
- Das Sortieren sei generell eine günstige Operation, sodass es auch akzeptabel wäre, vor jeder Ausführung eines READ BINARY SEARCH die Tabelle zu sortieren. Das Sortieren ist keine günstige Operation.

Skalierungsverhalten

Die Tabelle wird bei jedem Aufruf des Sortierbefehls komplett sortiert. Die Sortieranweisung muss einmal über die ganze Tabelle gehen und Einträge verschieben. Sie hat dieselbe Abhängigkeit wie ein LOOP und ein INSERT in eine Sortierte Tabelle, also N*logN. Sie arbeitet jedoch schneller als ein selbst geschriebener Sortieralgorithmus. Die Dauer ist weitgehend unabhängig von dem Ausgangszustand.

6.7.2 Füllen aus Datenbanktabelle

Die häufigste Art, eine Tabelle zu füllen, ist eine SELECT-Anweisung.

```
SELECT * INTO TABLE itab
       FROM dbtab WHERE ….
```

Die SELECT-Anweisungen wurden im dritten und vierten Kapitel ausführlich diskutiert. Dort finden Sie auch den Vergleich zwischen SELECT/ENDSELECT und SELECT INTO TABLE, siehe Abschnitt 4.4.2.

Dies sollte die wichtigste Art des Füllens von internen Tabellen sein.

Bedeutung

Die Kosten für das Füllen sind immer proportional zu der Zahl der Tabellensätze `N`. Das Füllen einer Sortierten Tabelle dauert so lange wie das Füllen einer entsprechenden Standardtabelle plus Sortieren, d.h `O(N*logN)`. Bei der Hash-Tabelle fallen Kosten für den Aufbau des Hash-Schlüssels an. Der dominierende Anteil ist das Lesen von der Datenbank.

Skalierung des Füllens aus der Datenbank

6.7.3 Kopieren der Tabelle

Oft entstehen neue Tabellen einfach dadurch, dass eine bereits existierende Tabelle kopiert wird.

```
MOVE itab1 TO itab2.
```

```
itab2[ ] = itab1[ ].
```

Beim Kopieren ist zu beachten, dass die Zeilenstruktur der beiden Tabellen konvertibel sein muss. Der Typ der Tabellen kann verschieden sein. Durch das verzögerte Tabellenkopieren (Table Sharing) passiert es, dass die Tabelle erst dann physisch kopiert wird, wenn die Kopie oder das Original verändert wird (Copy-on-Write).

Das Kopieren der ganzen Tabelle ist schneller als das zeilenweise Kopieren. Außerdem kann nur das Kopieren der ganzen Tabelle das verzögerte Tabellenkopieren nutzen.

Bedeutung

Die Kopierkosten sind immer proportional zu der Größe der Tabelle. Ein Kopieren in eine Sortierte Tabelle dauert ähnlich lange wie das Kopieren in eine Standardtabelle plus Sortieren. Sie müssen jedoch beachten, dass ein Teil der Kopierkosten aufgrund des verzögerten Tabellenkopierens erst bei der nächsten Änderung der Tabelle anfällt.

Skalierung des Kopierbefehls

6.7.4 Löschen doppelter Einträge

Der Befehl `DELETE ADJACENT DUPLICATES` eignet sich zum Löschen doppelter Werte für bestimmte Felder in einer Tabelle. Um ihn zu nutzen, muss nach den zu vergleichenden Feldern sortiert werden, sodass die doppelten Einträge nebeneinander liegen.

```
SORT itab BY field1 field2 ASCENDING.
DELETE ADJACENT DUPLICATES FROM itab
                COMPARING field1 field2.
```

Der `DELETE ADJACENT DUPLICATES` durchläuft einmal die ganze Tabelle und löscht die benachbarten Zeilen, die in den Vergleichsfeldern dieselben Werte enthalten. Die Vergleichsfelder werden entweder explizit hinter COMPARING bezeichnet oder es wird implizit der Tabellenschlüssel verwendet.

Auch dieser Befehl muss sich wie der BINARY SEARCH darauf verlassen, dass die richtige Sortierreihenfolge vorliegt. Liegt sie nicht vor, werden nicht alle doppelten Einträge gelöscht.

Bedeutung

Der Befehl ist insbesondere vor der Benutzung des FOR ALL ENTRIES-Befehls sehr nützlich. Er sollte immer dann aufgerufen werden, wenn mit doppelten Einträgen zu rechnen ist, siehe Abschnitt 4.4.5.

Skalierung des DELETE ADJACENT DUPLICATES

Die Skalierung des DELETE ADJACENT DUPLICATES alleine ist linear, d.h. O(N); zusätzlich skaliert der SORT-Befehl wie O(N*logN).

6.7.5 Zusammenfassen und Aufsummieren

Der bereits im Abschnitt 6.5.5 besprochene COLLECT-Befehl reduziert ebenfalls die Zahl der Sätze einer Tabelle. Da er eigentlich nur als Operation auf eine ganze Tabelle sinnvoll ist, taucht er hier noch einmal zusammen mit dem äußeren LOOP auf:

```
LOOP AT itab1 INTO wa1.
  COLLECT wa1 INTO itab2.
ENDLOOP.
```

In der Schleife können die Einträge der Tabelle itab1 noch weiterverarbeitet werden. Wird auch mit itab2 gearbeitet, dann sollte – wie vorn beschrieben – eine Hash-Tabelle für itab2 genutzt werden.

Bedeutung

Der COLLECT ist ein nützlicher Befehl, um Einzelzeilen zu Summenzeilen zusammenzufassen.

Skalierung des COLLECT

Die Gesamtoperation skaliert linear bei der Hash-Tabelle, d.h. wie O(N) und wie O(N*logN) bei der Sortierten Tabelle.

Bei Standardtabellen skaliert er so lange linear, wie der implizite Hash-Index besteht. Verliert die Standardtabelle den impliziten Hash-Index durch ändernde Operationen, dann wächst die Laufzeit quadratisch, d.h. wie O(N*N). Dies führt bei einer großen Tabelle zu einem massiven Performanceproblem.

Es sollte kurz erwähnt werden, dass der COLLECT ein analoges Ergebnis zum DELETE ADJACENT DUPLICATES erzeugt, wenn die Tabelle keine numerischen Felder enthält. Aufgrund seines besseren Skalierungsverhaltens kann er für sehr große Tabellen schneller sein.

6.7.6 Beispielprogramm

Auch zu den Befehlen in diesem Abschnitt finden Sie Beispiele in dem Beispielprogramm. Besonders interessant ist der SORT-Befehl.

Beispiel

Sie finden mehrere Testfälle zu dem SORT-Befehl:

- Sortieren einer ungeordneten Tabelle,
- Sortieren einer bereits sortierten Tabelle,
- Sortieren einer absteigend sortierten Tabelle.

Dieselben drei Fälle gibt es mit einer Zuweisung in eine Sortierte Tabelle.

6.7.7 Ergebnisse: Operationen auf Tabellen

Die Ergebnisse lassen sich zusammenfassen:

	Operationen auf ganze Tabellen	Hash-Tabelle	Sortierte Tabelle	Standard-tabelle
ST	`SORT itab BY field1 ASCENDING.`	O(N*logN)	–	O(N*logN)
FT	`SELECT * INTO TABLE itab.`	O(N)	O(N)+ O(N*logN)	O(N)
MT	`MOVE itab1 TO itab2.`	O(N)	O(N*logN)	O(N)
DT	`SORT DELETE ADJACENT DUPLICATES FROM itab COMPARING ….`	–	O(N)+ O(N*logN)	O(N)
CT	`LOOP / COLLECT wa0 INTO itab.`	O(N)	O(N*logN)	O(N)

Tab. 6–16
Skalierung der Operationen auf ganze Tabellen

Das Sortieren ist eine wichtige Voraussetzung für die Optimierungen der Zugriffe auf die Standardtabelle. Da Sortieren teuer ist, sollte möglichst nur einmal sortiert werden.

Interne Tabellen sollten – wenn möglich – durch Massenzugriffe auf Datenbanktabellen gefüllt werden.

Das Kopieren der ganzen Tabelle ist empfehlenswerter als der Aufbau durch Kopieren einzelner Zeilen. Beim Kopieren der ganzen Tabellen sollten Sie nicht vergessen, dass aufgrund des verzögerten Tabellenkopierens die Kopie erst physisch angelegt wird, wenn Kopie oder Original geändert werden (Copy-on-Write).

Mit dem Befehl DELETE ADJACENT DUPLICATES lassen sich leicht doppelte Werte für bestimmte Felder aus einer Tabelle entfernen.

Mit dem COLLECT-Befehl lassen sich Sätze mit gleichen Schlüsselwerten zu Summensätzen zusammenfassen.

Das Skalierungsverhalten der Operationen auf ganze Tabellen hängt mindestens linear von der Zahl N der Sätze in der Tabelle ab. Zusätzlich können noch Kosten für ein Sortieren von N*logN anfallen.

6.8 Weitere Laufzeitempfehlungen

Nachdem die Laufzeitabhängigkeiten der Operationen geklärt sind, folgen noch ein paar Anmerkungen, die bezüglich der Laufzeit interessant sind. Zum Beispiel gibt es bei internen Tabellen bis SAP NetWeaver Release 7.0 EhP2 keine Sekundärschlüssel. Was bedeutet dies, wenn bei einer großen internen Tabelle Bedarf für zwei optimierte Zugriffe mit verschiedenen Schlüsseln besteht? Lohnt es sich, die Tabelle mehrfach umzusortieren? Was ist eine Schlüsseltabelle? Gelegentlich wird die Methode der parallelen Indizes als schnellste Lösung für geschachtelte Operationen gehandelt. Ist das richtig? Lassen sich quadratische Abhängigkeiten vermeiden, wenn nur mit kleinen internen Tabellen gearbeitet wird? Letztlich geht es darum, quadratische oder – allgemeiner – nichtlineare Laufzeiten zu vermeiden. Wie dies erreicht werden kann, skizziert der letzte Unterabschnitt.

6.8.1 Wann lohnt sich ein Umsortieren?

Eine Suche mit `BINARY SEARCH` ist zwar schneller als die Standardsuche, aber sie funktioniert nur, wenn die Tabelle sortiert ist. Sortieren ist jedoch eine relativ aufwendige Operation. Lohnt es sich also, vor jedem `READ` die Tabelle zu sortieren?

Sicherlich nicht, denn es müssen genügend Lesezugriffe gemacht werden, damit der Geschwindigkeitsvorteil des `BINARY SEARCH` die Kosten für das Sortieren rechtfertigen kann. Anhand des bekannten Skalierungsverhaltens der drei Operationen, Lesen von der Standardtabelle, Suche mit `BINARY SEARCH` und Sortieren, lässt sich folgende kleine mathematische Abschätzung vornehmen:

- Wann ist x-mal Lesen von einer Standardtabelle teurer als x-mal Suchen mit `BINARY SEARCH` plus einmal Sortieren?

```
x*READ_STANDARD   >  x*READ_BINARY   + SORT
x*a*N             >  x*b*logN        + c*N*logN
x*(a*N - b*logN)  >  c*N*logN
```

- Nach dem Faktor `x` aufgelöst, ergibt dies

```
x > c*N*logN / (a*N - b*logN)
```

- Wenn der logarithmische Term `b*logN` gegenüber `a*N` vernachlässigt werden kann, gilt:

```
x > c/a*logN        (a*N >> b*logN)
```

Die Parameter a, b und c sind sicherlich von der Hardware und von der Definition der Tabellen abhängig. Es darf jedoch angenommen werden, dass diese Abhängigkeit in dem Verhältnis der beiden Parameter c/a nicht so stark ist.

Beispiel

In dem Beispielprogramm gibt es zwei Testfälle für dieses Problem. Der eine bestimmt die Parameter a, b und c. Der andere Testfall vergleicht die unterschiedlichen Suchen direkt miteinander.

Der genaue Wert der Abschätzung ist gar nicht so wichtig, es folgt daraus immer, dass das Umsortieren einer Standardtabelle weit weniger sinnvoll ist, als vielfach angenommen wird. Es genügt die Faustregel, dass es mindestens 50 Lesezugriffe sein sollten, um das Sortieren wirklich zu amortisieren.

Damit der BINARY SEARCH richtig arbeitet, muss die Tabelle entsprechend der in der Suche verwendeten Felder sortiert sein. Ein Sortieren lohnt sich nicht für einen einzelnen Zugriff, sondern es sind einige Zugriffe nötig, um das Sortieren zu rechtfertigen.

6.8.2 Schlüsseltabellen oder Sekundärschlüssel

Sind innerhalb eines Programmdurchlaufs Zugriffe mit unterschiedlichen Schlüsseln A und B auf eine interne Tabelle notwendig, dann lohnt sich das Umsortieren von A auf B nur, wenn danach viele Zugriffe mit B erfolgen und dazwischen keine Zugriffe mit A vorkommen.

Falls die Zugriffe wechselweise auftreten, kann ein Umsortieren keine Lösung sein. Der Sortieraufwand wäre höher als die mögliche Einsparung. Es bleiben dann folgende drei Alternativen:

- Ab SAP NetWeaver Release 7.0 EhP2 gibt es die Möglichkeit Sekundärschlüssel auf interne Tabellen anzulegen. Damit lässt sich das Problem elegant lösen. Die Sekundärschlüssel werden im Abschnitt 6.10 vorgestellt.
- In den Releases davor müssen sogenannte Schlüsseltabellen selbst angelegt und verwaltet werden. Dies sind Kopien der Tabellen, die nach den unterschiedlichen Schlüsseln A und B sortiert sind. Natürlich können dies auch Hash- oder Sortierte Tabellen sein. Dieses Vorgehen funktioniert relativ gut, falls es keine Änderungen an der Tabelle gibt. Kommt es zu einer Änderung, dann muss die Änderung immer auf der Schlüsseltabelle nachgezogen werden.

- Falls die Schlüsseltabelle aufgrund des Pflegeaufwands nicht infrage kommt, besteht nur die Möglichkeit, sich für die wichtigere Sortierung zu entscheiden.

Kommen in einer Programmausführung Zugriffe mit unterschiedlichen Schlüsseln auf dieselbe große interne Tabelle vor, dann besteht Bedarf für mehrere optimierte Zugriffe auf die Tabelle. Umsortieren hilft nur in Fällen, in denen sich die Zugriffe recht gut zeitlich trennen lassen. Finden die Zugriffe wechselweise statt, dann sind Sekundärschlüssel auf die Tabelle die ideale Lösung. Diese gibt es ab SAP NetWeaver Release 7.0 EhP2. Bis dahin müssen Sie selbst Kopien als Schlüsseltabellen verwalten oder sich für einen optimierten Zugriff entscheiden.

6.8.3 Methode der Parallelen Indizes

Als Methode der Parallelen Indizes bezeichnet man die Zugriffe auf zwei interne Tabellen, bei denen mit gekoppelten Indexoperationen gearbeitet wird. Durch eine trickreiche Verknüpfung der Indexnummern gehen beide Zugriffe parallel über die beiden Tabellen. Aber ist diese Lösung wirklich empfehlenswert?

Die Methode wird relativ häufig empfohlen, um zu testen, ob zwei Tabellen genau gleich sind. Dies lässt sich jedoch durch die einfache Abfrage schneller erreichen:

```
IF ( itab1[ ] = itab2[ ] ).
```

Dabei muss jedoch berücksichtigt werden, dass auch umsortierte Tabellen als verschieden angesehen werden. Je nach Aufgabenstellung sind deshalb die beiden Tabellen vor der Abfrage in die gleiche Sortierung zu bringen.

Im Allgemeinen besteht die Aufgabe jedoch darin, alle Unterschiede zwischen den beiden Tabellen zu finden und sie sich für weitere Aktionen zu merken. Das bedeutet:

- Die Sätze mit gleichem Schlüssel, aber unterschiedlichen Inhalt werden in der Tabelle `upd_itab1` gespeichert.
- Die Sätze, die es in Tabelle `itab1` nicht gibt, werden in `ins_itab1` gesammelt, und die Sätze, die es nur in der Tabelle `itab1` gibt, in `del_itab1`:

```
SORT itab1.
SORT itab2.
idx1 = 1.
idx2 = 1.
LOOP AT itab1 INTO wa1.
  idx1 = sy-tabix.
```

```
        LOOP AT itab2 INTO wa2 FROM idx2.
  * Zeile nicht in itab1, aber in itab2
          IF ( wa2-key < wa1-key ).
             APPEND wa2 TO ins_itab1.
            idx2 = idx2 + 1.
  * Zeile in beiden Tabellen:
          ELSEIF ( wa2-key = wa1-key ).
            IF ( wa2 <> wa1 ).
              APPEND wa2 TO upd_itab1.
            ENDIF.
            idx2 = idx2 + 1.
            idx1 = idx1 + 1.
            EXIT.
  * Zeile nicht in itab2, aber in itab1:
          ELSEIF ( wa2-key > wa1-key ).
            APPEND wa1 TO del_itab1.
            idx1 = idx1 + 1.
            EXIT.
          ENDIF.
    ENDLOOP.
  ENDLOOP.
```

Dadurch wird die Methode der Parallelen Indizes etwas kompliziert und unübersichtlich. Die Standardlösung mit einer geschachtelten Schleife ist einfacher und damit weniger fehleranfällig.

Die Performance spricht jedoch für die Parallelen Indizes, aber nur so lange die Sortierkosten vernachlässigt werden. Bei dieser Methode müssen nämlich beide Tabellen identisch sortiert werden, während bei den geschachtelten `LOOP`s nur die innere Tabelle eine Sortierung oder einen Hash-Schlüssel benötigt. Falls die äußere Tabelle nicht zufällig richtig sortiert ist, macht das zusätzliche Sortieren einen Großteil des Performancevorteils zunichte. Deshalb kann die Methode der Parallelen Indizes eigentlich nur in hoch performancekritischen Anwendungen empfohlen werden, wenn es sich lohnt, vorher Tests durchzuführen. Ansonsten sollte es immer eine hinreichend gleichwertige Lösung mit einer geschachtelten Schleife geben.

Die Methode der Parallelen Indizes ist nur eingeschränkt empfehlenswert. Der Aufwand lohnt sich nur bei sehr großen Tabellen und sehr performancekritischen Problemen. Es ist vorteilhaft, wenn beide Tabellen ohnehin bereits gleich sortiert sind.

6.8.4 Nichtlinearitäten vermeiden durch kleine Blöcke

Gelegentlich scheinen Anwender zu glauben, dass sie durch das Zerlegen der Verarbeitung einer großen internen Tabelle in kleinere Blöcke das Problem der Nichtlinearitäten vermeiden könnten. Dies ist jedoch nicht richtig.

Die Blockbildung hilft bei geschachtelten Operationen nur bedingt. Eine Blockbildung ist auf der äußeren Tabelle einfach; es ist jedoch nicht klar, wie die zu dem Block gehörenden Sätze aus der inneren Tabelle effizient bestimmt werden können. Wenn dieses Problem gut gelöst wird, dann ist das Problem der geschachtelten Verarbeitung bereits implizit gelöst und die Blockbildung könnte auch eingespart werden.

Durch die Blockverarbeitung kommt es gelegentlich zu einem Performanceproblem, das sich schwer identifizieren lässt. Bei der Blockverarbeitung werden die Sätze der Tabelle in die kleinere Blocktabelle kopiert und dann verarbeitet. Vor dem nächsten Füllen muss die Blocktabelle gelöscht werden. Wird das Löschen vergessen, enthält der Block beim nächsten Durchlauf die neuen und die alten Daten. Die alten Daten werden einfach noch einmal bearbeitet, was eventuell gar nicht auffällt.

Auf diese Weise wird das Problem der quadratischen Laufzeit nicht gelöst, sondern noch verschlimmert. Denn ein solches Problem fällt beim Testen mit wenigen Daten wahrscheinlich gar nicht auf. Der Fehler zeigt sich erst bei großen Datenmengen als Performanceproblem.

Im Gegensatz zur Bildung kleiner Blöcke ist es jedoch sinnvoll, interne Tabellen nicht beliebig groß werden zu lassen. Werden sehr viele Daten verarbeitet, dann ist es sinnvoll, Blöcke von 10.000 Sätzen zu bilden. Das gilt insbesondere, falls Änderungen von Datenbanktabellen anfallen, siehe dazu Abschnitte 4.3 und 4.9.

> Kleine Blöcke sind kein Ausweg, um nichtlinearen Code durch geschachtelte Operationen zu vermeiden. Sie bergen nur die Gefahr, dass durch fehlendes Löschen das Problem noch verstärkt wird. Es ist jedoch sinnvoll, interne Tabellen nicht beliebig groß werden zu lassen, und deshalb – falls erforderlich – Blöcke von ungefähr 10.000 Sätzen zu bilden.

6.8.5 Vermeiden von nichtlinearen Laufzeiten

Eine der wichtigsten Performanceoptimierungen bei internen Tabellen ist die Vermeidung von quadratischen oder, allgemeiner, nichtlinearen Laufzeiten. Dafür sollten folgende Punkte bei der Programmierung beachtet werden.

- Operationen auf große interne Tabellen, die einzelne oder wenige Sätze bearbeiten, müssen so programmiert sein, dass ihre Laufzeit keine lineare Abhängigkeit von der Tabellengröße zeigt. In den letzten Abschnitten hat es sich gezeigt, dass dies immer möglich ist, aber gelegentlich Optimierungsaufwand bedeutet.

- Operationen, die alle Tabellenzeilen bearbeiten, sind selbst schon direkt von der Tabellengröße abhängig. Solche Operationen dürfen auf große Tabellen nur selten vorkommen. Kommen sie häufig vor, dann sollte es sich nicht um eine große Tabelle handeln.
- Operationen, die so komplex sind, dass quadratische Laufzeiten unumgänglich sind, sollten als solche bekannt sein und am besten durch entsprechende Kommentare gekennzeichnet werden. Programme, die diese Operationen benutzen, können dann die Skalierbarkeitsanforderungen nicht erfüllen.
- Ein fehlendes Löschen einer internen Tabelle bei einer Blockverarbeitung kann dazu führen, dass die gleichen Daten wieder und wieder bearbeitet werden. Das ist eine weitere, schwer zu identifizierende Ursache für nichtlineare Laufzeiten.
- Schließlich können Fehler in der Programmlogik dazu führen, dass bereits die Ausführungen von Operationen nichtlinear zunehmen.

Dies sind die häufigsten Ursachen, die zu nichtlinearen Zunahmen der Laufzeiten führen. Da es noch andere mögliche Ursachen gibt, ist es wichtig, dafür ein Tool zu haben, das alle Probleme finden kann. Ein solches Tool wird im siebten Kapitel vorgestellt.

> Ein Fehler beim Programmieren von geschachtelten Operationen auf interne Tabellen ist eine der häufigsten Ursachen für quadratische oder nichtlineare Laufzeiten von Programmen. Dies sind jedoch nicht die einzigen Gründe. Da Programmierempfehlungen nicht ausreichen, um diese Probleme zu vermeiden, ist es wichtig, ein Tool für die Analyse zu haben, das alle Probleme finden kann. Ein solches Tool stellt der Abschnitt 7.7 vor.

6.9 Workarea, Feldsymbol oder Referenz

Bei den internen Tabellen gibt es auch die Möglichkeit, die Kosten für das Kopieren des Ergebnisses zu reduzieren. Beim Lesen, also `READ` oder `LOOP`, stehen drei verschiedene Kopieroptionen zur Verfügung. Außerdem gibt es die Möglichkeit, gar nichts zu kopieren oder die Zahl der kopierten Felder zu reduzieren:

Tab. 6–17
Optionen zur Reduktion der Kopierkosten

Aktion	Anweisung
Kopieren in eine Workarea	`LOOP AT itab INTO wa.`
Zuweisen an ein Feldsymbol	`FIELDSYMBOL: <fs> TYPE line_of_itab.` `LOOP AT itab ASSIGNING <fs>.`

→

Aktion	Anweisung
Zuweisen an eine Referenzvariable	`LOOP AT itab REFERENCE INTO dref.`
Ohne Kopieren	`READ TABLE itab TRANSPORTING NO FIELDS WITH KEY ….`
Auswahl bestimmter Felder	`READ TABLE itab TRANSPORTING f1 f2 INTO wa WITH KEY ….`

Die folgenden Empfehlungen sind mit dem Buch von Keller und Thümmel abgestimmt, siehe Literaturverzeichnis:

- Der Zuweisung auf ein Feldsymbol <fs> lohnt sich ganz besonders, wenn der Tabelleninhalt geändert werden soll. Über das Feldsymbol lässt sich der Satz direkt in der Tabelle ändern und der MODIFY-Befehl kann eingespart werden.

```
LOOP AT itab ASSIGNING <fs>.
  <fs>-field1 = new_value_field1.
ENDLOOP.
```

- Wird eine Referenz auf eine Tabellenzeile benötigt, dann sollte der Zusatz REFERENCE INTO dref verwendet werden.
- Soll der Tabelleninhalt nicht geändert werden, dann kann der Zusatz INTO wa günstiger als der ASSIGNING <fs> sein:
  - Dies stimmt zumindest bei schmalen Tabellen (<1 kB) ohne tiefe Struktur, jedoch nur bei dem READ. Bei dem LOOP fallen die Kopierkosten nur beim ersten Satz an. Deshalb lohnt sich bei dem LOOP die Verwendung von INTO wa nur, so lange nicht zu viele Zeilen durchlaufen werden.
  - Wenn die Tabelle eine tiefe Struktur besitzt (geschachtelte oder Strings) oder wenn sie breit ist (>1 kB), sollte immer der Befehl ASSIGNING <fs> oder der REFERENCE INTO dref genutzt werden.
- Der Befehl INTO wa sollte immer genutzt werden, wenn wa unabhängig von der Tabelle geändert werden soll, z. B.:

```
LOOP AT itab1 INTO wa1.
  wa1-field = wa1-field + 5.
  APPEND wa1 TO itab2.
ENDLOOP.
```

- Falls nur die Existenz (sy-subrc) oder die Zeilennummer (sy-tabix) eines Satzes interessiert, dann ist der TRANSPORTING NO FIELDS die beste Wahl.
- Außerdem ist es möglich, mit TRANSPORTING field1 … nur bestimmte Felder zu holen, was sich vor allem dann lohnt, wenn ein sehr breites Feld nicht benötigt wird. Insbesondere bei dem MODIFY-Befehl

muss der Zusatz `TRANSPORTING field1 ...` verwendet werden, da keine Schlüsselfelder verändert werden dürfen (siehe 6.6.1).

Die Ergebnisse fasst die Tabelle zusammen:

Tab. 6–18
Nutzung der verschiedenen Varianten

Aktion	Zeilenstruktur	Befehl	Variante
Tabelle `itab` soll geändert werden		`LOOP/READ`	`ASSIGNING <fs>`
Referenz auf Zeile benötigt		`LOOP/READ`	`REFERENCE INTO dref`
Tabelle itab soll nicht geändert werden	Flache schmale Struktur (<1 kB)	`READ`, `LOOP` falls wenige Zeilen	`INTO wa`
	Tiefe Struktur (geschachtelte Tabelle oder Strings) oder sehr breite Struktur (>1 kB)	`LOOP/READ`	`ASSIGNING <fs>` oder `REFERENCE INTO dref`
Ändern von `wa` unabhängig von `itab`		`LOOP/READ`	`INTO wa`
Nur Existenztest oder Zeilennummer		`READ/LOOP`	`TRANSPORTING NO FIELDS`
Übertragen bestimmter Felder		`READ/LOOP` und `MODIFY`	`TRANSPORTING field ...`

Die Schleife (`LOOP`) sollte fast immer mit `ASSIGNING` und Feldsymbol genutzt werden, lediglich bei sehr schmalen und kleinen Tabellen nicht. Dabei sollten die Feldsymbole nach Möglichkeit typisiert werden. Beim `READ` lohnt sich der `ASSIGNING`-Befehl hingegen nur bei sehr breiten oder tiefen Strukturen. Der `TRANSPORTING`-Zusatz ist nützlich, wenn nur Existenz oder Zeilennummer interessiert oder wenn das Kopieren eines breiten Feldes vermieden werden kann.

6.10 Sekundärschlüssel auf interne Tabellen

Mit SAP NetWeaver Release 7.0 EhP2 stehen Sekundärschlüssel für interne Tabellen zur Verfügung. Da der Begriff »Index« bei internen Tabellen bereits für Indexnummern vergeben ist, bezeichnet Sekundärschlüssel auf der internen Tabelle das Analogon zum Sekundärindex auf der Datenbanktabelle.

Definitionen

- Sekundärschlüssel können bei allen drei Tabellentypen definiert werden.
- Die Schlüssel selbst können vom Typ sorted oder hashed sein.
- Ein Hash-Schlüssel muss eindeutig sein. Ein sortierter Schlüssel kann eindeutig oder nicht eindeutig sein, wie schon bei den Tabellentypen.

- Es sind bis zu 15 Sekundärschlüssel erlaubt.
- Sekundärschlüssel können im Code oder im Data Dictionary definiert werden.

Die Definition im Code sieht zum Beispiel so aus:

```
DATA:
   itab1  TYPE SORTED TABLE OF st_abc
          WITH NON-UNIQUE KEY a b
          WITH UNIQUE HASHED KEY k1 COMPONENTS c,

   itab2  TYPE HASHED TABLE OF st_abc
          WITH UNIQUE KEY c
          WITH NON-UNIQUE SORTED KEY k2 COMPONENTS a b.
```

Dabei ist st_abc eine Struktur mit den drei Komponenten a, b und c. Die Definition eines Sekundärschlüssels besteht aus drei Teilen:

- dem Schlüsseltyp zusammen mit der Ein- oder Nichteindeutigkeit,
- dem Schlüsselnamen, der pro Tabelle eindeutig sein muss, und
- den Schlüsselkomponenten.

Bei der Nutzung zu beachten

Beim Nutzen eines Sekundärschlüssels ist Folgendes zu beachten:

- Es gibt keinen Optimierer. Um einen Sekundärschlüssel zu verwenden, muss er explizit angegeben werden.
- Der Syntaxcheck kann in manchen Fällen darauf hinweisen, dass es einen besser passenden Sekundärschlüssel gibt.
- Dynamische Aufrufe sind möglich.
- Für den Einfügebefehl (INSERT) ist keine Erweiterung notwendig. Bei der Sortierten und der Hash-Tabelle steht immer der Primärschlüssel zur Verfügung. Bei der Standardtabelle genügt der APPEND als schnelle Operation.
- Für die anderen Befehle COLLECT und SORT, MOVE und SELECT ...INTO sind die Sekundärschlüssel nicht nötig.
- Die Befehle Lesen (READ), Schleife (LOOP), Löschen (DELETE) und Ändern (MODIFY) können die Sekundärschlüssel nutzen.

Codebeispiele

Indexoperationen (Typ I) mit Sekundärschlüsseln sind möglich. Der Index bezieht sich auf die Reihenfolge im Sekundärschlüssel.

```
READ TABLE  itab2 INTO wa2 INDEX idx USING KEY k2.

DELETE      itab2 INDEX idx          USING KEY k2.

MODIFY      itab2 INDEX idx FROM wa  USING KEY k2
            TRANSPORTING ....

  LOOP AT    itab2 INTO wa2            USING KEY k2.
```

Auch die Operationen mit der Workarea (Typ W), also die impliziten Schlüsseloperationen, können den Sekundärschlüssel nutzen.

```
READ   TABLE itab1 INTO wa1 FROM wa USING KEY k1.

DELETE TABLE itab2 FROM wa          USING KEY k2.

MODIFY TABLE itab1 FROM wa          USING KEY k1.
```

Damit die expliziten Schlüsseloperationen (Typ K) den Sekundärschlüssel verwenden können, müssen die verwendeten Schlüsselkomponenten angegeben werden:

```
READ TABLE itab1 INTO wa1
     WITH TABLE KEY k1 COMPONENTS c = 3.

READ TABLE itab2 INTO wa2
     WITH KEY k2 COMPONENTS a = 1 b = 2.
```

Operationen mit WHERE-Klauseln (Typ Wh) benötigen ebenfalls die Komponenten, um den Sekundärschlüssel zu nutzen:

```
LOOP AT itab2 INTO wa2 USING KEY k2 WHERE a = 1.

DELETE  itab2          USING KEY k2 WHERE a = 3.
```

Performancehinweise

Die Aufgabe der Sekundärschlüssel ist es, Zugriffe zu optimieren, deshalb sind bei Operationen mit Sekundärschlüsseln nur optimierbare Zugriffe zugelassen. Bei einem Hash-Sekundärschlüssel muss die Bedingung den kompletten Schlüssel enthalten und bei einem sortierten Sekundärschlüssel zumindest das erste Feld des Schlüssels. Ist dies nicht der Fall, dann bringt der Sekundärschlüssel keine Verbesserung, deshalb liefert die Syntaxprüfung einen Fehler. Bei dynamischen Bedingungen ist keine Syntaxprüfung möglich, daher führt ein nicht optimierbarer Zugriff zu einem nicht abfangbaren Laufzeitfehler.

Ein potenzielles Performanceproblem mit Sekundärschlüsseln ist zu beachten. Werden Sätze über einen Sekundärschlüssel aus einer Standardtabelle gelöscht (DELETE), dann muss der lineare Primärschlüssel, siehe 6.2.3, angepasst werden. Für diese Anpassung ist keine Optimierung möglich, deshalb skaliert die Anpassung linear, d.h. wie O(N), und damit auch die ganze Operation. Ein häufiges Ausführen ist unbedingt zu vermeiden.

Ähnlich wie beim verzögerten Tabellenkopieren (Table Sharing) gibt es auch beim Anpassen der Sekundärschlüssel die Eigenschaft der verzögerten Schlüsselanpassung (Lazy Key Update). Ein Sekundärschlüssel kann dadurch in der Tabellendefinition vorgesehen werden. Er wird jedoch nur dann physikalisch angelegt, wenn er auch genutzt wird. Auch eine Änderung an der Tabelle führt erst dann zu einer Anpassung des Sekundärschlüssels, wenn dieser Sekundärschlüssel wiederverwendet wird. Falls ein Sekundärschlüssel jedoch eindeutig ist, stellt er immer eine Bedingung dar und wird quasi immer genutzt. Deshalb muss ein eindeutiger Schlüssel bei der nächsten Operation auf die Tabelle angepasst werden.

Neuentwicklungen sollten zunächst Tabellen mit Primärschlüsseln, also Sortierte und Hash-Tabellen verwenden. Falls Bedarf für zusätzliche optimierte Zugriffe besteht, kann dies durch Sekundärschlüssel erreicht werden.

Bei bestehendem Code kann die Umstellung des Tabellentyps zu aufwendig sein. Dann ist die Erweiterung einer Standardtabelle um Sekundärschlüssel sinnvoll. Dabei sollte beachtet werden, dass kein `DELETE` über Sekundärschlüssel vorkommt.

Die Eigenschaft der verzögerten Anpassung der Sekundärschlüssel sorgt dafür, dass Sekundärschlüssel erst dann Speicherplatz und Pflegeaufwand kosten, wenn sie wirklich genutzt werden.

6.11 Zusammenfassung

Allgemeines und Definitionen

Interne Tabellen sollten nicht zu groß werden. Kann eine Tabelle mehr als 10.000 Einträge enthalten, dann sollte überprüft werden, ob eine Teilverarbeitung nicht angebracht wäre.

Suchgeschwindigkeit beim Lesen und Ändern

Bei den Lese- und Änderungsoperationen spielt die Suche nach dem gewünschten Satz eine entscheidende Rolle für die Laufzeit. Der Tabellentyp bzw. das Vorhandensein eines Primärschlüssels ist von entscheidender Bedeutung, um eine schnelle Suche zu realisieren. Diese kann entweder direkt auf den gewünschten Satz zugreifen oder über eine binäre Suche. Ist der Index des Satzes bekannt, dann ist ebenfalls ein schneller Zugriff möglich. Ansonsten kann es sein, dass die ganze Tabelle sequenziell durchsucht werden muss.

Die Wahl des Tabellentyps

- Der empfehlenswerteste Tabellentyp ist die Sortierte Tabelle, genau genommen die interne Tabelle mit einem sortierten Primärschlüssel.
  - Verwenden Sie eine Sortierte Tabelle, wenn die Hauptzugriffe den kompletten Tabellenschlüssel oder einen vorderen Teil davon enthalten oder falls kein eindeutiger Tabellenschlüssel definiert werden kann.

  - Durch die automatische Optimierung erhalten Sie dann unkomplizierte schnelle Zugriffe auf Einzelsätze oder Schleifen über Schlüsselbereiche von Sätzen. Bei Sortierten Tabellen müssen Sie sich weder um das Sortieren kümmern, noch können Sie durch zu häufiges Sortieren unnötig Zeit verbrauchen.
  - Sortierte Tabellen können auch unproblematisch durch weitere Sekundärschlüssel für andere Zugriffe optimiert werden (ab SAP NetWeaver Release 7.0 EhP2).
- Verwenden Sie Hash-Tabellen, wenn ein eindeutiger Tabellenschlüssel definiert werden kann und alle Zugriffe den vollständigen Tabellenschlüssel nutzen. Die resultierenden Zugriffe sind sehr schnell und werden auch bei großen Tabellen nicht langsamer.
  - Beachten Sie, dass jeder andere Zugriff langsam ist, es sei denn, er ist durch einen Sekundärschlüssel unterstützt.
- Standardtabellen müssen verwendet werden, wenn nicht änderbare, meist ältere Schnittstellen dies erfordern. Bei Neuentwicklungen sollten Sie immer zuerst über die neueren Tabellentypen nachdenken.
  - Falls sicher ist, dass die Tabelle immer klein bleibt, d.h., nie mehr als 50 Zeilen besitzt, ist eine Standardtabelle vollkommen ausreichend. Jedoch ist der Mehraufwand für eine Sortierte Tabelle oder Hash-Tabelle so gering, dass auch sie jederzeit genommen werden können.
  - Eine Standardtabelle geht ebenfalls in Ordnung, wenn die Tabelle ausschließlich in vollständigen Schleifen verarbeitet wird.
  - Falls eine Standardtabelle mehr als 50 Sätze enthalten kann und mehrfach mit bestimmten Schlüsselwerten gesucht werden soll, ist ein optimierter Zugriff nötig. Entweder ändern Sie den Tabellentyp in eine Sortierte Tabelle oder Hash-Tabelle oder Sie optimieren den Zugriff mithilfe des `READ BINARY SEARCH`. Damit lassen sich sowohl Einzelsatzzugriffe, siehe 6.5.4, als auch Schleifen mit Bedingungen optimieren, siehe Abschnitt 6.6.2.
  - Damit die binäre Suche richtig funktioniert, muss die Tabelle entsprechend dem verwendeten Schlüssel aufsteigend sortiert sein. Da das Sortieren eine teure Operation ist, siehe 6.7.1, sollte es möglichst nur einmal erfolgen. Wollen Sie nach dem Sortieren einen weiteren Satz in die Tabelle einfügen, dann sollte kein `APPEND`, sondern ein mit `BINARY SEARCH` optimierter `INSERT` verwendet werden, siehe Abschnitt 6.5.4.

Geschachtelte Operationen

Geschachtelte Operationen tauchen immer auf, wenn zwei interne Tabellen zu vergleichen oder zusammenzufügen sind. In diesem Fall ist sehr darauf zu achten, dass die häufig ausgeführte innere Operation optimiert ist. Die Details wurden in den Abschnitten 6.4 bis 6.7 besprochen.

Weitere Empfehlungen (6.8)

- Da das Sortieren eine teure Operation ist, kann damit kein einzelner Zugriff optimiert werden, sondern nur eine Reihe von Zugriffen. Deshalb lohnt sich Umsortieren nicht häufig.
- Müssen verschiedene Zugriffe auf eine Tabelle gleichzeitig optimiert arbeiten, dann sind eventuell unterschiedlich sortierte Kopien, sogenannte Schlüsseltabellen, notwendig. Mit SAP NetWeaver Release 7.0 EhP2 stehen Sekundärschlüssel für interne Tabellen zur Verfügung, siehe Abschnitt 6.10.

Workarea, Feldsymbole oder Referenzen (6.9)

Beim Lesen kann das Ergebnis in eine Workarea gestellt, einem Feldsymbol zugeordnet oder als Referenz übernommen werden.

- Bei dem `LOOP`-Befehl ist die Zuweisung in ein Feldsymbol eigentlich immer empfehlenswert. Nur bei sehr kleinen oder sehr schmalen Tabellen kann die Workarea günstiger sein.
- Bei dem `READ`-Befehl lohnt die Zuweisung nur bei breiten Tabellen ab 500 kB und bei geschachtelten Tabellen, d.h. Tabellen, deren Zeilenstruktur weitere Tabellen oder Strings enthält.

7 Analyse und Optimierung

7.1 Kapitelübersicht

Wenn Sie alle Empfehlungen der letzten Kapitel beachtet haben, werden Ihnen viele Performanceprobleme erspart bleiben. Sie können jedoch nicht davon ausgehen, dass Ihre komplette Anwendung automatisch gar keine Performanceprobleme enthält.

Beim Zusammenspiel aller Bestandteile eines großen Programms kann es zu Wiederholungen kommen. Vielleicht wurden auch nicht alle Programmteile mit derselben Sorgfalt entwickelt. Schließlich können Fehler nicht komplett ausgeschlossen werden, und ebenso sind weitere Ursachen denkbar. Zur Gewährleistung einer guten Performance müssen Sie das fertige Programm als Ganzes testen.

	Aspekte der Performanceanalyse	Abschnitte
A	Ziele der Performanceanalyse	7.2
B	Tools, Erzeugung zuverlässiger Daten	7.3
C	Analyse anhand der SQL-Trace	7.4
D	Ursachensuche bei SQL-Problemen	7.5
C	Analyse anhand der ABAP-Trace	7.6
C	Analyse des Skalierungsverhaltens	7.7
C	Analyse der Pufferung	7.8

Tab. 7–1
Inhalt des siebten Kapitels

Um die Performance beurteilen zu können, muss zunächst definiert werden, woran man eine gute Performance erkennt. Dazu werden Ziele festgelegt, die ein gutes Programm erfüllen soll. Verstöße gegen diese Ziele sollten analysierbar sein.

Mithilfe der im zweiten Kapitel vorgestellten Traces lässt sich die Performance sehr gut analysieren. Insbesondere die beiden wichtigsten Traces, die SQL-Trace und die ABAP-Trace, spielen dabei eine wichtige Rolle. Mit den detaillierten Informationen der Traces ist es möglich festzustellen,

- ob alle Performanceziele erfüllt sind.
- Falls es Probleme gibt, lassen sich die Problemstellen identifizieren.
- Außerdem lässt sich mit etwas Erfahrung die Ursache des Problems verstehen und eine Lösung finden (siehe 7.5).

Inhaltsübersicht

Abschnitt 7.2 stellt die fünf Ziele einer guten Performance zusammen. Diese leicht verständlichen Ziele lassen sich anhand der Daten aus den Traces in der Performanceanalyse überprüfen.

Bevor die Analyse im Detail vorgestellt wird, liefert Abschnitt 7.3 Hinweise zur Vorbereitung einer erfolgreichen Analyse. Diese Punkte sollten Sie beachten, damit Sie zuverlässige, reproduzierbare und sinnvolle Trace-Daten erhalten. Nichts ist ärgerlicher, als längere Zeit die Ursache für ein Problem zu suchen, das sich schließlich als Artefakt entpuppt.

Die weiteren Abschnitte beschreiben die Analyse anhand der unterschiedlichen Traces, der SQL-, der ABAP- und der Puffer-Trace.

Sehr viel Information stellt die SQL-Trace zur Verfügung. Bei ihr lassen sich die Ziele der Performanceanalyse direkt auf die Goldenen Regeln der Datenbankprogrammierung abbilden. Verstöße gegen die Ziele lassen sich an den umfangreichen Daten der Verdichtung nach SQL-Anweisungen erkennen. So lassen sich viele Probleme identifizieren.

In diesem Kapitel erfahren Sie, wie Sie die Probleme identifizieren können. Insbesondere bei der SQL-Trace haben die Probleme viele mögliche Ursachen. Die Einteilung nach den Goldenen Regeln hilft Ihnen die möglichen Ursachen einzukreisen. Dies genügt jedoch nicht immer. Im Abschnitt 7.5 finden Sie eine Anleitung, wie Sie die Analyse noch weiter fortführen können, um wirklich die Ursache der Probleme zu finden. Diese Ursachen sind meist Verstöße gegen eine der Programmierempfehlungen oder einfach Programmierfehler.

Im Abschnitt 7.6 folgt die Analyse anhand der ABAP-Trace. Die ABAP-Trace liefert nur Informationen über die Anzahl der Ausführungen und die Dauer einer Ausführung. Schon die Frage, ob eine Ausführung langsam ist, ist nicht einfach zu beantworten, da die Ereignisse in der ABAP-Trace zu unterschiedlich sind. Durch die hier vorgestellte Klassifikation der Ereignisse lässt sich diese Situation verbessern.

Im Zusammenhang mit der ABAP-Trace ist vor allem der Test des Skalierungsverhaltens wichtig, der im Abschnitt 7.7 vorgestellt wird. Die Problematik des nichtlinearen Skalierungsverhaltens wurde im Abschnitt 6.4 bereits vorgestellt. Nun folgt die Einführung einer mächtigen Methode, mit deren Hilfe Sie alle Probleme mit der Skalierung schnell identifizieren können.

Den Abschluss bildet der Abschnitt 7.8 über die Analyse der Pufferung. Es zeigt sich jedoch, dass die größten Probleme mit der Pufferung von der Art sind, dass der Puffer nicht genutzt wird. Diese Probleme tauchen bereits bei der Analyse mit der SQL-Trace auf.

7.2 Die fünf Ziele der Performanceanalyse

Es ist die Aufgabe der Performanceanalyse festzustellen, ob ein Programm noch Optimierungspotenzial besitzt. Dafür werden die Ziele der Performanceanalyse definiert. Die Ziele sind meist Überprüfungen, ob die Performanceempfehlungen umgesetzt wurden. Zusätzlich gibt es das allgemeine Ziel, dass alles Unnötige vermieden werden soll. Dieses Ziel entspricht keiner Performanceempfehlung, sondern ist eine grundsätzliche Programmieranforderung.

Es muss auch noch einmal betont werden, dass sich die Analyse durch keine noch so sorgfältige Programmierung ersetzen lässt. Einige Probleme treten erst im Zusammenspiel der Einzelkomponenten auf. Diese können jede für sich richtig sein, aber im Zusammenspiel sind womöglich Wiederholungen enthalten. Es kann auch Probleme mit Datenbankzugriffen geben, die bei kleinen Tests nicht zu sehen sind.

Um sich in der Analyse nicht zu verzetteln, wird ein pragmatischer Ansatz verfolgt. Nur Beiträge größer 1 % haben überhaupt Potenzial für eine merkliche Verbesserung des Gesamtprogramms, deshalb ist die Vorauswahl wichtig. Ergibt die Analyse größeres Verbesserungspotenzial, dann sollte sie nach den Korrekturen wiederholt werden, da dann die 1 %-Hürde niedriger liegt und andere Beiträge interessant werden.

Vorauswahl: Beiträge größer 1 %

Jede Trace löst die Gesamtzeit in kleine Einheiten auf, die einen prozentualen Beitrag zum Ganzen haben. Damit sich die Analyse nicht in kleinen und kleinsten Beiträgen verliert, ist ein pragmatischer Ansatz sinnvoll. Betrachten Sie nur die Beiträge, die mehr als 1 % der Gesamtlaufzeit ausmachen. Nur durch die Optimierung dieser Beiträge lässt sich ein nennenswerter Effekt an der Gesamtlaufzeit erzielen. Im ungünstigsten Fall könnten dies fast 100 Beiträge sein. Da jedoch selten alle gleich groß sind, werden es meistens eher 10 bis 20 Beiträge sein. Falls es nur ein Beitrag ist, dann deutet dies darauf hin, dass es ein sehr großes Problem gibt.

Ergibt eine Analyse größeres Verbesserungspotenzial, dann sollte nach der Umsetzung der Verbesserungen die Analyse wiederholt werden. Bei der Wiederholung müssen andere Beiträge auf Verbesserungspotenzial überprüft werden. Die Analyse ist dann beendet, wenn sich keine merklichen Verbesserungen mehr ergeben.

Ziel 0: Alles Unnötige vermeiden

Dieses Ziel entspricht keiner Performanceempfehlung, es ist eine grundsätzliche Programmieranforderung. Es wird meist unterschätzt, dabei ist es wohl das wichtigste Ziel. Es erfordert eine logische Analyse der Anwendung, die kein Tool übernehmen kann. Je besser Sie die Anwendung und deren Aufgaben kennen, desto besser können Sie dieses Ziel erreichen. Die Auswahl der Beiträge größer 1 % sorgt für eine pragmatische Konzentration auf das Wesentliche.

Zum Beispiel muss überprüft werden, ob die ausgeführten Methoden und Funktionen überhaupt benötigt werden. Eventuell wird in dem Kontext nicht benötigte Zusatzfunktionalität ausgeführt. Es kann auch sein, dass eine teure Funktion mehrfach ausgeführt wird, obwohl einmal genügen würde. Bei Datenbankzugriffen sollten die Tabellen, von denen gelesen wird, bekannt und die Menge der gelesenen oder geänderten Sätze nachvollziehbar sein.

Ziel 1: So schnell wie möglich

Alle Bestandteile der Anwendung sollten so schnell wie möglich ausgeführt werden.

Bei Datenbankzugriffen betrifft dieses Ziel die effizienten Zugriffspfade und die Indexunterstützung. Die SQL-Trace kann, wie sich zeigen wird, hier die technische Analyse sehr gut unterstützen. In der ABAP-Programmierung ist dies schwieriger. Bei Funktionen und Methoden kann die Schnelligkeit nur im Zusammenhang mit der Aufgabe beurteilt werden. Hier ist oft eine Detailanalyse nötig. Lediglich bei den elementaren Operationen, wie z.B. den Operationen auf internen Tabellen, kann auch in der ABAP-Trace beurteilt werden, ob eine Operation langsam ist.

Ziel 2: So wenig Daten wie möglich

Schnelle Verarbeitung alleine reicht nicht aus. Werden zu viele Daten verarbeitet, kann die Anwendung dennoch langsam sein. Deshalb sollen nur die Daten bearbeitet werden, die wirklich bearbeitet werden müssen.

Dieses Ziel lässt sich vor allem mit der SQL-Trace überprüfen, da sie zeigt, wie viele Sätze pro Anweisung gelesen oder geändert werden. Die Beschränkung auf die wirklich benötigten Daten soll so früh wie möglich erfolgen. Es reicht nicht, erst auf dem Applikationsserver die Auswahl zu treffen. Die Auswahl sollte stattdessen schon in der Datenbank durch eine geeignete `WHERE`-Klausel, Indizes und eventuell auch geeignetes Datendesign erfolgen.

Mit der ABAP-Trace lässt sich dieses Ziel nicht überprüfen, da die ABAP-Trace die Parameter nicht speichert und deshalb die Datenmenge nicht kennt.

Bei der Puffer-Trace und bei der RFC-Trace, siehe Abschnitt 8.4.4, spielt dieses Ziel ebenfalls eine wichtige Rolle.

Ziel 3: So selten wie möglich ausführen

Es ist oft besser, anstelle von vielen kleinen Verarbeitungsschritten wenige große Verarbeitungsschritte zu machen.

In der Datenbank geht es hierbei um die Nutzung der Array-Verarbeitung. Die SQL-Trace stellt hilfreiche Kenngrößen für diesen Test zur Verfügung.

Auch in der ABAP-Programmierung spielt es eine Rolle, ob eine Methode für jeden einzelnen Satz oder für die ganze Tabelle aufgerufen wird.

Ziel 4: Lineare Skalierung

Viele Anwendungen bearbeiten Objekte unterschiedlicher Größe, wie zum Beispiel Bestellungen, Rechnungen, Aufträge o.Ä. mit unterschiedlich vielen Positionen. Es muss dann sichergestellt sein, dass nicht nur kleine Objekte so schnell wie möglich bearbeitet werden, sondern auch große Objekte. Die Laufzeit eines größeren Objekts darf natürlich auch größer sein. Die Laufzeit sollte aber nicht stärker zunehmen als die Größe der Objekte, d.h., sie sollte höchstens linear mit der Größe des Objekts skalieren.

Dieses Ziel ist allgemein anerkannt. Es wird jedoch oft übersehen, dass es sich nicht so leicht überprüfen lässt. Bei einem einfachen Vergleich der Gesamtlaufzeit zweier Objekte mit einer bzw. zehn Positionen oder 10 und 50 Positionen fällt ein Problem mit der Skalierung oft nicht auf. Eine ausführliche und anschauliche Darstellung dieser Problematik finden Sie im Abschnitt 6.4.2.

Anhand der Gesamtlaufzeiten lassen sich Probleme meist erst bei Vergleichen von relativ großen Objekten erkennen, wie zum Beispiel 100 und 500 oder 1000 Positionen. Ein Test mit so großen Objekten ist jedoch sehr aufwendig. Außerdem liefert der Test nicht die Problemstellen. Deshalb gibt es eine Methode, mit der sich Skalierungsprobleme schon bei relativ kleinen Datenmengen gut erkennen lassen. Diese Methode wird im Abschnitt 7.7 beschrieben.

Das Skalierungsproblem tritt vor allem bei den internen Tabellen öfter auf, da Programmierfehler und damit Verstöße gegen Ziel 1 bei kleinen internen Tabellen leicht zu übersehen sind. Dass ein Zugriff langsam ist, wirkt sich erst richtig aus, wenn die Tabelle groß wird.

Langsame Datenbankzugriffe fallen dagegen meist schon auf, wenn nur wenige Daten gelesen werden. Dazu muss die Tabelle nicht nur die benötigten Daten, sondern viele andere Daten enthalten. Dies sollte bei einer guten Testvorbereitung der Fall sein, siehe Abschnitt 7.3.3. Enthält eine Tabelle, die eigentlich groß werden kann, nur die Testdaten, dann wäre jeder Zugriff schnell, egal wie gut oder schlecht er ist. Das Problem wäre dann ebenfalls erst in einem Skalierungstest zu erkennen.

Anhand dieser Ziele lassen sich alle Analysen durchführen. Dies wird in den folgenden Abschnitten für die verschiedenen Traces genauer ausgeführt.

Tab. 7–2
Die fünf Ziele der Performanceanalyse

Nr.	Ziel	Beschreibung
Beiträge größer 1 %: Konzentration auf das Wesentliche		
0	Vermeiden	Vermeiden, was nicht nötig ist.
1	Schneller	Optimale Programmierung für schnelle Ausführung
2	Weniger	So wenig Daten wie möglich bearbeiten
3	Seltener	Zahl der Ausführungen klein halten
4	Skalieren	Laufzeit wächst höchstens proportional zur Größe der Objekte.

Diese fünf einfachen Ziele bilden den Rahmen für fast alle Performanceanalysen. In diesem Kapitel werden die Ziele auf die SQL-, die ABAP- und die Puffer-Trace angewandt. Im achten Kapitel folgt die Anwendung auf die Modularisierung, die RFCs, die Enqueues und die Verbuchung.

7.3 Vorbereitung der Analyse

Um zu vernünftigen Ausgangsdaten für eine Analyse zu kommen, ist es wichtig, etwas Zeit in die Vorbereitung zu investieren. Nur dadurch können Sie sicherstellen, dass Ihre Analyse eine verlässliche Basis besitzt. Sind die Daten nämlich nicht zuverlässig, dann kann es leicht passieren, dass Sie Messungenauigkeiten als Probleme interpretieren und nach Ursachen suchen, die es gar nicht gibt.

7.3.1 Auswahl des Testfalls

Zunächst sollten Sie sich überlegen:

- Was soll analysiert werden? Als Testfall kommt eine typische Ausführung Ihrer Anwendung infrage.
- Wie wichtig ist der Testfall?
- Wie oft wird der Testfall von den Anwendern ausgeführt?
- Welche Varianten gibt es, welche davon ist die wichtigste?
- Kann der Testfall unterschiedlich große Objekte verarbeiten? Falls ja, dann sollten Sie auch den Aspekt der Skalierung untersuchen.

7.3.2 Aufgabentyp

Der Aufgabentyp bestimmt maßgeblich die Anforderungen, die an die Performance des Programms gestellt werden können. Folgende vier Beispiele sollen Ihnen Hinweise geben, wie Sie Ihre eigene Aufgabe einschätzen müssen. Es wird kein Anspruch auf Vollständigkeit erhoben:

- **Transaktionales Programm:** Das sind die Hauptanwendungen im SAP-Umfeld. In ihnen werden Geschäftsprozesse durchgeführt und dabei Daten angelegt oder verändert, z.B. eine Bestellung erfasst, eine Fertigung geplant, die Lieferung bestätigt oder eine Rechnung erstellt und vieles mehr. Solche Programme werden eventuell sehr häufig in ähnlicher Art ausgeführt. Sie müssen sowohl kleine als auch sehr große Objekte bearbeiten können. Jede Performanceverbesserung an diesen Programmen lohnt sich auf alle Fälle.
- **Reportingaufgaben:** Beim Reporting werden eventuell sehr große Datenbestände analysiert. Hier können die Performanceanforderungen stark mit der bearbeiteten Datenmenge variieren. Manche Reportingaufgabe wird eventuell nur einmal oder sehr selten ausgeführt, sodass sich aufwendige Performanceoptimierungen nicht lohnen.
- **Massenänderungen von Tabellendaten:** Dieser Typ wird wahrscheinlich eher selten ausgeführt. Er kann dennoch performancerelevant sein, falls z.B. alle Änderungen nur außerhalb des Produktivbetriebs in einem bestimmten knappen Zeitfenster erfolgen können. Hier sind auch sehr spezielle Optimierungen möglich. Es kann z.B. ein spezieller Index nur für den Zeitraum der Änderungen angelegt werden.
- **Einmalige Aufgaben:** Solche Aufgaben sollten nach Performancekriterien programmiert werden, eine umfangreiche Analyse und Optimierung lohnt sich jedoch meist nicht.

7.3.3 Zuverlässige Trace-Daten

Wie Sie die Traces nutzen, haben Sie im zweiten Kapitel erfahren. Nun müssen Sie noch ein paar Punkte beachten, um verlässliche Ergebnisse zu erhalten. Unvollständige, unzuverlässige, fehlerhafte oder aus anderen Gründen unbrauchbare Traces erschweren die Analyse ungemein. Es ist ärgerlich, wenn sich erst nach einer Weile des Suchens herausstellt, dass ein Problem kein Performance-, sondern ein Messproblem ist. Die Zeit, die Sie in die Vorbereitung investieren, sparen Sie sicher wieder ein.

- **Vorbereitung der Datenbasis:** Die Datenbanktabellen sollten auf jeden Fall die für den Testfall notwendigen Daten enthalten. Es darf nicht passieren, dass ein Teil der Funktionalität wegen fehlender Daten nicht durchlaufen wird. Um einen realistischen Eindruck von der Lesegeschwindigkeit zu bekommen, müssen die Tabellen auch einen realistischen Füllgrad aufweisen. Bei Tabellen mit weniger als 1000 Sätzen ist auch ein Full Table Scan relativ schnell. Fehlende Indizes und falsche Zugriffspfade fallen bei so kleinen Tabellen nicht auf. Tabellen, die später im Produktivbetrieb sehr groß werden können, also 100.000 und mehr Sätze haben können, sollten mit mindestens 50.000 Sätzen gefüllt sein. Außerdem sollte darauf geachtet werden, dass die Datenverteilung realistisch ist, sodass die Statistiken den realen Statistiken entsprechen. Einfaches Datenkopieren reicht oft nicht aus. In den Statistiken könnten manche Werte zu selten vorkommen oder die Datenverteilung könnte zu ungleich werden. All dies kann das Verhalten der Datenbank bei wichtigen Zugriffen stark verfälschen.
- **Systembelastung während der Messung:** Meist ist es am besten, wenn während einer Messung kein anderer Benutzer auf dem System arbeitet. Falls dies nicht möglich ist, sollten Sie zumindest darauf achten, dass die Messung reproduzierbar ist. Führen Sie lieber eine Messung mehr aus. Analysieren Sie nur eine Trace, die Sie mindestens in einer zweiten Messung bestätigen konnten. Beim Messen sollte das System keinesfalls unter Volllast stehen, siehe Abschnitt 8.3.4.
- **Vorläufe nicht vergessen:** Es muss immer wieder betont werden: Vor dem Erstellen einer Trace sollten Sie einen oder mehrere Vorläufe durchführen, um die Puffer und Caches zu füllen. Dies mag auf den ersten Blick etwas verwundern, ist aber die einzige Art, um reproduzierbare und aussagekräftige Trace-Daten zu erhalten. Insbesondere die Tabellenpuffer müssen eine Chance haben, genau die Daten des Testfalls in den Puffer zu laden. Alle hier verwendeten

Aussagen über die Schnelligkeit der Datenbankzugriffe beziehen sich nicht auf I/O-Zugriffe von den Datenbankfestplatten, sondern auf das Lesen aus dem Datenbankcache. Das Ziel ist nicht die Optimierung der einmaligen Erstausführung, sondern die Optimierung der wiederholten Ausführung.

Beispiel

Mit dem Effekt der Vorläufe werden Sie am besten vertraut, wenn Sie in Ihren ersten Analysen drei Ausführungen einer Trace ohne Vorlauf erstellen. Sie sollten sich von jeder Ausführung die Gesamtzeit ansehen. Üblicherweise wird die erste Ausführung um einiges länger dauern als die andern beiden. Meist dauern bereits die zweite und die dritte Ausführung ähnlich lang.

Wie stark die erste Trace von den anderen abweicht, kann man nicht sagen, da nicht klar ist, welche Teile der Puffer und Caches bereits durch andere Aktionen gefüllt waren. Zu den Initialisierungsprozessen gehören Pufferlade-, Programmlade- und Generierungsprozesse.

Die zweite und dritte Ausführung werden nie exakt gleich sein, aber eine Übereinstimmung in der Laufzeit plus minus 10 % sollte erreichbar sein. Falls dies nicht der Fall ist, ziehen Sie noch eine vierte und fünfte Trace hinzu und vergleichen noch einmal. Sind die Schwankungen zwischen den Traces immer noch groß, dann sollten Sie die Messung vielleicht zu einer anderen Tageszeit wiederholen.

Ansonsten nehmen Sie die schnellste der ähnlichen Messungen für die Analyse.

7.3.4 Konsistenzcheck und Potenzial

Ein weiterer Test der Verlässlichkeit der Trace-Daten ist der Vergleich der Zeiten aus den unterschiedlichen Tools:

- Führen Sie zunächst die Anwendung zweimal hintereinander durch, ohne eine Trace zu aktivieren. Suchen Sie in den Statistikdaten (STAD) die Antwortzeit (Response), Datenbankzeit (DB-Request) und ABAP-Zeit (CPU). Die erste Ausführung kann – wie bereits erklärt – länger dauern.
- Führen Sie die Anwendung ein weiteres Mal mit einer aktivierten SQL-Trace aus. Übernehmen Sie die Datenbankzeit aus dem Summensatz der Verdichtung nach SQL-Anweisungen.
- Führen Sie schließlich die Anwendung ein viertes Mal durch, um die ABAP-Trace zu erstellen. Aus der Übersicht der Ergebnisanzeige können Sie Gesamtlaufzeit sowie Datenbank- und ABAP-Zeit entnehmen.

Sammeln Sie alle Daten in einer Tabelle und überprüfen Sie, ob die Zeiten zusammenpassen. Beachten Sie bitte, dass die STAD die Zeiten in Millisekunden zeigt, während die Traces Mikrosekunden (µs) verwenden. Runden Sie die Zeiten auf Millisekunden:

Tab. 7–3 *Vergleich der Zeiten der verschiedenen Tools*

Zeiten (ms)	STAD	ABAP-Trace	SQL-Trace
Gesamtdauer	1300	1350	–
ABAP/CPU-Zeit	970	980	–
DB-Zeit	330	370	350

Die eingetragenen Zeiten stammen aus einer realen, gut reproduzierbaren Anwendung und benötigen auch da einige Wiederholungen, um so gut zu passen, insbesondere die Datenbankzeit kann sehr schwanken. Die Zeiten werden nicht exakt, aber ungefähr zusammenpassen.

Verteilung der Zeiten auf Datenbank und Applikationsserver

Die Zeiten verdeutlichen auch das Optimierungspotenzial und die Verteilung auf Datenbank- und Applikationsserverzeit. Es gibt keine allgemein gültigen Richtlinien, in welchem Verhältnis die Zeiten stehen sollten. Je nach Aufgabentyp, Transaktion, Reporting oder Tabellenanpassung sind unterschiedliche Verteilungen typisch. Es sind aber auch immer große Abweichungen möglich:

- Bei Transaktionen sollte gelten, dass die Daten nach dem Lesen von der Datenbank immer verarbeitet werden müssen. Deshalb sollte der Datenbankanteil weniger als die Hälfte ausmachen, Werte um 20 % bis 30 % sind ein guter Richtwert.
- Für Reportingaufgaben lässt sich diesbezüglich sehr wenig aussagen. Es ist alles möglich. Es kann sein, dass sehr viele Daten von der Datenbank gelesen und nur wenig aufbereitet werden. Es kann aber auch sein, dass das Datenlesen einfach ist, die Aufbereitung aber sehr aufwendig.
- Bei den Tabellenanpassungen wird der Datenbankanteil meist hoch sein. Aber auch das Gegenteil ist möglich.

Wenn Sie mehr über die zu untersuchende Anwendung wissen, können Sie wahrscheinlich einschätzen, ob die gemessene Verteilung zwischen Datenbank und Applikationsserver sinnvoll ist oder nicht.

7.3.5 Vorabanalyse mit dem Code Inspector

Der Code Inspector (SCI) wurde in den vorangegangenen Kapiteln immer wieder erwähnt. Er stellt ein paar nützliche Prüfungen zur Verfügung, mit denen Sie einige Probleme schon in einem automatisierten Vortest erkennen können:

- Probleme mit der `WHERE`-Klausel einer `SELECT`-Anweisung,
- Anweisungen auf gepufferte Tabellen, die den Puffer nicht nutzen können,
- Operationen auf internen Tabellen, die nicht optimiert sind.

Es ist sinnvoll, wenn Sie vor der Analyse den Code Inspector schon auf die Bausteine anwenden, die bei dem Testfall ausgeführt werden.

7.3.6 Erwartungen und Rahmenbedingungen

Schließlich sollten Sie noch prüfen, ob es Erwartungen oder Rahmenbedingungen an die Performance der Anwendung gibt. Vielleicht steht für die Anwendung nur ein bestimmtes Zeitfenster zur Verfügung oder es gibt eine ältere Lösung der Aufgabe, die in einer bestimmten Zeit fertig wurde.

Falls es solche Erwartungen gibt, können Sie daraus Anforderungen an die Optimierung ableiten. Schon an den Gesamtlaufzeiten können Sie dann ersehen, wie realistisch diese Erwartungen sind.

> Eine gute Vorbereitung ist enorm wichtig für eine gute Analyse. Falls Sie den falschen Testfall auswählen oder nicht reproduzierbare Daten analysieren, verschwenden Sie nur unnötig Zeit, ohne sinnvolle Ergebnisse zu erhalten.

7.4 Analyse anhand der SQL-Trace

Die große Bedeutung der SQL-Trace zeigt sich erst jetzt bei der Performanceanalyse. Die Informationen, die die SQL-Trace liefert, erlauben eine sehr detaillierte Bestimmung des Optimierungspotenzials.

Bisher wurde die SQL-Trace nur genutzt, um Fragen wie folgende zu beantworten:

- Wie oft wird eine bestimmte Anweisung ausgeführt?
- Wie lange dauert sie?
- Wie viele Sätze liest oder ändert sie?

Nun soll die Anwendung als Ganzes analysiert werden. Die Fragen gehen vom Ganzen zum Detail:

- Wie lange dauert die gesamte Anwendung?
- Welche Anweisungen tragen besonders viel dazu bei?
- Haben diese Anweisungen Optimierungspotenzial, verstoßen sie gegen eines oder mehrere Performanceziele?
- Wenn ja, wo liegt das Problem und was ist die Ursache?

Abb. 7–1
Messung oder Analyse der Performance

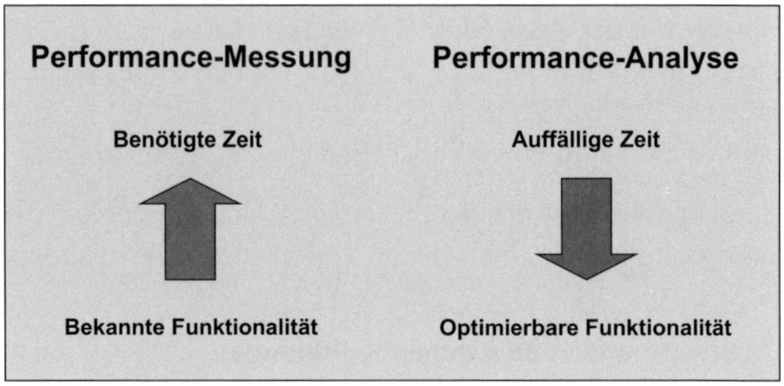

Die Vorgehensweise hat sich umgekehrt. Es ist nicht mehr eine bestimmte Anweisung von vornherein interessant, sondern es sind diejenigen Anweisungen am interessantesten, die sich am stärksten verbessern lassen. Das ist die Aufgabe der Performanceanalyse.

Nach den umfangreichen Vorbereitungen in den vorhergehenden Kapiteln gilt: Ist ein Problem erst mal identifiziert, dann kann anhand der Programmierempfehlung meist relativ schnell eine Lösung gefunden werden.

Bedeutung der Performanceziele bei der SQL-Trace

Abb. 7–2
Verdichtung nach SQL-Anweisungen mit Checks

Wie lassen sich die fünf Ziele der Performanceanalyse mit der SQL-Trace überprüfen? Die geeignete Darstellung des Trace-Ergebnisses ist die Verdichtung nach SQL-Anweisungen:

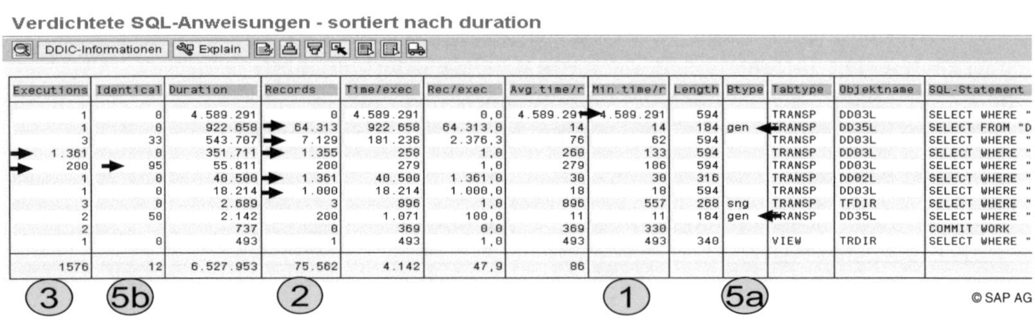
Verdichtete SQL-Anweisungen - sortiert nach duration

DDIC-Informationen | Explain

Executions	Identical	Duration	Records	Time/exec	Rec/exec	Avg.time/r	Min.time/r	Length	Btype	Tabtype	Objektname	SQL-Statement
1	0	4.589.291	0	4.589.291	0,0	4.589.291	4.589.291	594		TRANSP	DD03L	SELECT WHERE "
1	0	922.658	64.313	922.658	64.313,0	14	14	184	gen	TRANSP	DD35L	SELECT FROM "D
3	33	543.707	7.129	181.236	2.376,3	76	62	594		TRANSP	DD03L	SELECT WHERE "
1.361	0	351.711	1.355	258	1,0	260	133	594		TRANSP	DD03L	SELECT WHERE "
200	95	55.811	200	279	1,0	279	186	594		TRANSP	DD03L	SELECT WHERE "
1	0	40.500	1.361	40.500	1.361,0	30	30	316		TRANSP	DD02L	SELECT WHERE "
1	0	18.214	1.000	18.214	1.000,0	18	18	594		TRANSP	DD03L	SELECT WHERE "
3	0	2.689	3	896	1,0	896	557	268	sng	TRANSP	TFDIR	SELECT WHERE "
2	50	2.142	200	1.071	100,0	11	11	184	gen	TRANSP	DD35L	SELECT WHERE "
2		737	0	369	0,0	369	330					COMMIT WORK
1	0	493	1	493	1,0	493	493	340		VIEW	TRDIR	SELECT WHERE "
1576	12	6.527.953	75.562	4.142	47,9	86						

Verstöße gegen die fünf Ziele lassen sich anhand der folgenden sechs Tests finden:

Tab. 7–4
Ziele der Performance angewandt auf SQL-Trace

Test	Test	Beschreibung
Sortieren Sie nach `Duration`, also Laufzeit, absteigend. Bestimmen Sie, welche Beiträge mehr als 1 % der Gesamtlaufzeit ausmachen.		
0	Einsparpotenzial	Überprüfen Sie alle teuren Beiträge auf ihre Notwendigkeit.
1	`Min.time/r` = langsame Ausführungen	Betrachten Sie die Einträge in der Spalte `Min.time/r`, Werte größer 10.000 µs sollten genauer untersucht werden. Sie weisen auf mögliche Probleme bei der Zugriffseffizienz hin.
2	`Records` = zu viele Sätze	Überprüfen Sie die Spalte `Rec`, d.h. Anzahl der bearbeiteten Sätze. Alle Einträge größer 50 sollten näher betrachtet werden.
3	`Executions` = zu viele Ausführungen	Analysieren Sie die Spalte `Exec`, d.h. die Ausführungen. Alle Zeilen mit einem Wert größer 50 oder einem noch zu bestimmenden Wert können vielleicht verbessert werden.
4	`Length` = Satzbreite	Große Werte von `Length` (> 500 Byte) deuten auf breite Tabellen hin, bei ihnen ist eventuell die Verwendung einer Feldliste sinnvoll.
5a	`Btype` = Pufferungsart oder -möglichkeit	Einträge in der Spalte `Btype` deuten auf ein Problem mit der Tabellenpufferung hin.
5b	`Identical` = einsparbare identische Ausführungen	Einträge in der Spalte `Identical` deuten auf Pufferungsbedarf, mit Tabellenpuffer oder Pufferbaustein, hin.

- Das Ziel 0 besitzt eine Sonderrolle, denn es lässt sich nicht an einer technischen Kenngröße festmachen, sondern es müssen alle teuren Beiträge bezüglich der Notwendigkeit überdacht werden.
- Das Ziel 1 lässt sich recht gut mit der minimalen Zeit pro Satz überprüfen. Entscheidet sich der Optimierer für einen schlechten Zugriffspfad, dann steigt die Zeit pro Satz meist stark an.
- Das Ziel 2 bezieht sich auf die benötigte Menge von Sätzen. Diese lässt sich sehr gut überprüfen. Es muss lediglich der richtige Grenzwert gefunden werden, siehe unten.
- Ähnlich verhält es sich bei Ziel 3, der Zahl der Ausführungen. Auch hier muss der richtige Grenzwert festgelegt werden.
- Es genügt das vierte Ziel, die Skalierbarkeit, anhand der ABAP-Trace und des im Abschnitt 7.7 beschriebenen Tools zu testen.
- Das neue Ziel 4 bezieht sich auf die Optimierung der Satzbreite.
- Die Tests 5a und 5b beziehen sich beide auf die Pufferung. Sie können als Verstöße gegen die Ziele 0 und 1 angesehen werden. Zum

einen sind Zugriffe auf die Datenbank unnötig, wenn sie eigentlich auf den Puffer gehen sollten. Zum anderen sind sie natürlich schneller, wenn sie den Puffer nutzen. In der Reihenfolge sind sie mit Absicht hinter den Tests 2 und 3 angeordnet, da auch vom Puffer nicht unnötig viel und unnötig oft gelesen werden sollte.

Richtige Wahl der Grenzwerte

Die obigen Grenzwerte bei den Tests 1, 2, 3 und 4 sind Vorschläge, die gegebenenfalls an den Kontext angepasst werden müssen.

Der Grenzwert 10.000 µs bzw. 10 ms für `Min.time/r` ist relativ großzügig. Jeder gute Zugriff sollte um einiges schneller sein. Auf einer aktuellen Hardware sind Zugriffszeiten pro Satz von 500 µs möglich und Mengenzugriffe sind noch weit schneller. Schwierige Suchen, Plattenzugriffe und ältere Hardware liefern natürlich höhere Werte. Der Grenzwert kann deshalb nur eine Auswahlhilfe für die weitere Untersuchung sein. Er sollte nicht zu klein gewählt werden, um nicht zu viele Anweisungen testen zu müssen. Mit einem kleineren Grenzwert sind Sie sicherer, dass Ihnen kein langsamer Zugriff entgeht.

Der Grenzwert für die Anzahl der gelesenen Sätze hängt von der Aufgabe und dem zu erwartenden Datenvolumen ab. Ein Wert von 50 ist bei der transaktionalen Verarbeitung eines kleinen Objekts sinnvoll. Bei größeren Objekten oder einer Reportingaufgabe können weit größere Werte richtig sein.

Bei dem Grenzwert für die Zahl der Ausführungen verhält es sich ähnlich. Auch hier sind größere Grenzwerte bei komplexeren Aufgaben sinnvoll. Die Anzahl der Ausführungen sollte auch weniger schnell zunehmen als die Anzahl der Sätze, da eine Array-Verarbeitung genutzt werden sollte.

Falls Sie sich bei den Tests 2 und 3 für keinen Wert entscheiden können, dann überprüfen Sie einfach, welche größten Werte vorkommen, und bestimmen daraus, ob diese sinnvoll sind oder nicht.

Bei der Satzbreite können Sie auf einen Grenzwert auch ganz verzichten und einfach bei den teuersten Anwendungen nachsehen, ob eine Feldliste verwendet wird.

Zusammenhang mit den Goldenen Regeln

Offensichtlich hängen die Ziele der Performanceanalyse bei der SQL-Trace direkt mit den Goldenen Regeln der Datenbankprogrammierung zusammen. Nur das Ziel 0 entspricht keiner Regel. Die Diskussion der einzelnen Regeln in den Abschnitten 4.2 bis 4.9 dient als Grundlage für die Ursachenfindung.

Performance-ziel	Test in SQL-Trace	Goldene Regel Nr.	Erklärung in Abschnitt
0	Große Zeiten		
1	`Min.time/r`	1	4.2
2	`Records`	2	4.3
3	`Executions`	3	4.4
4	`Length` = Satzbreite	4	4.5
5a	`Btype`	5	5.7
5b	`Identical`		5.7, 5.8

Tab. 7-5
Ziele der Performance und Goldene Regeln

Um die Ursachen der Probleme zu finden, sind noch weitere Untersuchungen nötig. Sie können nach Gefühl bzw. eigenen Erfahrungen vorgehen und die Zusammenfassung des vierten Kapitels als Hilfsmittel nutzen. Jedoch ist gerade die Untersuchung der Zugriffseffizienz (Ziel 1) nicht trivial. Eine Hilfestellung soll Ihnen die systematische Anleitung im nächsten Abschnitt geben.

Die Ziele der Analyse lassen sich in der SQL-Trace anhand der Verdichtung nach SQL-Anweisungen direkt in einzelnen Tests umsetzen. Für jedes Ziel gibt es eine Kenngröße, für die sich ein Grenzwert festlegen lässt. Ist der Grenzwert überschritten, sollten Sie die Ursache suchen.

7.5 Ursachensuche bei SQL-Problemen

Nach mehreren Versuchen habe ich mich entschlossen, folgende Beschreibung eher knapp zu halten und die Tabellen zur besseren Übersicht zu nutzen. Falls Sie selbst herausfinden wollen, was die Ursache der identifizierten Probleme ist, kann sie eine gute Unterstützung sein. Die Beschreibung deckt die meisten Möglichkeiten ab, deshalb sollte es sich auch für einen erfahrenen Leser lohnen, die Punkte einmal durchzugehen, um vielleicht noch unbekannte Ursachen zu finden.

7.5.1 Analyse der langsamen SELECTs

Die Analyse einer langsamen Ausführung ist die umfangreichste der Analysen, denn es sind mehrere Schritte nötig. Insbesondere sind die Schritte etwas schwer zu erklären; wenn Sie sie erst einmal durchgespielt haben, sind die Schritte relativ klar. Folgendes ist hier durchzuführen:

- Verweis bei Zugriffen auf mehrere Tabellen auf Abschnitt 7.5.6.
- Bei sehr vielen Sätzen ist ein Blick in den nächsten Unterabschnitt sinnvoll.
- Abschätzung der Selektivität der WHERE-Klausel
- Bewertung der WHERE-Klausel
- Abschätzung der Selektivität der Indizes bei dieser WHERE-Klausel
- Bewertung des Indexzugriffs
- Beeinflussung des Optimierers

Hier und im Weiteren spielt die ausgeführte SQL-Anweisung eine Rolle. Sie ist nicht immer gleich der Open-SQL-Anweisung im ABAP, da diese noch von der Datenbank-Schnittstelle umgesetzt wird und dabei größere Veränderungen erfahren kann, siehe Abschnitt 3.2.2.

Die Analyse wird noch etwas komplexer, wenn mehrere Tabellen beteiligt sind, siehe Abschnitt 7.5.6.

Tab. 7–6
Die Anzahl der beteiligten Tabellen

Eine oder mehrere Tabellen	Test an	Weiteres Vorgehen
Betrachtung der tatsächlichen SQL-Anweisung im Detail, dort sind auch Join-Views aufgelöst.	Eine Tabelle	Dieser Abschnitt
	Mehrere Tabelle	Weiter im Unterabschnitt 7.5.6

Ist die übertragene Menge von Sätzen sehr groß, dann ist es sinnvoll, zunächst einen Blick in den nächsten Unterabschnitt zu werfen.

Tab. 7–7
Selektivität der WHERE-Klausel

Sehr viele Treffer	Test an	Weiteres Vorgehen
Große übertragene Menge	Große Abweichung zwischen Open-SQL-Anweisung und ausgeführter Anweisung (Detail)	Im nächsten Unterabschnitt sind Fehler zusammengestellt, die zu großen Abweichungen führen.

Zunächst müssen Sie die Selektivität der WHERE-Klausel abschätzen. Dazu sollte Ihnen der Inhalt des Abschnitts 3.5 über den Optimierer und die Selektivitäten vertraut sein. Dort wurde ausführlich erklärt, wie Selektivitäten abzuschätzen sind.

- Übernehmen Sie die Felder und Operatoren aus der WHERE-Klausel der ausgeführten Anweisung.
- Durch die automatische Mandantenbehandlung wird das Mandantenfeld (`mandt`, `mandant`, `client`, `clnt`) bei Bedarf automatisch in die auszuführende WHERE-Klausel eingefügt.
- Es ist einfacher, wenn die Selektivitäten der Felder bekannt sind. Dafür müssen die Felder in einem Index vorkommen und die Selek-

tivitäten von der Datenbank angezeigt werden, was nicht bei jeder Datenbankplattform der Fall ist, siehe Abschnitt 2.3.7.

- Falls Sie die Selektivitäten nicht finden bzw. falls ein Feld in keinem Index vorkommt, dann sollten Sie die Selektivitäten einfach abschätzen. Dabei genügen die drei Werte hoch, mittel oder klein, siehe Abschnitt 3.5.2.
- Auch die Operatoren außer der Gleichheit (=) müssen abgeschätzt werden. Dabei helfen die Beispiele am Ende von Abschnitt 4.2.2.

Indexunterstützung		Selektivität (Wert oder Abschätzung)	Index-0	Index~n
Feld	Operator			
W1: `Warenhaus`	=	50	1: 50	
W2: `Sparte`	=	30	2: 30	
W3: `Datum`	=	700		1: 700
W4:				
...				
Gesamtselektivität		1.050.000	1.500	700
Zahl der Sätze in Tabelle		1.000.000		
Zu erwartende Treffermenge		1	**666**	1.428

Tab. 7-8 *Selektivität der* `WHERE`-*Klausel und der Indizes mit Beispieldaten*

Über die Selektivitäten können Sie die zu erwartende Menge abschätzen. Diese muss mit der tatsächlich übertragenen Menge pro Ausführung, d.h. dem Eintrag in `Rec/exec`, verglichen werden:

- Bei einer hohen Selektivität und damit einer kleinen erwarteten Menge gibt es zwei Möglichkeiten:
  - Die übertragene Menge ist ebenfalls klein, dann kann ein gut passender Index eine schnelle Lösung liefern.
  - Ist die übertragene Menge jedoch groß, dann stimmt die Abschätzung nicht. Sie sollten nachprüfen, ob dies nur bei einer Ausführung und bei allen so ist.
- Bei einer geringen Selektivität und damit einer großen erwarteten Menge gibt es drei Möglichkeiten. In diese Gruppe fallen auch die Fälle, bei denen für manche Felder keine Statistiken vorliegen, sodass ihre Selektivität für den Optimierer unbekannt ist und nur abgeschätzt werden kann.
  - Die übertragene Menge kann ebenfalls groß sein, dann geht ein Full Table Scan oder ein wenig selektiver Primärschlüsselzugriff in Ordnung. Es ist zu hinterfragen, ob nicht eine stärkere ein-

schränkende WHERE-Klausel möglich wäre, siehe nächsten Unterabschnitt.

- Die übertragene Menge kann auch klein sein, falls die Treffermenge durch Zusatzbefehle (DISTINCT, Aggregate, ORDER BY mit UP TO n ROWS) weiter eingeschränkt wurde. Dieser Fall geht in Ordnung, insbesondere falls die Einschränkung stärker als 50 % ausfällt, siehe Abschnitt 4.3. Da ein übertragener Satz eventuell die Suche von vielen Sätzen erfordert, darf die Zeit pro Satz auch etwas größer sein.
- Ist jedoch die abgeschätzte Selektivität gering und die tatsächliche hoch, dann wäre ein schneller Zugriff möglich. Der Optimierer wird sich jedoch aufgrund seiner Fehlinformationen wahrscheinlich für einen Full Table Scan entscheiden. Hier muss die Optimiererentscheidung beeinflusst werden, siehe unten.

Tab. 7–9
Selektivität der WHERE-Klausel

WHERE-Klausel	Test an	Weiteres Vorgehen
Selektivität der WHERE-Bedingung	Erwartete Menge klein	Richtig, mit einer guten Indexunterstützung müsste der Zugriff schnell sein. Der nächste Punkt testet die Indexunterstützung.
		Falsch, die erwartete Menge ist klein, die übertragene Menge ist groß. Die Statistiken beschreiben nicht den Ist-Zustand.
	Erwartete Menge groß	Richtig, die übertragene Menge ist wie erwartet sehr groß. Gehen Sie zum nächsten Unterabschnitt zum Punkt »Unselektive WHERE-Klausel«.
		Falsch, die übertragene Menge ist relativ gering. Falls die Treffermenge jedoch durch Zusatzbefehle eingeschränkt oder zusammengefasst wurde, kann eine höhere Zeit pro Satz in Ordnung sein.
		Falsch, die Statistiken sind falsch oder unvollständig, der Zugriff ist eigentlich selektiv. Der Optimierer wählt eventuell einen Full Table Scan, obwohl ein Indexzugriff schnell sein könnte. Weiter unten sehen Sie, wie die Entscheidung beeinflusst werden kann.

Indexunterstützung

Analog zur Bestimmung der Selektivität der WHERE-Klausel, lässt sich die Selektivität der vorhandenen Indizes für diese WHERE-Klausel bestimmen. Das Ergebnis kann in die Tabelle 7–8 eingetragen werden:

- Überprüfen Sie die Selektivität des Primärindex, siehe DDIC-Anzeige. Es können nur die Felder des Index verwendet werden, die beginnend von dem ersten ohne Lücke in der WHERE-Klausel vorkommen. Nur Gleichheitsbedingungen können mit Sicherheit verwendet werden. Ungleichheitsbedingung können auf dem Index nicht ausgewertet werden. Bei den anderen Operatoren ist die Verwendung plattformspezifisch. Eine fehlende Bedingung für ein unselektives Feld kann von manchen Plattformen übersprungen werden (Index Skip Scan).

- Als Nächstes werfen Sie einen Blick auf die Sekundärindizes, die Sie ebenfalls im DDIC finden (siehe Abschnitt 3.9.2). Auch für diese bestimmen Sie die Selektivität wie beim Primärindex.

Als Ergebnis sollten Sie wissen, wie gut die vorhandenen Indizes die `WHERE`-Klausel unterstützen. Als Nächstes sehen Sie im DB-Explain nach, wie sich die Datenbank entscheidet:

Tab. 7–10
Wie gut sind die Indizes und welcher wird verwendet?

Indexeinschätzung	DB-Explain	Weiteres Vorgehen
Ein vorhandener Index ist für die `WHERE`-Klausel sehr gut geeignet.	Der Optimierer nimmt den Index.	Falls Min.time/r dennoch groß ist, stimmt eventuell die Messung nicht, oder die Statistiken geben nicht den Ist-Zustand wieder.
	Er nimmt ihn nicht.	Beeinflussen des Optimierers, siehe unten.
Mehrere Indizes kommen infrage.	Der Optimierer nimmt einen davon.	Kann die `WHERE`-Klausel verändert werden, sodass einer der Indizes wirklich gut passt, siehe 4.2.4?
		Kann einer der Indizes erweitert werden, siehe Indexdesign 4.2.6?
Kein vorhandener Index passt gut.	Zugriff im Explain ist relativ unwichtig, wahrscheinlich ist es ein Full Table Scan oder ein Primärindexzugriff.	Es muss ein passender Index angelegt werden, siehe 4.2.6.

Für die Indexunterstützung der vorliegenden `WHERE`-Klausel sind drei Fälle zu unterscheiden: Es gibt einen sehr gut passenden Index, es gibt einen oder mehrere halbwegs passende oder es ist kein passender Index vorhanden:

- Falls es einen Index gibt, der alle Felder der `WHERE`-Klausel ohne Lücken enthält, dann sollte die Datenbank diesen auch verwenden und eine gute Zugriffszeit erreichen. Falls die Zugriffszeit nicht so gut ausfällt, dann ist vielleicht die Messung nicht reproduzierbar und Sie sollten die Trace wiederholen. Eine einfache `WHERE`-Klausel können Sie mit der Tabellenanzeige (SE16) nachstellen und überprüfen. Gelegentlich kommt es vor, dass ein schmalerer Index verwendet wird, falls dieser eine ähnlich gute Selektivität erreicht.

- Oft stehen mehrere Indizes zur Auswahl und keiner ist optimal. Dann sollten Sie überprüfen, ob Sie nicht durch Erweiterung der WHERE-Klausel oder Änderung eines Index die Situation eindeutiger machen können.
- Falls kein vorhandener Index die Selektivität der WHERE-Klausel unterstützt, kann eine gute Zugriffszeit nur mit einem neuen Index erreicht werden.

Die Entscheidung des Optimierers lässt sich auf folgende Arten beeinflussen:

Tab. 7–11 Beeinflussung des Optimierers

Beeinflussung des Optimierers	Vorgehen
Änderung der WHERE-Klausel	Die WHERE-Klausel sollte den Empfehlungen des Abschnitts 4.2 folgen.
Änderung des Index	Existiert der Index auf der Datenbank oder ist es eine reine DDIC-Definition?
	Sind die Statistiken wirklich vorhanden und aktuell bzw. geben sie wirklich den tatsächlichen Stand auf der Datenbank wieder, siehe Anhang A.4
	Kann der Index verändert werden, um sich von anderen besser zu unterscheiden oder insgesamt selektiver zu werden? Lesen Sie dazu Abschnitt 4.2.6.
	Muss ein neuer Index angelegt werden? Lesen Sie ebenfalls beim Indexdesign 4.2.6 nach.
Direkte Optimiererbeeinflussung	Mit Datenbank-Hints lässt sich der Optimierer direkt beeinflussen. Die Hints sind plattformabhängig. Der wichtigste Hinweis 129385 enthält Verweise auf plattformspezifische Hinweise.

Falls die Untersuchung ergibt, dass das Verhalten der Datenbank nicht optimal ist, dann gibt es verschiedene Möglichkeiten, dies zu beeinflussen.

- Zunächst sollten Sie überprüfen, ob die WHERE-Klausel wirklich die gesamte verfügbare Information enthält und ob sie den Empfehlungen des Abschnitts 4.2 genügt. Die Anpassung der WHERE-Klausel ist die einfachste Beeinflussung, da sie sich nur auf diese Anweisung auswirkt.
- Als Nächstes sollten die Indizes überprüft werden.
    - Wird der gewünschte Index nicht genommen, weil er nicht auf der Datenbank existiert? Entsprechen die Statistiken nicht dem

tatsächlichen Zustand, weil sie nicht aktuell sind? Die Diskussion der Probleme mit den Statistiken finden Sie im Abschnitt 3.5.5.

- Eventuell kann ein Index um ein Feld erweitert oder die Reihenfolge der Felder geändert werden. Falls keiner der vorhandenen Indizes passt, muss er angelegt werden. Durch diese Änderungen werden eventuell auch andere Anweisungen auf diese Tabelle beeinflusst. Lesen Sie deshalb den Abschnitt 4.2.6 über Indexdesign genau durch.

- Schließlich gibt es noch die Möglichkeit, den Optimierer direkt zu beeinflussen. Dazu kann die Anweisung durch einen Hint ergänzt werden. Da Hints plattformspezifisch sind, muss für jede Datenbank, auf der das Verhalten beeinflusst werden soll, ein eigener Hint angegeben werden. Hints sind normalerweise die letzte Möglichkeit und sollten sehr zurückhaltend verwendet werden. Informieren Sie sich genau über die verfügbaren Hints für Ihre Datenbank und das verwendete Release. Der SAP-Hinweis 129385 ist ein guter Einstieg.

Die minimale Zeit pro Satz ist ein nützlicher Hinweis auf potenziell langsame Zugriffe. Nicht alle indizierten Anweisungen sind Fehler, insbesondere wenn die Zahl der Ausführungen klein ist, kann die Ursache auch eine Messungenauigkeit sein.

Die Analyse beginnt mit der Bestimmung der Selektivität der `WHERE`-Klausel. Nur eine selektive `WHERE`-Klausel kann überhaupt schnell verarbeitet werden. Danach wird überprüft, wie die vorhandenen Indizes die `WHERE`-Klausel unterstützen und welchen Zugriff der Optimierer wählt.

Ist das Verhalten nicht optimal, dann lässt es sich möglicherweise durch Änderung der `WHERE`-Klausel, der Indizes oder durch Beeinflussung der Optimiererentscheidung ändern.

7.5.2 Analyse großer übertragener Mengen

Auch wenn jeder einzelne Satz schnell gefunden wird, kann die Gesamtdauer der Anweisung immer noch lang sein, wenn sehr viele Sätze übertragen werden. Die Zahl der übertragenen Sätze sollte also möglichst klein sein, um eine gute Performance zu gewährleisten.

Sehen Sie sich dazu die Abbildung 4–4 im Abschnitt 4.3.1 an. Die übertragene Menge wird durch die Treffermenge der `WHERE`-Klausel bestimmt, diese kann jedoch durch zusätzliche Befehle noch weiter eingeschränkt werden. Dazu sind folgende Prüfungen sinnvoll:

Tab. 7–12
Tests bei großen übertragenen Mengen

Viele übertragene Sätze	Erkennbar an	Weiteres Vorgehen
Es gibt sehr viele Ausführungen.		Siehe nächsten Unterpunkt
Vergleich der `WHERE`-Klausel der Open-SQL-Anweisung in ABAP und der von der Datenbank ausgeführten Anweisung, siehe Detail in SQL-Trace	Die beiden Anweisungen weichen voneinander ab.	Es gibt Selektionsoptionen (`IN`), von denen einige nicht genutzt werden (siehe 4.2.3).
		Code enthält eine `FOR ALL ENTRIES` mit leerer Treibertabelle, dadurch ist die `WHERE`-Klausel leer (siehe 4.4.5).
		Es scheint ein Pufferfüller für den Tabellenpuffer zu sein, erkennbar am Eintrag in `Btype`, und `ORDER BY` in der ausgeführten Anweisung (siehe 5.3.4), weiter in 7.5.5.
	Keine Unterschiede zwischen den Anweisungen zu finden.	Es ist ein `FOR ALL ENTRIES`, die Treibertabelle enthält viele doppelte Einträge (siehe 4.4.5).
		Der Zugriff ist der Pufferlader eines Pufferbausteins, meist am Code zu erkennen, siehe 7.5.5.
Betrachten Sie die gesamte Anweisung und das Umfeld des `SELEC/ENDSELECT` bzw. eines anschließenden `LOOP` über die Tabelle auf `INTO TABLE`	Es gibt zusätzliche Einschränkungen durch `CHECK`- oder `IF`-Bedingungen o. Ä.	Diese Einschränkungen sollten in die `WHERE`-Klausel aufgenommen werden.
	Werden doppelte Sätze gelöscht, Sätze zusammengefasst, d.h., werden Summen, Maximum o.Ä. gebildet? Wird sortiert und danach auf die ersten Sätze eingeschränkt?	Lesen Sie im Abschnitt 4.3 nach, wann es besser ist, diese Verarbeitung schon in der Datenbank mit Zusatzbefehlen `DISTINCT`, Aggregaten, `ORDER BY` mit `UP TO n ROWS` zu machen.
	Geschachtelter `SELECT` oder `SELECT` mit nachfolgendem `FOR ALL ENTRIES` bei einem Zugriff mit verteilter Selektivität	Erst der folgende `SELECT` reduziert die Sätze. Hier ist wahrscheinlich ein `JOIN` besser, siehe 4.8.5.
Unselektive `WHERE`-Klausel		Fehlerhaft oder weitere Einschränkung irgendwo im weiteren Programmablauf

- Gibt es viele Ausführungen, dann sollten Sie zunächst den nächsten Unterabschnitt ansehen.
- Große Unterschiede zwischen der Open-SQL-Anweisung im ABAP und der ausgeführten Anweisung deuten auf Fehler hin.

- Große spätere Reduktionen oder Zusammenfassungen der Zahl der Sätze sollten besser in die Anweisung übernommen werden.
- Die WHERE-Klausel ist unselektiv und wahrscheinlich fehlerhaft.

Diese Tests finden die meisten Fehler, die zu großen übertragenen Mengen führen können. Natürlich spielt auch das Daten- und Tabellendesign eine Rolle, damit eine Anwendung effizient auf die wirklich benötigten Daten zugreifen kann. Bei schlechtem Design lassen sich die Auswahlbedingungen gelegentlich nicht auf WHERE-Bedingungen abbilden. Daten sollten erst dann gelesen werden, wenn sie benötigt werden. Ein zu frühes Lesen macht es eventuell schwer nachvollziehbar, welche Daten wirklich benötigt werden.

Werden sehr viele Sätze übertragen, dann kommen Fehler oder erst später erfolgende Einschränkungen als Ursachen infrage. Auch viele Ausführungen können eine Ursache sein.

7.5.3 Analyse bei vielen Ausführungen

Falls die Zahl der Ausführungen sehr hoch ist, dann sollten Sie sich an den identischen Ausführungen orientieren. Damit lassen sich drei Ursachentypen unterscheiden:

- Fehler
- Probleme bei der Pufferung
- Mangelnde Bündelung von Ausführungen

Eine sinnvolle Unterscheidung ist der Prozentsatz der einsparbaren identischen Ausführungen. Da diese Größe oft falsch verstanden wird, lesen Sie sich am besten die Erklärung im Abschnitt 2.3.4 noch mal durch. Bei zwei identischen Ausführungen zeigt die Anzeige 50 %, da eine Ausführung notwendig ist und eine eingespart werden könnte.

- Ein hoher Prozentsatz von 80 % besagt, dass im Mittel vier von fünf Ausführungen einsparbar wären, bei 90 % sind es sogar neun von zehn. So hohe Zahlen können eigentlich nicht sinnvoll sein und deuten auf Fehler hin. Fehler sind insbesondere dann wahrscheinlich, wenn sie von der gleichen Aufrufstelle stammen. Dazu weiter unten mehr.
- Bei kleineren Prozentsätzen kann es sein, dass die gleichen Daten an verschiedenen Stellen benötigt werden. Da die Programmteile unabhängig entwickelt wurden, beschaffen sie sich selbst die Daten. Erst beim Zusammenbau zu einer Anwendung zeigt sich, dass ein Pufferungskonzept notwendig ist.

- Es gibt noch weitere Gründe, wie es zu vielen Ausführungen kommen kann, hier sind die identischen Ausführungen eher die Ausnahme. Es ist dabei notwendig, Array-Verarbeitung einzusetzen, um die Ausführungszahlen zu reduzieren.

Tab. 7–13
Überprüfung bei vielen Ausführungen

Viele Ausführungen	Erkennbar an	Weiteres Vorgehen
Identische Ausführungen	Sehr viele identische Ausführungen, mehr als 80 % oder 90 %	So viele identische Ausführungen deuten meist auf Fehler hin, siehe unten.
	Wenige identische Ausführungen bedeuten meist Probleme mit der Pufferung, siehe 7.5.5.	Eintrag in `Btype` (`ful`, `gen` oder `sng`) bedeutet Tabellenpuffer ist aktiviert, wird aber nicht genutzt.
		Es gibt einen Pufferbaustein, erkennbar im ABAP-Code, der funktioniert jedoch nicht.
		Es besteht Bedarf für eine Pufferung.
	Fast keine identischen Ausführungen	Die `SELECT`-Anweisung befindet sich in einer anderen `SELECT/ENDSELECT`-Schleife oder in einem `LOOP`, hier wäre eine Alternative für den geschachtelten `SELECT` sinnvoller, siehe Abschnitt 4.7.
		Pufferbaustein, der keine Array-Verarbeitung unterstützt und mit Einzelsätzen gefüllt wird.
		ABAP enthält `FOR ALL ENTRIES`, eventuell viele doppelte Einträge in Treibertabelle (siehe 4.4.5) oder andere Operatoren als Gleichheit.
		Die Schleife kann natürlich auf einer anderen Ebene liegen, siehe Call Stack unten.

Fehlerhafte identische Ausführungen

Die vielen fehlerhaften identischen Ausführungen sollten nicht einfach auf einen Puffer umgeleitet, sondern beseitigt werden. Im einfachsten Fall lässt sich ein solcher Fehler leicht erkennen:

```
LOOP AT itab into wa.
  SELECT * INTO ls_dbtab
         FROM db_tab
         WHERE field1 = 'a'.
    ...
ENDLOOP.
```

Hier wird ein `SELECT` in einen `LOOP` ausgeführt, obwohl die `WHERE`-Klausel überhaupt keine Abhängigkeit von dem `LOOP` enthält. In jedem Durchlauf werden die gleichen Daten gelesen. Natürlich kann der `SELECT` unverändert vor den `LOOP` gestellt werden.

Nicht immer ist es so einfach. Es kann auch sein, dass ganze Modularisierungseinheiten identisch durchlaufen werden, was eventuell nicht so leicht zu erkennen ist. Gerade solche Probleme sind mit anderen Tools gar nicht zu identifizieren, die ABAP-Trace merkt zum Beispiel nicht, ob eine Anweisung mehrfach mit identischen Parametern durchlaufen wurde. Funktionale Probleme ergeben sich aus identischen Ausführungen nicht unbedingt. Deshalb gilt: Auch wenn das Einsparpotenzial in der SQL-Trace durch identische Ausführungen gar nicht so hoch ist, so ist das nur der Nettoeffekt, der Bruttoeffekt kann durchaus größer sein. Der Bruttoeffekt umfasst eventuell ganze Modularisierungseinheiten, die ebenfalls identisch durchlaufen werden. Die identischen Ausführungen sind deshalb ein nicht zu unterschätzender Indikator für Probleme im Code.

Darstellung der Aufrufhierarchie (Call Stack)

Um den Verursacher zu finden, der zu den Ausführungen führt, ist der Call Stack sinnvoll. Die Call Stacks stellt die SQL-Trace erst mit SAP NetWeaver Release 7.0 EhP2 zur Verfügung, siehe Abschnitt 2.11.2. In älteren Releases haben Sie folgende Möglichkeiten:

- Sie setzen einen Breakpoint bei der Anweisung und führen die Anwendung noch einmal aus. Wenn die Ausführung am Breakpoint hält, können Sie den Call Stack im Debugger nachsehen.
- In einfachen Fällen ist es möglich, den Call Stack über den Verwendungsnachweis nachzuvollziehen.
- Alternativ können Sie eine ABAP-Trace durchführen, die vom Typ »nicht aggregiert« sein muss. Aus der Hierarchie der ABAP-Trace können Sie den Call Stack herauslesen.
- Es ist näherungsweise möglich, den Call Stack der Hitliste bei absteigender Sortierung nach Bruttozeiten zu entnehmen. Diese Idee baut die Einzeltransaktionsanalyse (ST12) weiter aus. Sie liefert eine brauchbare Näherung für den Call Stack auch bei aggregierten Traces. Da diese Transaktion jedoch nicht im Standard verfügbar ist, muss sie gemäß einem Hinweis, siehe Abschnitt 2.10, installiert werden.

Ist die Zahl der Ausführungen hoch, dann gibt es verschiedene mögliche Auslöser, die sich durch den Anteil der identischen Ausführungen unterscheiden lassen. Sehr viele identische deuten auf Fehler hin, einige identische auf Probleme mit der Pufferung und viele Ausführungen ohne identische auf eine fehlende Bündelung von Ausführungen.

In diesem Zusammenhang ist es nützlich, die Aufrufhierarchie (Call Stack) zu kennen.

7.5.4 Analyse bei großen Satzbreiten

Die Verringerung der Breite der übertragenen Sätze spart ebenfalls Zeit bei der Übertragung. Dieser Punkt wurde im Abschnitt 4.5 beschrieben. Der Test ist in diesem Fall sehr einfach:

Tab. 7–14
Tests bezüglich Reduktion der Satzbreite

Große Satzbreite	Erkennbar an	Weiteres Vorgehen
Eintrag in Spalte `Length` ist größer als 500.	ABAP-Code: Es wird eine Feldliste genutzt oder ein `INTO CORRESPONDING` mit einer schmaleren Zielstruktur.	Ja, Optimum ist erreicht.
		Nein, eine Optimierung lohnt sich eventuell, und zwar umso eher, je breiter die Tabelle ist.
		Nein, eine Optimierung lohnt sich eher bei einem Massenzugriff als bei einem Zugriff, der nur wenige Sätze liest (`Rec/exec` klein).

Es kann jedoch nachträglich schwierig sein, festzustellen, ob eine Feldliste möglich wäre. Falls die erzeugte Ergebnistabelle die Modularisierungseinheit verlässt, ist schwer zu bestimmen, ob alle Verwender mit weniger Feldern auskämen. Feldlisten sollten deshalb nach Möglichkeit früh genutzt werden. Eine nachträgliche Erweiterung ist einfacher als eine nachträgliche Reduktion.

Bei sehr breiten Tabellen kann die Optimierung der übertragenen Satzbreite sinnvoll sein. Da eine Änderung der Satzbreite ein Eingriff in die Funktionalität bedeutet, ist eine Optimierung meist nur für jemanden möglich, der die Anwendung sehr genau kennt.

7.5.5 Analyse der Pufferungsprobleme

In der Verdichtung nach SQL-Anweisungen sind es die Spalten `Btype` (Puffertyp) und `Identical` (identische Zugriffe), die anzeigen, dass mit der Pufferung etwas nicht stimmt. Es müssen folgende drei Fälle betrachtet werden:

1. Die Tabellenpufferung ist aktiviert, sie wird aber nicht richtig genutzt.
2. Der Zugriff ist ein Pufferbaustein mit Problemen.
3. Es ist keine Pufferung aktiv, aber der Zugriff sollte gepuffert sein.

Tab. 7–15
Tests bezüglich der Puffernutzung

Eintrag in Identische oder Btype	Erkennbar	Weiteres Vorgehen
Tabellenpuffer ist aktiviert, Einträge beim Puffertyp (`Btype`) `ful`, `gen` oder `sng`	Vergleich von ABAP-Code und ausgeführte Anweisung	Falls Pufferfüller für Tabellenpuffer, erkennbar an `ORDER BY PRIMARY KEY`, wiederholen Sie die Messung.
		Anweisung kann den Tabellenpuffer nicht nutzen, siehe Abschnitt 5.3.3.
		Die Tabelle ist nicht im Tabellenpuffer, siehe Tabellenaufrufstatistik 5.6.2.
Pufferbaustein	Erkennbar im ABAP-Code, in Kommentaren und Programmstruktur	Wird identisch aufgerufen, Pufferung funktioniert gar nicht.
		Wird identisch aufgerufen und hat wenig Treffer. Es fehlt der Nicht-gefunden-Puffer.
		Es gibt viele Einzelaufrufe, d.h., es fehlt der Array-Zugriff oder zumindest der Array-Prefill.
Bedarf für Pufferung	Einträge in Puffertyp (`Btype`) `deact`, `deful`, `degen deful` oder `cust`	Tabellenpufferung ist eventuell möglich, bitte überprüfen. Dabei Anweisungstyp und Tabellengröße überprüfen.
	Identische Ausführungen	Test, ob Tabellenpuffer oder Pufferbaustein sinnvoll

Einträge in den Spalten `Btype` und `Identical` deuten auf Probleme mit der Pufferung hin. Es muss geklärt werden, warum der Tabellenpuffer nicht genutzt wird, der Pufferbaustein nicht funktioniert oder keine Pufferung eingerichtet ist.

7.5.6 Analyse der Zugriffe auf mehrere Tabellen

Wenn mehrere Tabellen an einem Zugriff beteiligt sind, also bei Joins, Views und Subqueries, wird die Analyse noch etwas komplizierter.

Tab. 7–16
Performanceziele bei Joins

Nr	Ziel	Aufgabe
1	Schneller	Der Zugriffspfad ist das größte Problem bei Joins.
2	Weniger	wie vorn
3	Seltener	wie vorn
4	Satzbreite	wie vorn
5	Identisch/Puffer	Joins werden auf dem Puffer nicht abgebildet.

Bei Joins und Views muss die richtige Reihenfolge für die Verarbeitung der Tabellen gefunden werden. Die Erweiterung der Analyse vom Abschnitt 7.5.1 wird ein Stück komplizierter, und zwar bereits bei zwei beteiligten Tabellen, und umso mehr, je mehr Tabellen es sind. Zum Glück müssen nur die problematischen Joins analysiert werden, viele verarbeitet der Optimierer automatisch richtig.

Bei anderen Tests gibt es keine Besonderheiten. Insbesondere die Breite der übertragenen Sätze sollte meist optimal sein, da bei einem Join oder View immer festgelegt werden muss, welche Felder von welchen Tabellen genommen werden sollen.

Gepufferte Tabellen

Bezüglich der Puffer ist noch etwas anzumerken, dass die Anzeige in der Spalte `Btype` sich nur auf die erste Tabelle des Join bezieht. Der Pufferzustand oder die Möglichkeit der Pufferung der anderen Tabellen wird nicht angezeigt.

Da Joins auf dem Tabellenpuffer nicht funktionieren und am Tabellenpuffer vorbeilesen, ist es bei gepufferten Tabellen im Allgemeinen besser, anstatt eines Join einen `SELECT` mit anschließendem `SELECT FOR ALL ENTRIES` zu nutzen. Schwierig wird es in Fällen, bei denen der Join gepufferte und ungepufferte Tabellen enthält. Solche Mischungen können vorkommen, wenn eine Tabelle aufgrund der zu erwartenden Größe nicht gepuffert ist. Dann kann ein Join mit der gepufferten Tabelle natürlich sehr sinnvoll sein, wenn eine starke Einschränkung über eine kleinere gepufferte Tabelle möglich ist.

Reihenfolge der Tabellenverarbeitung

Die folgende Beschreibung zeigt das Grundprinzip anhand eines Joins mit zwei Tabellen. Sind es mehrere Tabellen, dann müssen alle Überlegungen entsprechend erweitert werden. Der Join könnte in etwa so aussehen:

```
SELECT a~field1 a~field2 …
       INTO TABLE lt_result
       FROM       dbtab1 AS a
       INNER JOIN dbtab2 AS b
       ON    b~field1 = a~field1
       AND   b~field2 = a~field2
       AND   b~field3 = '01'
       WHERE a~field1 = 'abc'
       AND   a~field4 = '123'
       AND   b~field5 = 'xyz'.
```

Wie müsste die optimale Verarbeitung als Nested Loop aussehen? Die speziellen Zugriffsarten, Hash Join und Sort Merge Join, sollen nicht betrachten werden. Sie ergeben sich meist, wenn keine Indexunterstützung vorliegt oder die Einschränkung durch die `WHERE`-Klausel relativ gering ist.

Bei einer Nested-Loop-Verarbeitung wird mit einer Tabelle (Einstiegstabelle) begonnen und die anderen Tabellen (Join-Tabellen) werden dann über die `ON`-Bedingungen hinzugefügt.

- Bei der Einstiegstabelle stehen die `WHERE`-Bedingungen für diese Tabelle zur Verfügung, die expliziten `ON`-Bedingungen (z.B. `b~field3 = '01'`) und die `ON`-Bedingungen, die über Transitivität auf eine `WHERE`-Bedingung zurückgehen (z.B. `b~field1 = a~field1` und `a~field1 = 'abc'`).
- Für die Join-Tabelle gelten die `ON`-Bedingungen und die `WHERE`-Bedingungen für ihre Felder.

	Reihenfolge: erst a, dann b		Reihenfolge: erst b, dann a
a	`a~field1 = 'abc'`	b	`a~field1 = 'abc'`
	`a~field4 = '123'`		`a~field3 = '01'`
			`a~field5 = 'xyz'.`
b	`b~field1 = 'abc'`	a	`a~field1 = 'abc'`
	`b~field2 = a~field2`		`a~field2 = b~field2`
	`b~field3 = '01'`		

Tab. 7–17
Bedingungen für Einstiegs- und Join-Tabelle

Die Reihenfolge der Verarbeitung wird anhand der kleinsten Treffermenge für die Einstiegstabelle und die Indexunterstützung bei den weiteren Zugriffen bestimmt.

- Der Join versucht schon mit der Einstiegstabelle eine möglichst starke Reduktion zu erreichen und schätzt deshalb die erwartete Treffermenge anhand der Selektivitäten der Bedingungen ab. Es ist sinnvoll, wenn Sie diese anhand der Tabellenanzeige (SE16) überprüfen. Beachten Sie, dass eine solche Bestimmung bei einer sehr großen Tabelle einige Minuten dauern kann. Sie sollten auch die Größe der Tabelle selbst kennen.

Tabellenname mit Alias	Tabellensätze (gesamt)	Erwartete Menge (auf Basis der Selektivitäten)	Treffermenge (getestet anhand der SE16)
a	2.000.000	2000	2589
b	100.000	500	415

Tab. 7–18
Erwartete Treffermenge bestimmt Einstiegstabelle

- Außerdem bestimmt der Optimierer für jede Reihenfolge, ob dabei jeder Tabellenzugriff von einem Index unterstützt wird. Das genaue Vorgehen ist unbekannt und eine Eigenheit jeder Datenbankplattform. Der gewählte Zugriffspfad ist der Pfad mit den kleinsten Gesamtkosten. Es kann durchaus sein, dass die Einstiegstabelle noch mal revidiert wird, falls für den Folgezugriff ein Index fehlt.

Der Optimierer bewertet die gesamten Kosten und wählt nicht zuerst die Einstiegstabelle und dann die Indizes.

Joins und View werden also umso komplizierter, je mehr Tabellen beteiligt sind. Bei vier oder mehr Tabellen kann die Analyse schon eine Weile dauern. Mit etwas Übung müssen Sie jedoch nicht jede Kombination überprüfen.

Subqueries werden nicht extra besprochen, bei Ihnen ist die Reihenfolge der Tabellen festgelegt. Ansonsten lässt sich die Untersuchung aus dieser Beschreibung ableiten.

Optimaler Join

Ein Zugriffspfad für einen Join ist dann optimal,

- wenn die Reduktion bereits bei der Einstiegstabelle möglichst groß ist und schon an die Treffermenge herankommt,
- wenn der Zugriff auf jeder Tabelle möglichst gut von einem Index unterstützt wird.

Ist die erste Bedingung nicht erfüllt, dann spricht man von Verteilter Selektivität, siehe Abschnitt 4.8.5. Ist die zweite Bedingung nicht erfüllt, kann der Join beliebig schlechte Performance liefern. Sind beide Bedingungen erfüllt, können fast beliebig viele Tabellen an dem Join beteiligt sein, siehe Abschnitt 4.8.3.

Bei der Verarbeitung von Joins bzw. Views bestimmt der Optimierer auch die Reihenfolge, in der auf die einzelnen Tabellen zugegriffen wird. Dies macht die Analyse des Zugriffspfades noch etwas aufwendiger als bei einer einzelnen Tabelle. Hier wurde der Fall mit zwei Tabellen erklärt, die Übertragung auf mehr als zwei Tabellen sollte nicht zu schwer sein. Bei gepufferten Tabellen ist zu beachten, dass der Tabellenpuffer keine Joins unterstützt.

7.5.7 Analyse der Änderungsoperationen

Auch die ändernden Datenbankoperationen, `DELETE`, `INSERT` und `UPDATE`, sollen die Performanceziele erfüllen. Die Änderungsbefehle werden, wie schon in den Kapiteln drei und vier, separat betrachtet.

Bei der Beurteilung der Änderungen spielt es eine Rolle, in welchem Zusammenhang sie vorkommen. Handelt es sich um Änderungen, die in einer normalen Transaktion auftreten, oder sind es Massenänderungen von Tabellendaten?

Nr	Ziel	Aufgabe
1	Schneller	Indexunterstützungen und Indexanpassungen
2	Weniger	Wie bei den SELECTs
3	Seltener	Array-Verarbeitung wichtig
4	Satzbreite	Wichtig bei UPDATE, um Indexanpassung zu sparen
5	Identische/Puffer	Beide sollten selten vorkommen.

Tab. 7–19 *Performanceziele bei Datenbankänderungen*

Es ist wieder sinnvoll, eine Überprüfung anhand der Analyseziele durchzuführen. Bei den Änderungen ist es besonders wichtig, dass Sie auf Reproduzierbarkeit der Messungen achten, weil die Schwankungen größer ausfallen können.

Langsame Zugriffe

Änderungen können generell etwas langsamer sein als Lesezugriffe; als Grenzwert sind 20 ms pro Satz noch in Ordnung. Bei auffällig langsamen Änderungen sollten Sie Folgendes beachten:

Langsame Änderung	Erkennbar an	Weiteres Vorgehen
WHERE-Klausel im ABAP	Open-SQL-Anweisung enthält ein FROM WA oder FROM TABLE.	Es steht die gesamte Satzinformation zur Verfügung, d.h., es kann immer der Primärschlüssel genutzt werden.
	Explizite WHERE-Klausel	Bei einer expliziten WHERE-Klausel sind die gleichen Probleme wie bei den SELECTs möglich.
Anzahl der Sekundärindizes	DELETE, INSERT	Alle Indizes müssen angepasst werden.
	UPDATE	Nur Indizes mit geänderten Feldern müssen angepasst werden.

Tab. 7–20 *Tests bei Datenbankänderungen*

Die ausgeführte Anweisung besitzt immer eine WHERE-Klausel, im Open SQL ist es jedoch möglich, eine Workarea oder Tabelle anzugeben:

- Es gibt die Open-SQL-Anweisungen vom Typ FROM wa oder FROM TABLE itab. Bei diesen steht der Änderung die gesamte Schlüsselinformation zur Verfügung. Der Optimierer sollte immer den Primärschlüssel nutzen können.

```
DELETE/INSERT/UPDATE dbtab FROM wa.

DELETE/INSERT/UPDATE dbtab FROM TABLE itab.
```

- Für das Löschen und Anpassen sind auch explizite WHERE-Klauseln möglich. Für die explizite WHERE-Klausel können dieselben Probleme wie bei der WHERE-Klausel der SELECT-Anweisung auftreten. Falls eine solche Anweisung eine lange Zeit pro Satz benötigt, dann sollten Sie die gleiche Analyse wie im Abschnitt 7.4.2 durchführen.

```
DELETE/UPDATE dbtab WHERE ….
```

- Änderungen haben natürlich auch Auswirkungen auf die Indizes, diese müssen angepasst werden.
  - Das Einfügen oder Löschen eines Satzes muss auf jedem Index nachgezogen werden,
  - das Ändern von Werten nur auf den Indizes, die Felder enthalten, welche geändert werden.

Zu viele Sätze geändert

Es sollte nur geändert werden, was wirklich notwendig ist. Die Zahl der geänderten Sätze sollte nicht sehr groß, und die wichtigsten Beiträge sollten nachvollziehbar sein. Insbesondere sollten die gleichen Sätze nicht mehrfach in einer Transaktion geändert werden. Eine gut programmierte Transaktion führt die Änderungen einmal ganz am Ende durch.

Zu viele Ausführungen

Das häufigste Performanceproblem bei Datenbankänderungen ist die mangelnde Bündelung der Ausführungen. Die Vorteile der Array-Verarbeitung wurden im Abschnitt 4.4 für den `SELECT` und im Abschnitt 4.9 für die Änderungen ausführlich erklärt.

Diese Probleme lassen sich mit der SQL-Trace leicht identifizieren. Prüfen Sie für alle Datenbankänderungen die Spalte der Ausführungen (`Exec`) und Anzahl der Sätze (`Rec`) oder die Spalte `Rec/exec`. Wenn es viele Ausführungen gibt, sollte versucht werden, dass mehrere Sätze pro Ausführung zusammengefasst werden, d.h., dass `Rec/exec` merklich größer als 1 ist. Schauen Sie sich den ABAP-Code an.

Minimierung der übertragenen Satzbreite

Diesen Punkt sollten Sie vor allem bei Anpassungen (`UPDATE`) beachten, denn bei Änderungen werden die Indizes angepasst. Ein `INSERT` und `DELETE` zieht auf jeden Fall eine Änderung des Index nach sich. Ein `UPDATE` führt nur auf denjenigen Indizes zu einer Änderung, die ein geändertes Feld enthalten. Dabei überprüft die Datenbank nicht die Änderungen, sondern es zählen die in der Anweisung enthaltenen Felder.

Änderungen auf gepufferte Tabellen/Identische Änderungen

Gepufferte Tabellen sollten sich selten ändern. Insofern ist es etwas merkwürdig, wenn eine Änderung eines Satzes einer gepufferten Tabelle vorkommt. Es spielt dabei eine entscheidende Rolle, um welche Art Aufgabe es sich handelt:

- Handelt es sich um eine wichtige Transaktion, die häufig ausgeführt werden soll, dann darf diese keine Änderung an einer gepufferten Tabelle enthalten. Entweder lässt sich die Änderung einsparen oder die Pufferung der fraglichen Tabelle ist nicht sinnvoll.
- Handelt es sich um eine eher selten ausgeführte Transaktion, dann kann die Änderung in Ordnung sein.

Identisch ausgeführte Änderungen sollten vermieden werden.

Bei den ändernden Open-SQL-Anweisungen sind die Tests ein wenig anders. Insbesondere bei der Indexnutzung sollte es weniger Probleme geben, da meist der Primärindex nutzbar ist. Identische Ausführungen und Änderungen von gepufferten Tabellen sind fragwürdig.

7.6 Analyse anhand der ABAP-Trace

Auch bei Nutzung der ABAP-Trace für die Analyse verschiebt sich der Fokus etwas. Es geht nicht mehr um die Frage, wie viel Zeit eine bestimmte Methode oder Funktion gebraucht hat und wie oft sie ausgeführt wurde, sondern um die Übersicht über die gesamte Anwendung. Die Analyse geht vom Ganzen zum Detail:

- Wie lange dauert die gesamte Anwendung?
- Welchen Anteil haben Datenbankzugriffe und ABAP?
- Welche Operationen tragen viel zur Gesamtlaufzeit bei?
- Haben diese Operationen Optimierungspotenzial?

Die Performanceanalyse versucht Trace-Ereignisse mit Optimierungspotenzial zu finden. Ist eine Problemstelle erst einmal erkannt, dann ist die Lösung oft naheliegend.

Die Anwendung der Performanceziele in der ABAP-Trace

Wie lassen sich die fünf Ziele der Performanceanalyse auf die ABAP-Trace anwenden? Die geeignete Darstellung der Trace-Ergebnisse ist die Hitliste:

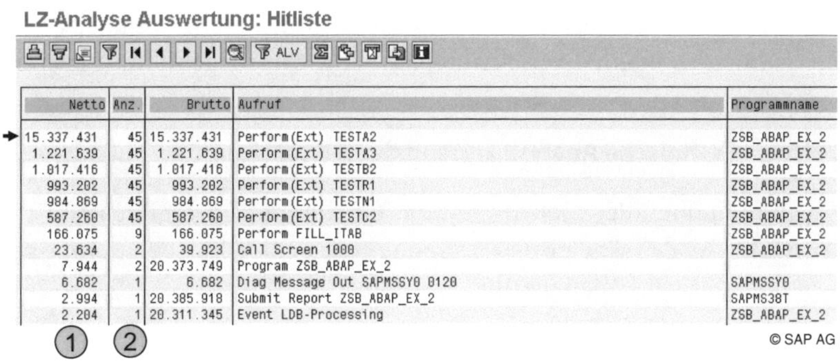

Netto	Anz.	Brutto	Aufruf	Programmname
15.337.431	45	15.337.431	Perform(Ext) TESTA2	ZSB_ABAP_EX_2
1.221.639	45	1.221.639	Perform(Ext) TESTA3	ZSB_ABAP_EX_2
1.017.416	45	1.017.416	Perform(Ext) TESTB2	ZSB_ABAP_EX_2
993.202	45	993.202	Perform(Ext) TESTR1	ZSB_ABAP_EX_2
984.869	45	984.869	Perform(Ext) TESTN1	ZSB_ABAP_EX_2
587.260	45	587.260	Perform(Ext) TESTC2	ZSB_ABAP_EX_2
166.075	9	166.075	Perform FILL_ITAB	ZSB_ABAP_EX_2
23.634	2	39.923	Call Screen 1000	ZSB_ABAP_EX_2
7.944	2	20.373.749	Program ZSB_ABAP_EX_2	
6.682	1	6.682	Diag Message Out SAPMSSY0 0120	SAPMSSY0
2.994	1	20.385.918	Submit Report ZSB_ABAP_EX_2	SAPMS38T
2.204	1	20.311.345	Event LDB-Processing	ZSB_ABAP_EX_2

Abb. 7-3
Hitliste der ABAP-Trace mit Tests

Voranalyse anhand der Bruttozeiten: Einsparpotenzia

Die eigentliche Analyse nutzt die Nettozeiten, da diese die von einer Anwendung verbrauchte Gesamtzeit auf verschiedene Operationen verteilen. Es ist jedoch sinnvoll, kurz einen Blick auf die Bruttozeiten zu werfen. Wenn sich dabei eine Einsparmöglichkeit ergibt, lässt sich ein Aufruf inklusive aller Unteraufrufe einsparen.l

Tab. 7–21 *Vorabanalyse der Bruttozeiten*

Nr.	Test	Beschreibung
Sortieren nach `Bruttozeit` absteigend, d.h. nach den größten Verursachern. Konzentrieren Sie sich auf die Bruttozeiten, die mehr als 1 % der Gesamtlaufzeit ausmachen.		
0	Unnötige Ausführungen	Gibt es Beiträge, die komplett inklusive aller Unteraufrufe eingespart oder seltener aufgerufen werden könnten?

Gehen Sie die Hitliste in der Sortierung *Bruttozeit absteigend* von oben nach unten durch bis zu den Bruttozeiten, die weniger als 1 % der Gesamtzeit ausmachen. Dies können viele Einträge sein, wichtig sind jedoch nur die Hauptaufrufe. Deshalb ist es – wie auch bei den folgenden Fragen – hilfreich, wenn Sie die Anwendung gut kennen:

- Gibt es Aufrufe, die gar nicht notwendig sind?
- Achten Sie auf die Zahl der Ausführungen. Sind wirklich alle Ausführungen nötig?
- Eventuell fällt Ihnen ein Aufruf auf, der zwar notwendig ist, aber überraschend lange dauert. Es kann sein, dass der aufgerufene Baustein nicht nur die benötigte Funktionalität liefert, sondern mehr macht, als in dem Kontext benötigt wird. Dann wäre ein anderes Design der Modularisierung sinnvoll.

Für die weitere technische Analyse sind die Bruttozeiten weniger geeignet. Deshalb sollten Sie nun nach Nettozeiten absteigend umsortieren.

7.6.1 Technische Analyse anhand der Nettozeiten

Da die Summe aller Nettozeiten die Gesamtlaufzeit ergibt, kann die Auswahl der Beiträge größer 1 % allerhöchstens 100 Zeilen umfassen – in den meisten Fällen werden es weniger als 20 sein.

Tab. 7–22
Performanceziele bei der ABAP-Trace

Nr.	Test	Beschreibung
Konzentration auf die Beiträge mit großen `Nettozeiten` (größer 1 % der Gesamtlaufzeit), d. h. die größten Verbraucher, in absteigender Reihenfolge sortiert.		
0	Einsparpotenzial	Sind die teuren Beiträge wirklich alle notwendig? Ist die Anzahl der Ausführungen erforderlich?
1/3	Langsam oder viel zu häufig	Wie setzen sich die teuren Nettozeiten zusammen? Sind es zu viele Ausführungen, die sich vielleicht zusammenfassen lassen? Ist die einzelne Ausführung zu langsam?
2	Zu viele Daten	Entfällt, da die ABAP-Trace keine Information über die verarbeitete Datenmenge enthält.
4	Skalierung	Der Skalierungstest baut auf der ABAP-Trace auf. Er nutzt den Vergleich zweier ABAP-Traces mithilfe eines speziellen Programms, siehe Abschnitt 7.7.

Beachten Sie bitte, dass Sie den Darstellungsfilter der Hitliste deaktivieren, siehe Abschnitt 2.7.5, um alle Beiträge zu sehen.

Konzentration auf das Wesentliche: nur Beiträge größer 1 %

Konzentrieren Sie sich auf die Beiträge, bei denen die Nettozeit mehr als 1 % der Gesamtlaufzeit ausmacht. Alternativ können Sie sich auch auf die Beiträge größer als 10 ms beschränken.

Schätzen Sie kurz ab, wie viel Prozent der Gesamtlaufzeit diese Auswahl ausmacht. Enthält die Auswahl bereits 50 % oder mehr, dann gibt es wahrscheinlich Beiträge mit größerem Optimierungspotenzial. Bei gut optimierten Programmen verteilt sich die Laufzeit meist sehr gleichmäßig. Zu dieser Beobachtung gibt es sicherlich Ausnahmen.

Ziel 0: Nichts Unnötiges

In dieser Liste können Sie nach Einsparpotenzial suchen. Diese Aufrufe sollten alle notwendig und die Anzahl Ihrer Ausführungen nachvollziehbar sein.

Ziel 1 und 3: Zu hohe Zeiten

Da die Nettozeit die Summe aller Zeiten der Einzelausführungen ist, kann eine große Nettozeit zwei mögliche Ursachen haben:

- viele Ausführungen, die schnell oder langsam sind, oder
- wenige langsame Ausführungen.

Die Ausführungszahlen der teuersten Beiträge sollten sich verstehen lassen. Wenn Ziel 0 erfüllt ist, sind die Ausführungen notwendig. Vielleicht lassen sich Ausführungszahlen reduzieren, wenn eine Array-Verarbeitung genutzt wird.

Zum Beispiel sollte nicht für jede Position einer sehr großen internen Tabelle ein Unterprogramm aufgerufen werden. Es wäre besser, wenn das Unterprogramm die ganze Tabelle verarbeiten könnte.

Ob eine Anweisung langsam ist, lässt sich bei der ABAP-Trace nicht direkt erkennen, denn die ABAP-Trace zeigt die Zeit pro Ausführung leider nicht. Beiträge mit großen Nettozeiten und wenigen Ausführungen sind anscheinend langsam.

Nun gibt es in der ABAP-Trace keine technischen Kriterien, um zu beurteilen, ob ein Trace-Ereignis zu langsam ist. Dafür sind die Ereignisse, welche die ABAP-Trace aufnimmt, zu unterschiedlich. Sie müssen also auf Basis Ihrer Programmiererfahrung entscheiden, ob ein Ereignis zu langsam ist oder nicht. Die folgende Klassifikation kann dabei hilfreich sein.

7.6.2 Klassifikation der Trace-Ereignisse

Es hilft, die Ereignisse nach Typen zu klassifizieren. Die Klassifikation kann anhand des Codes durchgeführt werden. Die folgende Unterscheidung hat sich als hilfreich erwiesen und führt zu unterschiedlichen Folgerungen, wie Sie unten sehen können:

- Überprüfen Sie, ob die Trace viele `Load Report`-Ereignisse enthält.
- Ist das Ereignis eine Open-SQL-Anweisung? Da die ABAP-Trace die Puffereinstellung nur in der Tabellenhitliste zeigt, muss die Unterscheidung, ob die Anweisung auf die Datenbank oder den Puffer geht, indirekt aus der benötigten Zeit erfolgen.
- Handelt es sich um einen Remote Function Call (RFC)?
- Ist es eine Modularisierungseinheit, also Methode, Function etc., siehe Abschnitt 8.2.1.
- Große Modularisierungseinheiten enthalten oft einige Operationen auf interne Tabellen. Deren Analyse ist meist einfacher, wenn die Trace eigene Ereignisse für die Operationen auf interne Tabellen erzeugt, siehe Abschnitt 6.3.1 über die ABAP-Trace und interne Tabellen.

Mit der Unterscheidung von Datenbank- und Pufferanweisungen ergeben sich so sechs Klassen und eine weitere Klasse für die restlichen Ereignisse.

In der neuen ABAP-Trace, siehe Abschnitt 2.11.1, können Sie diese Klassifikation automatisch anhand des Profils durchführen, sodass Sie die obige Zuordnung nicht mehr selbst vornehmen müssen. Auch der Report zur Bestimmung der Skalierung, den Sie sich von der Webseite zu diesem Buch holen können, kennt diese Klassifizierung. Die automatische Klassifikation erkennt auch seltenere Ereignisse und liefert folgende Einteilung:

Tab. 7–23 *Klassifikation der ABAP-Trace-Ereignisse*

Ereignisklasse	Enthaltene Ergebnisse	Weiteres Vorgehen
Tests	Runtime Analysis, Laden und Generieren	Wiederholen der Messung?
Ext. Datenzugriffe	Vor allem Datenbankzugriffe	SQL-Trace nutzen
Int. Datenzugriffe	Tabellenpuffer, DB-Schnittstellenanteil der DB-Zugriffe u.Ä.	Puffer-Trace nutzen
Ext. Modularisierung	RFC	RFC-Trace nutzen
Interne Tabellen	Operationen auf interne Tabellen	
Int. Modularisierung	Methoden, Funktionen, Subroutinen, Module	
Sonstige	Viele andere Ereignisse	

Anhand der Klasse lassen sich die Ereignisse besser beurteilen:

- Gibt es viele Ereignisse der Klasse **Tests**, dann bedeutet die große Zahl von Lade- und Generierungsereignissen, dass nicht genügend Vorläufe gemacht wurden. Sie sollten die Messung wiederholen.
- Große Beiträge bei den **externen Datenzugriffen** deuten auf Probleme bei Datenbankzugriffen hin. Diese sollten Sie besser mit der SQL-Trace analysieren.
- Normalerweise sollten bei den **internen Datenzugriffen** keine teuren Ereignisse auftauchen. Falls dies doch der Fall ist, kann ein Blick in die Puffer-Trace sinnvoll sein, siehe Abschnitt 7.8.
- Große Zeiten bei den **externen Modularisierungseinheiten** sind RFC-Probleme, die zusammen mit der RFC-Trace analysiert werden sollten.
- Es wird empfohlen, die Operationen auf **interne Tabellen** in die Trace-Erzeugung aufzunehmen. Operationen auf interne Tabellen lassen sich recht gut technisch analysieren. Aus den Informationen der Abschnitte 6.4 bis 6.7 lässt sich eine Beurteilung der Zugriffszeiten ableiten:

  - Operationen auf interne Tabellen, die sehr häufig ausgeführt werden, dürfen pro Ausführung nicht sehr lange dauern (Einzelsatzzugriffe, Operationen mit WHERE-Bedingungen).
  - Operationen, die wie das Sortieren lange dauern, sollen nur selten ausgeführt werden (Operationen auf viele Sätze oder ganze Tabellen).
  - Mögliche Probleme lassen sich auch durch die Analyse der Skalierung finden, siehe gleich im Abschnitt 7.7.
- Die Zeiten für die internen Tabellen reduzieren die Nettozeiten der Modularisierungseinheiten, in denen sich die Operationen befinden. Dadurch sollten die verbleibenden Zeiten für die **internen Modularisierungseinheiten** nicht sehr groß sein. Große Zeiten können nur noch von Operationen, die nicht in der Trace erscheinen, herrühren. Zu diesen gehören teure Zuweisungen (MOVE-CORRESPONDING, Tabellenzuweisungen), teure Parameterübergaben, implizites Sortieren (bei SORTED TABLE) u.Ä.
- Die Klasse der verbleibenden **sonstigen Ereignisse** umfasst viele verschiedene Ereignisse, die jedoch nur selten Performanceprobleme verursachen.

Auf diese Weise lassen sich die Beiträge in der ABAP-Trace recht gut analysieren.

Die Performanceziele lassen sich auch anhand der ABAP-Trace überprüfen. Sie sollten einen Blick auf Anweisungen mit großen Bruttozeiten werfen, um Aufrufe mitsamt allen Unteraufrufen einzusparen. Die Hauptanalyse nutzt jedoch die Nettozeiten, um Einsparpotenzial und teure Anweisungen zu untersuchen. Teure Anweisungen lassen sich verbessern, wenn Ausführungen eingespart oder zusammengefasst werden können. Ob die Zeit pro Ausführung für eine Anweisung langsam ist, ist aufgrund der Vielfalt der möglichen Trace-Ereignisse schwer zu beurteilen.

Dies verbessert sich durch die Klassifikation der Ereignisse. Die Ereignisse mancher Klassen, wie z. B. die Datenbankanweisungen, lassen sich besser mit anderen Tools untersuchen. Operationen auf interne Tabellen und Modularisierungseinheiten lassen sich gut mit der ABAP-Trace analysieren. Die Datenmenge lässt sich mit der ABAP-Trace nicht untersuchen, da sie darüber keine Information enthält.

7.7 Analyse des Skalierungsverhaltens

Skalierungsverhalten und quadratische oder nichtlineare Laufzeiten wurden im Abschnitt 6.4 eingeführt. Es geht dabei um Probleme der folgenden Art:

- Ein Programm wurde mit der SQL-Trace und der ABAP-Trace optimiert und liefert z.B. für eine Bestellung mit 50 Positionen eine gute Antwortzeit von 8,4 s.
- Dann wird eine große Bestellung mit 1.000 Positionen bearbeitet. Da dieses 20-mal mehr Positionen sind, sollte die Antwortzeit ungefähr bei 160 s liegen. Tatsächlich dauert es jedoch fast 1300 s.

Im sechsten Kapitel wurde ausführlich erklärt, was beim Benutzen der internen Tabellen zu beachten ist, um ein solches Verhalten auszuschließen. Gibt es eine Analysemöglichkeit, um festzustellen, ob ein Programm Probleme dieser Art enthält?

Natürlich ließe sich dies mit einem Test von 1.000 oder 10.000 Positionen erreichen, das hätte aber zwei Nachteile:

- Der Test mit einem sehr großen Objekt ist aufwendig und benötigt viel Zeit. Die manuelle Dateneingabe ist zu aufwendig, sodass ein Skript erforderlich wäre. Eventuell müssten viele Stammdaten angelegt werden. Im Entwicklungssystem ist ein solch großer Test vielleicht gar nicht durchführbar.
- Außerdem liefert der Test zunächst nur die Aussage darüber, ob es ein Problem gibt oder nicht. Wo die Ursache des Problems liegt, muss durch eine Analyse gefunden werden.

Es wird sich zeigen, dass sich das Problem durch den Vergleich von zwei ABAP-Traces viel einfacher und schon mit relativ kleinen Objekten lösen lässt.

7.7.1 Das Skalierungsproblem

Zunächst müssen ein paar Begriffe geklärt werden.

Massendaten und große Objekte

Bei dem Skalierungsverhalten geht es nicht um Massendaten, sondern um große Objekte. Folgende Tabelle fasst die Unterschiede zusammen:

Tab. 7-24
Massendaten und große Objekte

Typ	Inhalt	Konsequenz
Massendaten	Viele ähnliche und unabhängige Objekte	Aufteilung der Bearbeitung in viele unabhängige Prozesse möglich => Parallelisierung, siehe Abschnitt 8.7
Große Objekte	Große Objekte mit vielen Positionen, Zeilen, Unterobjekten	Aufteilung nicht möglich, das große Objekt muss als Ganzes verarbeitet werden => Laufzeit darf mit Größe zwar zunehmen, aber nicht überproportional stark

Skalierungsverhalten

Die Größe des Objekts lässt sich durch einen Parameter `N` ausdrücken, dies ist meist die Anzahl der Positionen. Im sechsten Kapitel war bereits von Laufzeitabhängigkeiten der Operationen auf interne Tabellen die Rede. Diese Laufzeitabhängigkeiten von `N` gelten auch für alle anderen Operationen. Es sind folgende Abhängigkeiten möglich:

Tab. 7-25
Skalierungsverhalten einfacher Operationen

Skalierung	Ordnung	Zeitabhängigkeit	Beispiele
Konstant	`O(1)`	`t=a`	Einmalig ausgeführte Operation
Logarithmisch	`O(logN)`	`t=b*logN`	Binäre Suche
Linear	`O(N)`	`t=c*N`	N-fach ausgeführte Operation, vollständige Schleife, N-fach ausgeführte Operation mit Index- oder Hash-Zugriff
Linear+Log	`O(N*logN)`	`t=d*N*logN`	Sortieren, N-fach ausgeführte Operation mit binärer Suche
Quadratisch	`O(N*N)`	`t=e*N*N`	Fehler! N-fach ausgeführte Operation mit linearer Suche
Quad+Log	`O(N*N*logN)`	`t=f*N*N*logN`	Fehler!
Kubisch	`O(N*N*N)`	`t=g*N*N*N`	Fehler!
Höhere Ordnungen	...	...	Fehler!

Anmerkungen:

- Die Laufzeit einer Operation verhält sich wie das Produkt aus der Zahl der Ausführungen und der Zeit pro Ausführung:

```
Exec      = 1-fach, N-fach
Time/exec = 1, logN, N, N*logN
```

- Wie im sechsten Kapitel bereits erklärt wurde, sind Abhängigkeiten bis zur Ordnung `O(N*logN)` unvermeidlich, da zum Beispiel das Sortieren nicht schneller geht. Quadratische oder noch höhere Abhängigkeiten sind jedoch bei den meisten Programmen ein Fehler.

- In der Informatik gibt es Aufgaben, die so komplex sind, dass sie nur durch quadratische Algorithmen lösbar sind. Zu diesen Aufgaben gehören Optimierungsaufgaben, bei denen die vollständige Lösung eine quadratische Laufzeit benötigt. Eventuell sind jedoch gute Näherungslösungen mit kürzerer Laufzeit möglich.
- Im SAP-Umfeld kommen solch komplexe Aufgaben relativ selten vor. Falls es sich bei Ihrem Problem um so eine Aufgabe handelt, sollte Ihnen das bewusst sein. Ist dies nicht der Fall, können Sie in der Regel davon ausgehen, dass es sich bei einer quadratischen Laufzeit um einen Fehler handelt.

Zusammengesetzte Laufzeitabhängigkeiten

Programme setzen sich aus vielen einfachen Operationen zusammen, deshalb setzt sich auch die Gesamtlaufzeit aus den einzelnen Laufzeitabhängigkeiten zusammen:

```
T = A + B*logN + C*N + D*N*logN + E*N*N +...
```

Die Großbuchstaben `A`, `B` sind die Summen der vielen kleinen Beiträge `a`, `b`, `c`, usw. Zusammengesetzte Laufzeiten eignen sich nicht so gut für die Bestimmung der Skalierung.

Beispiel

In dem Beispiel vom Abschnitt 6.4.2 wurde das bereits in der Tabelle gezeigt. Dies folgt auch aus dem Verhältnis Ratio der Gesamtlaufzeiten T:

```
RATIO  = T(N=100) / T(N=10)
       = (A + C*100 + E*10.000)  / (A + C*10 + E*100)
       = C*(758 + 7400 + 10.000) / C*(758 + 740 + 100)
       = 18.158 / 1.618 = 11,2
```

Die logarithmischen Beiträge wurden vernachlässigt und die Werte der Koeffizienten `A=758*C` und `B=74*C` aus dem Beispiel übernommen. Bei 10 und 100 Positionen sieht die Zunahme noch linear aus.

Da die quadratischen Beiträge typischerweise einzelne Fehler sind, ist der Koeffizient `E` des quadratischen Beitrags normalerweise viel kleiner als die Koeffizienten `A` und `C` des konstanten bzw. linearen Beitrags. Deshalb fällt ein kleiner quadratischer Beitrag anfangs nicht auf. Sobald die Zahl der Positionen `N` groß wird, dominiert der quadratische Beitrag die Gesamtlaufzeit. Kleine quadratische Beiträge können sich sozusagen in der Gesamtlaufzeit verstecken.

Einfache Abhängigkeiten – Messung der Skalierung

Einfache Operationen lassen sich meist sehr gut durch einfache Laufzeitabhängigkeiten, siehe Tabelle 7–25, beschreiben. Für diese folgt das Skalierungsverhalten schon recht gut aus dem Verhältnis `ratio` von zwei gemessenen Laufzeiten:

```
ratio = t(N=100)/t(N=10)
      = c*100/c*10
      = 10
```

Die Tabelle zeigt solche Verhältnisse für verschiedene Skalierungsverhalten und verschiedene Kombinationen von N2 und N1.

Tab. 7–26
ratio bei einfachen Operationen

N2:N1	O(1)	O(logN)	O(N)	O(NlogN)	O(N*N)
20:2	1	4,3	10	43	100
100:10	1	2,0	10	20	100
1000:100	1	1,5	10	15	100

Aus der Tabelle wird klar, dass sich aus einem gemessenen Verhältnis direkt auf das Skalierungsverhalten schließen lässt. Die Logarithmen passen sich relativ schnell an die nächsttiefere Ordnung an. Sie können vernachlässigt werden, da ohnehin die Messungenauigkeiten der gemessenen Werte berücksichtigt werden müssen. Die Tabelle zeigt, wie aus gemessenen Verhältnissen auf die Skalierung geschlossen werden kann, dabei ist N2/N1 = 10.

Tab. 7–27
Einteilung der Laufzeitverhältnisse

ratio	[0,2]	]2,20]	]20,200]	...
Skalierung	Konstant	Linear	Quadratisch	...

Probleme mit dem Skalierungsverhalten lassen sich mit einem Tool bestimmen, das

- die Laufzeiten von einfachen Operationen misst und
- die Aufrufstelle der Operation kennt.

7.7.2 Vergleich zweier ABAP-Traces

Die ABAP-Trace ist das geeignete Werkzeug. Sie misst alle Operationen auf dem Applikationsserver sehr detailliert. Viele Operationen haben einfache Laufzeitabhängigkeiten, manche zusammengesetzte Abhängigkeiten.

Ein großer Funktionsbaustein kann bereits eine Reihe von Operationen enthalten, sodass seine Laufzeitabhängigkeit ebenfalls zusammengesetzt ist. So lange es sich aber nur um eine kleine Zahl von Operationen handelt, setzt sich die quadratische Abhängigkeit schnell durch. Die Vergleichsmethode funktioniert also auch mit Modularisierungseinheiten.

Es wird jedoch empfohlen, die Messung der internen Tabellen in der Trace zu aktivieren, siehe ABAP-Trace im Abschnitt 6.3. Dies hat zwei Vorteile:

- Die Operationen auf interne Tabellen haben fast immer einfache Laufzeitabhängigkeiten. Deshalb sind Auswirkungen eines nichtlinearen Verhaltens schon bei kleinen Werten für `N` sichtbar.
- Außerdem ist eine fehlerhafte Nutzung großer interner Tabellen oft Ursache für eine quadratisches Verhalten. Werden die Operationen auf internen Tabellen gemessen, dann führt die Methode direkt zu der problematischen Operation. Sind die internen Tabellen deaktiviert, dann müssen Sie die problematische Operation selbst in der aufrufenden Modularisierungseinheit finden. Dies kann unter Umständen nicht ganz einfach sein.

Vergleichsmethode

Es ist im Prinzip möglich, zwei ABAP-Traces von Hand zu vergleichen. Dies ist jedoch umständlich und aufwendig. Es ist nämlich nicht möglich, sich nur auf die größten Beiträge zu beschränken. In der Trace zu dem größeren Objekt `N2` haben die problematischen Beiträge wahrscheinlich schon recht große Nettobeiträge. In der Trace zu dem kleineren Objekt `N1` muss dies jedoch nicht der Fall sein. Die problematischen Beiträge sind diejenigen, die überproportional stark zunehmen, d.h., sie können in der Trace zu `N1` noch recht klein sein.

Deshalb ist ein Tool notwendig, das automatisch alle Beiträge vergleicht. Ein solches Tool gibt es in zwei Versionen:

- Ab SAP NetWeaver Release 7.0 EhP2 ist das Vergleichs-Tool in die neue ABAP-Trace integriert, siehe Abschnitt 2.10. Dort müssen Sie lediglich zwei Trace-Dateien aus der Trace-Liste auswählen und können dann die Hitlisten vergleichen. Es ist auch möglich, Traces aus verschiedenen Quellsystemen zu vergleichen, da Traces per Remote Function Call (RFC) verschickt werden können.
- Für alle älteren Releases gibt es den Report `Z_SE30_COMPARE` für den Hitlistenvergleich. Diesen finden Sie auf der Webseite zu diesem Buch bzw. im SDN unter einem Link, der im Literaturverzeichnis angegeben ist.

Eine detaillierte Anleitung finden Sie entweder in der Dokumentation der neuen ABAP-Trace oder ebenfalls auf der Webseite.

Wichtige Punkte zum Hitlistenvergleich

Einige Punkte sind bei der Nutzung beider Tools zu beachten:

- Was sind geeignete Größen für `N1` und `N2`?
  - Einerseits sollte die kleinere Messung nicht zu klein sein, da sonst die Messung zu ungenau ist. Außerdem verhalten sich die Operationen auf interne Tabellen erst ab einer gewissen Größe

(10 bis 50 Sätze) gemäß ihrem Skalierungsverhalten. Ein Wert kleiner als 10 ist absolut nicht empfehlenswert. Je größer der Wert ist, desto besser.

- Das Verhältnis `x = N2/N1` sollte ebenfalls nicht zu klein sein. Der Minimalwert ist 5, sonst fallen die Messungenauigkeiten zu sehr auf und der Logarithmus müsste genau berechnet werden. Der runde Faktor 10 ist am praktischsten. Anstelle eines größeren Faktors `x` ist ein größerer Wert für `N1` immer vorzuziehen.
- Folgende Kombinationen von `N1` und `N2` sind empfehlenswert:

Tab. 7–28 Empfehlenswerte Testgrößen für N1 und N2

N1	10	20	20	50	50	100
N2	50	100	200	250	500	1.000
x	5	5	10	5	10	10

- Die Trace sollte nach Aufrufstelle aggregiert sein, da die Unterscheidung der Aufrufstelle (Zeilennummer) den Vergleich noch genauer macht. Insbesondere für den Vergleich der internen Tabellen ist die Aufrufstelle zwingend notwendig, da der Name der internen Tabellen für den Vergleich nicht genutzt werden kann. Außerdem benötigt der Report die Aufrufstelle, um den Quellcode finden zu können.
- Die Vergleichsmethode in der neuen ABAP-Trace nutzen Sie, in dem Sie die Traces zu den Messungen mit `N1` und `N2` auswählen.
- Den Report können Sie ebenso einfach nutzen. Sie müssen nur die beiden ABAP-Trace-Hitlisten als Textdatei (.txt) auf Ihrem PC speichern. Die genaue Anleitung finden Sie auf der Webseite.
- Werden bei dem Vergleich korrespondierende Einträge in beiden Traces gefunden, dann kommen die Informationen in eine Zeile. Es wird das Verhältnis der Nettozeiten berechnet `Net2/1 = Net2/Net1`, siehe Abbildung 7–4. Aus diesem Verhältnis lässt sich gemäß Tabelle 7–27 schließen, ob die Operation eine quadratische Laufzeitabhängigkeit hat.
- Mit dem Vergleichs-Tool lassen sich alle Verstöße gegen die lineare Skalierung finden. Die häufigsten Ursachen sind:
  - Verstöße gegen die Programmierempfehlungen für interne Tabellen, siehe Abschnitte 6.4 bis 6.7;
  - Tabellen, bei denen ein Löschbefehl fehlt, sodass in jedem Durchlauf die jeweils neuen und noch einmal die alten Sätze verarbeitet werden, siehe Abschnitt 6.8.4;
  - Fehler in der Programmierlogik, die zu einer quadratischen Zunahme der Anzahl der Ausführungen einer Operation führen.

Z_SE30_COMPARE: A Tool to Compare Two SE30 Hit Lists

SE30-Comparison: All Lines with Ratios

Event Cl...	Event Type	Event Name	Net 2/1	Net 2	Net 1	Execs 2...	Execs 2	Execs 1	Gross 2/1	Gross 2	Gross 1	Calling Program
A Mod. Int	Ext. Perform	TESTF →	119,8	22.780.546	190.183	1,0	1	1	119,8	22.780.546	190.183	Z_SE30_COMP_EXAMPLE
A Mod. Int	Ext. Perform	TESTA →	76,3	1.239.929	16.250	1,0	1	1	76,3	1.239.929	16.250	Z_SE30_COMP_EXAMPLE
A Mod. Int	Perform	FILL_ITAB	10,7	122.202	11.447	1,0	1	1	10,7	122.202	11.447	Z_SE30_COMP_EXAMPLE
A Mod. Int	Ext. Perform	TESTB	12,8	93.898	7.355	1,0	1	1	12,8	93.898	7.355	Z_SE30_COMP_EXAMPLE
A Mod. Int	Ext. Perform	TESTC	12,4	91.366	7.349	1,0	1	1	12,4	91.366	7.349	Z_SE30_COMP_EXAMPLE
A Mod. Int	Ext. Perform	TESTE	11,8	67.658	5.755	1,0	1	1	11,8	67.658	5.755	Z_SE30_COMP_EXAMPLE
A Mod. Int	Ext. Perform	TESTD	10,7	67.173	6.279	1,0	1	1	10,7	67.173	6.279	Z_SE30_COMP_EXAMPLE
X Others	Call	Screen 1000	1,0	11.417	11.708	1,0	2	2	1,0	27.812	27.885	Z_SE30_COMP_EXAMPLE

Abb. 7–4

Ausschnitt eines Hitlistenvergleichs

Weitere Details finden Sie in den Referenzen im Literaturverzeichnis.

> Der Test des Skalierungsverhaltens ist für alle Anwendungen notwendig, die nicht nur kleine, sondern auch große Objekte verarbeiten. Insbesondere Fehler bei der Programmierung von internen Tabellen sind bei kleinen Objekten nicht zu bemerken, wirken sich aber bei großen Objekten massiv aus. Durch den Vergleich von zwei ABAP-Traces zu verschieden großen Objekten lässt sich effektiv feststellen, ob einzelne Operationen Skalierungsprobleme haben. Die Methode funktioniert bereits mit mittelgroßen Objekten sehr zuverlässig.

7.8 Analyse der Pufferung

Wenn die fünfte Goldene Regel umgesetzt wird, sodass mehrfach benötigte Daten von einem Puffer gelesen werden und nicht von der Datenbank, dann ist der wichtigste Teil der Optimierung der Pufferung erreicht. Dies wurde bereits durch die Ziele 5a und 5b bei der Analyse anhand der SQL-Trace berücksichtigt.

Dennoch kann es gelegentlich sinnvoll sein, einen Blick auf die Performance der verschiedenen Puffer zu werfen, um sicherzustellen, dass sie optimal genutzt werden:

- Der Tabellenpuffer lässt sich mit der Puffer-Trace analysieren.
- Die Pufferbausteine sind als ABAP-Modularisierungseinheiten mit der ABAP-Trace zu analysieren.
- Die anderen Puffer (Shared Buffer, Shared Memory etc.) sind auch in der Puffer-Trace zu setzen. Sie haben jedoch äußerst selten Performanceprobleme.
- Es genügt meist zu überprüfen, ob der Speicherplatz ausreicht.

7.8.1 Analyse anhand der Puffer-Trace

Da der Tabellenpuffer nur einfache Zugriffe über den Primärschlüssel unterstützt, sind die Zugriffe auf den Tabellenpuffer meist recht unproblematisch. Falls Sie dennoch in der Tabellenhitliste der ABAP-Trace oder in der Puffer-Trace große Gesamtzeiten für die Pufferzugriffe sehen, dann sollten Sie die Puffernutzung einer genaueren Analyse unterziehen.

Da die Puffer-Trace keine Verdichtung nach Anweisungen enthält, ist die Verdichtung nach Tabellen in der Puffer-Trace das Tool der Wahl. Dort lassen sich die Ziele der Performanceanalyse überprüfen. Sortieren Sie nach der Zeit in absteigender Reihenfolge:

Tab. 7–29
Performanceziele bei der Puffer-Trace

Nr.	Ziele	Test
0	Vermeiden	Sind die Daten von den teuersten Tabellen notwendig?
1	Schneller	Für die Schnelligkeit müssen Sie die Zeit pro Satz abschätzen. Gibt es da besonders große Zeiten?
2	Weniger	Werden sehr viele Sätze von einer Tabelle gelesen? Hier sind 50 Sätze sicher noch akzeptabel, insbesondere da es sich nicht um einzelne Anweisungen handelt. Aber mehr als 1000 Sätze sollten hinterfragt werden.
3	Seltener	Gibt es viele Ausführungen?
4	Skalieren	Entfällt

Sollten eine oder mehrere Tabellen durch besonders hohe Zeiten auffallen, dann ist die Verdichtung nach Tabellen eventuell nicht detailliert genug. Sie können in diesem Fall die Trace-Liste auf diese Tabellen einschränken und einen Blick auf die einzelnen Anweisungen werfen.

7.8.2 Analyse der Pufferbausteine

Pufferbausteine sind ABAP-Modularisierungseinheiten, meist Methoden oder Funktionen, und können mit der ABAP-Trace analysiert werden. Sollen speziell die Pufferbausteine analysiert werden, dann wäre eine Namenskonvention sinnvoll, sodass sie aus der Hitliste gefiltert werden können. Dadurch können die Zahl der Aufrufe und die Bruttozeit analysiert werden. Hohe Zeiten deuten auf verhältnismäßig viele Datenbankzugriffe hin.

Eventuell kann es sinnvoll sein, die SQL-Trace auf die Tabelle zu dem Pufferbaustein einzuschränken, um zu sehen, wie häufig auf die Datenbank zugegriffen wurde.

7.8.3 Analyse der Nutzung der anderen Puffer

In der Puffer-Trace sind auch Zugriffe auf andere Puffer zu sehen, d.h. auf Shared Memory, Shared Buffer, CUA (Common User Access) und OTR (Online Text Repository). Mit diesen Puffern gibt es jedoch so gut wie nie Performanceprobleme.

7.8.4 Analyse der Puffergrößen

Es ist meist sinnvoller, einen Blick auf die Größeneinstellung der Puffer zu werfen. Diese sind in der Transaktion ST02 zu sehen, siehe Abschnitt 5.2.1. Die Puffergrößen sind dann in Ordnung, wenn für alle Puffer noch freier Platz zur Verfügung steht und keine Swaps auftreten. Diese Anforderung sollte im Produktivsystemen und Qualitätssystemen, in denen verlässliche Tests gemacht werden, erfüllt sein. In Entwicklungssystemen kann es Swaps geben, da sich dort auch bei den gepufferten Daten noch viel ändert.

Gelegentlich kann es notwendig sein, die Performance der verschiedenen Puffer zu überprüfen. Bei dem Tabellenpuffer ist der wichtigste Teil erreicht, wenn der Zugriff auf den Puffer und nicht auf die Datenbank geht. Zugriffe auf den Tabellenpuffer lassen sich mit der Puffer-Trace überprüfen. Pufferbausteine können Sie mit der ABAP-Trace untersuchen. Die anderen Puffer sind weit weniger wichtig und bereiten kaum Probleme, solange ihnen genügend Platz zur Verfügung steht.

7.9 Zusammenfassung

Es lassen sich fünf allgemeingültige Performanceziele (7.2) aufstellen:

Nr.	Ziel	Beschreibung
Beiträge größer 1 %: Konzentration auf das Wesentliche		
0	Vermeiden	Vermeiden, was nicht nötig ist
1	Schneller	Optimale Programmierung für schnelle Ausführung
2	Weniger	So wenig Daten wie möglich bearbeiten
3	Seltener	Zahl der Ausführungen klein halten
4	Skalieren	Laufzeit wächst höchstens proportional zur Größe der Objekte

Die Einhaltung der Ziele lässt sich anhand von Traces analysieren. Es ist sinnvoll, etwas Zeit in die Vorbereitung der Analyse (Abschnitt 7.3) zu investieren, um aussagekräftige, zuverlässige und konsistente Daten zu bekommen.

Bei der Analyse anhand der SQL-Trace (Abschnitt 7.4) zeigt sich, dass die Performanceziele sich direkt mit den Goldenen Regeln der Datenbankprogrammierung, siehe Kapitel 4, in Beziehung setzen lassen. Die Verdichtung nach SQL-Anweisungen der SQL-Trace bietet geeignete Kennzahlen, um schnell Verstöße gegen die einzelnen Ziele finden zu können.

Die Ursachensuche bei der SQL-Trace (Abschnitt 7.5) ist teilweise nicht trivial. Zum einen muss die Entscheidung des Datenbankoptimierers nachvollzogen werden, um eventuelle Fehlentscheidungen zu erkennen. Zum anderen haben manche Probleme viele mögliche Ursachen.

Bei der Analyse anhand der ABAP-Trace (Abschnitt 7.6) ist die Hitliste die geeignete Darstellung. Die Unterstützung durch die Trace ist nicht so umfangreich wie bei der SQL-Trace. Es zeigt sich, dass unterschieden werden sollte, ob es sich um eine Modularisierungseinheit, einen RFC, eine Operation auf einer internen Tabelle, einen Puffer- oder einen Datenbankzugriff handelt. Durch diese Klassifikation lassen sich die Ergebnisse gut einteilen in solche, die sich besser mit anderen Tools untersuchen lassen, und solche, die gut mit der ABAP-Trace zu analysieren sind.

Bei der Analyse der ABAP-Trace sollte auch die Abhängigkeit der Laufzeit von der Objektgröße untersucht werden. Die Laufzeit darf nicht überproportional schnell zunehmen. Die Problematik und die Analysemethode wurde im Abschnitt 7.7 erklärt.

Falls die Pufferung von Tabellendaten nicht funktioniert, lässt sich dies in der SQL-Trace erkennen, da die Zugriffe dann auf die Datenbank gehen. Dies deckt den wichtigsten Teil der Probleme mit den Puffern ab. Gelegentlich ist es dennoch sinnvoll, die Pufferung zu analysieren. Die Vorgehensweise wurde im Abschnitt 7.8 beschrieben.

8 Programme und Prozesse

8.1 Kapitelübersicht

Während in den Kapiteln drei bis sechs nur Anweisungen, Befehle und Operationen diskutiert wurden, geht es nun darum, wie aus diesen Bauteilen Programme werden und wie Prozesse diese Programme verarbeiten. Der Fokus wechselt damit von der Mikrostruktur zur Makrostruktur der Programme.

Die Themen dieses Kapitels sind Modularisierung, Workprozesse, Remote Functions Calls (RFCs), Sperren und Enqueues, Verbuchung und Parallelisierung.

Tab. 8-1 *Themen des achten Kapitels*

Programme und Prozesse	Abschnitt
Modularisierung	8.2
Workprozesse	8.3
Remote Function Calls (RFCs)	8.4
Sperren und Enqueues	8.5
Verbuchung	8.6
Parallelisierung	8.7

Das Konzept der vier Aspekte, also Definitionen und Grundwissen, Tools, Performanceempfehlungen sowie Analyse und Optimierung, wird auch in diesem Kapitel beibehalten. Deshalb ist jeder Abschnitt in vier Unterabschnitte zu den Aspekten gegliedert.

Dieses Kapitel erreicht nicht die gleiche Tiefe wie die vorangegangenen. Es genügt, wenn die wichtigsten Konzepte vermittelt werden. Insbesondere bei dem Grundwissen sind diese Themen recht umfangreich, deshalb muss an manchen Stellen auf weiterführende Literatur verwiesen werden. Hier soll es genügen, die Voraussetzungen für das Verständnis der Performanceempfehlungen zu vermitteln.

8.2 Modularisierung

Nur in den einfachsten Programmen stehen alle Anweisungen direkt hintereinander. Schon bei etwas größeren Programmen ergibt sich die Anforderung, Teile des Programms mehrfach zu durchlaufen. Dies kann mit GOTO-Anweisungen realisiert werden, der resultierende Code ist ein sogenannter Spaghetticode, der sehr unübersichtlich werden kann.

Deshalb ergibt sich der Bedarf für eine Modularisierung von Programmen eigentlich zwangsläufig und die Modularisierung wird bereits in den einfachsten Programmiersprachen unterstützt.

8.2.1 Modularisierungsmöglichkeiten in ABAP

Die wichtigsten Argumente für die Modularisierung sind:

- die bessere Handhabung der Modularisierungseinheiten,
- die bessere und einfachere Wiederverwendbarkeit,
- die wohl definierten Schnittstellen (Interfaces) und
- die bessere Kontrolle der Sichtbarkeit und Konsistenz der Daten.

Es gibt in ABAP die folgenden Modularisierungsmöglichkeiten:

- innerhalb eines internen Modus: Aufruf einer Formroutine, eines Funktionsbausteins oder einer Methode:

```
PERFORM       form_123 ....

CALL FUNCTION function_abc ....

CALL METHOD   method_xyz ....
```

- Aufruf eines weiteren internen Modus mit Wechsel des Kontextes. Diese Möglichkeit wird hier nicht weiter berücksichtigt.

```
CALL TRANSACTION tc_abc ....

CALL DIALOG      dia_123 ....

SUBMIT REPORT    report_xyz ....
```

- Aufruf eines weiteren externen Modus: Dazu gehören die unterschiedlichen Remote Function Calls (RFCs), siehe Abschnitt 8.4, und die Verbuchung, siehe Abschnitt 8.6.

```
CALL FUNCTION ... DESTINATION ....

CALL FUNCTION ... IN UPDATE TASK ....
```

Klassische prozedurale und objektorientierte Modularisierungtechniken

Die klassischen Modularisierungstechniken in ABAP sind die Formroutinen und Funktionen. Diese Techniken gab es in ABAP von Anfang an. Sie entsprechen den Subroutinen von Fortran, C oder anderen Programmiersprachen. Die prozedurale Verarbeitung war lange Zeit der Stand der Programmierung.

Anfang der 90er-Jahre hat die objektorientierte Programmierung an Bedeutung gewonnen. Deshalb kam es auch in ABAP zur Erweiterung der Sprache zum objektorientierten ABAP, kurz ABAP OO.

Eine lesenswerte Zusammenfassung der Eigenschaften und Vorteile von ABAP OO finden Sie in dem Artikel von Keller und Kluger im SAP Prof. Journal, siehe Literaturverzeichnis. Darin befindet sich eine Tabelle zur Entwicklung des Ausbaus von ABAP OO über die verschiedenen Releases:

Release	Eigenschaften
SAP Basis Release 4.5	Erste Version von ABAP Objects mit Klassen, Interfaces und Objekten als Instanzen von Klassen
SAP Basis Release 4.6	Komplettierung von ABAP Objects durch Vererbung
SAP Web AS 6.10/6.20	Weitere Eigenschaften:»Freundschaft« zwischen Klassen, Object Services zum Speichern von Objekten in der Datenbank
SAP Web AS 6.40	Einführung von Shared Objects (siehe Abschnitt 5.5)

Tab. 8–2
Ausbau von ABAP OO über die verschiedenen Releases

In dem Artikel werden acht wichtige Argumente für die Objektorientierung im Detail erklärt. Diese lassen sich in fünf generelle Argumente für die Objektorientierung aufgliedern:

1. Datenkapselung
2. Instanzierung
3. Quellcodewiederverwendung
4. Interfaces
5. Ereignissteuerung

Außerdem lassen sich drei ABAP-spezifische Argumente nennen:

6. ABAP OO ist expliziter,
7. ABAP OO hat striktere Syntaxchecks,
8. ABAP OO ist der Zugang zu den neuen Technologien.

Falls Sie noch nicht auf Objektorientierung umgestellt haben, sollten Sie sich diesen Artikel durchlesen.

Die Entscheidung für eine Umstellung wird sicherlich von mehreren Faktoren beeinflusst. Aus Performancesicht sind die letzten beiden Argumente interessant. Die Syntaxchecks in ABAP OO können strikter sein, da im Gegensatz zum älteren Code nicht so viel Rücksicht auf die Abwärtskompatibilität genommen werden muss. Neuere Technologien wie zum Beispiel der Shared-Object-Puffer (siehe Abschnitt 5.5), sind ebenfalls für Performanceverbesserungen interessant.

Warum sind die Beispielprogramme nicht objektorientiert?

Ein kurzer Hinweis zu den Beispielprogrammen: Sie sind aus verschiedenen Gründen nicht objektorientiert, sondern klassisch prozedural mit FORM-Routinen.

- Zum einen wurden die Programme einfach aus älteren Versionen weiterentwickelt.
- Sehr wichtig war mir persönlich auch die Abwärtskompatibilität. Die Programme laufen mit minimalen Änderungen im Release 4.6 und mit ein paar mehr Änderungen sogar noch im Release 4.0. Das ermöglicht interessante Vergleiche mit Altsystemen.
- Schließlich sollen diejenigen Leser, die die Objektorientierung noch nicht nutzen, nicht ausgeschlossen werden.

Die Beispielprogramme sollten jedoch nicht als Argument gegen die Objektorientierung missverstanden werden.

Serviceorientierte Programmierung

Bei der serviceorientierten Programmierung oder der Serviceorientierten Architektur (SOA) handelt sich um ein neues Programmierparadigma, das gegenwärtig in vielen Softwarebereichen Einzug hält. Es ist jedoch kein technisches, sondern ein inhaltliches Programmierkonzept. Dabei werden Services als kleinste Arbeitseinheiten eingeführt, um damit Geschäftsprozesse abzubilden. Die Objektorientierung ist das geeignete Programmierkonzept, um die Serviceorientierung umzusetzen.

8.2.2 Tools

Die Modularisierungseinheiten sind nur in der ABAP-Trace (SE30) im Detail zu sehen. Tools wie der Monitor der Statistiksätze (STAD) zeigen diese Feinheiten normalerweise nicht. Die Hitliste der ABAP-Trace gibt die Gesamtübersicht über die ausgeführten Modularisierungseinheiten. Die Hierarchie zeigt den zeitlichen Ablauf, woraus Sie auf den logischen Programmablauf schließen können.

Beim Entwickeln von Modularisierungseinheiten sind die Editoren wichtig:

Tab. 8–3 *Wichtige Transaktionen für die Modularisierungseinheiten*

Transaktionscode	Name
SE38	ABAP-Editor für Reporte (Report Builder)
SE37	ABAP-Editor für Funktionsbausteine (Function Builder)
SE24	ABAP-Editor für Klassen (Class Builder)
SE80	ABAP-Workbench

Es wird hier davon ausgegangen, dass Sie mit diesen Tools in den wichtigsten Grundzügen vertraut sind, lesen Sie sonst die Dokumentation nach.

Code Inspector (SCI) – Parameterübergabe

Der Code Inspector, siehe Abschnitt 2.9, enthält eine nützliche Prüfung der Parameterübergabe bei Modularisierungseinheiten: »Inperformante Parameterübergaben«. Die zugehörigen Info-Ikone bietet noch weitere Informationen zu diesem Thema.

8.2.3 Performanceempfehlungen

Außer den generellen Performanceempfehlungen spielen bei den Modularisierungseinheiten zwei Empfehlungen eine wichtige Rolle.

Parameterübergabe – per Wert oder per Referenz

Beim Aufruf einer Modularisierungseinheit können Parameter auf unterschiedliche Arten übergeben werden, entweder per Referenz oder per Wert. Dies wird durch folgende Zusätze gesteuert, ohne Angabe erfolgt die Übergabe per Referenz:

```
CALL METHOD    method_xyz
     IMPORTING VALUE(field1)
     EXPORTING REFERENCE(field2).
```

Aber nicht bei allen Parametern besteht die Wahlfreiheit:

- Es gibt Parameter, die immer als Wert übergeben werden. Das sind die RETURNING-Parameter von Methoden, die Event-Parameter sowie alle Parameter von RFCs.
- Dagegen werden die TABLES-Parameter immer als Referenz übergeben, bei RFCs natürlich nicht.

Im Prinzip ist eine Referenz- immer schneller als eine Werteübergabe und deshalb immer vorzuziehen. Bei kleinen Datenmengen, also Variablen und Strukturen von kurzer fester Länge, ist es jedoch egal. Die Empfehlung lautet:

- Werteübergaben bei kleinen Datenmengen,
- Referenzübergaben bei großen Datenmengen, insbesondere bei geschachtelten Strukturen.

Bei Tabellen und Strings lohnt sich die Referenz sehr wohl. Es gibt zwar das Sharing für Tabellen und Strings, siehe Abschnitt 6.2.3, aber diese sollten Sie nicht in die Programmlogik einbauen. Wird die Tabelle in der Modularisierungseinheit geändert oder sortiert, dann wird doch eine Kopie angelegt und später zurückkopiert. Außerdem funktioniert das Sharing bei tiefen Strukturen nicht, für diese sollte auf jeden Fall eine Referenz verwendet werden.

Nicht zu kleine Modularisierungseinheiten – möglichst wenige Ausführungen

Bei der Modularisierung in ABAP sollte das Prinzip »**Modularize don't Atomize**« beachtet werden. Das gilt bei der objektorientierten Programmierung genauso wie bei der prozeduralen. Es hat zwei Bedeutungen:

- In ABAP sollte jede Modularisierungseinheit eine nicht zu kleine Funktionalität und nicht nur eine einzige Anweisung enthalten, da jeder Aufruf einen gewissen Overhead erzeugt.
- Natürlich spielt dieser Punkt vor allem dann eine Rolle, wenn die Modularisierungseinheit oft aufgerufen wird. Wenn dies der Fall ist, kann es sinnvoll sein, eine Array-fähige Modularisierungseinheit anzubieten, die die gleiche Funktionalität mit wenigen Aufrufen erreicht.

Zum Beispiel ist es sinnvoll, die Verarbeitung von Zeilen einer Tabelle in einer Methode zusammenzufassen, falls die gleiche Verarbeitung noch anderer Stelle benötigt wird:

```
LOOP AT itab ASSIGNING <fs>.
  CALL METHOD method_abc ....
ENDLOOP.
```

Ist die Tabelle `itab` sehr groß, dann wäre es sinnvoller, die Methode so zu verändern, dass sie die ganze Tabelle `itab` verarbeiten kann.

8.2.4 Analyse und Optimierung

Die Performanceziele lassen sich mit der ABAP-Trace überprüfen, wie bereits im letzten Kapitel beschrieben, siehe Abschnitt 7.6.

Tab. 8–4
Performanceziele bei der Modularisierung

Nr.	Ziel	Test
0	Vermeiden	Generelles Performanceziel bei jeder Programmierung
1	Schneller	Die Funktionalität soll so schnell wie möglich sein.
2	Weniger	Bei Modularisierungseinheiten spielt hier vor allem die Parameterübergabe eine Rolle.
3	Seltener	Optimierung der Größe der Modularisierungseinheiten, siehe Empfehlung "Modularize Don't Atomize"

Natürlich gilt das Ziel 0, das Vermeiden alles Unnötigen, immer und muss nicht weiter ausgeführt werden.

Auch das Ziel 1, dass die Modularisierungseinheit möglich schnell sein sollte, ist offensichtlich. Dabei muss eine effiziente algorithmische Umsetzung gefunden werden und bei der Programmierung sollten die Empfehlungen aus den Kapiteln drei bis sechs beachtet werden.

Die Punkte 2 und 3 lassen sich mit der ABAP-Trace indirekt testen. Wenn Sie interne Tabellen in die Messung aufnehmen, bleiben in den Nettozeiten der Modularisierungseinheiten nur die Kosten für die Aufrufe, Parameterübergaben, Zuweisungen und ein paar weitere Operationen übrig. Teure Parameterübergaben fallen so auf.

Die Modularisierung ist wichtig für die bessere Lesbarkeit, Wiederverwendbarkeit, Definition von Schnittstellen und Kontrolle der Verarbeitung von Daten in einem guten Programm. In ABAP gibt es drei wichtige Modularisierungseinheiten: die `FORM`-Routine, der Funktionsbaustein und die Methode für die objektorientierte Programmierung. Die Objektorientierung ist das modernste Modularisierungskonzept und Sie sollten, falls Sie es noch nicht getan haben, planen darauf umzusteigen.

Bezüglich Performance sollten Sie die Empfehlungen zur Parameterübergabe beachten. Außerdem sollte die Funktionalität von Modularisierungseinheiten nicht zu gering sein.

8.3 Workprozesse

Um die Last durch das gleichzeitige Arbeiten von vielen Benutzern und Prozessen zu steuern, spielen die Workprozesse des SAP-Systems eine wichtige Rolle. Es gibt unterschiedliche Typen von Workprozessen, die unterschiedliche Aufgaben übernehmen. Durch die Festlegung der Anzahl der Workprozesse jedes Typs lassen sich zwei Probleme lösen:

- Einerseits soll dies sicherzustellen, dass auch bei Hochlast ein System nicht lahmgelegt wird, da die wichtigen speziellen Workprozesse für Verbuchung und Enqueue immer verfügbar sind.
- Andererseits sorgt eine Lastverteilung über die Workprozesse dafür, dass die Benutzer möglichst gleichmäßig auf die zur Verfügung stehende Hardware verteilt werden.

8.3.1 Wissenswertes über die Workprozesse

Es gibt sechs verschiedene Typen von Workprozessen. Diese wurden in der SQL-Trace schon einmal thematisiert, siehe Abschnitt 2.3.3, und bei den Aufgabentypen der STAD, siehe Abschnitt 2.8.1:

Tab. 8–5
Unterschiedliche Typen von Workprozessen

DIA = Dialogprozess	Standardprozess für die Dialogverarbeitung, d.h. für Programme mit Benutzerinteraktion, aber auch für Remote Function Calls (RFCs), siehe 8.4.
BTC = Batchprozess	Prozess zum Bearbeiten von Programmen, der im Hintergrund, d.h. ohne weitere Benutzereingaben, abläuft.
UPD = Updateprozess	Prozess zum Verarbeiten der Verbuchungsaufträge, siehe Abschnitt 8.6. Diese werden auch Schattenprozesse genannt, da sie nur indirekt angesteuert werden.
UP2 = V2-Verbuchungsprozess	Prozess zur Bearbeitung der V2- und V3-Verbuchungsaufträge. Falls nicht vorhanden, wird Aufgabe von UPD übernommen.
ENQ = Enqueue-Prozess	Prozess zum Setzen und Lösen der SAP-Sperren (Enqueues), siehe Abschnitt 8.5.
SPO = Spool-Prozesse	Prozess für Spool-Aufträge, d.h. Druckprogramme u.Ä.

Die Typen sind notwendig, da sie unterschiedliche Aufgaben übernehmen. Ein Programm wird entweder in einem Dialog- oder in einem Hintergrundprozess verarbeitet, die anderen vier Typen übernehmen spezielle Aufgaben. Durch die Konfiguration einer Zahl von speziellen Workprozessen lässt sich erreichen, dass für diese wichtigen zentralen Aufgaben immer Ressourcen zur Verfügung stehen, auch wenn viele Benutzer gleichzeitig Dialogprozesse starten wollen. Es ist besser, wenn ein paar Benutzer während einer Hochlastphase warten müssen, als wenn alle Prozesse keine Enqueues absetzen können.

Die Workprozesstypen unterscheiden sich nur wenig in ihren Eigenschaften. Zum Beispiel hat ein Dialog-WP eine maximale Antwortzeit, die durch den Profilparameter `rdisp/max_wprun_time` festgelegt wird. Dieser hat normalerweise den Wert 5 Minuten.

Ein Benutzer wird beim Anmelden durch eine automatische Lastverteilung oder eine feste Zuordnung einem Applikationsserver zugewiesen. Erst wenn der Benutzer ein Programm ausführt, wird ein Dialogworkprozess belegt, dies jedoch nicht dauerhaft: Wenn viele Benutzer aktiv sind, werden diese reihum abgearbeitet.

Es gibt meist weniger Dialogworkprozesse als Benutzer pro Applikationsserver, ein Verhältnis 1:10 ist üblich.

8.3.2 Tools

Für die Workprozesse gibt es noch ein paar wichtige Tools, die bisher nicht erwähnt wurden:

Transaktionscode	Name
SM50	Workprozessübersicht
SM51	Liste der Applikationsserver
SM66	Globale Workprozessübersicht

Tab. 8-6
Wichtige Transaktionen bei den Workprozessen

Die Workprozessübersicht (SM50) zeigt die konfigurierten Workprozesse eines Applikationsservers. Über die aktiven Workprozesse gibt die SM50 folgende Informationen:

Abb. 8-1
Workprozessübersicht (SM50)

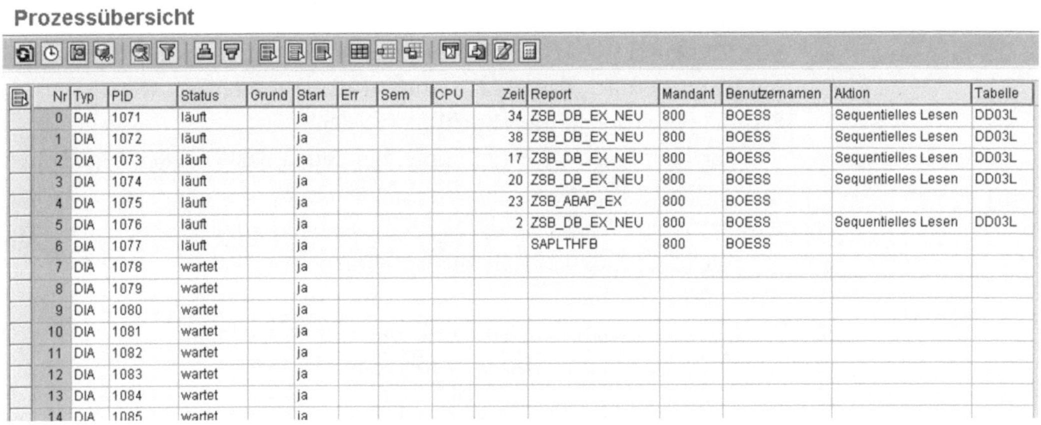
Prozessübersicht

Nr	Typ	PID	Status	Grund	Start	Err	Sem	CPU	Zeit	Report	Mandant	Benutzernamen	Aktion	Tabelle
0	DIA	1071	läuft		ja				34	ZSB_DB_EX_NEU	800	BOESS	Sequentielles Lesen	DD03L
1	DIA	1072	läuft		ja				38	ZSB_DB_EX_NEU	800	BOESS	Sequentielles Lesen	DD03L
2	DIA	1073	läuft		ja				17	ZSB_DB_EX_NEU	800	BOESS	Sequentielles Lesen	DD03L
3	DIA	1074	läuft		ja				20	ZSB_DB_EX_NEU	800	BOESS	Sequentielles Lesen	DD03L
4	DIA	1075	läuft		ja				23	ZSB_ABAP_EX	800	BOESS		
5	DIA	1076	läuft		ja				2	ZSB_DB_EX_NEU	800	BOESS	Sequentielles Lesen	DD03L
6	DIA	1077	läuft		ja					SAPLTHFB	800	BOESS		
7	DIA	1078	wartet		ja									
8	DIA	1079	wartet		ja									
9	DIA	1080	wartet		ja									
10	DIA	1081	wartet		ja									
11	DIA	1082	wartet		ja									
12	DIA	1083	wartet		ja									
13	DIA	1084	wartet		ja									
14	DIA	1085	wartet		ja									

Die Bedeutung der einzelnen Spalten entnehmen Sie am besten der Dokumentation. Besonders wichtig sind die Spalten `Zeit`, `Report`, `Aktion` und `Tabelle`, die anzeigen, was der Workprozess gerade tut.

Falls Sie den Applikationsserver wechseln wollen, weil z.B. die Trace-Daten auf einem anderen Server liegen, ist die Liste der Applikationsserver (SM51) nützlich. Die Transaktion zeigt alle Applikationsserver eines Systems. Mit einem Doppelklick auf den gewünschten Server können Sie zu diesem wechseln, falls Sie die entsprechende Berechtigung besitzen.

Die globale Workprozessübersicht (SM66) sieht auf den ersten Blick der SM50 sehr ähnlich. Die SM66 zeigt jedoch alle aktiven Workprozesse von allen Applikationsservern des ganzen Systems.

8.3.3 Performanceempfehlungen

Natürlich sind es die Programme, die optimiert werden müssen, und nicht die Workprozesse. Deshalb gibt es hier lediglich zwei Anmerkungen, wie die Workprozesse zur Performanceverbesserung beitragen können.

Time-out-Probleme

Gelegentlich tauchen Fragen der Art auf: »Der Dialogprozess bricht wegen Time-out ab: Wie ist das Performanceproblem zu lösen?« Dieses Problem hängt zunächst nur damit zusammen, dass ein Dialogworkprozess eine maximale Laufzeit von 5 Minuten hat. Ob es sich um ein Performanceproblem handelt, ist nicht automatisch klar. Bevor diese Frage angegangen wird, sollte die Wichtigkeit des Programms geklärt werden.

Wird das Programm wirklich mehrfach ausgeführt? Falls es sich nur um eine einmalige Ausführung handelt, lohnt sich der Aufwand für eine Analyse und Optimierung eventuell gar nicht. Es ist möglicherweise einfacher, das Programm als Hintergrundprozess einzuplanen und einmal 20 oder 30 Minuten zu warten. Wird das Programm häufig ausgeführt, dann sollte eine Performanceanalyse, wie im siebten Kapitel beschrieben, durchgeführt werden.

Monte-Carlo-Analyse

Für lang laufende Programme, bei denen das Erstellen von Traces inklusive der Wiederholungen sehr aufwendig wäre, gibt es die sogenannte Monte-Carlo-Analyse. Bei dieser Methode führen Sie das Programm aus, und beobachten die Verarbeitung in der Workprozessübersicht (SM50). Am Anfang wechselt die Anzeige von Aktion und Tabelle wahrscheinlich schnell. Danach tritt bei einem Langläufer mit einem Problem meist einer der folgenden Fälle ein:

- entweder bleibt der Prozess sehr lange bei einer Aktion, z.B. dem Lesen einer Tabelle,
- oder er wechselt ständig zwischen wenigen Aktionen hin und her.

Um was es sich genau handelt, sehen Sie, wenn Sie immer wieder den Debugger aufrufen und sich die Quellecodestelle notieren. Wie bei den Monte-Carlo-Simulationen in der Informatik werden Sie den Code, der am wahrscheinlichsten ist, am häufigsten sehen. Am wahrscheinlichsten ist natürlich der Code, für den die meiste Zeit verbraucht wird. Wenn Sie die problematischen Stellen identifiziert haben, ist es meist möglich, mithilfe der Empfehlungen der Kapitel drei bis sechs eine Lösung zu finden.

8.3.4 Analyse und Optimierung

Die Workprozessübersicht (SM50) ist wichtig, falls Sie Performanceanalysen in einem System durchführen, in dem gleichzeitig noch andere Benutzer arbeiten oder Batchprogramme laufen. Dann sollten Sie parallel zum Erzeugen der Trace-Daten die SM50 im Auge behalten. Falls nämlich gerade viel Last auf dem System ist, sind die Trace-Daten eventuell nur wenig brauchbar und die Messung sollte in einer Phase mit weniger Last wiederholt werden.

Die Workprozesse werden genutzt, um die anfallende Last möglichst gut auf die vorhandenen Ressourcen zu verteilen. Durch die unterschiedlichen Workprozesstypen stehen für wichtige Spezialprozesse wie Verbuchung und Enqueue-Prozess immer Ressourcen zur Verfügung. Der Workprozessmonitor (SM50) zeigt den aktuellen Status der Workprozesse.

Durch das Umstellen eines Dialogprozesses in einen Hintergrundprozess ließ sich schon manches vermeintliche Performanceproblem lösen. Lang laufende Programme lassen sich mit der Monte-Carlo-Analyse nach Performanceengpässen untersuchen.

8.4 Remote Function Call (RFC)

Die wichtigste Kommunikationsmöglichkeit im ABAP ist der Remote Function Call (RFC). Die RFCs werden für viele Arten der Kommunikation verwendet.

Die Einführung gibt einen kurzen Überblick über RFCs, um die Performanceempfehlungen verstehen zu können. Wollen Sie jedoch RFCs für konkrete Aufgaben nutzen und selbst programmieren, dann benötigen Sie wahrscheinlich mehr technische Details, die Sie im SAP-Helpportal unter dem Stichwort »RFC« finden können. Auch die beiden Artikel von Jolfaei und Neuwirt im SAP Prof. Journal, siehe Literaturverzeichnis, können hilfreich sein.

8.4.1 Was Sie über RFCs wissen sollten

Die Remote Function Calls werden für folgende Aufgaben eingesetzt:

- für die Kommunikation von einem Workprozess mit einem anderen auf dem gleichen oder einem anderen Applikationsserver,
- zur Kommunikation mit einem anderen System (SAP oder nicht), und
- zur Kommunikation mit dem SAP-GUI-Frontend.

Client-Server

Die wichtigsten Begriffe im Zusammenhang mit RFCs sind Client und Server. Der Client sendet den RFC, der Server arbeitet den RFC ab. Insofern ist auch die Reihenfolge klar: Der Request geht vom Client zum Server und wird dort bearbeitet. Eventuell geht das Ergebnis wieder an den Client zurück.

```
CALL  FUNCTION rfc
      DESTINATION dest ….
```

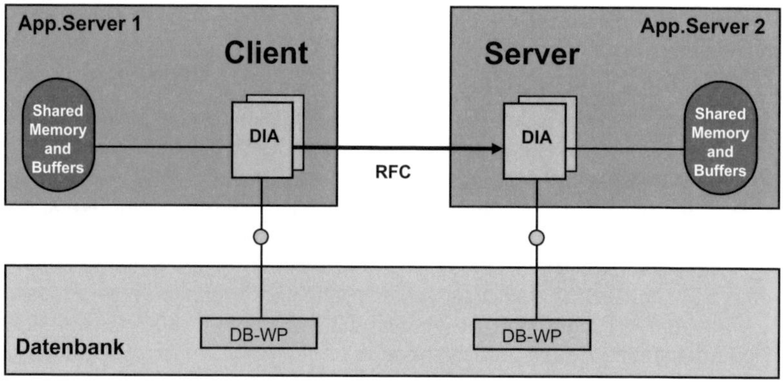

Abb. 8–2
Der RFC vom Client zum Server

Bei einem Remote Function Call handelt es sich einfach um einen Funktionsbaustein, der in seinen technischen Eigenschaften remotefähig gemacht wurde. Bei den RFCs wurde die Objektorientierung bisher noch nicht umgesetzt. Es gibt keine remotefähigen Methoden.

Typen von RFCs

Die Grundtypen der RFCs sind synchrone und asynchrone RFCs. Bei den asynchronen RFCs gibt es noch weitere Untertypen:

- Bei einem **synchronen RFC (sRFC)** wartet der Prozess auf das Ergebnis. Ein synchroner RFC ist immer dann notwendig, wenn das Ergebnis des RFC benötigt wird, um mit der Bearbeitung fortzufahren. Ein bekanntes Beispiel ist die Preisfindung.

```
CALL FUNCTION rfc_synch
     DESTINATION dest ….
```

- Ein asynchroner RFC wird dann eingesetzt, wenn nicht auf das Ergebnis gewartet werden muss. Damit kann der sendende Workprozess schnell wieder weiterarbeiten. Bei den asynchronen RFCs gibt es verschiedene Untertypen für unterschiedliche Anforderungen.
  - Am verbreitetsten ist der einfache **asynchrone RFC (aRFC)**:

```
CALL FUNCTION rfc_asynch
     STARTING NEW TASK 'task1'
     DESTINATION dest ….
```

  - Gelegentlich reicht die einfache asynchrone Verarbeitung nicht aus. Es muss sichergestellt werden, dass der RFC-Prozess erfolgreich ausgeführt wird. Dafür gibt es den **transaktionalen RFC (tRFC)**. Bei ihm wird im Fall eines Abbruchs die Aufgabe mehrfach neu eingeplant. Dazu ist eine gewisse Steuerlogik notwendig, die natürlich einen Overhead bedeutet. Außerdem kann die Steuerlogik den Prozess nur wieder einplanen; vom Benutzer des transaktionalen RFC muss sichergestellt werden, dass der RFC prinzipiell ausführbar ist.

```
CALL FUNCTION rfc_transact
     IN BACKGROUND TASK
     DESTINATION dest ….
```

- Der transaktionale RFC kann die Reihenfolge der Bearbeitung nicht sicherstellen. Es ist möglich, dass ein RFC einen anderen überholt, wenn z.B. ein RFC abbricht und neu eingeplant wird. Deshalb ist noch der Typ **Queued RFC (qRFC)** notwendig, bei dem die Beibehaltung der Reihenfolge garantiert wird. Dafür wird eine Warteschlange eingerichtet, in welche die RFCs abgelegt werden. Es gibt die Möglichkeit, eine Warteschlange für ausgehende RFCs (outbound queue) oder für eingehende RFCs (inbound queue) einzurichten. Es ist auch möglich, mehrere Warteschlangen einzurichten.

```
CALL FUNCTION rfc_queued
     IN BACKGROUND TASK
     DESTINATION dest ….
```

- Der **parallele RFC (pRFC)** ist ein asynchroner RFC, der einer Servergruppe zugeordnet ist. Die Bezeichnung pRFC finden Sie nur in dem Artikel von Jolfaei und Neuwirt, sonst wird die Servergruppe als Zusatzeigenschaft des aRFC angesehen. Da die Servergruppe bei der Parallelisierung eine wichtige Rolle spielt, siehe Abschnitt 8.6, ist der Name pRFC praktisch. Der pRFC wird nötig, wenn viele RFCs parallel eingesetzt werden sollen. Dann kann es bei einfachen aRFCs zu einer Überlastung des Systems kommen. Durch das Einrichten einer RFC-Servergruppe kann dies vermieden werden.

```
CALL FUNCTION rfc_parallel
     STARTING NEW TASK 'task1'
     DESTINATION IN GROUP ….
```

Die wichtigsten Eigenschaften der RFCs fasst die folgende Tabelle zusammen. Damit sollte es Ihnen möglich sein, zu entscheiden, welcher Typ für Ihre Aufgabe am geeignetsten ist:

Tab. 8–7
Die Eigenschaften der verschiedenen RFC-Typen

	startet	Typ	Ausgabeparameter	Benutzerwechsel	Dialog	Monitoring
sRFC	gleich	synchron	möglich	unterstützt	unterstützt	nicht verfügbar
aRFC	gleich	asynchron	möglich	unterstützt	unterstützt	nicht verfügbar
tRFC	unklar	asynchron, genau einmal	nicht	unterstützt	nicht unterstützt	verfügbar

→

	startet	Typ	Ausgabeparameter	Benutzerwechsel	Dialog	Monitoring
qRFC	unklar	asynchron, genau einmal, in Reihenfolge	nicht	unterstützt	nicht unterstützt	verfügbar
pRFC	unklar	asynchron	möglich	nicht unterstützt	nicht empfohlen	nicht verfügbar

Schritte bei einem RFC

Die Ausführung eines RFCs besteht aus mehreren logischen Schritten:

1. Initialisierungsprozess: Der Sender (Client) stellt eine Verbindung zum Empfänger (Server) her. Dabei werden auch Informationen zur Verschlüsselung übermittelt.
2. Datenübertragung: Die benötigten Daten werden an den Server übertragen.
3. Abkopplung bei asynchronem RFC: Bei einem asynchronen RFC ist keine weitere Verbindung mehr nötig, die Verbindung wird abgebaut. Der Sender kann weiterarbeiten.
4. Wartezeit bei synchronem RFC: Bei einem synchronen RFC wartet der Sender auf das Ergebnis des RFC.
5. Ergebnisrücktransport zum Sender: Das Ergebnis geht zurück an den Sender.
6. Abbau der Verbindung: Die Verbindung kann explizit beendet werden.

Overhead in RFC-Kommunikation

Jeder RFC hat einen gewissen Overhead. Es ist ein initialer Roundtrip nötig, um den Login durchzuführen. Außerdem kann es jeweils Kosten für eine mögliche Kompression und Verschlüsselung der Daten geben. Schließlich gibt es für jeden Roundtrip einen Overhead:

- die Übertragungszeit, die von der Latenz der Verbindung bestimmt wird,
- und die Datentransferrate, die durch die Bandbreite bestimmt wird.

Wie bei der Modularisierung sollte auch hier darauf geachtet werden, dass der Overhead in einem sinnvollen Verhältnis zur Funktionalität steht.

8.4.2 Tools

Für die RFCs gibt es eine Reihe von nützlichen Tools.

RFCs in den Statistiksätzen (STAD)

Die Besprechung der RFC-Sätze in der STAD steht noch aus. Jeder RFC besteht aus einem Client- und einem Serveranteil.

Alle Clientanteile der in einem Dialogschritt ausgelösten RFCs erscheinen im Statistiksatz des Dialogschritts. Die Clientzeit der RFCs ist in der Übersicht in der Spalte RFC + CPIC zu sehen. Die Details des Statistiksatzes enthalten einen RFC-Block, in dem Subrecords für die Verbindungen (Connections) und für Ausführungen (Calls) zu sehen sind. Es werden nicht alle Verbindungen und Ausführungen gezeigt, sondern jeweils nur die fünf teuersten.

Die Serveranteile der RFCs erscheinen in den Statistiksätzen der Server zu den jeweiligen Verbindungen. Da sie meist keinem Statistiksatz zugeordnet werden können, erzeugen sie einen Statistiksatz vom Typ R (RFC). Die Serverzeit wird nicht unter RFC + CPIC abgelegt, sondern als Processing-Zeit des RFC-Statistiksatzes. In den Details gibt es ebenfalls einen Block für RFCs. Dieser enthält einen Subrecord für die Verbindung und einen oder mehrere Subrecords für die Ausführungen. Falls die RFC-Verbindung nicht explizit beendet wird, bleibt sie so lange bestehen, wie sie weiterverwendet wird. Wird sie 500 ms nicht verwendet, dann wird der Workprozess freigegeben und der Kontext rausgerollt. Der RFC-Satz kann also mehrere RFC-Sätze enthalten, falls sie die gleiche Verbindung vor dem Rausrollen nutzen.

Außerdem können beim Abarbeiten eines RFC weitere RFCs ausgelöst werden. Dann enthält der RFC-Satz auch deren Clientinformationen und die Clientzeit erscheint unter RFC + CPIC.

Abb. 8-3
RFC-Details für Client und Server in der STAD

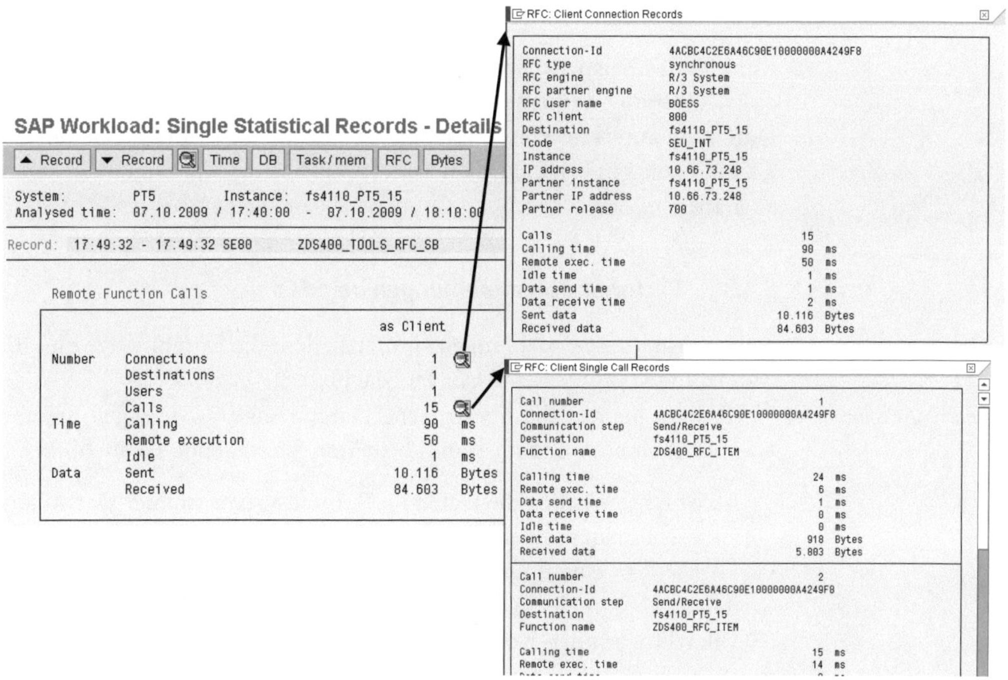

RFC-Trace (ST05)

Falls Sie es im zweiten Kapitel nicht getan haben, wäre es nun an der Zeit, die RFC-Trace im Abschnitt 2.5 genauer anzusehen.

ABAP-Trace (SE30)

Mit der ABAP-Trace ist es auch möglich, RFCs zu vermessen, die von einem Programm ausgelöst werden. Dazu sind jedoch bestimmte Einstellungen vorzunehmen, wie im Abschnitt 2.7.9 beschrieben wird. Falls Sie diesen Abschnitt noch nicht kennen, sollten Sie dies nun nachholen.

Weitere RFC-Transaktionen

Es gibt noch ein paar Transaktionen für die RFCs, wozu die folgende Auflistung an dieser Stelle genügen soll:

Tab. 8–8
Wichtige Transaktionen bei den RFCs

Transaktionscode	Name
RZ12	CCMS: RFC-Server-Gruppen-Pflege
SM58	Transaktionaler RFC
SMQS, SMQR; SMQ1, SMQ2	qRFC-Transaktionen

Beispiel

Falls Sie mit RFCs bzw. den Tools nicht vertraut sind, kann das einfache Beispielprogramm, das Sie sich von der Webseite herunterladen können, hilfreich sein. Die Funktionalität des Programms ist denkbar einfach: Es liest von `DD02L` Tabellennamen und per RFC von der `DD03L` die zugehörigen Tabellenfelder. In der einfachsten Form werden die RFCs mit Destination 'None' nur nachgeahmt. Die genaue Beschreibung finden Sie auf der Webseite.

Anhand des Beispiels lernen Sie die Funktionalität der RFC-Trace und das Zusammenwirken der RFC-Trace mit der SQL-Trace kennen. Durch die unterschiedliche Last lassen sich auch die Möglichkeiten der ABAP-Trace gut zeigen. Das Beispiel lässt sich im Weiteren noch etwas ausbauen.

8.4.3 Performanceempfehlungen bei RFCs

An Performanceempfehlungen sind vor allem die Datenmenge und die Bündelung von gleichen RFCs zu beachten.

Übertragene Datenmenge

Achten Sie auf die übertragene Datenmenge. Übertragen Sie nur, was wirklich notwendig ist, und beachten Sie folgende Empfehlungen:

- Meist ist sinnvoller, die Daten im Remotesystem von der Datenbank zu lesen, anstatt sie per RFCs zu übertragen. Beachten Sie, dass Sie vielleicht in einem Local Area Network (LAN) testen, die Funktionalität aber in einem Wide Area Network (WAN) arbeiten soll.
- Die RFCs können Kompression für die übertragenen Daten nutzen.

- Achten Sie sehr darauf, dass nicht mehr benötigte Daten nicht wieder übertragen werden. Vor dem Rücktransport von Daten, die als TABLES-Parameter übergeben wurden, führt der RFC ein automatisches Deltahandling durch und überträgt nur Daten, die sich geändert haben.

Granularität – Array-Verarbeitung

Die Bündelung kann bei RFCs sehr wichtig werden, je nachdem, ob ein LAN oder WAN verwendet wird. Die Zeit für die WAN-Verbindung resultiert aus einer Übertragung vom Client zum Server und zurück über Satellit. Das ergibt für die Strecke von viermal 36.000 km bei Lichtgeschwindigkeit ungefähr eine halbe Sekunde. Beachten Sie den Effekt der Bündelung.

Tab. 8–9
Kosten für Einzelverarbeitung sowie Bündelung

Aufgabe (in s)	Funct.	LAN		WAN	
		Übertragung	Gesamt	Übertragung	Gesamt
Einfach	1 ms	0,01		0,5	
100 x 1	0,1	1,0	1,1	50,0	50,1
10 x 10	0,1	0,1	0,2	5,0	5,1
1 x 100	0,1	0,01	0,11	0,5	0,6

Darüber hinaus kann die RFC-Funktionalität selbst bei der Bündelung günstiger werden, da sie eventuell selbst auch Array-Verarbeitung einsetzen kann, z.B. für Datenbankzugriffe.

Außerdem kann die Array-Verarbeitung positive Effekte bezüglich der übertragenen Datenmenge haben. Diese lässt sich eventuell komprimieren, was sich aber nur lohnt, wenn eine gewisse minimale Menge überschritten ist. Bei Einzelverarbeitung ist die Datenmenge oft zu klein, sodass die Kompression nicht infrage kommt.

Beispiel

In dem Beispiel sind jeweils Einzelsatzverarbeitung und Array-Verarbeitung für die gleiche Verarbeitung implementiert. So lässt sich gut der Vorteil der Array-Verarbeitung erkennen.

Im weiteren Ausbau können Sie eine richtige RFC-Verbindung anlegen. Dies hängt natürlich von Ihrer Systemumgebung und Ihren Möglichkeiten ab. Je aufwendiger die Übertragung ist, desto deutlicher werden die Vorteile der Array-Verarbeitung sichtbar.

8.4.4 Analyse und Optimierung

Die Performanceziele für RFCs lassen sich sehr gut aus den allgemeinen Zielen ableiten:

Tab. 8–10 *Performanceziele bei den RFCs*

Nr	Ziel	Test
0	Vermeiden	Notwendigkeitstest
1	Schneller	Server-Funktionalität möglichst effizient
2	Weniger	Weniger Datenübertragung
3	Seltener	Bündelung von RFCs

Die Ziele der Performanceanalyse lassen sich am besten anhand der RFC-Trace überprüfen.

Notwendigkeitstest

Betrachten Sie die RFCs: Fallen Ihnen einzelne auf, die unnötig sein könnten oder zu häufig ausgeführt werden?

Server-Funktionalität

Die RFC-Funktionalität, die auf dem Server abläuft, muss genauso den Ansprüchen an eine gute Performance genügen wie jede andere Funktionalität. Falls ein RFC durch eine besonders hohe Ausführungszeit auffällt, könnte es sein, dass seine Funktionalität nicht den Performancekriterien genügt. Führen Sie eine Performanceanalyse auch für die Server-Funktionalität durch.

Übertragene Datenmenge

Werfen Sie auch einen Blick auf die Menge der übertragenen Daten. Diese stellt die RFC-Trace als Zahlen im RFC-Satz dar. Gelegentlich kommt es vor, dass Tabellen nicht geleert werden, sodass immer mehr Altdaten hin- und hergesendet werden.

Array-Verarbeitung – Bündelung von RFCs

Gibt es viele RFCs der gleichen Art, dann ist eine Bündelung zu Array-RFCs eventuell sinnvoll.

RFCs sind das wichtigste Konzept der Kommunikation zwischen verschiedenen Prozessen. Diese Prozesse können im gleichen Server, zwischen verschiedenen Servern oder Systemen ablaufen. Auch zur Kommunikation mit dem SAP-GUI-Frontend werden RFCs eingesetzt. Es gibt synchrone und asynchrone RFCs, wobei die asynchronen RFCs noch mehrere Untertypen besitzen.

Bei den RFCs ist auf die üblichen Performanceziele zu achten. Neben der Schnelligkeit ist vor allem die übertragene Datenmenge ein wichtiges Kriterium. Die Bündelung ist ganz wichtig, da die Übertragungskosten sehr groß sein können.

8.5 Sperren und Enqueues

Wenn in einem System, in dem viele Benutzer gleichzeitig arbeiten, Tabelleneinträge geändert werden, muss natürlich verhindert werden, dass zwei Benutzer gleichzeitig dieselben Daten ändern. Dafür gibt es Datenbanksperren. Es ist vorteilhaft, die Sperren im Zusammenhang mit dem Transaktionskonzept zu diskutieren, denn dabei wird auch klar, warum eine Erweiterung zum SAP-Transaktionskonzept und den SAP-Sperren, den sogenannten Enqueues, nötig ist.

8.5.1 Transaktionen, LUWs und Sperren

Bevor die Sperren eingeführt werden, muss kurz erklärt werden, welche Bedingungen beim Ändern von Daten in der Datenbank überhaupt beachten werden müssen. Dabei spielt eine Reihe von neuen Begriffen eine wichtige Rolle.

Übergang von einem konsistenten Datenzustand in einen anderen

Beim Ändern von Daten sind Zusammengehörigkeiten zwischen den Daten zu beachten.

- Zusammengehörende Daten werden in relationalen Datenbanken oft über viele unterschiedliche Tabellen verteilt. Beim Ändern eines Geschäftsprozesses kann es sein, dass in vielen Tabellen Änderungen vorzunehmen sind. Dabei gilt das Prinzip: »Ganz oder gar nicht«. Nur alle Änderungen zusammen ergeben einen neuen sinnvollen Zustand, man spricht von einem **konsistenten Zustand**.
- Eine **Transaktion** ist der Übergang von einem konsistenten Zustand in einen neuen konsistenten Zustand. Nur wenn alle zusammengehörenden Änderungen erfolgreich abgeschlossen sind, ist die Transaktion erfolgreich. Falls ein Problem auftaucht, werden alle Änderungen verworfen und es wird der alte konsistente Zustand wiederhergestellt.

Datenbanktransaktion

Jede Datenbank unterstützt das Transaktionskonzept, da nur damit ein sinnvolles Arbeiten mit wichtigen Daten möglich ist:

- Am Anfang und am Ende einer Datenbanktransaktion steht ein konsistenter Zustand.
  - Falls alle Änderungen erfolgreich durchführbar sind, endet die Transaktion mit einem **Datenbank-Commit** und der neue konsistente Zustand wird permanent auf die Datenbank geschrieben.
  - Tritt ein Problem auf, wird ein **Datenbank-Rollback** ausgelöst, der alle Änderungen zurücknimmt und die beteiligten Tabellen auf den letzten konsistenten Zustand zurücksetzt.

- Die zeitliche Einheit einer Transaktion wird als **Logical Unit of Work (LUW)** bezeichnet. Eine LUW ist die kleinste nicht teilbare Einheit beim Arbeiten auf der Datenbank.

Datenbanksperren

Wenn viele Benutzer gleichzeitig auf der Datenbank arbeiten, muss bei Änderungen verhindert werden, dass mehrere Benutzer die gleichen Daten gleichzeitig ändern. Erst wenn eine Änderung durch einen Commit oder Rollback abgeschlossen ist, darf ein weiterer Benutzer dieselben Daten ändern. Das führt unweigerlich zur Einführung von **Sperren**.

Im Abschnitt 5.2.3 zu Beginn des Pufferkapitels wurde das Beispiel einer Flugbuchung beschrieben und bereits auf die Notwendigkeit der Sperren hingewiesen. Angenommen Sie haben in Ihrem Reisebüro einen passenden Flug gefunden und sich entschieden, diesen Flug zu buchen. Dann wird der Reisebüromitarbeiter die Buchung für Sie durchführen. Dazu wird die Verfügbarkeit noch mal gelesen, da sie sich mittlerweile geändert haben könnte, und ein Platz für Sie gesperrt. Danach werden alle notwendigen Daten aufgenommen und eventuell bereits die Bezahlung per Kreditkarte veranlasst. Am Ende wird die Buchung bestätigt oder, falls es zum Beispiel Probleme bei der Bezahlung gab, doch noch zurückgenommen. Während dieser Zeit kann niemand sonst diesen Platz auf dem Flug buchen.

Jede Datenbank stellt ein Sperrkonzept zur Verfügung:

- Die ändernden Datenbankanweisungen, also `INSERT`, `UPDATE`, `MODIFY` und `DELETE` sowie der `SELECT FOR UPDATE`, setzen beim Ausführen automatisch eine Datenbanksperre auf die betroffenen Tabelleneinträge.
- Die Datenbanksperren werden bis zum Ende der DB-LUW, also bis zum DB-Commit oder DB-Rollback gehalten.
- Die Datenbanksperren werden als physische Sperren bezeichnet, da sie nicht zu umgehen sind. Sie sind eindeutig den von der Änderung betroffenen Zeilen zugeordnet. Jeder Zugriff, der gesperrte Daten ändern will, kann dies nicht, so lange die Sperre besteht. Er muss warten, bis die Sperre aufgehoben wird.
- Datenbanken besitzen meist einen Mechanismus der Sperreskalation, wodurch z.B. viele Einzelsperren zu einer Sperre der ganzen Tabelle führen können.

Dieses Konzept reicht jedoch nur für einfache Transaktionen aus. Eine komplexere Transaktion kann sich über mehrere Eingabebilder erstrecken und es kann erforderlich sein, Sperren nicht erst im letzten Schritt anzufordern. Daraus ergibt sich folgende Situation.

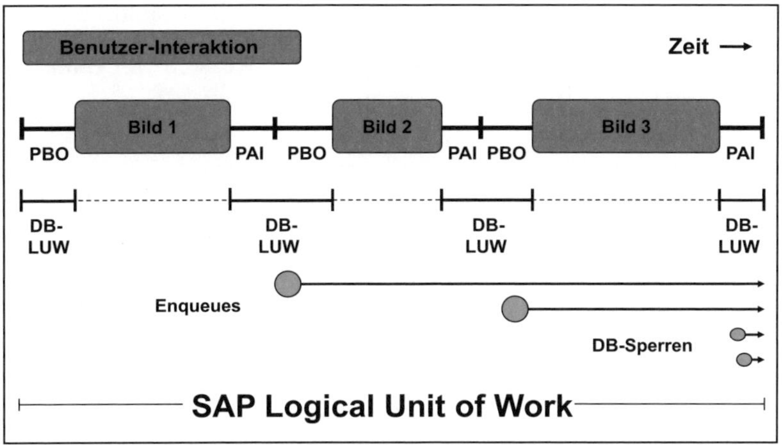

Abb. 8–4
Dialogschritte

Eine Transaktion besteht aus mehreren Eingabeschirmen. Zu jedem Bild gehört ein Dialogschritt, der aus dem Eingabeschritt und dem Verarbeitungsschritt besteht:

- Während des Eingabeschritts macht der Benutzer seine Eingaben. Der Eingabeschritt kann zeitlich nur durch einen Time-out begrenzt werden. Während dieser Zeit soll möglichst kein Workprozess und keine Datenbanksperre aktiv sein.
- Im Verarbeitungsschritt übernimmt der Workprozess die Eingabedaten und holt die Daten für das nächste Bild. Danach wird der Workprozess rausgerollt und steht für andere Aufgaben zur Verfügung. Dies hat den großen Vorteil, dass der Workprozess während der Zeit, in der der Benutzer seine Eingaben macht, für andere Aufgaben zur Verfügung steht.
- Es ist nicht wünschenswert, Datenbanksperren während eines Eingabeschrittes zu halten. Deshalb wird jeder Verarbeitungsschritt auf eine Datenbank-LUW abgebildet und durch einen implizit abgesetzten DB-Commit beendet.

Aus diesen Anforderungen folgt das SAP-Transaktionskonzept.

Das SAP-Transaktionskonzept

Das SAP-Transaktionskonzept ist eine Erweiterung des Datenbanktransaktionskonzepts, um größere Anwendungen besser zu unterstützen:

- Es sind Sperren notwendig, die über mehrere Datenbank-LUWs gehalten werden können.
- Diese Sperren müssen sich explizit aufrufen lassen, die implizite Steuerung reicht nicht aus.

Dies liefert die Anforderungen an das SAP-Transaktionskonzept:

- Es besteht aus einer **SAP Logical Unit of Work (SAP-LUW)**, die mehrere DB-LUWs umfassen kann.
- Das Sperrkonzept wird um die SAP-Sperren, die sogenannten **Enqueues**, erweitert. Diese werden unten erklärt.
- Eine SAP-LUW besteht aus einer oder mehreren DB-LUWs. Die Datenbankänderungen, die von einem konsistenten Zustand in einen anderen konsistenten Zustand führen, müssen weiterhin innerhalb einer DB-LUW vorgenommen werden. Dieser Schritt muss am Schluss ausgeführt werden, wenn klar ist, ob die Änderungen ausgeführt oder zurückgenommen werden sollen. Dies führt zu der sogenannten **Verbuchung**, die im nächsten Abschnitt erklärt wird.
- Das Ende der SAP-Transaktion wird durch die Open-SQL Befehle `COMMIT WORK` bzw. `ROLLBACK WORK` eingeleitet.

Enqueues – Logische SAP-Sperren

Die SAP-Sperren werden nach dem Englischen »to enqueue = einreihen« als Enqueues bezeichnet. Sie unterscheidet einiges von den Datenbanksperren. Man bezeichnet sie als ein logisches Sperrkonzept:

- Falls eine Anwendung sich nicht um das Enqueue-Konzept kümmert und direkt auf die Datenbanktabelle zugreift, könnte sie sowohl lesen als auch ändern.
- Sie werden im Data Dictionary definiert und können komplexe Objekte sperren, die zum Beispiel viele Zeilen aus mehreren Tabellen enthalten. Es ist aber auch möglich, nur einzelne Felder eines Satzes zu sperren oder sogar für Sätze Enqueues anzulegen, die noch gar nicht in der Datenbank existieren, sondern erst während der Verbuchung angelegt werden.
- Ein Enqueue wird explizit gesetzt und kann auch explizit zurückgenommen werden. Beim Anlegen eines Enqueue-Objekts werden automatisch zugehörige Enqueue- und Dequeue-Bausteine generiert. Außerdem gibt es implizite Löschmechanismen, z.B. automatisch am Ende einer SAP-Transaktion.
- Enqueue-Sperren werden in eine zentrale Enqueue-Tabelle im Hauptspeicher eingetragen und können so über mehrere DB-LUWs erhalten bleiben.
- Über die Transaktion zur Sperrverwaltung (SM12) können die aktuellen Enqueue-Sperren angezeigt werden, siehe Abschnitt 8.5.2.

Es gibt zwei wichtige Sperrtypen:

Sperrtypen

- **Shared-Sperre oder Lesesperre (S):** Sperre zum ungestörten Lesen von Daten. Anforderungen für weitere Shared-Sperren werden angenommen, sogar wenn sie von anderen Benutzern stammen. Exklusive Sperren werden jedoch abgelehnt.
- **Exklusive Sperre oder Schreibsperre (E):** Sperre zum ungestörten Ändern von Daten. Anfragen für weitere Sperren, exklusive oder Shared, werden abgelehnt.

Es gibt noch zwei speziellere Typen, nämlich die exklusiven, aber nicht kumulierbaren Sperren (X) und die optimistischen Sperren (O), deren Darstellung an dieser Stelle jedoch zu weit führen würde.

Folgende Tabelle fasst die wichtigsten Informationen über Datenbanksperren und Enqueues zusammen:

Tab. 8–11
Vergleiche Datenbank und SAP-Sperren

	Datenbanksperren	SAP-Enqueue
Setzen der Sperre	Implizit durch den benutzten Open-SQL-Befehl ausgelöst	Explizites Setzen durch Enqueue-Baustein
Gesperrte Objekte	Physische Sperre auf geänderte Daten, das können Sätze, Blöcke oder Tabellen sein.	Logische Sperre durch Definition eines Enqueue-Objekts, d.h. von Sätzen, generischen Bereichen bis zu mehreren Tabellen
Löschen der Sperre	Implizit durch DB-Commit oder DB-Rollback, prinzipiell am Ende einer DB-Transaktion	Sowohl explizit durch den Dequeue-Baustein möglich als auch implizit am Ende einer SAP-Transaktion
Maximale Dauer	Eine DB-LUW. Es sollte keine Benutzerdenkzeit enthalten sein.	Eine SAP-LUW, d.h. viele DB-LUWs möglich. Kann Denkzeit des Benutzers enthalten.
Sperrkonflikte	Warten, keine Rückmeldung an das Programm	Kein Warten, Rückmeldung ans Programm
Monitoring	Wartesituationen auf Sperren und Deadlocks (DB01)	Sperrverwaltung (SM12)

Wenn Sie Enqueues selbst programmieren wollen, brauchen Sie wahrscheinlich noch detailliertere Informationen, die Sie im SAP-Helpportal, siehe Literaturverzeichnis, unter den Stichworten »Sperrkonzept« und »Transaktionen« finden können.

8.5.2 Performance-Tools

Die Enqueue-Trace wurde im Abschnitt 2.6 im Anschluss an die SQL-, Puffer- und RFC-Trace besprochen. Wenn Sie sich diesen Abschnitt noch nicht angesehen haben, dann ist es sinnvoll, dies nun nachzuholen. Daneben sind noch ein paar kleinere Tools zu erwähnen.

Dictionary-Anzeige der Enqueue-Objekte (SE11)

Damit kann ein Enqueue-Objekt angelegt, angezeigt und geändert werden. Das Objekt besteht aus einem Schlüssel und eine oder mehrere Tabellen, die dadurch gesperrt werden.

Wartesituationen auf Sperren und Deadlocks (DB01)

Dieser Datenbankmonitor zeigt die aktuellen Datenbanksperren.

Enqueue-Sperrverwaltung (SM12)

Mit der Transaktion SM12 können Sie leicht die Sperreinträge selektieren, sie können nach Mandant, Benutzer, Tabellenname und Sperrargument einschränken.

8.5.3 Performanceempfehlungen zu den Sperren

Sowohl bei den DB-Sperren als auch bei den Enqueues ist einiges bei der Programmierung zu beachten. Die DB-Sperren werden natürlich implizit durch die Programmierung beeinflusst.

Sperrkonflikte – Deadlocks

Es gibt ein Problem mit DB-Sperren, das sich leicht an folgendem Beispiel demonstrieren lässt.

Prozess 1	**1**	**4**	**3**	**5 !**	7
Prozess 2	**6**	**5**	**4 !**	2	9

Zwei Prozesse ändern Sätze der gleichen Tabelle. Sie sperren den jeweils bearbeiteten Satz (Fett). Will ein Prozess einen bereits gesperrten Satz ändern (›!‹), dann muss er warten, bis die Sperre freigegeben wird.

Im Beispiel wartet Prozess 2 ab dem dritten Schritt wegen der Sperre auf Satz 4. Der Prozess 1 wartet ab dem vierten Schritt wegen der Sperre auf Satz 5. Die beiden Prozesse sperren sich gegenseitig. Dies nennt man Deadlock.

Datenbank können einfache Deadlock-Situationen erkennen und rollen einen der Prozesse selbst zurück. Deadlock-Situationen lassen sich leicht vermeiden, wenn beide Prozesse die Sätze in derselben Reihenfolge bearbeiten.

Empfehlungen zu den DB-Sperren

Empfehlungen, um die Sperrzeit der Datenbanksperren möglichst kurz zu halten:

- Alle Anweisungen, die keine Sperren benötigen, sollten zuerst ausgeführt werden. SELECTs sollten in der Verbuchung nach Möglichkeit ganz vermieden werden.

- Einfügen (`INSERT`) sollte vor dem Anpassen (`UPDATE`) erfolgen. Da neu eingefügte Sätze nur selten sofort von anderen Benutzern benötigt werden, ist deren Sperrdauer weniger wichtig.
- Bei aggregierten Daten, zum Beispiel Summensätzen, sollte die Sperre möglichst kurz sein. Sie sollte umso kürzer sein, je höher der Aggregationsgrad ist, da die Wahrscheinlichkeit eines Konflikts mit einem anderen Benutzer zunimmt. Deshalb sollte die Anpassung möglichst spät erfolgen.
- Deadlocks, siehe oben, lassen sich durch die gleiche Reihenfolge vermeiden. Es gibt noch andere Fälle, die auf dem gleichen Prinzip beruhen:
  - Können mehrere Operationen Sätze der gleichen Tabelle ändern, dann müssen die Sätze in der gleichen Reihenfolge bearbeitet werden.
  - Können mehrere Prozesse die gleichen Tabellen ändern, dann müssen die Tabellen in der gleichen Reihenfolge bearbeitet werden.
  - Können verschiedene Geschäftsprozesse die gleichen Änderungsoperationen nutzen, dann müssen die Operationen in der gleichen Reihenfolge ausgeführt werden.

Empfehlungen zu den Enqueues

Auch die Sperrzeiten der Enqueues sollten möglichst kurz sein:

- Es sollen nur notwendige Enqueues abgesetzt werden, keine überflüssigen und keine doppelten.
- Die Enqueue-Sperre sollte so kurz wie möglich und so lang wie nötig gehalten werden.
- Die Enqueues können so fein definiert werden, dass die Granularität genau an die Erfordernisse angepasst werden kann. Deshalb soll nicht mehr gesperrt werden als wirklich nötig.

8.5.4 Analyse und Optimierung

Die Überprüfung der Datenbanksperren mithilfe des Sperrmonitors (DB01) führt meist zu weit. Es genügen die Programmierempfehlungen zu den Datenbanksperren.

Testen der Enqueue-Sperren

Die Analyse konzentriert sich meist auf die Enqueues, die sich mit der Enqueue-Trace relativ leicht testen lassen. Es ist sinnvoll, die Enqueue-Trace zusammen mit der SQL-Trace zu erstellen und anzuzeigen. Das Setzen und Lösen der Enqueue-Sperren sollte die zugehörigen Operationen auf der Datenbanktabelle möglichst knapp einrahmen.

Zusätzlich muss die Granularität der Sperre betrachtet werden. Eine Granularität, die nicht fein genug ist, kann mit anderen Benutzern in Konflikt kommen.

Tab. 8–12
Performanceziele bei der Enqueue-Nutzung

Nr.	Ziel	Test
0	Vermeiden	Nicht das gleiche Objekt mehrfach sperren
1	Schneller	Sperren nur so lange wie nötig und so kurz wie möglich. Durch möglichst kurze Sperren auf zentrale Objekte (NRIV) Serialisierung der Nutzer vermeiden.
2	Weniger	Falls möglich, Lesesperren (shared locks) anstatt Schreibsperren (exclusive locks) verwenden.
3	Seltener	Falls es viele Enqueues gibt, sollte eine Bündelung genutzt werden, siehe unten.

Enqueues lassen sich durch das Setzen der Variable `'_COLLECT'` beim Aufruf des Enqueues bündeln und später auf einen Schlag mit dem Funktionsbaustein `flush_enqueue` ausführen.

Änderungen von Datenbankeinträgen sollten immer von einem konsistenten Zustand in einen anderen konsistenten Zustand übergehen. Da dabei Einträge mehrerer Tabellen beteiligt sein können, sind DB-Sperren und Enqueues, d.h. logische SAP-Sperren, notwendig. Diese Konzepte werden in diesem Abschnitt erklärt.

8.6 Verbuchung

Im Zusammenhang mit dem im letzten Abschnitt eingeführten SAP-Transaktionskonzept spielt die Verbuchung eine wichtige Rolle. In ihr werden alle Datenänderungen einer SAP-LUW zu einer DB-LUW zusammengefasst. Dies hat auch Vorteile für die Antwortzeit von Dialogtransaktionen.

8.6.1 Wie die Verbuchung funktioniert

Die Verarbeitung einer Transaktion mit einem asynchronen Verbuchungsprozess beinhaltet folgende Schritte:

1. Aufruf des Enqueue-Bausteins und Setzen der Sperre durch den Enqueue-Workprozess
2. Lesen der Anwendungsdaten aus der Datenbank unter dem Schutz der Enqueue-Sperre

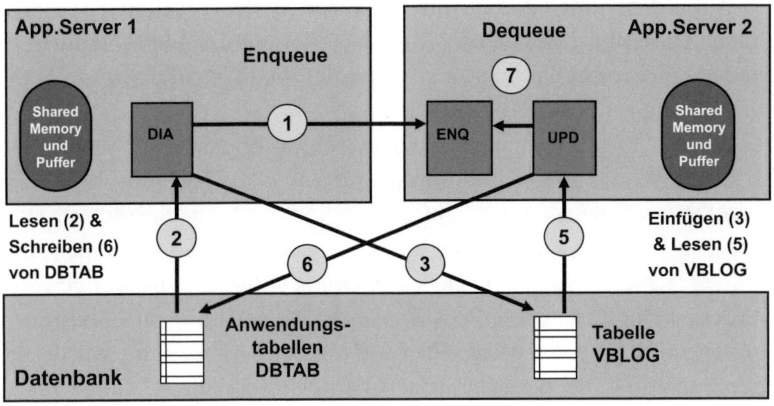

Abb. 8–5
Schritte bei der Verbuchung

3. Nach dem Bearbeiten der Anwendungsdaten Aufruf des Verbuchungsbausteins `CALL FUNCTION ... IN UPDATE TASK`. Dieser schreibt die Daten effizient in die `VBLOG`-Tabellen (`VBMOD`, `VBHDR`, `VBDATA`) der Datenbank.
4. Mit dem `COMMIT WORK` wird das Ende der SAP-LUW eingeleitet. Der `COMMIT WORK` löst die Bearbeitung der eingeplanten Verbuchungsbausteine aus.
5. In dem Verbuchungsschritt, der einer weiteren DB-LUW entspricht, werden zunächst die Daten von den Tabellen `VBLOG` gelesen.
6. Danach werden die eigentlichen Änderungen auf den Datenbanktabellen vorgenommen. Erst jetzt werden durch die Änderungsbefehle physische DB-Sperren gesetzt.
7. Mit dem Ende dieses Schrittes werden die Daten durch den DB-Commit persistiert, die Datenbanksperren gelöscht und die Enqueue-Sperre aufgehoben.

Neben der asynchronen Verbuchung gibt es noch die lokale Verbuchung und die Möglichkeit der synchronen Verbuchung. Unter Performancegesichtspunkten sollten Sie die geeignete Art der Verbuchung für Ihre Aufgabe wählen, siehe Performanceempfehlungen.

Lokale Verbuchung

Die lokale Verbuchung wird durch den Befehl `SET UPDATE TASK LOCAL` veranlasst. Dieser Befehl muss vor dem Aufruf des ersten Verbuchungsbausteins gesetzt werden, danach nutzt die Verbuchung nicht die Speicherung in den `VBLOG`-Datenbanktabellen, sondern hält die Information im Hauptspeicher, wodurch der Extraaufwand stark reduziert werden kann. Die Verbuchung wird danach nicht asynchron von einem anderen Workprozess, sondern vom gleichen Workprozess lokal ausgeführt. Es wird kein DB-Commit ausgeführt, sondern erst am Ende der Verbuchung ein impliziter `COMMIT WORK`.

Synchrone Verbuchung

Außerdem gibt es noch die Möglichkeit der synchronen Verbuchung. Diese wird durch den Aufruf `COMMIT WORK AND WAIT` veranlasst. Bei der synchronen Verbuchung wartet der Dialogworkprozess, bis die Verbuchung erfolgreich beendet ist.

Die synchrone Verbuchung eignet sich, wenn zwei oder mehr SAP-LUWs hintereinander ausgeführt werden und die folgende LUW erst ausgeführt werden kann, wenn die vorherige abgeschlossen ist. Dies lässt sich jedoch auch mit der lokalen Verbuchung mit weniger Aufwand erreichen. Die synchrone Verbuchung sollte deshalb nur gewählt werden, wenn der letzte DB-LUW vor der Verbuchung eine Sperre auf ein zentrales Objekt absetzt. Bei der lokalen Verbuchung würde die Sperre gehalten, bei der synchronen Verbuchung nicht.

Die Tabelle fasst die Informationen über die drei Varianten der Verbuchung zusammen:

Tab. 8–13
Zusammenfassung der verschiedenen Varianten der Verbuchung

Verbuchungsart	Kommando	Vorteil	Nachteil
Asynchrone Verbuchung	`COMMIT WORK`	Optimierung der Antwortzeit	Extraaufwand durch `VBLOG`-Dateien
Lokale Verbuchung	`SET UPDATE TASK LOCAL & COMMIT WORK`	Optimierung des Durchsatzes	Möglicherweise lange Sperren auf zentrale Objekte, z.B. `NRIV`-Tabelle
Synchrone Verbuchung	`COMMIT WORK AND WAIT`	Nützlich, um lange Sperre auf zentrale Objekte, z.B. `NRIV`, zu vermeiden	Extraaufwand durch `VBLOG`-Dateien

Die drei Verbuchungstypen V1, V2 und V3

Die asynchrone Verbuchung gibt es in drei Typen, auch V1-, V2- und V3-Verbuchung genannt:

- **V1-Verbuchung:** Standardverbuchung, die zeitnah ausgeführt werden muss, da sie Sperren enthalten kann. Sie verwendet die normalen Verbuchungsworkprozesse (UPD).
- **V2-Verbuchung:** Für Daten, die keine Sperren benötigen und nicht zeitnah ausgeführt werden müssen. Die V2-Verbuchung ist für die Daten geeignet, die von V1 abhängen, z.B. Fortschreiben von Statistiken, Änderungsbelegen u.Ä. Sie nutzt, falls vorhanden, die UP2-Verbuchungsworkprozesse, sonst UPD.
- **V3-Verbuchung:** Ähnlich zur V2-Verbuchung, hier gibt es noch die Besonderheit, dass Aufträge gesammelt, und aggregiert werden können. Dadurch können eventuell viele Änderungen eingespart werden. Man spricht von Sammelläufen. Die V3-Verbuchung wird nicht häufig genutzt.

Die V2- und V3-Verbuchung weichen den Konsistenzbegriff etwas auf, da sie in einer anderen DB-LUW ausgeführt werden. Dies zeigt sich auch in der Logik. Falls eine V1-Verbuchung abbricht, wird auch die zugehörige V2-Verbuchung nicht ausgeführt, umgekehrt ist es natürlich nicht möglich.

Wenn Sie Verbuchungsbausteine selbst programmieren wollen, sind sicherlich noch einige Details zu beachten. Dazu finden Sie im SAP-Helpportal, siehe Literaturverzeichnis, unter dem Stichwort »Asynchrone Verbuchung« weitere Informationen.

8.6.2 Tools

Verbuchungsaufträge (SM13)

Mit dieser Transaktion können Sie sich die offenen Verbuchungsaufträge ansehen. Es ist möglich, nach Mandant, Benutzer und Zeitintervall einzuschränken und den Status auszuwählen.

Die SQL-, RFC- und Enqueue-Trace (ST05)

Wenn Sie sich die Performance der Verbuchung ansehen wollen, ist es sinnvoll, die drei Traces der Performance-Trace zusammen zu nutzen. Mit den einzelnen Traces sollten Sie mittlerweile vertraut sein, sonst finden Sie die detaillierte Beschreibung im zweiten Kapitel.

Beim Erstellen einer Trace, die Hauptprozess und Verbuchung enthalten soll, müssen Sie etwas aufpassen, damit Sie die Trace nicht zu früh anhalten, sonst könnte es passieren, dass die Verbuchung gar nicht komplett enthalten ist. Meist reicht es, wenn Sie einfach ein wenig warten. Wenn Sie ganz sicher sein wollen, müssen Sie mit der Globalen Workprozessübersicht (SM66), siehe Abschnitt 8.3.2, beobachten, ob die Verbuchung ausgeführt wird und wann sie beendet ist. Dies ist besonders wichtig, wenn V2- und V3-Verbuchungen beteiligt sind.

In der SQL-Trace ist es sinnvoll, auf die Tabellen der Verbuchung, also die `VBMOD`, `VBDATA` und `VBHDR`, zu achten. An ihnen lässt sich der Anfang der Verbuchung leicht erkennen.

ABAP-Trace (SE30) für Verbuchungsprozesse

Es ist möglich, die ABAP-Trace so zu aktivieren, dass die Verbuchungsprozesse ebenfalls gemessen werden, siehe Abschnitt 2.7.9.

8.6.3 Performanceempfehlungen

Die asynchrone Verbuchung ist der Standardtyp der Verbuchung und wird für die meisten Verbuchungsaufträge genutzt. Bei Dialogtransaktionen könnte der letzte Dialogschritt sonst relativ langsam werden.

- Die asynchrone Verbuchung ist die häufigste Wahl, sie verschiebt die teilweise aufwendigen Verarbeitungsschritte in den asynchronen Prozess, sodass der Benutzer schnell weiterarbeiten kann. Die asynchrone Verbuchung optimiert die Antwortzeit.

- Die lokale Verbuchung sollte immer dann genommen werden, wenn Antwortzeit gar keine Rolle spielt, also bei allen Nichtdialogprozessen. Dann ist der Mehraufwand für die asynchrone Verarbeitung nicht gerechtfertigt. Die lokale Verbuchung optimiert den Durchsatz. Außerdem wird die lokale Verbuchung verwendet, wenn die nachfolgende Verarbeitung erst starten kann, nachdem die Verbuchung abgeschlossen ist. Die lokale Verbuchung hat lediglich einen Nachteil: Sie hält Sperren aus dem letzten Dialogschritt bis zum Ende des Verbuchungsschritts.
- Relativ selten wird die synchrone Verbuchung genutzt, da sie weder die Antwortzeit noch den Durchsatz optimiert. Sie wird nur dann wichtig, wenn Folgeprozesse einen Abschluss der Verbuchung erfordern und zusätzlich eine Sperre auf ein zentrales Objekt aus dem letzten Dialogschritt möglichst schnell freigegeben werden muss.

8.6.4 Analyse und Optimierung

Die Performanceziele lassen sich auch hier wieder von den allgemeinen Performancezielen ableiten. Es soll hier genügen, sie kurz anzudeuten.

Tab. 8–14 *Performanceziele bei der Verbuchung*

Nr.	Ziel	Test
0	Vermeiden	Die Verbuchung sollte nicht aufgerufen werden, wenn die Tabellen leer sind und sie nichts zu tun hat.
1	Schneller	Die Funktionalität sollte so schnell wie möglich sein.
2	Weniger	Datenmenge
3	Seltener	Wenn möglich, sollten analoge Verbuchungen zusammengefasst werden.

Die Verbuchung sollte nicht aufgerufen werden, wenn die zugehörigen Tabellen leer sind. Ansonsten wird der Verbuchungsprozess gestartet, der erst recht spät merkt, dass gar nichts zu tun ist. In der SQL-Trace sollten keine erfolglosen `VBLOG`-Zugriffe vorkommen.

Die Verbuchung ist eine wichtige Funktionalität vor allem in Bezug auf die funktionale Korrektheit, da die Verbuchung ein wichtiger Teil des Transaktionskonzepts ist. Die Verbuchung ist notwendig, damit keine Sperren während der Denkzeit des Benutzers gehalten werden müssen.

Darüber hinaus kann der Einsatz der Verbuchung die Antwortzeit einer Transaktion verringern, da der teure Schritt der Datenänderung auf einen asynchronen Schritt verlagert wird. Der Benutzer kann sofort wieder weiter arbeiten.

8.7 Optimierung durch Parallelisierung

Wenn große Datenmengen zu verarbeiten sind, reicht gelegentlich auch die beste Performanceoptimierung eines Prozesses nicht aus, um alle Daten in der knappen zur Verfügung stehenden Zeit zu verarbeiten. Das Problem lässt sich jedoch lösen, wenn mehrere Prozesse gleichzeitig an den Daten arbeiten können.

8.7.1 Was ist Parallelisierung?

Parallelisierung oder Parallelverarbeitung wird oft eingesetzt, wenn eine größere Menge von Daten, wie zum Beispiel Abrechnungen, übertragene Bestellungen o.Ä., in einer festgelegten Zeit zu verarbeiten sind. Würden zum Beispiel alle 10.000 Abrechnungen von einem Batchprozess alleine bearbeitet werden, dann bräuchte dieser vielleicht 30 Stunden. Könnten die Abrechnungen jedoch auf fünf Prozesse verteilt werden, dann wären diese im günstigsten Fall in ca. sechs Stunden fertig. Das ist die Grundidee der Parallelisierung.

Gelegentlich bekommt man den Eindruck, dass die Parallelisierung als Geheimwaffe der Performance angesehen wird, die alle Performanceprobleme lösen kann. Das ist jedoch nicht der Fall. Vor dem Einsatz der Parallelverarbeitung sollten einige Punkte geklärt werden:

- Im sechsten Kapitel über die internen Tabellen wurde die Verarbeitung großer Objekte diskutiert. Diese kann zu langen Laufzeiten führen, insbesondere falls die Verarbeitung nichtlinearen Code enthält. Könnte Parallelisierung hier helfen? Im Prinzip ja, in der Praxis jedoch nicht. Die Parallelisierung einer geschachtelten Schleife würde eine komplette Neuprogrammierung der Anwendung bedeuten. Die Parallelisierung, um die es in diesem Kapitel geht, greift nicht in die Programme ein, sondern parallelisiert die Verarbeitung unabhängiger Objekte.
- Falls ein ganzer Prozessablauf parallelisiert werden soll, kann es sein, dass es Synchronisationspunkte gibt, an denen alle parallelen Prozesse abgeschlossen sein müssen. Das ist eine zusätzliche Komplikation, die jedoch in diesem einfachen Überblick nicht weiter verfolgt werden soll.

8.7.2 Tools

Hier spielen die SQL-Trace, RFC-Trace und insbesondere die Enqueue-Trace eine Rolle. Außerdem werden die Globale Workprozessübersicht (SM66), siehe Abschnitt 8.3, und die Verwaltung der Servergruppen

(RZ12), siehe Abschnitt 8.4, genutzt. Diese Tools sollten Ihnen mittlerweile zur Genüge bekannt sein.

8.7.3 Performanceempfehlungen zur Parallelisierung

Für eine erfolgreiche Parallelisierung sind folgende vier Punkte zu beachten:

1. Der zu parallelisierende Prozess selbst sollte performanceoptimiert sein. Eine Parallelisierung lohnt sich nur bei einem relativ aufwendigen Prozess. Deshalb sollte natürlich sichergestellt werden, dass nur jene Ressourcen genutzt werden, die auch wirklich benötigt werden. Wenn sich eine Performanceoptimierung lohnt, dann hier.
2. Die andere wichtige Anforderung an die Parallelverarbeitung ist die Unabhängigkeit der Prozesse. Es muss sichergestellt werden, dass die parallelen Prozesse unabhängig voneinander laufen können und nicht miteinander in Konflikt kommen.
3. Verschieden große, unterschiedlich komplexe Daten auf unterschiedlich leistungsfähiger Hardware machen die Verteilung der Daten zu einer nicht trivialen Aufgabe. Wird dies versäumt, dann kann es passieren, dass ein einzelner Prozess noch lange arbeiten muss, wenn alle anderen bereits fertig sind.
4. Schließlich muss die passende Art der Parallelisierung der Prozesse gefunden werden.

Bei der Entwicklung von Standardsoftware muss davon ausgegangen werden, dass die Software in den unterschiedlichsten Zusammenhängen genutzt wird. Deshalb sollten die Voraussetzungen für eine Parallelisierung, also die Punkte 1 und 2, von allen Anwendungen erfüllt werden, die möglicherweise größere Datenmengen verarbeiten müssen.

Die Punkte 3 und 4 beziehen sich auf die Durchführung der Parallelisierung und sollten beachtet werden, um wirklich gute Ergebnisse zu erhalten.

Performanceoptimierung des Prozesses

Der erste Punkt lässt sich mit einer wie im siebten Kapitel beschriebenen Performanceanalyse erreichen.

Im obigen Beispiel würde die einzelne Abrechnung ca. 10 s dauern. Das kann bei einem komplizierten Prozess durchaus in Ordnung sein. Es könnte aber auch sein, dass der Prozess sich auf 2 s optimieren lässt. Dann wäre auch die Einzelverarbeitung schon in 6 Stunden fertig. Die Parallelverarbeitung wäre gar nicht notwendig oder könnte einen weit besseren Effekt liefern.

Konfliktfreiheit der Prozesse

Über Sperren oder Enqueues können zwei unabhängige Prozesse sich gegenseitig beeinflussen. Deshalb sollten folgende Punkte sichergestellt werden:

- Enqueues auf zentrale Objekte, wie z. B. die Nummernkreistabelle, haben das größte Konfliktpotenzial. Solche Enqueues sollten nach Möglichkeit vermieden oder so kurz wie möglich gehalten werden.
- Enqueues auf die Tabellen der parallelisierten Anwendung sollten so eingeschränkt sein, dass unterschiedliche Bereiche gesperrt werden.
- Da die Prozesse bei einem Verbuchungsabbruch einfach neu mit der gleichen Datenmenge gestartet werden können, ist die weniger aufwendige lokale Verbuchung meist die bessere Wahl.
- Datenbanksperren sollten durch die Nutzung der Verbuchung so kurz wie möglich gehalten werden. Durch die sortierte Bearbeitung sollten Deadlocks ausgeschlossen sein. Die Reihenfolge der Änderungen sollte der Regel folgen: `INSERT`s zuerst, `UPDATE`s später und Bearbeitung von zentralen Objekten am Schluss.

Angemessener Datenverteilungsalgorithmus

Bei genauerer Betrachtung zeigt sich, dass die Verteilung der Objekte auf die Prozesse nicht so einfach sein muss wie in dem Einführungsbeispiel angenommen. Die Größe der Objekte ist vielleicht gar nicht bekannt, und falls sie bekannt ist, dann sind die Objekte vielleicht nicht alle gleich groß oder unterschiedlich komplex in Bezug auf die Verarbeitung. Eventuell kommt es bei der Verarbeitung zu Abbrüchen. Wahrscheinlich ist auch die Leistungsfähigkeit der zur Verfügung stehenden Hardware nicht ganz identisch.

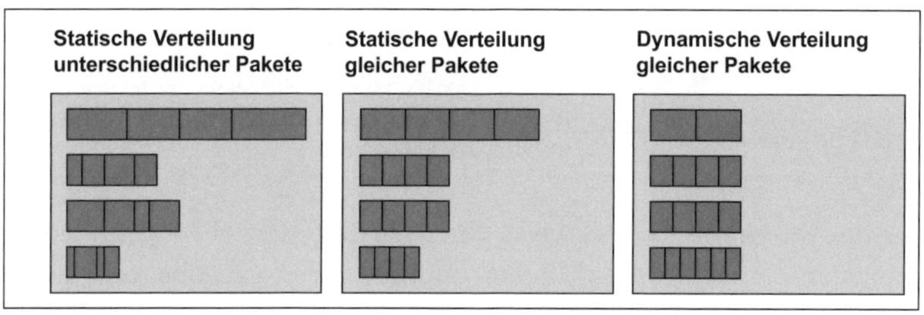

Abb. 8–6 *Möglichkeiten der Datenverteilung*

Deshalb gibt es unterschiedlich komplexe Ansätze für die Verteilung der Daten:

- **Statische Verteilung vordefinierter Datenpakete:** Die Daten werden nach festen äußeren Kriterien, wie z. B. Zahl der IDOCs, verteilt. In diesem Fall können die IDOCs selbst unterschiedliche Mengen von Daten enthalten, sodass es zu unvorhersehbaren Unterschieden kommen kann. Im ungünstigsten Fall muss der langsamste Prozess noch einige der größten und komplexesten Pakete am Ende alleine bearbeiten.

- **Statische Verteilung ähnlicher Datenpakete:** Hier ist zumindest die Menge der Daten gleich, aber auch dies kann noch zu Überraschungen führen. Zum einen kann die Komplexität der Verarbeitung sehr unterschiedlich sein, die Anzahl der Positionen kann verschieden sein, es können komplexere Schritte notwendig werden usw. Außerdem bleibt die Leistungsfähigkeit der Hardware komplett unberücksichtigt. Im ungünstigsten Fall arbeitet hier ebenfalls der langsamste Prozess am Ende alleine an mehreren komplexen Paketen.
- **Dynamische Verteilung:** Das ist die aufwendigste, aber auch flexibelste Verteilung. Es werden Arbeitspakete vorbereitet, die nicht zu klein und nicht zu groß sein sollen. Und diese Pakete werden dynamisch an die verschiedenen Prozesse verteilt. Jeder Prozess bekommt ein neues Paket, wenn er mit dem vorherigen fertig ist. Ist ein Prozess besonders schnell oder ein Paket besonders klein und einfach, dann bekommt der Prozess früher das nächste Paket. Im ungünstigsten Fall sollte der langsamste Prozess das größte Paket am Ende alleine bearbeiten.

Tab. 8–15
Unterschiedliche Datenverteilungsarten bei der Parallelverarbeitung

	Vorbereitung	Verteilerprozess	Ungünstigstes Verhalten am Ende
Statische Verteilung vordefinierter Datenpakete	Fast keine	Nein	Der langsamste Prozess hat die größten und komplexesten Pakete bekommen.
Statische Verteilung ähnlicher Datenpakete	Datenpaket	Nein	Der langsamste Prozess hat die komplexesten Pakete bekommen.
Dynamische Verteilung ähnlicher Datenpakete	Datenpaket	Ja	Der langsamste Prozess hat das letzte Paket bekommen, welches das größte und komplexeste ist.

Verteilung der Prozesse

Für die Verteilung der parallelen Prozesse gibt es zwei Möglichkeiten: entweder fest eingeplante Hintergrundprozesse (Batchjobs) oder asynchrone RFCs (Typ pRFC).

Tab. 8–16
Möglichkeiten, Prozesse zu parallelisieren

	Statische Datenverteilung	Dynamische Datenverteilung
Hintergrundprozess (Batchjobs)	o. k.	–
Asynchrone RFCs aus einer Servergruppe (pRFC)	o. k.	o. k.

Bei den Hintergrundprozessen sollte vor Beginn die Datenmenge in ähnlich große Pakete aufgeteilt werden. Diese Pakete werden den Prozessen zugeordnet. Der Hintergrundprozess enthält eine Schleife über den zu parallelisierenden Prozess und nimmt nach jedem Durchlauf ein neues Paket. Die Hintergrundprozesse können nur für einen bestimmten Server eingeplant werden.

Bei der dynamischen Verteilung wird ein Batchprozess mit der Verteilung der Datenmenge betraut. Dieser Prozess nimmt ein Datenpaket und startet dafür einen RFC aus einer Servergruppe. Servergruppen werden über die Transaktion RZ12 verwaltet. Mit ihr lässt sich festlegen, wie viele Workprozesse für die RFCs genutzt werden können und wie viele für andere Arbeiten frei bleiben müssen. Dadurch ist es möglich, der Parallelverarbeitung flexibel Ressourcen zur Verfügung zu stellen. Fällt durch andere Prozesse eine größere Last an, dann stehen der Parallelverarbeitung weniger Ressourcen zur Verfügung.

8.7.4 Analyse und Optimierung

Für die Analyse ergeben sich folgende Aufgaben:

- Überprüfung der Sperrkonfliktfreiheit
- Monitoring der Parallelverarbeitung

Test der Sperrkonfliktfreiheit

Bei einer laufenden Parallelverarbeitung fallen Sperrkonflikte meist recht schnell auf. Es soll jedoch vorher auf mögliche Konflikte getestet werden, um bereits am Einzelprozess feststellen zu können, ob dieser effizient parallelisierbar ist oder nicht.

Dazu muss die Anwendung anhand eines geeigneten Testfalls mit der SQL-, RFC- und Enqueue-Trace gemeinsam gemessen werden. Es müssen alle Enqueues in der Trace analysiert werden. Bei den Enqueues ist zu unterscheiden, ob ein zentrales Objekt oder ein Anwendungsobjekt gesperrt wird.

Gibt es eine Enqueue-Sperre auf ein zentrales Objekt, dann wird jeder parallele Prozess ebenfalls auf dieses Objekt zugreifen wollen. Deshalb muss die Sperrdauer als Differenz der Zeitstempel zwischen Absetzen des Enqueues und Löschen der Sperre (Dequeue) selbst berechnet werden. Die Zeitdauer der Operation selbst ist relativ belanglos. Diese Zeit sollte möglichst kurz sein. Aus ihr lässt sich der maximal mögliche Durchsatz bestimmen, denn während dieser Zeitspanne kann nur ein Prozess aktiv sein, egal wie hoch der Parallelisierungsgrad ist.

Bei dem Anwendungsobjekt, zum Beispiel der Bestelltabelle, sollte es möglich sein, durch eine ausreichend feine Einschränkung der Sperre Konflikte zu vermeiden. Falls die gewählte Granularität zu grob ist, also ein ganzer generischer Bereich oder die ganze Tabelle gesperrt wird, kommt es auch hier zu Konflikten. Die Sperre muss entsprechend angepasst werden.

Monitoring der Parallelverarbeitung

Bevor die Parallelisierung eingesetzt wird, sollte sie getestet werden. Die parallele Verarbeitung lässt sich mit dem Globalen Workprozess (SM66) überwachen.

Die Parallelverarbeitung von vielen unabhängigen Objekten ist eine wichtige Möglichkeit, um auch große Datenmengen in relativ kurzer Zeit verarbeiten zu können. In einem guten Programmdesign sollte die Möglichkeit einer späteren Parallelisierung schon während der Entwicklung vorgesehen werden, deshalb muss der Prozess frei von Sperrkonflikten sein.

Beim Durchführen der Parallelisierung sind die Daten möglichst angemessen zu verteilen. Die dynamische Verteilung anhand von RFCs aus einer Servergruppe ist dafür die beste Methode.

9 Ausblick

9.1 Kapitelübersicht

Zum Abschluss bietet dieses Kapitel einen Kurzüberblick über ein paar Themen, die in dem Buch nicht behandelt wurden, aber dennoch direkt oder indirekt Auswirkungen auf die Performance haben. Diese Themen werden ebenfalls von der Gruppe »Performance, Data Management and Scalability (PDMS)« innerhalb der SAP vertreten.

Tab. 9–1 *Themen des neunten Kapitels*

Datenbank	Abschnitte
Frontend	9.2
Speicher (Memory)	9.3
SAP-Standard-Benchmarks	9.4
Hardware-Sizing	9.5
Archivierung	9.6

Das Kapitel bietet jeweils einen kurzen Überblick und Verweise auf weiterführende Quellen.

9.2 Frontend

In den neunziger Jahren war das grafische Frontend, genannt SAP GUI für Windows, das Maß der Dinge. Mittlerweile sind fast alle Anwendungen auf browserbasierte Frontends umgestellt. Es gibt folgende Technologien:

Tab. 9–2 Übersicht über die grafischen Benutzeroberflächen

Frontend	Technologie
SAP GUI für Windows	
Internet Transaction Server (ITS)	HTML
Business Server Pages (BSP)	HTML
Web Dynpro für ABAP	HTML
Web Dynpro für Java	HTML

Bei der Kommunikation mit dem Frontend spielen folgende zwei Größen eine wichtige Rolle: die Zahl der Rückverbindungen (Roundtrips) zwischen dem Frontend und dem Applikationsserver pro Dialogschritt sowie die Antwortzeit (Responsezeit). Beide sollten möglichst gering sein.

- SAP GUI: Die Anzeigemöglichkeit rechts unten im GUI wird oft übersehen. Sie bietet acht verschiedene Anzeigen: System, Mandant, Benutzer, Programm, Transaktion, Antwortzeit, Interpretationszeit oder Rückverbindungen (Roundtrips). Sie können davon ausgehen, dass die Responsezeit des SAP GUI nur wenig über der Antwortzeit des Servers (STAD) liegt.
- Browser-Frontend: Hier ist die Messung nicht so einfach. Es gibt verschiedene Tools, die jedoch meist eine eigene Lizenz erfordern. Für einfache Abschätzungen kann eine Stoppuhr genügen. Der Unterschied zwischen den Antwortzeiten des Frontends und des Backends kann größer ausfallen.

Browserbasierte Frontends werden immer mehr zum Standard. Wenn Sie in die Entwicklung eigener Frontends einsteigen wollen, müssen Sie sich mit dem Einfluss auf die Antwortzeit auseinandersetzen.

9.3 Speicher (Memory)

Mittlerweile ist der Speicher wahrscheinlich relativ gesehen die teuerste Hardware-Ressource. Im Vergleich zur CPU-Geschwindigkeit ist der Bedarf an Speicher ähnlich gestiegen, der Preis jedoch nicht im gleichen Maße gefallen. Dies wird sich in Zukunft noch verstärken, da durch Multicore-CPUs die CPU-Leistung noch günstiger wird und der Speicherbedarf noch weiter zunehmen dürfte.

Es wird deshalb immer wichtiger, sparsam mit der Ressource »Speicher« umzugehen. Beim Programmieren geht es vor allem um den Speicherverbrauch des Benutzerkontextes; das ist der Speicher, der von dem Benutzer belegt wird. Es gibt einige Tools, um den Speicherverbrauch zu messen:

- Der Statistiksatz (STAD) enthält eine Spalte, die den maximalen Speicherverbrauch während eines Dialogschritts anzeigt. Diese können Sie in der Abbildung 2–37 im Abschnitt 2.8 sehen.
- Die ABAP-Trace (SE30) zeigt in der Aufrufhierarchie die Entwicklung des Speicherverbrauchs während der Ausführung des Programms. Die Aufrufhierarchie ist natürlich nur bei der nicht verdichteten Trace verfügbar, siehe Abschnitt 2.7.9.
- Die Transaction »Benutzerliste (SM04)« zeigt den momentan benötigten Speicher eines Benutzers an. Sie zeigt auch die Anzahl der aktuellen Modi für den Benutzer.
- Die Detaildarstellung des Speicherverbrauchs für die verschiedenen Objekte zeigt keines dieser Tools. Dies kann nur ein Tool, das in den Debugger integriert ist, der sogenannte Memory Inspector (S_MEMORY_INSPECTOR). Er ist seit SAP NetWeaver Release 7.0 EhP1 verfügbar.

Da das Thema hier nicht weiter ausgeführt werden kann, können vielleicht folgende Artikel über den Memory Inspector nützlich sein: Als Einführung kann der kurze Artikel von Schleier im SAP Insider dienen, einen tieferen Einblick verschafft der Artikel von Stork und Thümmel im SAP Prof. Journal, beide finden Sie im Literaturverzeichnis.

Speicher (Memory) ist eine Ressource, mit der sparsam umgegangen werden sollte. Deshalb wird die Analyse des Speicherverbrauchs immer wichtiger.

9.4 SAP-Standard-Applikations-Benchmarks

Es hat sich erwiesen, dass einfache MIPS-Benchmarks (MIPS = eine Million Instruktionen pro Sekunde) nicht aussagekräftig genug sind, um die Verarbeitung von SAP-Anwendungen beurteilen zu können. Deshalb wurden 1993 die SAP-Standard-Applikations-Benchmarks eingeführt. Diese Benchmarks messen die Leistungsfähigkeit eines ganzen Systems, indem sie das Verhalten von vielen parallel arbeitenden Benutzern einer SAP-Anwendung simulieren. Die Benchmarks haben zwei Aufgaben:

- Zum einen soll die Skalierbarkeit der SAP-Software sicherstellt werden. Deshalb gibt es Benchmarks für eine Reihe von wichtigen Anwendungen aus über 20 verschiedenen Bereichen, siehe Tabelle 9–3. Benchmarks werden normalerweise von Hardware-Partnern der SAP durchgeführt und von der SAP zertifiziert. Ende 2008 gab es über 700 zertifizierte Benchmarks.

Tab. 9–3 *Beispiele für Benchmarks*

Bereich	Benchmark-Beispiele
SAP ERP	Sales & Distribution (SD), Assemble-to-Order (ATO) u. a.
SAP NetWeaver	Business Information Warehouse (BW) u.a.
SAP Customer Relationship Management (CRM)	Interaction Center (IC), E-Selling u.a.
SAP Supply Chain Management (SCM)	Advanced Planning and Optimization (SAP APO) u.a.

- Zum anderen werden die Benchmarks genutzt, um die Leistungsfähigkeit der Hardware in Bezug auf die Anforderungen der SAP-Software zu testen. Hier ist die Vergleichbarkeit wichtig, deshalb wird der Sales & Distribution-Benchmark (SD) am häufigsten genutzt, der dadurch faktisch zum Industriestandard wurde. Ende 2008 gab es über 600 zertifizierte SD-Benchmarks.

Da nicht jede SAP-Lösung auf jeder möglichen Hardware-Plattform getestet werden kann, lässt sich durch diese Aufspaltung sicherstellen, dass zu jeder SAP-Lösung eine ähnliche Lösung und eine ähnliche Hardware getestet wurden.

Das Ergebnis eines SD-Benchmarks sind keine MIPS, sondern SAPS: *100 SAPS sind 400 vollständig prozessierte Sales & Distribution-Bestellungen mit jeweils fünf Positionen in einer Stunde, d.h. 2000 Bestellpositionen oder 6000 Dialogschritte.*

Weitere Informationen finden Sie auf der SAP-Benchmark-Seite: *http://www.sap.com/benchmark*

Die SAP-Standard-Benchmarks stellen einerseits sicher, dass die SAP-Lösungen skalierbar sind. Das bedeutet, es können sehr viele Benutzer mit den Lösungen parallel arbeiten, ohne dass Engpässe auftreten. Außerdem werden anhand der Benchmarks, insbesondere des Sales & Distribution Benchmark, die Hardware-Plattformen auf ihre Leistungsfähigkeit für SAP-Anwendungen getestet.

9.5 Hardware-Sizing

Das Sizing beschäftigt sich mit der Frage, welche Hardware benötigt wird, um mit einer bestimmten SAP-Lösung ein bestimmtes Datenvolumen in einer bestimmten Zeit zu bearbeiten. Das Sizing ist offensichtlich eng verzahnt mit den Benchmarks, da es die Skalierbarkeit der Lösung voraussetzt. Es muss klar sein, dass die Hardware nur halb so leistungsfähig sein muss, wenn sich die zur Verfügung stehende Zeit für die Bearbeitung eines Datenvolumens verdoppelt.

Die SAP stellt für das Sizing eine Self-Service-Applikation, den sogenannten Quick Sizer, im Internet zur Verfügung. In dem Sizing-Tool kann der Kunde auswählen, welche Lösung er nutzen will. Der Quick Sizer enthält zwei Ansätze für das Sizing: das durchsatzbasierte und das benutzerzahlenbasierte:

- Der Ansatz des durchsatzbasierten Sizings ist leicht zu verstehen. Als Kunde müssen Sie angeben, welche Lösungen Sie einsetzen möchten. Für jede Lösung ist anzugeben, wie viele Objekte, d.h. Bestellungen, Abrechnungen usw., mit wie vielen Positionen pro Jahr in dem System angelegt werden. Falls es bei der Bearbeitung Hochlastphasen gibt, lässt sich noch angeben, wie viele Objekte in der Hochlastphase angelegt werden. Damit lässt sich berechnen, wie viele Objekte im Mittel pro Stunde angelegt werden müssen. Im Quick Sizer ist hinterlegt, wie lange das Anlegen eines Objekts auf einer bekannten Hardware dauert. Durch einen einfachen Dreisatz lässt sich dadurch die benötigte Leistungsfähigkeit der Hardware für den gewünschten Durchsatz berechnen.
- Beim Sizing anhand von Benutzerzahlen wird nach der Zahl der Benutzer der Anwendung gefragt. Leider kommt es hier oft zu Missverständnissen. Es ist nicht möglich, anhand der Anzahl der in einem System angelegten oder eingeloggten Benutzer ein Sizing zu erstellen. Nur Benutzer, die aktiv an einem Geschäftsprozess arbeiten, sind relevant für das Sizing. Es gibt drei Benutzertypen: Hochaktive Benutzer führen alle 10 s einen Dialogschritt aus, mittelaktive Benutzer alle 30 s und wenig aktive Benutzer alle 300 s. Oft ist es besser, mit den ausgeführten Dialogschritten pro Stunde zu rechnen. Ein hochaktiver Benutzer führt 300 Dialogschritte pro Stunde aus, ein mittelaktiver 100 und ein niedrig aktiver 10. Aus den durchgeführten Dialogschritten läßt sich die Zahl der angelegten Objekte abschätzen.

Das Ergebnis des Sizings ist die Zahl der benötigten SAPS. Die Einheit SAPS wurde bereits bei den Benchmarks eingeführt. Offensichtlich sind 20 hochaktive Benutzer notwendig, um die 6000 Dialogschritte auszuführen, die 100 SAPS entsprechen. Das Sizing-Ergebnis ist also eine abstrakte Zahl, die erst durch die Ergebnisse der Benchmarks in eine konkrete Hardware-Konfiguration übersetzt wird.

Mehr über das Thema »Sizing« finden Sie in dem SDN-Weblog von Janssen, siehe Literaturverzeichnis. Der Quick Sizer ist im SAP Service Marktplatz verfügbar: *http://service.sap.com/sizing*

Der Frage nach dem Hardware-Sizing muss sich jeder Kunde stellen, der die Hardware zu seiner SAP-Lösung kaufen will. Das System soll weder überdimensioniert und zu teuer sein, noch unterdimensioniert und nicht in der Lage, die Benutzer bei ihrer täglichen Arbeit gut zu unterstützen. Die SAP stellt dafür mit dem Quick Sizer ein komfortables Tool zur Verfügung.

9.6 Datenarchivierung

Auch mit einer schnellen Datenbank und einer ausgefeilten Datenbankprogrammierung werden Datenbankzugriffe immer langsamer, wenn die Tabellen immer größer werden. Außerdem müssen bei größer werdenden Tabellen immer mehr Plattenplatz, mehr Speicher für die Datenbankcaches und mehr Zeit für das Daten-Backup zur Verfügung gestellt werden.

Deshalb sollten Sie schnell wachsende Tabellen nicht beliebig groß werden lassen. Sie sollten ältere Daten archivieren, sobald die Daten nicht mehr aktiv im System gebraucht werden. Die SAP bietet schon seit SAP R/3 Release 3.0 eine Datenarchivierungslösung an.

Seit 2003 hat sich der Begriff »Information Lifecycle Management (ILM)« etabliert. Laut Wikipedia umfasst ILM Strategien, Methoden und Anwendungen, um Information automatisiert entsprechend ihrem Wert und ihrer Nutzung optimal auf dem jeweils kostengünstigsten Speichermedium bereitzustellen, zu erschließen und langfristig sicher aufzubewahren.

Die SAP bietet seit 2009 mit SAP NetWeaver Information Lifecycle Management eine entsprechende Lösung an. Mehr dazu können Sie auf dem SAP-Service-Marktplatz unter dem Quicklink »ILM« erfahren: *http://service.sap.com/ilm*

Mit einer aktiven Datenarchivierung kann das Wachstum der Datenbank begrenzt werden. Nur so ist es möglich, dauerhaft eine gleich bleibend gute Performance zu erhalten.

A Anhang

Auch der Anhang liefert noch einiges an interessanter Information.

Anhänge	Abschnitte
Literaturverzeichnis	A.1
Veranschaulichung der Goldenen Regeln	A.2
Beispielprogramme	A.3.
Datenbank-Explain	A.4

Tab. A–1
Inhalt des Anhangs

Nützlich sind insbesondere die Literaturhinweise. Darin finden Sie auch den Hinweis auf das SDN-Performance-Forum, in dem Sie schnell kompetent Hilfe in Performancefragen bekommen.

Das Illustrationsbeispiel zu den Goldenen Regeln der Datenbankprogrammierung macht Ihnen vielleicht klarer, wie konkret die Regeln eigentlich sind.

Die Beispielprogramme wurden immer wieder in dem Buch erwähnt, der dritte Anhang fasst noch mal die verfügbaren Programme zusammen.

Der wichtigste Anhang ist der vierte, der Ihnen den Datenbank-Explain für alle sechs Plattformen vorstellt.

A.1 Literaturverzeichnis

Diese Literaturhinweise finden Sie auch auf der Webseite zu dem Buch als PDF-File mit **aktiven Weblinks** zu den zitierten Webseiten.

- Sehen Sie sich die Webseite des dpunkt-Verlags zu dem Buch an. Dort finden Sie die Beispielprogramme mit Kurzanleitung und weitere Informationen:
  http://www.dpunkt.de/buecher/3096.html
- Die SAP-Standardhilfe:
  http://help.sap.com
- Sehr wichtig ist auch das SAP-Hinweissystem im OSS. Die Nummern der wichtigsten Hinweise finden Sie weiter unten.
- Das SDN (SAP Developers Network) in englischer Sprache, darin finden Sie Weblogs mit Performancehintergrund (Referenzen folgen):
  https://www.sdn.sap.com
- Außerdem finden Sie im SDN ein Diskussionsforum zum Thema »Performance« (ebenfalls in Englisch):
  https://forums.sdn.sap.com/forum.jspa?forumID=234&start=0
- Es gibt einen Kundenkurs über SAP-Performance, den BC490:
  http://www.sap.com/germany/services/education/schulungskatalog,
  Darin rechts oben im Schulungsindex nach BC490 suchen!
- Die Performance Seite im SDN:
  http://www.sdn.sap.com/irj/sdn/performance-analysis
- Performance-Seite:
  http://service.sap.com/performance
- SAP-Benchmark-Seite:
  http://www.sap.com/benchmark
- SAP-Hardware-Sizing und Quick Sizer:
  http://service.sap.com/sizing
- SAP-Datenarchivierung und Information Lifecycle Management:
  http://service.sap.com/ilm
- Allgemeine Programmierrichtlinien finden Sie in H. Keller & W. H. Thümmel: ABAP-Programmierrichtlinien, SAP Press 2009.

A.1.1 Wichtige Hinweise (SAP Notes)

Abschnitt	Kurztext	Hinweis Nr.
2.10	Einzeltransaktionsanalyse (ST12)	755977
3.6.4	Kundenperformance im SD	185530
3.6.4	Kundenperformance im PP & PM	187906
3.6.4	Kundenperformance im MM & WM	191492
4.2.5	Datenbank-Hints, Sammelhinweis mit Verweisen	129385
4.4.5	Systemparameter für `FOR ALL ENTRIES`	48230
5.3	Puffereinstellungen	47239
8.6	RFC-Lastverteilung	986373

A.1.2 Artikel im SAP Professional Journal

Siehe *http://www.sappro.com/*

Abschnitt	Kurzname	Genaues Zitat
2.9	Code Inspector	R. Eilenberger & A. S. Schmitt: *Evaluation the Quality of Your ABAP Programs and Other Repository Objects with the Code Inspector* in SAP Professional Journal Vol. 5 (2003) 1
4.6	ADBC – Dynamic Native SQL	T. Raupp & T. Wenner: *Take full advantage of the SQL functionality of your database with ABAP Database Connectivity (ADBC)* in SAP Professional Journal Vol. 9 (2007) 1
5.5	Shared Objects	K. Baumgarten & R. Hammer: *Reduce Memory Consumption and Improve Runtime Performance with ABAP Shared Objects: A New API for Shared Memory Programming* in SAP Professional Journal Vol. 7 (2005) 2
7.4, 7.5	Performance Analysis	W. Schwarz: *Performance Problems in ABAP Programs: How to Find Them* in SAP Professional Journal Vol. 5 (2003) 3
7.4, 7.5	Performance Analysis	W. Schwarz: *Performance Problems in ABAP Programs: How to Fix Them* in SAP Professional Journal Vol. 5 (2003) 4
8.2	ABAP Objects	H. Keller & G. Kluger: *Not Yet Using ABAP Objects? Eight Reasons Why Every ABAP Developer Should Give It a Second Look* in SAP Professional Journal Vol. 6 (2004) 1
8.4	RFCs (Part 1)	M. A. Jolfaei & E. Neuwirt: *Master the five reemote function call (RFC) types in ABAP* in SAP Professional Journal Vol. 8 (2006) 5

Abschnitt	Kurzname	Genaues Zitat
8.4	RFCs (Part 2)	M. A. Jolfaei & E. Neuwirt: *Explore the technical procedures and settings for creating and securing RFMs in ABAP* in SAP Professional Journal Vol. 8 (2006) 6
9.3	Memory Inspector	Ch. Stork & W. H. Thümmel: *Analyze Memory-Related Problems in Your ABAP Programs in Less Time and with Less Effort Using the ABP Memory Inspector* in SAP Professional Journal Vol. 6 (2004) 6

A.1.3 Artikel im SAP Insider

Siehe *http://www.WISpubs.com/*

Abschnitt	Kurzname	Genaues Zitat
9.3	Memory Inspector	W. Schleier: *A Developers Guide to Protecting Memory: Detect and Eliminate Damaging Memory Leaks with ABAP Memory Inspector* in SAP Insider Vol. 9 (2008) 4

A.1.4 SDN Blogs

Im SAP Developer Network (SDN), siehe *http://www.sdn.sap.com*, finden Sie unter meinem Namen eine Reihe von Weblogs (in Englisch). Ich plane, diese in Zukunft weiter auszubauen:

Abschnitt	Titel und Kurzinfo	Link
2.3	*The SQL-Trace (ST05) – Quick and Easy,* Kurze Einführung in die SQL-Trace	https://www.sdn.sap.com/irj/sdn/weblogs?blog=/pub/wlg/7205
2.7	*The ABAP Runtime Trace (SE30) – Quick and Easy,* Kurze Einführung in die ABAP Trace	https://www.sdn.sap.com/irj/sdn/weblogs?blog=/pub/wlg/7709
6.4	*Performance Problems Caused by Non-linear Coding,* Einführung in das Problem der nichtlinearen Laufzeiten	https://www.sdn.sap.com/irj/sdn/weblogs?blog=/pub/wlg/5804
6.5, 6.6	*Runtimes of Reads and Loops on Internal Tables,* Laufzeitmessungen an internen Tabellen	https://www.sdn.sap.com/irj/sdn/weblogs?blog=/pub/wlg/7247
6.5, 6.6	*How to Measure Operations on Internal Tables,* Hintergrundinformation, was bei den Messungen der internen Tabellen zu beachten ist	https://www.sdn.sap.com/irj/sdn/weblogs?blog=/pub/wlg/7532

→

Abschnitt	Titel und Kurzinfo	Link
7.7	*A Tool to Compare Runtime Measurements: Z_SE30_COMPARE*, Grundlagen der Benutzung des Vergleichsprogramms	https://www.sdn.sap.com /irj/sdn/weblogs?blog=/pub/wlg/8277
7.7	*Nonlinearity Check Using the Z_SE30_COMPARE*, Wie eine Analyse nach nichtlinearen Laufzeiten durchzuführen ist	https://www.sdn.sap.com /irj/sdn/weblogs?blog=/pub/wlg/8367
7.7	Quellcode für Report Z_SE30_COMPARE	http://wiki.sdn.sap.com/ wiki/display/Snippets/Re port+Z_SE30_COMPARE

Ausgewählte Weblogs von anderen Autoren:

Abschnitt	Titel und Kurzinfo	Link
2.8	Andreas Vogel: *Statistical Record Part 1: Inside STAD,* Allgemeine Einführung der STAD	https://www.sdn.sap.com/irj/scn/weblogs?blog=/pub/wlg/5511
2.8	Andreas Vogel: *Statistical Record Part 2: RFC Statistics,* Informationen über RFCs in der STAD	https://www.sdn.sap.com/irj/scn/weblogs?blog=/pub/wlg/5862
2.9	Randolf Eilenberger: *Code Inspector's Performance Checks (I),* Analyse der WHERE-Klauseln	https://www.sdn.sap.com/irj/sdn/weblogs?blog=/pub/wlg/6047
2.9	Randolf Eilenberger: *Code Inspector's Performance Checks (II),* Prüfung der am Puffer vorbeigehenden Anweisungen	https://www.sdn.sap.com/irj/sdn/weblogs?blog=/pub/wlg/6449
2.9	Randolf Eilenberger: *Code Inspector's Performance Checks (III),* Suche nach nicht optimierten Zugriffen auf interne Tabellen	https://www.sdn.sap.com/irj/scn/weblogs?blog=/pub/wlg/12883
2.9	Peter Inotai: *Code Inspector – How to create a new check,* Erweiterung des Code Inspector um eine neue Prüfung	https://www.sdn.sap.com/irj/scn/weblogs?blog=/pub/wlg/4847
9.5	Susanne Janssen: *Quick Sizer – Getting started,* Gute Einführung	https://www.sdn.sap.com/irj/scn/weblogs?blog=/pub/wlg/1961

A.2 Veranschaulichung der Goldenen Regeln

Die im vierten Kapitel eingeführten Goldenen Regeln der Datenbankprogrammierung lassen sich auch im täglichen Leben wiederfinden:

1. Optimierung der Suchzeit durch gut spezifizierte Suche
2. Minimierung der gesuchten Daten durch eine gute Eingrenzung
3. Minimierung der Ausführungen durch gute Planung
4. Reduktion der Datenmenge durch Auswahl der Information
5. Geeignete Pufferung für wiederholt benötigte Daten

Diese Goldenen Regeln der Datenbankprogrammierung können als allgemeine Regeln verstanden werden, sie lassen sich sehr gut aus Alltagssituationen ableiten, wie Sie anhand des folgenden illustrativen Beispiels sehen können:

Stellen Sie sich vor, Sie wollen eine größere wissenschaftliche Abhandlung schreiben, wofür Sie eine Menge Literaturquellen bearbeiten müssen. Dann können Sie sich die große Staatsbibliothek mit ihren Millionen von Büchern und Artikeln in der Rolle der Datenbank vorstellen. An diesem Beispiel lassen sich die Goldenen Regeln nun sehr gut veranschaulichen.

1. Ihr Thema bringt es mit sich, dass einige Bücher aus dem umfangreichen Magazin bestellt werden müssen. Und es wird notwendig sein, möglichst genau den Buchtitel zu kennen. Es könnte nun passieren, dass Ihnen jemand einen wirklich gut gemeinten Tipp zu einem Buch gibt, das exakt zu Ihrem Thema passt. Aber leider erinnert sich der Tippgeber weder an den Titel noch an den Autor, ja noch nicht einmal an den Verlag oder das Erscheinungsjahr. Er glaubt sich jedoch genau an die Größe und Farbe des Buches, die hochwertige Aufmachung und sogar den Vornamen des Autors zu erinnern. Diese Informationen genügen natürlich, um festzustellen, dass Sie dieses Buch nicht bereits selbst gefunden haben, aber sie reichen nicht aus, um das Buch im Magazin zu finden. Mit diesen Angaben wird auch der gutwilligste Bibliothekar mit der Suche noch nicht einmal beginnen.
2. Die Minimierung der Datenmenge bedeutet, dass Sie nicht planlos jedes Buch zu Ihrem Thema bestellen und mit nach Hause nehmen sollten. Da Sie kein Auto haben, würden Sie die »Transportkosten« in den Knochen spüren und Ihre kleine Studentenbude würde vor Büchern überquellen. Es ist deshalb sehr sinnvoll, vor der Auswahl geeignete Bedingungen zu überlegen, um nur die wirklich wichtigen Bücher mit nach Hause zu nehmen.
3. Es ist offensichtlich, dass Sie Ihre Zeit lieber mit Lesen und Schreiben verbringen als mit Bibliotheksbesuchen. Insofern ist es klar, dass Sie möglichst wenige Besuche der großen Bibliothek machen und somit möglichst viel Literatur pro Besuch beschaffen sollten.
4. Bei besonders voluminösen Werken sollten Sie schon in der Bibliothek überprüfen, ob es vielleicht ausreicht, nur die wichtigen Seiten als Kopien mitnehmen. Dies ist sicherlich nur sinnvoll, wenn Sie damit den Umfang drastisch reduzieren können.

5. Auch die Puffer lassen sich an diesem Beispiel veranschaulichen. Bücher, die Sie wirklich häufig brauchen, werden Sie mit nach Hause nehmen oder eventuell eine Kopie anfertigen. Sie werden aber auch Lexika und Nachschlagewerke benötigen, die Sie ebenfalls wiederholt benötigen, die aber insgesamt viel zu umfangreich sind, um sie nach Hause zu nehmen. Bei diesen Werken ist es hilfreich, wenn sie in einer besser zugänglichen Fachbereichsbibliothek abgelegt werden, wo sie auch Kollegen zur Verfügung stehen.
6. Schließlich passen auch die Zugriffe auf interne Tabellen in dieses Bild. Die internen Tabellen entsprechen den Büchern, die Sie mit nach Hause genommen haben. So lange Sie zuhause nur wenige Bücher hatten, mussten Sie sich um Ordnung nicht kümmern. Das richtige Buch aus dem kleinen Stapel zu finden, war nie ein Problem. Nun sind es aber über hundert Bücher. Wenn Sie bei jeder Suche nach einem Buch alle Stapel absuchen müssen, werden sie viel Zeit verschwenden. Sortieren Sie die Bücher nach Autor und Titel oder nach einem anderen sinnvollen Kriterium und halten Sie die Bücher im Regal immer sortiert.

A.3 Beispielprogramme

Die Empfehlungen in diesem Buch basieren auf vielen Beispielprogrammen, die alles noch einmal besser veranschaulichen. Diese können Sie von der Webseite zu dem Buch (*www.dpunkt.de/abap_performance*) beziehen. Weitere Informationen finden Sie in den Abschnitten 1.7 und 4.1.1.

Die Programme lassen sich sehr einfach ausführen. Sie müssen jeweils nur die Nummer des Beispiels eingeben, um mehrere vorbereitete Testfälle miteinander zu vergleichen. Die Parameter der Wiederholungen sind alle in den Beispielen hinterlegt.

Wiederholungen sind sehr wichtig, um verlässliche Messungen zu erhalten. Sie sollten deshalb eigene Tests lieber in einer Kopie des Programms ausführen als mit einem selbst geschriebenen Report ohne Wiederholungen. Die Erweiterung des Programms ist sehr einfach. Diese Erweiterbarkeit ist der Hauptgrund, weshalb die Programme keine Auswahloberfläche oder sonstige Layoutfeatures haben.

Nutzen Sie die Programme für Ihre eigenen Tests. Die Tabelle `DD03L` wurde u.a. gewählt, da sie in jedem System verfügbar ist. Sie ist immer groß und mit ähnlichen Daten gefüllt. Für eigene Tests können Sie die Datenbankzugriffe leicht auf Ihre wichtigsten Tabellen umschreiben.

Falls Sie glauben, ein interessantes Beispiel zu haben, das auch für einen größeren Leserkreis interessant sein könnte, dann schicken Sie es mir doch einfach zu. Eventuell kann ich es in Updates der Beispielprogramme aufnehmen. Übernommene Beispiel werden natürlich entsprechend erwähnt.

E-Mail: abap_performance@hotmail.de

A.4 Der Datenbank-Explain

Wie schon im Abschnitt 3.2 geschrieben, gibt es gegenwärtig (SAP NetWeaver Release 7.0 EhP1) sechs Datenbanken von vier Herstellern, die für die SAP-Software zertifiziert sind.

Tab. A–2
Die sechs verschiedenen Datenbankplattformen

Hersteller	Name der Datenbank	SAP-Name
IBM	**DB2 for z/OS**, z/OS, OS/390	**DB2**
	DB2 for i, i5/OS, DB2/400 (früher AS400)	**DB400**
	DB2 for LUW (für Linux, Unix und Windows)	**DB6**
Microsoft	SQL-Server	**MSSQL**
Oracle	Oracle	**Oracle**
SAP	**MaxDB** (früher Adabas)	**MaxDB**

Den Datenbanknamen benötigen Sie, wenn Sie weitere Informationen über eine Datenbank suchen. Den SAP-Namen finden Sie in SAP-System unter *System* → *Status* unten rechts bei `Datenbank-System`.

Normalerweise müssen Sie sich um die Datenbank ihres Systems nicht kümmern. Durch die Programmierung in Open SQL und die automatische Umsetzung durch die Datenbankschnittstelle sind spezifische Eigenheiten einer Plattform komplett verborgen. Technische Details der Datenbanken bleiben deshalb in diesem Buch unberücksichtigt. Falls Sie mehr darüber wissen wollen, sollten Sie die Dokumentation Ihres Datenbankherstellers zurate ziehen.

Die Datenbankabhängigkeit wird jedoch in der SQL-Trace sichtbar, zum Teil bereits in der Trace-Liste, ganz besonders jedoch beim Datenbank-Explain. Der Datenbank-Explain zeigt, wie die Anweisung auf der Datenbank verarbeitet wurde, d.h. den Ausführungs- oder Zugriffsplan. Der Ausführungsplan kann für die gleiche Open-SQL-Anweisung von Datenbank zu Datenbank etwas verschieden sein.

Insbesondere ist jedoch das Layout des Explain bei jeder Datenbank anders. Der Explain wird von der Datenbank geliefert, was sich dadurch bemerkbar machen kann, dass die Berechtigung für die SQL-Trace nicht für den Explain ausreicht. Um Performanceprobleme bei der Ausführung von SQL-Anweisungen lösen zu können, müssen Sie den Explain Ihrer Datenbank lesen zu können.

Die Informationen des DB-Explain

Nicht alle Datenbanken zeigen die gleiche Information: Manche sind sehr auskunftsfreudig, andere nicht. Die folgende Tabelle gibt eine Übersicht über die wichtigsten Unterschiede.

Datenbank	Darstellung: Tabelle und genutzter Index	Kosten	Genutzte Indexfelder	Selektivitäten anderer Indizes
IBM DB2 for z/OS (DB2)	Text etwas aufbereitet, Index- und Tabellenzugriff gezeigt	Einschätzung der Performance (optimal, gut, bad)	Anzahl	Registerkarte *Index information*
IBM DB2 for i (DB400)	Text etwas aufbereitet, Index- und Tabellenzugriff gezeigt	Geschätzte Kosten	Anzahl	Nein, nur Liste des überprüften Indizes
IBM DB2 for LUW (DB6)	Grafisch: Index- und Tabellenzugriff in getrennten Schritten (abwärts gezählt)	Geschätzte Kosten	Anzahl	Durch Doppelklick auf Tabelle oder Index
MS SQL-Server	Text: Tabelle und Primärindex zusammen als Clustered Index Seek/Scan, falls nötig vorher Index Seek auf Sekundärindex	Geschätzte I/O Kosten	Nein	Selektivitäten auf Registerkarte *Text Explain*
Oracle	Grafisch: Index- und Tabellenzugriff in getrennten Schritten (aufwärts gezählt)	Geschätzte Kosten und Anzahl der Sätze	Nein	Durch Doppelklick auf Tabelle oder Index
SAP MaxDB	Tabellarisch: Tabelle und Primärindex zusammen, Sekundärindex gezeigt	Kosten	Felder gelistet	Nein

Tab. A-3
Eigenheiten der unterschiedlichen DB-Explains

Da sich der Explain auch mit den Datenbankreleases etwas ändert, ist es am sinnvollsten, wenn Sie sich den Explain direkt in Ihrem System ansehen. Das Beispielprogramm `ZPERF_DB_EXPLAIN` ist dafür bestens geeignet.

Beispiel

Das Beispielprogramm `ZPERF_DB_EXPLAIN` enthält eine Reihe von einfachen, aber unterschiedlichen Zugriffen. Führen Sie diese auf Ihrem System durch und sehen Sie sich den Explain für jede Anweisung an.

A.4.1 Information der wichtigsten Ausführungspläne

Insbesondere sollen Sie mit den drei wichtigsten Zugriffen aus dem Abschnitt 4.2 vertraut sein.

Natürlich können Sie sich die wichtigsten drei Ausführungspläne auch schnell selbst erzeugen, indem Sie z.B. die Tabellenanzeige (SE16) für die Tabelle `DD03L` aufrufen und folgende Suchen mit der SQL-Trace messen:

	Einzelsatzzugriff	Mengenzugriff	Massenzugriff
tabname	DD03L	DD03L	D*
fieldname	TABNAME		
as4local	A		
as4vers	Gleichheit!		
position	1		

- In den folgenden Tabellen finden Sie das Wichtigste aus dem Datenbank-Explain der sechs Datenbanken für diese drei Zugriffe. Damit sollte es leicht möglich sein, mit dem Explain vertraut zu werden.
- Sollten Sie kein System zur Verfügung haben, finden Sie im nächsten Unterschnitt Beispielbilder des Explain von dem Mengenzugriff für alle sechs Datenbanken.
- Der Primärindex wird als `dbtab~0` und ein beliebiger Index als `dbtab~n` bezeichnet.

Der indexunterstützte Einzelsatzzugriff

Der Einzelsatzzugriff mit Gleichheitsbedingungen für alle Felder des Primärschlüssels oder eines eindeutigen Sekundärschlüssels kann über den Index direkt auf einen Satz zugreifen.

Hier geben Wörter, wie `optimal`, `UNIQUE`, niedrige Kosten und die Tatsache, dass alle Indexfelder genutzt werden können, Hinweise darauf, dass der Zugriff optimal unterstützt wird.

IBM DB2 for z/OS (DB2)	Query block type is SELECT Performance appears to be **optimal** Index is used. Index scan by matching index Index: .... dbtab~n.... with 3 matching columns of 4 index columns
IBM DB2 for i (DB400)	Index ...dbtab+n was used by Query on dbtab Total Number of Rows in Table 2.000.000 Estimated Number of Rows Returned 1 Estimated Processing Time ..ms Reason Code for using Index I1 Index Scan key Positioning using 4 Key Column(s)
IBM DB2 for LUW (DB6)	1 RETURN 2 FETCH dbtab 3 IXSCAN dbtab~n #key columns: (alle)
MS SQL Server	Clustered Index Seek [dbtab][dbtab~0]
Oracle	2. TABLE ACCESS BY INDEX ROWID dbtab 1. INDEX **UNIQUE** SCAN dbtab~n,

SAP MaxDB	TABLENAME: dbtab COLUMN OR INDEX: nur Sekundärindex dbtab~n gezeigt, darunter Felder des Index, **EQUAL** CONDITION FOR KEY/INDEX, darunter (USED KEY/INDEX COLUMN)

Der indexunterstützte Mengenzugriff

Das ist der häufigste Zugriff. Er enthält Bedingungen, die von mehreren Sätzen erfüllt werden. Es gibt eine gute Indexunterstützung, so dass er die Treffermenge schnell findet.

Der Datenbank-Explain sieht meist etwas anders als beim Einzelsatzzugriff aus. Wörter wie `good`, `RANGE`, höhere Kosten oder zumindest der Hinweis, dass nicht alle Indexfelder verwendet werden können, sind typische Hinweise für diesen Zugriffsplan.

IBM DB2 for z/OS (DB2)	Query block type is SELECT Performance appears to be **good** Index is used. Index scan by matching index Index: .... dbtab~n with 1 matching columns of 4 index columns
IBM DB2 for i (DB400)	Index ...dbtab+0 was used by Query on dbtab Total Number of Rows in Table 2.000.000 Estimated Number of Rows Returned 100 Estimated Processing Time ..ms Reason Code for using Index I1 Index Scan key Positioning using 1 Key Column(s)
IBM DB2 for LUW (DB6)	1 RETURN 2 FETCH dbtab 3 IXSCAN dbtab~n #key columns: 1
MS SQL Server	Index Seek [dbtab][dbtab~n] (falls Sekundärindex) Clustered Index Seek [dbtab][dbtab~0]
Oracle	2 TABLE ACCESS BY INDEX ROWID dbtab 1 INDEX **RANGE** SCAN dbtab~n
SAP MaxDB	TABLENAME: dbtab, COLUMN OR INDEX: nur Sekundärindex dbtab~n gezeigt darunter Felder des Index, **RANGE** CONDITION FOR KEY/INDEX darunter (USED KEY/INDEX COLUMN)

Der tabellenlesende Massenzugriff

Es gibt noch den Zugriff, der keinen Index verwendet und die Tabelle von oben nach unten durchsucht. Dieser Zugriff ist dann sinnvoll, wenn die Treffermenge sehr groß wird, siehe Abschnitt 3.5.3.

Hier sind Wörter wie `Sequential tablespace scan`, `Table Scan`, `TBSCAN`, `Scan`, `TABLE ACCESS FULL` oder Table `SCAN`, sehr hohe Kosten und das Fehlen eines Index eindeutige Hinweise auf diesen Zugriff.

IBM DB2 for z/OS (DB2)	Query block type is SELECT Performance appears to be bad No index is used. Sequential tablespace scan
IBM DB2 for i (DB400)	Table Scan on dbtab Total Number of Rows in Table 2.000.000 Estimated Number of Rows Returned 100.000 Estimated Processing Time ...ms Reason Code for Table Scan T3
IBM DB2 for LUW (DB6)	1 RETURN 2 **TBSCAN** dbtab
MS SQL Server	Clustered Index **Scan** [dbtab][dbtab~0]
Oracle	1 **TABLE ACCESS FULL** dbtab
SAP MaxDB	TABLENAME: dbtab TABLE SCAN

Weitere Ausführungspläne

Natürlich gibt es noch weitere Ausführungspläne, z.B. für die unterschiedlichen Joins, für die Umsetzung des `FOR ALL ENTRIES` usw. Diese finden Sie im Beispielprogramm.

A.4.2 Ausführungsplan des Mengenzugriffs

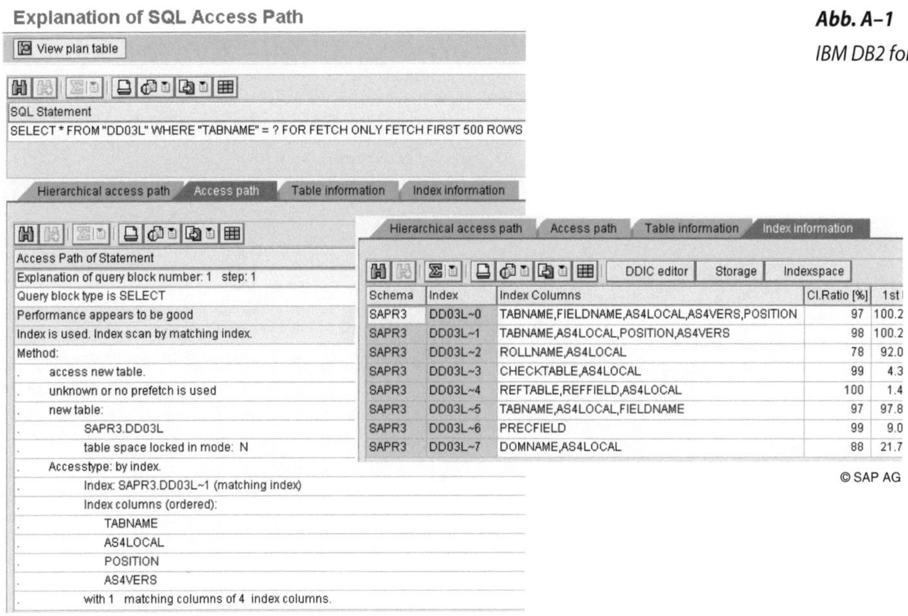

Abb. A-1
IBM DB2 for z/OS (DB2)

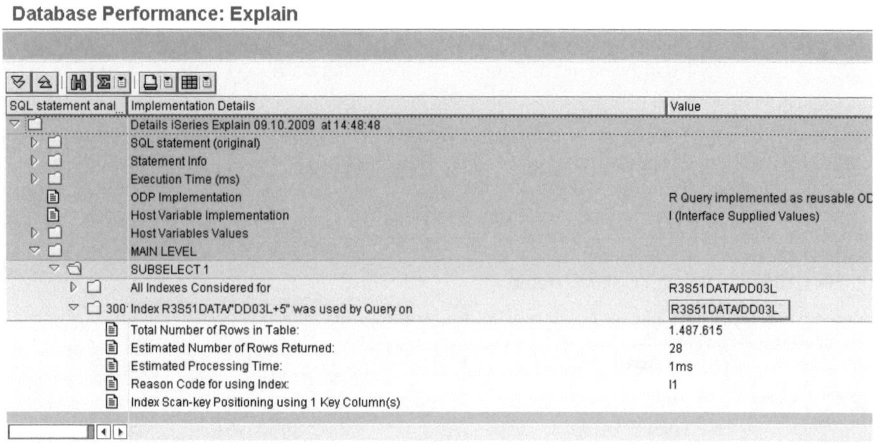

Abb. A-2 *IBM DB2 for i (DB400)*

© SAP AG

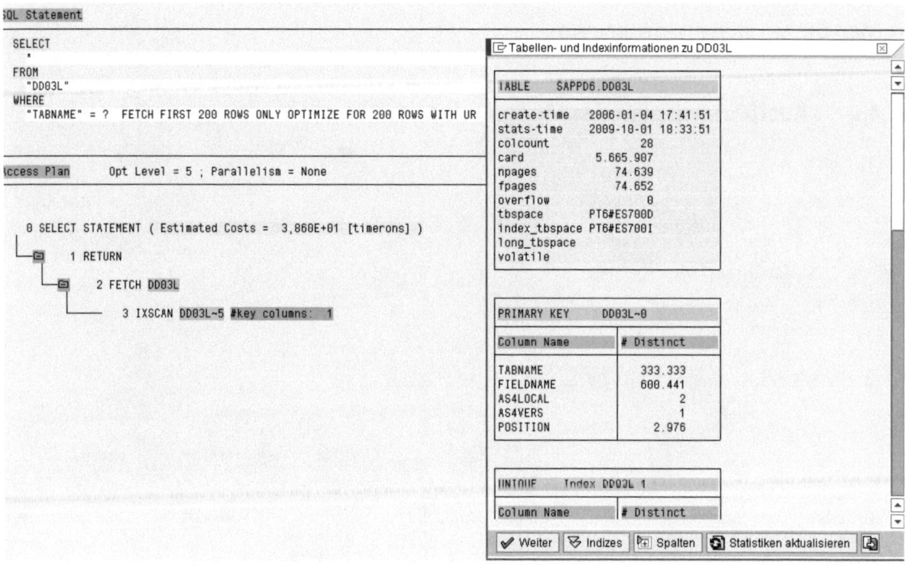

Abb. A-3 *IBM DB2 for LUW (DB6)*

© SAP AG

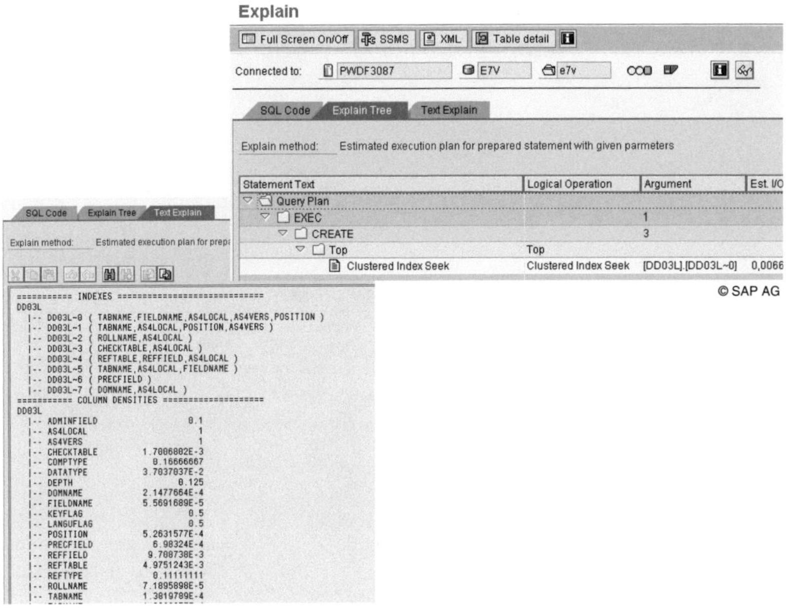

© SAP AG

Abb. A-4

MS SQL Server

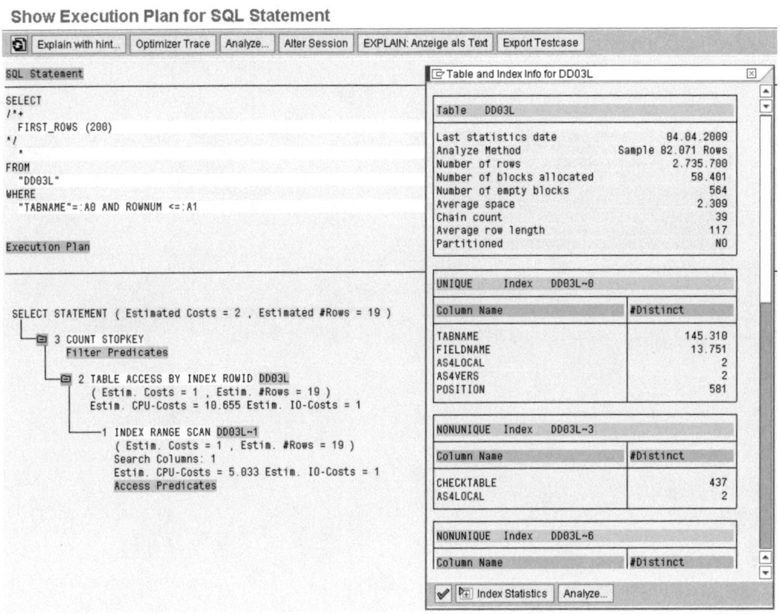

© SAP AG

Abb. A-5

Oracle

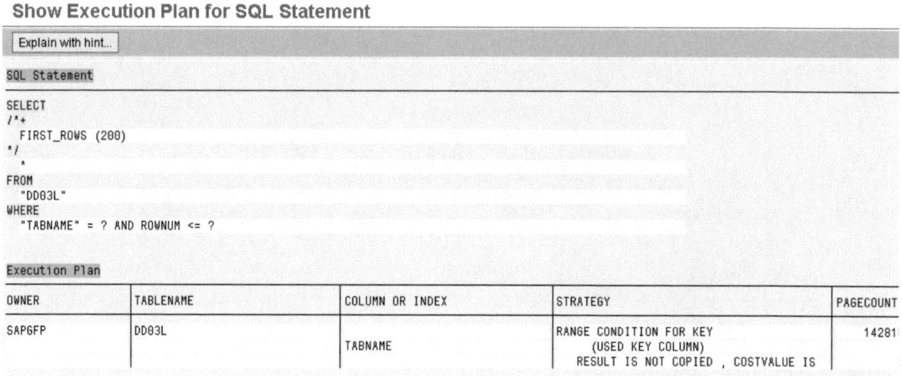

Abb. A-6

SAP MaxDB

ABAP-Befehlsverzeichnis

Die ABAP-Befehle tauchen auch im Index auf. Wahrscheinlich werden Sie aber das alphabetische Befehlsverzeichnis nützlicher finden. Hier gibt es keine Seitenzahl, sondern eine Referenz in den relevanten Abschnitt oder Unterabschnitt.

Die letzte Spalte zeigt, ob der Befehl auch in den Beispielprogrammen vorkommt. Die Kürzel DB, BUF, ABAP, RFC stehen für den Programmnamen, d. h. ZPERF_DB_EX, ZPERF_BUF_EX usw.

ABAP-Befehl	Abschnitt	Beispiel-programm
ACCEPTING DUPLICATE KEYS (bei INSERT)	4.9.3	–
APPEND ... TO itab	6.5, 6.6	ABAP
ASSIGNING <fs> (bei LOOP oder READ)	6.9	ABAP
AVG(...) (bei SELECT)	4.3.7	DB
BINARY SEARCH (bei READ TABLE)	6.5, 6.6	ABAP
BYPASSING BUFFER (bei SELECT)	4.6.2	DB, BUF
CALL DIALOG ...	8.2.1	–
CALL FUNCTION ...	8.2.1	–
CALL FUNCTION ... DESTINATION ...	8.4.1	RFC
CALL FUNCTION ... DESTINATION IN GROUP ...	8.4.1	–
CALL FUNCTION ... IN BACKGROUND TASK	8.4.1	–
CALL FUNCTION ... IN UPDATE TASK ...	8.6.1	–
CALL FUNCTION ... STARTING NEW TASK ...	8.4.1	RFC
CALL METHOD ...	8.2.1	–
CALL TRANSACTION ...	8.2.1	–
CHANGING (bei METHOD/FUNCTION)	8.2.3	ABAP
CLIENT SPECIFIED (bei SELECT)	4.6.1	DB, BUF

ABAP-Befehl	Abschnitt	Beispiel-programm
INTO CORRESPONDING FIELDS OF	4.5.2	DB
COLLECT wa INTO itab	6.5.5	ABAP
COMMIT WORK	3.8, 4.9	–
COMMIT WORK AND WAIT	8.6.1	–
COUNT(…) (bei SELECT)	4.3.7	DB
CURSOR (mit OPEN und FETCH NEXT)	4.3.9	DB
DELETE ADJACENT DUPLICATES (bei itab)	6.7.4	ABAP
DELETE dbtab FROM … / WHERE	4.9	–
DELETE FROM SHARED BUFFER/MEMORY	5.5.1	–
DELETE [TABLE] itab	6.5, 6.6	ABAP
DISTINCT (bei SELECT)	4.3.3	DB
ENDSELECT (bei SELECT)	4.4.2	DB
EXEC SQL	4.6.5	DB
EXPORT TO (bei SHARED BUFFER/MEMORY)	5.5.1	–
EXPORTING (bei METHOD/FUNCTION)	8.2.3	ABAP
FOR ALL ENTRIES (bei SELECT)	4.4.5	DB
FOR UPDATE (bei SELECT)	4.6.2	–
FLUSH_ENQUEUE	8.5.4	–
GROUP BY, HAVING (bei SELECT)	4.3.7	–
HASH TABLE (bei itab)	6.2.1	ABAP
IMPORT FROM (bei SHARED BUFFER/MEMORY)	5.5.1	–
IMPORTING (bei METHOD/FUNCTION)	8.2.3	ABAP
IN (bei Selektionsoptionen)	4.2.3	–
INITIAL SIZE	6.2.3	–
INNER JOIN (bei SELECT)	3.7,4.7, 4.8	DB
INTO TABLE (bei SELECT)	4.4.2	DB
INSERT … INTO [TABLE] itab	6.5, 6.6	ABAP
INSERT INTO dbtab FROM	4.9	–
JOIN	3.7,4.7, 4.8	DB
KEY (bei itab)	6.5, 6.10	ABAP
LEFT OUTER JOIN	3.7, 4.8	DB
LOOP AT itab [WHERE][FROM][TO]	6.6	ABAP
MAX(…) (bei SELECT)	4.3.7	DB
MIN(…) (bei SELECT)	4.3.7	DB
MODIFY [TABLE] itab	6.5, 6.6	ABAP

ABAP-Befehl	Abschnitt	Beispiel-programm
MODIFY dbtab FROM ...	4.9	–
NULL (bei SELECT)	4.2.2	–
ORDER BY (bei SELECT)	4.3.6	DB
PACKAGE SIZE	4.3.9	DB
PERFORM ...	8.2.1	ABAP
RANGES (bei SELECT)	4.4.4	DB
READ TABLE itab	6.5	ABAP
REFERENCE INTO dref (bei itab)	6.9	–
RETURNING (bei METHOD/FUNCTION)	8.2.3	ABAP
ROLLBACK WORK	3.8, 4.9	–
SELECT ... FROM dbtab WHERE ...	3.2, 4	DB
SINGLE (bei SELECT)	4.2.1, 4.3.5	DB
SET UPDATE TASK LOCAL	8.6.1	–
SHARED BUFFER (mit EXPORT/IMPORT)	5.5.1	–
SHARED MEMORY (mit EXPORT/IMPORT)	5.5.1	–
SORT itab	6.7.1	ABAP
SORTED TABLE (bei itab)	6.2.1	ABAP
STANDARD TABLE (bei itab)	6.2.1	ABAP
SUBMIT REPORT	8.2.1	–
SUM(...) (bei SELECT)	4.3.7	DB
TABLES (bei FORM und FUNCTION)	8.2.3	ABAP
TRANSPORTING [NO FIELDS] (bei itab)	6.9	ABAP
UPDATE dbtab FROM ...	4.9	–
UPDATE dbtab SET ... WHERE	4.9	–
UP TO n ROWS (bei SELECT)	4.3.4, 4.3.5	DB
USING (bei FORM)	8.2.3	ABAP
WA (bei itab)	6.9	ABAP
WHERE (bei SELECT)	4.2	DB

Index

A

ABAP Database Connectivity 196
ABAP List Viewer (ALV) 66, 90, 91
ABAP OO 377
ABAP-Cluster 124
ABAP-Laufzeitanalyse (SE30) 53
ABAP-Trace (SE30 - neu)
  Änderungen am Layout 90
  Hierarchievergleich 91
  Hitlistenvergleich 91
  Profil 91
ABAP-Trace (SE30)
  ABAP-Quellcode 70
  Abschnitt 2.7 53
  Aggregationstypen 63
  Anweisungen, Ereignisse 57
  Auswerten 59
  Benutzer/Service 73
  Bestimmte Einheiten 72
  Brutto- & Nettozeit 62
  Darstellungsfilter 65
  Dauer + Art 58
  Erstellen 55
  für interne Tabellen 282
  für Performanceanalyse 359
  für Puffer 250
  für RFCs 390
  für Verbuchung 403
  Hierarchie 67
  Hitliste 64
  im parallelen Modus 72
  Internen Tabellen 57
  Max. Ausführungszeit 58
  Messeinschränkungen 56
  Messvarianten 58
  mit Speicherverbrauch 74
ABAP-Trace – Fortsetzung
  Performanceanalyse 67
  Programmteile 57
  RFC, Verbuchung 72
  SICF 73
  Speicherverbrauch 413
  Tabellenhitliste 69
  Übersichtsanzeige 60
  Vorläufe 59
  Zusammenfassung 54
ABAP-Workbench (SE80) 379
ACCEPTING DUPLICATE KEYS 210
ADBC
  dyn. Native SQL 100
Ad-hoc-Prüfung (SCII) 82
Aggregatfunktionen 173
Aggregation (SE30)
  Keine 63
  nach Aufrufstelle 63
  Volle 64
Allg. Tabellenanzeige (SE17) 253
AL12 249
Antwortzeit 412
APPEND 290, 300
Application Data 221
Archivierung 416
  ILM 416
aRFC 386
Arrayverarbeitung
  Datenbankänderungen 209
  RFCs 391
  SELECT 178
  SQL-Analyse 349
  SQL-Trace (ST05) 27
ASSIGNING 320
Asynchrone Verbuchung 401
Asynchroner RFC (aRFC) 386

Aufrufhierarchie (SE30) 67
Ausführungsplan 425
Ausgangsmenge 165

B

Beispielprogramme 6, 10, 13, 134, 141, 424, 433
  Webseite 418
Benchmarks
  Hardware-Partner 413
  Sales &Distribution (SD) 414
  SAPS 414
  SAP-Standard-Applikations- 413
Benötigte Menge 166
Benutzerliste (SM04) 413
Bewegungsdaten 135, 221
Binäre Suche
  Datenbank 106
  Interne Tabelle 277
BINARY SEARCH
  READ 294
  READ + LOOP 302
Bitmap-Index 110
Bruttozeit (Verursacher) 63
Business Server Pages (BSP) 412
BYPASSING BUFFER 193
B*-Baum 108

C

`CALL FUNCTION` 376
  `DESTINATION` 385
  `DESTINATION IN GROUP` 387
  `IN BACKGROUND TASK` 386
  `IN UPDATE TASK` 401
  `STARTING NEW TASK` 386
`CALL METHOD` 376
Class Builder (SE24) 379
`CLIENT SPECIFIED` 193
Clustered Index Scan 428
Clustered Index Seek 428
Clusterindex 110
Clustertabellen 123
Code Inspector (SCI)
  Abschnitt 2.9 81
  Ausführen 82
  Eigenschaften der Prüfungen 85
  Ergebnisse 84
  für Datenbank 136
  für interne Tabellen 283
  für Modularisierung 379
  für Performanceanalyse 337

Code Inspector – Fortsetzung
  für Puffer 251
  Inspektion 82
  Performanceprüfungen 82
  Vor- u. Nachteile 85
  Zusammenfassung 82
`COLLECT` 290, 309
Commit
  Datenbank 393
  Work 396
`COMMIT WORK AND WAIT` 402
Committed Reads 133
Copy-on-Write 311
Cost-based Optimizer 111
CUA (Common User Access) 43, 220, 373
Cursor-Cache
  Datenbank 103
  SQL-Trace 27
Customizing Data 220

D

Database Interface 100
Datenaktualität 221
Datenarchivierung 416
Datenarten 135
Datenbank
  Clustertabellen 123
  Code Inspector (SCI) 136
  Cursor-Cache 103
  Deadlock 398
  Disjunktive Normalform 148
  Einzelsatzzugriff 179, 427
  Feldlisten 188
  Full Table Scan 117
  Hints 161, 346
  Index 105
  IN-Liste 157
  Join 127
  Large Objects (LOB) 192
  Massenzugriff 428
  Mengenzugriff 428
  `NULL` 148
  Open SQL 97
  Operator 115
  Optimierer 111
  Pooltabellen 123
  Primärindex 107
  Redo-Logs 133, 176
  `SELECT`-Befehl 98
  Selektionsoptionen 150

Datenbank – Fortsetzung
SQL-Trace (ST05) 134
Subquery 198
Tabellenstatistik (DB05) 137
Tabellentypen 122
Transparente Tabellen 123
Verarbeitung 132
Wildcards 147
Datenbank-Explain 37, 425
Datenbankschnittstelle 100, 223
Datenbanksperren 394
Datenkonsistenz 162, 176, 222
Datenpakete 407
DB01 398
DB02 137
DB05 137, 251
DB2 (IBM) 425
Deadlock 398
Debugger 88
DELETE
Datenbank 207
interne Tabelle 290, 300
Shared Buffer/Memory 242
DELETE ADJACENT DUPLICATES
interne Tabelle 309
DEQUEUE 396
Dialogschritt 394, 413
Direkter Zugriff 278
Dirty Reads 133
Disjunktive Normalform (DNF) 148
DISTINCT 168
DNF 148
Dreischicht-Architektur 3
Durchsuchte Menge 165
Dynamische Datenverteilung 408

E

Einzelsatzpufferung 225
Einzelsatzzugriff 179, 427
Einzeltransaktionsanalyse (ST12) 88
Enqueue
Sperrverwaltung (SM12) 87
Enqueue-Trace (ST05)
ABAP-Quellcode 52
Abschnitt 2.6 49
Anweisung 52
DDIC-Information 52
Detailinformationen 52
Erstellen und Anzeigen 50
Trace-Liste 50
Zusammenfassung 50
Ergebnismenge 165
EXEC SQL 195
Existenztest effizient 174
EXPORT TO
Shared Buffer/Memory 242

F

Feldliste 99
Feldsymbol 320
FOR ALL ENTRIES 181
Doppelte Sätze 185
Geschachtelte Schleife 186
leere Treibertabelle 184
max_blocking_factor 183
Profilparameter 182
Treibertabelle 181
FOR UPDATE 193
FROM-Klausel 99
Frontend 411
Full Table Scan 117
Function Builder (SE37) 379
Funktionsbausteins 376

G

Generische Pufferung 225
Geschachtelte
Operationen 289
Schleifen 286
Selects 197, 202
Gleichverteilungsannahme 119
Globale Workprozessübersicht (SM66) 383
Goldene Regeln
Befehle 215
Datenbankprogrammierung 139
Illustration 422
Performanceziele 341
Pufferung 220
Ressourcen 140

H

Hardware-Sizing 414
Hash-Funktion 280
Hash-Tabelle 275
Hierarchie (SE30) 67
Hierarchievergleich
ABAP-Trace (SE30 - neu) 91
Hints 161, 346
Hinweis (SAP) 88, 125, 161, 182, 231, 347
Histogramme 121
Hitliste (SE30) 64
Hitlistenvergleich
ABAP-Trace (SE30 - neu) 91
Z_SE30_COMPARE 369

I

IBM 425
Identische Selects 31, 34
ILM 416
IMPORT TO
  Shared Buffer/Memory 242
Index 105
  Baumstruktur 108
  bei internen Tabellen 279
  Datenbank 105
  Indexdesign 161
  linearer 280
  Technische Realisation 108
Index Range Scan 428
Index Skip Scan 196, 345
Indextabelle
  für SD, PP, PM, MM, VM 125
  interne Tabelle 275
Information Lifecycle Management (ILM) 416
IN-Liste 157
INSERT
  ACCEPTING DUPLICATE KEYS 210
  Datenbank 207
  interne Tabelle 290, 300
Inspektion (SCI) 82
Interne Tabellen 271
  ABAP-Trace 282
  automatische Optimierung 279
  Befehle 272
  binäre Suche 277
  Code Inspector 283
  Default Key 296
  Definition 271
  direkter Zugriff 278
  Feldsymbol 319
  Füllen 310
  geschachtelte Schleifen 286
  Hash-Tabelle 275
  Indexoperation 273
  Indextabelle 275
  INTO-Klausel 271
  kleine Blöcke 317
  Kopieren 311
  Linearer Index 280
  Löschen Doppelte 311
  Nested Loops 286
  nichtlinear 318
  Operationstyp 271
  Parallelen Indizes 316
  Primärschlüssel 274
  Quadratische Laufzeit 285
Interne Tabellen – Fortsetzung
  REFERENZ INTO 320
  Schlüsseloperation 273
  Schlüsseltabellen 315
  Sekundärschlüssel 321
  sequenzieller Scan 277
  SORT 309
  Sortierte Tabelle 274
  Standardtabelle 274
  Tiefe Strukturen 276
  Umsortieren 314
  verzögertes Tabellenkopieren 280
  vollständige Bearbeitung 273
  WHERE-Bedingung 273
  Workarea 271, 319
  Zeilentyp 271
  Zusammenfassen 312
Internet Transaction Server (ITS) 412
INTO CORRESPONDING FIELDS OF 189
INTO-Klausel 99
Invalidierung 231

J

Join 127
  Flexibilität 203
  Hash Join 130
  INNER JOIN 128
  LEFT OUTER JOIN 128
  Nested Loop Join 130
  ON-Bedingung 127
  Self-Join 204
  Sort Merge Join 130
  Verteilte Selektivität 205
  viele Tabellen 204

K

Konfigurationsdaten 135, 220
Konkatenierter Index 106
Konsistenzcheck 335
Kostenbasierte Optimierer 112

L

Large Objects (LOB) 192
Lazy Key Update 323
least recently used 242
Lesesperre 397
Liste der Applikationsserver (SM51) 383
Logical Unit of Work (LUW) 394
Lokale Verbuchung 401
LOOP AT
  interne Tabelle 300
LUW 394

M

Massenzugriff 145, 428
Master Data 220
Memory Inspector 413
Mengenzugriff 145, 428
Messeinschränkungen 56
Microsoft 425
MIPS 413
MODIFY
  Datenbank 207
  interne Tabelle 290, 300
Modularisierung
  CALL DIALOG 376
  CALL FUNCTION 376
  CALL METHOD 376
  CALL TRANSACTION 376
  Modularize do not Atomize 380
  Parameterübergabe 379
  PERFORM 376
  Remote Function Calls 376
  SUBMIT REPORT 376
  Verbuchung 376
Monte-Carlo-Analyse 384

N

Native SQL 100
Nested Loops 286
Nettozeit (Verbraucher) 63
Nicht gleichverteilte Daten 120
nichtlinear 91, 314, 318, 365
NULL-Wert 148, 228

O

Objektorientiertes ABAP 377
Objektorientierung 377
OPEN CURSOR 177
Open SQL 97
  SELECT-Befehl 98
  Vorteile 97
Operator 115
Operatorenheuristik 119
Optimierer
  Auswahl des richtigen Index 108
  Bestimmung der Kosten 118
  Full Table Scan 117
  interessante Selektivitäten 116
  kostenbasiert 112
  Probleme 119
  regelbasiert 112
  Selektivität 114
Oracle 425
ORDER BY 171
OTR (Online Text Repository) 43, 220, 373

P

PACKAGE SIZE 176
Paralleler RFC (pRFC) 387
Parallelisierung 405
  Asynchrone RFCs 408
  Batchjobs 408
  Dynamische Verteilung 408
  Enqueues 407
  Sperrkonflikte 409
  Statische Verteilung 407
Parallelverarbeitung 405
PERFORM 376
Performance
  Pufferbaustein 263
  Tabellenpuffer 259
Performanceanalyse 38
  mit ABAP-Trace (SE30) 359
  mit Puffer-Trace (ST05) 372
  mit SQL-Trace (ST05) 337
  von RFCs 392
  von Sperren 400
  von Verbuchung 404
Performanceanalyse siehe Performance-Trace 17
Performanceproblem 1
Performance-Trace (neu)
  HTTP-Trace 91
  Stack-Trace 91
Performance-Trace (ST05)
  Abschnitt 2.2 17
  Anzeigen der Ergebnisse 20
  Erstellen 18
  Speichern 22
  Vorläufe 19
Performanceziele
  ABAP-Trace 359
  Allgemein 329
  Puffer 372
  SQL 338
Pooltabellen 123
pRFC 387
Primärindex (DB) 107
Primärschlüssel
  Datenbank 107
  interne Tabellen 274
Projektionsview 125

Pufferbaustein 238
  Explizites Löschen 238
  für Sekundärschlüssel 263
  Implizites Löschen 240
  Nicht-gefunden-Puffer 239
  Performance 263
  Prefill-Zusatz 262
  Vorbeilesen 239
  Zuletzt-Gelesen 263
Puffermonitor (ST02) 246
Puffer-Trace (ST05)
  ABAP-Quellcode 45
  Abschnitt 2.4 40
  andere Puffer 43
  Anweisung 44
  DDIC Information 44
  Detailinformationen 44
  Erstellen und Anzeigen 40
  für Performanceanalyse 372
  für Puffer 250
  Puffertypen 42
  Tabellenpuffer 43
  Trace-Liste 41
  Verdichtete Tabellenzugriffe 44
  Zusammenfassung 40
Pufferübersicht (ST02) 246
Pufferung
  ABAP-Trace (SE30) 250
  Bedarf 254
  Benutzerübergreifend 244
  benutzerübergreifende 241
  Code Inspector (SCI) 251
  CUA 373
  Kalender 219
  Nametab 219
  OTR 373
  Programme 219
  Pufferbaustein 238, 261
  Puffer-Trace (ST05) 250
  Shared Buffer 241
  Shared Memory 241
  SQL-Trace (ST05) 249
  Status 259
  Swaps vermeiden 373
  Tabellenstatistik (DB05) 251
  Zusammenfassung 264
Pufferung erlaubt, aber ausgeschaltet 225
Pufferzustand 249

Q

qRFC 387
Quadratische Laufzeit 285
Queued RFC (qRFC) 387
Quick Sizer 415

R

RANGES-Tabelle 179
READ TABLE 290
  BINARY SEARCH 294, 302
Redo-Logs 133, 176
REFERENZ INTO 320
Referenzierung 243
Regelbasierter Optimierer 112
Remote-Function-Call-Trace (ST05) 45
Report Builder (SE38) 379
Responsezeit 412
RFC
  ABAP-Trace (SE30) 390
  Bandbreite 388
  Bündelung 391
  Latenz 388
  Overhead 388
  RFC-Trace (ST05) 390
  STAD 388
  übertragene Datenmenge 390
RFC-Trace (ST05)
  Abschnitt 2.5 45
  Detailanzeige 48
  Detailinformationen 48
  Erstellen und Anzeigen 46
  für RFCs 390
  Trace-Liste 47
  Zusammenfassung 46
Rollback
  Datenbank 393
  Work 396
Roundtrips 412
Rule-based Optimizer 111
RZ10 73
RZ11 73, 184
RZ12 390, 406, 409

S

Sales & Distribution-Benchmark 414
SAP
Basis 4.0 112, 274, 279
Basis 4.6 14, 28, 71
NetWeaver 7.0 EhP1 13, 14, 22, 31, 40, 71, 89, 143, 171, 228, 413
NetWeaver 7.0 EhP2 14, 59, 89, 244, 321, 351, 369
R/3 Release 3.0 416
Web AS 6.10 187
Web AS 6.20 71
Web AS 6.40 14, 73, 82, 243, 276, 279
SAP GUI für Windows 411
SAP Insider 413
SAP MaxDB 425
SAP Prof. Journal 82, 196, 243, 377, 385, 413
SAPS 414
SAP-Sperren 396
SAP-System 2
Architektur 2
SAT - neue ABAP-Trace 89
Schreibsperre 397
SDN-Weblog 82, 83, 85, 369, 416
Sekundärindex (DB) 108
Sekundärschlüssel
interne Tabelle 321
SELECT
AVG() 173
BYPASSING BUFFER 193
CLIENT SPECIFIED 193
COUNT() 173
DISTINCT 168
Existenztest 174
Feldliste 99
FOR ALL ENTRIES 181
FOR UPDATE 193
FROM-Klausel 99
GROUP BY 173
HAVING 173
Index-only 191
INTO CORRESPONDING FIELDS OF 189
INTO TABLE 179
INTO-Klausel 99
MAX() 173
MIN() 173
OPEN CURSOR 176
ORDER BY 171
PACKAGE SIZE 176
SELECT – Fortsetzung
RANGES-Tabelle 179
SELECT SINGLE 170
Subselect 198
SUM() 173
Ungleichbedingung () 158
UP TO n ROWS 169
WHERE-Klausel 99
SELECT-Befehl 98
SELECT/ENDSELECT 178
Selektionsoptionen 150
Selektivität 114
Serviceorientierung 378
SET UPDATE TASK LOCAL 401
SE11 134
SE16 136
SE17 253
SE24 379
SE30 Tip & Tricks 142
SE37 379
SE38 379
SE80 379
Shared Buffer 43, 241
Shared Memory 43, 241
Shared Objects 241
Referenzierung 243
SHMA & SHMM 245
Versionierung 243
SICF 73
Sizing 414
Benutzerbasiert 415
Durchsatzbasiert 415
Quick Sizer 415
SAPS 415
Skalierungsverhalten
Einzelsatzzugriffe 298
Ganze Tabelle 313
mehrere Zeilen 306
SM04 413
SM12 87, 398
SM13 403
SM50 383
SM51 383
SM58 390
SM66 383
SOA 378
SORT 309
Sortierte Tabelle 274
Speicherverbrauch 412

Sperren
- Datenbank- 394
- Dialogschritt 394
- Enqueues 396
- konsistenten Zustand 393
- Logical Unit of Work 394
- Sperrtypen 397
- Transaktion 393

SQL 97
SQL-Server 425
SQL-Trace (ST05)
- ABAP-Quellcode 37
- Abschnitt 2.3 22
- Anweisung 36
- Ausblick Performanceanalyse 38
- Datenbank-Explain 37
- DDIC-Information 37
- Detailinformationen 35
- für Datenbank 134
- für Performanceanalyse 337
- Identische Selects 31, 34
- Trace-Liste 25
- Verdichtete Tabellenzugriffe 33
- Verdichtung nach SQL-Anweisungen 29
- Zusammenfassung 23

STAD
- Abschnitt 2.8 75
- Aufrufen 77
- Detailanzeige 80
- RFC-Sätze 388
- Übersicht 78
- Zusammenfassung 75

Stammdaten 135, 220
Standardtabelle 274
Statistikmonitor (STAD) 75, 413
Statistische Datenverteilung 407
Structured Query Language (SQL) 97
ST01 – ST07 88
ST02 246
ST05
- Performance-Trace 17

ST10 234, 247
ST12 88
Swaps 245, 247, 373
Synchrone Verbuchung 402
Synchronisationsprozess 232
Systemmonitore 88
S_MEMORY_INSPECTOR 413

T

Tabellenanzeige (SE11) 108
Tabellenaufrufstatistik (ST10) 247
Tabellendefinition (SE11) 134
Tabellenhitliste (SE30) 69
Tabelleninhaltsanzeige (SE16) 136
Tabellenpuffer
- am Puffer vorbei 227
- Design der Anweisung 256
- Einzelsatzpufferung 225
- generische Pufferung 225
- Invalidierung 231
- Laden 229
- NULL 228
- Performance 259
- Pufferbarkeit 254
- Puffereinstellungen 225
- Pufferungsarten 225, 255
- Synchronisation 232
- Verdrängung 234
- vollständige Pufferung 225
- Zusammenfassung 235
- Zustände 234

Tabellenpuffer-Trace (ST05) 40
Tabellensharing 281
Tabellenstatistik (DB05) 137, 251
Tabellentyp
- ABAP-Trace (SE30) 70
- Datenbank 123
- interne Tabellen 274
- SQL-Trace (ST05) 31

Tabellentypen
- Datenbank 122

Table Scan 428
Technischen Eigenschaften (SE11) 223
Time-out-Problem 384
Tools
- ABAP-Trace (SE30) 53
- Enqueue-Trace (ST05) 49
- Memory Inspector 413
- Performance-Trace (ST05) 17
- Puffer-Trace (ST05) 40
- RFC-Trace (ST05) 45
- SQL-Trace (ST05) 22
- STAD 75

Transaktion 393
Transaktionaler RFC (tRFC) 386
Transparente Tabellen 123
TRANSPORTING 321
Treffermenge 165
Treibertabelle 181
tRFC 386

U

Übertragene Menge 165
Umsortieren 314
Unabhängigkeitsannahme 119
Ungleichbedingung 158
UP TO n ROWS 169
UPDATE
  Datenbank 207
  SET 210

V

Verbuchung 400
  asynchrone 401
  Aufträge (SM13) 403
  Empfehlungen 403
  lokale 401
  mit ABAP-Trace (SE30) 403
  Performanceziele 404
  ST05 403
  synchron 402
  -Tabellen 401
  Typen V1, V2, V3 402
Verdichtete Tabellenzugriffe 33
Verdichtung nach SQL-Anweisungen 29
Versionierung 243
Verzögertes
  Schlüsselanpassung 323
  Tabellenkopieren 280
View 124
  Join- 122
  Projektions- 122
Vollständige Pufferung 225
Vorläufe (nicht vergessen!) 19, 28, 40, 59, 61, 334, 363

W

Web Dynpro ABAP 412
Web Dynpro Java 412
WHERE-Klausel 99
  Operator 115
  Reihenfolge 147
Wildcards 147
Workprozesse 381
  Dialog (DIA) 381
  Enqueue (ENQ) 381
  Hintergrund (BTC) 381
  Profilparameter 382
  Spool (SPO) 381
  Verbuchung (UPD) 381
Workprozessübersicht (SM50) 383

Z

Zeilentyp 271
Zugriffsplan 425